한국의 이단 기독교

〔개정증보판〕

국립중앙도서관 출판예정도서목록(CIP)

한국의 이단 기독교 : 주요 이단의 계보와 교리 비판 / 지은
이: 허호익. -- 서울 : 동연, 2016
     p. ;   cm

ISBN 978-89-6447-332-0 93200 : ₩22000

이단[異端]
기독교[基督敎]

238.9-KDC6
289-DDC23   CIP2016025979

▌한국의 이단 기독교 〈개정증보판〉

2016년 11월 4일   초판 1쇄 발행
2017년 7월 24일   초판 2쇄 발행
2020년 2월 24일   개정증보판 1쇄 발행
2025년 2월 24일   개정증보판 2쇄 발행

지은이   허호익
펴낸이   김영호
펴낸곳   도서출판 동연
등   록   제1-1383호(1992. 6. 12)
주   소   서울시 마포구 월드컵로 163-3
전   화   02_335_2630
팩   스   02_335_2640
이메일   h-4321@daum.net / yh4321@gmail.com
블로그   https://blog.naver.com/dong-yeon-press

Copyright ⓒ 허호익, 2020

ISBN 978-89-6447-563-8 93200

<개정증보판>

[한국의 이단 기독교]

주요 이단의 계보와 교리 비판

허호익 지음

동연

증보판을 내면서 모든 내용을 재검토하고 표현들을 가다듬고 내용도 조금 보완하였다. 동성애가 교계의 뜨거운 쟁점이 되고 있으며, 몇몇 교단에서 동성애 옹호를 이단으로 규정하기에 이르렀다. 따라서 부록에 "동성애 옹호는 이단인가"라는 글을 보완, 증보하였다.

증보판을 출판하려는데 코로나 19가 신천지 대구교회를 통해 전국적으로 확산되는 사태가 일어났다. 신천지 대변인은 방역 대책에 적극 협조하겠다는 입장을 발표(2020.2.23)하였으나, 신천지 신도 명단과 위장 집회 장소를 정확하게 관계 당국에 제공하지 않고 일부를 숨겼다는 기사가 보도되었고, 신천지를 압수 수색하라는 여론과 더불어 '신천지 강제 해체'와 '이만희 교주 구속 수사'를 청와대에 국민 청원하기에 이르렀다.

신천지는 자신들이 진리의 성읍이라고 한다. 진리의 가장 단순한 형식은 진실이다. 진리는 그 무엇도 감추지 않고 아무도 속이지 않는다. 그러나 신천지는 감추고 거짓말을 하는 것을 교리로 합리화한다. 이만희는 공중파에서 공공연하게 거짓을 말하곤 하였다. 신천지가 위장 교회를 만들거나, 자신들이 신천지 교인이라는 신분조차 감추고 전도하는 것, 가족을 속이고 비밀리에 성경 공부나 집회에 참석하는 것이나, 위장 봉사 단체 등의 거짓을 성경 본래의 뜻을 왜곡하여 모략(사 11:2), 뱀같은 지혜(마 10:16), '이리 옷 입기'(마 7:15)라고 가르친다. 어느 종교든지 거짓말을 하지 말라는 것을 계율로 가르치는데 반해, 신천지는 거짓말하는 것을 주요 교리로 가르치는 가장 사악한 이단 사이비 집단 이다. 따라서 신천지 교인들은 거짓말하는 일에 아무런 양심의 가책을 느끼지 않는 도덕불감증자들이고, 일상생활에서도 윤리의식을 찾아보기 어렵다.

영세교의 교주 최태민·최순실 부녀와 박근혜의 종교적 의존 관계에서 드러나듯, 또 러시아의 괴승 라스푸틴과 로마노프 왕조의 몰락에서 보듯이 사이비 종교는 개인과 가정의 파탄뿐 아니라 국정을 농단할 수 있다. 그리고 구원파의 유병언 교주와 세월호 침몰 사건 및 신천지 대구 교회의 코로나19 확산 사태에서처럼 국가와 사회에 엄청난 해악을 끼칠 수 있다. 따라서 이러한 반사회적 종교 집단을 헌법 20조의 '종교의 자유'라는 미명하에 더 이상 방치할 수 없다.

적어도 다음 두 사례에 해당하는 사이비 종교나 사교(邪敎)는 국가가 법령을 통해 강제력을 행사할 수 있어야 한다.

첫째, 외부인에게 공식적인 정례 종교의식을 개방하지 않는 종교 집단으로 밀교에 해당하므로 종교의 자유를 제한하여야 한다. 종교는 크게 현교와 밀교로 나눈다. 현교(顯敎)는 공개된 종교라는 뜻이다. 교리, 제도, 의식이 공개되어 있고, 민주적 운영과 재정 관리 투명성이 확보되어 있는 종교이다. 외부인에게 공(公)예배를 공개하기 때문에 누구라도 정례적인 공예배에 참석할 수 있다. 밀교(密敎)는 비밀 종교라는 뜻이다. 교리, 제도, 의식을 비공개되거나 이중적이다. 의사 결정이 비민주적이고, 재정 관리가 공개되어 있지 않으며, 교주의 독재가 전형적이다. 무엇보다도 일정한 교육을 받은 내부인 외에는 정례적인 공(公)예배에 외부인들은 출입이 통제되어 있다. 신천지의 교회에 등록하여 예배에 참석하려면 최소한 복음방 1개월, 신학원 6개월, 새신자 교육 1개월을 수료하여 신천지 신도임을 증명하는 ID카드를 받아야 한다. 신천지 교회 입구에서는 이 카드로 출입을 체크하고 예배 출석 여부를 통제한다. 공예배를 비공개로 하는 종교 집단을 사교라 규정하는데, 이들의 종교 활동을 제한하는 법제화가 필요하다.

둘째, 사이비 종교의 궁극적인 목적은 혹세무민하여 헌금을 갈취하는 것이므로 일본과 같은 영감상법(靈感商法, spiritual sales)을 제정하여야 한다. 일본의 경우 통일교 등 사교가 신앙을 빙자하여 값싼 물건을 비싸게 강매하는 경우로 인한 피해가 너무 커 인장, 도자기, 인삼·홍삼 엑기스, 다보탑과 같은 관련 공예품 등이 심신 건강과 영혼 구원에 도움이 된다고 판매할 경우 사기죄에 해당한다는 '영감상법'을 제정하여 시행한다. 이 법에 따라 협박 등 비정상적인 방법에 의해 유도된 헌금·기부금에 대한 피해자의 반환 청구권을 인정하였다. 2008년 기준 20년 동안 피해액의 1024억 4720만 엔을 보상받았고, 2008년 3월 6일 영감상법 관련 사건 가운데 최고액인 2억 3000만 엔의 화해 결정이 이루어지기도 하였다. 그리고 개인의 의사와 무관하게 교주 문선명의 지시에 의한 합동결혼식의 결혼 효력을 법적으로 무효화한 판례도 있다.

따라서 우리나라에서도 밀교를 불허하는 것과 영감상법과 같은 입법이 이루어져야 최근 우리 사회가 겪은 사이비 종교집단이나 사교(邪敎)로 인한 엄청난 피해를 막을 수 있을 것이다. 마지막으로 증보 부록 "동성애 옹호는 이단인가?"에 관한 색인을 따로 만들지 않았음을 밝혀둔다.

2020년 2월

허호익

■ 머 리 말

영세교(靈世敎)의 교주였다가 사이비 목사가 된 최태민과 그의 딸 최순실로 인해 빚어진 국정 농단은 대통령의 임기 말에 폭로되곤 하였던 측근들의 권력형 비리와 차원을 달리한다. 사이비 종교들에 의해 자행될 수 있는 온갖 비리와 적폐들의 중심에 대통령이 있었다는 사실에 온 세계가 큰 충격을 받은 것이다.

이단이나 사이비 종교는 한 개인과 가정을 몰락하게 할 뿐 아니라, 사회를 혼란시키고 나아가 국가의 기강을 무너뜨릴 수 있다는 역사적 사례를 우리는 지금 눈앞에서 슬픔과 분노를 가지고 목격하고 있는 것이다.

100개가 넘는 '이단기독교' 집단들이 경쟁적으로 기독교 신앙의 본질을 왜곡하고 자신들의 세력을 확장하기 위해 기성교회의 신도들을 미혹하고 사회적 물의를 일으키고 있는 현실이다.

무엇보다도 2014년 4월 16일에 세월호가 침몰하여 우리 사회에 큰 아픔을 주었다. 그 실소유주가 오대양 사건과 연관되어 4년을 복역하기도 한 유병언(구원파)이라는 것이 밝혀졌다. 그가 도피중 시체로 발견되어 사회적으로 엄청난 충격을 주었다.

박옥수(구원파, 기쁜소식선교회)와 (주)운화측은 2011년 '또별'이라는 일반 식품을 암과 에이즈 치료 효능이 있는 약으로 홍보하고 복용을 권유하여 부당이득을 취하고 있다고 고발을 당하였다.[1] 여러 차례 재판

과정을 거쳐 2014년에는 '200억대 주식사기 의혹'과 '400억대 자본시장과 금융투자법 위반 의혹'으로 피소되어 경찰 조사를 마치고 검찰에 송치되었다.[2]

신천지는 정통교회에 대해 더욱 공격적이다. 2016년 4월 29일 약 1만 명이 목동 CBS사옥 앞에서 '한기총 해체, CBS 폐쇄를 위한 궐기대회' 시위를 개최했다.[3] 동시에 한국교회연합회관 앞을 비롯하여 CBS 목동 사옥과 전국 13개 지역 본부 앞에서도 신천지 신자들의 대규모 시위에 3~5만 명이 참석하였다. 신천지 측에서는 10만 명을 동원하였다고 한다.

최근의 한국 이단 기독교의 또 다른 특징은 한류의 분위기에 편승하여 적극적인 해외 포교에 경쟁적으로 열을 올린다는 점이다. 그 여파로 해외에서도 한국의 이단 기독교가 물의를 일으키고 있다. 정명석은 2001년 해외로 도주하여 2006년까지 말레이시아·홍콩·중국 등에서 자신을 따르는 여신도들에게 병을 고쳐준다며 한국인 여신도 다섯 명을 성폭행하거나 강제 추행한 혐의로 구속 기소되었다. 2009년 법원은 그에게 징역 10년을 선고했다.[4]

미국의 피플지는 2015년 12월 12일자 온라인 신문에서 하나님의교회 신도였던 미셸 콜론 씨와 탈퇴자 6명의 인터뷰를 통해 하나님의교회가 사람들의 약점을 이용해 신도로 만들고, 통제와 세뇌를 통해 '어머니

---

1 "박옥수(구원파) 씨 등 '또별' 문제로 형사고발 당해", 「교회와신앙」 2011년 12월 14일.
2 "검찰, 또 다른 구원파 박옥수 출국금지", 「교회와신앙」 2014년 08월 14일.
3 백상현·김아연, "신천지 전국서 대규모 시위… 한국교회 상대 전면전", 「국민일보」 2016. 04. 29.
4 "JMS교주 정명석 징역 10년 확정", 「국민일보」 2009. 4. 23.

하나님'과 교회에 빠지게 했으며, '두려움과 죄책감'에 시달려 왔다고 폭로했다.[5]

한국교회는 한국 특유의 종교적 사회적 특성 때문에 무수한 이단들이 생겨나 교인들을 미혹하고 있다. 이들 이단으로 인해 가출과 이혼 등 가정문제를 일으키고, 사회적 물의를 빚으며, 교회에 위해를 가하고, 교회의 사회적 공신력을 떨어뜨리고 있다.

신학의 본래 과제는 성서가 가르치는 신앙의 본질적인 내용을 잘 요약해서 가르쳐 '**정통기독교의 바른 교리를 세우고**', 교회 안에서 여러 해석들로 다를 수는 있지만 이와는 달리 틀린 교리를 가르치는 '**이단기독교를 반박하고**' 그리고 교회 밖에서 기독교 신앙에 대해 터무니없이 비난하는 '**안티 기독교를 변증하는**' 것이다.

이 책은『이단은 왜 이단인가』(동연, 2016)의 후속 작업으로 한국교회사를 통해 이단이 형성되고 계승되어 온 역사와 계보 그리고 한국의 대표적인 이단들의 주요한 교리의 문제점과 그들의 전도전략을 소개한다. 이단의 교리와 전도 전략을 분별하여 경계심을 가지게 함으로써 이단의 미혹으로부터 경건한 신자들을 보호하기 위해서 저술하였다.

그리고 세계교회사적으로 가장 대표적인 이단이라 할 수 있는 영지주의 기독교의 이단적 교리를 분석한 "영지주의의 기독교 왜곡과 사도신경 형성의 배경"이라는 논문과 단군상 건립하고 기독교를 폄훼하는 "이승헌의 단월드의 종교성과 상업성"에 관한 논문을 부록으로 실었다.

증보판을 내면서 모든 내용을 재검토하고 표현들을 가다듬고 내용도 조금 보완하였다. 그리고 동성애가 교계의 뜨거운 쟁점이 되고 있으며,

---

5 "'하나님의교회' 미국서도 종말론 내세워 물의",「국민일보」2016. 1. 11.

몇몇 교단에서 동성애 옹호를 이단으로 규정하기에 이르렀다. 따라서 부록에 "동성애 옹호는 이단인가"라는 글을 보완 증보하였다.

　끝으로 『이단은 왜 이단인가』에 이어 이 책을 아름답게 꾸며 출판해 준 도서출판 동연의 김영호 사장을 비롯한 여러 직원들에게도 깊이 감사드린다.

2019년 7월

허호익

■ 차 례

제 1 장

한국교회의 이단 기독교 연구 현황

I. 한국 개신교의 이단 기독교 연구 단체*

중세기의 가톨릭 교회는 이단 심문으로 악명이 높았지만 여러 시행 착오를 거쳐 오면서 교황청 신앙교리성이 확고한 자리를 차지하게 되었다. 신앙교리성은 트렌트공의회(1545-1563)의 신학에 대한 정의에 따라 계시의 진리를 정의하고 설명하는 일, 교설(教說)을 조사하여 오설(誤說)을 규명하며 단죄하고, 정설을 옹호하는 일, 권위를 가지고 계시의 진리를 가르치는 일을 담당하고 있다.

신앙교리성은 지금도 이단을 규정하고 각종 서적의 교리를 검증하고 특은(privilegium fidei), 즉 사적 계시나 기적의 심사를 구체적으로 관장하고 있다. 이를 위해 자한 '교리 검토 규정'(Agendi Ratio in Doctrinarum Examine)을 마련해 두었다. 교황청의 다른 부서들이 발표하는 문서들도 신앙과 도덕에 관련된 것이면, 미리 신앙교리성의 판정을 받아야 한다. 또한 신앙을 거스르는 범죄는 물론 도덕을 거스르거나, 성사 거행에서 저지른 중대한 범죄의 판결 업무도 관장한다. 한국 가톨릭의 경우 주교회의 총회에서 '교리에 관하여 결정하는 일'을 담당하는 것으로 되어 있다.

종교개혁 기간 동안 가톨릭교회와 루터교가 서로 이단으로 정죄하고 결별한 후 500여 년이 지나 1999년 양측이 신학적 대화를 통해 「공동선언문」을 작성하고 신학적 일치를 모색한 것은 이단 철회의 대표적인 사례이다. 구원의 문제를 놓고 16세기 초, 벌어진 논쟁은 "인간은 예수 그리스도에 대한 신앙과 함께 선행을 실천해야 구원받을 수 있다"라는

---

* 이 글은 「기독교사상」 2012년 10월호에 게재한 글 수정 보완한 것임.

가톨릭교회의 전통적 입장과 "개인의 신앙만으로 구원을 받는다"라는 루터교의 교리가 충돌하면서 빚어진 것이다. '의화(義化) 교리'에 대해서 '선행의 실천'과 '개인의 신앙'을 조화시켜 양측이 합의한 「공동 선언문」은 교회사적으로 중요한 이단 철회이며 동시에 신앙의 다양성 가운데서 일치의 공통분모를 찾으려는 노력으로 평가된다.

그러나 개신교의 경우, 제도적으로 교황청의 신앙교리성과 같은 권위 있는 범세계적인 공신력을 가진 조직이나 기구가 없기 때문에 이단적인 가르침이나, 신학적인 문제에 대한 최종의 결정이 각 교단의 처분에 맡겨져 있다. 세계기독교교회협의회(WCC)나 개혁교회연맹(WARC) 같은 범세계적인 대표성을 갖는 개신교 단체에도 신학위원회가 있긴 하지만, 지역 교회의 이단 사이비 문제를 다루는 과제를 수행하지 않는 것으로 알고 있다. 다만 WCC의 경우 안식교의 요청으로 신학적 대화를 시도한 적이 있다.

한국기독교교회협의회(NCCK)의 경우 신학위원회가 있지만 교회와 신자들을 보호하기 위해 이단들을 비판하는 일에는 특별한 관심이 없어 보인다. 한국기독교총연합회의 경우 이단사이비대책위원회가 있어서 『이단사이비 종합자료』(2004)를 발간하였으나 2012년에는 한기총 전직·현직 대표회장 등 주요 간부들이 이단에 연루되거나 이단을 옹호한 것 등이 문제가 되어 38개의 소속 교단들이 한기총을 탈퇴하여 '한국교회연합'을 새로 구성하였다. 한국교회연합은 '바른신앙수호위원회'를 두고 최근 이만희(신천지)와 이재록(만민중앙교회) 등 총 8명에 대한 이단 또는 이단 연루자라는 연구 결과를 채택하였다.[1]

---

1 「국민일보」, 2012.10.12.

한국 개신교의 몇몇 주요 교단의 경우 총회에서 이단사이비대책위원회와 같은 기구를 구성하여, 지역 교회에 피해를 주는 이단 사이비에 대한 조사 연구를 시행하고, 그 내용이 총회에 보고되고, 총회의 결의로 이단으로 규정되고 있다. 주요 교단의 이단 관련 연구단체는 다음과 같다.

고신총회 유사기독교 연구소(www.eusakidok.kosin.org)
예장합신 한국기독교이단상담소(www.jesus114.org)
총회(통합) 이단사이비대책위원회(www.pck.or.kr)
총회(합동) 이단(사이비)피해대책조사위원회(www.2dan.kr)

이 외에도 이단 관련 상담을 주로 하는 한국기독교이단상담협의회(www.jesus114.net)와 현대종교연구소에서 발간하는 월간 『현대종교』(www.hdjongkyo.co.kr)와 이단 관련 기사를 많이 다루는 인터넷 신문 「교회와신앙」(www.amennews.com) 등이 있다.

실제로 이단대책관련 위원회를 두고 이단을 연구하는 교단도 많지 않은 실정이다. 가톨릭의 신앙교리성과 같이 신학적 저술에 대한 교리 검토를 하거나, 특은(기적)이나 사적 계시에 대한 교리적 검증을 하는 기구는 없는 실정이다. 그만큼 개인의 신앙의 자유를 존중하는 전통이 되기도 하지만 그 부작용으로 많은 이단 사이비들이 우후죽순으로 등장하여 직통 계시를 주장하고, 예언과 치유의 기적을 남발하는 사례가 빈번하나 그 진정성을 검증조차 하지 못하고 있다.

II. 예장 통합의 '이단사이비대책위원회 운영지침'(2007)

주요 교단의 이단사이비 관련 연구를 다 다룰 수 없어 저자가 속한 교단의 경우만 살펴보려고 한다. 대한예수교장로회(통합)의 경우 제4회 총회(1915년)에 처음으로 경기충청노회의 질의로 "예수재강림제七일안식회라는 회(會)에 유혹을 받아 그 교회 교리를 옳다는 자도 있고 그 회로 가는 자도 있는데 그 교우를 어찌 처리하여야 좋을는지" 묻는 헌의를 했다. 이에 대해 총회는 "① 그 교회 교리가 옳다하는 자에게 대하여는 그 당회가 권면하고, 만일 직분 있는 자에게는 권면하여도 듣지 아니하면 면직시키기로 하오며 ② 그 교회로 가는 자에게 대하여는 그 당회가 강권하여 보아서 종시 듣지 아니하면 그 당회가 제명하는 것이 옳은 줄로 아오며"라는 정치위원의 보고를 그대로 채용했다.[2]

제59회 총회(1974년)부터는 사이비이단대책위원회(위원장 박종순)가 구성되어 그동안 정치부 안건으로 다루어 왔던 이단사이비에 관한 조사 연구를 담당하게 하였다. 제63회 총회(1978년)부터는 사이비이단대책위원회 산하에 조사분과위원회와 연구분과위원회를 구성하고 그리고 사이비이단문제상담소를 설립하였다. 아마 이때를 즈음하여 각 노회에도 이단사이비대책위원회가 구성된 것으로 알고 있다.

1993년에는 『교리교육지침서』(평신도용)를 발간하였고, 1994년에는 『교리교육지침서』(지도자용)를 발간하였다. 1997년부터는 매해 '이단사이비대책세미나'를 열어왔으며, 2001년에는 『사이비이단연구보

---

2 대한예수교장로회총회 외 편, 『종합 사이비·이단 연구보고집』(서울: 한국장로교출판사, 2001), 219.

고집, 제1-84총회』를 출판하였다. 2002년부터는 위원회와 상담소의 명칭을 이단사이비대책위원회와 이단사이비상담소로 변경하였다. 2004년에는 『이단사이비대책 역대세미나(제1회-제8회)』를 출판하였다. 이 세미나는 지금도 매년 개최되고 있다.

2007년 총회에서는 이단사이비대책위원회가 마련한 '이단사이비대책위원회 운영지침'을 통과시켰다. 예장 통합 총회에서는 1915년 이후 2008년까지 약 70여 단체 또는 개인에 대한 이단 사이비 여부를 조사하고 연구하여 보고한 내용을 살펴보면, 일정한 기준과 관행적인 질의, 조사, 연구, 보고, 총회 결의의 절차가 적용되어 온 것을 알 수 있다. 그러므로 총회 이단사이비대책위원회가 그동안 관행적으로 적용해 온 질의, 조사, 연구, 보고, 총회 결의 절차들을 문서로 정리하여 보다 구체적인 운영지침으로 명시할 필요가 생겼다. 이단사이비대책위원회 운영지침에는 다음과 같은 내용이 포함되어 있다.

이단사이비 조사 연구 지침: 조사대상자 결정 과정 및 조사 대상자가 본 교단 소속인일 경우와 조사 대상자가 공신력 있는 타 교단의 소속 인사일 경우와 기타 조사 대상자 그리고 이단사이비옹호언론기관(발행인)에 따라서 조사 방법의 지침을 제시한다. 그리고 보고서 작성 지침으로서 조사보고서 작성과 연구보고서 작성에 들어가야 할 내용을 구체적으로 명시하여 제시하였다.

이 운영지침의 특이한 점은 총회가 이단 사이비로 규정한 단체에 대한 재심의 기회와 철회의 절차를 마련한 것이다.

이단사이비 재심의 지침: 총회의 이단사이비 결정에 재심을 요청하려면 1) 해당 기관의 대표나 해당 당사자의 명의의 재심 요청 공문서, 2) 본 교단 결정 사항에 각 항의 적시된 모든 논지에 대한 해명이나 변화된 입장을 구체적으로 명시한 재심요청 사유서, 3) 상기 사유서의 변화된 입장을 객관적으로 증명할 수 있는 공식적 문서 자료를 구비하여 재심청구를 총회에 하도록 하였다. 그리고 재심 관련 조사 및 연구 절차에 대한 지침을 제시하였다.

'이단 재심 지침'을 마련한 것은 총회의 이단 규정이 단지 이단을 정죄하기 위한 것이 아니라, 어떤 이단이라도 자신들의 잘못된 교리를 지적하였을 때 이를 수용하고 잘못된 교리를 철회할 경우 정통적인 공교회로 귀속시키기 위한 조치로서, 아주 전향적인 제도라 여겨진다. 한번 이단이 영원한 이단이 아닐 수 있다는 생각에 따라 '이단 철회의 기준과 절차'를 일종의 준칙으로 마련한 것이다.

이러한 제도로 인해 예장 통합의 경우 이전에 이단으로 판정된 단체가 공식적으로 '재심 신청과 이단 철회 요청서'를 제출한 여러 사례가 있으며, 일부 재심 신청은 기각되었지만 재심 신청이 받아들여져 이단 규정이 철회된 사례도 있음을 알 수 있다.

2011년에는 『종합 이단·사이비 연구보고집』을 출판하였으며, 2016년 2월 현재 86개의 이단 사이비 집단을 규정하였다.[3]

---

3 대한예수교장로회총회 외 편, 『종합 이단·사이비 연구보고집』(서울: 한국장로교출판사, 2011).

III. 예장 통합의 '이단사이비 표준 지침과 사례'(2008)

제82차 총회(1997년)에 제출된 "이단 사이비 사이비성의 개념"에 관한 보고서에는 이종성, 신성종, 이수영의 견해4를 소개한 후 다음과 같이 이단, 사이비, 사이비성을 규정하였다.

> 기독교의 기본교리 하나에 문제가 있다 하더라도 그것이 다른 교리에 영향을 끼쳐 기본교리를 훼손하게 된다면 '이단'이라 규정할 수 있고, 이단이라고 할 수는 없지만 이단과 다름없이 그 폐해가 매우 큰 경우에 '사이비'라하고, '사이비'보다는 덜하지만 교류나 참여 금지 등 규제가 필요한 경우에 '사이비성'이라는 용어를 적용하는 것이 좋을 것으로 사료된다.5

그러나 실제로 지난 1915년 이후 총회에서 이단으로 규정한 내용에는 이단, 이단성, 사이비, 사이비성, 비성경적(이단), 반기독교적(이단), 참석 금지, 집회 금지, 재정 협력 금지, 예의주시, 부적절한 설교, 면직 제명, 이단 옹호 언론, 글 게재·광고 후원 금지 등의 결정이 있었다. 따라서 이러한 용어를 통일하고 결정의 기준을 좀 더 명시적으로 제시할 필요가 있다고 여겼다.

이런 필요성에 따라 2008년 "이단 사이비 규정의 기준과 사례분석"6이라는 연구 발표를 거쳐 2008년 총회에서 '이단사이비 표준지침과 사

---

4 대한예수교장로회총회 외 편, 『종합 사이비·이단연구보고집』, 217.
5 대한예수교장로회총회 외 편, 『종합 사이비·이단연구보고집』, 219.
6 허호익, "이단 사이비 규정의 기준과 사례분석", 「제10회 이단 사이비대책 세미나 자료집」 (2006), 11-44. 참조.

례'를 만들고 이단, 이단성, 사이비, 사이비성 등에 대한 개념도 새롭고 명확하게 재설정하였다.7

이 지침은 기독교 신앙의 여러 다양성에도 불구하고 '일치의 공통분모'를 성경의 가장 중요한 신앙 내용이 잘 요약된 사도신경과 WCC헌장을 이단과 정통을 구분하는 표준 지침으로 삼았다. 이단은 '예수께서 분부한 모든 것을 그대로 가르쳐 지키지 않고 분파를 이루어 틀리게 가르치고 지키는 것'이라 규정하고, '전해 받은 것을 전해주는'(고전 15:3 참조) 것이 '바른 계통'을 밟아 전하는 정통(正統) 신앙이라 보았다. 따라서 사도들이 전해준 정통적인 가르침이 담겨 있는 사도신경에서 주요한 신앙의 내용을 다섯 가지로 요약하였다.

1) 천지를 지으신 하나님 아버지(신론)
2) 그의 외아들 우리 주 예수 그리스도(기독론)
3) 성령(성령론)
4) 거룩한 공교회와 성도의 교제(교회론)
5) 죄의 용서와 몸의 부활과 영생(구원론)

1·2차 세계대전 동안 기독교 국가 사이에 전쟁이 일어났고 전후에 세계교회의 화합과 일치를 위해 1948년 세계기독교교회협의회(WCC)가 창립되었다. WCC는 20세기에 와서 세계 여러 나라에 흩어져 있는 기독교들이 역사와 전통, 교리와 제도, 예전과 의식이 너무 다양하였다. 그래서 "본질에는 일치를, 비본질에는 자유(또는 관용)를, 매사에는 사

---

7 대한예수교장로회총회, 『우리 주변의 이단들』(2008), 11, 15.

랑으로 하라."8는 오래된 격언에 따라 기독교 신앙의 본질에 해당하는 최소한의 일치의 공통분모를 모색하여 1961년에 다음과 같은 헌장을 결의하였다.

성경에 따라 주 예수께서 하나님과 구세주이심을 고백하며 따라서 성부 성자 성령 한 하나님의 영광으로 부르심을 받은 공동의 소명을 함께 성취하고자 노력하는 교회들의 교제이다.9

예장 통합에서는 이 헌장 중에서 사도신경과 중복되는 것을 제외한 다음 두 항목을 포함시켜 모두 7가지 기준을 제시한 것이다.

6) "성경이 증거하는 바"(성경론과 계시론)
7) "성부 성자 성령 한 하나님"(삼위일체론)

따라서 사도신경과 WCC헌장에 나오는 기독교 신앙의 본질적 내용으로서 교파와 신학적 다양성에도 불구하고 '일치의 공통분모'라 할 수 있는, 위에서 제시한 7개의 기본적 교리에 근거하여 이단을 다음과 같이 규정한다.

---

8 "본질적인 것에는 일치를(in necessaris unitas), 비본질적인 것에는 자유를(in un-necessaris libertas), 그리고 모든 것에는 사랑을(in omnes charitas) 주라"는 말의 원 출저는 확실하지 않다.
9 "The World Council of Churches is a fellowship of churches which confess the Lord Jesus Christ as God and Saviour according to the scriptures, and therefore seek to fulfil together their common calling to the glory of the one God, Father, Son and Holy Spirit."

이　단: 파당을 이루어 기독교신앙의 기본교리요 일치의 공동분모인, 하나
　　　　님, 예수 그리스도, 성령, 삼위일체, 성경, 교회, 구원에 대한 정통적
　　　　인 신앙 중 어느 하나라도 부인하거나 현저히 왜곡하여 가르치는
　　　　경우.
이단성: 개인적으로 위의 기독교신앙의 기본교리의 어느 하나라도 부인하
　　　　거나 현저히 왜곡하여 가르치는 경우.

　이러한 이단 규정의 지침을 마련하고 그동안 드러난 사례들을 예시
한 것은 몇 가지 현실적인 필요가 있었기 때문이다.
　첫째로 이단에 대한 최종적인 판단은 하나님께서 최후 심판에서 하
실 것이지만, 우리가 이 세상에 사는 동안 각 교단에서 신앙의 혼란을
막고, 교회의 질서를 유지하고, 교인들을 보호하기 위한 최소한의 판단
기준은 마련할 필요가 절실하였기 때문이다.
　둘째로 이러한 표준 지침이 없을 경우 자의적으로 자신들의 입장과
다른 이들을 이단으로 정죄할 위험을 방지하고, 이단 규정의 남발을
막기 위함이다.
　이 표준 지침에 따르면 이단의 교리적 특징으로 다음과 같이 설명할
수 있다. 구체적인 사례에 관해서는 『이단은 왜 이단인가』(동연, 2016)
를 참고하기 바란다.

1. 신론적 이단

　정통적인 신론은 "전능하사 천지를 지으신 아버지 하나님을 믿는다"
라는 사도신경에 근거해 있다. 예장 통합의 신조에 따르면 "하나님은

한분이시니 오직 그에게만 경배할 것이다. 하나님은 신이시니 스스로 계시고, 아니 계신 곳이 없으시며, 다른 신과 모든 물질과 구별되며, 그의 존재와 지혜와 권능과 거룩하심과 공의와 인자하심과 사랑하심에 대하여 무한하시며 무궁하시며 변치 아니하신다"고 하였다.

따라서 특정 인간인 교주를 어떤 의미로든 '천부'나 '말씀의 아버지'라고 하여, 하나님인 것처럼 주장하면 신론적 이단임에 분명하다.[10] 탁지원은 그동안 한국교회에는 스스로 하나님이라 자처한 자가 20여 명이나 된다고 한다.[11] 이처럼 교주를 하나님이라고 주장하면 무조건 신론적 이단에 해당한다.

구약의 하나님과 신약의 하나님과 말세 시대의 하나님이 다른 하나님이라 주장하는 것도 이단이 아닐 수 없다. 교회사적으로 보아 구약의 창조주 하나님과 신약의 아버지 하나님을 다른 신이라 주장한 마르키온의 두 하나님론도 신론적 이단이다.

2. 기독론적 이단

정통적인 기독론은 예수 그리스도가 하나님이고 구세주이시며, 그의 동정녀 탄생과 십자가의 고난과 대속적 죽음과 육체적 부활을 가르친다. 예수를 "나의 주님이시요 나의 하나님이시니이다"(요 20:28)라고 명시적으로 고백하였다.

---

10 허호익, 『이단은 왜 이단인가』 (서울: 동연, 2016), 105-108에 자세한 사례들을 참고할 수 있다.
11 탁지원, "현 시대에 나타난 이단과 대처방안", 『이단사이비대책 역대세미나』 (서울: 대한예수교장로회총회 이단·사이비문제상담소, 2004), 314.

성경은 "예수 그리스도께서 육체로 오심을 부인하는 자"(요 2서 1:7)와 "아버지와 아들을 부인하는 자"(요일 2:22)를 '적그리스도'라 하였다. 전자는 인성을 부정하는 영지주의자들의 가현설이고, 후자는 예수의 신성을 부정하는 에비온파의 양자설에 해당한다. 예수의 신성이나 인성 중 어느 하나를 부정하는 것은 명백한 기독론적 이단으로 규정된다.

그런데 교주나 스스로를 메시아 구세주 또는 재림 예수라 주장하거나, 한국에는 자칭 재림 예수가 한두 명이 아니다. 문선명(통일교), 유재열(장막성전), 조희성(영생교), 이만희(신천지), 안상홍(하나님의교회), 구인회(재림예수교회), 김풍일(실로등대중앙교회), 정명석(기독교복음선교회) 등이다. 심지어 여자 재림 예수를 주장하기도 한다. 일제 시대의 유명화를 예수의 친림(親臨)이라 주장한 원산파가 있었고, 지금도 자칭 재림 예수라 주장하는 심계화나 예수왕권세계선교회(심재웅)는 심화실을 여성 재림 예수라 주장한다.

이외에도 탁지원은 그동안 한국교회에서 자칭 메시아 또는 재림 예수로 자처한 자가 50여 명이라 한다.[12] 이처럼 교주를 메시아나 재림 예수라 주장하면 무조건 기독론적 이단에 해당한다.[13]

3. 성령론적 이단

정통적인 성령론은 사도신경에 따라 '성령을 믿습니다'라고 고백한다. 성령은 하나님의 영이요, 그리스도의 영이요, 성결의 영이다. 성령

---

12 대한예수교장로회총회 외편, 『종합 사이비 · 이단연구보고집』(2001), 131.
13 허호익, 『이단은 왜 이단인가』, 109-112. 자세한 사례들을 참고할 것.

은 성부와 성자처럼 동일한 신성과 인격성을 지니신 분 삼위일체 하나님의 한 위로서 하나님과 동등한 존경과 경배의 대상이다. 성령은 영이시니 육체로 오시지 않는다.

따라서 교주나 스스로를 육신을 입고 이 땅에 오신 보혜사 성령(이만희 등)이라고 하거나 성령 하나님(안상홍 등)이라고 주장하면 성령론적 이단이다. 말세에 보혜사 성령이 육신을 입고 이 땅에 오셨다고 주장하는 것은 이미 170년경 몬타누스가 처음으로 주장한 이단적 교리이다.[14] 몬타누스는 구약 시대에 영으로만 존재하던 말씀(Logos)이 신약 때에 육신이 되어 이 땅에 오신 분이 예수이듯이, 자신이 바로 예수께서 보내겠다고 약속하신 보혜사 성령(Parakletos)이 육신을 입고 이 땅이 온 것으로 주장한 바 있다.

성령을 영적 능력이나 하나님의 말씀과 동일시하여 성령의 참된 신성과 인격성을 부인하거나, 성령의 불가시적 사역을 지나치게 가시적인 사역으로 왜곡하는 것 역시 이단으로 규정된다.[15]

4. 삼위일체론적 이단

삼위일체라는 말이 성서에 없지만 성서는 성부, 성자, 성령이 한 하나님이라는 것을 증거한다. 무엇보다 예수의 지상명령에 의하면 "아버지와 아들과 성령의 이름으로 세례를 베풀라"(마 20:28)고 하였다. 따라서 성부와 성자와 성령이 동등한 신성과 권위를 가지고 세례를 통해 죄사

---

14 허호익, 『신앙, 성서, 교회를 위한 기독교 신학』 (서울: 동연, 2009), 58-59.
15 허호익, 『이단은 왜 이단인가』, 114-116. 자세한 사례들을 참고할 것.

함과 구원을 약속하시고 베푸시는 분임이 분명하다. 이외에도 무수한 성서의 증거에 따라 교회는 삼위일체를 기독교 신앙의 기본 교리로 받아들이고 있다. 이는 사도신경과 WCC 헌장에도 명시되어 있다.

따라서 성부, 성자, 성령이 한 분이라는 전통적인 삼위일체론 자체를 부인하거나, 일체성을 강조하여 삼위성을 부인하는 종속설을 주장하거나, 삼위성을 강조하여 일체성을 부인하는 양태론을 주장하거나, 삼위 (three persons)를 세 보좌(three chairs)로 여겨 비인격인 것으로 왜곡하는 경우 삼위일체론적 이단에 해당한다.

종속설(Subordinationism)은 성부와 성자와 성령의 동등성을 부정하고 신성과 권능과 영광에 있어서 성부와 성자와 성령은 본질적으로 차등이 있다는 주장이다. 아리우스(Arius)처럼 성부와 성자와 성령의 동일 본질을 부정하면 결국은 성자는 성부에 종속되고 성령은 성부와 성자에 종속되므로 초기교회에서 이단으로 정죄되었다.

양태론(Modalism)은 신성은 단일 근원에서 나오기 때문에 단일 신성이 성부와 성자와 성령이라는 세 가지 양태(model)로 나타나고 사역한다는 단일신론을 말한다. 조·부·자(祖父子) 관계에서는 '나'는 나의 아버지의 '아들'이고, 나의 아들의 '아버지'의 역할도 하지만 본래의 나는 '한 사람'이라 할 수 있다. 그러나 '하나님 아버지'와 '하나님의 아들'은 별개의 인격적 존재이다. 성경은 '하나님 아버지와 하나님의 아들'과 성령을 별개의 인격체로 묘사한다. 따라서 한 분이신 하나님이 세 가지 가면 (persona)을 쓰듯이 세 가지 역할을 한다는 사베리우스(Sabelius) 등의 주장은 새로운 형태의 가현설로서 고대 교회에서 이단으로 정죄되었다.[16]

5. 성경론 및 계시론적 이단

"신구약 성경은 하나님의 말씀이니 신앙과 행위에 대하여 유일무이한 법칙"(예장 통합 신조 1)으로 고백한다.

그러므로 교주의 경전이나 저서를 성경 이상으로 절대시하거나, 성경의 66권 전체보다 요한계시록 등 일부 내용만 절대시하거나, 짝풀이, 실상풀이 영해(靈解)라는 명분으로 성경을 자의적이고, 우의적(알레고리)이고, 주술적으로 해석하는 것과 또 이를 방대한 이단교리 체계로 구축하여 장기간 집중적으로 세뇌 교육을 하는 것은 명백히 성서적 이단에 해당한다.

그리고 육과 영, 구약과 신약, 율법과 복음 등을 극단적으로 대립시키거나, 성경의 일부 비본질적인 내용을 문자적으로 해석하고, 절대적이며 본질적인 의미를 부여하는 것도 성서적 이단의 경향이 있다.

웨스트민스트신앙고백에는 "이 성경에 대하여 어느 때를 막론하고 성령의 새로운 계시로서나, 인간의 전통으로 더 첨가 할 수 없다"(1장 6항)고 명시하였다. 성경이 완결된 후에는 어떤 형태의 직통 계시나 특별 계시가 불필요하다는 뜻이다. 많은 이단들이 성경 말씀보다 자신이 계시를 받은 내용을 절대적인 영적 진리로 강조한다. 이들의 직통 계시의 내용이 허위로 드러나는 사례가 너무나 빈번하며, 계시 받았다는 것이 교주의 착각이거나 교만일 경우도 없지 않다. 이처럼 직통 계시를 주장하는 것은 성경의 신적 권위와 성경의 완결성, 충족성, 최종성을 부정하는 것이기 때문에 성경론적 계시론적 이단에 해당한다. 칼빈은 "경

---

16 허호익, 『이단은 왜 이단인가』, 118-121. 자세한 사례들을 참고할 것.

건을 버리고 계시를 좇는 광신자들은 경건의 모든 원리를 파괴시킨다"(『기독교강요』 제1권 9장)고 경고하였다.

이단들은 성경을 자의적으로 풀이하는 교묘하고 방대한 체계를 가지고 있으며, 그 내용을 수개월에 걸쳐 집중적으로 교육함으로써 교리적 세뇌와 영적 미혹에 이르게 한다. 그러나 성경은 이러한 거짓된 자의적 해석을 금하여 "성경의 모든 예언은 사사로이 풀 것이 아니며"(벧후 1:20)라했으며, 성경을 "억지로 풀다가 스스로 멸망에 이르느니라"(벧후 3:16)고 하였다.[17]

6. 교회론적 이단

신약성서에는 가정 교회(home church)와 지역 교회(local church) 외에도 이 땅에 흩어져 있는 모든 교회를 지칭하는 '온 유대와 갈릴리와 사마리아 교회'(행 14:23), 온 교회(행 15:22), 이방인의 모든 교회(롬 16:4), 모든 교회(고후 11:28; 계 2:23), 여러 교회(고후 11:8), 각 교회(행 14:23), 각처 각 교회(고전 4:17)라는 표현이 등장한다.

신약성서에 나오는 가정 교회는 작은 무리들이 모인 예배처일 것이다. 이 가정 교회들이 점차 성장하여 지역 교회가 되고, 여러 지역에 교회가 세워지면서 온 교회, 모든 교회, 여러 교회를 지칭하는 '거룩한 공교회'라는 개념으로 발전하게 된 것이다. 이 공교회(catholic church) 를 보편적 교회(universal church)라고도 한다. 사도신경에 고백된 '거룩한 공교회(보편적 교회)와 성도의 교제'에 대한 신앙은 이러한 보편적

---

17 허호익, 『이단은 왜 이단인가』, 122-126. 자세한 사례들을 참고할 것.

교회에 대한 신앙이다.

콘스탄티노플신조(381)에도 "하나의 거룩하고 보편적이며 사도적인 교회를 믿는다"라는 신앙고백이 포함되어 있다. 이 말은 사도신경(사도성)을 고백하는 이 땅에 흩어져 있는 모든 교회는 역사와 전통, 교리와 제도, 예전과 의식이 서로 다양하지만(보편성), 거룩한 교회(거룩성)이며, 하나의 교회(일치성)라는 것이다.

대부분의 이단들은 교주를 신격화하지 않을지라도 정통적인 기성 교회의 교리와 제도와 목회자들을 무조건 비판하고, 기성 교회에는 구원이 없으며 자기들 교회에만 구원이 있는 참된 교회라는 배타적 교회론을 주장한다. 신앙의 비본질적인 것들을 본질적인 것으로 주장하며 기성 교회의 주요 교리나 전통을 이단이라 규정하고 기성 교회를 모두 마귀의 집단이라 정죄한다. '거룩한 공교회의 화합일치와 성도들 간의 교제'를 거부하고 분열과 파당을 획책한다. 이처럼 공교회의 보편적 교회론을 부정하는 것은 공교회를 통해 역사하시는 하나님의 구원의 역사를 부정하는 것이므로 결국 하나님을 부정하는 이단이라 할 수 있다.

이단 집단은 전성 교회의 제직회나 당회, 노회나 총회 같은 민주적 의사결정 기구 자체가 아예 없으며 이를 부정하기도 한다.[18] 교회는 민주적으로 투명하게 운영되어야 하는데, 이단들은 예산과 행정이 비민주적이고 불투명하다. 신천지처럼 공예배가 외부인에게는 공개되지 않는 밀교적인 이단 집단은 교회론적 이단이라 할 수 있다.

---

18 허호익, 『이단은 왜 이단인가』, 129-131. 자세한 사례들을 참고할 것.

7. 구원론적 이단

사도신경에는 구원에 관해 하나님과 예수 그리스도와 성령을 믿음으로 죄를 용서받고 부활과 영생에 참여한다고 고백한다.

그런데 이단들은 한결같이 예수를 믿어도 구원을 받을 수 없으며, 구원을 얻기 위해서는 '비본질적인' 다른 조건을 요구한다. 예를 들면 안식일을 지켜야 한다거나(안식교), 유월절을 지켜야 한다거나(하나님의교회, 안상홍), 직통 계시를 받고 144,000명에 들어가야 한다거나(신천지, 이만희), 죄사함의 비밀을 깨달아야 한다거나(구원파, 박옥수), 재영접을 해야 한다거나(다락방, 류광수), 참된 회개와 선한 일을 해야 한다(큰 믿음교회, 변승우)고 주장하는 것들은 모두 구원론적인 이단이다.

이 외에도 특정 시대에 특정 지역의 특정인만 구원을 받는다는 배타적인 구원론과 구원받은 자는 이 땅에서 죽지 않고 영생한다(신천지, 이만희)고 주장하는 것 역시 구원론적 이단이다.

온전한 구원은 회개하고, 주 예수 그리스도를 구주로 믿고 의지하고 본 받으며, 성령의 감화로 거룩하게 하심과 영원한 영광을 믿는 것이다(예장 통합 신조 9). 예수의 가르침을 개념적으로 요약하면 "나를 믿으라"(칭의), "나를 따르라"(성화), "나를 기다리라"(영화)는 것이다. 따라서 온전한 구원은 과거에 이미 '마음으로 믿어 얻은'(롬 10:9) 구원(칭의), 현재 '두렵고 떨리는 마음으로 이루어야 할'(빌 2:12) 구원(성화) 그리고 "현재의 고난과 족히 비교할 수 없는 장차 우리에게 나타날 영광"(롬 8:18)을 '소망 중에 기다리는'(롬 13:11) 영원한 구원(영화)이라는 세 차원으로 되어 있다. 구원의 세 요소인 칭의(稱義), 성화(聖化), 영화(榮化) 중 어느 하나를 극단적으로 주장하고 다른 것을 배제하는

것도 구원론의 왜곡이며 구원론적 이단이다.[19]

구원파(박옥수)는 죄사함의 비밀을 깨달으면 모든 죄가 소멸되어 완전한 의인이 된다는 왜곡된 칭의(稱義)에 근거하여 회개 기도는 스스로 죄인인 것을 인정하는 것이므로 회개 기도마저 금하고 있다.

이와 정반대로 큰믿음교회(변승우)는 "예수를 믿고 입으로 고백하는 것은 본래 이단 사설"이며 진정한 회개와 선행을 하는 큰 믿음이 있어야 구원을 받는다는 왜곡된 성화(聖化)론을 주장한다. 이와 달리 다미선교회(이장림)는 임박한 종말을 사모하고 예비하여, 휴거에 참여하는 자들만이 영생에 참여한다는 왜곡된 영화론(榮化)을 주장한다.

"죄에게서 해방되어 의에게 종(칭의)이 되었느니라… 그러나 이제는 너희가 죄에게서 해방되고 하나님께 종이 되어 거룩함에 이르는 열매(성화)를 얻었으니 이 마지막은 영생(영화)이라"(롬 6:19)는 말씀처럼, 구원에 관한 성서의 가르침은 믿음으로 의롭게 되고, 의의 열매인 거룩한 삶을 살고, 그리고 마지막으로 신령한 몸으로 부활하여 영생을 누리며, 하나님의 영광에 참여하는 영화에 이르는 것이다. 이처럼 성서가 가르치는 구원은 칭의, 성화, 영화를 포함하는 통전적인 성격을 지닌다.[20]

IV. 한국교회의 이단 규정 및 철회에 관한 논란

한국교회에는 유독 이단이 성행하고 새로운 이단들이 끊임없이 생겨

---

19 허호익, "구원론의 통전적 이해", 『현대 조직신학의 이해』 (서울: 대한기독교서회, 2003), 347-348.
20 허호익, 『이단은 왜 이단인가』, 134-140. 자세한 사례들을 참고할 것.

나고 있다. 최근에 신천지와 같은 일부 이단들은 기성 교회에 대한 공격적인 공세를 강화하고 있다. 그리하여 교단 별로 그리고 한기총을 통해 100개 가까운 개인이나 집단이 이단 또는 사이비로 규정되었다. 이러한 이단을 해지하는 적법한 주체와 절차에 대한 지침이 마련되지 않아 여러 혼란을 야기하고 있다.

첫째 사례는 『정통과 이단 종합연구서』이다. 예수교대한장로교연합회(대표회장: 정영진. 상임회장 엄신영. 이하 예장연)라는 단체에서 2003년 6월 이단사이비대책위원회(위원장: 조성훈 목사)를 구성하고 연구편찬위원 7명을 위촉해 1년간 연구한 후 2004년 6월에 출간한 책이다. 이 연구서는 "기존 교단으로부터 이단 판정을 받은 대상자들에게 신관 구원관 종말관 등 8가지 이단 판별 기준에 대한 답변을 받았으며, 테이프 분석, 예배 참석, 면담, 소명기회 제공 등을 통해 지난 1년간 직접 조사한 연구결과를 담고 있다"고 밝혔다.

이 책에 따르면 김기동(성락교회), 이재록(만민중앙교회), 박윤식(평강제일교회), 류광수(다락방) 목사, 김계화(할렐루야기도원) 원장 등 5개 교회·기관은 '이단이 아니다'라고 평가하고, 이요한(대한예수교침례회), 이초석(예수중심교회), 제칠일안식일예수재림교(안식교), 기쁜소식선교회(박옥수), 기독교복음침례회 등은 '이단성이 없거나 재검증이 필요하다'라고 평가하였다. 사실상 이들을 이단 해지하여 물의를 일으킨 것이다.

예수교대한장로교연합회 이단사이비대책위원회가 이단 해지의 대표성이 있느냐는 문제와 함께 일부 교단과 참여 인사의 이름이 도용된 것도 밝혀져 그 파장이 더욱 커졌다. 한기총 총무 협의회(2004.7.13)는 예장연 이름으로 발행된 『정통과 이단 종합연구서』가 심각한 오류를 범했음을 밝히고, 이들이 해지한 이단들을 이단으로 규정한 바 있는 각 교단에서 그 결의를 재천명하고, 한기총과 예장연에 중복 가입되어 있는 교단은 각 교단별로 예장연 탈퇴하기로 하고, 교단 명칭이 예장연에 의해 도용된 경우는 강력히 항의하도록 결정하였다.

둘째 사례는 한국기독교총연합회(당시 대표회장 이광선 목사)는 2010년 12월 17일자 임원회에서 "변승우 목사와 장재형 목사에 대해 이단혐의 없음"을 결정한 일이다. 한기총은 예장백석총회에서 제명출교 당한 큰믿음교회 변승우 목사를 '이단 혐의 없음'이라 결의했다. '재림주 의혹설'로 논란이 된 통일교 출신의 장재형 목사에 대해서도 '이단혐의 없음' 결정을 내렸다. 여러 교단 대표와 이단대책관련위원회 위원장들이 문제제기를 하였음에도 불구하고, 한기총 임원회는 변승우 목사와 장재형 목사에 대해 일방적으로 이단 철회를 결의한 것이다.

셋째 사례는 예장통합 총회장 채영남 목사가 100회 총회의 주제인 '화해'를 실현한다는 명분으로, 2016년 9월 12일 '특별사면'을 선포했다가 열흘 만인 9월 22일 이를 철회 일이다. 특별사면 대상은 권징 관련자 16명과 이단관련자 이명범(레마선교회), 변승우(사랑하는교회), 김기동(김성현 목사와 성락교회), 고 박윤식(이승현 목사와 평강제일교회), 이단옹호언론으로 규정된 교회연합신문 등이다. 2016년 9월 9일 특별사면이 총회 임원회에서 결의되자, 그 취소를 촉구하는 성명서와 공개질의서들이 봇물처럼 발표되었다.[21] 특히 예장통합 총회 산하 7개 신학대학교

---

21 ① 이단 특별사면에 대한 우리의 입장 - 서울남노회(9.17), ② 채영남 총회장에게 드리는 공개 질의서 - 평양남노회(9.19), ③ 총회장의 이단 사면에 대한 우리의 입장 - 이단상담사 1기수료자(9.17), ④ 채영남 이정환을 이단연루 및 옹호자로 간주- 한국교회연합 바른신앙수호위원회(9.19), ⑤ 이단 특별사면에 대한 입장 – 부산부산동·부산남노회(9.19), ⑥ 이단 특별 사면 결의 반대 성명서 – 예장통합 신학대교수(9.20), ⑦ 예장통합

교수 114명은 9월 20일 오후 4시 기자회견을 열고 "총회 임원회의 이단 특별 사면 결의 반대 성명서"을 발표하였다. 그 전문은 다음과 같다.[22]

대한예수교장로회 총회는 1992년 김기동(성락교회), 2002년 이명범(레마선교회), 2009년 변승우(큰믿음교회), 1991년과 2015년 박윤식(평강제일교회)을 총회 결의로 이단으로, 그리고 2009년 교회연합신문(강춘오)를 이단옹호언론으로 규정한 바 있습니다.

그런데 현 총회장 채영남 목사와 특별 사면위원장 이정환 목사가 한국 교계의 엄청난 반대 여론에도 불구하고 지난 9월 9일 임원회 결의를 근거로 9월 12일 위의 이단과 이단언론에 대해 특별 사면을 선언하여 한국교회를 또다시 혼란으로 빠뜨리고 있습니다.

교단 산하 신학대학교에 소속한 저희 교수들은 우리 교단의 교리적 정통성과 교단의 질서를 크게 훼손한 임원회의 특별 사면 결의를 취소할 것을 강력히 촉구합니다. 그리고 임원회가 이를 취소하지 않을 경우 9월 26일 총회의 총대들께서 이단 특별 사면을 취소하도록 결의하여 주실 것을 호소합니다. 그 이유는 다음과 같습니다.

1. 총회의 "이단·사이비 재심 지침"의 절차를 위반하였습니다.

2007년 총회에서 결의한 「이단·사이비대책위원회 운영지침」 2항의 "이단·사이비 재심 지침"(대한예수교장로회총회 편, 『종합 이단·사이비 연

"4개 이단 사면"에 대한 전국 신학교수 성명서(9.20), ⑧ 총회장 이단 특별사면에 관한 성명서 – 강원동노회(9.21).

22 "총회 임원회의 이단 특별 사면 결의 반대 성명서", 「교회와신앙」 2016.9.22. 서명 교수 114명 명단 참고할 것.

구보고집』, 276-277쪽)에 따르면 총회 이단·사이비대책위원회는 재심에 필요한 모든 서류를 '조사 연구한 연구보고서' 작성하여 심의한 후 총회의 최종 결의를 통해 철회하도록 되어 있습니다. 임원회의 특별 사면 결의는 총회의 "이단·사이비 재심 지침"의 절차를 명백히 위반한 월권과 불법이므로 즉각 취소되어야 합니다.

2. 당사자의 각서 및 사과문에는 이단 교리 철회 언급이 없거나 미흡합니다.
"이단·사이비 재심 지침"에 따르면 "본 교단 결정사항 각항에 적시된 모든 논지에 대한 해명이나 변화된 입장을 구체적으로 명시한 재심요청사유서"와 "상기 사유서의 변화된 입장을 객관적으로 증명할 수 있는 공식적 문서"를 제출해야 합니다. 예를 들면 김기동의 경우 귀신론과 양태적 삼위일체론 등, 이명범은 삼위일체론과 창조론과 인간론 등, 변승우의 교회론과 직통계시론과 배타적 구원론과 신비주의적인 사역, 그리고 박윤식의 기독론적 오류와 피가름 교리와 유사한 '씨앗속임'의 성적 타락론과 직통계시론 등에 나타난 이단적 교리에 대한 구체적인 해명이나 변화된 입장이나 기존의 이단적 교리를 철회한다는 내용이 있어야 합니다. 그러나 이명범 측과 고 박윤식 측은 자신들의 이단적 교리를 철회한다는 언급이 전무하고, 변승우와 김기동 측은 다소의 언급이 있으나 상당히 미흡합니다. 그리고 기존의 이단교리를 완벽히 철회할 의사가 있다면 그런 교리가 기록된 모든 도서와 자료들의 목록을 제시하고 이를 모두 폐기한다고 선언하고 이를 행동으로 보여주어야 됩니다. 이처럼 교리적인 문제로 규정한 이단을 교리와 무관한 포괄적 사과문으로 특별 사면하는 것은 만부당한 일이므로 이번 특별 사면은 취소되어야 합니다.

3. 특별 사면 이전에 재교육과 검증의 절차를 거쳐야 합니다.

특별 사면 대상들은 향후 2년간 총회 차원에서 구성하는 '(가칭) 동행위원회'의 관찰을 받고, 필요한 경우 교리와 신학 등의 재교육과 신앙검증 절차도 밟을 수도 있다"라 했었습니다. 총회 한 임원은 "특별 사면이 됐더라도 이 같은 교육과 검증 절차를 통과하지 못할 경우, 특사 자격 박탈도 배제할 수 없다"라고 하였습니다. 이단을 재심하려면 이단·사이비대책위원회와 조사와 연구보고서를 통해 먼저 검증 철자를 거쳐야 됩니다. 특별 사면 후 재교육과 검증을 하겠다는 것 역시 "이단·사이비 재심 지침"을 위반한 것이며 동시에 일의 선후를 무시한 상식 이하의 처사이므로 취소되어야 합니다.

4. 3년간 이단 옹호 기사 게재 사실이 없어야 합니다.

"이단·사이비 재심 지침"에 의하면 이단옹호언론인 경우 "재심 요청일을 기준하여 지난 3년간 이단 옹호 기사 게재 사실이 없음"을 검증하여야 합니다. 이런 규정과 검증을 무시한 특별 사면은 취소되어야 합니다.

5. 이단들에게 교인들을 넘겨주는 반교회적인 행위입니다.

최근 이단들은 정통교회에 대한 공격적 포교활동을 통해 그 세력을 확장시키고 있는 데 반해, 우리 교단의 경우는 지난 몇 년 동안 교세가 줄어들고 있습니다. 이런 상황에서 여러 교단에서 이단으로 규정한 집단을 특별 사면한다는 것은 이단들에게 교인들을 넘겨주는 반교회적인 행위이므로 철회되어야 합니다.

6. 한국교회의 분열을 가중시킬 것이 확실합니다.

한경직 목사님을 중심으로 우리 교단이 적극 참여하여 설립된 한기총이 최근 무분별하게 이단을 해제한 것에 반발하여 한기총을 탈퇴한 것이 엊그제이고, 이단해제가 한국교회의 연합과 일치의 가장 큰 장애라는 것을 어느 교단보다 뼈저리게 겪은 우리 총회임에도 불구하고, 현 총회 임원회가 무려 4개의 이단과 1개의 이단옹호 언론을 무더기로 특별 사면하는 것은 한국교회의 분열을 가중시킬 것이 확실하므로 반드시 취소되어야 합니다.

7. "이단 옹호 교단"이라는 누명을 벗어야 합니다.

한국교회의 건전한 정통 신앙의 혼란을 막고, 우리 교단의 교리적 정체성을 지키고 나아가 교단 간의 화합 일치를 위해서, 그리고 우리 교단이 "이단 옹호 교단"이라는 누명과 낙인의 굴레에서 벗어나기 위해서는 규정과 절차를 무시한 임원회의 이단 특별 사면 결의는 어떤 형식으로든지 조속히 그리고 반드시 취소되어야 합니다.

특별사면에 대해 교단 안팎의 반대 여론이 높아지고 예장 통합 총회 산하 7개 신학대학교 교수 100여 명이 반대 성명서를 준비한다는 것이 알려지자, 교단 원로 목회자인 증경총회장 19명이 2016년 9월 20일 모임을 갖고 이 문제를 논의하였다. 이들은 이단 특별사면의 문제점을 지적하고 채영남 총회장에게 이단 특별사면을 철회할 권고하기에 이르렀다. 이를 수용한 최영남 총회장은 9월 22일 "우리 임원회는 제101회 총회가 화평하고 거룩한 가운데 개최되고 진행되는 것을 최우선의 과제로 생각하여, 헌법위원회와 규칙부가 제시한 이단 사면(해지)과 관련한 교단의 절차에 대한 해석과 교단을 염려하는 총대들의 뜻을 받들어, 지난 9월 12일에 행한 총회장의 이단사면선포를 철회"한다는 성명서를 발표하였다. 그리고 101회 총회(2016.9.28.)에서 '이단특별사면은 원천무효 폐기하고, 3년간 재론금지하기로 결의'하였다.[23] 이러한 이단특별사면과 철회로 인해 한국교회에 큰 상처를 남긴 것을 부인할 수 없다.

이러한 일련의 사태에 대해 전국신학대 교수 79명의 성명에는 한국교회가 이단 해제 시 유념해야 할 문제점들을 다음과 같이 지적하였다.[24]

첫째, 김기동, 이명범, 변승우, 박윤식은 한국교회 주요 교단들이 한결같이 명확한 이단으로 평가해 왔습니다. 그동안 오랜 연구와 엄격한 논의를 거쳐 교단적인 차원에서 이들 집단들을 이단이라고 선언하고 경계하며 교류를 금해 왔습니다. 따라서 다른 교단들과의 충분한 논의와 합의가 없이 예장 통합 임원회가 일방적으로 이단을 사면하는 결정과 선언을 한 것은 한국의 다른 교단들과의 일치와 연합을 심각하게 손상시키는 행위가 아닐 수 없습니다.

둘째, 이들 이단들은 한 번도 자신들이 견지해 온 잘못된 이단 사상을 취소하지도 철회하지도 않았습니다. 이단 해제는 충분한 논의와 심사, 그리고 합의가 전제되어야 할 신중한 문제입니다. 이는 어느 한 교단의 총회 임원회에서 졸속으로 결정할 사항이 아니라, 각 교단의 신학위원회와 이대위의 엄격하고 공정한 심의를 거쳐 소속 전체 교회의 총의를 통해 결정해야 할 중차대한 문제입니다.

셋째, 예장 통합 임원회의 갑작스런 "이단 사면" 결정은 이단 해제를 통해

---

23 "이단특별사면… 원천무효 폐기, 3년간 재론금지", 「교회와신앙」 2016.09.28.
24 "예장 통합 임원회의 '4개 이단 사면'에 대한 전국 신학교수 성명서", 「교회와신앙」 2016.9.22. 79명 명단 참조할 것.

거대한 연합 기구를 만들려는 일종의 준비 작업이라는 인상을 지울 수 없습니다. 우리는 이단 문제가 선결되지 않은 가운데 진행되는 그 어떤 형태의 거대 연합기구의 결성도 반대합니다. 그것은 한국교회에 유익보다는 혼란을 가중시킬 뿐이기 때문입니다.

넷째, 이번에 물의를 일으킨 통합측 뿐만이 아니라, 그 어떤 교단의 총회라도 이단을 영입하거나 이단을 해제하거나 사면하는 등의 잘못된 정치적 행동을 하지 말아야 할 것입니다. 이런 일들은 한국교회의 혼란을 가중시키는 것으로 전혀 시도되지 말아야 합니다.

전국신학대학 교수들의 성명서에서도 지적한 것처럼 예장연이나, 한기총 그리고 예장 통합 채영남 총회장의 이단 특별 사면과 철회는 한국교회의 신앙을 혼란시키고 교단간의 화합과 일치를 붕괴시킨 불행한 사례로 역사에 기록될 것이다.

한국교회가 겪은 위에서 언급한 세 가지 사례를 통해 이단 해지나 이단 사면 시에 고려해야 할 다음과 같은 문제점들이 명백하게 드러났다.

첫째는 이단 해지의 주체의 문제이다. 예장연의 경우 그들이 이단 판정의 주체가 아닌 제3자이기 때문이다. 이단 해지가 효력과 정당성을 얻으려면 이단 판정 주체가 자신들의 판정을 철회하거나 해지하는 공식적인 절차를 거쳐야 하는 것이다. 제3자의 해지는 이단 집단에 의해 이용당하거나 왜곡되어 그 공신력과 정당성을 확보하기보다는 갈등을 부추길 우려가 더 크다는 것을 이번 사태가 극명하게 보여준다.

한기총의 경우도 이단 해지 주체의 문제가 제기된다. 물론 한기총이 이단으로 규정한 단체에 대해서는 한기총이 주체가 되어 해지할 수도 있을 것이다. 그러나 한기총은 회원교단들의 협의회이므로 모든 회원

교단들이 그 특정 이단을 해지할 경우 이를 최종으로 이단해지 해야 하는 절차를 지켜야 한다. 다수의 회원교단가 이단 해지를 하지 않았음에도 불구하고 한기총 임원회가 이를 일방적으로 해지하는 것은, 회원교단의 결정을 무시하는 처사이기 때문에 9개 교단이 문제를 제기한 것이다.

둘째로는 이단 해지에 필요한 연구보고서 제시의 문제이다. 이단으로 판정할 때에는 이단적인 주장의 구체적 증거가 제시되고, 이단적인 주장이라는 구체적인 성서적 교리적 신학적 근거를 명시한 조사 또는 연구보고서를 작성한다.

따라서 이단 판정을 해지하려고 할 때에도 이단으로 규정된 모든 내용의 각각에 대하여 해당 단체나 개인이 기존 주장을 수정하거나 철회한다는 공식적인 문서와 더불어 관련 자료에 대한 조사 연구 보고서가 작성되어야 한다.

예장연의 경우는 임의로 8개 항목의 조사를 통해 이단을 해지한 것이므로, 이단으로 판정된 구체적인 내용과 그에 대한 명확한 해명과 그 해명을 뒷받침할 객관적인 증거가 미흡할 수밖에 없는 것이다. 그리고 연구보고서를 작성하려면 최소한 회원교단들이 이단으로 규정한 모든 항목에 대해 이단 해지의 성서적 신학적 교리적 근거가 제시되어야 한다. 한기총의 경우도 이러한 이단 해지의 연구보고서가 채택되지 않은 것으로 알고 있다.

셋째로 이단 해지의 절차의 문제이다. 각 교단의 이단 규정은 노회나 총회의 조사 요청에 따라 이단사이비대책위원회의 조사와 연구를 통해 보고서로 작성하고, 이를 심의 결정한 후 총회 임원회의 결의를 거쳐 총회에서 제출하여 수천 명이 모인 총회의 최종 의결로 확정 판결한다.

따라서 이를 해지하려면 동일한 절차가 요구된다.

예장연의 경우 이단 판정 주체와 무관한 임의로 구성된 7명의 연구위원이 조사 연구한 내용이므로 그 공신력과 객관성이 인정되지 않는 것이다. 한기총의 임원회의 결정의 경우도 마찬가지다.

넷째로 이단 규정과 해지를 위한 지침이 마련되어야 한다. 이단을 규정하려면 각 교단마다 이단 규정의 표준지침과 운영지침을 마련하여 적법하고 일관성과 형평성이 있는 절차를 마련하여야 한다. 예장 통합의 경우처럼 이단 해지에 관한 적법한 주체와 절차에 대한 규정이 먼저 마련되어야 하고 이런 규정과 절차에 따라 이단 해지가 적법하게 이루어져야 한다.

V. 한기총 전현직 주요 간부의 이단 연루설 논란

대한예수교장로회 백석은 2012년 총회(9월 17일)에서 "통일교·다락방·베뢰아 등이 한기총과 관련되어 있다. 백석은 이단과 같이할 수 없다"는 긴급 동의안을 제출, 만장일치로 결의하였다. 대한예수교장로회 통합(예장통합) 2021년 총회(9월 20일)에서 이단·사이비대책위원회(이대위)는 한기총 주요 인사인 홍재철·길자연·박중선·조경대 목사를 이단 연루자로 규정하는 내용의 연구보고서를 제출하였다.[25]

박중선 목사에 대해서는, "본 교단은 물론 합신 교단으로부터 이단시 결의된 장재형을 앞세워 세계복음주의연맹(WEA) 총회를 유치하는 데

---

[25] "한기총 이단연루자들(박중선·홍재철·조경대·길자연)에 대한 보고서"(2012).

앞장서 한국교회를 혼란에 빠지게 한 자"로 규정하였다.

조경대 목사에 대해서는, 이단자 박윤식에게 박사 학위를 주려고 하였으며, 다락방총회(류광수)와 자신의 교단을 합하여 이단에게 면죄부를 주었고, 다락방을 한기총에 소속되게 하여 이단을 옹호하는 자가 되었다고 명시하였다.

홍재철 목사(한기총 대표회장)에 대한 내용 중에는, 다락방총회(류광수)를 옹호하고 한기총을 통하여 실질적으로 '이단 면죄부'를 준 자이며, 한 손으로 정적을 이단 내지 이단옹호자로 규정하고, 한 손으로는 이단을 해지하고 옹호하는 행위를 했다고 지적하였다.

길자연 목사에 대한서는, 이단인 다락방총회(류광수 씨)를 영입한 개혁총회(조경삼 목사측)의 회원 자격을 인준하고 '회원교단증명서'까지 발급해 주어 결과적으로 류광수 이단을 영입하였고, 한기총에서 결의되지 않았음에도 불구하고, 거짓으로 장재형과 변승우에게 면죄부를 주었다는 사실을 밝혔다.

이처럼 한기총의 전현직 대표회장과 공동회장이 이단 연루자로 규정된 것은 한국교회의 이단들의 교계 유린이 얼마나 심각한지를 단적으로 보여준다.

VI. 이단 연구의 새로운 과제

에밀 브룬너는 신학사에 나타난 신학의 동기와 필요성을 '신학의 세 뿌리'로 분석하고,[26] 그 첫째가 논쟁적 동기라 하였다. 교회의 선교 과정에서 교회 안에서 거짓 교리를 가르치는 이단들의 '이단교리를 논박하기 위한 투쟁'(Struggle against false doctrine) 과정에서 기독교 신학이 형성되었다. 이레네우스의 영지주의 이단 논박이나, 아다나시우스와 아리우스 논쟁과 어거스틴과 펠라기우스 논쟁은 이러한 사례에 속한다고 하였다.

한국교회는 밖으로는 '안티기독교'와 안으로는 '이단기독교'로 인해 몸살을 앓고 있다. 따라서 초대교회의 신학적 전통에 따라 이단기독교와 안티기독교를 연구하는 신학자들이 보다 많아야 할 것이다. 우선 주요 교단의 이단사이비대책위원회에 전문위원으로서 보다 많은 신학자들이 참여할 수 있어야 할 것이다. 이들이 함께 모여 이단사이비대책위원회협의회(가칭)같은 대표성이 있고 공신력이 있는 이단연구단체를 구성하여 한국교회의 이단들에 대해 주요 교단이 공동대처할 필요가 있다고 여겨진다.

그리고 세례 시 기초교리교육을 강화하여 이단에 미혹되지 않도록 예방교육을 시키고, 신학교육 커리큘럼에서도 최근의 이단들의 주요 교리와 전도전략을 소개하고 대처할 수 있는 실제적인 교육이 이루어져야 할 것이다.

이단은 피해를 입기 전에는 그 심각성을 알기가 쉽지 않다. 한번 이단 교리에 미혹되고 세뇌된 신자들을 회복시키는 일이 아주 어렵기 때문에 각 교회마다 전교인을 상대로 정기적인 이단교육을 통해 이단에 대한 예방 대책을 강구할 필요가 있다.

---

26 E. Brunner, *Christian Doctrine of God* (New York: The Westminster, 1946), 9-11, 93-95.

제 2 장

김성도의 '새주교'와
한국 이단 기독교의 뿌리

I. 김성도 권사, 한국 이단 기독교의 뿌리*

    한국교회사에 처음으로 등장한 이단은 1917년 여호와의 이름으로 계시를 받아 정도교(正道教)를 창시한 이순화라는 여인과 1920년대에 10년 동안 한반도 각지를 순회하며 '남방여왕' 행세를 했던 익명의 여인이라 할 수 있다. 이들의 영향은 미미하였다.[1]

    1927년 원산감리교회의 박승환 장로의 아내인 유명화(柳明花)가 자신을 예수의 친림(親臨)이라 주장하였다. 1932년 1월 28일 평양 집회에서 강신극을 자행하였으며 가을에는 처남 매부 간인 한준명과 백남주의 권유로 이용도도 합류하였다.[2] 그해 11월 28일 평양노회는 한준명, 백남주, 황국주, 유명화를 이단으로 결의하고, 1933년 9월 장로교 총회는 "이용도, 백남주, 한준명, 이호빈 등을 이단으로 간주한다"고 결의하였다.[3]

    한국교회의 이단적 교리 형성에 결정적이고 지속적인 영향을 끼친 이는 김성도(金聖道, 1882-1944) 권사이다. 그녀는 1923년 음력 4월 2일 입신하여 천군 천사들을 만났고, 그때 예수와 나눈 대화 속에는 "죄의 뿌리가 음란"이라는 이야기를 들었다. "지상인들의 불신 때문에

---

* 이 글은 「신학과 문화」 22집(2013)에 발표한 논문을 재정리한 것임.

1 이강오, "구한말 남학(南學)의 발생과 그 성격에 관하여", 「전라문화연구」 창간호 (1979.2), 107-141.

2 김인서, "龍道教會의 내막 조사 발표- 4. 降神문제와 柳女史의 歸正", 「신앙생활」 1934년 5월호, 『김인서 저작선집』 2(서울: 신망애사, 1974), 133; "1932년 가을 이용도는 한준명의 편지를 받고 백남주의 청으로 원산에 가서 入流降神에 복종하였다." 민경배, 『한국기독교회사』 (개정판) (서울: 대한기독교출판사 1982), 315.

3 대한예수교장로회 총회 편, 『종합 사이비·이단 연구 보고집』 (서울: 한국장로교출판사, 2001), 19.

예수 자신이 억울하게 죽었으니 교회당에서 십자가를 떼어내는 운동을 전개하라"는 당부도 받았다고 한다.

열흘 뒤인 음력 4월 12일 예수와의 두 번째 면담에서 예수로부터 "재림 주님이 육신을 쓴 인간으로 한반도에 온다"는 말을 들었다.[4] 이때의 대담 내용을 길이 2m, 폭 30cm의 종이 12장에 기록하여 놓았다.[5] 김성도의 장남 정석천의 증언에 의하면, 이러한 계시를 바탕으로 김성도가 주장한 교리적 메시지의 내용은 다섯 가지로 요약된다고 한다.

1) 죄의 뿌리는 선악과라는 과일을 따먹은 것에서부터 온 것이 아니라 남녀 관계가 원인이 되어 나타났다. 즉 음란이 타락의 동기가 되었다.

2) 예수님께서 십자가를 지시기 위해 오신 것이 아니라, 돌아가시지 않고 뜻을 이루어야 했다.

3) 하나님께서 2대 슬픔을 갖고 계시는데, 그 첫째가 아담이 타락하는 순간을 아시면서 간섭하시지 못하시고 바라만 볼 수밖에 없으셨던 슬픔이고, 둘째는 예수님께서 십자가에 돌아가시지 않고 살아서 하나님의 뜻을 이루셔야 하는데도 불구하고 인간의 불신으로 말미암아 예수님이 십자가에 못 박히시는 장면을 보시는 슬픔이었다.

4) 재림 주님은 구름을 타고 오시는 것이 아니라 여인의 몸을 통해 오신다.

5) 재림 주님은 한국으로 오시며 만인이 한국을 신앙의 종주국으로 알고 찾아오게 된다.[6]

---

4 세계기독교통일신령협회 역사편찬위원회 편, 「史報」 No. 157호, 76: 이영호, "새주파와 신비주의자들", 『현대종교』 2000년 4월호, 22-23.

5 정동섭, 『한국의종교단체실태조사연구』 (국제종교문제연구소 책임연구원, 2000). 8-9.

6 정석천, "어려울 때 모신 영광", 『소명하신 길을 따라』 (서울: 세계기독교통일신령협회 역사편찬위원회, 1986), 200: 최종현, 『한국 메시아운동사 연구』 제1권 (서울: 생각하는 백성,

문선명[7]과 그의 장모 홍순애[8]도 이와 비슷한 증언을 하였다.

탁명환에 의하면 1986년 기준으로 "한국에서 자신을 재림 예수라 주장하는 자가 35명이며, 하나님, 보혜사 성령님 등은 12명"[9]이라 하였는데, 탁지원은 2002년 기준으로 "자칭 하나님이 20명 이상, 자칭 재림 예수가 50여 명 이상"으로 추정하였다.[10] 이 모든 이단의 주장에는 김성도의 이단적 교리가 포함되어 있다고 보아야 할 것이다.

김성도의 새주파는 "오늘날 한반도에 존재하는 모든 천년왕국 단체들의 효시"[11]요 "토종 이단의 원조"[12]라는 평가를 받는다. 그녀가 1923년 2번에 걸쳐 입신 가운데서 예수를 면담하고 받은 계시의 내용이 어떻게 그 후에 등장하는 이단 기독교 집단들에 의해 계승 발전되어 오늘에

1999), 37 재인용.

7 세계기독교통일신령협회 역사편찬위원회 편, 「史報」 제157호, 41: 이영호, "새주파와 신비주의자들", 26 재인용. "1. 일본으로부터 한국의 해방. 2. 재림 주님은 한국으로 오실 것인데 구름타고오시는 것이 아니라 육신 쓴 한 인간으로 오실 것이다. 그리고 그 사람은 한국인이다. 3. 선악을 알게 하는 나무의 실과는 과일이 아니고, 즉 타락은 사랑의 행위였다. 즉 타락은 사랑의 잘못으로 일어났다. 4. 남자와 여자는 결혼하지 않아야 한다. 왜냐하면 그런 결혼은 참된 결혼이 아니라 거짓 결혼이기 때문이다. 5. 주님은 새로운 혈통을 세우려고 오신다. 그렇기 때문에 재림 주님을 영접하려는 모든 사람의 마음과 몸은 정결하게 해야 한다. 그러므로 남편과 아내 사이에 성생활이 있어서는 안 된다."

8 「월간 통일세계」, 1996년 6월호, 167: 이영호, "새주파와 신비주의자들", 26 재인용. "1) 예수님께서는 십자가에 돌아가시기 위해 오신분이 아니다. … 예수님은 억울하게 죽은 것이다. 그래서 하나님의 구원섭리는 연장된 것이다. 2) 인간의 타락은 선악과를 따먹고 타락한 것이 아니라, 아담과 하와의 잘못된 성생활, 즉 음란으로 타락했다. 3) 재림 주님은 구름 타고 오시는 것이 아니라 어느 여인의 몸을 통해 육신으로 한국에 태어날 것이며 한국이 에덴동산이 된다."

9 탁명환, 「기독교이단연구」 (서울: 도서출판연구사, 1986), 78.

10 현대종교 편집부, 「한국신흥종교태조사연구집 1-자칭 한국의 재림주들」 (서울: 한미사, 2002), 23.

11 최중현, 「한국 메시아운동사 연구」 제1권, 19.

12 이영호, "토종이단의 원조(元祖), 성주교의 김성도 권사", 「교회와신앙」(인터넷판) 2010. 5. 31.

이르고 있는지를 그 교리적 계보를 간략하게 살펴보려고 한다.

II. 김성도의 입신(入信)과 신앙생활

김성도(金聖道)는 1882년 음력 7월 1일 태어나, 만 17세 때에 평안북
도 철산군 부서면 장좌동에 거주하는 스물세 살이 많은 정항준(鄭恒俊)
과 결혼하였다.[13] 그는 재산이 많았고 이미 첫 번째 아내에게서 딸이
하나 있었다. 둘째 아내(정실이 아님)에게서도 아들이 둘 있었으나, '둘
다 정신지체'를 가지고 있었다. 김성도는 삼촌 및 친척의 강요에 못 이겨
정항준에게 대를 이어 주기 위해 셋째 부인으로 정식 결혼하게 되었
다.[14] 그래서 정항준의 둘째 아내가 김성도에게 모질게 시집살이를 시
켰다고 한다.

김성도가 낳은 첫 아이는 아들이었으나 태어난 지 1년 만에 죽고 말았
다. 이어서 딸을 셋을 낳은 다음 1906년 6월 25일에야 둘째 아들 정석천
(鄭錫天)를 낳아 대를 잇게 된 것이다.[15] 아들을 낳고 나서 김성도는 일
종의 정신 이상 증세를 보이기 시작하였다. 이를 고치기 위해서 무당을
부르고, 병원을 찾는 등 여러 가지로 애를 썼으나 별 차도가 없었다.
노 권사라는 전도부인(傳道婦人)이 와서 "이 병은 예수를 믿어야 낫는

---

13 이영호, "새주파와 신비주의자들", 21. 이영호는 1882년생인 김성도가 18세에 40세인
　정항준과 결혼하였다고 하였다고 한다. 최중현, 『한국 메시아운동사 연구』 제1권, 20,
　23. 최중현은 김성도가 만 17세 때 27년 연상인 정항준과 결혼하였다고 한다.
14 정석천, "어려울 때 모신 영광", 198: 최중현, 『한국 메시아운동사 연구』 제1권, 20 재인용.
15 최중현, 『한국 메시아운동사 연구』 제1권, 20.

다"고 일러주었다. 그때부터 교회를 나가기 시작해서 약 3개월 뒤에 정신 이상 증세가 완치되었다.[16] 정석천은 그때 모친 김성도의 나이가 24-25세쯤이었다고 한다.

1년 뒤 아들 정석천이 병이 들었으나 기도로 나은 일이 있다. 두 차례의 치유 체험이 계기가 되어 김성도는 돈독한 신앙을 갖게 되었다. 남편 정항준은 대대로 유교 가문에 '나라에서 녹을 먹고 있는 집안'의 사람이었기에 아내의 기독교 신앙을 못 마땅히 여겼다. 모진 박해를 가하였다. 손자 정수원은 교회에 다녀온 할머니를 할아버지가 "머리채 잡아 발가락에 감아 끼우고 목침으로 할머니를 때렸다"고 한다.[17] 아들 정석천은 "자녀들은 혹시 어머니가 매를 맞아 돌아가시지 않을까 늘 걱정"을 할 정도였다고 회고한다.[18]

결혼한 지 17년 되던 해인 1916년쯤에 남편이 61세로 타계한 뒤부터 김성도는 더욱 신앙생활에 몰두하였다. 매일 같이 금식기도와 철야기도에 힘쓰며 성경상의 난 문제를 풀기 위해 애썼다고 한다.[19]

III. 직통 계시 사건과 출교 처분

장손 정수원의 회고에 의하면 김성도는 1923년 음력 4월 2일과 12일

---

16 정석천, "어려울 때 모신 영광", 198: 『한국 메시아운동사 연구』 제1권, 21에서 재인용.
17 세계기독교통일신령협회 역사편찬위원회 편, 「사보」 157호, 74: 이영호, "새주파와 신비주의자들", 22. 재인용.
18 최중현, 『한국 메시아운동사 연구』 제1권, 22.
19 정석천, "어려울 때 모신 영광", 199: 『한국 메시아운동사 연구』 제1권, 23에서 재인용.

두 차례에 걸쳐 예수와 친히 면담하고, 예수를 통해 직접 계시를 받았다고 한다. 첫째 날 받은 계시는 "죄의 뿌리는 음란"이라는 것 등이고, 둘째 날 받은 계시는 "재림 주님이 육신을 쓴 인간으로 한반도에 온다"는 것이었다.[20] 이때의 면담 내용은 길이 2m, 폭 30㎝의 종이 12장에 기록하여 놓았는데, 그 내용을 요약한 다섯 가지는 앞에서 언급한 바 있다.

김성도는 입신하여 "때가 급하니 속히 세상에 널리 알리라"는 계시를 받았다. 교회 담임 목사에 이를 보고했더니 사탄의 역사라고 하면서 '자제하라'는 지도를 받는다. 이런 신비체험에 대한 소문이 교회에 나돌아 교우들이 그녀에게 자주 찾아오게 되자, 1925년 교단의 책벌(策罰)을 받아 출교(黜敎) 처분을 받게 되었다.[21]

김성도는 자신을 책벌한 기성 교회의 교직자는 '조만간 하늘로부터 징계가 내릴 것이라는 계시를 받았다'고 공언하였다. 아무런 기색이 없자 그를 추종하던 이들도 상당수가 기성 교회로 돌아갔다고 한다.

1932년 봄에는 이용도, 백남주, 한준명이 김성도의 신령함에 대한 소문을 듣고 평안북도 철산군 김성도를 방문한 적이 있었다.[22] 그다음 해인 1933년 1월 3일에 백남주가 주축이 되어 한준명과 이용도와 함께 『새 생명의 길』을 선포하였다. 이 날은 유명화가 예수의 탄생일이라 주장한 날[23]이며, 백남주의 생일이기도 하다. 이용도는 이 날을 성탄절

20 정수원, "소명하신 길을 따라", 1982: 최중현, 『한국 메시아운동사 연구』 제1권, 24에서 재인용.

21 최중현, 『한국 메시아운동사 연구』 제1권, 24.

22 이영호, "새주파와 신비주의자들", 24.

23 김인서, "龍道敎會의 내막 조사 발표- 4. 降神문제와 柳女史의 歸正, 「신앙생활」 1934년 5월호, 『김인서저작선집』 2, 130. 유명화를 통하여 입류신이 왈 "이놈아 내가 하일(何日)에 탄생하였는지 알고 싶으냐 1월 3일에 탄생하였나니라"고 하였다.

로 지켜야 한다고 주장하였다.[24]

예수의 친림(親臨)이라 주장한 유명화는 그녀가 전하는 말씀이 곧 '주님'이라고 믿었던 병약한 이용도에게 "용도야 너는 조선 제일의 나의 사자(使者)이니 너는 무병(無病)하다. 73세를 너와 함께 하리라. 너는 내 교회를 따로 세워라. 이놈 네가 교회를 분립하지 않으면 나를 위하여 십자가를 진다는 것이 무엇이냐"[25]고 하였다. 이 계시를 받고 이용도는 감리교를 떠나 1933년 6월 평양에서 '예수교회'를 세웠으나 그해 10월 2일 사망하였다. 73세는 고사하고 33세 요절하였다. 유명화의 계시가 허위로 드러난 것이다.

당시 평양노회장 남궁혁은 1932년 5월에 이용도 일파가 "성서 밖의 별묵시(別黙示)" 즉 특별계시를 주장한 것을 경계하였고, 그가 죽기 전 감리교에서 목사직 휴직 처분을 내렸다.[26]

김인서는 '새 생명의 길'이 "구약은 생명을 들려주고 신약은 생명을 보여주고 새 생명의 길은 생명을 받게 한다"고 선언하고 "신구약 66권만이 성경이란 고집을 버리라"고 주장한다며 비판하였다.[27] 이들이 주장하는 교리적 이설(異說)의 첫 번째가 성경권위 부인이라고 비판하였다.[28]

1935년 여름 백남주와 함께 새주파에 합류한 김백문도 1946년 3월

24 이영호, "새주파와 신비주의자들", 28.
25 김인서, "龍道教會의 내막 조사 발표- 4. 降神문제와 柳女史의 歸正", 「신앙생활」 1934년 5월호, 『김인서 저작선집』 2, 130.
26 민경배, 『한국기독교회사』, 389-390.
27 김인서, "龍道教會의 내막 조사 발표- 3. 교리문제와 책동자의 가면", 「신앙생활」 1934년 4월호, 『김인서 저작선집』 2, 124.
28 김인서, "龍道教會의 내막 조사 발표", 124.

2일 정오쯤 경기도 산골에서 예배를 보는데 흰옷 입은 예수께서 그곳에 나타나셨다고 한다. 이날에 하늘이 열리고 재림이 실현되었다고 하여 '개천일'로 기념하였다. 그리고 "부활은 성신과 신부로서 재림의 새 세계를 사람으로 이루실 바 복귀의 시작"이라는 사실은 신조 1로 삼아 성부시대와 성자시대가 지나고 성약시대가 시작되었음을 선언하였다.[29]

이러한 3시대론은 통일교를 비롯하여 이후에 등장하는 많은 이단들의 교리적 기초가 되었다. '성신과 신부의 재림 교리'는 통일교에서 문선명과 한학자의 부부를 신격화하는 교리로, 하나님의교회에서는 성령의 새 이름인 안상홍과 그의 신부 장길자가 하나님 아버지와 하나님 어머니라는 교리로 이어져 오고 있는 것이다.[30]

문선명은 1936년 4월 17일 부활절 아침, 산에서 "내가 하지 못한 사역을 너를 통해 완성할 것이다"[31]라는 신적 계시를 받았다고 한다. 이런 전통에 따라 무수한 이단 집단들은 "이제까지 아무도 풀지 못하던 하나님의 말씀을 하나님의 계시를 통해 풀게 해 주겠다"[32]고 주장한다.

신천지의 이만희는 예수께서 나타나서 자신에게 직접 계시해 주었다고 주장한다. 이만희는 "필자가 주님으로부터 듣고, 보고, 기록한 이 증거가 참인 것은 성경 66권을 기록한 선지자들도 필자와 같이 하나님으로부터 듣고 본 것만을 기록했기 때문"이라 한다.[33] 그는 계시를 두 가지로 구분한다. "하나는 장래에 이룰 일을 이상으로 미리 보여주는

29 김백문, 『기독교 근본원리』(서울: 일성당, 1958), 24.
30 허호익, "하나님의교회의 주요 교리와 비판", 「신학과 문화」 20집(2011), 89-118.
31 Kim Oon Young, *The Divine Principle* (Califonia, Eden Publisher, 1960), iii: 박영관, 35-36 재인용.
32 탁명환, 『기독교이단연구』(서울: 도서출판연구사, 1986), 86.
33 이만희, 『천국 비밀 계시록의 실상』(서울: 도서출판 신천지, 1986), 3.

'환상 계시'이며 다른 하나는 약속한 예언을 실물로 이루어서 보여주는 '실상 계시'"라고 한다.34 사도 요한은 요한계시록에서 환상 중에 본 천국을 기록하였지만 이만희는 천국의 실상을 보고 증거한다는 것이다. 이만희가 본 천국의 실상은 6,000년 동안 감추어진 비밀이라고 한다. "창세로부터 6,000년간 감추어졌던 이 비밀이 주님의 약속대로 오늘날 개봉되어 우리에게 알려지는 것이니 성도들은 참으로 믿고 지킬 일임을 명심하기 바란다"35고 하였다.

다미선교회는 1992년 10월 28일 밤 12시에 예수의 재림과 신자들의 공중 휴거가 있다는 직접 계시를 받았다고 주장했으나 허위로 드러났다. 그럼에도 불구하고 신사도운동이나 큰 믿음 교회의 변승우 역시 직통 계시를 주장한다.

이처럼 직통 계시는 개인의 착각이나 망상이나 가식일 경우가 대부분이고, 허위로 드러난 사례가 너무 많으며, 무엇보다도 성경이 구원에 관한 모든 부분의 완전한 지식이라는 성경의 권위를 부정하는 이단으로 빠지게 한다.

Ⅳ. '새주파'의 형성과 '성주교'의 창립

정석천의 회고에 따르면 1931년 2월에는 자신의 딸 석현에게 "새 주님이 나타났으니 회개하지 않으면 안 된다"라는 계시가 내렸다. 가족

---

34 이만희, 『요한계시록의 실상』(서울: 도서출판 신천지, 2005), 45.
35 이만희, 『요한계시록의 실상』, 90.

모두가 금식하며 참회 기도를 드렸으며, 손자들은 김성도 할머니의 기도를 받았다고 한다. 김성도의 손자 정수원의 회고에 의하면 "어린 시절에 친척과 동리 사람들로부터 '새 주(主) 새끼'로 불렸다"고 하였다.[36]

당시 현장을 목격한 김선환의 증언에 의하면, 평북 철산에 김성도라는 권사가 있어 병 고치는 은혜를 받고 많은 병자를 고쳐주는데, "사방에서 많은 환자가 모이고 기도를 받으면 즉석에서 마음이 감동되자 권사란 명칭을 부르지 않고 '새 주님'이라고 불렀다"고 한다.[37] 남녀가 한자리에 모여서 "'역사! 역사! 새 주님 역사! 진주문에 들어가서 새 주님 만나자'고 야단법석"[38]이었다는 것이다.

김성도는 어떤 젊은 여자가 병을 고치려고 기도 받기 위해 나오자, 옷을 벗기고 같이 춤추자고 하였다. 그녀가 남자들 틈에서 부끄러워서 할 수 없다고 거절하자, '네가 부끄러워하는 것은 네 마음에 죄가 있어 부끄러워하는 것'인데 "죄악 벗은 영혼은 기뻐 뛰며 주를 찬송"해야 한다고 강요하였다. 그 여자는 병 고침을 받기 위하여 옷을 벗고 남녀와 같이 춤을 추었고, 이 일로 일제 경찰에 의해 그들은 풍기문란으로 엄벌을 받았다.[39]

탁명환은 예수 믿어 재산을 축내고 미친 짓한다고 몹시 미워하고 구타도 많이 했던 그녀의 "남편 정씨가 부인의 사랑과 신앙에 감동되어 임종 시 그 아들들을 모아 놓고 '네 어머니가 바로 주님이시니라'" 한

---

36 최중현, 『한국 메시아운동사 연구』 제1권, 25.
37 김선환, "국산 재래 이단의 후계자", 김경래 편, 『사회악과 사교운동』 (서울: 기문사, 1957), 166.
38 김선환, "국산 재래 이단의 후계자", 166.
39 김선환, "국산 재래 이단의 후계자", 166-167.

데서 '새 주님' 호칭이 발단(發端)된 것이라고 한다.40

1932년 봄에는 새 주님으로 불리는 철산의 김성도를 방문한 바 있는 이용도, 백남주, 한준명이 1933년 6월 예수교회41라는 교단을 창설하였다. 그해 10월에는 철산의 김성도의 모임이 '예수교회'에 허입된다. 평양과 원산 지역에 '예수교회 소속 교회 10여 개와 1천 명 정도의 교인이 있었다. 예수교회의 기관지인 「예수」에 의하면 당시 철산의 장좌예배당의 교인수가 130명가량 되었다고 한다.42

백남주는 1934년 예수교회의 기관지인 「예수」지의 주필(主筆)을 맡았다. 그는 조필(助筆), 즉 편집 실무를 맡은 김정일이라는 처녀와 '천국결혼'을 미리 실습한다며 불륜을 행한 일로 인해 불신을 받았다.43 원산의 예수교회를 떠날 수밖에 없게 된, 백남주는 1935년 여름 평안북도 철산군 소재 김성도 여인의 '새주교'를 찾아갔다. 그가 그해 10월 '새주교'를 조선총독부에 종교단체로 등록할 때에 한글 이름이 허용되지 않아, 교단명을 '성주교(聖主教)'로 하였다.44

백남주는 성주교 총회가 열렸을 때 모인 자 49명에게 목사안수를 주었다. 그날 밤 혼음의 의혹과 가능성이 있는 남녀혼숙의 숙소 배치를 하였다. 그는 "부부가 아닌 일남일녀를 동숙(同宿)하라 명하고, 이렇게 지나면서 범간(犯姦)하지 않은 자라야 천당에 갈 수 있다"45고 하였다.

40 탁명환, 『기독교이단연구』, 101.
41 민경배, "백남주", 『기독교대백과사전』 제7권(서울: 기독교문사, 1982), 353.
42 「예수」 1934년 5월호 33: 최종현, 한국 메시아운동사 연구』 제1권, 29.
43 민경배, "백남주", 『기독교대백과사전』 제7권, 353. 민경배는 이 처녀를 「예수」지의 편집 실무를 맡은 김정일이라는 여인이라고 한다.
44 최종현, 『한국 메시아운동사 연구』 제1권, 31. 1940년 당시 성주교는 평남, 평북, 함남, 함북에 18개의 교회가 소속해 있었고, 교인수는 120명 정도로 파악된다.

25세의 총각 박모 씨와 42세의 과부 김 전도사에게 신께서 '거룩한 성교'를 지시했다고 명했다.[46] 이 일로 인해 이호빈이 백남주와 단교를 선언하였다.[47]

이 일련의 사태에 대해 김인서는 이용도가 유명화의 계시를 받아 정통교회(正敎會)를 버리고 예수교회라는 가짜교회(假敎會)를 세우고 새 주파의 김성도와 백남주를 합류시킨 것을 비판하였다. "자칭(自稱) 새 주는 광망(狂妄)이 아니면 적그리스도의 영(靈)이어늘 아무리 신앙양심 파산하였기로 어떻게 새주교회를 시인하였는가"[48]라고 질타하였다. 백남주와 같이 '천국결혼'이라는 미명으로 간음을 일삼는 무리와 합하여 '이단의 난'(異端亂)[49]을 일으켰다고 통탄하였다.

이러한 '새 주' 숭배는 '하나님의 새 이름' 또는 "재림 예수의 새 이름"이라는 교리로 발전하였다. 안상홍은 "나의 새 이름을 그 위에 기록하여라"(계 3:12)는 말씀과 "내가 감추었던 만나를 주고 또 흰 돌을 줄 터인데 그 돌 위에 새 이름을 기록한 것이 있나니 받은 자 밖에는 그 이름을 알 사람이 없느니라"(계 2:17)는 말씀을 제멋대로 해석하였다. 성부시대에는 하나님의 이름이 여호와였고, 성자시대에는 하나님의 새 이름이 예수 그리스도였고, 성령시대에는 하나님의 새 이름이 안상홍이라고 주장한다.

신천지 역시 초림 때에는 예수님이 하나님의 새 이름으로 오신 분이고 재림 때에는 이긴 자(이만희 총회장)가 하나님의 새 이름으로 오신

---

45 변종호, 『이용도목사 연구 40년』(서울: 장안문화사, 1993), 165.

46 탁명환, 『기독교이단연구』, 101. 이 일로 이호빈은 백남주와의 단교 선언을 하였다.

47 탁명환, 『기독교이단연구』, 101,

48 김인서, "責 假敎會", 「신앙세계」 1935년 7월호, 『김인서저작전집』 2, 192.

49 김인서, "龍道敎會의 내막 조사 발표- 3. 교리문제와 책동자의 가면", 「신앙생활」 1934년 4월호, 『김인서 저작선집』 2, 122.

분이라고 주장한다. "여호와라는 이름의 하나님께서(출 3:15) 새 이름을 가지셨듯이 예수님도 새 이름을 가지게 되셨으니 새 예루살렘이요 (갈 4:26) 새 이스라엘이며 예수님께서 장가드시는 이기는 자의 이름이다"(계 2:17, 28)[50]라는 것이다.

어쨌든 새 주님 김성도는 그 후 등장하는 50여 명에 달하는 재림 예수의 효시가 되었다. 새주파가 세운 성주교는 그 후 한국에 등장하게 된 모든 이단 기독교 집단의 원조가 된 것이다. 해방 전 북한종교 통계에 따르면 성주교에 속한 교회가 18개이고 교직자는 28명이었다.[51]

V. 김성도의 재림 예수 교리

유명화는 자신이 예수의 친림이라고 하였으나, 김성도는 '새 주님'으로 불렸다. 그가 받은 계시의 내용을 보면 그 후 한국에 등장하는 50여 명의 재림 예수들의 주장을 포함하고 있다. 이 점에서 명실공히 김성도는 재림 예수의 효시이며, 한국 기독교 이단 집단의 교리 형성에 기초를 마련한 장본인이라 여겨진다.

1. 초림 예수와 십자가 실패론

김성도의 손자가 부친 정석천으로부터 들은 것을 증언한 바에 따르

---

50 이만희, 『요한계시록의 실상』 (서울: 도서출판 신천지, 2005), 73.
51 이영호, "새주파와 신비주의자들", 28.

면, "김성도는 1923년 음력 4월 2일 입신하여 천군 천사들을 만났고, 그때 예수와 나눈 대화 속에는 '지상인들의 불신 때문에 예수 자신이 억울하게 죽었으니 교회당에서 십자가를 떼어내는 운동을 전개하라'는 당부도 받았다"고 한다.[52] 예수 그리스도의 십자가를 '저주와 실패의 상징'[53]으로 해석하는 이단 기독교의 전통 역시 여기에서 출발한다.

문선명도 김성도의 예수 실패론을 그대로 계승하였다.

예수는 초림주로서 인류를 구원하러 왔으나 완전 구원을 이루지 못했으며 그 이유인즉 십자가로 인류의 원죄를 청산하고 구원을 이룬 것이 아니고 오히려 십자가로 인하여 구원에 실패했고 그러므로 십자가는 구원 실패의 상징이다.[54]

박태선 역시 "육적 구원을 이루지 않아 뒷날 재림하셔서 이를 이루기로 약속하고 가셨다"고 하였다.[55]

이러한 주장은 예수 그리스도의 십자가가 실패인 것으로 보이나 실제로는 3일 만에 부활하심으로 죽음의 세력에 대한 최후의 승리였다는 사실을 무시하고 부정한다. 자신들이 육신으로 온 재림 예수라는 것을 강조하기 위해 초림 예수의 실패를 전면에 내세우는 기독론적 이단에 해당하는 한국의 이단기독교의 전형적인 논리이다.

---

52 정수원의 증언(1995월 8월 12일): 최중현, 『한국 메시아운동사 연구』 제1권, 24에서 재인용.
53 탁명환, 『기독교이단연구』, 76.
54 세계기독교통일신령협회 편, 『원리강론』 (서울: 성화사, 1966 초판, 1989년 28판). 240, 222. 148, 156.
55 세계기독교통일신령협회 편, 『원리강론』, 490.

2. 육신으로 오는 재림 예수

1923년 음력 4월 2일 김성도는 입신하여 천군 천사들을 만났고 그때 예수와 나눈 대화 속에는 예수님의 십자가는 이스라엘 민족의 불신 때문이며, 주님이 육신을 쓰고 한국으로 오신다는 등의 음성을 들었다고 한다.[56]

문선명도 김성도가 받은 계시의 내용 중에 "재림 주님은 한국으로 오실 것인데 구름 타고 오시는 것이 아니라, 육신을 쓴 한 인간으로 오실 것이다. 그리고 그 사람은 한국인이다"라는 내용이 포함되어 있다고 증언하였다.[57]

김성도 사후 허호빈에 의해 복중교가 생겨났다. 허호빈 역시 "재림 주님은 구름을 타고 오는 것이 아니라, 인간으로 오신다는 것과 오시는 곳은 한국의 평양이라는 것, 이천 년 전 오신 주님은 애기 주님으로 유대 나라에 오셨지만, 재림 주님은 장성한 주님으로 오신다는 것" 그리고 "인간 타락은 과일을 따 먹은 것이 아니고 성적 타락이며 모든 성경이 비유와 상징으로 되었다"[58]라는 교리의 원칙을 세웠다고 한다.

통일교는 "인자가 구름 타고 오는 것을 보리라"(마 24:30)는 것은 실재의 구름이 아니고 구름 떼처럼 많이 모인 무리 가운데 출현한다는 의미로 해석한다.[59]

---

56 세계기독교통일신령협회 역사편찬위원회, 「史報」 157호, 76: 이영호, "새주파와 신비주의자들", 22-23 재인용.

57 세계기독교통일신령협회 역사편찬위원회, 「史報」 157호, 41: 이영호, "새주파와 신비주의자들", 26 재인용.

58 오영춘, "주님의 수난길에 동역자 되어", 300: 최중현, 『한국 메시아운동사 연구』 제1권, 41 재인용

신천지에서는 구름은 비유적으로 육체를 뜻하므로 '인자가 구름을 타고 온다'는 것은 인자가 육체를 입고 왔다는 뜻이라고 가르친다. 육체를 입고 이 땅에 이미 온 재림 예수 교리는 육신으로 임한 보혜사 교리로 발전한다. 신천지에서 보혜사는 영과 육을 모두 말하는 것이며 영이신 하나님이 육으로 오신 보혜사가 예수이듯이, 진리의 성령이신 다른 보혜사가 택한 목자로서 육으로 오신 분이 이만희라고 가르친다. 예수께서 "나를 본 자는 하나님을 본 것"이라고 한 것처럼 택한 목자 이만희를 보고 믿는 것이 곧 그를 보내신 하나님과 예수 그리스도와 진리의 성령을 믿는 것이라고 한다.[60]

부활하신 예수는 썩지 않고, 영광스럽고, 강하며, 신령한 몸이 되셨다. 부활체는 썩고, 비천하고, 약하고, 자연적인 육체가 결코 아니다(고전 15:42-44). 따라서 부활하신 예수께서 재림하실 때에 육체를 입고 온다는 것은 부활신앙의 근간을 부정하는 것이다. 재림 예수가 육신을 입고 온다는 이단들의 주장은, 재림 예수로 자처하는 이단 교주들이 육체로 입고 있는 사실을 무마하기 위한 기만이다. 이 역시 기독론적 이단의 전형이다.

3. 한국에 오는 재림 예수

1923년 음력 4월 2일 김성도는 입신하여 천군 천사들을 만났고 그때 예수와 나눈 대화 속에 "주님은 육신을 쓰고 한국으로 오신다"는 등의

---

59 탁명환, 『기독교이단연구』, 87.
60 시온신학 SCJ 파워특강, "보혜사" 참조.

음성을 들었다고 한다.[61] 이러한 재림 예수 한국 도래설은 나운몽과 박태선과 문선명 등 많은 이단들에 의해 주장되어 왔다.

정석천의 회고에 따르면 1931년 2월에는 딸 석현에게 "새 주님이 나타났으니 회개하지 않으면 안 된다"라는 계시가 내렸고 '감사 노래'도 계시로 받았다고 한다.

> 기쁘고 감사하다. 새 주님이 왔다. / …세상 권세 다 없어지고 / 하날의 주의 음성 들려오는데 / 새로운 천지 머리 들고 나스니 / 광명한 에덴동산 열리었구나…

이 '감사의 노래'를 김성도의 가족과 추종자들이 얼마나 열심히 애창하였든지, 그들을 '감사교'라고 부르기도 하였다.[62] 이 '감사 노래'에는 감사하다는 말이 13번, 새 주님이 왔다는 말이 세 번이나 반복되어 있다.[63]

김성도 집단은 '감사노래'를 열심히 부르다 보면 춤을 추게 되고, 그러다 보니 혁대가 있는 옷도 벗겨지기도 하였고 심취된 이들은 그런 줄도 모르고 춤을 추었는데, 이런 일로 한 사람당 벌금 10원씩인가 문 적이 있다.[64]

---

61 세계기독교통일신령협회 역사편찬위원회, 「史報」 157호, 76: 이영호, "새주파와 신비주의자들", 22-23 재인용.

62 최중현, 『한국 메시아운동사 연구』 제1권, 26.

63 이영호, "새주파와 신비주의자들", 23.

64 세계기독교통일신령협회 역사편찬위원회, 「史報」 154호, 77: 이영호, "토종 이단의 원조(元祖), 성주교의 김성도 권사", 「교회와신앙」(인터넷판) 2010. 5. 31.

이 감사노래에는 '새 주님이 이미 왔다'는 것과 이 땅 '새로운 천지가 시작'되었고, '새 에덴이 열렸다'는 교리가 처음으로 등장한다. 홍순애의 증언에도 김성도가 받은 계시 중에서 "재림 주님은 구름 타고 오시는 것이 아니라 어느 여인의 몸을 통해 육신으로 한국에 태어날 것이며 한국은 에덴동산이 된다"는 내용이 등장한다.[65] 1923년에는 "주님이 육신을 쓰고 한국에 오신다"는 계시를 받았는데, 1931년에는 "새 주님이 이미 한국에 왔다고, 새 하늘과 새 땅이 시작되었다"고 주장한 것으로 보인다.

재림 예수가 한국 땅에 온다는 교리 역시 무수한 이단들에 전형적인 주장으로 되풀이되고 있다. 박태선은 자신이 '동방의 의인'이라고 주장하였다. "해 돋는 곳으로부터"(사 41:25)라고 했으니, 해 돋는 곳은 동방이다. 동방은 극동을 가리키므로 중국, 일본, 한국이 포함되지만, "섬들아 잠잠하라"(사 46:1) 했으니, 섬나라 일본은 아니다. "내가 너를 모퉁이에서 부르고"(사 41:9)라고 했으니, 대륙의 중심인 중국도 아니고 그 모퉁이인 한국이라는 것이다. 그리고 "북방에서 오게 하며"(사 41:25)라고 했으니 그의 고향인 북한에서 월남한 박태선의 '북방에서 온 동방의 의인'이라 해석한 것이다.[66]

통일교 역시 동방나라는 한·중·일 삼국인데, 일본은 천황(아마데라스 오오미가미)을 숭배해 온 나라이고 중국은 공산화되었기 때문에 "이 두 나라는 모두 「사탄」편 국가"이다. 따라서 "예수님이 재림하실 동방의 나라는 바로 대한민국"[67]이라고 한다. 구약시대의 아브라함의 후손이

65 「월간 통일세계」, 1996년 6월호, 167: 이영호, "새주파와 신비주의자들", 26 재인용.
66 탁명환, 『기독교이단연구』, 87.
67 세계기독교통일신령협회 편, 『원리강론』, 499.

제1 이스라엘이고, 신약시대의 기독교 신도들이 제2 이스라엘이고, 성약(成約)시대에 "하나님의 제3차 섭리를 완수해야 할 한국민족은 제3 이스라엘 선민이 되는 것"이다.[68]

그리고 한국에 "장차 예수님이 재림하실 것을, 불교에서는 미륵불이, 유교에서는 진인이, 천도교에서는 최수운이, 정감록에서는 정도령이 나타나는 것으로 교단마다 다른 계시를 받아 왔다"[69]고 한다. 따라서 '동방의 그 나라 바로 한국'[70]에 예수가 재림하며, "한민족이 고대해 온 의의 왕 정도령(正道令)은 바로 한국으로 재림하실 예수님에 대한 대한민국식 이름"[71]이라고 주장한다. 『정감록』에 나오는 정도령(鄭道令)을 '하나님의 바른 말씀을 가지고 오시는 분'이라는 뜻으로 정도령(正道令)으로 표기한 것이다.

이러한 주장은 용문산의 나운몽도 그대로 수용하였다. 그는 단군신화와 시내산 사건의 유사성을 주장하고, 우리 민족의 단군은 바벨탑 붕괴 후 동쪽으로 이동하여 정착한 아브라함 혈통의 단 지파의 후예라고도 주장하였다.[72]

이러한 이단적 교리를 계승한 신천지의 이만희 역시 1984년 3월 14일 자신을 따르는 세력을 규합해 '신천지 예수교 증거 장막성전'을 설립하였는데, 이 날을 신천지가 이 땅에 시작된 새 언약의 날이라고 한다.

통일교 문선명 집단은 2001년 '하나님 왕권즉위식'을 거행한 후 새

---

68 세계기독교통일신령협회 편, 『원리강론』, 500.
69 세계기독교통일신령협회 편, 『원리강론』, 506.
70 세계기독교통일신령협회 편, 『원리강론』, 499.
71 세계기독교통일신령협회 편, 『원리강론』, 505-506.
72 나운몽, 『동방의 한 나라』 상권 (서울: 애향숙, 1975), 55.

천년왕국인 천일국(天一國)시대의 개문을 선포하였다. 천일국 5년이 되는 2006년에는 천정궁(天正宮)[73]을 완성하여 입궁식을 겸하여 '천지인(天地人) 참부모님', '천주(天宙) 평화의 왕' 대관식을 거행하고 '천일국 창국선언문'를 선포하였다. 천일국이 경기도 가평에 개국하였다는 주장이다.

성경은 마지막 날에 대해 "그 날과 그 때는 아무도 모르나니 하늘에 있는 천사들도, 아들도 모르고 아버지만 아시느니라"(막 13:32)고 하였다. 종말의 시간을 아무도 모르듯이 재림의 장소도 아무에게도 알려져 있지 않다. 따라서 한국이 예수께서 재림할 장소라거나, 한국에서 새 하늘과 새 땅이 시작된다는 것 역시 비성경적인 가르침인 것이다. 특정 시기에 종말이 임한다는 시한부종말론처럼 특정 장소에 주님이 재림하신다는 주장 역시 거짓된 가르침인 것이다.

4. 12제자를 세우는 재림 예수

철산의 장좌동에서 새주파의 활동을 목격한 김선환은 "이 새 주는 자기 앞에 12제자를 두었다"고 증언했다.[74] 평남 지천에서 성주교회 총회가 열렸을 때 모인 자 49명에게 목사안수를 주었으니[75] 아마 그중에서 12명을 택하여 12제자라 칭했을 것으로 여겨진다. 새주가 12제자를 둔다는 교리는 박동기와 이만희를 통해 계승되었다.

일제 말기에 박동기는 1928년 1월 금식기도 중 신비체험을 한 후

---

73 음국배, 『통일교 그 베일을 벗다』 (서울: 자유문고, 2008), 18-19.
74 김선환, "국산 재래 이단의 후계자", 166.
75 변종호, 『이용도목사 연구 40년』 (서울: 성화사, 1993), 164-165.

1944년 4월 25일 사탄의 제국인 독일과 일본의 국체를 빼앗아 상제이
신 하나님의 통치 아래에 두는 '성일본제국'(聖逸本帝國)이라는 시온산
제국을 선포하였다. 그는 국가와 국기도 제정하였는데 우리나라의 각 도를
다음의 12지파로 나누고 도지사를 12족장으로 명명하기도 하였다.[76]

경상도: 유다, 전라북도: 레위, 전라남도: 요셉, 충청북도: 르우벤, 충청남
도: 베냐민, 강원도: 단, 경기도: 시므온, 평안북도: 잇사갈, 평안남도: 스불
론, 함경북도: 아셀, 함경남도: 갓, 황해도: 납달리

신천지는 시대마다 나타난 하나님의 나라는 12지파로 이루어졌는
데, 구약 시대에 야곱은 이긴 자, 즉 이스라엘이라는 이름을 받고 육적
이스라엘 12지파의 시초가 되었다. 신약 시대에는 예수께서 세상을 이
기고(요 16:33; 마 4장; 눅 4장) 12제자를 통해 영적 이스라엘 12지파를
만들었다. 그리고 마지막 시대에는 이긴 자 이만희가 세운 12지파로
이루어진다고 주장한다. 따라서 "마지막 때 이 12지파에 속하지 않는
자는 하나님 나라의 백성이 아니라고 하셨기에 신천지 12지파는 전 세
계에 신천지를 알리는 동시에 만국을 소성하기 위해 일하고 있다"[77]고
주장한다.

그러나 이들이 주장하는 12지파는 신천지의 12교구에 지나지 않는
다. 그리고 이 지역이 여러 차례 변경되기도 하였다.

---

76 김남식, 『일제하 한국교회소종파운동연구』 (서울: 새순출판사, 1987), 115-117.
77 "신천지 12지파", http://cafe.daum.net/beautiful-scj/

본부: 유다=요한지파, 영등포: 시므온=시몬지파, 인천 주안: 스불론=바들로매지파, 인천 부평: 레위=마태지파, 성북구: 잇사갈=야고보지파, 서울 불광동: 베냐민=도마지파, 대전: 므낫세=맛디아지파, 강원도: 납달리=빌립지파, 대구: 아셀=다대오지파, 광주: 요셉=베드로지파, 부산: 르우벤=야고보지파, 부산 여명: 갓=안드레지파

전세계적으로 23억이 넘는 기독교인이 있는데, 신천지 12교구에 속하는 14만 4천 명만이 구원을 받는 것은 구원론적 왜곡이다. 이는 '특정시기에 특정인만 구원 받는다'는 배타적인 구원관으로서 전형적인 구원론적 이단이다.

5. 새 주님의 이름으로 기도

김선환에 의하면 새주파는 기도할 때 "새 주님의 이름으로 기도한다"는 말로 기도를 끝냈다고 한다.[78] 이러한 전통 역시 여러 이단을 통해 계승되었다. 일찍이 통일교는 기도 시 "참 부모님의 이름으로 아뢰었습니다. 아멘"으로 끝낸다.[79] 하나님의교회에서는 기도문에 이러한 유형이 나타난다.

하늘에 계신 아버지 안상홍 님, 아버지께서 강림하실 날은 임박하였사오나 우리들은 아무 준비가 없사오니, 아버지여! 우리들을 불쌍히 여기시고 아

---

78 김선환, "국산 재래 이단의 후계자", 166.
79 탁명환, 『기독교이단연구』, 78.

버지의 성령으로 말미암아 우리를 거듭나게 하사, 아버지의 강림하실 날에 부족함이 없이 영접하게 하여 주옵소서. 아버지 안상홍님 이름으로 간구하옵나이다. 아멘.[80]

안상홍의 하나님의교회에서는 성부시대에는 여호와 하나님께 기도하고 성자시대에는 예수 그리스도에게 기도하고 성령시대에는 성령 하나님의 새 이름이신 안상홍의 이름으로 기도해야 한다고 가르친다. 전화의 지역번호가 다르듯이 시대마다 전화번호가 다른 이치라고 하였다.

예수께서는 "너희가 내 이름으로 구하는 것은, 내가 무엇이든지 다 이루어 주겠다"고 하였다. 그래서 기도는 아버지 하나님께, 성령의 인도하심에 따라 성자 예수의 이름으로 드리는 것이다. 천하의 다른 이름으로 기도할 수 없는 것이다.

VI. 원죄의 성적 타락론과 피가름 교리

김성도는 대를 이어 주기 위한 씨받이로 자기보다 나이가 스물일곱 살이나 많은 정항준의 셋째 부인으로 들어가 온갖 구박을 당했다. 그리고 겨우 아들을 낳은 다음 정신 이상으로 고생하다가 교회에 출석하여 치유를 받았지만, 소속 교회의 "담임목사가 남녀 문제로 입건 당하게 되어 큰 충격"을 받았다. "이 문제로 죄에 대하여 깊이 파고드는 기도

---

80 김정수, "안상홍 하나님을 위한 사회 봉사 활동", 「현대종교」 2007년 7·8월호, 158. 안증회에서 사용하는 찬송가인 『새노래』 2장 "우리의 원하는 기도"의 가사 내용이다.

생활을 하였다"[81]고 한다. 1923년 음력 4월 2일 김성도는 입신하여 천군 천사들을 만났고 그때 예수와 나눈 대화 속에서 '죄의 뿌리가 음란'이라 들었다.[82] 자신이 겪은 씨받이라는 쓰라린 경험과 담임목사의 성 추문을 계기로 성(性)에 관한 부정적인 견해를 가졌을 것으로 짐작된다.

김성도의 장남 정석천의 증언에 의하면, 김성도가 주장한 교리적 메시지들 가운데 첫 번째가 "죄의 뿌리는 선악과라는 과일을 따먹은 것에서부터 온 것이 아니라 남녀 관계가 원인이 되어 나타났다. 즉 음란이 타락의 동기가 되었다"는 내용이라고 한다. 김성도의 선악과로 인한 성적 타락설에 대한 문선명이 증언은 아주 구체적이다.

선악을 알게 하는 나무의 실과는 과일이 아니고, 타락은 사랑의 행위였다. 즉 타락은 사랑의 잘못으로 일어났다. 남자와 여자는 결혼하지 않아야 한다. 왜냐하면 그런 결혼은 참된 결혼이 아니라 거짓 결혼이기 때문이다. 그녀[김성도]는 이미 결혼한 부부에게는 성생활을 하지 말라고 가르쳤다. 주님은 새로운 혈통을 세우려고 오신다. 그렇기 때문에 재림 주님을 영접하려는 모든 사람은 마음과 몸을 정결하게 해야 한다. 그러므로 남편과 아내 사이에 성생활이 있어서는 안 된다."[83]

이런 이유로 김성도는 아들 며느리에게 부부 생활을 하지 말라고 했

81 정석천, "어려울 때 모신 영광", 199: 최중현, 『한국 메시아운동사 연구』 제1권, 25에서 재인용.
82 정수원의 증언(1995월 8월 12일): 위의 책, 24에서 재인용.
83 세계기독교통일신령협회 역사편찬위원회, 「史報」 제157호, 41: 이영호, "새주파와 신비주의자들", 26 재인용.

다. 둘째 아들과 딸들은 결혼하지 않았다. 그녀는 자손들에게는 "고기를 먹으면 정욕이 생겨 탈선하기 쉬우니 고기를 먹지 말라"고 지시했다고 한다.[84] 이런 이유로 추종자들은 고기 음식을 금하는 식생활을 했다. "음란으로 타락했기 때문에 고기를 먹으면 정력이 생기므로 고기를 먹지 말라"는 계시가 있었기 때문이었다. 그리고 "음란의 혈통적으로 타락했으니 피를 맑게 해야 된다"면서, 쌀을 불려 생식을 했다. 이렇게 생식을 해서 피를 깨끗하게 한 다음 재림 주님을 맞이해야 한다는 것이다.[85]

백남주를 따라 새주파에 합류한 김백문은 김성도의 원죄 음란설을 발전시켜 창조, 타락, 복귀라는 3대 원리를 주제로 한 방대한 『기독교 근본원리』를 저술하였는데, 후대의 모든 성적 타락론 교리의 원조가 되었다. 타락원리론에서 김백문은 선악과는 식물이기 때문에 혈통에 미칠 영혼작용이 있어야 했고, '뱀의 육체를 이용한 악령'이 그 역할을 하였다고 한다. 하와가 정욕에 이끌리어 선악과를 따 먹은 것은 결과적으로 "번식 작용이 이용당한 것"이니, 하와의 "선악과적 범행이란 뱀 즉, 사신(蛇身)으로 나타난 악령과의 육체적 음행"이며 결과적으로 하와는 육체의 성욕감을 받아 "창조 본성의 사랑의 반대 성리(性理)인 정욕의 육성(肉性)으로 악화(惡化)된 것"이라고 해석한다.

그래서 이제 여인 하와로서 유인된 바 선악과적 범행이란 사신(蛇身)으로 나타난 악령과의 육체적 음행을 말하게 되는 일이니 즉 사신(蛇身)으로 직접적 육체성교를 범행한 데서 하와로서 여자의 처녀 정조를 박탈당한

---

84 정수원, "소망하신 길을 따라", 346: 위의 책, 27에서 재인용.
85 이영호, "토종 이단의 원조(元祖), 성주교의 김성도 권사", 「교회와신앙」(인터넷판) 2010. 5. 31.

것도 컸으나 혈통에 미친 그 죄악성은 곧 육체의 성욕감을 거기에서 받아가
진 그것으로 창조 본성의 사랑의 반대 성리(性理)인 정욕의 육성으로 악화
케 되었던 것이다.[86]

따라서 선악과는 식물성 실과가 아니고 하와의 육체상 처녀 정조를
뱀에게 빼앗긴 것이며, 인류는 그로부터 뱀의 혈통성을 받고 태어난
것이라고 한다.[87] 선악과를 따 먹은 것을 음행으로 해석하는 이유는,
범죄 후 부끄러워서 가린 것이 입이 아니기 때문에 '구식도'(口食道)로
범죄한 것이 아니라 '생식기 국부'의 범행을 실증하는 것이라는 논리이
다.[88] 그리하여 하와는 '뱀의 악령체로부터 성욕이 전감(傳感)되었고,
미성년기의 아담과 정욕에 빠져 인간적 의지로 성관계를 맺음으로 악한
혈통을 유전하게 만들었다. 이것이 결정적인 인간의 '배신(背信), 범신
(犯神), 이신(離神)이라는 것'이라고 하였다.[89]

복귀원리론은 "만물이 다 주에게서 나오고… 주에게로 돌아가나니"
(롬 11:36)에서 차용한 용어이다. 성적으로 타락한 인간이 타락 이전
상태로 복귀하는 것을 구원의 원리로 제시한 것이다. '선악과를 먹음'으
로 타락한 인간이 '그리스도의 성체를 먹음'(요 6:55)으로 타락 이전의
상태로 복귀하여 영생 구원을 얻게 될 것이라고 가르친 것이다.[90] 타락
을 먹는 문제로 상징한 것은 그것이 생리적 본능이요 혈통적 연관성이

86 김백문, 『기독교 근본원리』 (서울: 동아출판사공무부, 1958), 485.
87 김백문, 『성서신학』 (서울: 평문사, 1954), 362.
88 김백문, 『기독교 근본원리』, 478.
89 김백문, 『기독교 근본원리』, 490-498.
90 김백문, 『기독교 근본원리』, 482-483.

있기 때문이므로 복귀 역시 먹는 것으로 가능하다는 주장이다. 그리스
도의 피와 살을 먹어야 사탄의 혈통에서 '신령한 혈통성을 지닌 육체'로
복귀할 수 있으며, 인간의 영육을 통일하여 거룩한 하나님의 자녀로
복귀시키는 것이 하나님의 최종 섭리라고 주장하는 것이다. 그의 가르
침이 문선명의『원리강론』, 정득은의『생의 원리』91, 박태선의『오묘』92를
통해 다양한 '피가름 교리'로 전승되었다.93

VII. 병자 치유와 생수 교리

탁명환에 의하면 "김성도 여인은 3백석 부자였고 창고에 멍석을 깔고
항상 병자들과 함께하며 그냥 먹이고 입혔고 얼마나 많이 기도를 했는
지 무릎과 팔꿈치에 굳은살이 붙을 정도였다. 그녀는 등창이 난 환자나
거지를 손수 씻기고, 입으로 고름을 빨아내고 병을 고쳐 주곤 했다"94고
한다. 그리하여 김성도의 집에는 매일 10여 명의 환자가 몰려와 안수
기도를 받았고, 예배가 끊임없이 계속되었다. 이 소문은 멀리 신의주
등지에 퍼져 갔다.

새주파는 남녀신도들이 한자리에 모여 "역사, 역사, 새 주님 역사,

---

91 엄유섭 편 / 정득은 구술,『생의 원리』(서울: 세종문화사, 1958).
92 전도관 편,『오묘』(서울: 제9중앙전도관 청년천성회, 1970). 오묘원리는 창조론, 타락론,
   구원론 등 13장으로 구성되어 있다: 박영관,『이단종교비판』(1), 142. 재인용.
93 탁명환,『기독교이단연구』, 104. 경기도 파주군 임진면 섭절리에 이스라엘 수도원을 차려
   놓고 서울 상도동에는 지교회를 했으니 그 시기는 1944년부터 1946년까지 3년간이었다.
   문선명과 박태선은 1946년 초부터 약 6개월간 김백문의 이스라엘 수도원에서 원리교육
   을 받은바 있다.
94 탁명환,『기독교이단연구』, 101.

진주문 들어가서 새 주님 만나자"라고 외쳤다. 그리고 "새 주는 성신을 부어 줄 터인 즉 입들을 벌리고 기도하라"고 하여 "새 주가 냉수를 입에다 뿌려 주면 그 생수를 받아먹느라고 소동"을 벌였다. "그들은 새 주의 입에서 나오는 냉수를 받아먹는 것이 성신을 받는 줄로 믿었다"고 한다.[95]

정득은과 결별한 박태선은 1950년 6.25 전쟁 당시에 공장을 정리했지만 피난을 가지 못하고 그 무더운 여름, 구들장 밑에 숨어 20여 일을 지내는 동안 '하늘로부터 오는 생수'를 마시는 체험을 하게 되었다고 한다.[96] 그의 코와 입으로 시원한 생수가 흘러들어 왔고 그 순간 주님과 사귀는 영교를 멈출 수 없었다고 한다. 박태선은 예수와 사마리아 여인의 대화에서 "그가 생수를 너에게 주었으리라"(요 4:10)는 말씀과 "내가 주는 물을 마시는 자는 영원히 목마르지 아니하리라"(요 4:14)는 말씀에 근거하여 생수 축복을 시행하였다.

전도관의 생명수는 세 가지 종류가 있는데, 제1호 생명수는 박태선이 손과 발을 씻은 물인데, 그를 따라 다녀야 얻어 마실 수 있다. 제2호 생수는 그가 세수한 물인데, 중환자용으로 사용한다. 제3의 생수는 물통에 손을 담가 기도한 물인데, 웬만한 신자는 일주일에 한 번 정도 받을 수 있었다고 한다.[97] 그러나 신도 수가 늘어나면서 매월 말 신앙촌 우물물을 플라스틱 통에 담아 진열해 놓고 박태선이 그 앞을 지나가면서 "축복기도를 하거나 획! 하고 입김을 강하게 뿜어내어 축복"한 생수를 만병통치약으로 믿도록 강요하였다.[98]

---

95 김선환, "국산 재래 이단의 후계자", 165-167.
96 김성여 편, 『박태선 장로의 이적과 신비경험』 (서울: 신천신지사, 1955), 65-66.
97 김경래 편, 『사회악과 사교운동』, 81-82.

1980년부터는 특별생수와 정기생수를 나누어 특별생수는 20만 원, 정기생수는 10만 원씩을 받았는데, 병을 고치기 위해 생수를 먹고 바르기도 하였고 또 죄를 사하는 데도 사용하였다고 한다.[99] 물통에 수돗물을 받아 놓고 마개로 막은 후에 '박태선 천부'께서 축복하시면 그 물에 이슬성신이 들어가 생명물로 화한다는 것이다. 박태선이 1955년 창시한 한국예수교전교관부흥협회(전도관)는 1980년에 천부교(天父敎)로 개칭하였는데, 천부교 홈페이지(www.chunbukyo.or.kr)에는 아직도 이슬성신이 담긴 물을 생명물이라고 주장한다.

여호와새일교단의 이유성(=이뢰자) 역시 "나를 믿는 자는 성경에 이름과 같이 그 배에서 생수의 강이 흘러 나리라"(요 7:37-38)는 말씀에 근거해 자신이 바로 말세의 '생수(生水)의 종'이라 주장하였다.[100]

김계화는 포천 송우리 소재 할렐루야기도원의 '생수터'에서 나오는 생수를 마시면 병에서 놓임 받고 회개의 영과 복음 전하는 영을 받는다고 주장한다.[101] 김계화는 박태선이 하나님을 버림으로 하나님도 박씨를 버렸다고 하며, "그의 은사와 생수가 자기에게 옮겨진 것"이라고 한다.[102]

98 대한예수교장로회총회 외 편, 『종합 사이비·이단 연구 보고집』(서울: 한국장로교출판사, 2001), 26.

99 탁명환, 『기독교이단연구』, 182.

100 "생수사역 무엇이 문제인가?", 「현대종교」 2006년 6월호, 115.

101 대한예수교총회 외 편, 『종합 사이비이단 연구 보고집』, 157.

102 "생수사역 무엇이 문제인가?", 117.

VIII. 김성도 후손들의 통일교 합류

1940년대에 일제의 탄압이 심해지자 김성도는 "머지않아 일본이 망하고 해방되어 큰 복을 받게 된다"는 계시의 내용을 새주파 교인들에게 가르쳤다. 그녀가 받은 여러 계시 중에 문선명이 첫 번째로 열거한 것역시 "일본으로부터 한국의 해방"이었다.103 이 계시의 내용을 교인들이 몰래 주고받았다. 일제의 고등계 형사의 정보요원이었던 김영수가 성주교회의 일주일 집회를 참석하고 돌아가 그 내용을 도경(道警)에 보고했다. 1943년 가을 김성도와 두 아들(정석천과 정석진)과 10여 명의 중심 신도들이 경찰에 연행되었다. 김성도는 심한 고문을 받고 3개월 만에 풀려났으나, 1944년 4월 1일 만 61세의 나이로 세상을 떠났다.104

김성도의 사후에 평양에서 새주파의 신도였던 이일덕과 허호빈 부부가 "돌아가신 새 주님의 사진을 벽에다 걸어 놓고 아침저녁으로 기도"드리기를 3개월 정도 계속했다. 이를 계기로 신도 60여 명이 모여 40일 동안 기도를 하는 중 허호빈이 새로운 계시를 받는다. "너희들은 지금까지 철산의 김성도 할머니를 재림 주님으로 믿었지? 그러나 재림 주님은 남자다. 장성하신 주님은 암행어사와 같이 숨어서 일하고 계시니까 이제부터 재림 주님의 옷을 만들라"는 명령이었다고 한다.105

양도천의 증언에 의하면 허호빈은 1946년 6월 2일 재림 주님이 오신

---

103 세계기독교통일신령협회 역사편찬위원회, 「史報」 제157호, 41: 이영호, "새주파와 신비주의자들", 26 재인용.

104 이영호, "토종 이단의 원조(元祖), 성주교의 김성도 권사", 「교회와신앙」(인터넷판) 2010. 5. 31.

105 홍순애, "꿈에 그리던 주님을 배옵고", 168-169: 최종현, 『한국 메시아운동사 연구』 제1권, 43.

다는 계시를 받았다고 한다.[106] 이것이 한국 최초의 시한부 종말론으로 여겨진다. 그들은 명주와 무명을 12번씩 빨고 12번씩 다듬어 재림 주님 부부의 한복을 만들었다. 잔치를 준비하느라고 쌀을 12번씩 쓸고 12번씩 씻어서 떡을 만들었다. 그런데 어느 신자의 밀고로 허호빈이 수감되고 내무서원들이 "재림 주님의 내외분 옷과 예수님의 옷까지 한 트럭 가득 싣고" 갔다는 것이다.[107]

6.25전쟁으로 새주파 신도들이 흩어지고 대구와 부산에 정착한 김성도의 아들 정석천과 정석진 그리고 맏딸 정석온은 1955년 여름 통일교에 합류하였다.

---

106 최종현, 『한국 메시아운동사 연구』 제1권, 44.
107 최종현, 『한국 메시아운동사 연구』 제1권, 43-45.
107 최종현, 『한국 메시아운동사 연구』 제1권, 48.

제 3 장

한국 이단 기독교의 피가름 교리의 계보

I. 서론*

뱀의 유혹을 받고 하와가 선악과를 따 먹었다는 창세기 기사에서 '유혹'과 '따먹다'[1]라는 우리말 단어는 성적 뉘앙스를 함축하고 있다. 이런 배경에서 선악과 사건을 타락한 천사와 하와 사이의 성관계로 해석하고 그로 인해 유전된 사탄의 피를 성혈(聖血)로 바꾸어 한다는 소위 '피가름' 교리가 유독 한국교회에서 다양하게 전승되어 오고 있다. 이를 최초로 주장하는 이는 '새 주교'의 교주인 김성도(金聖道, 1882-1944) 권사로 알려져 있다.

2장에서 살펴 본 김성도의 원죄 음란론과 혈통적 타락론은 교리적으로는 김백문의 『기독교 근본원리』, 정득은의 『생의 원리』, 통일교의 『원리강론』, 전도관의 『오묘』를 통해 다양하게 재해석되고 전승되었다.[2]

황국주가 자신의 피가 예수의 피로 피가름되었다고 주장한 이후, '거룩한 성관계'나 '어린양 혼인 잔치'의 피가름은 황국주와 김백문을 통해 시행되었다. 정득은은 문선명과 박태선 등과 더불어 성관계를 통한 피가름을 시행한 것으로 보인다. 이러한 배경에서 통일교 문선명의 혼음 사건과 전도관 박태선의 '섹스 안찰', 정명석의 성추행 행각에 이어 최근에는 '창기 십자가' 교리까지 등장하여 사회적 물의와 지탄을 받고 있다.

새주파 김성도에 의해 주장된 원죄 음란론과 혈통정화론 그리고 소

---

* 이 글은 「현대종교」 2014년 9-12월호에 연재한 내용을 재정리한 것임.

1 박정화, 29. "만족한 성행위가 되면 '어디 어디 처녀(부인)을 따 먹었다'고 표현하는 것도 여기서 비롯된 것이다."

2 김항제, "인간타락의 성적 이해: 현대신학과 한국신령집단에서의 타락설화 해석", 「신종교연구」 창간호(1999. 12), 249-270. 정득은, 김백문, 통일교의 성적 타락론을 소개하고 있다.

위 피가름 교리의 계보와 실제적 시행의 사례를 살펴보려고 한다.

II. 백남주의 '천국 결혼'과 '거룩한 성교'

백남주(1901-1948)는 1927년경 원산의 마르다 윌슨 여학교의 교사로 재직하던 중, 이 학교 출신이었던 원산감리교회의 박승환 장로의 부인인 유명화(柳明花)와 교제하게 되었다. 그녀는 자신을 예수의 친림(親臨)이라 주장하며 여러 교회의 부흥회에서 접신 상태로 강신극을 행한 것으로 유명하였다.

이즈음 평양 장로교신학교에 입학한 백남주는 1930년 3월 12일의 3년 과정을 마치고 졸업하였다.[3] 1932년 봄에 그는 처남 한준명과 이용도와 함께 김성도 권사의 신령함에 대한 소문을 듣고 철산을 방문한 적이 있었다.[4] 졸업한 지 3년이 된 1933년에 백남주는 감리교에서 1930년 9월에 목사 안수를 받은 이용도로부터 목사 안수를 받는다.[5]

1933년 6월 3일 백남주는 이용도와 한준명과 함께 평양에서 '예수교회'라는 새로운 교단을 창설하고 다음과 같은 내용이 포함된 창립선언문을 공동명의로 발표하였다.

만유가 혁신되리라는 것은 인생의 공통된 이상이다.… 예수로서 만유가

---

3 국제종교문제연구소 편, 『한국의 종교단체 실태조사 연구』(서울: 국제종교문제연구소, 2002), 18. 장세운 목사의 증언.

4 이영호, "새주파와 신비주의자들", 『현대종교』 2000년 4월호, 24.

5 국제종교문제연구소 편, 『한국의 종교단체 실태조사 연구』, 23.

혁신되리라는 것은 예수인의 이상이다. 그래서 예수로서 하늘도, 예수로서 땅도, 예수로서 인간도 새로워지기를 바라는 것이다.[6]

하늘, 땅, 인간이 예수로 새로워져야 한다는 선언에는 한국문화의 구성원리인 천지인 조화론이 반영되어 있다.

백남주는『새 생명의 길』이라는 소책자를 발표했는데, "제1시대는 구약시대이고, 제2시대는 신약시대이고, 제3시대는 새 생명의 시대"라는 3시대론을 주장하였다. 그리고 성경에 기록되지 않은 직통 계시의 내용도 포함되어 있다. 김택민이 이를「기독교신문」에 요약하여 보도한 내용은 다음과 같다.

소자문(小子問), "주여 당신께서 육체로 세상에 계신 기록이 너무도 적고 희미하오니 좀 자세히 가르쳐 줍소서."
주의 답변이 "알고 싶으냐"…"나는 마리아의 피 한 방울도 받지 않았다"라고 하였고 "마리아가 23세에 나를 잉태", "1월 3일에 탄생", "요셉은 내가 14세 때 죽고", 부활은 4월 14일에 하였다는 말이 기록되어 있다.[7]

1932년 11월 28일 평양노회는 황국주와 함께 한준명, 백남주, 유명화를 이단으로 결의하였다. 이어서 1933년 9월 대한예수교장로교 총회는 예수교회를 창설한 "이용도, 백남주, 한준명, 이호빈 등을 이단으로 간주한다"고 결의하였다.[8] 그럼에도 불구하고 1925년 직통 계시 등의

6 국제종교문제연구소 편,『한국의 종교단체 실태조사 연구』, 21.
7 국제종교문제연구소 편,『한국의 종교단체 실태조사 연구』, 22;「기독교신문」1933. 2.15.
8 대한예수교장로회총회 외 편 ,『종합 사이비·이단 연구 보고집』(서울: 한국장로교출판사,

문제로 교단에서 출교 당한 철산의 김성도 집단을 1933년 10월에 예수교회에 허입하였다.9 이에 대해 김인서는 이용도가 유명화의 계시를 받아 정통교회(正 敎會)를 버리고 예수교회라는 가짜교회(假 敎會)를 세우고 새주파의 김성도와 백남주를 합류시킨 것을 비판하였다. "자칭(自稱) 새 주는 광망(狂妄)이 아니면 적그리스도의 영(靈)이어늘, 아무리 신앙양심이 파산하였기로 어떻게 새주교회를 시인하였는가"10라고 질타하였다.

백남주는 1933년 9월 9일에는 원산수도원 부설 '원산신학원'을 세웠다. 다음 해에는 예수교회의 기관지인 「예수」를 창간하고 주필(主筆)을 맡았다. 그런데 조필(助筆) 즉 편집 실무를 맡은 김정일이라는 처녀와 '천국결혼'을 미리 실습한다는 미명하에 불륜을 저질렀다.11 이를 은폐하기 위해, 자신의 아내 한인자를 40일간 강제로 금식기도를 시켜, 굶어 죽게 한 후 두 달 뒤 김정일과 결혼하였다.

처녀를 임신시키고 11월에 아이를 낳은 일로 불신을 받아 예수교회의 수사(首師) 직을 사임하고 원산신학원을 떠날 수밖에 없게 된 백남주는 1935년 여름 평안북도 철산군 소재 김성도 여인의 '새주파'를 찾아갔다. 백남주는 일제의 탄압을 받고 있던 '새주파'를 총독부에 그해 10월 등록시켰다. 정석천(김성도의 아들)을 대표로 하고 교단의 이름을 새주교로 하려 했으나 일제의 한글사용 반대로 '성주교회'(聖主敎會)로 등록하

2001), 19.

9 민경배, "백남주", 『기독교대백과사전』 제7권(서울: 기독교문사, 1982), 353.

10 김인서, "責 假敎會", 「신앙세계」 1935년 7월호, 『김인서저작전집』 2, 192.

11 국제종교문제연구소 편, 『한국의 종교단체 실태조사 연구』, 24. 김인서는 이 처녀의 이름이 김필여라고 한다. 민경배, "백남주", 『기독교대백과사전』 제7권, 353. 민경배는 이 처녀를 「예수」지의 편집 실무를 맡은 김정일이라는 여인이라고 한다.

였다.

백남주는 성주교회 총회가 열렸을 때 모인 자 49명에게 목사안수를 주었고, 그날 밤 혼음의 의혹과 가능성이 있는 남녀혼숙의 숙소 배치를 하였다. 심지어 백남주는 "부부가 아닌 일남일녀를 동숙(同宿)하라 명하고 이렇게 지나면서 범간(犯姦)하지 않은 자라야 천당에 갈 수 있다"[12]라며 이를 실행하도록 하였다. 25세의 총각 박모 씨와 42세의 과부 김 전도사에게 신께서 '거룩한 성교'를 지시하였다고 강요했다고 한다.[13] 이런 일들로 이호빈은 백남주와 단교를 선언하였다.[14]

김인서는 이용도 목사가 '천국결혼'이라는 미명으로 간음을 일삼는 백남주 무리와 합하여 '이단의 난'(異端亂)[15]을 일으켰다고 통탄하였다. 예수의 신탁(神託)이라 하여 『예수』지를 발간하면서 편집을 보조한 한 처녀를 제집에 두고 간음한 것에 대하여, "다윗도 간음하였는데"라고 백남주가 변명하는 것을 김인서는 격렬하게 비판하였다. 그리고 "남녀 교역자(敎役者)가 동석에 자며, 접신하였다고 나무(裸舞)하는 등 풍속 문란의 음행을 회개하지 않는다"고 질타하였다.[16]

백남주는 김성도의 성적음란론이나 혈통정화론과 달리 처음으로 '천국 혼인 잔치'와 '거룩한 성교'를 시행한 것으로 여겨진다. 그의 교리적 주장은 자세히 알려져 있지 않다. 다만 이즈음 한준명이 「血命」이라는

---

12 변종호, 『이용도목사연구 40년』(서울: 장안문화사, 1993), 165.

13 탁명환, 『기독교이단연구』(서울: 도서출판연구사, 1986), 101. 이 일로 이호빈은 백남주 와의 단교 선언을 하였다.

14 탁명환, 『기독교이단연구』, 101,

15 김인서, "龍道敎會의 내막 조사 발표- 3. 교리문제와 책동자의 가면", 「신앙생활」1934년 4월호, 『김인서 저작선집』 2, 122.

16 김인서, "責 假敎會", 「신앙세계」 1935년 7월호, 『김인서저작전집』 2, 191-192.

잡지를 5개월 동안 발간하였다. 변종호는 이 잡지의 제호 혈명(血命)은 혈정(血貞)과 명주(明株)의 약자로서 "혈정은 간부(奸婦) 성첩(聖妾)인 김정숙의 일명(一名)으로서 간부의 월경혈을 성혈로 선전하는 것이요, 명주는 흑귀(백남주를 칭함) 남근(생식기) 노출을 성화하자는 의미와 내용"이었다고 혹평하였다. 그리고 이 책은 성기(性器)를 예찬하는 외설 성화(聖化)를 기도하는 선전 책자"이며, 그 내용은 "성음난간(聖淫亂姦)을 교도 선전하는 귀문(鬼文)"이라고 비판하였다.[17]

백남주는 1940년대에 들어 은둔 생활을 하다가 해방 후 공주사범학교에서 백상조라는 이름으로 문화사를 가르치다가 6.25 발발 직전에 외롭게 타계하였다고 한다.[18]

III. 황국주의 피가름 교리와 혼음

황국주(1909-1952)는 만주 용정중앙교회의 주일학교 교사로도 활동하였다. "30세쯤에 백일기도 중 머리를 길러 내리우고 수염을 기르니, 그 풍채가 예수의 그림과 비슷"하였다고 한다.[19] 그가 이러한 모습으로 교회에 나타나서 "내가 기도하는 중에 예수가 내 목을 떼고, 예수의 머리로 갈아 부치어 머리도 예수의 머리, 피도 예수의 피, 마음도 예수의 마음, 이적도 예수의 이적, 전부 예수화하였다"고 하였다. 이것이 영체교환(靈體交換)이라고 불리는 것이었다.

---

17 국제종교문제연구소 편, 『한국의 종교단체 실태조사 연구』, 25-26.
18 국제종교문제연구소 편, 『한국의 종교단체 실태조사 연구』, 39.
19 최중현, 『한국 메시아운동사 연구』 제1권, 107.

그는 "나는 절대로 죄를 지을 수 없다"[20]고 주장하였다. 이 예수의
화신(化身)을 보기 위해 몰려드는 무리가 많았다. 황국주는 이름 '국주'
도 '구주'와 비슷하고 외모도 '예수님 사진과 흡사'하여 "따르는 무리들
이 예수님이라고 하였다."[21] 김인서는 황국주의 주장을 "목가름이자 피
가름이다"[22]고 규정하였다.

1931년 10월 초 황국주가 전국을 순회하면서 복음을 전하는 새 예루
살렘 순례를 하는 동안, 가정을 버리고 그를 따르는 유부녀와 수종드는
처녀 60여 명의 일행이 서울에 입성하였다. 이 순례단들의 혼숙과 혼음
이 문제가 되기도 하여 전국 교회가 떠들썩하였다.

1935년 7월경 함남 삼호교회 부근에서 "그[황국주]를 추종하는 젊은
남녀 60-70명이 동식동침(同食同寢)하며 지냈다"고 한다.[23] 새 예루살
렘 순례에 동참하였던 김선환은 "남녀가 한 자리에서 동식동침하여 당
시 안주교회 조사단이 왔을 때, 우리들은 요단강을 건너와서 남녀 성
문제를 초월했다고 큰 소리쳤다"[24]고 회고하였다.

해방 후 공산치하에 광해교회를 이끌던 황국주는 월남한 후 삼각산
에 기도원을 세웠다. 정득은도 이 교회에 참석하였다. 김인서는 황국주
의 삼각산 기도단에 미혹되었던 모 목사가 "황가와 ××한 여자는 靈體

---

20 이찬영, "황국주의 목가름 사기 사건",『사건으로 본 한국기독교회사 400장면』(서울:
   도서출판 소망사, 1997), 302.
21 최중현,『한국 메시아운동사 연구』제1권, 107, 110
22 김인서, "현행 기사 이적에 대하여",『신앙생활』1955년 9·10·11월호,『김인서저작선집』
   2권, 545.
23 조승제,『목회 일화 - 나의 목회생활 40년의 백서』(서울: 향린사, 1965), 109-110:
   박영관,『이단종파비판』(1), 32 재인용.
24 김선환, "국산 재래 이단의 후계자", 김경래,『사회악과 사교운동』(서울: 기문사, 1957),
   165

(淫體)를 받고 그다음 남자도 또 영체를 받는다 한다. 자기도 영체를 받으니 남의 음행 죄를 알아볼 수 있다"[25]고 말한 것을 인용하였다. 이때 이미 황국주 집단에 의해 최초로 영체 교환이 순차적으로 이루어진 것으로 보인다.

이찬영은 "황해도 모교회의 집회 인도 도중, 밤에 숙소에서 수행한 여자들과 한 이불 밑에서 추행을 감행하는 현장을 그 교회 청년들이 잠복했다가 기습하여 폭로시킨" 일이 있었다고 한다. 그런데 훗날 황국주는 자신이 행한 이 일에 대해 태연하게 "세상에 가장 미련하고 바보스러운 무리들이 있다면 조선 기독교인들이다. 어찌 산 사람의 목을 잘라내고, 예수의 목을 갖다 붙였다는 황당무계한 사기를 꾸며도 그대로 믿고 돈을 바치고 여자들이 정조를 바치고 했으니 우둔한 자들이다"고 비아냥거렸다고 한다. [26]

1937년 전후하여 일제의 기독교 탄압으로 은둔하던 황국주는 해방이 된 후 "1952년 가을에 대구에서 그때 추종하던 여자 둘과 술장사를 하다 죽었다"[27]고 한다.

IV. 김백문의 『기독교 근본원리』와 성체(聖體) 복귀론

김백문(1917-1990)은 경북 칠곡 출신으로 대구의학전문학교에서 공부한 적이 있는데, 1934년 초가을 '원산신학원'에서 백남주를 만나

---

25 김인서, "현행 기사 이적에 대하여", 545-546.
26 이찬영, "황국주의 목가름 사기 사건", 303.
27 이찬영, "황국주의 목가름 사기 사건", 303.

그의 제자가 되었다.[28] 1935년 여름 백남주가 '천국결혼'의 물의를 빚어 그곳을 떠날 때 그와 함께 김성도의 '새주파'에 합류하게 된다. 새 주교가 성주교회로 등록하고 창립 행사를 할 때에 18세의 김백문이 사회를 보았다.[29] 1937년경 "주께서 나타나서 나를 이끌고 내가 할 사명과 앞날의 역사가 기독교의 난제 문제들을 가르쳐 주던 역사가 있다"고 회고한 적이 있다.[30]

그는 '신령 역사의 이론적 뒷받침이 있어야 한다는 신념'으로 1938년 평양 장로교신학교가 신사참배를 반대하여 자진 폐교한 후, 1940년 4월 서울에서 문을 연 조선신학교에 입학한다. 신사참배를 반대하여 혹독한 고문을 당한 후[31] 학업을 중단한 김백문은 파주에서 은신 가료 중 "뒷산 후미진 바윗골에서 먹지도 자지도 않고 밤낮없이 울부짖다 성음(聖音)을 받고 하산한 후 뜻을 세우고 섭절리에 예수교 수양원을 설비했다"고 회고하였다.[32] 이날이 1943년 3월 2일 오전 11시경이다.[33]

김백문은 1943년 7월경 파주군 임진면 섭절리에 '이스라엘수도원'을 세웠다. 다음해 6월 2일에는 제1기 수도생들 10명 내외의 입수식을 가졌다.[34] 이즈음 심혈을 기울여 수도원의 '신조내의'(信條內意)를 작성했

---

28 탁명환, 『기독교이단연구』, 104. 최중현(『한국 메시아운동사 연구』제1권, 141-142)은 김백문이 의사가 되려고 청진의 한 약제상의 일을 돕던 중 회령에서 사업을 하던 형을 만나러 갔다가 백남주를 만나게 되었다고 한다. 박영관(『이단종파비판』II, 63)은 김백문이 대구의전 3년 중퇴하였다고 한다.

29 국제종교문제연구소 편, 『한국의 종교단체 실태조사 연구』, 37.

30 국제종교문제연구소 편, 『한국의 종교단체 실태조사 연구』, 37-38.

31 최중현, 『한국 메시아운동사 연구』제1권, 146-147.

32 국제종교문제연구소 편, 『한국의 종교단체 실태조사 연구』, 39.

33 김백문, 『기독교근본원리』(서울: 동아출판사공무부, 1958), 42.

는데 그 1조 내용은 다음과 같다.

> 신이 사람이 되어 오심을 내가 믿고 예수의 죽으심을 내가 받아 예수의
> 부활은 성신과 신부로서 재림의 새 세계를 사람으로 이루실 바 복귀의 시작
> 임을 내가 믿사오며.[35]

문선명과 박태선은 1946년 초부터 약 6개월간 김백문의 이스라엘
수도원에서 원리교육을 받은 바 있다.[36] 황국주의 광해교회에 참석하던
정득은도 월남한 후 1947년 초부터 이스라엘수도원의 집회에도 참석
한다. 정득은은 어느 날 독방에서 기도 중 "손을 잘라 그 피를 김백문에
게 먹여라"라는 계시를 받았다. 면도칼을 구하여 김백문의 방으로 가서
계시 내용을 말하고 손가락을 자르려 하자, 김백문이 말려 뜻을 이루지
못했다.[37] 김백문이 혈대교환의 방식으로 성관계를 하는 것을 거부한
것으로 보인다.

1953년 12월 25일에는 1937년에 결혼한 아내 조선애가 있었음에도
불구하고, 김백문은 자신이 세운 이스라엘 수도원 1기 수사인 김정애를
신부로 맞이했다. 20년 전 그가 추종하던 백남주의 전례를 좇아 '어린양
혼인 잔치'를 치렀고, 조선애와는 8년 후 합의 이혼하였다.[38]

김성도가 계시를 받아 주장한 원죄의 성적 타락론을 교리적 체계로

---

34 국제종교문제연구소 편, 『한국의 종교단체 실태조사 연구』, 41.
35 국제종교문제연구소 편, 『한국의 종교단체 실태조사 연구』, 42.
36 탁명환, 『기독교이단연구』, 110.
37 엄유섭 편 / 정득은 구술, 『생의 원리』 (서울: 세종문화사, 1958), 6.
38 최중현, 『한국 메시아운동사 연구』 제1권, 160-161.

발전시키기 위해 조선신학교에서 한 때 신학을 공부한 적이 있는 김백문은 1953년 『기독교원리강론』의 집필을 끝내고, 1958년 이를 출판하였다.[39] 창조원리, 타락원리, 복귀원리로 구성된 이 책은 '성적 타락론'을 가장 새롭고도 심도 있게 그리고 방대한 체계로 제시하고 있는데, 그 논지는 다음과 같다.

첫째로 선악과는 '식물성 실과가 아니고 하와의 육체상 처녀 정조를 뱀에게 빼앗긴 것'이라고 한다.[40] 하와는 육체의 성욕이 "창조 본성의 사랑의 반대 성리(性理)인 정욕의 육성(肉性)으로 악화(惡化)된 것"이라고 해석한다(『기독교원리강론』, p. 482). 선악과를 따 먹은 것을 성욕으로 인한 음행으로 해석하는 이유로서 범죄 후 부끄러워서 가린 것이 입이 아니고 아랫도리이기 때문이라는 주장이다. 이것이 '구식도'(口食道)로 범죄한 것이 아니라 '생식기 국부'가 범행한 실증이라는 것이다(p. 478). 따라서 하와의 '선악과적 범행이란 사신(蛇身)으로 나타난 악령과의 육체적 음행'이라고 하였다.

이제 여인 해와[하와]로서 유인된 바 선악과적 범행이란 사신(蛇身)으로 나타난 악령과의 육체적 음행을 말하게 되는 일이니 즉, 사신(蛇身)으로 직접적 육체 성교를 범행한 데서 해와[하와]는 여자로서 처녀 정조를 박탈당한 것도 컸으나 혈통에 미친 그 죄악성은 곧 육체의 성욕감을 거기에서 받아가진 그것으로 창조 본성의 사랑의 반대 성리인 정욕의 육성으로 악화

---

39 김홍수, "이단 또는 한국적 기독교: 통일교·전도관·용문산 기도원의 종교 운동", 제3그리스도교연구소 152차 월례포럼(2012.4.30.), 7. 실제로는 『기독교원리강론』이 1953년에 집필을 끝냈으나 『성서신학』이 1954년에 먼저 출판되었다고 한다.
40 김백문, 『성서신학』 (서울: 평문사, 1954), 362.

케 되었던 것이다(p. 485).

둘째로 하와가 정욕에 빠져 악령과 성관계를 맺은 후 성욕에 빠지게 되어 미성년자인 아담과 성관계를 맺음으로써, 아담에게 성욕을 감염시키고 악령의 혈통을 유전하게 하였다는 것이다. "사신의 악령체로서 성욕이 전감(傳感) 되었고, 미성년기의 아담과 정욕과 인의로 성관계를 맺음으로 악한 혈통을 유전하게 되었으니, 이것이 아담과 하와의 결정적인 "배신(背信), 범신(犯神), 이신(離神)"이라고 하였다(p. 490-498).

셋째로 악의 기원을 타락한 천사가 이 세계에 실체적 존재로 기생하는 것으로 보았다. 김백문은 악의 기원에 관한 기존의 신학적 주장 4가지 즉, 무기원설(無知), 부기원설(不足, 선의 결핍), 반기원설(反動, 반역), 비기원설(非正常, 이단)을 모두 거부하고 타락 천사 기원설을 주장한다. 그는 악이 하나님에게 기원한 것도, 인간에게 기원한 것도 아니며, "악의 실제적 발생근원이 천사타락으로 기원된 것"(『기독교 근본원리』, p. 367)이라고 하였다. 천사가 타락하여 신이 지은 선의 세계에 기생하게 되었다는 의미에서 "악은 선성(善性) 세계에 기생(寄生)된 무근거한 정체성"[41]을 지녔다는 기생적 기원설을 새롭게 주장한다.

넷째로 창세기는 뱀이 화와를 유혹하였고, 이 옛 뱀을 사탄 또는 마귀 그리고 악령으로 서로 다르게 지칭하는 것에 착안하여 악령의 삼위일체를 주장한다. 성부 격인 옛 뱀, 성신 격인 마귀, 성자 격인 사탄이 삼위일체로 존재한다고 본 것이다(p. 429-436). 뱀과 마귀와 사탄을 '악령의 삼위일체'라고 주장하면서, 성부와 성자와 성신의 '성령의 삼위일체'와 대비

---

41 김백문, 『기독교근본원리』, 356.

시킨다.

다섯째로 타락한 천사가 '루스벨'이며, 천사가 타락한 이유는 인간의 생식권을 찬탈하기 위함이라는 새롭고 놀라운 주장을 펼친다. 천사가 "천계에서는 신의 다음 가는 지혜의 영물이며 영원불변의 사자(使者)"(p. 378)이었는데, "인간이 신의 자녀로서 신의 형상"으로 창조된 이후 인간이 천사마저 부릴 수 있게 되었다는 것이다. 이로 인해 천사들이 인간을 질투하게 되고 "육체 인간만이 신의 자녀로서 번식권(繁殖權)을 가져 무한 발전"하는 것을 시기하였다는 것이다.

그래서 천사 루시퍼가 "인간의 생육하고 번성할 수 있는 번식권"을 탐하여 신을 배반하고 창조세계에 침입한 후 하와를 유혹하여 성관계를 맺음으로써 인간의 생육과 번성권을 찬탈하였다고 설명한다. 악령이 신을 대적하여 창조세계를 파괴하기 위해서는 신이 인간에게 준 선성(善性)인 생리적 번식권과 그 "번식의 결과권인 혈통적 유전"을 장악하였다는 것이다(p. 472). 그리하여 아담과 하와 이후의 모든 인류는 마귀의 자녀들이 되었으니, "너는 너의 아비 마귀에게서 났으니"(요 8:44)라는 말씀이 이를 설명한다는 주장이다.

이러한 천사 루시퍼(루시벨, 루스벨 또는 루시엘) 타락설은 터르툴리아누스(*Contra Marrionem*, v. 11, 17)와 오리게네스(*Ezekiel Opera*, iii. 356) 등에 의해 제시되기도 한 천사타락설에서 유래하였다.[42] 성서적 근거로는 "너 아침의 아들 계명성이여 어찌 그리 하늘에서 떨어졌으며"(사 14:12), "미가엘 천사를 대적한 하늘에서 있을 곳을 얻지 못한 용"(계 12:7-9)과 "하늘에서 번개같이 떨어진 사탄"(눅 10:18)이라는 말씀을 엮어서 천사

---

42 "루시퍼", https://namu.wiki/w

타락설이 생겨난 것이다.

그러나 이사야 본문의 전후를 살펴보면 '계명성이 하늘에서 떨어졌다는 것'은 천사의 타락이 아니라 '바벨론 왕이 멸망한 것'을 비유로 말한 것이다.

웬일이냐, 너, 아침의 아들, 새벽별아, 네가 하늘에서 떨어지다니! 민족들을 짓밟아 맥도 못추게 하던 네가, 통나무처럼 찍혀서 땅바닥에 나뒹굴다니! 네가 평소에 늘 장담하더니 '내가 가장 높은 하늘로 올라가겠다. 하나님의 별들보다 더 높은 곳에 나의 보좌를 두고, 저 멀리 북쪽 끝에 있는 산 위에, 신들이 모여 있는 그 산 위에 자리잡고 앉겠다. 내가 저 구름 위에 올라가서, 가장 높으신 분과 같아지겠다' 하더니, 그렇게 말하던 네가 스올로, 땅 밑 구덩이에서도 맨 밑바닥으로 떨어졌구나. (사 14:12-15 표준새번역)

그런데 이 본문의 '계명성'과 베드로후서 1장 19절에 나오는 '샛별'을 라틴어 불가타 역에서 '루시퍼'로 번역하면서, 타락한 천사의 이름이 루시퍼라는 주장이 퍼지게 된 것이다. 원어를 살펴보면 계명성은 히브리어 '할렐'로서 '빛'이라는 뜻이고, '샛별'은 그리스어로는 '포스포로스'로서 '빛을 가져온 자'라는 뜻이다. 이 두 단어를 라틴어로 직역하면서 '빛과 가져오다'(lucis+fero)를 라틴어로 조어(造語)하여 '빛을 가져오는 자' 즉, '루시퍼'(lucifer)라는 단어가 생겨났다. 이 단어를 라틴어역 불가타 성경에서 위의 두 본문 번역에 그대로 사용한 것이다.

이어서 킹제임스역(1611)에서 위의 두 본문 중 '계명성'만을 라틴어 조어(造語)인 소문자 '루시퍼'(lucifer)를 대문자 루시퍼(Licfer)로 사용하였다.[43] 이 새로운 단어의 유래를 몰랐기 때문에, 보통 명사로 '빛을 가져오는 자'를 뜻하는 '루시퍼'가 대명사로 번역되어, 마가엘 천사를 대적한 천사요 하늘에서 번개 같이 떨어진 천사의 이름으로 알려지게 된 것이다. 사실상 성서 원어에는 '루시퍼'라는 천사는 등장하지 않는다. 그럼에도 불구하고 라틴어 번역의 영향으로 루시퍼는 성서에 나오는 타락한 천사에 이름으로 오해되고 있다.

여섯째로, 창세기에서 선악과와 생명과를 따 먹지 못하게 한 것은 에덴동산 피침(彼侵)을 막기 위한 하나님의 예방 조치였다고 설명한다. 이미 천사로부터 타락한 악령의 반동성을 잘 알고 있던 신은 '악령의 에덴동산 피침(彼侵)'을 염려하여, 인간에게 영생과와 선악과를 따먹지 못하도록 경고한 것이라는 하였다.

선악과를 따 먹은 인간에게 '영생과'를 따먹을 경우 '정녕 죽을 것'이라고 경고한 것은 '선악과'를 따먹으면 결과적으로 악성(惡性)을 지니게 되고 그 결과 악성이 혈통적으로 자자손손 유전하게 될 것을 경고했다는 것이다(p. 480-481).

마지막으로 복귀원리론에서 말하는 복귀는 "만물이 다 주에게서 나오고… 주에게로 귀하나니"(롬 11:36)에서 차용한 용어이다. 타락을 먹는 문제로 상징한 것은 그것이 생리적 본능이요 혈통적 연관성이 있기 때문에, '선악과의 먹음'으로 타락한 인간이 '그리스도의 성체의 먹음'(요 6:55)으로 타락이전으로 복귀하여 영생 누리게 될 것이라고 한다(p. 482-483).

김백문의 성체론(聖體論)에 따르면 그리스도의 성체는 십자가에 달

---

43 How art thou fallen from heaven, O Lucifer, son of the morning! How art thou cut down to the ground, which didst weaken the nations!(Is. 14:12, KJV)

려 대속적인 죽음을 죽으신 성체와 그것을 기념하는 성찬을 통해 우리에게 주시는 그리스도의 혈육으로 구분된다. "십자가의 성체는 먼저 대속의 인간 자격을 복구케 하는 것이요, 그다음은 그리스도의 혈육과 같은 그리스도와의 신생명의 신령한 혈통성을 느낄 수 있는 육체"(p. 664)가 되게 하는 것이다. 따라서 "그리스도의 성혈은 속죄에만 가치적 본의가 있다함이 아니요, 원죄 속죄 다음으로 그 사람으로 하여금 예수와 혈통성을 느끼는 한 즉 혈통적 갱연결(更連結)을 위한 성혈"[44]이라고 한다.

따라서 원죄는 의식적 관념이 아니라 '혈통적 유전의 악성(惡性)'의 문제이므로 신의 용서만으로 회복이 불가하며, 그리스도의 성혈을 통한 '혈통적 복귀'가 불가피하다는 주장이다(p. 474-475). 그리스도의 성체인 그의 혈과 육을 먹음으로서 '혈통과 정욕과 인의(人意)'로 난 자(요 1:13)가 아닌 '신의(信義)와 성애(聖愛)와 신의(神意)로 난 '하나님의 자녀'로 복귀할 수 있다는 '복귀원리로서 성체론'을 주장한다. 다시 말하면 그리스도의 십자가의 대속을 통해 신령한 영혼을 복귀시키고, 그리스도의 혈육을 먹음으로 '신령한 혈통성을 지닌 육체'로 복귀시킴으로써 인간의 영육을 통일하여 거룩한 하나님의 자녀로 복귀시키는 것이 하나님의 최종 섭리라는 것이다.

김백문은 성부시대에는 할례, 성자시대에는 세례가 있었다면 성약시대의 체례(體禮)로서 '그리스도의 성체'를 먹고 마심으로 이루어지는 성혈전수 의식이 필요하다고 주장한 것이다.[45]

---

44 김백문, 『성신신학』, 216.
45 김홍수, "이단 또는 한국적 기독교: 통일교 · 전도관 · 용문산 기도원의 종교 운동", 7.

흔히 김백문의『기독교원리강론』을 성적 피가름의 교리적 원조라고 한다.[46] 그가 타락론에서 성적 간음론과 악령의 피의 유전설을 수용한 것은 사실이지만, 복귀론에서는 정득은의 성행위를 통한 성혈전수나 통일교의 삼일행사와 같은 성행위를 통해 복귀를 주장하지 않는다. 그는 이들과 달리 그리스도의 성혈과 성체를 먹고 마심으로 육적으로 '혈통적 유전의 악성'의 문제를 해결하고 '혈통적 복귀'가 가능하다는 그리스도의 성체론을 주장한 것으로 보인다.

V. 문선명의 피가름 교리와 생식기 교리

문선명(1920-2013)은 평북 정주 출신으로 1943년 일본에서 귀국한 후 1946년 상도동에 있던 김백문의 이스라엘 수도원에 다녔다.[47] 박태선과 함께 6개월간 김백문의 원리교육을 받았다.[48]

문선명이 정득은을 만난 것이 그의 피가름 교리와 시행의 결정적인 계기가 되었다. '문선명을 만나라'는 계시를 받은 정득은이 1946년 6월 6일 그를 찾아왔고 평양에서 그녀를 만나게 된다. 문선명은 정득은과 김종화를 비롯한 신자 10여 명을 모아 "천사 루시엘이 하나님의 창조 목적을 알아차리고 해와를 유혹해서 타락시킨 일, 예수의 모친 마리아가 모자협조(성교)를 하지 않아서 예수는 십자가 위에서 죽게 되었다.…

---

46 최중현,『한국메시아운동사 연구』제1권, 168. 혈통 구원의 방식으로 육적 성행위를 시행한 것 같지 않다.
47 박정화,『야록 통일교회사』, 39.
48 탁명환,『기독교이단연구』, 110.

육체는 죽어 버리고 영혼만이 하늘나라에 올라가게 된 것이므로 또 재
림하게 될 것을 약속한 것"[49]을 가르쳤다. 그러나 루시엘은 루시퍼를
뜻하는 것 같은데, 루시엘이라는 천사 역시 성경에 나오지 않는다.

　최선길과 결혼한 문선명은 유부녀인 김종화와 동침하면서 '어린양
혼인 잔치'를 하였다. 마을 사람들의 신고로 1948년 2월 2일 체포되어
5년형을 받아 5월 20일 흥남 형무소로 이감된다. 1년 6개월 감옥생활을
하는 동안 그곳에서 박정화를 만난 문선명은 그에게 '모자협조'(母子協助)
즉, '성모 마리아와 예수 간의 성교'라는 새로운 교리를 가르친 것이다.

> 예수는 12제자를 골라 제2의 아담으로서 하나님의 창조목적을 달성하기
> 위해서 우선 첫째로 자기의 어머니인 마리아와 성행위를 해서 제1 아담인
> 천사장 루시엘[루시퍼]에게 빼앗겼던 것을 되찾아서 복귀섭리(復歸攝理)
> 를 달성하지 않으면 아니 된다.[50]

　그런데 마리아가 이에 응하지 않아 즉, '모자협조'가 이루어지지 않아
예수의 복귀 사역이 실패했다는 주장이다.[51]

　1955년 7월 4일 서울에서 정득은을 만난 박정화는, 그녀로부터 문선
명과의 성관계에 대한 증언을 듣게 된다. 자신을 '여호와의 부인'이라고
주장한 평양의 박을룡[52]이라는 노파처럼 정득은은 "꿈속에서 여호와와
섹스를 하였으므로 자기는 성모"라고 주장하였다. "자기가 여호와에게

---

49 박정화, 『야록 통일교회사』, 40.
50 박정화, 『야록 통일교회사』, 30.
51 박정화, 『야록 통일교회사』, 33.
52 최중현, 『한국메시아운동사 연구』 제1권, 155.

서 성모(聖母)로서 인정받았으므로 문선명과 섹스를 하면 문선명은 신과 동격의 입장이 되어 타락한 부부의 입장에 있는 여인들을 복귀시킬 수가 있게 된다"고 하여, "문선명이 밑으로 가고 정득은은 그 위에 올라타서 소생, 장성, 완성의 3회 섹스를 하였다"[53]는 것이다. 박정화는 당시 문선명은 26세이고 정득은은 40세이었는데 "앞뒤 사정으로 보아 두 사람이 육체관계는 있었던 듯하다"[54]라고 증언하였다.

아마도 1946년 6월 이후 평양에서 문선명의 가르침을 받은 이후 어느 시기인 듯하다. 탁명환은 문선명이 "정득은을 통해 혈통복귀 의식을 받고 아담 격으로 하와 격인 정득은과 모자협조(母子協助)의 기준을 갖추었다"[55]고 한다. 마리아와 예수가 모자협조를 하지 않아 실패한 혈통복귀를 성모 정득은과 재림 예수 문선명이 성취시켰다는 의미이다. 이러한 모자협조 교리는 앞으로 살펴 볼 정득은의 『생의 원리』에는 구체적으로 기록되어 있지만, 통일교의 『원리강론』에는 명시되어 있지 않다.

1. 통일교의 『원리강론』과 혈통 복귀의 피가름 교리

통일교를 창립하는 데 지대한 역할을 한 박정화에 의하면, 1952년 초 부산 피난시절 김백문이 저술하고 있던 '타락 복귀 원리'의 교정을 보아 주겠다고 문선명이 가져간 적이 있다고 한다.[56] 따라서 통일교의 『원리강론』(1966)은 김백문의 1958년 출간한 『기독교의 근본원리』(1958)

---

53 박정화, 『야록 통일교회사』, 158.
54 박정화, 『야록 통일교회사』, 159.
55 탁명환, 『기독교이단연구』, 104.
56 박정화, 『야록 통일교사』, 196.

에서 제시한 기본 논리를 그대로 수용한 것이라고 한다.[57] 『원리강론』
역시 창조론, 타락론, 복귀론으로 구성되어 있다.

창조론에서는 하나님은 외형(外形)과 내성(內性), 양성(陽性)과 음성
(陰性)의 이성성상(二姓性相)을 지니고 있으므로, 무형실체 세계와 유
형실체 세계를 창조하고, 인간도 영인체와 육체로 구성되어 있다는 영
육이원론을 제시한다.[58]

타락론에서는 "천사와 인간과의 행음"이 죄의 뿌리라고 한다. 천사
루시엘이 타락하여 사탄이 되었고, 사탄은 하와를 유혹한 뱀이며, 선악
과를 따 먹고 "손이나 입을 가리지 않고 하체를 가린 것"으로 보아 "그들
이 하체로 범죄하였다는 사실을 짐작할 수 있다"(『원리강론』, p. 83)고
한다. "「해와」가 미완성기에 천사장과 불륜 관계를 맺은 후, 다시 뒤미
쳐 「아담」과 부부관계를 맺었기 때문에, 「아담」도 역시 미완성기에 타
락"하였고, "「아담」마저 타락하였기 때문에 「사탄」의 혈통을 계승한 인
류가 오늘날까지 번식하여 내려온 것"이라고 주장한다(p. 90-91). '천
사와 「해와」와의 혈연관계에 의한 타락'은 영적 타락이고 '「해와」와 「아
담」과의 혈연관계에 의한 타락'은 육적 타락이다. 따라서 해와는 두 번
성적으로 타락하였으며 아담은 한 번 타락한 것이 된다.

복귀론에서는 혈통복귀를 이루어 '원죄 없는 선의 자손'을 번식하여
'지상천국'(p. 146-147)을 완성하기 위해 초림 예수가 지상에 왔으나
"대속의 조건으로 예수님의 몸을 사탄에게 내어"줌으로써 최소한 "영적

---

57 박정화, 『야록 통일교사』, 39. 일제시대에 경성제대 의학과(현 서울대학교)를 중퇴한
  유효원이 구성하고 정리하여 1957년 8월 15일에 『원리해설』을 만들었다. 그 후 1966년
  6월 1일에 『원리강론』이라는 이름으로 출간하였다.
58 세계기독교통일신령협회 편, 『원리강론』(서울: 성화사, 1966 초판, 1989년 28판),
  69-70.

구원"의 기반이라도 마련하는 비상수단을 썼다(p. 154-158). 그러나 육신은 사탄의 침범을 당하게 되고 참부모가 되어 새 가정을 이루어 새로운 인류 대가족의 실체 기대를 형성하는 일에는 실패하였다. 따라서 "육적 구원을 이루지 않아 뒷날 재림하셔서 이를 이루기로 약속하고 가셨다"(p. 490). 따라서 육적 복귀를 위해 예수가 육신으로 "동방의 그 나라 바로 한국"(p. 499)에 재림하며, "한민족이 고대해 온 의의 왕 정도령59(하나님의 바른 말씀을 가지고 오시는 분이라는 뜻)은 바로 한국으로 재림하실 예수님의 대한민국식 이름"(p. 505-506)이라고 주장한다.

2. 『축복결혼』과 혈통전환 의식

1955년 김영운을 비롯한 이화여대 교수 5인과 재학생 70여 명이 문선명과 혼음한 것으로 드러나 1955년 3월 27일 교수 5명이 파면당하였다. 5월 11일에는 재학생 14명이 퇴학당했다. 이어서 7월 4일에는 문선명 교주가 병역법 및 사회혼란과 간통죄목으로 피검됨으로써 통일교의 혼음문제가 사회적으로 부각되었다.60

통일교 초기의 피가름 교리와 혼음행위가 사회적 물의를 빚게 되자, 이를 종교적 의식으로 정교하게 체계화하여 공개적으로 시행한 것이 합동결혼식이다. 문선명이 부부를 짝지어 주고 합동으로 결혼식을 거행하였는데 1960년부터 시작하였다. 2001년까지 9억 2천 4백만 쌍이 넘는 남녀가 합동결혼식에 참가한 것으로 주장한다.61 『축복결혼』(2005)에

---

59 『정감록』에 나오는 鄭道令을 정도령(正道令)으로 표기한 듯.
60 이대복, 『통일교 원리비판과 문선명의 정체』 (서울: 큰샘출판사, 1999), 19.
61 박준철, 『빼앗긴 30년 잃어버린 30년-문선명 통일교 집단의 정체를 폭로한다』 (서울:

의하면 합동결혼식에 참석한 부부는 약혼식, 성주식(聖酒式), 탕감봉 (蕩減棒) 행사, 삼일(三一)행사를 치른다.[62]

약혼식은 아담과 하와가 약혼 단계에서 성적으로 타락하였으므로 이를 복귀하여 "하나님의 한을 해원시켜 주기 위한 약속"이다.

성주식은 "타락으로 말미암아 혈통적으로 더럽혀진 사탄의 피를 뽑아 버리는" 혈통전환으로,[63] 문선명이 베푸는 포도주를 함께 나누는 것 의식이다.

탕감봉(蕩減棒) 행사는 40일간의 탕감 기간과 죄를 탕감받기 위해 매를 3대씩 주고받는 의식이다. 죄를 지었으니 매를 맞아야 한다는 주술적인 의식이다.

삼일 행사는 부부가 3일간 세 차례의 성교를 통해 성적 타락을 복귀하는 실체적인 복귀의식이다.[64] 첫째 날은 구약시대의 타락한 아담의 원죄 복귀이고, 둘째 날은 신약시대의 예수님의 입장을 탕감 복귀하는 것이고, 셋째 날은 예수님을 대신한 신랑으로서 신부를 재창조하는 것이라고 가르친다. 그리고 첫째 날과 둘째 날 여상 상위를 취하는 것은 해와, 즉 아내가 먼저 복귀해 남편을 다시 태어나게 함을 상징한다. 셋째

진리와 생명사, 2000), 37-38. 통일교 신자는 7만에 불과하므로 이러한 통계자체가 '가증스러운 거짓 숫자'라는 것이 박준철의 주장이다.

62 황선조 편, 『축복결혼』(서울: 세계평화통일가정연합, 2005), 111-132; 세계기독교통일신령협회 편, 『축복과 이상가정』(서울: 성화출판사, 1993), 332-380.

63 세계기독교통일신령협회 편, 『축복과 이상가정』, 334-340. "성주는 실체결혼(참부모님), 형상결혼(36가정), 상징결혼(72가정)을 거쳐 나온 것"이라고 한다. 탁명환, 『한국신흥종교』I(서울: 성청사, 1972), 74-77. 1960년의 3쌍과 1961년 33쌍 그리고 1962년 72쌍을 말한다.

64 삼일행사의 준비물은 참부모님 존영, 심정초 또는 통일초, 성건(포도주를 묻힌 수건), 성건을 담는 그릇, 성염(소금) 등이다.

날의 남성상위는 남편의 주관성 회복을 뜻한다.65 이러한 삼일 행사는 앞서 살펴 본 정득은이 시행한 영체교환의 방식을 새로운 형태로 수용한 것으로 보인다.

3. 『평화훈경』과 교차·교체 축복결혼과 생식기 교리

1971년 미국으로 이주한 문선명은 통일교 40주년을 맞은 1994년 정식 명칭을 '세계평화통일가정연합'으로 바꾸고 선언문 셋째에 '합동결혼', '축복결혼'이라는 종래의 용어를 '교차교체축복결혼'으로 수정한다.

2007년에는 『원리강론』을 대신할 『평화훈경』을 통해 교리적 변화를 꾀하고 있다. 『평화훈경』에는 "인류는 누구를 막론하고 예외 없이 타락의 후예라는 점을 인지하고, 참부모님으로부터 결혼축복(結婚祝福)을 받아 혈통전환(血統轉換)"66하며, 이를 교육해야 할 사명이 있으며 아울러 3천억 명이 넘는 인류가 완전히 하늘 혈통으로 복귀되는 그 날까지 교차결혼 축복의 은사를 통해 참감람나무에 접붙이는 역사를 계속해 주어야 한다고 강조하였다(『평화훈경』, p. 158). 참감람나무에 접붙임을 받아야 혈통을 바꿀 수 있고 혈통을 바꾸어야 씨를 바꿀 수 있기 때문이다.

이러한 혈통전환의 최상의 방법이 교차축복결혼(交叉祝福結婚)이며, 이는 "인종, 문화, 국경, 종교의 벽을 뛰어 넘어, 즉 모든 원수관계의 고리를 끊고 새로운 차원의 하늘적 혈통을 창조하는 대역사"(p. 78)라고 한다.

---

65 세계기독교통일신령협회 편, 『축복과 이상가정』, 362.
66 황선조 편, 『평화훈경－평화메시지와 영계보고서』 (서울: 천주평화연합세계통일평화가정연합, 2007), 89.

여기서 말하는 '혈통전환'(p. 130)은 아담과 하와의 타락을 성적 타락으로 보는 초기의 피가름이나 혈대교환 교리의 세련된 또 다른 표현이다.

교차·교체 축복결혼의 목적은 생식기 주인 찾기이다. 사탄이 하와의 생식기 주인 노릇을 했기 때문에 절대혈통, 절대사랑, 절대평화가 깨어졌다는 것이다. 따라서 아내의 생식기 주인은 남편이고, 남편의 생식기 주인은 아내이므로 이런 주인의 자리를 확보하기 위해 인간은 결혼을 하는 것이라고 한다. 하나님이 짝지어 준 아담과 하와가 각자의 생식기의 원주인이듯이 문선명이 짝지어준 남편과 아내가 본래의 생식기 주인이라는 논리이다.

> 인간의 생식기는 지극히 성스러운 곳입니다. 생명의 씨를 심는 생명의 왕궁이요, 사랑의 꽃을 피우는 사랑의 왕궁이요, 혈통의 열매를 맺는 혈통의 왕궁입니다. 이 절대생식기를 중심삼고 절대혈통, 절대사랑, 절대생명이 창출됩니다. 절대화합, 절대통일, 절대해방, 절대안식이 벌어집니다(p. 62).

이 생식기가 천국과 지옥의 경계선이라고 한다.[67] 생식기 주인을 바로 찾으면 프리섹스, 근친상간, 스와핑과 같은 성적 범죄를 물리치고 성적 순결의 절대사랑을 실천할 수 있다고 한다(p. 60-61). 성적으로 가장 문란하였던 통일교가 성적 순결을 주장한다는 것이 놀라울 따름이다.

선문대학교 순결학부 2003년 11월 학술대회 주제가 "당신의 생식기 주인은 누구입니까?"이며, 도서관의 통일신학 자료실에서 '생식기'를 검색하면 460여 개의 자료를 찾아볼 수 있을 정도이다.

---

67 『문선명 전집』, 280-63, 1996.11.1.

참부모님으로부터 교차·교체결혼을 통해 문선명이 짝지어 준 생식기 주인을 바로 찾아 결혼축복을 받으면, 탕감 복귀하여 결혼하기 전 무죄한 자손을 낳기 전 십자가에 달린 예수도 받지 못한 축복을 받아 원죄, 혈통죄, 연대죄, 자범죄도 없는 축복 가정68이 된다. 그리고 이 축복 가정을 통해 혈통권, 장자권, 소유권을 회복하여 개인천국과 가정천국을 이루어 죄 없는 자녀가 탄생한다(p. 147)고 주장한다.

그러나 참 아버지 문선명 사후에 참 어머니 한학자와 이들 사이에 태어난 참 가족들 사이에 후계다툼이 일어났다. 한학자는 문선명 장례식에 아들들의 참석조차 허락하지 않았고, 막내 아들이자 아들 중 유일한 목사인 문형진은 그의 어머니가 아버지의 교리를 왜곡하고 자신을 신격화시켰다고 그녀를 사탄으로 규정하였다. 문선명의 가르침과 달리 참 부모의 참 가정이 풍비박산이 난 것이다.

VI. 정득은의 『생의 원리』와 성혈 전수 및 영체교환 교리

정득은(1897-?)은 이혼녀로서 신앙생활의 방황을 겪으며 방탕한 생활을 하다가 43세가 되던 1939년 신앙을 회복한 후 "성신의 불을 받아 난치병을 기도로써 쾌유케 하는 영통력의 소유자"69되었다. 한때 황국주의 광해교회에 출석하였다.

정득은의 구술을 받아 적은 엄유섭에 의하면 1945년 음력 11월 "남

---

68 박준철, 『빼앗긴 30년 잃어버린 30년-문선명 통일교 집단의 정체를 폭로한다』, 50.
69 최중현, 『한국메시아운동사 연구』 제1권, 192.

으로 가서 전도하라"는 계시를 받았을 때 "이렇게 추운 날씨에 어찌"라고 기도했더니 "예수 모친 마리아도 추운데 호적하러 갔노라"는 계시가 있었다고 한다. 서울로 오는 길에 또 계시를 받아 입던 옷을 길가의 주민에게 차례로 벗어주기도 하였다. 정득은의 신통력과 기도능력이 세간에 알려지게 되자 사람들이 몰려들기 시작하였다. 서울역 앞 삼파동(현 동자동)에서 20여 명의 신도를 모아 집회를 하다가 1946년 정월 삼각산 기도원으로 옮겼다.[70]

그러나 문선명의 설명에 의하면 1946년 6월 6일 "하나님이 중요한 책무를 지워 세상에 보낸 한 사람"이 38선을 넘어 평양으로 향하고 있으니 그 청년을 맞이하라는 계시를 정득은이 받았는데, 그 청년이 문선명(당시는 문명용)이다. 문선명은 자신이 정득은의 집에서 정득은을 비롯한 신자 10여 명을 모아 김백문에게서 배운 창조, 타락, 복귀 원리를 가르쳤다고 한다.[71] 앞서 문선명의 행적에서 살펴본 것처럼 이즈음에 자신을 대성모라 주장한 정득은과 재림 예수라는 문선명이 혈통복귀를 위해 '모자협조'의 성관계를 맺은 것으로 보인다.

1947년 정득은은 200자 원고 약 300매 분량의 계시를 받아 김백문의 상도동교회에서 만난 제자 방호동으로 하여금 받아쓰게 하였다. 이것을 엄유섭이 『생의 원리』라는 제목으로 1958년 출판하였는데, 정득은의 성혈전수와 혈통회복의 교리를 담고 있다. 『생의 원리』는 창조론, 타락론, 생의 원리로 구성되어 있다. 성모 마리아와 예수의 성교를 통해 성체복귀가 필요했다는 '모자협조'의 교리를 복귀론이라 하지 않고, '생

70 엄유섭 편, 『생의 원리』, 5-6.
71 박정화, 『야록 통일교회사』, 158; 김경래 편, 『사회악과 사교운동』, 173. 정득은은 문씨의 직계 제자라고 한다.

의 원리'라고 한 것이 문선명의 주장과 결정적으로 다른 점이기도 하다.

창조론과 타락론은 거의 비슷한 논지로 되어 있다. 하나님의 창조 섭리에 따라 하나님, 아담, 하와 및 그 자녀로서 사위(四位)가 결성되었다. 타락한 천사장 루시퍼가 "혜와를 유린(蹂躙)하여 불의의 씨"(『생의 원리』, p. 13)가 박히게 하였다. 다시 말하면 "천사장 루시퍼가 이부를 유린(蹂躙)하여 이를 범죄케하고 혜와로 하여금 아담에게 주어 동범(同犯)하였다"는 것이다(p. 14). 이 문맥을 보면 혜와[하와]의 영어식 표현이 '이브'(창 4:1)이므로 동일 인물을 지칭한다는 사실도 제대로 알지 못한 것으로 보인다.

정득은은 초림 예수의 복귀 실패를 주장한다. 초림 예수가 성혈을 전수하기 위해 성모 마리아에게 났으나, 마리아의 무지로 예수가 시작한 성혈 회복의 복귀 사역을 통한 '혈통적 신민의 번식'(p. 23)이 실패하게 되었다고 한다. 임마누엘 즉 '하나님이 함께하심'이라 한 것은 사단의 씨가 하와에게 박힌 것 같이 '하나님의 씨가 마리아에게 박힌 것'으로 해석한다. 하나님과 마리아 사이에 하나님의 아들 예수가 태어난 것을 의미한다는 것이다. "하와를 빼앗겨 사단을 낳게 됐으니 하나님은 하와를 찾아 아들을 낳고자" 동정녀 마리아를 성령으로 잉태하게 한 것이다. 이는 "처녀로 아이를 낳게 한 뜻이 곧 「혜와」가 루시퍼에게 유혹되어 가인이 난 것을 회복하려는 뜻"(p. 23)이다.

그런데 마리아는 예수가 태어난 후 성전에서 예수를 하나님의 아들로 키워야 할 사명을 저버리고 음란한 자의 후손인 요셉과 결혼하여 살면서 열두 살 예수를 성전에서 데려와 목수의 아들로 키운 것이다. 결국 "하나님의 아들(子)을 사단의 이붓자식으로 만들어 키운 것이다"(p. 25). 그리고 예수에게 "멸시와 천대를 받게 하고 하나님의 뜻을 짓밟게

한 것"이 마리아의 결정적인 실책이라고 한다.[72]

정득은은 놀랍게도 성모 마리아가 하나님의 씨를 받은 예수와 성교를 하게 하여 '혈통적 신민을 번식'하려는 것이 하나님의 계획이었고 그것이 초림 예수의 사명이었다고 주장한다.

> 마리아는 성결하여 스스로 분별하여서 예수를 성전에 들이고 그를 봉축(奉祝) 드려 착실한 하나님의 부인 노릇을 했어야 하나님께서 잃어버린 처음의 사랑을 찾으시고 성결의 혈통에 자손을 번식하였을 터이다(p. 29).

결국 마리아가 "요셉과 살았으니 하나님께서는 동정녀를 찾았다가 도로 잃은 것"(p. 25)이 되었고, 초림 예수의 혈통 복귀 사명은 실패로 끝났다. 예수께서 "나를 믿는 자는 나와 같은 일을 할 것이요 이보다 큰 일을 할 것이라" 했으니 "그 일은 곧 복귀요 헤와를 찾는 일"이며(p. 49) "헤와가 실패한 것을 복귀하는 성사(成事)"(p. 51)를 이루는 것이라고 한다.

예수의 실패를 다시 복귀하기 위해서 태초에 창조신이 바람을 불어 생령을 불어 넣었듯이 "부활신으로 또 바람을 불어 성신으로 생령의 사람을 키워 또다시 살과 피를 먹여 생령 부활의 사람으로 번식"하게 하려는 것이 "하나님의 섭리"(p. 72)라고 한다. 이것이 '에덴 복귀의 섭리'요 '생의 원리'라는 주장이다. 따라서 성결한 형통을 복귀시키고 번식하기 위해 오실 "재림 예수를 맞이하려면 동정녀를 찾아야 한다"고 역설

---

72 엄유섭 편 / 정득은 구술, 『생의 원리』, 27. "나사렛 촌의 목수의 자식을 만들어 멸시와 천대를 받아 하나님의 뜻을 짓밟게 하였도다."

한다. 『생의 원리』 2쪽에는 정득은의 사진과 함께 "단기 4286년(서기 1953년) 6월 10일 대성모 정득은 백운도사(大聖母 丁得恩 白雲導師)"라는 호칭을 계시받은 것을 붓글씨로 쓴 사진을 게재하고 있다. 삼각산에 대성심기도원을 세워 원장이 된 정득은은 자신이 '대성모 동정녀'라고 주장했고 추종자들이 그를 대성모라고 호칭하였다(p. 5).

1949년 2월과 3월에 걸쳐 당시 50대 중년의 여인 정득은은 환상 중에 계시를 받아 김한, 방호동, 이수완를 택해 수색의 박태선의 집에서 '깨끗한 성교'를 시행하였는데, 이를 '성혈전수', '혈분', '혈대교환' 또는 '영체교환'이라고도 불린다. 김한은 정득은으로부터 받은 새로운 피를 민은순이라는 여신도에게 주고, 민은순은 이태윤에게 주고, 이태윤은 장애삼이라는 여신도에게 주었다. 그리고 이수완은 원경숙과 박정원(박태선의 처)에게 전해 주고, 원경숙은 박태선에게 이를 다시 전해준다. 그리고 박태선은 자신의 형수(박태국의 처)와 장모에게 주었다고 한다.[73]

그들은 정득은의 입회하에 그녀가 기도를 드리고 나서 혈분했으며, 남자가 여자에게 혈분할 때는 남상여하이고 여자가 남자에게 권할 때는 여상남하하였다고 한다. 박태선 부부는 이를 극구 부인했지만, 이 사실에 관한 김훈(1957)[74]과 장애삼(1957)[75]과 정득은의 증언이 「세계일보」

73 김경래, 『사회악과 사교운동』, 40-41.

74 김경래, 『사회악과 사교운동』, 15. 김훈(현직교사)은 1956년 11월 장로교 경기노회에서 박태선을 성분조사할 때 증언으로 나와 이를 증언했다. 그는 '혼음파'에 휩쓸려 본의 아니게 죄를 지었노라고 고백하였다.

75 김경래, 『사회악과 사교운동』, 171-178, 백영기 목사가 현장에 나타났고, 장애삼이 이태윤과의 혈분한 사실을 양심상 견디다 못해 백 목사에게 털어놓게 되고 백 목사는 1957년 3월 3일 원효로에 있는 전도관 입구에서 박태선의 그간의 행위에 대해 크게 떠들게 되고 전도관의 열혈 신도들이 나와 백씨를 폭행하는 사건이 발생한다. 이것이 바로 전도관 박태선의 혼음교리가 밝혀지게 되는 사건이 된다. 정애삼은 1957년 3월 10일 "형제여

(1957.3.18.)에 의해 기사화됨으로 세상에 알려지게 되었다. 정득은은 1957년 3월 이러한 사실을 비밀에 부친 이유를 밝혔다.

사실 나는 처음에 세 남성에게 내 피를 넣어 준다 해서 성교하였다. 그 세 남자들은 또 다른 여성들을 전도해서 내 앞에서 성교하였다. 박태선 장로는 (당시에 집사) 그의 장모와 형수 그리고 원경숙이란 약혼 상대가 있는 처녀와 관계했다. 그때 내가 옆에 앉아 안찰기도 한 것은 사실이다. 지금도 이 교리가 전혀 엉터리가 아니란 것을 신의 계시로 믿고 있다. 다만 세상이 죄악시하기에 비밀리에 행했을 따름이다.[76]

서울이 수복이 되자 정득은은 1953년 2월 용산에 에덴 유치원을 창설하고 전쟁고아를 수용하는 한편 가난한 자에게 죽을 써주기도 하다가 '대성심기도원'을 창립한다. 기도원의 목적은 "심신의 수련으로써 혈육적 욕심을 초월하고 심중에 예수님을 모시고 피와 살이 전폭으로 기독교화하기 위하여 수도함을 목적으로 한다"고 되어 있다.

1957년 세계일보 김경래 기자가 정득은을 취재하면서 그녀의 온몸에 종기가 많이 나 있어 그 이유를 물으니 "너무 많은 남성과 교제를 했기에 임질 매독에 걸렸다. 고행하기 위해 현대 약을 쓰지 않기로 했다"고 한다.[77]

자매여 이 일을 아십니까"(「세계일보」에 게재)라는 공개장에서 자신을 포함한 이들의 혼음사실을 밝혔다.

76 최중현, 『한국메시아운동사 연구』 제1권, 207.
77 최중현, 『한국메시아운동사 연구』 제1권, 207.

VII. 박태선의 『오묘』의 혈액정화 교리와 섹스 안찰

박태선(1917-1990)은 평북 영변 출신으로 1944년 일본에서 귀국한 후 남대문교회에 출석하면서 문선명과 함께 1946년 초부터 약 6개월간 김백문의 이스라엘 수도원에서 원리교육을 받은 바 있다.[78] 1949년을 전후하여 고향 출신인 이태윤을 만나 삼각산 기도원장 정득은을 소개받는다. 그리고 앞서 언급한 것처럼 1949년 2월과 3월에 걸쳐 정득은은 이수완과 혈분하고, 이수완은 26세인 원경숙과 혈분하고, 원경숙은 박태선과 혈분하였으며 그리고 박태선의 처 박정원은 원경숙과 함께 이수완과 혈분하였다. 박태선은 '거룩한 교리를 우선 집안에' 실천하기 위해 장모와 형수(백태국의 처)와도 혈분하였다고 한다. 그리고 박정원은 박영창이라는 남자 신도에게 주었다고 한다.[79]

박태선은 1951년 1·4 후퇴 이후 평택에서 피난 생활을 하던 중 소변으로 피가 다 빠져나가고 주님의 피로 바뀌는 성혈전수의 놀라운 체험을 하였다고 한다. "마지막 피가 다 빠져나간 후 때가 낮인데 주님께서 나타나시었다.… 피 흘리는 주님이 나에게 말씀하시기를 '내 피를 마시라' 하시며 그 피를 내 입에 넣어 주시어서 내 심장 속에 정한 주님의 보혈을 흘려주셨다"[80]라는 것이다. 만민중앙교회의 이재록도 "1992년 8일 동안 피를 다 쏟아 부모로부터 받은 죄 된 피가 없어지고 원죄도 자범죄도 없는 새 피로 채워졌다"고 한다.[81]

---

78 탁명환, 『기독교이단연구』, 110.

79 김경래, 『사회악과 사교운동』, 40-41.

80 김성여, 『박태선 장로의 이적과 신비경험』 (서울: 한국예수교전도관부흥협회, 1974), 89.

당시 집사였던 박태선은 1954년 3월 "너는 나가서 나의 명하는 것을 행하라"는 계시를 받은 후 우연히 창동교회 집회에서 안수 기도를 하니 병자들이 치유되는 놀라운 일이 일어났다. 이를 계기로 1955년 1월 1일 무학교회를 시작으로 전국으로 순회하며 치유 부흥집회를 인도하기 시작한다. 7월 3일에 한강 백사장 집회에는 수만 명이 참여하는 등 이즈음 전국 순회 집회에 참석한 신도들의 수가 수백만 명으로 추산한다. 이를 계기로 박태선은 1955년 전도관(한국전도관부흥협회)을 창립하였다. 1955년 11월에 대한예수교장로회 경기노회에서 김한이 1949년 2월과 3월에 걸쳐 행해졌던 혼음사건에 대해 박태선이 연루되었다고 폭로하였다. 1956년 2월 15일 경기노회는 박태선을 이단으로 규정하였다.[82]

1970년대에 전도관 신학원 강의 교재인 『오묘』(1970)[83]에는 통일교의 『원리강론』과 유사한 '오묘원리'인 창조론, 타락론, 구원론이 소개되어 있다. 창조론에는 3수의 원리에 따라 하나님께서 태초에 3씨를 보유하고 있었는데, 첫 번째 씨는 아담에 의해 타락하였고, 두 번째 씨가 예수이고, 세 번째 씨가 '동방의 의인'이요 '이긴 자' 박태선이라고 한다.[84] 박태선 교리의 핵심은 '하나님의 피' 사상이다. 그는 여호와 하나님이 흙으로 사람을 지으시고 그 코에 불어 넣은 '생기'가 바로 '하나님의 피'라고 한다.[85]

타락론에서는 원죄로 인해 아담과 하와의 순수한 피에 불순물이 섞

81 서영국, "이재록 목사(만민중앙교회)의 이단성 비판", 「현대종교」 2016년 7/8월호, 94.
82 탁병환, 『기독교이단연구』, 164.
83 전도관 편, 『오묘』(서울: 제9중앙전도관 청년천성회, 1970). 오묘원리는 창조론, 타락론, 구원론 등 13장으로 구성되어 있다: 박영관, 『이단종교비판』 1, 142 재인용.
84 박영관, 『이단종교비판』 1, 143-144.
85 전정희, "사람 지으시고 불어넣은 '생기'는 '하나님의 피'", 「교회와신앙」 2013.8.22.

여 더러워진 피가 유전되어 악만 나오는 것이라는 혈액 정화 교리를 주장한다.[86] 구원론에서는 "죄로 말미암아 피가 더러워졌고 피 흘림 없이는 죄사함이 없으므로 피를 가지고야 피를 맑게 할 수 있다.[87] 인류를 구원하러 오신 예수의 최대 말씀은 '내 피를 마셔라 그래야 너희 속에 생명이 있다'(요 6:53)는 것인데, 박태선이 평택에서 받아 마신 것이 바로 '그리스도의 보혈'"이라는 것이다.[88]

1980년 1월부터는 전도관을 한국천부교전도관부흥협회라고 변경하고 자신을 '영모(靈母)'라고 주장해온 박태선은 자신이 천상천하의 하나님인 천부(天父)가 되었음을 선언하고 '천부교'를 세웠다.[89] 그해 12월 14일 재혼한 최옥순의 동생이요 자신의 처제인 최옥자를 불러, "강제로 끌어안고 장차 천국에서는 네가 나의 유일한 영원한 부인이 된다"며 추행하려 했던 사실이 최옥자의 탄원서로 밝혀졌다.[90]

천부교 간부의 아내였던 박진숙은 고소장에서 1981년 3월 8일 박태선이 음욕을 이기고 깨끗이 살려면 성신을 받아야 하는데 성신인 자신이 안찰하겠다고 불러서는 강제로 폭행한 것을 폭로했다.[91] 이러한 사실이 알려지자 이와 비슷한 경험을 한 당사자들의 제보를 받은 탁명환은 박태선이 거룩한 피를 전수한다는 명분으로 "약 183명에게 섹스 안

<hr>

86 박영관, 『이단종교비판』 1, 145.
87 박영관, 『이단종교비판』 1, 146.
88 박영관, 『이단종교비판』 1, 153.
89 대한예수교장로회총회 외 편, 『종합 사이비·이단연구보고집』 (서울: 한국장로교출판사, 2001), 23. 1981년 2월 7일자 박태선의 설교에는 예수가 진짜 하나님의 아들이 아니라 마귀의 아들이며, 자신이 이슬성신을 내리는 감람나무요 구세주라는 내용이 나온다.
90 최중현, 『한국메시아운동사 연구』 제1권, 91.
91 탁명환, 『저 들녘의 이름없는 들풀처럼』 (서울: 국종출판사, 1993), 362.

찰을 한 것"으로 밝혔다.[92] 이러한 폭로에 대해 천부교 측은 아무런 법적 대응을 하지 않았다.

1949년 정득은으로 부터 거룩한 피를 전수받은 박태선은 장모와 형수에게만 그가 받은 거룩한 피를 공급하고 더 이상은 성체 교환을 행한 것 같지 않아 보인다. 그러다가 1·4 후퇴 때 평택에서 예수의 피를 받은 다음에도 이를 전수한 것으로 보이지 않는다. 그런데 정득은에게서 성혈전수를 받은 후 다시 예수의 피를 전수받은 지 30년이 지나서 박태선은 본격적으로 자신이 유일한 공급자가 되어 거룩한 피의 전수를 시행한 것이다. 1949년의 경우, 공급자 정득은으로부터 성혈을 받은 "전수자들이 나름대로 각각 그 피의 전파에 나설 수 있었지만, 1980년대 박태선의 경우는 그 어느 전수자도 나름대로의 전파 활동에 나선 흔적이 보이지 않는다"라는 것이 최중현의 분석이다.[93]

VIII. 피가름 교리의 최근 계보: 변찬린, 박윤식, 정명석, 박명호

변찬린은 "가인은 하나님의 축복으로 출생한 아담의 씨가 아닌 마귀의 씨였다. 다른 말로 표현하면 가인은 뱀의 종자, 곧 하와가 밀통한 간부의 씨, 불륜의 열매"[94]라는 것이 여인들이 남편 외에 다른 정부(情夫)나 간부(姦夫)를 두는 '씨앗 속임'의 전례라고 본다. 따라서 "오늘날

---

92 탁명환, 『기독교이단연구』, 177, 182-183.
93 최중현, 『한국메시아운동사 연구』 제1권, 93.
94 변찬린, 『성경의 원리』 중(서울: 도서출판 대하, 1980), 13.

피가름 교리를 밀교화하고 있는 사이비종교에서는 '씨앗 속임'의 음사(淫事)가 다반사처럼 일어나고 있다. 사교에 빠진 광신자들은 뱀의 씨를 잉태하고서도 남편의 씨를 속이고 있다"[95]고 비판하였다.

변찬린은 원죄를 성적 간음으로 해석해 온 전통은 수용하지만, 이를 복귀하기 위한 피가름이나 영체교환은 극구 반대한다. 변찬린은 생명과와 선악과는 각각 정과(正果)와 사과(邪果)를 상징하며, 원죄는 정도(正道)를 버리고 사도(邪道)를 취한 우상숭배로 해석한다. 그는 제3장 타락론에서 "아담과 하와가 하체를 가린 것은 상징적인 의미이지 문자 그대로 성적 범죄로 말미암은 것이 아니다. 성경은 우상숭배를 간음으로 간주하므로 도덕적 간음을 상징적으로 나타낼 때 성기를 가리게 했던 것이다"[96]고 하였다.

박윤식도 '씨앗 속임'(1981년 7월 5일)이란 설교를 통해 "아담이 속아 넘어가고, 또 여자 자신도 어둠의 권세 사탄한테 속아 넘어가고, 그러니깐 낳고 보니까 전부 뱀알, 뱀의 씨들만 낳았다"[97]고 설교하였다.

정명석은 『비유』에서 선악과를 '치마 속에 감추인 과일'로서 금단의 사랑의 열매 즉, 여성의 성기를 비유하는데 이것을 따 먹지 말라는 것은 "하나님적 가치로 성장하기 전에, 완성 전에 사랑의 행위를 하지 말라"는 뜻으로 풀이한다.[98] 그의 섭리역사론에 따르면 하나님과 인간의 관계는 구약시대에는 종과 주인의 관계인 주종시대이고, 신약시대에는

---

95 변찬린, 『성경의 원리』 중, 16.

96 변찬린, 『성경원리』 상, 91.

97 "평강제일교회 박윤식씨에 대한 총신신대원연구보고서", 「현대종교」 2005년 11월호, 35.

98 정명석, 『비유론』 (서울: 국제크리스챤연합, 1988), 81.

아버지와 아들의 관계인 부자시대이고, 새 섭리시대에는 신랑과 신부의 관계인 애인시대이다. "종에서 아들, 아들에서 애인으로 회복되고 되고 복귀됨을 완전 회복"[99]이라 하였다. 정명석과 신도들의 관계가 애인관계가 되어 영으로만 통하지 않고 "몸으로도 통해야 한다"고 주장하고, 애천교회를 세운 것이다.

한농복구회 교주 박명호는 설교를 통해 자신을 하나님, 주님, 그리스도라 가르쳤으며, "인류가 색욕에서 빠져나올 수 없기 때문에 자신이 색욕의 함정에 대신 들어가 창녀를 취하고 죄인이 됨으로 인류를 구원한다"[100]는 창기십자가 사상을 주장했다고 한다. 2012년 12월 8일 SBS 〈그것이 알고 싶다〉에서 "탐욕인가 희생인가. 창기십자가의 비밀"이 방영되었는데, 다수의 여신도들이 박명호와 성관계를 맺고 있다고 한다. 여신도들이 박씨를 '여보', '신랑', '낭군님'이라 부르며, "영원토록 원자씨를 낳아드릴게요"라는 노래를 부르는 장면도 방송되었다.[101]

99 정명석, 『비유론』, 21.
100 "한농 복구회 박명호 성범죄 증거 제출", 「현대종교」 2012년 12월호, 61.
101 "〈그것이 알고 싶다〉 한농복구회 박명호씨 고발", 「현대종교」 2013년 1월호.

제 4 장

『격암유록』의 위작과
한국 이단 기독교의
종교혼합주의

I.『정감록』과『격암유록』

크게 물의를 일으킨 대표적인 이단에 속하는 신앙촌의 박태선, 영생교의 조희성, 신천지의 이만희 등이 주장하는 교리들의 출처가『격암유록』이라는 사실은 잘 알려지지 않고 있다.

세계일주평화국의 양도천뿐 아니라 증산교와 단전호흡 단체, 심지어 한국의 파룬궁에서도『격암유록』을 단편적으로 원용하여 자신들의 교리와 이론을 합리화하고 있다.[1] 불교계에서도『격암유록』을 통해 이 땅에 오신 미륵부처님의 비밀을 풀이하고 있다.[2]

16세기의 격암 남사고(南師古, 1509-1571)[3]의 저서라 알려져 온『격암유록』은 1958년 박태선 장로가 세운 신앙촌에 들어간 허진구의 부친이 작성한 것을, 이도은이 필사하여 1977년 국립중앙도서관에 기증한 것이 고서(古 1496-4)로 둔갑한 위작이라는 사실이 밝혀졌다.

따라서 이 글에서는『격암유록』이 위작으로 드러난 과정을 밝히고『격암유록』이 신앙촌의 교리를 세우기 위해 신앙촌에 참여한 비결파들이 작성한 것이라는 사실을『격암유록』의 내용을 통해 논증하려고 한다. 그리고 이『격암유록』을 박태선의 신앙촌뿐 아니라, 조승희의 영생교, 이만희의 신천지에서도 수용하여 그들의 교리의 근거로 삼고 있다는 사실도 살펴보려고 한다.

---

1 김하원,『격암유록은 가짜「정감록」은 엉터리 송하비결은?』(서울: 인언, 2004), 122-134.
2 김순열 해독,『남사고 예언서 격암유록』(서울: 대산, 2002).
3 남사고 선생은 경북 영양에서 태어났으며 호(號)가 격암(格菴)이다. 역학(易學), 풍수(風水), 천문(天文), 복서(卜筮), 상법(相法)에 통달(通達)했다고 전해지고 있다. 만년(晩年)에는 관상감(觀象監)의 천문교수(天文教授)를 지냈다.

II. 『격암유록』의 위작 경위

『격암유록』(格菴遺錄)은 조선 중기의 대학자였던 격암 남사고가 신인(神人)으로부터 전수 받았다고 주장되는 책으로 이도은이 필사하여 1977년 6월 7일 국립도서관에 기증한 것이 고서(古 1496-4)로 분류되어 보관된 것이다. 같은 해 7월 15일에 조성기가 이를 영인(影印)하여 '삼역대경 및 대순전경'과 합본해서 『한국명저대전집』이라는 제목으로 출판하였다.4

10년쯤이 지난 1986년 6월에 한문 필사본 『격암유록』에 한글토를 단 활자본을 정다운이 『정감록』 부록에 수록하였다.5 같은 해 8월 유경환이 『한국 예언문학의 신화적 해석: 격암유록의 원형적 탐구』를 저술하여 『격암유록』의 주요한 내용들을 풀이하여 소개하였다.6

다음 해에 역술인 신유승이 "최초로 공개되는 한민족 역사의 예언서"라는 부제와 함께 『격암유록』(1988) 1-3권을 출판함으로서 『격암유록』은 노스트라다무스의 대예언을 능가하는 한국 최고의 신비한 예언서로 널리 알려졌다.7

김은태는 『正道令-격암유록의 주인공 正道令을 증거함』(1988)을 저술하여 『격암유록』의 원문과 성경의 예언 내용을 비교 분석하였다. 이긴 자(乘人神人) 正道令이 누구라 명시하지는 않았지만, 1988-1989

---

4 조성기, 『한국명저대전집, 제1권』 格庵遺錄, 三易大經, 大巡典經 합본(서울: 태종출판사, 1977).
5 정다운 역, 『정감록』 (서울: 밀알, 1986).
6 유경환, 『한국 예언문학의 신화적 해석: 격암유록의 원형적 탐구』 (서울: 대한출판공사, 1986).
7 신유승 번역, 『격암유록, 삼역대경, 대순전경 합본』 (서울: 세종출판공사, 1987).

년 사이에 "우리 민족 가운데서 세계 인류의 구세주가 되실 정도령이 출현"하고 그가 남북통일을 성취하고 불사영생의 도를 세계에 선포하여 우리나라를 지구촌의 종주국으로 이끌 것이라 하였다.[8]

그런데 김하원은 그의 저서 『조작된 위대한 가짜 예언서 격암유록』 (1995)[9]에서 『격암유록』이 16세기의 격암의 저술을 필사한 것이 아니라, 신앙촌에 있던 위작한 책을 필사하여 1977년 국립중앙도서관에 기증한 사실을 밝혔다. 88세의 이도은(본명 李庸世)을 직접 면담한 김하원은 『격암유록』 필사본 간지에 "이도은이 1944년 필사하였고 원본은 분실하였다"고 적은 것 역시 사실이 아닌 것으로 밝힌 것이다.[10]

이를 뒷받침하는 결정적인 증거로서 허진구(필명)는 2007년 「신동아」 11월호에 1958년부터 신앙촌에 거주했던 자신의 부친이 『격암유록』을 저술하였고, 그때 부친과 교분이 있던 이도은이 이를 필사한 후 1977년에 국립도서관에 기증한 사실을 밝혔다.[11] 허진구는 자신의 부친이 집안의 전통에 따라 역학과 풍수에 심취하였는데 박태선 장로의 부흥회에 다녀온 모친이 그의 설교에 매혹되어 박태선이 "말세에 이 땅에 오신 구세주이시고 하나님의 사자"라고 열정적으로 전도하기 시

---

8 김은태 편, 『正道令-격암유록의 주인공 正道令을 증거함』 (서울: 해인, 1988), 23-24.

9 김하원, 『조작된 위대한 가짜 예언서 격암유록』 (서울: 도서출판 만다라, 1995). 2004년에 『격암유록은 가짜 「정감록」은 엉터리 송하비결은?』이라는 제목의 개정 증보판이 나왔다. 이 책이 나오기 전까지 출판된 주요 저서는 다음과 같다. 김은태 편, 『正道令: 韓國像言文學의 解義』 서울: 海印, 1990; 금홍수, 『삼풍』 1, 격암유록 천부경, 부천: 한림서원, 1990; 정준용, 『格庵遺錄: 세계를 구원할 영원 불멸의 신서』, 서울: 鮮進, 1994.

10 허진구, "격암유록의 실체를 밝힌다", 「신동아」 578호(2007년 11월호), 629-630.

11 허진구, "격암유록의 실체를 밝힌다", 647. "나의 아버지가 최초로 집필한 격암유록은 원본으로 그 후의 상황 등을 이씨가 추가로 보필하여 완성하고- 자신이 쓴 필사본을 직접 도서관에 기증한 것"이라고 하였다.

작했고 결국 온 가족이 신앙촌에 들어갔다고 한다.[12]

김하원과 허진구는『격암유록』의 저술과 필사와 기증 경위 등 외적 증거를 통해 16세기의 격암 남사고의 저술이 아니라는 사실을 밝혔을 뿐 아니라,『격암유록』의 내용을 통해 16세기의 저작이 아니라 20세기의 위서요 위작인 여러 내적 증거들을 제시하였다.

첫째로 책명을『격암유록』이라 하였지만 수록된 내용 60장 중에서 격암 남사고와 직접 관련된 것은「남사고비결」과「격암가사」2장뿐이다. 그리고 그 내용도『정감록』에도 수록된「남사고비결」과는 전혀 다르다.

둘째로『격암유록』에 나오는 국한문 혼용체는 조선 중기 한글 고어가 아니다. 필사본 100쪽 중 절반은 순한문체요 절반은 한글로 토를 단 것[13]이다. 예를 들면 "節不知而의 共産發動 하나님前 大罪로다"와 같은 국한혼용의 가사체이다.[14] "국한문 혼용으로 기술된 한글이 조선 중엽에 쓰인 고어체가 아니라 근대 가사체로 씌어 있다는 점"[15]이 드러났다.

셋째로 16세기의 용어라 볼 수 없는 현대식 한자어가 너무 많이 적혀 있다. 과학(科學), 건설(建設), 작업(作業), 사업(事業), 반도(半島), 발행(發行), 승리(勝利), 계획(計劃), 도매금(都賣金), 피난차(避難車), 목욕탕(沐浴湯), 세계(世界), 유행(流行), 인도(印度), 불국(佛國), 영미(英美), 출마(出馬), 원자(原子), 도로(道路), 변소(便所), 군정(軍政), 연구

---

12 허진구, "격암유록의 실체를 밝힌다", 620-621.
13 김하원,『격암유록은 가짜「정감록」은 엉터리 송하비결은?』, 27, 108.
14「格庵歌辭」, "節不知而"는 철부지를 뜻한다.
15 허진구, "격암유록의 실체를 밝힌다", 630.

자(硏究者), 각국 유람(各國遊覽) 등이 그 증거이다.[16] 이는 모두 개화기 이후에 들어온 일본식 한자이다.[17]

넷째로 강덕영이 해설한 『격암유록』(1994)에서 처음으로 「羅馬簞二」는 로마서 2장이며, 「羅馬一 二三條」는 로마서 1장 23절이라는 것을 밝혔다.[18] 김하원은 전체 60장 중 여덟 장은 그 제목과 내용이 한자 성경의 로마서(羅馬書)와 이사야서(以塞亞書), 고린도전서(加林多前書)의 일부를 임의로 옮긴 것임을 밝혔다.[19] 이사야서 35장을 「塞 三五」로, 고린도전서를 「加前」으로 표기한 것이다. 그리고 『격암유록』의 「三審判論」(계 20:12-15), 「天三地四」(요한계시록 6장의 7곱인), 「七亂論」(요한계시록 16장의 일곱 대환란), 「七災編」(요한계시록 8장의 일곱나팔)[20]은 요한계시록의 내용과 거의 일치한다. 그 외에도 성서의 용어가 많이 등장한다. 그러므로 16세기의 인물인 격암 남사고가 1813년 이후에 번역된 한문 신약성경을 읽었다는 것은 불가능한 일이다.[21] 『격암유록』의 최초의 번역자인 신유승은 이런 사실을 모른 채 위의 성경의 이름과 장절의 숫자를 역학의 수리철학으로 자의적으로 풀이한 촌극을 보였다.

---

16 김하원, 『격암유록은 가짜 「정감록」은 엉터리 송하비결은?』, 50.

17 허진구, "격암유록의 실체를 밝힌다", 630. 이 외에도 도로(道路), 변소(便所), 정거장(停車場), 공산(公産), 원자(原子), 철학(哲學) 등의 단어가 나온다.

18 강덕영 해역, 『한글세대도 쉽게 볼 수 있는 격암유록』(서울: 도서출판 동반인, 1994), 150, 152.

19 김하원, 『격암유록은 가짜 「정감록」은 엉터리 송하비결은?』, 52-59. 『격암유록』 10-16장과 18장의 제목은 「塞 三五」, 「塞 四一」, 「塞 四三」, 「塞 四四」, 「羅馬簞 二」, 「羅馬一 二十三條」, 「哥前」, 「塞 六五」이다. 『격암유록』과 성경 본문 내용을 비교한 것을 참고할 것.

20 최중현, "『격암유록』의 저본에 보이는 「요한계시록」 흔적", 「종교연구」 제48집(2008년 봄), 132-146.

21 조훈, 『로버트 모리슨』(서울: 신망애출판사, 2003), 114. 로버트 모리슨은 1813년 처음으로 신약성경을 중국어로 번역하였다.

다섯째로는 『격암유록』에는 박태선, 전도관, 신앙촌 등의 한자가 파자로 풀이되어 있고 소사(素沙), 인부간(仁富間, 인천과 부천 사이), 평천간(平川間, 부평과 부천 사이), 계수와 범박(신앙촌이 있는 곳의 동네 이름), 소래산과 노고산(신앙촌 주위에 있는 산 이름)과 같은 신앙촌과 관련된 지명이 기록되어 있다.

이 외에도 『격암유록』에는 최근세사의 내용이 너무나 자세히 적혀있어 호사가들의 폭발적인 관심을 유발하였다. 『격암유록』을 최초로 번역한 신유승은 서문에서 "임진왜란, 병자호란, 한일합방, 남북분단, 6·25 동란, 4·19의거, 5·16혁명 등과 이승만, 이기붕, 신익희, 조만식, 조병옥, 김구, 서재필, 여운형, 최인규, 장면 등을 비롯한 근대사에 명멸했던 숱한 사건들과 기라성 같은 인물들의 운명과 평화적인 남북통일의 시기와 그 후의 우리 민족의 장래 예언이 수록되어 있다"[22]고 했기 때문이다. 예를 들면 「三八歌」에 "十線反八三八이요 兩戶亦是三八이며 無酒酒店三八이니 三字各八三八이라"는 구절이 있는데, 이는 판문점(板門店)을 파자한 것이다.[23]

그리고 "우리나라뿐 아니라 세계 여러 나라의 근세사에 관한 예언도 많이 수록되어 있는데 2차 세계대전, 일본의 2차대전 패망, 중국의 국공(國共) 분열, 최첨단과학, 스타워즈, UFO, 종교전쟁 등 광범위한 예언이 수록되어 있다"[24]고 하였다. 예를 들면 「末初歌」의 "青鷄一聲半田落"이라는 구절은 원자폭탄이 떨어져 '일본(田의 半은 日)이 망한다'는 뜻으로 해석되기 때문이다.[25]

---

23 허진구, "격암유록의 실체를 밝힌다", 641. 十+反+八=板, 兩戶=門, 無酒酒店=店.
24 신유승 역, 『격암유록』, 11.

그러나 이러한 무수한 현대사들의 열거는 16세기의 실재 인물이었던 격암 남사고가 미래에 일어날 일로 미리 예언한 것이 아니라, 1960년대 이후에 위조된 사후(事後) 예언서이기 때문에 가능한 것이다.

그럼에도 불구하고 『격암유록』을 성경의 예언에 버금가는, 심지어 성경의 예언과 일치하는 한국의 위대한 예언서라 여겨 여러 신흥 기독교 이단 종파들이 이를 추종하게 된 것이다. 지금도 이 책이 위작인지 모르는 이들에 의해 『격암유록』은 여전히 한국 최고의 예언서로서 각광을 받고 있으며 수십 편의 해설서가 계속 발행되고 있는 실정이다.26

III. 『격암유록』의 주요 논지와 서술 방식

『격암유록』은 『정감록』을 모방한 일종의 도참서이다. 『정감록』은 임진왜란과 병자호란 이후에 여러 감결류(鑑訣類)와 비결서(祕訣書)가 집성된 것으로 민간에 전해 내려오는 동안 다양한 이본(異本)이 생겼으나 가장 널리 알려진 도참서이다.27 도참(圖讖)은 참위(讖緯)라고도 하는데, 원래는 나라의 운명이나 장래의 길흉에 대한 예언서이지만 『정감록』의 경우는 후천개벽의 천시론, 십승지의 지리론, 정도령과 같은 말세의 구세주 출현의 인물론, 파자풀이의 비결론이 대의를 이루고 있다.

그런데 허진구의 부친이나 이도은처럼 『정감록』과 같은 도참사상에

---

25 허진구, "격암유록의 실체를 밝힌다", 640-641.
26 김하원, 『격암유록은 가짜 「정감록」은 엉터리 송하비결은?』, 20-25.
27 1785년(정조 9년)의 홍복영(洪福榮)의 옥사(獄事)에서 『정감록』이란 책에 대해서 언급되고 있는 것이 문헌상으로는 가장 오래된 것이라고 한다.

젖어 있던 일단 비결파(秘訣派)들이 신흥 기독교에 호감을 갖고 박태선의 신앙촌에 들어가서 한문 성경을 읽다가 성경에도 말세론적 도참사상이 있다는 사실에 흥분하였을 것이다. 그리하여『정감록』의 도참과 비결을 성경과 혼합하여 박태선을 신격화하고 신앙촌 교리를 합리화하기 위해『격암유록』이라는 위서를 만든 것이다.『격암유록』이라 한 것은 조선 중기의 유명한 도참사상가로 알려진 격암 남사고(南師古, 1509-1571)의「남사고비결」이『정감록』에 포함되어 있기 때문에 격암이라는 호를 차명한 것이다. 그래서 제일 첫 장에「남사고비결」을 수록하였다. 이는 마치 영지주의자들이 기독교를 수용하여 영지주의 기독교 문서를 만들고 사도 도마의 이름을 차명하여『도마복음서』라 한 것과 유사하다.[28] 그러나『격암유록』의 전체 60장 중 격암과 관련된 글은「남사고비결」과「격암가사」뿐이다. 그리고 그 내용도『정감록』의「남사고비결」과는 판이하다.

『격암유록』의 논지와 서술 방식을 살펴보기 위해 제1장「남사고비결」의 첫 부분을 차례대로 풀어 보려고 한다.

兩弓雙乙知牛馬: 궁궁(兩弓) 을을(雙乙)은 천지니 천지가 개벽하여 하느님이 지상에 임하였음을 알라

　　해설: 활(궁)은 하늘을 향해 쏘고, 새(을)는 땅에 앉으므로 궁을은 수직적
　　　　　인 하늘(天)과 수평적인 땅(地)이 합한 모양을 지닌 십(十)을 상징
　　　　　한다. 양궁과 쌍을은 궁궁을을인데『격암유록』에 무수하게 등장한

---

28 허호익, "영지주의의 기독교 왜곡과 사도신경의 형성",「신학과 문화」14집(2005), 191-220.

다. 弓弓이 서로 마주 보면 십자형(亞)이 되고[29], 乙乙 중 하나가 누우면 역시 십자형(卍)이 된다.[30] 이 둘은 십승지를 상징하는 영부(靈符)이다. 우마는 天牛地馬 로서 천지가 합하였다는 뜻인데 이는 하느님이 지상에 임하였다는 뜻으로 해석된다.

田兮從金槿花宮 落盤四乳十中山: 十勝(田) 도령이 말세(金運)에 한국에 오셨다.

해설: 田자 가운데는 십자(十字)는 십자가로 승리한 십승도령 재림 예수를 뜻하며 근화궁은 무궁화의 나라 대한민국이다. 금은 오행의 마지막 운세이니 말세이다. 精字에 오른 쪽을 없애면 米이니 소반(盤) 모양인데, 소반에서 네 젖꼭지가 떨어져 나가면 十字가 되고 山이 겹(中)치면 (出)이 된다.

八力十月二人尋 人言一大十八寸: 그러므로 十勝地는 信天村이라네.

해설: 月+力에 二人을 합하면 勝자가 되고, 가운데 十을 합하면 十勝이다. 人言(信), 一大(天), 十八寸(村)을 합자(合字)하면 신앙촌을 뜻한다.

이 복잡한 7언절귀 6행을 해설하면 궁궁을을은 하늘과 땅이 합한 상징인 동시에 십승지를 뜻한다. 말세를 맞이하여 십자가로 승리한 십승도령(재림 예수)이 한국에 임하였으며 십승지가 신앙촌이다는 뜻이

---

29 양궁은 『정감록』 「감결」에 "대개 인간 세상에서 피신하려면 산도 좋지 않고 물도 좋지 않고 兩弓이 좋으리라"(蓋人世避身 不利於山 不利於水 最好兩弓) 하였다. 『格庵遺錄』 「弓乙論」에는 "弓弓이 서로 화합하지 못하고 동서(東西)로 등(背)을 마주 한 사이에서 십자형(亞)이 나온다. 사람들이 이러한 이치를 깨우치고 따르면 소원성취(所願成就)할 것이다"(弓弓不和向面 東西背弓之間 出於十勝人覺 從之所願成就)라고 하였다.

30 『格庵遺錄』 「弓乙論」, "左乙相交一立一臥 歐雙乙之間 出於十勝 性理之覺無願不通"(왼쪽의 을이 서로 교합하여 하나는 서고 하나는 누운 두 개의 을 사이에서 십자(卍)가 나오는데, 그 성질과 이치를 깨달으면 원하는 것이 통하지 않는 것이 없다).

된다. 제1장「남사고비결」162행의 나머지 내용의 골자만 요약하면 이러하다.

천하만민의 원한을 풀어주고, 불로불사의 감로수(甘雨露)인 생수를 통해 인생을 살리고 마귀를 멸하기 위해 이 땅에 보내신 하나님의 심판의 도구(活人滅魔神判機)로서, 천신이 하강한 것을 분명이 알지니, 그가 바로 善者의 이치 즉 박태선이다(八王八口善字理, 즉 八王은 羊이고 거기에 八口 합하면 善자이다). 참 감람나무가 인간으로 오신 분이 참 말세의 구세주인데(眞木化生是眞人), 그가 안찰을 하면 심령이 변하나 세인들은 이를 조롱한다. 하늘양식인 삼풍(三豊)이 화우로(火雨露)인데 그것이 바로 불의 성신, 생수, 이슬 성신[31]인 줄 모르기 때문이다. 죽어서 영생하는 것이 참 진리인데 신앙촌에 들어오면 살고 나가면 죽는다(死中求生元眞理 出死入生信天村).[32]

『격암유록』의 주요 논지는 이처럼 제1장「남사고비결」에 모두 포함되어 있으며 나머지 59장은 제1장에 나오는 내용들의 자세한 해설로서 중복되는 내용들이 많은 편이다.『격암유록』은 도참사상의 전문 용어와 성경의 용어와 신앙촌의 교리가 혼합되어 암호와 같은 파자풀이의 비결체 한문으로 서술되어 있다. 일반인들이 이해하기에는 아주 어려운 문서이기 때문에 대단한 예언서로 미혹되는 것이다. 그래서『격암유

---

31 강덕영,『한글세대도 쉽게 볼 수 있는 격암유록』, 57; 유경환,『한국 예언문학의 신화적 해석: 격암유록의 원형적 탐구』52. 三豊은 풍작에 필요한 火雨露인데 이를 하늘나라의 생명 양식인 불의 성신, 생수의 성신, 이슬성신을 해석한다.
32 강덕영,『한글세대도 쉽게 볼 수 있는 격암유록』, 56-57. 강덕영은 해역 수준이 아니라 강해 수준으로 신앙촌의 교리에 입각하여 풀이하였다.

록』의 번역 해설서들은 저마다 이현령비현령식의 해석을 쏟아 놓고 있다. 무엇보다도 이 책은 지금이 말세이고, 박태선은 말세의 정도령과 같은 재림 예수이며 신앙촌이 십승지이고 신앙촌에 들어와야 살 수 있다는 교리를 주장하기 위하여 작성되었다는 사실을 전제하여야 정확한 해석이 가능하다.

IV. 박태선의 신앙촌과 『격암유록』

박태선(朴泰善)은 6.25사변으로 피난 도중 평택역에서 비행기 폭격으로 생사의 갈림길에 있을 때, 자신의 피가 소변으로 빠져나가고 성령의 피가 체내에 들어옴을 느끼는 '피가름'의 은사를 받았다고 한다. 「성산심로」(聖山尋路)에는 "혈맥이 관통한 사람이 진인(眞人)이다"고 한 것은 바로 이를 두고 한 말이라고 하였다.[33]

1955년 7월 1일 한국예수교부흥협회를 조직하여 전도관의 모체를 이루었다. 1957년 4월 30일 박태선은 자신이 하늘의 권세를 부여받았다고 설교하였다. 5월 18일에는 조작된 성화를 가지고 사진에 이슬성신이 은혜의 상징으로 나타났다고 선언했다. 6월 9일에는 자신이 식물성 '감람나무'라고 자칭했다.[34] 1955년 7월 한국기독교연합회(NCC)는 사이비종교운동이라는 성명을 발표했다. 제41회 예장총회(1956년)는 박태선을 이단으로 규정했다.

---

33 김하원, 『격암유록은 가짜 「정감록」은 엉터리 송하비결은?』, 229.

34 대한예수교장로회총회 외 편, 『종합사이비·이단연구보고집』(서울: 한국장로교출판사, 2001), 24.

『정감록』에는 정씨 다음에 박씨가 구세주로 출현할 것이라는 예언이 있어 그가 바로 박태선이라고 한다.[35]

감람나무를 따르는 자는 (죽지 않고) 사네. 천자이시며 아름다우신 박, 바로 계룡산의 정도령이 박으로 변하여 오신 것을 세상 사람들은 알지 못하네

신앙촌에서는 박태선을 영모님(靈母任)으로 부른다.[36] 이는 송아지 울음소리의 '음메'와 '영모(靈母)' 소리가 그 음이 유사한 데서 착안한 표현으로 알려져 있다. 소 울음소리란 신자들이 제단에서 기도할 때에 마치 송아지가 어미 소를 찾는 울음소리처럼 영모님을 부르는 것을 비유하여 말한 것으로 보인다. 그래서 『격암유록』에도 우성(牛聲)에 관한 여러 구절이 등장한다. 소는 천우(天牛), 건우(乾牛)라 하여 하늘이나 하느님을 상징하기도 한다.

전도관의 신조(信條)에는 "감람나무는 예수님이 부활 승천한 후에 보내신다는 보혜사 성령이라"고 했다. 『격암유록』에는 정도령(鄭道令, 11회)을 바른 진리를 호령하여 가르치는 '정도령'(正道令, 7회)으로, 진리의 성령인 '정도령'(正道靈, 2회), 십자가로 승리한 십승도령(十勝道令)으로 설명한다. 보혜사 성령을 '보혜대사'(保惠大師, 5회)라고 하였다. 도참서에서는 무곡대풍(無穀大豊)의 삼풍(三豊)은 풍작에 필요한 화우로(火雨露)를 의미하는데, 이를 하늘나라의 생명 양식인 '불의 성신, 생수의 성신, 이슬성신'으로 해석한다.[37] 이슬을 먹어야 영생한다는 신선

---

35 『격암유록』「甲乙歌」, 枾從者生次出朴 天子乃嘉鷄龍朴 世人不知鄭變朴.

36 허진구, "격암유록의 실체를 밝힌다", 644.

37 유경환, 『한국예언문학의 신화적 해석: 격암유록의 원형적 연구』, 52.

사상과 성경의 생명수의 가르침을 성령론과 혼합하여 생수의 성신과 이슬성신의 교리가 생긴 것이다. 그래서 "동방의 의인이요 감람나무인 박태선에게 이슬 같은 성령의 은혜를 내려 준다"[38]고 하였다. 이러한 이슬성신을 통해서만 죄를 씻을 수 있다고 주장하여 1981년 이후 매년 5월 셋째 주일을 이슬성신일로 지킨다. 그런데 『격암유록』에는 이슬성신(甘露)에 관련된 문구로서 감로(甘露)가 19회, 감로여우(甘露如雨)가 14회 등장한다. 감로(이슬성신)란 마지막 이긴 자 구세주가 들고 나오는 증표로서 성경상의 생명 과일이요, 불로초, 불사약이라고 설명한다.[39]

신앙촌은 생수의 교리 때문에 유지해 왔다고 해도 과언이 아니다. 생수의 근거를 요한복음 4장 10절의 예수께서 사마리아 여인과 행한 대화에서 나오는 생수에 두고 있으며 신도들이 만병통치약으로 믿도록 만능의 물로 선전했다. 생수는 병 치료뿐 아니라 죄를 사하는 데도 사용한다고 알려져 있다.[40] 『격암유록』에도 반석에서 나오는 생수에 연관된 일곱 구절이 등장한다. 그러나 "원하는 자는 값없이 생명수를 받으라" (계 22:17)는 말씀에도 불구하고 신앙촌은 생수 판매에 열을 올렸으며 특별생수권과 정기생수권까지 구분하여 값을 다르게 매겨 팔았다. 그리하여 생수 판매를 하는 이단들이 속출하였다.

박태선 집단은 말세에 심판을 피하고 구원을 얻으려면 '신앙촌'으로 들어와야 한다고 하면서 1957년 9월 1일에 신앙촌 건설을 서둘렀고

---

38 「국제 기독교 뉴스」, 1969년 9월 29일자.

39 『격암유록』「弓乙道歌」, "甘露如雨 윈말인가 太古始皇 꿈을 꾸던 不老草와 不死藥이 無道 大病 걸인자들 萬病回春시키랴고 편만조야 나릴 때도 弓乙外는 不求로세 東海三神不死 藥은 三代積德之家外는 人力으로 不求라네 至誠感天求한다네."

40 대한예수교장로회총회 외 편, 『종합사이비·이단연구보고집』, 25-26.

동년 10월 23일에는 자신이 '동방의 의인'이라고 선포하고 10월 25일에는 "기성 교회는 마귀의 전당이니 구원이 없고 전도관에만 구원이 있다"고 외쳤다. 그래서 『격암유록』에도 "죽음을 이기고 사는 것이 참 진리인데 죽음에서 벗어나 영생에 들어가려면 신앙촌에 와야 한다"[41]고 하였다. 그리고 전도관(傳道舘)을 '도하지(道下止, 도가 내려온 터)'라고 풀이한다.[42] 신앙촌과 관련된 인천(8회), 부평(13회), 부천(10회), 소사(14회), 소래(4회), 노고단(3회), 범박동(3회), 계수리(3회) 등이 등장한다.

1958년 4월 6일 소사에 소래산(蘇來山)이 있으니 예수가 재림하는 산이라고 주장하였다. 1980년 1월 1일부터는 자신이 이 땅에 오신 '새 하나님'이라고 선언하고 교단명칭도 천부교(한국천부교전도관부흥협회)로 바꾸었다. 박태선 자신이 천부(天父)가 되었음을 선포하면서 많은 이탈자들이 생겨났고, 박태선은 1990년 2월 7일 사망했다.[43]

V. 통일교의 문선명과 『격암유록』

구성모가 『격암유록』을 통일교 문선명의 교리와 관련하여 풀이한 『격암유록의 현대적 조명』은 일본어로 번역되어 세계화되기도 하였다.[44] 통일교는 2004년 5월 5일 쌍합십승일(雙合十勝日)을 기하여 후천

---

41 『격암유록』「南師古秘訣」, 死中求生元眞理 出死入信天村.
42 허진구, "격암유록의 실체를 밝힌다", 643-644.
43 대한예수교장로회총회 외 편, 『사이비이단연구보고집』, 25.
44 구성모, 『격암유록의 현대적 조명』(서울: 미래문화사, 1992); 음국배, 『통일교, 그 베일을 벗다』(서울: 자유문고, 2008), 221-235.

개벽의 개시를 선포하고, 2005년 9월 2일 뉴욕 링컨센터에서 천주평화연합을 창설하였다.[45] 쌍합십승일은 선천시대가 끝나고 후천시대가 시작되는 대전환점을 선포한 날이다. 십승일은『정감록』에 나오는 십승지(十勝地)의 변형이다.『정감록』에는 참위설(讖緯說)과 풍수지리설을 혼합하여 국가에 변란이 일어나거나 외침이 있을 경우 피해 도망가면 살 수 있는 10개의 벽촌 지역을 십승지라 하였다. 문선명은 이러한『정감록』의 도참사상의 영향을 받아 십승지를 십승일로 바꾸고 후천개벽사상과 연관시킨 것이다.

음국배는 "그[문선명]는 하늘에서 오신 사람인데 종말의 날에 대비하여 땅에 백성들을 미리 구제하기 위해 오신 분"이라고 하였다. 만백성들은 이분의 말씀을 하나님 명령으로 받고(天人出頂 民救地 萬民之衆 奉命天語), 동방으로 하늘의 성인이 오시는 것을 의심치 말라(無疑東方 天聖出 若是東方 無知聖)고 하였다. 이를 증명하려고『정감록』과『격암유록』에 나오는 문선명에 대한 예언을 다음과 같이 나열하고 있다.[46]

1) 성인은 38선(三八線) 이북에서 출생한 사람이다.[47]
2) 세계적인 명산 금강산의 정운기(精運氣)를 받아 반도 북쪽[北朝鮮]에서 출생하여 1945년 8월 15일 광복 전 동쪽 섬나라[日本·美國 등]에서 일시 기거하다가 한국으로 돌아온 사람이다.[48]

---

45 손병호 편,『천일국 화보집 – 온 누리에 참사랑 그득하고 평화가 넘치네』(서울: 세계평화통일가정연합, 2007).
46 음국배,『통일교 그 베일을 벗다』(서울: 자유문고, 2008), 233-237.
47『격암유록』, 三八之北 出於聖人
48「松家田」, 金剛山 精運氣받아 北海島에 잉태(孕胎)하야 東海島에 暫沈터니 日出東方 類鳴聲에 南海島로 건너왔다.

3) 지금까지 세상에서 복이 제일 많았다는 중국의 전설적인 인물 석숭공 (石崇公)과 같이 복이 많은 사람이다.[49]

4) 반드시 감옥살이를 하고 나온 사람이다.[50]

5) 세상에서 공의(公義)를 위하여 함정(陷穿)의 땅, 죽음의 땅과 같은 거친 인생길을 걸어오면서 조소(嘲笑)와 시비(是非)를 가장 많이 받은 사람이다.[51]

6) 하나님을 믿는 선남선녀의 배필을 짝지어 결혼시켜 주는 사람이다.[52]

7) 중간에 결혼을 다시 하는 사람이다.[53]

8) 나오는 곳은 서울의 중앙, 하얀 백사(白沙場) 위쪽, 닭[鷄]이 울고 용 (龍)이 소리치는 용산 아래(龍山下)에 도의 중심처를 두고 세계를 지휘해 나가는 사람이다.[54]

9) 세계 종교(宗敎)의 통합을 추구하고, 만법(萬法)의 교주로서 동서양을 통한 세계관적(世界觀的)인물이며, 유교·불교·기독교 등 모든 세상 기운(氣運)을 하나로 하여 정도령(鄭道令)·미륵불·예수의 삼신(三神)이 일령일체(一靈一體)가 되어 이 땅에는 두 번째 오신 분으로, 세계 인류의 참부모이며, 하나님의 장남(長男) 왕중왕(王中王)임을 자임(自任)하는 사람이다.[55]

---

49 「弄弓歌」, 石崇公의 大福家.
50 「南師古秘決」, 雙犬言爭 草十口 = 獄苦.
51 「松家田」, 陷地死地 嘲笑中 是非 많은 眞人.
52 「鶴龍論」, 仙官 仙女 作配處.
53 「世論視」, 中辰巳 求婚 中婚 十年.
54 「穩秘歌」, 「末運論」, 出地何處也 漢都中央 指揮線, 鷄鳴龍叫 冥沙十里之上 龍山之下.
55 「弓乙論」, 「末運論」, 彌勒出世 萬法敎主 儒佛仙合一 氣再生, 東西敎主 人間超道 鄭彌蘇 神, 列邦諸民 父母國 萬乘天子 王之王.

10) 동양과 서양의 수많은 종교를 통합하여 지엽(枝葉)처럼 새로 생긴
   도(道)에서 나오는데 이 백십자(✞) 도(道)가 처음 나오는 때는 병신
   이 많이 나오는 때이다.[56]
11) 동양과 서양에 널리 알려진 사람이다.[57]
12) 오시는 곳은 큰 땅덩어리의 동쪽 바다 모퉁이 반도 땅으로 오신다.
   동방으로 하늘에서 성인이 나오신다.[58]

그 결론에서 "성인은 두 사람이 나오는데, 먼저 나온 사람은 아니고
뒤에 나 오는 사람이 구세주다. 하늘(天上)에서 지상(地上)으로 내려보
낼 때 감춰 보낸 그의 성씨(姓民)는 문씨(文氏)다"고 주장한다.[59]

VI. 조희성의 영생교 승리제단과 『격암유록』

조희승은 20년간 박태선의 전도관에 속하여 전도사 등으로 일하다
가 탈퇴한 후 1981년 10월 10일 영생교를 세운 인물이다. 영생교에서
는 "박태선은 감람나무의 원둥치였고, 조희성은 가지인데, 열매는 원둥
치에서 맺지 않고 가지에서 맺는 법이다. 이제 박태선의 사명은 끝났
다"[60]고 선언하고 조희성을 말세 성인으로 신격화하였다.

---

56 「末運論」, 東西合運 枝葉道 病身之人 多出之時.
57 「格庵歌辭」, 若是東方 無知聖 英米西A 更解聖.
58 大陸東方 海隔半島 無疑東方 天聲出.
59 음국배, 『통일교 그 베일을 벗다』, 237: 『격암유록』 勝運論, 先出其人 後降主 天上姓名隱
   秘之文.
60 김하원, 『격암유록은 가짜 「정감록」은 엉터리 송하비결은?』, 122-123.

조희성은 삼신(三神) 할머니가 세 분 하나님이요,『정감록』에서 말하는 삼신산의 불로초가 바로 에덴동산의 생명과라고 주장한다. 조희성 자신이『격암유록』에서 말하는 '바른 도를 호령'하는 정도령(正道令)이요, 구세주이기 때문에 자기를 믿으면 죽지 않는 영생을 얻는다고 하였다. '세계영생학회'(1986)까지 창립하고 역곡에 '승리제단'(1991)을 세웠으나, 그 자신도 감옥에 들락날락하다가 영생하지 못하고 2004년 6월 19일 죽고 말았다. 그는 김포공원묘지에 안장되었다.[61]

『격암유록』「새 41」(賽 四一)에 나오는 구절을 "바라보기만 해도 마귀가 멸해 없어지는데 그가 바로 인생을 추수하러 온 사람이다. 그 사람이 누구냐? 지게미 糟자에서 쌀 米자를 바람으로 날려 보내고 남은 무리 曹가 궁을십승이다"[62]고 해석한다. 여기에 나오는 말세의 추수꾼은 '겨조(曹)'자의 조희성을 두고 한 예언이라 주장한다.[63]

그러나 이사야서 본문에는 "보라, 내가 너로 이가 날카로운 타작기계로 삼으리니 네가 산들을 쳐서 부스러기로 만들 것이며 작은 산들로 '겨' 같게 할 것이라. 네가 그들을 까부른 즉 바람이 그것을 날리겠고"(41:15~16)[64]라고 쓰여 있다. 타작마당의 추수꾼이 아니라 추수 때에 바람에 날려가는 '겨'를 뜻한다.

조희성(曹熙星)은 1931년 음력 6월 28일 새벽 4시 즉, 오행의 마지막 운수인 금운(金運) 시간대에 금성이 밝게 빛나는 새벽에 태어났다. 집안 할아버지가 '밝은 별'(熙星)이란 이름을 지어 주었다. 이러한 사실이『격

61 "영생교 승리제단에 대한 분석",「현대종교」1994년 2월호, 146-147.
62『격암유록』「賽 四一」, "利見機打破滅魔 人生秋收糟米端風, 驅飛糟風之人 弓乙十勝."
63 허진구, "격암유록의 실체를 밝힌다", 636.
64 허진구, "격암유록의 실체를 밝힌다", 636.

암유록」에서 두 곳에 예언되어 있다고 한다. 「남사고비결」의 "길성이 진십승 위에 비쳤다"(吉星照臨眞十勝)와 「도부신인」의 "크고 밝은 금성과 효성이 비쳤다"(大白金星曉星照)라는 구절이다. 이에 근거하여 "『격암유록』은 조희성님을 구세주로 예언하고 있다"고 억지 주장을 한다.65

「성산심로」에는 "죽지 않고 영생할 수 있는 성스러운 샘은 어디 있느냐, 복된 땅 도원인 인(仁)천과 부(富)천 땅에 가서 찾아라"는 구절이 있다. 영생교는 이것이 바로 인천과 부천 사이 역곡에 있는 영생교 본부 승리제단을 말하는 것이라고 풀이한다.66

「십승가」에 나오는 "십승십승 하는데 그곳이 어디냐, 승리대(勝利臺) 위에 계신 분이 진짜 십승이다"는 구절에서 승리대가 곧 '승리제단'이라고 주장한다.67

「갑을가」(甲乙歌)에는 중대 책임 61가지를 61세에 시작했다(重大責任六十一 … 六十一歲始作立)는 구절이 있다. 이것이 바로 조희성이 61세 되던 1991년 중대책임을 가지고 승리제단에 서게 될 것을 예언한 것이라고 한다.

실제로 정도령님[조희성]께서 61세가 되신 1991년에 역곡에 승리제단을 세워 사해만방에 알릴 기초를 마련하셨으며 또한 헌당예배를 올린 지 불과

---

65 강기문, "격암유록은 조희성님을 구세주로 예언하고 있다", http://blog.naver.com/khls58.

66 『격암유록』 「聖山尋路」, 永生不死聖泉何在 福地桃源仁富之尋.

67 『격암유록』 「十勝歌」, 十勝十勝何十勝 勝利臺上眞十勝. 승리대는 원래 전도관의 별칭이었다. 박태선은 생시에 승리제단을 짓는다고 신자들로부터 헌금을 걷은 바 있다고 한다. 그런데 박태선 사후 영생교를 세운 조희성이 1991년에 영생교의 본부를 부천시 역곡동에 세우고 승리제단이라고 부른 것이다.

2주 후, 이슬과 더불어 쌍무지개가 떴으니 수백 년 전의 책이 어찌 이리도 정확한지 그저 감탄할 따름이다."[68]

조선시대에 살았던 남사고가 450여 년 뒤에 출현한 교주의 성씨와 그 교단 본부의 위치까지 예언했다는 것이다. 어처구니없을 뿐이다.

지금도 영생교(승리제단)의 홈페이지에는 '정도령'(正道令)이라는 게시판에 '정도령 조희성님'의 프로필을 자세히 소개하고 있다. 그 근거로서 성경, 불경 등의 경전과 격암유록과 같은 예언서에는 "구세주, 미륵불, 정도령이 조(曺)씨 성으로 온다고 예언되어 있다"[69]고 주장한다.

이처럼 『격암유록』은 『정감록』의 도참사상과 신흥 기독교의 이단사상이 혼합되어 저술된 것으로서 마치 2-3세기에 영지주의자들이 영지주의와 기독교를 혼합하여 무수한 영지주의 기독교 문서를 만들어 낸 것과 유사한 형태인 것임을 알 수 있다.

VII. 이만희의 신천지 장막성전과 『격암유록』

MBC PD수첩의 '신천지의 비밀'(2007.5.8)과 CBS의 '신천지 이단이 진화한다'(2008.2.15)는 공중파 방송을 통해 신천지의 비리가 알려져 한국교회와 사회에 큰 충격을 주고 있다. 이만희는 6,000년 감추인 천국의 비밀을 처음으로 밝히는 육신으로 오신 보혜사요, 이긴 자요, 재림

---

68 "마른 하늘에 솟아오른 쌍무지개의 비밀", 다음카페 승리제단
  http://blog.naver.com/pts9228/60015094039(2009.6.6.).

69 http://www.victor.or.kr/kor/dew/sub_dew_info.html?sub_menu=sub1(2009. 6.5).

주요, 새 말씀의 아버지이며 신천지만 참된 교회라 주장한다.[70] 그런데 신천지가 주장하는 이긴 자, 보혜사, 12지파, 144,000은 모두 『격암유록』에 나오는 내용이다.[71] 신천지에서 이만희를 '이긴 자'라고 하는 것도 요한계시록(21:7)과 『격암유록』을 혼합하여 교리화한 것으로 보인다.[72]

신천지 기본 교리가 가장 함축적으로 드러나는 것은 이만희가 지은 "영원한 나의 본향" '새 노래'(계 14:3)이다. 이는 『격암유록』에 나타나는 여러 용어를 사용한 가사체 형식으로 신천지의 교리를 요약한 것이다.

육천 년 깊은 밤 천계(天鷄) 소리에 놀랜 잠 눈 떠진다

새 아침 빛 신천지(新天地)에 솟아 때는 좋아 여명일세

송구영신 호시절은 신천지 운세라

육천년 봉한 책 천국비밀 일곱인 신천지 열쇠 문 열었다

천조(天鳥) 조화 곡조 따라 하늘 책 노래 소리에 춤 나오네

태고 이후 초락도(初樂道)요 천종지성(天鐘之聲)

반석정(盤石井)에 일음연수(一飮延水) 영생수일세

생명수 강가 넓은 들판 천우경전(天牛耕田) 씨를 뿌려 천농(天農)이라

생명나무 열두 가지 천우(天佑)에 열매인가 천조왕래(天鳥往來) 비 내린다.

천정수(天井水) 마음 씻고 마음 가운데 천궁(天宮)지어

천상부모 모셔다가 천년만년 너와 내가 여기 살리라.[73]

---

70 허호익, "신천지의 교리와 교회 침투 전략", 『예장통합 총회 제3회 지역별 이단세미나 자료집』 (서울: 대한예수교장로회총회 이단사이비문제상담소, 2008), 8-30.

71 『격암유록』 「궁을도가」, "保惠大師계신 곳이 弓乙之間 仙境일세"; "海外道德保惠之師 上帝再臨十勝이니."

72 『격암유록』에는 이길 勝자가 206회 등장한다.

73 '새 노래'는 국악으로 작곡되어 있다.

여기에 등장하는 신천지 운세, 천조(神鳥), 초락도, 천종지성, 일음연수, 반석(정), 생명수, 천우경전, 영생지곡, 천정수, 영생수, 천궁, 천년만년, 천상부모 등은 성경에는 없지만『격암유록』에 등장하는 단어들이다.

"新天新地別天地"(「末運論」)

"三鳥之聲 들려온다 잠 깨여서 역사하세"(「鷄鳴聲」)

"前無後無初樂道 不可思議不忘春"(「南師古秘訣」)

"一飮延壽 飮之又飮 不死永生"(「聖山尋路」)

"天井水에 祝福하고 聖神劒을 獲得守之"(「松家田」)

"天牛耕田 밭을 갈아 永生之穀 심어놋코"(『七斗歌)

"盤石湧出生命水로 天下人民解渴하니"(「出將論」)

"天地合德 父母님이 無知人間 살리자고"(「格庵歌辭」)

"東方朔의 延年益壽 千年萬年살고지고"(「弄弓歌」)

신천지는 하늘의 새 예루살렘이 이 땅, 구체적으로 말하면 동방의 시내산인 청계산 아래 과천에 신천지 예수교 증거장막성전에 임하게 된다고 주장한다. 그리고 이 장막 성전에 등록한 사람만이 구원과 영생을 얻는다고 했으니 전형적인 십승지론에 상응한다. 그래서 과천을 성지화하기 위해 300억 규모의 성전 건축을 계획 중인 것으로 알려져 있다. 청계산의 계(溪)는 '시내 계'자이므로 청계산이 시내산이라는 것이

http://blog.naver.com/thomashwz?Redirect=Log&logNo=80015133681
(2009.6.5.).

다. 시내산(Mt. Sinai)이 시냇물과 무관한 지명인지도 모르는 무지의 소산이다.

『격암유록』「말세운」에는 12 신인(神人)이 144,000명의 신병(神兵)을 이끌고 신천신지별천지에 들어간다는 기록이 있다.[74] 신천지 교인 144,000명이 차면 12지파를 통해 이 지구를 영원히 다스리며 천년만년 살게 된다고 가르친다고 주장하는 것, 역시 성경의 종말론과 『정감록』의 후천개벽 사상의 혼합이다.

144,000명이 채워지면 하늘에 있는 순교자의 영혼들이 신천지인들의 육체와 합하여 변화가 일어나서 영생불사의 존재가 된다고 주장한다. 요한계시록 20장 4절을 우의적으로 해석하여 "목 베인 자의 영혼이 사람의 육체와 합일하여 살아서 이 땅에서 영생한다"고 가르친다. 영육일체 신인합일의 해괴망측한 교리이다.

인간이 변화성신(變化聖身)하여 신으로 태어난다는 뜻의 『神誕』(신탄)의 머리말에 이러한 교리가 잘 나타나 있다.

그렇다, 하늘에 있는 신이 아니라 이 땅의 인생에서 처소를 찾는 신이 탄생하는 순간이다. 그러므로 신탄(神誕)이라 부르노니, 그대들이여 듣고서 깨달으라. 그리하여 잃어버렸던 자아의 실재와 상봉하여 이때껏 껍질뿐이었던 몸뚱이가 저마다 변화성신(變化聖身)하여 그대들도 새로이 신으로 탄생하라.[75]

---

74 『격암유록』「末運論」, "十二神人 各率神兵 當數一二先定 此數一四四之全田之數 新天新地別天地 先擇之人不受皆福."

75 이건남 · 김병희 공저, 『神誕-성경의 예언과 그 실상의 증거』 (서울: 도서출판 신천지, 1985), 6.

보혜사 성령이 육신이 되신 이만희의 인치심을 받아 변화성신(變化聖身)하여 인간이 영생불사의 신으로 태어난다는 것은, 범신론적 성격을 띤 이단적인 영지주의적 구원관과 도교의 노이불사(老而不死) 사상이 혼합된 유형으로 평가된다. 이처럼 박태선과 조희승, 이만희가 신도들에게 살아서 이 땅에서 영생한다고 가르쳤으나, 자기 자신들도 별수 없이 죽었다. 이만희도 두고 볼 일이다.

이만희는 성경을 마치 『정감록』 같은 비결서처럼 '봉인된 책'이라고 한다. 그가 본 천국의 실상은 6,000년 동안 봉인된 성경에 감추어진 비밀이라고 한다. "창세로부터 6,000년간 감추어졌던 이 비밀이 주님의 약속대로 오늘날 개봉되어 우리에게 알려지는 것이니 성도들은 참으로 믿고 지킬 일임을 명심하기 바란다"[76]고 하였다. 이만희만이 천국의 실상을 직접 보고 들었으므로, 천국의 비밀을 비사(秘辭)로 전한 예수의 복음과 이를 환상으로 기록한 요한의 계시록을 바르게 해석할 수 있는 유일한 사람으로 주장한다.[77]

예수가 사용한 비유(parable)는 복음의 진리를 쉽게 설명하기 위한 예화이므로 비사와는 전적으로 다르다. 오히려 예수는 복음의 실상을 누구나 쉽게 이해할 수 있도록 하나의 단순환 예화로서 비유로 설명하고 공개적으로 가르친 것이다. "내가 드러내 놓고 세상에 말하였노라. 모든 유대인들이 모이는 회당과 성전에서 항상 가르쳤고 은밀하게는 아무것도 말하지 아니하였다"(요 18:20)고 하셨다.

종교를 크게 현교(顯教)과 밀교(密教)로도 구분한다. 이단 사이비는

---

76 이만희, 『요한계시록의 실상』 (서울: 도서출판 신천지, 2005), 90.
77 이만희, 『요한계시록의 실상』, 35.

대체로 교리와 의식과 제도의 일부가 숨겨져 있는 밀교의 성격을 띠고 있다. 그리고 자기들만이 감춰진 비밀을 알고 있다고 주장하고 그 내용을 비공개적으로 은밀하게 가르친다. 이레네우스와 같은 신학자들은 영지주의와 같은 밀교적 이단의 '비밀 전승'과 보편적인 기독교의 '사도 전승'을 구분하였다. 사도 전승은 사도들이 예수에게서 전해 받은 것만을 공개적으로 전해준다는 의미이다. 그래서 바울은 "그러나 우리나 혹 하늘로부터 온 천사라도 우리가 너희에게 전한 복음 외에 다른 복음을 전하면 저주를 받을지어다"(갈 1:8)고 하였다.

비결파의 파자풀이나 대자(代字)풀이의 전통과 성경의 '말씀에는 모두 짝이 있다'라는 주장을 혼합하여, 성경의 일부 단어들은 성서의 다른 단어들과 임의로 짝 맞추어 전자의 실상은 후자라고 주장한다. 그들의 추수꾼 교리도 이러한 실상풀이에 근거한다. 예를 들면 추수마당은 기성 교회(바벨론 교회)이고, 곡간은 신천지예수교 증거장막성전이고, 추수는 알곡 즉 영생할 수 있는 성도를 곡간에 들이는 하늘 농사(天農)라고 한다.

문자 배후의 영적 의미를 풀이하는 성경 해석을 '말씀의 짝 맞추기'와 '비유풀이'로 설명한다. "너희는 여호와의 책을 찾아 자세히 읽어보라 이것들이 하나도 빠진 것이 없고 하나도 그 짝이 없는 것이 없다"(사 34:16)는 본문의 전후 문맥을 보면, 그 내용은 "여러 들짐승은 모두 짝이 없는 것이 없다"(사 34:14-16)는 뜻이다. 이만희가 주장하는 '말씀의 짝'과는 전혀 무관하다.

VIII. 도참사상과 기독교 이단들의 종교혼합주의

이제까지의 논의를 종합하면 위서『격암유록』은『정감록』의 도참사
상의 기본 논지인 영부론, 후천개벽 말세의 천시론, 십승지의 지리론(地
利論), 정도령 출현의 인물론(眞人論), 파자풀이의 비결론 등을 기독교
의 이단 종파인 신앙촌의 교리와 혼합하여 놓은 것으로 평가할 수 있다.

첫째로 궁궁을을의 영부론이다. 궁궁을을은『정감록』에 여러 번 등
장하는데 궁(弓)은 활을 지칭한다. 활의 모양이 반원이므로 궁궁은 완
전히 상하로 쪼갠 형상을 가리키고 또 활은 하늘을 향해 쏘는 것이므로
천을 상징한다. 을은 새 을(乙) 자인데 을을은 원을 세로로 쪼갠 형상으
로 보았으며 새는 땅에 앉으므로 땅을 의미한다.[78]

동학의 최제우(1824-1864)는 하느님께로 받은 영부(靈符)가 있다고
했는데, 그 형상은 태극이요 궁궁이라고 하였다.[79] 그래서 천도교에는
이 영부를 천지 즉 음양의 태극문양으로 형상화하여 천도교의 마크로
사용하고 있다. 을을의 경우는 卍(만)자로도 해석된다. 앞에서 살펴본
것처럼 궁궁(弓弓)에서 뒤의 弓자를 좌우로 바꾸면 '亞'(아)자의 위아래
가 열린 형상의 '亞'(벌)자로 양 십자가가 된다. 그래서 십승의 이치를
"하느님이 마귀에게 빼앗긴 음의 십자를 양의 십자로 변화시켜 완전히
승리자가 된 것"[80]으로 풀이한다.

『격암유록』에는 그 외에도 십자(十字)의 파자풀이로서 '滿七加三'(만
7가3), '一字從橫'(일자종횡)이라는 파자(破字)와 '田田'(전전)이란 단어

---

78 유경환,『한국 예언문학의 신화적 해석: 격암유록의 원형적 탐구』, 100-101.
79 유경환,『한국 예언문학의 신화적 해석: 격암유록의 원형적 탐구』, 190.
80 강덕영,『한글세대도 쉽게 볼 수 있는 격암유록』, 58

들이 자주 나오는데 이 모든 것은 십승도령과 십승지의 상징이다.[81]

비결파 기독교인들은 『정감록』과 같은 도참사상에 흔히 등장하는 영부와 십승(十勝)을 십자가를 통한 마귀에 대한 승리로 해석한다. 「도부신인」에는 십자가의 죽음을 통해 "죽음의 권세를 깨뜨려 부수고… 세상의 시비를 인내로 승리"[82]하신 "십승도령이 세상에 나오시니 스스로 마귀를 이겨 십승으로 변하여 병신년(1956년)에 새로운 임금이 되셨다"는 내용이 있다.[83] 풀이하면 초림 예수이신 십승도령(十勝道令)이 1956년에 재림하였으니 박태선이라는 것을 뜻한다.

둘째로 천시론은 전쟁이나 사회적 혼란으로 왕조교체나 시운(時運)이 바뀌는 후천개벽이나 말세(末世)를 논한다. 오행의 운수가 돌고 돌아 목운의 운수를 받아 금운에 이르게 된다고 했으니 선천시대와 후천시대를 거처 중천시대라고 한다.[84] 도참사상의 천시론적 후천개벽사상은 신천지를 비롯한 각종 시한부 종말론적 이단집단들에 의해 '새 하늘과 새 땅'으로 수용되었다. 성부시대와 성자시대와 성령시대를 구분하는 이단들의 삼시대론이나 시한부 종말론은 『정감록』의 후천개벽적 천시론에 상응한다.

셋째로 지리론에는 새 시대에 맞는 도읍지나 환란 날에 안위를 도모할 피장처(避藏處)인 십승지(十勝地)를 제시한다. 『격암유록』에는 "말

---

81 유경환, 『한국 예언문학의 신화적 해석: 격암유록의 원형적 탐구』, 202-213.

82 『格庵遺錄』「승운론」, 死之權勢破碎코저 天下是非일어나니 克己又世忍耐勝은 永遠無窮 大福일세.

83 『格庵遺錄』「도부신인」, 十勝道令出世하니 天下是非紛紛이라. 克己魔로 十勝變하니 不具者年赤猴. 불구자년은 丙申年, 원숭이 '후'(猴)는 제후 '후'(侯)'자의 의 은비(隱秘)이다. 병신년은 1956년에 해당하고 붉은 원숭이는 재림 예수를 뜻한다.

84 유경환, 『한국 예언문학의 신화적 해석: 격암유록의 원형적 탐구』, 39.

세의 방주(方舟)요 구원선(救援船)"[85]이 바로 신앙촌이라고 주장한다. 조희승의 승리제단도 이런 배경에서 나온 것이다.

신천지는 청계산의 '계'자가 시내 계(溪)자이므로 동양의 시내산이라고 주장하는 것도 십승지 지리론과 유사하다. 과천의 증거장막성전을 하나님의 집이라고 하며, 이곳이 알곡을 모으는 곳간이므로 이곳에 등록하는 자만이 구원과 영생이 있다고 가르치고 있다.

문선명 집단은 청평의 통일교 왕국인 천일국의 천정궁(天正宮)이 영계와 육계가 통하는 유일한 곳이라고 주장하는 것도 십승지와 같은 이치이다. 이처럼 십승지에 들어가는 사람만이 구원함을 받는다는『정감록』의 사상에 따라 한국의 이단들은 자신들이 주장하는 특정한 장소에 들어오는 특정한 사람들에게만 구원이 있다고 주장한다.

넷째로 인물론은 말세에 새 시대의 새로운 지도자나 구원자로 출현할 진인(眞人)이나 신인(神人)으로서 정도령이 출현한다는 사상이다.[86]『정감록』의 주인공인 정도령(鄭道令)을『격암유록』에서는 십자가로 승리한 십승도령, 진리로 호령하는 正道令(7회), 보혜사 성령을 지칭하는 正道靈(2회), 보혜사를 뜻하는 보혜대사(保惠大使, 5회)라고 한다. 그래서 박태선, 조희성, 이만희, 문선명은 각각 자신이 재림 예수 정도령이라고 주장하게 것이다. 심지어 정자(鄭字)를 파자하여 즉 '유대읍'이나 '팔레스틴'으로 해석하여 정도령을 나사렛 예수로 풀이하기도 한다.[87]

---

85 『격암유록』「弓乙道歌」, "十勝方舟 豫備하여 萬頃滄波 風浪속에 救援船을 띠어시니 의심 말고 속히 타소."
86 우윤, "19세기 민중운동과 민중사상 -후천개벽,『정감록』, 미륵신앙을 중심으로",「역사비평」2호(1998), 226-229.
87 영생교에서는 鄭씨를 파자하면 팔(八=人) 유(酉) 대(大) 읍(邑)이라고 한다. 일부에서는 정도령의 鄭을 '八, 乃, 酉(酉의 代字), 寸(大의 代字)'으로 파자하여 즉 '팔레스틴 총각'인

이처럼 한국에는 자칭 재림 예수가 50여 명에 달하고 심지어 재림 예수라 주장하다 죽은 구인회의 묘비명은 "재림 예수님의 묘"로 되어 있다.

마지막으로 파자풀이와 비결론이다. 새 시대의 양상을 아무나 알 수 없도록 교외문답(敎外問答) 방식의 비결(秘訣)이나 비기(秘記)로 기록하고 이를 은비(隱秘)로 전승하고 풀이한다는 점이다.[88] 무엇보다도 예언서(豫言書)나 비결서(秘訣書)들은 아무나 함부로 인봉(印封)된 비밀을 풀 수 없도록 철저하게 뜻을 숨기고 파자(破字), 측자(側字), 은유(隱喩)의 문장으로 쓰여 있다고 주장한다.[89] 그래서 일반인이 전체의 내용을 쉽게 해석할 수 없도록 하였다.

이런 전통에서 한국교회의 이단들은 성경을 마치 비결서처럼 봉인된 책으로 여겨 자기들만 6,000년 동안 감춰진 천국 비밀이나 2,000년 동안 감춰진 복음의 실상을 보고 풀이한다고 주장한다. 도참사상에서 비결을 풀이 방식을 성경 해석에 적용하여 감춰진 비밀을 밝히는 영해(靈解)라는 이름으로 문자적, 우의적, 주술적 해석을 시도하는 것이다.

예를 들면 안상홍 증인회에 빠진 어느 자매에게 안상홍이 왜 하나님이냐고 물었더니, 대답이 이랬다고 한다. "대한민국이 월드컵 4강에 올

___

나사렛 예수로 풀이하기도 한다.

88 정다운, 『정감록』, 6. 정다운은 천시론, 지리론, 진인론, 방법론을 『정감록』의 4가지 대의라고 하였는데, 필자는 '방법론'을 '비결론'으로 보고 여기에 여부론을 첨가하였다.

89 즉 넓은 의미에서 도참은 대개 네 가지 방법으로 나누어진다. 첫째 직설법으로 『삼국사기』「백제본기」에 나오는 "백제말에 귀신이 땅속에서 나와 '백제는 망한다, 백제는 망한다'고 한 것처럼 예언 사실을 그대로 표현한 것이다. 둘째 우의법(寓意法)으로 사물에 가탁하여 우의로 표현한 것이다. 동학혁명 당시 "가보(甲午)세 가보세 을미(乙未)적 을미적하다가 병신(丙申)이면 못간다"가 여기에 해당한다. 셋째 파자법(破字法)인데 한자를 분해하여 그 의미를 문자적으로 해독하기 어렵도록 은폐하는 것이다. 고려말의 "십팔자득국"(十八子得國) 즉 李씨가 나라를 얻는다는 것이 그 예이다.

라간 것을 보면 알 수 있다. 이 월드컵 당시 골을 넣은 선수가 안정환(안),
유상철(상), 홍명보(홍)이다. 이 말을 듣고 전 성도들이 눈물을 흘렸다"
고 한다.[90] 한심한 발상이 아닐 수 없다.

루터와 칼빈은 성서를 이처럼 제멋대로 우의적(愚意的)으로 해석하
는 사람들은 "속임수를 쓰는 성직의 사기꾼"이라 하였다. 종교개혁자들
은 "성서가 성서를 해석한다"고 하였다. 그러므로 성경 전체에 흐르고
있는 기본적인 교리를 파악하고, 그 빛 아래서 성경 부분 부분을 해석하
여야 한다.[91]

결론적으로 초대교회에 기독교와 영지주의를 혼합하여 「도마복음
서」와 이단적 문서를 만든 것처럼, 도참사상에 젖은 인사들이 신앙촌에
들어가 『정감록』 등에 나타나는 도참사상과 기독교와 자신들의 이단적
교리를 혼합하여 『격암유록』이라는 위서를 만든 것이다. 그리하여 많
은 기독교 이단들이 이 위서를 활용하여 자신의 교리를 합리화하는 일
들이 생겨난 것이다. 초대교회가 영지주의 기독교의 왜곡된 신앙을 반
박하고 정통적인 신앙의 규범을 새롭게 정립하는 과정에서 형성된 것이
'사도신경'이며, 이레네우스 등이 영지주의를 반박하여 극복하지 못했
다면 기독교가 세계적인 종교로 전파되지 못했을지도 모른다는 것이 하
르낙(A. Harnack)의 주장이다.[92] 한국교회도 심도 있는 이단 반박의 과
제가 더욱 절실하다고 여겨진다.

---

90 "미주교계, 신천지 · 안상홍 주목해야", 「크리스찬투데이」 2008. 10. 30.
91 허호익, "설교의 위기와 성서해석의 원리와 방법", 『겸손, 휴밀리타스』 지동식 박사 소천
   30주기 기념논문집(서울: 한우리, 2007), 277-307.
92 허호익, "영지주의의 기독교 왜곡과 사도신경의 형성", 「신학과 문화」 14집(2005),
   191-220.

제 5 장

[문선명의 통일교 집단의
최근 교리와
통일교의 세습]

I. 문선명의 통일교 집단(세계평화통일가정연합)의 연혁

문선명(1920.1.6.)은 평안북도 정주에서 태어나 16세 되던 1935년 4월 17일 부활절 아침, "기도 가운데 나타난 예수님을 만나 인류구원의 사명을 자각하게 된다. 이후 선생은 우주 창조와 성경의 비밀을 밝히기 위해 깊은 기도와 진리의 세계에 들어갔다"[1]고 한다.

1954년 5월 1일 서울 성동구 북학동에서 '세계기독교통일신령협회'가 시작되었으나 1년도 못 되어 소위 '이대사건'이 터졌다. 이 사건으로 통일교를 추종하면서 물의를 일으킨 이화여대 교강사 5명이 파면되고 재학생 14명이 퇴학 처분되었으며[2] 통일교의 교리와 행태가 사회적 주목을 받게 되었다. 1971년을 전후하여 예장 통합을 비롯한 한국의 주요 교단에서는 통일교를 기독교를 가장한 사이비종교 또는 사이비 집단으로 규정하였다. 이로 인해 국내 여론이 좋지 않았고 한국에서의 활동이 여의치 않았다.

이런 상황에서 1971년 미국으로 이주한 문선명은 종교인으로 행세하다가 탈세 등으로 18개월 감옥에 수감되었다.[3] 1985년 귀국한 후 통일교 40주년을 맞은 1994년에 정식 명칭을 '세계평화통일가정연합'으로 바꾸었다. 2000년대에 들어와서 새로운 교리와 경전을 만들고 센터와 사업을 확장하였으며 후계체제를 정비하여 세 아들에게 세습하는 등 여전히 그 위세를 떨치고 있다.

통일교 문선명 집단은 2001년 '하나님 왕권즉위식'을 거행한 후 새

---

1 "생애와 노정", https://www.ffwp.org(2016.2.3.).

2 탁명환, 『기독교이단연구』 (서울: 도서출판연구사, 1989), 132.

3 "주요교단사이비 결의내용", 「현대종교」 2008년 11월호, 51.

천년왕국인 천일국(天一國) 시대의 개문(開門)을 선포하였다. 2004년 5월 5일 쌍합십승일(雙合十勝日)을 기하여 후천개벽의 개시를 선포하고, 2005년 9월 2일 뉴욕 링컨센터에서 천주평화연합을 창설하였다.[4] 천일국 5년이 되는 2006년에는 천정궁(天正宮)[5]을 완성하여 입궁식을 겸하여 '천지인(天地人) 참부모님'과 '천주(天宙)평화의 왕' 대관식을 거행하고 '천일국(天一國) 창국선언문'을 선포하였다.

2007년에는 『원리강론』을 대신할 『平和訓經』[6]을 새로운 경전으로 선포하였다. 2008년에는 문국진, 문현진, 문형진 세 아들에게 통일교 그룹과 통일교 관련 NGO 단체와 통일교교회를 각각 세습하여 후계체제를 굳혔다. 명실상부한 통일교의 2대 교주인 문형진 씨가 1997년부터 사용해온 '세계평화통일가정연합'이라는 단체명을 '통일교'로 바꾸면서 2010년 새해에 가장 먼저 한 일은 핵심성지(聖地)였던 본부교회를 청파동에서 용산으로 옮긴 것이다. 이름도 '통일교 세계본부교회'로 바꿨다.[7]

그리고 2008년에는 평화통일가정당을 창당하였으나 제20대 국회 진출에 실패하였다. 2012년 9월 문선명이 사망하자마자 통일교 내부 갈등이 폭발하였다. 문선명의 아내 한학자 측은 장례식장에 아들들의 참여조차 허락하지 않았다. 2015년 문선명의 삼년상에서 배제된 문형

4 손병호 편, 『천일국 화보집-온 누리에 참사랑 그득하고 평화가 넘치네』 (서울: 세계평화통일가정연합, 2007).

5 음국배, 『통일교 그 베일을 벗다』 (서울: 자유문고, 2008), 18-19.

6 황선조 편, 『평화훈경-평화메시지와 영계보고서』 (서울: 천주평화연합세계통일평화가정연합, 2007)

7 이 새로운 본부교회는 통일교측이 용산구민회관을 매입해 9개월 동안 100억 원의 공사비를 들여 리모델링한 건물이다. 문형진 씨는 최근 언론과의 인터뷰에서 본부교회가 이전하는 것을 계기로 통일교가 한 단계 도약할 것이라고 말했다.

진은 포문을 열어 통일교를 장악한 어머니 한학자가 아버지의 교리를 왜곡하고 자신을 신격화하였다는 이유로 어머니를 사탄으로 규정하였다.

세계평화통일가정연합의 공식 사이트(www.ffwp.org)에는 참부모님, 생애노정, 주요업적 등이 자세히 수록되어 있다.

한국교회의 대표적인 이단 기독교인 통일교의 2000년대 이후 최근의 주요 활동과 새롭게 주장하는 교리를 분석하고, 아울러 문형진 세습 이후의 교리적 변화와 내부 갈등을 살펴보며 이를 비판하려고 한다.

II. 2000년대의 문선명 신격화 과정

1. 참 하나님의 날과 하나님 왕권 즉위식(2001)

통일교는 8대 명절 중 하나로 '참 하나님의 날'을 지켜 왔다.[8] 1968년 1월 1일 새벽 3시에 하나님이 자유롭게 운행하실 수 있는 승리의 터전이 마련되었음을 기념하여, 서울의 본부교회에서 이날을 '참 하나님의 날'로 선포하였다. 이날에는 특별히 문선명에게 직접 경배하며 항상 3배 큰절을 한다. 그런데 2001년 1월 13일 청평 천정궁에서 '하나님 왕권 즉위식'을 거행한 후 해마다 이날도 아울러 기념하고 있다.[9]

---

8 제41회 참 하나님의 날(2008년 1월 1일) 경배식은 경기도 가평군 설악면 소재 천정궁 지하1층 강당에서 오전 8시에 거행하였다. 통일교는 8대 절기를 지킨다. 이 절기 때마다 직접경배, 방향 경배하며 절은 항상 3배 큰절을 한다.

9 박준철, 『빼앗긴 30년 잃어버린 30년-문선명 통일교 집단의 정체를 폭로한다』 (서울: 진리와생명사, 2000), 219. 문선명의 황제 취임식은 이미 1985년 12월 25일에 완료하였는데도 그 후 반복하여 즉위식을 개최하였다고 한다.

새 천년 첫해인 2001년엔 하나님을 이 땅의 왕으로 즉위식을 올려드립니다. 그 전까지는 사탄이 왕이었기 때문에 하나님 왕권 즉위식을 못했다는 것입니다. 이후부터 하나님이 진정 왕이 되시어 세상 모든 물건을 하늘 앞으로 돌리는 의식들이 진행됩니다. 밑을 보세요. 마침내 하나님이 실질적으로 주관할 수 있는 2004년 5월 5일을 기해 후천시대를 선포하십니다. 그 다음 년도인 2005년 2월에 이 땅의 하나님 대신으로 문 선생님 내외분이 평화의 왕으로 즉위하십니다. 당당히 세상 앞에 재림주로 와서 이제 왕이 되셨음을 대내외에 선포했는데 … 누구 하나 이의를 달지 않습니다. 기독교에서도 천주교에서도 문 선생님이 선포한 평화의 왕이심을 대놓고 부정하지 못한다는 것입니다.[10]

이전까지는 사탄이 이 땅의 왕이었지만, 이후부터 하나님이 진정 왕이 되시어 세상 모든 물건을 하늘 앞으로 돌리는 의식이 소유권 환원식이라고 한다. 어느 해 기념식에서는 참부모가 병풍 뒤에서 나온 후 사회자가 "모두 조용히 하십시오. 하나님이 오셨습니다"고 한 후, 병풍 뒤에서 "나, 만군의 여호와가 이르노라. 문선명은 내 아들이요, 참부모요, 구세주이니라"라는 굵은 목소리가 대형 스피커를 통해 장내 울려 퍼진 적도 있다고 한다.[11]

2008년 1월 2일 저녁 7시에 '하나님 왕권즉위식' 선포 제7주년 기념식[12]이 천정궁 박물관에서 거행되었다. 사회자 곽정환 회장은 "참부모,

---

10 http://kin.naver.com/detail/detail.php?d1id=6&dir_id=60301&eid=pdvKXKTQ
l1uEGVRcsPSL71xU5OdoPT7h&qb=MjAwNLPiIDW/+SA1wM8gxevAz7Gz(2005.10.
27).

11 조성식, "대해부 통일교 왕국", 「신동아」 2006년 9월호, 86.

즉 하나님을 해방-석방시켜드린 '하나님 왕권즉위식'을 봉헌해 올렸습니다. 이것은 인류를 위한 역사상 최고 최대의 축복이요, 절대, 유일, 불변, 영원한 승리라는 것을 알아야겠습니다. 마침내 하나님의 몸과 마음이 완전 해방-석방을 받게 된 섭리사적 절대승리"라고 한다.[13] 이날은 "하늘이 그렇게도 고대하고 소원해 오신 날"이며 "인류의 참 부모로 인(印)침을 받고 출발한 레버런(reverant) 문이 형언할 수 없는 수난과 형극의 탕감복귀노정을 마침내 승리하고 완성한 터 위에서 봉헌해 올린 인류 최대 최고의 경사"[14]라 하였다. 하나님 왕권 즉위식은 하나님의 몸과 마음을 해방시킨 날이다. 그동안 하나님은 해방 받지 못한 채 한이 맺혀 있었다는 주장이다.

매년 '하나님 왕권 즉위식'에는 왕관을 쓴 문선명 부부와 왕족의 복장을 한 자녀들과 간부들이 참석한다. 문선명 부부 외에 그의 자녀들을 우상화하려는 시도이다. 1968년 고통사고로 죽은 차남 문흥진이 영계에서 보낸 메시지에는 "…효진 형님, 예진 누님! 우리는 아버님과 어머님을 모시고, 정말 천지에 둘도 없는 메시아를 모시고 살아가는 가족이 아닙니까. 우리는 지금 고난의 자리에 있지만 영원한 세계의 영원한 황족(皇族)입니다"고 밝히고 있다.[15]

---

12 1월 3일에 기념식을 거해해 오다가 2008년에는 "갑작스런 참아버님의 말씀에 따라 하루 앞당겨서 진행된" 것이다.

13 http://cafe.daum.net/UPF/KTMI/305.

14 황선조 편, 『평화훈경-평화메시지와 영계보고서』, 85.

15 조성식, "대해부 통일교 왕국", 100.

2. '평화의 왕' 메시아로 재등극한 문선명(2004)

문선명은 2004년 3월 23일 미국 상원의원 전용 건물 더크슨 빌딩에서 '평화의 왕' 대관식을 거행하고 스스로를 '메시아'로 선언했다. 미국 의회 의원 10여 명을 포함해 300여 명이 참석하였다.[16]

문선명은 이날 연설에서 "(나는) 60억 인구를 구원하기 위해 이 땅에 보내졌다"면서, "황제들, 왕들, 대통령들이 하늘과 땅에 대고 '문선명 목사는 구세주이자 메시아이며 부활한 그리스도이다'라고 선언했다"고 했다. 그는 또 "영계(靈界)에서 예수, 모세, 모하메드와 죽은 대통령들을 만났"으며, "5대 종교 창시자와 마르크스, 레닌, 히틀러, 스탈린 같은 이들이 나의 가르침을 통해 새로 태어났다"고 주장했다.[17]

선문대 오택용 교수에 의하면 '평화의 왕 대관식'은 모두 세 차례 있었다고 한다.[18] 2003년 12월 22일 이스라엘에서 거행된 예수님의 "제1이스라엘 평화의 왕 대관식"과 2004년 2월 4일 미국의 수도 워싱톤, 레이건 빌딩에서 거행된 예수님과 홍진님의 '제2이스라엘 평화의 왕 대관식'이다. 2004년 3월 23일 대관식은 세 번째에 해당한다.

제2차 대관식은 교통사고로 숨진 차남 문홍진을 신격화하여 예수의 형님으로 즉위시킨 행사인 것으로 보인다. 오택용은 "예수님의 제2 이스라엘 평화의 왕 대관식은 홍진님을 중심삼고 유대교와 기독교, 영계와 지상 그리고 종교와 정치를 하나로 만드는 예식이었다. 영계에서

---

16 "문선명씨, 美상원건물서 '대관식' 파문", 「동아일보」, 2006.6.24.
17 「동아일보」, 2006.6.24.
18 오택용, "쌍합십승일 선포의 섭리적 의미",
   http://blog.daum.net/trueaga/5577044(2007.5.10.).

예수님과 홍진님의 관계는 가인과 아벨의 관계다. 홍진님이 형님의 위치에 있고 예수님이 동생의 위치에 있다"고 하였다.[19] 문선명의 아들이 예수의 형이라면 문선명은 예수의 아버지가 된다. 자연히 하나님 아버지가 되는 것이다.

2007년 출판된 『평화의 왕』에는 문선명이 메시야라는 언급이 여러 곳에 등장한다. "통일운동에서 문총재님은 재림한 메시야이시며, 세계의 18억 기독교인들이 그분을 그렇게 알고 인정하기를 희망합니다"[20]고 하였다. 우리나라에는 자칭 하나님이 20여 명이고 자칭 재림주가 50여 명인데 문선명도 그중에 하나인 것이다.

3. 쌍합십승일의 후천개벽 선포(2004)

문선명은 2004년 4월 19일 제44주년 참부모의 날을 맞이하여 '안착시의의 날(安侍日)'을 제정하였다. 7일 간격으로 지켜오던 안식일 제도를 철폐하고 8일 간격의 안시일을 선포한 것이다. "8일 간격으로 안시일을 제정한 것은 이상 가정을 중심 삼고 영계와 지상에서 하나님이 언제라도 편안하게 안식할 수 있게 되었기 때문이다"[21]라는 것이다.

후천시대를 여는 안시일은 후천개벽의 쌍합십승일로 발전한다. 문선명은 2004년 5월 5일 쌍합십승일(雙合十勝日)을 기하여 후천개벽의 개

19 오택용, "쌍합십승일 선포의 섭리적 의미",
   http://blog.daum.net/trueaga/5577044(2007.5.10.).
20 천주평화연합 편, 『평화의 왕』, 446.
21 오택용, "쌍합십승일 선포의 섭리적 의미",
   http://blog.daum.net/trueaga/5577044(2007.5.10.).

시를 선포하였다. 5월 5일은 쌍을 이루는 5라는 숫자가 합해서 10일 이루는 날(日)을 중심 삼고 승리한 날이라는 것이다. 하늘과 땅, 인간과 만물, 선천과 후천, 음과 양, 동양과 서양, 일본과 한국 그리고 경상도와 전라도의 화합과 통일을 완성해야 할 시대가 후천시대라는 것이다.

쌍합십승일은 선천시대가 끝나고 후천시대가 시작되는 대전환점을 선포한 날이다. 십승일은 『정감록』(鄭鑑錄)에 나오는 십승지(十勝地)의 변형이다. 『정감록』에는 참위설(讖緯說)과 풍수지리설을 통합하여 국가에 변란이 일어나거나 외침이 있을 경우 피해 도망가면, 살 수 있는 10개의 벽촌 지역을 십승지라고 하였다. 문선명은 이러한 『정감록』의 도참사상의 영향을 받아 십승지를 십승일로 바꾸고 후천개벽 사상과 연관시킨 것이다.[22] 후천개벽의 시대는 인간 타락으로 잃어버린 창조 본연의 이상세계를 다시 찾아 세우는 시대라고 한다.

사탄주관권 시대로 대변되는 선천시대가 지나가고 하나님 주관권 시대로 인식되는 후천시대가 시작되었다. 하나님과 사탄이 각각 반분해서 지배해 오던 1에서 10까지의 모든 수를 하나님이 찾아 주관하는 쌍합십승권 시대가 열리게 되었다. 따라서 쌍합십승일 선포는 죄악세계의 근본인 사탄의 혈통을 뿌리째 뽑아버리고 전 인류를 하나님의 권속으로 접붙여 주는 선천 시대와 후천시대의 전환기를 맞이하여 지상천국과 천상천국 시대로의 실체적 진입을 만천하에 알리는 선포인 것이다.[23]

---

22 이 책 4장 "『격암유록』의 위작과 이단 기독교의 종교혼합주의"를 참고할 것.
23 오택용, "쌍합십승일 선포의 섭리적 의미",
    http://blog.daum.net/trueaga/5577044(2007.5.10.).

후천개벽사상은 『정감록』과 동학(東學)을 통해 한국의 신흥종교와 기독교 이단 종교가 혼합되었다. 후천개벽사상은 현재의 세상이 끝나고 새로운 세상으로 한국 땅에 지상천국이 이루어진다는 주장이다. 그런데 문선명은 이를 자의적으로 해석하여 '사탄주권시대'를 선천시대로 '하나님 주권시대'를 후천시대라고 주장한다.

후천시대에 이루어질 세계에 대해서는 동학(東學)과 동방교(東方敎)에서는 지상천국, 증산교(甑山敎)에서는 후천선경(後天仙境), 정도교(正道敎)에서는 계룡낙원(鷄龍樂園), 미륵불교에서는 후천 극락세계, 용화교(龍華敎)에서는 용화 선경 등으로 표현하였다.

기독교 이단종파인 박태선 집단(天父敎)의 신앙촌이나 이만희 집단의 신천지(新天地)는 이러한 지상천국 신앙을 각기 다르게 표현한 것이다. 통일교에서는 후천개벽으로 이 땅에 이루어질 지상천국을 천일국(天一國)이라고 하였다.

4. 천주(天宙) 평화연합 창설(2005)

2005년 9월 2일 뉴욕 링컨센터에서 천주(天宙)평화연합 창설식을 가진 문선명은, 이후 미국 12개 도시와 한국의 12개 도시를 비롯하여 세계 120개국을 돌며 천주평화연합 운동을 설파했다. 그 기조연설문의 주요 내용은 다음과 같다.

하나님의 영원한 창조이상인 평화이상세계의 실현을 위해 가인격인 기존 유엔의 갱신과 더불어 새로운 차원에서 평화이상세계왕국의 기능을 발휘할 수 있는 천주적(天宙的) 차원의 아벨격 유엔의 위상이 바로 천주평화연합'입니다. 이 창설 메시지야말로 전 인류가 가슴 깊이 아로새기고, 후천시대를 살아가는 좌우명으로 삼아 실천궁행하라고 주신 하늘의 특별 축복이자 경고입니다.[24]

문선명은 이처럼 현재 가인 유엔을 대체할 세계평화기구로서 아벨유엔을 구성한다며, '세계평화 초종교 초국가 연합'이라는 단체를 만들었다. 매년 각국 전·현직 정상을 초청해 '세계평화를 위한 정상회담'도 열고 있다. 그는 이 평화운동이 프랑스 혁명(자유혁명)과 러시아 혁명(평등혁명)에 이은 평화혁명이며, 무력나 돈이 아닌 사랑으로 평화를 이루는 제3의 혁명(가정혁명)이라고 한다.[25]

문선명은 현실세계의 평화만이 아닌 영적 세계의 영원한 평화를 추구하고 있다. 그리고 "억조창생의 평화의 왕 하나님을 참부모로 모시고 사는 참된 왕자 왕녀가 되십시오. 구세주, 메시아, 재림주가 필요 없는 영원한 해방과 석방의 세계에서 천주(天宙) 평화의 왕 되신 참부모님을 모시고 참된 효자, 충신, 성인, 성자의 가정의 도리를 다하여 태평성대(太平聖代)의 평화이상세계왕국을 창건합시다"고 하였다.[26]

5. 천주(天宙)평화의 왕 대관식과 천일국(天一國) 창국 선언(2006)

2006년 6월 13일 경기도 가평군에 박물관으로 허가받은 천정궁 입궁식을 겸하여 각국 지도자들이 문선명을 '천주 평화의 왕'으로 추대하

---

24 http://ilsinam.com.ne.kr/2006.12.14.%20.1.html.
25 천주평화연합 편, 『평화의 왕』, 103.
26 황선조 편, 『평화훈경-평화메시지와 영계보고서』, 92.

는 대관식이 진행됐다. 메시아인 참부모는 영계와 육계를 모두 왕래하실 수 있는 영원한 분으로 "참부모님께서 육신을 벗고 영계에 가신다 하더라도 참 부모님께서는 지상에 와 계신다"고 하였다. "지상에도 메시아이신 참부모님의 본궁이 있어야"[27] 한다는 이유로 문선명의 사후를 대비하여 천정궁을 지은 것이다.

평화군·평화경찰 기수단 입장에 이어 '천일국 평화의 왕 창국' 선언문도 발표하였는데, 문선명 자신이 바로 '천지인(天地人) 참부모님'이요 '천주 평화의 왕'이라고 선언한다.[28]

영원히 죄악과 고통 속에서 허덕이며 지옥행을 면치 못할 타락의 후예 된 인류를 구해주기 위해 몸소 모든 탕감복귀(蕩減復歸)를 완성하신 '천지인 (天地人) 참부모님', '천주평화의 왕' 앞에 승리의 찬양을 소리 높여 외치십시오![29]

문선명 부부는 영계와 육계의 구원자이며 천주 왕권을 지니는 천지인 부모로서 이제 천일국의 황제와 황후로 등극했다. 그의 자녀들은 왕자와 왕녀들이 된 것이다. 문선명 가족은 이날 모두 황족의 복장을 입고 대관식에 참석하였다. 문선명의 신격화의 극치라고 할 수 있다. 문선명은 이미 세 번에 걸쳐 '평화의 왕' 대관식을 거행한 바 있어 이날의 대관식은 네 번째에 해당한다.

---

27 조성식, "대해부 통일교 왕국", 84. 2005년 9월 4일 大母님 말씀.
28 「세계일보」, 2006.06.14.
29 황선조 편, 『평화훈경-평화메시지와 영계보고서』, 84. 이 내용을 수록한 평화훈경의 내용은 조금 다르다.

천일국을 창건하고 천정궁에 입궁한 것을 계기로 통일교에서는 기존의 '가정교회'를 '궁(宮)'으로 개명하고 있는 것으로 보인다. 서울 하계동 소재의 '하계가정교회'를 문선명의 지시(2008.2.14)로 '유천궁(遊天宮)'으로 개명한 사례가 있기 때문이다.

III. 천정궁 입궁 훈시(2006)

2006년 6일 13일 경기도 가평군에서 거행된 천정궁(天正宮) 입궁 대관식 때 행한 연설이 '천일국 평화의 왕 창국 선언문'[30]의 결론은 다음과 같다.

> 억조창생의 평화의 왕 하나님을 참부모로 모시고 사는 참된 왕자 왕녀가 되십시오. 천주평화의 왕을 모시고 참된 효자, 충신, 성인, 성자의 가정의 도리를 다하여 태평성대의 평화왕국을 창건하자.[31]

선언문 중 '천일국 국민의 기본 의무와 사명 일곱 가지'를 요약한 것이 '천정궁 입궁훈시'이다. 그 내용을 분석해 보면 통일교의 최근 교리와 의식을 살펴 볼 수 있다.

1. 종적인 참부모와 횡적인 참부모에게 책임을 다하라.

---

30 『평화훈경』 중 '평화메시지' 15편은 대부분의 내용이 중복되어 있다. 이 중 제일 중요한 메시지는 '천일국 대평성대 이상천국'으로 제목을 바꾼 천일국 창국선언서이다.

31 황선조 편, 『평화훈경-평화메시지와 영계보고서』, 87.

2. 천주주관(天宙主管) 바라기 전에 자아 주관(自我 主管)을 완성하라.

3. 65억 인류 천상 통일 위해 교차·교체 축복결혼시켜야 한다.

4. 지상생활은 영계생활의 준비로 삼아라.

5. 10의 3조 생활화 철저히 하라.

6. 환경보호에 앞장서라.

7. 축복가정보호와 평화경찰 평화대사 사명 다하라.

1. 종적 · 횡적 참부모와 종족메시아

선언문 첫째는 "여러분은 이제부터 종적 참부모 되신 하나님의 참된 자녀로서 여러분의 가정에서 3대권(三代圈)을 이루어 살며 4대심정권 (四大心情圈)을 완성하고, 영원히 하나님을 종적인 축으로 모시고 살아야 할 것"[32]을 선언한다.

참부모라는 말 속에는 구세주, 메시아, 재림주라는 말이 모두 함축되어 있는데, 두 분의 참 부모가 있다고 주장한다. "한 부모는 창조주 되시는 하나님 아버지, 즉 종적인 무형의 참부모이시고, 다른 한 부모는 그 무형의 참부모가 당신의 창조 이상을 실현하기 위해 실체를 쓰고 지상에 현현한 횡적인 참부모"이다.[33] 천상의 종적인 참부모는 종적인 하나님이 되고 지상의 횡적인 참부모는 횡적인 하나님이 되는 것이다.

참부모를 통해 참된 가정을 이루어 조부모, 부모, 손자 손녀를 중심삼고 삼대(三代)의 순결한 혈통을 세우는 것을 삼대권이다. 부모의 심

---

32 황선조 편, 『평화훈경-평화메시지와 영계보고서』, 87.
33 「종교신문」 2004.7.21.

정, 부부의 심정, 자녀의 심정, 형제자매의 심정을 완성할 때 이것을 총칭해서 사대(四大)심정권의 완성이라고 한다.

문선명은 2006년 8월 28일 네 명의 손자손녀를 성혼축복함으로써 참가정 조부모, 부모, 손자손녀의 3대권(三代圈)과 4대 심정, 3대 왕권 그리고 황족권을 완성하였다고 한다.[34]

1989년 초부터 문선명은 합동결혼식을 통해 축복가정을 이룬 통일교 신자 부부는 그들의 무수한 참된 자녀들의 관점에서 보면 종족의 메시아가 된다는 '종족메시아' 교리를 주장하였다. 그러므로 "이렇게 조부모, 부모, 손자손녀를 중심삼고 3대가 한 가정에서 영존하신 하나님을 모시고 사는 천일국 가정을 찾아 세우는 것이 종족메시아들의 책임이요, 평화대사들의 사명이며, 하나님의 소원"[35]이라고 한다.

1989년 1월 3일 서울 한남국제연수원에서 세계 지도자 및 전국 교역자들이 모인 가운데 종족적 메시아 선포식이 있었다. 종족적 메시아 선포는 하나님의 뜻을 이룩하기 위해 평생을 바쳐 십자가의 길을 걸어 승리하신 참부모님의 모든 기반을 축복가정들에게 축복해 주신, 그야말로 천지가 개벽하는 대사건이다. 참부모님께서는 종족적 메시아 선포식을 하시고, 모든 축복가정들은 자기 고향으로 돌아가 종족을 복귀하여 종족의 메시아가 되라고 하셨다.[36]

『평화훈경』의 '후천개벽시대와 종족메시아'라는 제목의 연설문에서

34 http://www.cheonilguk.org/Malsm//20010724.htm.
35 황선조 편, 『평화훈경-평화메시지와 영계보고서』, 68.
36 http://m.blog.daum.net/1159seok/1054,

도 이를 강조하고 있다.

여러분은 수십만 혹은 수백만을 대표하는 성씨들의 대표 지도자로서 종족적 메시아의 위치에 서 계십니다. … 먼저는 여러분의 종친들에게 후천개벽의 시대, 즉 천일국 창건의 때가 왔음을 주지시켜야 할 것입니다.[37]

통일교의 교세 확장이 쉽지 않으므로 통일교 신자 가정을 통해 자연 출산율 만큼의 신자를 확보하기 위해 1세대 신자를 종족메시아로 격상시킨 것이다. 그리하여 무수한 종족메시아들이 등장하게 되었다. 이처럼 3대가 축복가족으로 화목하여야 참된 가족이라 한 것은 통일교 신자들 자손 가운데 2세대와 3세대 신자들을 확보하려는 교리로 보인다.

2004년부터는 이들 종족메시아들을 평화의 왕으로 대관하고 모두 천정궁에 입적시키는 행사를 전국적으로 거행하였다.

연씨종문 천일국 입적 축복식 및 평화의 왕 즉위식(2002.3.28)
홍씨종문 천일국 입적 축복식 및 평화의 왕 즉위식(2004.12.1)

그리고 2005년부터는 통일교의 주요 간부 사망 시 국가메시아로 승화(昇化)시킨 사례도 등장한다. 통일교 신자가 사망할 경우 영계로 오르는 것을 승화라고 한다.

한황채 카자흐스탄 국가메시아 협회 승화식(2005.12)
권우삼 남아프리카공화국 국가메시아 협회 승화식(2006.1.16)

---

37 황선조 편, 『평화훈경-평화메시지와 영계보고서』, 78.

안찬승 회장 에콰도르 국가메시아 협회 승화식(2006.7.23)

이처럼 통일교 간부를 종족메시아로, 평화의 왕으로, 사후에는 국가
메시아로 승격시킴으로서 통일교 1세를 신격화하고 통일교 교인들의
가계를 지속시키려고 하는 것이다.

2. 교차 · 교체 축복결혼 의식과 생식기 교리

선언문 셋째에는 교차 · 교체 축복결혼을 강조한다. "인류는 누구를
막론하고 예외 없이 타락의 후예라는 점을 인지하고, 참부모님으로부
터 결혼축복(結婚祝福)을 받아 혈통전환(血統轉換)"[38]하며 이를 교육해
야 할 사명이 있다. 창세 이후 3천억 명이 넘는 모든 인류가 완전히 하늘
혈통으로 복귀되는 그날까지 교차결혼축복의 은사를 통해 참감람나무
에 접붙이는 역사를 계속해 주어야 한다.[39] 참감람나무에 접붙임을 받
아야 혈통을 바꿀 수 있고 혈통을 바꾸어야 씨를 바꿀 수 있기 때문이
다.[40]

이러한 혈통전환의 최상의 방법이 교차축복결혼(交叉祝福結婚)이며,
이는 "인종, 문화, 국경, 종교의 벽을 뛰어넘어, 즉 모든 원수 관계의
고리를 끊고 새로운 차원의 하늘적 혈통을 창조하는 대역사"[41]라고 한
다. 여기서 말하는 혈통전환은 아담과 하와의 타락을 성적 타락[42]으로

---

38 황선조 편, 『평화훈경-평화메시지와 영계보고서』, 89.
39 황선조 편, 『평화훈경-평화메시지와 영계보고서』, 158.
40 황선조 편, 『평화훈경-평화메시지와 영계보고서』, 22.
41 황선조 편, 『평화훈경-평화메시지와 영계보고서』, 78.
42 황선조 편, 『평화훈경-평화메시지와 영계보고서』, 130.

보는 초기의 피가름이나 혈대교환의 교리를 에둘러 표현한 것이다.

통일교 초기의 피가름 교리는 '생식기 주인 찾기 교리'로 바뀌었다. 사탄이 하와의 생식기 주인 노릇을 했기 때문에 절대혈통, 절대사랑, 절대평화가 깨어졌다는 것이다. 아내의 생식기 주인은 남편이고, 남편의 생식기 주인은 아내이므로 이런 주인의 자리를 확보하기 위해 인간은 결혼을 하는 것이라고 한다.

인간의 생식기는 지극히 성스러운 곳입니다. 생명의 씨를 심는 생명의 왕궁이요, 사랑의 꽃을 피우는 사랑의 왕궁이요, 혈통의 열매를 맺는 혈통의 왕궁입니다. 이 절대생식기를 중심삼고 절대혈통, 절대사랑, 절대생명이 창출됩니다. 절대화합, 절대통일, 절대해방, 절대안식이 벌어집니다.[43]

참 부모님으로부터 교차·교체 결혼을 통해 문선명이 짝지어 준 생식기 주인을 바로 찾아 결혼축복을 받으면 탕감복귀가 이루어진다. 이로서 혈통권, 장자권, 소유권을 회복[44]하고 개인천국, 가정천국을 이루게 되니 죄 없는 자녀가 탄생한다. 따라서 십자가에 달린 예수도 받지 못한 축복을 받아 원죄, 혈통죄, 연대죄, 자범죄도 없는 축복 가정[45]이 된다는 것이다.

그러므로 이 생식기가 천국과 지옥의 경계선이다.[46] 생식기 주인을 바로 찾으면 프리섹스, 근친상간, 스와핑과 같은 성적 범죄를 물리치고

---

43 황선조 편, 『평화훈경-평화메시지와 영계보고서』, 62, 131.
44 황선조 편, 『평화훈경-평화메시지와 영계보고서』, 147.
45 박준철, 『빼앗긴 30년 잃어버린 30년-문선명 통일교 집단의 정체를 폭로한다』, 50.
46 『문선명 전집』, 280-63, 1996.11.1.

성적 순결의 절대사랑을 실천할 수 있다는 것이다.[47]

　문선명이 세운 선문대학교에는 최초의 순결대학과 순결학과를 두고 있다. 아담과 하와가 그들의 순결을 지키지 못함으로써 인류는 참 가정을 이룰 수 없었으므로 사탄의 지배에서 벗어나 참 사랑 중심의 참 가정을 다시 세우기 위해 순결을 강조한다. 선문대학교 순결학부 2003년 11월 학술대회 주제가 "당신의 생식기 주인은 누구입니까?"이며, 도서관의 통일신학 자료실에서 '생식기'를 검색하면 460여 개의 자료를 찾아 볼 수 있을 정도이다. 그런데 혼음으로 사회적 물의를 일으켰고, 성적으로 가장 문란하였던 통일교가 성적 순결을 주장한다는 것이 놀라울 따름이다.

　초기의 합동결혼식에는 문선명이 사진을 통해 부부를 짝지어 주었으나 최근에는 교구장에게 위임되었다. 통일교에서 발행한 『축복결혼』에는 '아름다운 결혼 행복한 가정'에 이르는 5단계, 즉 약혼식, 성주식(聖酒式), 축복식(합동축복결혼식), 탕감봉(蕩減棒) 행사, 삼일(三日) 행사가 자세히 서술되어 있다.[48] 네이버 지식검색에서 "통일교의 결혼생활에 관하여"를 찾아보면 3대 결혼 의식이 자세히 설명되어 있다.[49]

　통일교에서는 결혼을 중생식(참감람나무로의 접붙임 의식)이라고 하는데, 결혼식은 3대 의식 즉 성주식(예수님의 성찬식과 비슷), 탕감봉행사(천사가 야곱에게 환도뼈를 친 사건과 관련), 삼일행사(외적 성주식임)로

47 황선조 편, 『평화훈경-평화메시지와 영계보고서』, 60-61.
48 황선조 편, 『축복결혼』 (서울: 세계평화통일가정연합, 2005), 111-132.
49 "통일교의 결혼생활에 관하여", 2006.5.12.
　　http://kin.naver.com/detail/detail.php?d1id=6&dir_id=60301&eid=
　　AQRLCt3QvuDcITBAUDFlHrqpoVS4xJZc&qb=xevAz7GzILy6wda9xA==.

구성되어 있다. 합동결혼식에 참석한 부부는 약혼식과 문선명이 베푸는 포도주를 함께 나눠 마시는 성주식(聖酒式)과 죄를 탕감받기 위해 매를 3대씩 힘껏 주고받는 탕감봉행사와 부부가 3일간 세 차례의 성교를 통해 성적 타락을 복귀하는 삼일(三一)행사를 치른다.

1) 성주식(聖酒式)

성주식은 성찬식을 대신하는 의식으로 "간음의 원죄를 청산하고 사탄의 혈통을 하나님의 혈통으로 전환하는 의식"[50]이다.

성주식은 타락으로 말미암아 혈통적으로 더럽혀진 사탄의 피를 뽑아 버리는 것입니다. 다시 말해서 원죄를 뽑아 버리는 의식입니다.[51]

아담이 남편이 되고 해와가 아내가 되어 서로 사랑하지 않고, 사탄을 중심으로 하고 사랑의 질서가 역전되었기 때문에 원상태로 복귀하는 의식이다. 하나님을 중심으로 새로운 핏줄을 이어받아 원죄를 씻을 수 있는 식으로 타락한 몸을 하나님을 중심으로 바꿔치기 하는 식이다. 원죄를 청산하고 하나님의 자녀가 되게 하는 것이다. 성주식은 선과 악의 분기점이요, 하나님과 사탄의 기로가 결정되며, 생명과 사망을 가르는 선이 된다. 성주식 절차는 다음과 같다.

---

50 황선조 편, 『축복결혼』, 115.
51 세계기독교통일일신령협회 편, 『축복과 이상가족(한일대역 II)』(서울: 성화출판사, 1993), 334.

① 복귀된 천사장 입장에 있는 사람이 참어머님 대행자에게 성주잔을 드린다.

② 참어머님 대행자가 성주잔을 참아버님 대행자에게 드린다.

③ 참아버님 대행자가 성주잔을 대상에게 주면 경배를 드리고 받은 후에 빈 잔을 마시고 나머지를 주체에게 준다.

④ 주체는 대상(복귀된 어머니 입장)에게 경배를 드리고 성주잔을 받아 나머지를 다 마신다(이때 주체는 "어머니 나를 낳아 주십시오" 하는 마음으로 의식을 행한다).

⑤ 다 마신 뒤에 빈 성주잔을 주체는 경배한 뒤에 대상에게 주고, 대상은 경배한 뒤에 참아버님 대행자에게 드리고, 참아버님 대행자는 참어머님 대행자에게 드리고, 참어머님 대행자는 천사장 입장에 있는 사람에게 돌려준다.

성주를 마시기 전에 준비 절차로 만물의 가치를 깨닫게 하는 7일 금식, 인간의 가치를 깨닫게 하는 3명의 믿음의 자녀 복귀(전도) 등을 책임 지게 하였다. 성주식 후에는 거짓이 있어서는 안 된다. 그리고 과거를 묻지 말고 축복의 부부가 되어야 한다.[52]

2) 탕감봉 행사

탕감봉 행사는 천사가 야곱의 환도뼈를 친 사건을 자의적으로 해석 하여 아담과 하와가 엉덩이를 잘못 사용하여 성적으로 타락한 것을 탕

---

52 『문선명선집』 11권, 346.

감하기 위해 매를 맞는 의식이다. "야곱에게도 이스라엘 민족을 일으키게 하시기 위하여 천사를 시켜 환도뼈를 친 후에 축복을 해주셨다. 그러므로 이스라엘이 중대한 맹세를 할 때 환도뼈에 손을 대고 하였다. 역사 이래 모든 남녀는 환도뼈를 잘못 쓴 까닭에 남자는 여자에게, 여자는 남자에게 원한을 품게 되었으므로, 이 원한을 풀지 않고는 원한을 해원한 본성의 부부로 설 수 없기 때문"[53]이라고 설명한다.

타락은 엉덩이를 잘못 사용해서 일어난 것이니 이를 탕감복귀하는 조건을 세우는 것이 탕감봉 행사이다. 남편과 부인이 각각 하나님을 대신한 입장에서 상대방을 침으로써 그가 저지른 과거의 마음적, 몸적 잘못을 탕감해 주는 의식이다.

아담과 해와의 잘못을 탕감복귀하여 영원한 부부로서 하나님과 참부모님 그리고 선배 동료가정 앞에 살아가면서 화목을 맹세하는 뜻으로 행한다.

3차례 격타의 이유는 3단계(소생기, 장성기, 완성기), 3시대(구약시대, 신약시대, 성약시대)를 탕감복귀하는 표시가 되는데, 그 절차는 다음과 같다.

① 해당부부가 나와서 하나님과 참부모님께 경배를 드린다.
② 남편이 부인을 3차 격타한다.
③ 부인이 남편을 3차 격타한다.
④ 만약에 성의 없이 쳐서 지도자로부터 인정이 되지 않을 경우 다시 때려야 한다.[54]

---

53 황선조 편, 『축복결혼』, 125.

탕감봉 행사 시에는 허리, 뼈 등을 쳐서 신체적 손상을 가져와서는 안 되도록 주의하여야 한다. 성주식과 축복식을 치루고 탕감봉 행사를 한 다음 40일 성별생활(금욕기간 보냄)을 성공적으로 보낸 후 삼일행사를 치른다.

3) 삼일식 행사(三日式 行事)

삼일행사는 신혼부부가 3일 동안 성행위하는 것을 통일교식 의식으로 만든 것이다. 준비물은 참부모님 존영, 심정초 또는 통일초, 성건(포도주를 묻힌 수건), 성건을 담는 그릇,[55] 성염(소금) 등이다. 부부는 3일간 하루 한 번씩 모두 세 차례 성교해야 한다. "하나님의 6천년 수고와 참부모님 일생의 탕감 노정의 고생을 자정적으로 탕감복귀하는 실제적인 복귀식"인데 그 의미는 다음과 같다.[56]

첫째 날은 구약시대(타락한 아담, 구약권)의 복귀식이다.
둘째 날은 신약시대의 예수님 입장을 탕감복귀하는 의식이다.
셋째 날은 복귀된 신랑으로서 신부를 재창조하는 의식이다.

실제적인 행사 내용은 제1일에는 "아내 상위로 사랑의 행위 하는 것"인데, 이는 "어머니의 사랑으로 하나님의 아들을 탄생시키는 의식"이

---

54 황선조 편, 『축복결혼』, 127.
55 성건은 축복가정의 첫사랑의 흔적이 배어있는 수건입니다. 첫사랑을 소중하게 지킬 것을 의미한다.
56 황선조 편, 『축복결혼』, 128.

다.[57] 제2일은 제1일과 동일하다. 제3일에는 "남편 상위로 사랑의 행위를 하는 것"이다. 이는 에덴동산에서 아담이 사단에게 빼앗겼던 하와에 대한 성적 주권성을 회복하는 상징으로 "남자의 주권성 복귀"를 의미한다.[58]

다시 말하면 사랑의 행위의 체위는, 첫째 날과 둘째 날은 여성상위, 마지막 날은 남성 상위다. 첫째 날은 타락한 아담의 복귀를, 둘째 날은 예수님 처지에서의 탕감복귀를, 셋째 날은 복귀된 신랑으로서 신부를 재창조함을 뜻한다. 첫째 날과 둘째 날 여상 상위를 취하는 것은 해와, 즉 아내가 먼저 복귀해 남편을 다시 태어나게 함을 상징한다. 셋째 날의 남성상위는 남편의 주권성의 회복을 뜻한다.

이러한 3대 의식을 통해 통일축복가족이 된 통일교 신자 부부는 다음과 같은 가정맹세를 하여야 한다. 1994년 5월 2일 창립 40주년을 기해 '가정맹세문'을 제정하였다고 한다.

① 우리 가정은 참사랑을 중심하고 본향 땅을 찾아 본연의 창조이상인 지상 천국과 천상천국을 창건할 것을 맹세하나이다.

② 우리 가정은 참사랑을 중심하고 하나님과 참부모님을 모시어 천주의 대표적 가정이 되며 중심적 가정이 되어 가정에서는 효자, 국가에서는 충신, 세계에서는 성인, 천주에서는 성자의 도리를 완성할 것을 맹세하나이다.

③ 우리 가정은 참사랑을 중심하고 사대심정권과 삼대왕권과 황족권을 환성할 것을 맹세하나이다.

---

57 황선조 편, 『축복결혼』, 130.
58 황선조 편, 『축복결혼』, 131.

④ 우리 가정은 참사랑을 중심하고 하나님의 창조 이상인 천주대 가족을 형성하여 자유와 평화와 통일과 행복의 세계를 완성할 것을 맹세하나이다.

⑤ 우리 가정은 참사랑을 중심하고 매일 주체적 천상세계와 대상적 지상세계의 통일을 향해 전진적 발전을 촉진화할 것을 맹세하나이다.

⑥ 우리 가정은 참사랑을 중심하고 하나님과 참부모님의 대신 가정으로서 천운을 움직이는 가정이 되어 하늘의 축복을 주변에 연결시키는 가정을 완성할 것을 맹세하나이다.

⑦ 우리 가정은 참사랑을 중심하고 본연의 혈통과 연결된 위하는 생활을 통하여 심정문화 세계를 완성할 것을 맹세하나이다.

⑧ 우리 가정은 참사랑을 중심하고 성약시대를 맞이하여 절대신앙, 절대사랑, 절대복종으로 신, 인, 애 일체이상을 이루어 지상천국과 천상천국의 해방권을 완성할 것을 맹세하나이다.[59]

예전에는 삼일행사 후 3년 동안 헤어져 살면서 전도활동에만 헌신하도록 했으나 최근에는 교구장의 재량으로 몇 주 만에도 새 가정을 출발할 수 있다고 한다.[60]

통일교에서는 예수께서 성령으로 잉태한 것이 아니라 제사장 사가랴와 마리아가 관계를 맺어 예수님이 탄생하였다고 주장한다.[61] 문선명은 자신이 참 부모요 재림주로서 이 땅에 탄생했기 때문에 예수도 구원을 받을 수 있다고 주장한다. 아담, 노아, 아브라함, 예수도 축복받지 못했는데 부족한 너희들이 축복을 받아 원죄, 혈통죄, 연대죄, 자범죄도 없

59 blog.naver.com/okazumi60/220510710951.

60 조성식, "대해부 통일교 왕국", 94.

61 박준철, 『빼앗긴 30년 잃어버린 30년』, 51.

는 축복 가정이 된다.[62] 개인천국, 가정천국을 이루어야 죄 없는 자녀가 탄생한다는 것이다.

그러나 문선명의 장녀나 장남의 결혼의 경우 성주식과 탕감봉 행사와 삼일행사조차 지키지 않았다.[63] '축복결혼'의 교리와 의식을 교인들에게만 강요하는 기만과 자기모순의 극치이다.

강요된 합동결혼식은 그 자체가 문제를 안고 있다. 한 통계에 의하면 1987년부터 2004년까지 18년간 25,213건의 피해상담이 있었다고 한다.[64] 실제로 2002년 2월 16일 올림픽 공원 펜싱경기장에서 거행된 합동결혼식에는 초청된 양가 부모에게 식장 입구에서 준비한 신랑 신부 복장을 입게 한 사례가 폭로되었다. 그런데 그 해 결혼한 절반이 넘는 쌍이 깨졌다고 한다.[65]

이러한 결혼 축복에는 문선명이 짝지어 준 남녀가 처음 결혼하는 미혼 축복과 기성축복이 있다. 이미 결혼한 기성 부부도 문선명이 집례하는 축복 결혼을 하여야 축복 가족이 된다는 것이다. 이러한 축복 결혼에 참여하기 위해서는 1999년 기준으로 미화 1만 달러를 납부하여야 한다.[66]

2002년 일본에서는 합동결혼식이 본인의 의사와 무관한 강제결혼이라는 법원 결정으로 신도 3인에게 일화 920만 엔을 지급하라는 판결이

---

62 박준철, 『빼앗긴 30년 잃어버린 30년』, 50.
63 이대복, "홍난숙 탈출기", 『통일교의 원리비판과 문선명의 정체』 (서울: 큰샘출판사, 1999), 205-207.
64 2003년 '전국 통일협회피해자가족 모임'이라는 단체를 설립했다.
65 조성식, "대해부 통일교 왕국", 108.
66 박준철, 『빼앗긴 30년 잃어버린 30년』, 339. 세계평화통일가정연합의 공문(1999.9.16일자) 사본 "총탕감기금에 관한 것" 참고.

나오기도 하였다.[67] 통일교가 주장하는 합동결혼식에 참여한 통일가정 수를 계산하면 13억 2천 쌍이 넘는다.[68] 이는 세계인구의 1/3 이상에 해당하는 것으로 실제로는 숫자를 조작한 것이 분명하다.[69]

3. 영계인(靈界人) 교리와 조상해원식

선언문 네 번째에서는 "여러분의 일생은 어머니의 복중에서 10개월, 지상계에서 공기를 호흡하며 한 백년, 그러고서는 영원한 천상세계에서 영생(永生)하도록 창조"되었으므로 "영계의 조상들과 교통하며 사는, 지상(地上)에서 완성(完成)을 본 영계인(靈界人)들이 되라"[70]고 하였다.

통일교는 몸 위에 마음이 있고, 마음 위에 영인체(靈人體)가 있다고 한다. 지상계에는 육체로 현상세계와 관계를 맺고 살지만 영계에서는 영인체로 영계의 모든 현상세계와 관계를 맺고 살아간다는 것이다. 따라서 복중의 10개월이 이 세상의 준비이듯이 지상 생활은 다음 단계의 영계의 삶을 위한 준비의 삶이어야 한다.

---

67 조성식, "대해부 통일교 왕국", 95. 히로쯔구 판사는 "신도들이 통일교가 정해준 상대방에 대해 거절할 자유가 없으며 합동결혼식에 불참할 경우 신도 자신은 물론 선조들도 구원을 받지 못할 것으로 믿게 만들었다"며 "통일교는 신도들에게 불안과 두려움을 주입시켜 탈교하지 못하게 만들었다"고 판시했다. 2004년 2월26일 최고재판소가 원심을 인정함으로써 통일교의 패소가 확정됐다.

68 박준철, 『빼앗긴 30년 잃어버린 30년』, 229.

69 조성식, "대해부 통일교 왕국", 95. "통일교측에 따르면 1960년 이후 합동결혼식을 통해 결혼한 부부는 모두 5억여 쌍에 이른다. 이는 실제 결혼한 부부의 수가 아니라 목표치다. 현재 통일교 측에서 대외적으로 주장하는 신도수가 30만~40만이라는 점만 봐도 허구의 숫자임을 알 수 있다.

70 황선조 편, 『평화훈경-평화메시지와 영계보고서』, 89.

영계인이 되어도 영계에 있는 구원받지 못한 조상들과는 영적 교통이 불가능하다. 이들을 구원하여 절대 선령(善靈)이 되게 하는 방식으로 조상해원식과 영계축복식을 거행하게 한다. 통일교에서 조상해원식 흐름도는 다음과 같다.

대기실(해원되기 이전의 조상 및 조상해원성금 미납자) → 조상해원식(21일 정성 조건, 청평수련원) → 10일간의 영계수련회(해원헌금 완납자, 홍진님의 영계수련소) → 조상축복식(축복헌금 전후, 청평수련원) → 40일 참가정 수련회(영계수련소) → 조상재림(청평수련원) → 환영예배(각 가정에서 조상들이 지상에서 재림활동 개시)[71]

청평수련원 집회를 통해 육체에 붙어 있는 조상의 영을 두들기며 털어내는 '영털기'[72] 행사를 통해 영인체로 분립시킨다. 분립된 조상의 영은 교통사고로 죽은 문선명의 차남 '홍진님'이 운영하는 영계수련소로 가서 100일간 교육을 받고 절대선령(善靈)으로 거듭나도록 수련을 받는다는 것이다.[73]

1991년 11월 문선명은 "만약 조상해원식을 하지 않고 영계에 가면 조상들에게 참소를 당한다"라며 조상해원의 필요성을 언급했다. "새로운 성약(成約)시대에 입적하려면, 반드시 1대부터 7대까지의 조상으로

---

71 http://cafe.daum.net/ddc6/GMZ3/221.

72 조성식, "대해부 통일교 왕국", 89. 영털기는 찬양과 율동에 맞추어 여러 시간 동안 상대방의 어깨를 두드리거나 자신의 머리와 어깨, 목, 가슴, 팔다리, 배를 두들기는 의식으로서 몸에 붙어 있는 조상들의 악령을 떨어내어 조상의 원통함을 풀어주는 조상해원의식이다.

73 조성식, "대해부 통일교 왕국", 87.

부터 120대까지 해원을 해야 한다"고 강조했다. 1999년 2~8월까지 첫 직계 7대 조상해원식이 치러졌다.[74] 2006년 2월에는 "참부모님께서 조상해원식을 210대까지 하라"고 하였고, "식구님들께서 210대까지 다 하시면 210대 이후는 영계의 참자녀님을 중심한 절대선령들이 아담 해와(하와)까지 하나님 혈통으로 연결"될 수 있다고 한다.[75] 2008년 5월 3~4일에는 1~154대 추가 조상해원식이 청평수련원에서 거행되었다.[76]

1989년 작고한 문선명의 장모 홍순애가 재림한 분이라 하여 대모(大母)님으로 추대한 김효남[77]과 1984년 교통사고로 사망한 후 영계총사령관이 되어 영계수련소를 관장하고 있다는 둘째 아들 '홍진님'[78]이 조상해원과 축복행사를 주관한다.[79]

조상해원에 드는 비용이 만만치 않다. 최초 1~7대까지는 조상들의 해원을 위해서는 직계는 70만 원, 그리고 외가는 84만 원을 납부하고, 8대 이후는 7대마다 각각 5만 원 이상을 납부한다. 조상해원을 신청할 때 신청 등록비 2만 5천 원을 별도 납부하여야 한다.[80] 조상해원식을

---

74 조성식, "대해부 통일교 왕국", 86.

75 조성식, "대해부 통일교 왕국", 86. 2006년 2월 제 761차 특별수련회 대모님 말씀

76 http://www.ansantongil.or.kr/plus/plus_pack/notice/view.php3?table=kongi 2&l = 97&go=0. 세계평화통일가정연합의 2008년 2월 28일자 공문 참조.

77 1989년 74세로 승화(통일교에서는 축복받은 신도의 죽음을 昇華라고 한다)한 홍순애가 김효남의 몸에 재림하였기 때문에, 죽은 홍씨가 살아있는 김씨의 입을 빌려 신도들에게 전하는 얘기가 대모님 말씀인 셈이다.

78 조성식, "대해부 통일교 왕국", 94. 문선명은 사탄이 자신의 아들을 제물로 빼앗아갔다며 그의 사망일(1월 2일)을 애승일(愛勝日)로 선포했다. 그리고 박보회의 딸 박훈숙과 영혼 결혼식을 시켰다.

79 조성식, "대해부 통일교 왕국", 87.

80 박준철, 『빼앗긴 30년 잃어버린 30년』, 337. "직계 1-7대 조상 및 직계 8-14대 조상 추가 해원식 안내" 공문(2000.5.18일자) 사본 참조. 조상해원 헌금은 금액이 정해져 있다. 최초 1~7대까지는 직계, 모계 각 70만원이다. 8대 이후는 7대마다 5만 원 이상이다.

치른 다음에는 조상축복식을 해야 한다. 해원헌금을 완납한 지 100일이 지난 성도에게만 자격이 주어진다. 접수비는 7대마다 5만 원이다. 통일교측에 따르면 해원을 했어도 축복을 받지 않은 조상의 영(靈)은 구원받지 못한다.

이러한 조상해원식 역시 죽은 사람의 넋이 극락으로 가도록 기원하는 불교의 천도제(遷度祭)와 동학의 '해원사상'을 혼합하여 만들어낸 것이다. 통일교 교인이 축복결혼의 3대 행사를 행하면 그 가족은 원죄, 혈통죄, 연대죄, 자범죄도 없는 축복가족이 된다고 가르쳐 왔다. 그러나 축복가족의 원조라고 할 수 있는 문선명 자녀들 중에서 장남은 마약과 음주와 문란한 성생활의 죄에 빠져 이혼 당하였고, 차남은 1984년 교통사고로 죽었고, 5남은 1978년 사고사로 죽었다.

통일교의 축복가족에게 왜 이런 고난과 범죄가 따르는가에 대한 해명이 요청되는 상황으로 몰리게 된 것이다. 그래서 구차하게 내세운 교리가 바로 조상해원식인 것으로 보인다. 축복가족에게 각종 불행이 임하는 것은 조상들의 해코지 때문이라는 것이다. 그래서 친가뿐 아니라 외가의 모든 조상의 원을 풀어 절대선령으로 거듭나게 해야 한다는 것이다.

1대를 30년으로 계산하면 210대 조상까지는 6,300년이 되므로 창조를 6,000년으로 계산하면 아담 하와 이후의 모든 조상을 해원할 수 있다고 주장한다. 이것이야말로 기묘한 종교혼합적 행태인 '조상 면죄부 판매'인 것이다.

축복가족 교리의 모순을 보완하기 위해 조상해원 교리를 만들었지

그와 별개로 7대마다 접수비 25,000원을 내야 한다.

만, 결과적으로는 엄청난 돈을 들여 모든 조상들을 해원한다고 해서 통일교의 축복가족만 이 세상의 모든 고난과 죄악에서 벗어 날 수 없는 것이 현실이다. 기만적인 주장이 아닐 수 없다.

4. 소유권 환원식과 10의 3조

선언문 다섯 번째에서는 "천일국을 경영하고 다스리는 데는 백성의 힘이 절대적 필요요건이라는 점입니다. 이제 여러분은 선천시대의 잔재인 이기적 개인주의의 탈을 미련 없이 벗어던져야 합니다. 하늘로부터 소유권 전환을 받기 위해서는 여러분의 모든 소유권을 일단 하늘 앞에 봉헌하고, 소유권(所有權) 환원식(還元式)을 통해 돌려받는 절차를 거쳐야 한다는 뜻"[81]이라고 하였다. 그리고 "천일국 백성은 누구나 수입 중 10의 3조를 국가 앞에 먼저 바치고 사는 모범을 보여야 한다"[82]고 명시하고, 이는 인류의 복지와 평화를 위한 기금이므로 "강제성을 띠는 것이 아니고 자발적이고 기쁜 마음으로 하늘 앞에 바치는 심정(心情)의 봉헌(奉獻)이어야 한다는 뜻"[83]이라고 하였다. 그러나 이를 통일교 신자들의 새로운 '의무와 사명' 일곱 가지에 포함시킨 것은 강제성을 암시하는 것으로 보인다.

통일교 신도들은 천일국 백성을 뜻하는 국민증을 발급받는다. 주민등록증과 비슷한 교인확인증을 지니고 있으면 어느 교회에 가더라도

밥을 얻어먹을 수 있는 특권이 있다고 강조한다.[84] 통일교는 각종 헌금과 기금이 아주 많은 것으로 잘 알려져 있는데[85] 여기에다 10의 3조와 전 재산의 소유권을 환원하는 교리를 통해 기실 신자들의 전 재산을 이득으로 취하려는 탐욕스러운 의도를 숨기고 있는 것으로 보인다.

IV. 축복가정과 평화통일가정당(2008)

통일교는 2004년 17대 총선을 앞두고는 천주평화통일가정당(일명 가정당)을 창당하였다. 선거에 직접 참여하지는 않지만 가정당을 통해 일반인에 대한 정치·사회 교육을 한다는 취지였다.

2008년 2월 5일자 동아일보를 비롯한 일간지에 "아빠, 경제가 전부는 아니잖아요"라는 제목의 정치 광고를 실고 평화통일가정당이라는 당명으로 18대 총선에 참여하겠다고 밝혔다.

이혼증가율 1위, 자살률 1위, 저출산율 1위, 성장의 그늘 속에 부끄러운 1위가 되었습니다. 늘 뒷전이었던 가정, 가정을 바로 세우는 정치, 자랑스러운 대한민국의 초석입니다. 평화로운 사회, 통일된 국가도 가정이 바로 설 때 가능합니다. 이제 경제 성장을 넘어 행복을 이야기합시다. 풍요를

---

84 조성식, "대해부 통일교 왕국", 111.
85 조성식, "대해부 통일교 왕국", 97. '새 시대 새 천년맞이 특별정성'이라는 공문(1999.12.1 일자)에 명시된 헌금 종류는 다음과 같다. △총생축(總生祝)헌금: 가정당 1만6000달러 (한화 1920만원) △천주(天主)승리축하헌금: 1개월분 수입 △총탕감(總蕩減)기금: 가정당 1만달러(한화 1200만원) △구국(救國)헌금: 1인당 160만원 △정주평화공원조성 기금: 1인당 8만원 △건국(建國)기금: 가정당 매월 17만원.

넘어 가치를 이야기합시다. 18대 총선에서 평화통일가정당은 가정이 행복한 나라를 열어가겠습니다.[86]

곽정환 가정당 총재는 "18대 총선은 기존의 정치 질서와 문화를 근본적으로 개혁하고 모든 국민이 평화와 행복을 누릴 수 있는 새로운 대한민국을 창조하는 중대한 전환점"이라면서 "평화통일가정당은 가정 행복을 최우선 과제로 설정하고 가치 정당으로서의 새로운 정치 패러다임을 선보이겠다"고 선언했다. "가정이 바로 서야, 나라가 바로 선다"를 총선 캐치프레이즈로 내건 가정당의 총선 4대 비전은 △ 가정이 행복한 나라 △ 도덕정치 구현 △ 풍요와 번영의 통일한국 건설 △ 세계평화를 주도하는 글로벌 한국이다.[87]

평화통일가정당은 "가정이 행복한 나라"라는 슬로건으로 제18대 총선에 전국 245개 선거구에 후보를 확정하고 다음과 같은 정책을 제시하였다.

- 3자녀 가정 1인 대학까지 무상교육 및 군면제
- 3대 1가정 주거개발 및 세제지원
- 결혼 30년차부터 금혼식까지 부부 백년해로수당 7차례 지급
- 신호주제법 제정
- 간통 및 성범죄자 처벌 강화
- 가정가치교육을 정규교육과정으로 편성

86 김철영, "평화통일가정당 총선 올인, 한국 교회 비상", 「뉴스파워」, 2008.2.5.
87 "평화통일가정당, 원내진출 가능할까?", 「오마이뉴스」, 2008.3.26.

'통일한국 건설'을 위한 방안으로는 실향민 고향 방문 실시, 남북총선 대비 전담기구 설치, 비무장지대 생태 평화공원 조성 등을 제시했다. 일 해저터널, 유라시아 고속도로, 베링해 월드피스킹 브릿지 앤 터널 건설 추진과 평화유엔 창설활동 지원 등을 통해 '글로벌 한국'을 만들겠다고 밝혔다.

곽 총재는 "한국은 저출산 증가율, 고령화 진도 모두 세계 1위"라고 지적한다. 그는 "저출산·고령화 문제는 이제 국가가 나서고 정치가가 제1의 문제로 심각하게 고민해야 할 때"이므로, 3자녀 가정 1인 무상교육을 시행하겠다고 공약하였다. 이를 위해서는 "대학까지 무상교육 시킬 때 1인당 공교육비 7000만원씩 60만여 해당 가구에 총 42조원, 1년 평균 1조7000억 원이 필요하다"며 "재원은 국공립대 기여입학제(대학 기여입학금의 30%가량을 지원받아 충당)와 가족행복기금 신설로 조달하겠다"고 밝혔다.

그러나 2008년 4월 9일 18대 총선 개표 결과 가정당은 245개 지역구에서 모두 후보를 냈지만, 당선자는 한 명도 없었다. 전국에서 150만~200만표를 얻어 교섭단체(20석) 구성을 목표로 하고 있다고 하였다. 그러나 정당 유지 최소 득표 3%에도 못 미치는 1.05%의 득표로 인해 자진 해산의 길을 걷게 됐다.[88] 통일교는 당시 교인이 60만 명이라고 하였으나 득표수는 18만 표에 불가하였다. 실제 교인수를 과장한 것이 드러났다.

---

88 "통일교 가정당, 허망한 야심 '용두사미'", 「뉴스앤조이」 2008.4.12.

V. 『평화훈경』 훈독과 영계보고서(2008)

문선명은 『평화훈경-평화메시지와 영계보고서』를 2007년 7월 6일 부로 새로운 경전으로 선포하였다. 2005년부터 2007년까지 행한 총 15편 연설문으로 구성된 '평화메시지'[89]와 부록인 '영계보고서'가 수록 된 이 책은 『원리강론』(1966)을 대신하여 통일교의 최근 각종 집회에서 훈독되고 있다. 『평화훈경』 15장의 제목은 다음과 같다.

1. 하나님의 이상가정과 평화이상세계왕국 1
2. 하나님의 모델적 이상가정과 국가와 평화왕국
3. 천주(天宙)평화 통일왕국 창건의 참된 주인 1
4. 후천 개벽시대의 종족메시아 사명
5. 천일국은 태평성대의 이상천국
6. 김포 항공산업단지 건설 기공식 말씀
7. 하나님의 이상가정과 평화이상세계왕국 2
8. 천주(天宙)평화 통일왕국 창건의 참된 주인 2
9. 하나님의 이상가정과 평화이상세계왕국 3
10. 하나님의 절대평화이상 모델인 절대성 가정과 세계왕국
11. 후천개벽시대의 평화대사 사명
12. 하나님의 이상가정과 천일국 백성의 소명적 책임
13. 하나님의 뜻으로 본 환태평양시대의 사관
14. 가정맹세의 섭리적 가치와 그 의의

---

89 손병호 편, 『평화메시지』 (서울: 세계평화통일가정연합, 2006). '평화메시지'는 이 책에 수록된 12편 연설문에 3편을 추가한 것이다.

15. 섭리적 관점에서 본 삼대주체사상

부록 '영계보고서'는 1997년 사망한 이성헌이 영계에서 보낸 메시지를 김영순이 정리한『영계의 실상과 지상생활』(2000)[90]의 일부 내용을 수록한 것인데 그 목차는 다음과 같다.[91]

- 사랑하는 참 부모님께
- 4대성인 및 소크라테스, 어거스틴의 통일원리 세미나 메시지
- 영계 5대 종단 대표결의문
- 영계 5대 종단 대표 통일원리세미나 메시지
  1. 기독교 대표 12인
  2. 불교 대표 12인
  3. 유교 대표 12인
  4. 이슬람 대표 12인
  5. 힌두교 대표 12인
- 영계 공산권 대표 통일원리세미나 보고서
- 역대 미국 대통령 영계보고서
- 역대 미국 대통령의 결의문 채택과 선언식

'사랑하는 참부모님께' 보낸 편지는 놀랍게도 만군의 여호와께서 2001년 12월 8일 문선명에게 보낸 편지이다. 그 내용 일부를 소개하면

---

90 조성식, "대해부 통일교 왕국", 100. 특히 하나님이 문선명에게 보낸 편지와 예수를 비롯한 4대 성인과 5대 종파 대표 각 12인 및 공산권 대표와 미국역대대통령의 영계보고서가 수록되어 있다.
91 조성식, "대해부 통일교 왕국", 100.

다음과 같다.

> … 나 만군의 여호와는 참부모를 사랑하노라! … 참부모는 이제 모든 것에 승리하고 모든 것을 궤도에 올렸으니 이제 인류의 구세주요, 메시아요, 왕 중 왕이 아니겠는가? … 아직 일반 세인들이 참부모의 위상을 온전히 이해하지 못할지라도 그 내적 자리는 세워져야 할 것이므로 만군의 여호와는 사랑하는 참부모를 만왕의 왕으로 추대하오. 그동안 참부모는 만군의 여호와를 대신하여 숱한 옥고의 자리, 수난의 자리를 모두 치러 주었으니, 이제 만군의 여호와는 모든 감사와 감격과 흥분과 고마움을 참부모에게 물려주고 싶소. 여호와의 모든 것을 상속하고 싶소! … 내 사랑하는 참부모 만세! 인류의 구세주, 만세! 만왕의 왕 참부모, 만세! 만군의 여호와가 내 사랑하는 참부모에게 간절히 전하노라.[92]

이어서 예수, 석가, 공자, 무하마드, 소크라테스, 어거스틴의 메시지가 수록되어 있다. '예수의 메시지'(2001.4.4-5.)는 자신은 실패했고 문선명이 재림주라는 데에 초점이 맞추어져 있다.

> 베들레헴에서 태어난 예수가 이 지면을 통해 지상으로 새로운 메시지를 전한다. … 메시아로 왔던 나는 인자(人子)였다. 예수는 하나님의 독생자로 그 꿈과 뜻을 완전히 이루지 못했다. … 그러나 오늘날 메시야 사명을 위하여 다시 오신 분은 문선명 선생이시다. … 죽은 내가 다시 살아서 여러분에게 나타날 수 없다. 인간의 육신은 영인체로 분리되면 흙으로 돌아간다. … 여기 기독교인들이여, 불교인들이여 그리고 여러 종교인들이여! 예

---

92 황선조, 『평화훈경』, 287-289.

수, 석가, 공자, 무하마드 등 4대 성인과 소크라테스, 성 어거스틴 등 성현들 그리고 그 외 종교지도자들이 여러 차례 세미나를 했으며 지금도 하고 있다. 세미나 주제는 '하나님은 인류의 부모'라는 주제이며, 지상에 강림하신 문선명 선생께서 밝혀 놓으신 『원리강론』을 놓고 분석하고 토론하고 있다. ··· 유대 베들레헴 출신인 내가 지상인에게 메시지를 보낼 수 있는 시대적 환경과 해택이 주어진 것은 다름 아닌 성약시대가 도래하였기 때문이며, 성약시대의 주인공은 문선명 선생님이시며, 그분이 재림 메시아이기 때문이다. ··· 이곳 영계에서라도 신약시대의 메시아의 책임을 일깨워주고 싶어서 이렇게 지상인들에게 메시지를 전한다.93

『평화훈경』에는 수록되어 있지 않지만 이외에도 1998년 5월 22일자와 1999년 12월 29일자의 '예수의 메시지'가 있다.

아버님! 저는 예수라고 합니다. ··· 그럼에도 불구하고 이번에 제 아내에게 과분한 훌륭한 보금자리를 주셨으니 이 어찌 은혜를 다 갚으오리까. ··· 그리고 흥진님을 잘 모시며, 참부모님의 방향과 복귀섭리 앞에 열심히 기도하며 노력할 것입니다.··· 예수라는 이름이 지상에 항상 너무 크게 부각되어서 아버님 앞에 송구스러움 이루 말할 수 없습니다.··· 아버님! 죄인(책임 다하지 못함)을 용서하소서, 언젠가는 아버님의 한이 풀릴 것입니다. ··· 참부모님! 만수무강하옵소서. 천상에서 유대 베들레헴에서 태어난 예수가 아버님께 올립니다(1998년 5월 22일).94

---

93 황선조, 『평화훈경』, 291-298.
94 http://www.ansantongil.or.kr/plus/board/include/PRINT.php3?table=a_news2&l= 1&PERMISION=.

참부모님, 저는 베들레헴 마구간에서 태어난 초라한 예수입니다. … 예수는 지상에서 책임을 다하지 못하고 살아왔사오나, 이제 이곳에서 하나님 앞에 참부모님 앞에 후회 없는 삶을 살고자 노력하고 있습니다. …지상에서 저의 아내로 맺어주신 장 여사께서 … 베들레헴 예수 드림(1999년 12월 29일).95

이 두 메시지는 참부모 문선명이 영계의 예수를 결혼시켜 준 것에 대한 예수의 감사와, 영계에서 교통사고로 죽은 둘째 아들 '문흥진'을 잘 모시고 있다는 내용과, 예수가 인류구원의 책임을 다하지 못한 것에 대한 사과가 포함되어 있다. 비평할 가치조차 없는 허무맹랑한 주장이 아닐 수 없다.

5개 종단을 대표하여 '대표자 예수 이름'으로 2001년 12월 25일 정오에 결의된 '영계 5대 종단 대표 결의문'에서 5개항의 핵심이 되는 내용 2-3항은 다음과 같다.

2. 문선명 선생은 인류의 구세주, 메시아, 재림 주님, 참부모이심을 결의한다.
3. 통일원리는 인류구원을 위한 평화메시지요, 성약시대의 복음서임을 결의하고 선포합니다.96

5대 종단 대표 결의문도 처음에는 4개97이었는데 이 책에서 5개로 바뀌었다. 재미있는 것은 1999년 12월 30일 불교계 영계권을 대표하여

---

95 조성식, "대해부 통일교 왕국", 101.
96 황선조 편, 『평화메시지』, 315.
97 http://park5.wakwak.com/~tongil/5religions.html.

석가가 참부모님께 올린 보고서이다. "다시 지상인으로 태어날 수만 있다면 저의 발바닥이 닳도록 땅 끝까지 걸어 다니며 통일원리를 전파하겠다"는 석가의 다짐이 담겨있다. 불교계에서는 이를 출판한 「세계일보」를 대상으로 해명을 요구하였고,[98] 세계일보는 "제작 의뢰자측이 편집해 온 것을 그대로 인쇄했다"라며 "대단히 유감스럽게 생각하며 재발방지 대책을 강구할 것"이라고 밝혔다.[99] 그럼에도 불구하고 그와 유사한 내용이 2007년 『평화훈경』에 그대로 수록되어 있다.

문선명은 1997년 10월 13일 통일교의 새로운 전통으로 문선명의 어록을 낭독하는 훈독회를 제정하였다.[100] 최근의 훈독회에서는 『평화훈경』을 낭독하고 이를 해설하는 것을 설교로 대신하고 있다.

1999년 1월 1일 시행하는 훈독회에 전 세계 축복가정은 의무적으로 참석해야 하며 또한 공금을 납부하여야 한다는 공문을 발송하였다. 축복성금과 가정회비(월 12,000원), 탕감기금(1인 12,000원), 천주평화공원헌금(1인 80,000원), 총 생축헌납헌금(가정당 16,000불), 구국헌금(성인 1인 160,000원 어린이 1인 16,000원)을 1999년 2월 21일 참부모님

---

98 「현대불교」 2001년 1월 24일자. 「세계일보」가 2001년 1월 12일 세계평화통일 가정연합회의 의뢰에 의해 작성한 '영계(靈界)리포트'에는 16면에 걸쳐 부처님과 성철스님이 통일교 교주 문선명의 통일원리를 따라야 한다는 등 부처님과 성철스님을 모독하였다는 것이다. 조계종 종교편향대책위(위원장 양산)는 16일 세계일보 발행인에게 보내는 공문을 통해 △영계리포트 발행에 대한 귀사의 입장 △영계리포트 발행배경 △세계평화통일가정연합과 계약관계를 밝혀달라고 요구했다고 한다.

99 「현대불교」 2001년 2월 7일자. 이에 대해 세계일보사는 1월 29일 종교편향대책위원회에 보낸 회신공문을 통해 "영계리포트는 세계일보의 자회사인 제작단에서 세계평화통일가정연합회로부터 수주를 받아 제작 배포된 것이다"고 발뺌했다. 또 "제작 의뢰자측이 편집해온 것을 그대로 인쇄했다"며 "대단히 유감스럽게 생각하며 재발방지대책을 강구할 것"이라고 밝혔다.

100 손병호 편, 『천일국 화보집』, 357.

탄신일까지 납부하도록 한 것이다.[101]

통일교의 새로운 경전 『평화훈경』은 시중에서 구입할 수 없는 비밀 경전이다. 주요 대학도서관에도 비치되어 있지 않고 다만 국립중앙도서관에만 납본되어 있다. 선문대 도서관 비치 도서조차 대출금지이다. 예수는 복음의 실상을 누구나 쉽게 이해할 수 있도록 비유로 그리고 공개적으로 선포하였다. 그래서 "내가 드러내 놓고 세상에 말하였노라. 모든 유대인들이 모이는 회당과 성전에서 항상 가르쳤고 은밀하게는 아무것도 말하지 아니하였다"(요 18:20)고 하셨다.

종교를 크게 현교(顯敎)와 밀교(密敎)로도 구분한다. 이단 사이비는 대체로 교리와 의식과 제도의 일부가 숨겨져 있는 밀교의 성격을 띠고 있다. 그리고 자기들만이 감춰진 비밀을 알고 있다고 주장하고 그 내용을 비공개적으로 은밀하게 가르친다. 밀교는 또한 비민주적으로 운영되고 재정관리가 불투명하는 등 교리와 제도와 의식이 이중적이다. 이단 사이비의 전형적인 특징이다.

일찍이 이레네우스와 같은 신학자들은 영지주의와 같은 밀교적 이단의 '비밀 전승'과 보편적인 기독교의 '사도 전승'을 구분하였다. 사도 전승은 사도들이 예수에게서 전해 받은 것만을 공개적으로 전해준다는 의미이다. 그래서 바울은 "그러나 우리나 혹 하늘로부터 온 천사라도 우리가 너희에게 전한 복음 외에 다른 복음을 전하면 저주를 받을지어다"(갈 1:8)고 하였다. 교회는 '아무나 와도 좋다'고 공개되어 있으나 통일교 왕국이 청평수련원이나 천정궁에는 초대장을 받은 통일교 신자

---

101 박준철, 『빼앗긴 30년 잃어버린 30년』, 338. "훈독회 및 공금에 관한 건" 공문(1998.
　　12. 26일자) 사본 참조.

외에는 엄격히 출입이 통제되어 있다. 통일교는 경전과 의식 일부를 외부인에게 비밀로 감추는 전형적인 밀교이다.

VI. 통일교의 후계 구도와 문형진의 통일교 세습(2008)

문선명은 사후를 염두에 두고 자신의 세 아들에게 통일교 관련 부분을 분할하여 세습하였다.102

4남 문국진은 2005년 통일교의 경제적 기반으로 알려진 통일그룹 이사장으로 취임하였다. 취임 후 통일그룹의 대대적 구조조정과 시스템화를 통해 그동안 적자를 면치 못했던 통일그룹을 흑자시대로 진입시켰다고 한다.

3남 문현진은 천주평화연합 수석회의 공동의장를 비롯해 통일그룹 세계재단, 세계평화청년연합 세계회장, 피스드림재단 이사장 등을 맡아 통일교의 비정부기구 부문을 이끌고 있다.

문선명의 7남 6녀의 자녀 중 막내아들이요 유일한 목사인 문형진이 30세 나이에 2008년 4월 18일 통일교 천정궁 박물관에서 통일교 '세계회장 및 한국회장'에 취임했다. 그리고 5월 2일에는 세계원리연구회 회장으로 취임하였다.

문형진은 한 인터뷰에서 하버드 대학 재학시 불교뿐 아니라 기독교 이슬람교 등 모든 종교에 대해 공부했으며, "다른 종교인이 서로 존중해 세계 평화를 이룰 수 있도록 일하고 싶다"103고 말했다. 한 때 삭발하고

---

102 차진형, "통일교, 2세 체제가 시작됐다", 「현대종교」 2008년 10월호, 44-48.

승복을 입고 다녀 세간의 주목을 받기도 하였다. 종교지도자 달라이 라마와 작고한 전 조계종 총무원장 법장 스님 등을 직접 만나기도 하였다.

문형진의 하바드 대학 졸업 여부에 대한 논란이 제기되었다. 하바드 대 문리학부(Faculty of Arts & Sciences) 직원 바바라 설리반은 "하버드 대 기록에는 문형진이 2002년 가을에 2개 과목을 이수한 청강생으로 나와 있다. 이 학생은 2004년과 2005년에 신학대학원에서 3개 과목을 교차 등록했다. 이 학생이 문리대학에서 학사학위를 받았다는 기록은 없다"는 메일이 공개하였다. 통일교 측은 '문형진 씨가 하버드대를 졸업한 것이 맞다'는 하버드대 측의 확인서를 공개해 해명했다. 그러나 그가 졸업했다는 하버드 대의 '익스텐션 스쿨'은 등록금만 내면 되는, 평생교육원과 같은 비정규과정으로 학력이 '과대포장'되었다는 반론이 제기되기도 하였다.[104]

문형진은 『천화당』(2006)이라는 첫 저서 서문에서 참 아버지 문선명으로부터 받은 휘호가 '天和堂'이라는 것과 "天은 두 二와 사람 人이 합쳐진 글자"라고 하였다. "두 사람을 상징하는 남편과 아내가 각각 몸과 마음을 통일한 후 하나가 될 수 있다면 그것이 천국의 모습"이며, 이런 조화가 일어나면 그 부부는 "천국의 화합을 이룬 장소(天和堂)가 된다"는 말씀을 문선명에게 들었다고 한다.[105]

문형진은 매일 새벽 2시 30분에 일어나 몇 시간씩 몸과 마음을 수양하며 진지하게 수도는 중이라 밝히고 자신이 '심신통일 수련의 대가'임을 과시한다.

103 "[단독 인터뷰]신임회장 문형진 목사", 「투데이 코리아」 2008.4.25.
104 "통일교 문형진 회장, 꺼지지 않는 '하버드大 학력' 논란", 「투데이 코리아」 2012.10.10.
105 문형진, 『천화당』 (서울: 세계평화통일가정연합, 2006), 4-5.

흥미로운 것은 문형진이 "심신통일 수련"이라는 새로운 교리를 제시하고 있다는 점이다. 통일교인으로서 참부모님께서 우리에게 보여주셨던 참 사랑을 구체화하기 위해 몸과 마음의 모든 기능을 발휘해야 하며, 고통에서 해방되고 참 부모가 되고 세계에 봉사하기 위해 심신을 수련해야 한다고 역설한다. 8가지 영적 수련 방침과 10가지의 그 수련 방법을 구체적으로 제시하였다.

문형진이 제시하는 열 가지 수련방법은 단전호흡 방법과 참부모님에 대한 명상을 종합시킨 것으로 보인다. 처음 세 가지와 마지막 세 가지만 살펴보자.

1) 모든 생각을 버리고 마음을 깨끗이 한다. 눈을 부드럽게 감는다.

2) 깊고 자연스럽게 배로 숨을 쉰다. 호흡할 때마다 배를 올리고 내린다.

3) 숨을 뱉을 때 폐와 배 안에 있는 모든 신선하지 못한 공기를 완전히 내뱉는다. 천천히 배 근육을 수축시키면서 몸 안의 공기를 모두 몰아낸다. 이와 같은 방법으로 5분간 호흡 조절훈련을 한다.

…

8) 참부모님의 가슴으로부터 빛이 시작되어 영광으로 가득 찬 천국의 빛 기둥이 우리 전신을 둘러쌀 때, 우리는 참부모님의 사랑과 자비하심으로 완전히 채워진다.

9) 불완전하고 부족한 모습에도 불구하고 조건 없이 주시는 참부모의 사랑에 크나큰 감사를 드린다.

10) 계속하여 눈을 감고 참부모님과 하나님의 존재를 떠올린다. 천천히 일어나서 하나님과 참부모님께 몸과 마음과 영혼을 바치면서 경배를 세 번 올린다.106

'심신통일수련'과 더불어 '배우자 간의 화합'과 '자녀들과의 화합'을 주요한 주제로 다룬다. 보너스 수련으로 "비록 멀리 있어도 참부모님과 가까워지기"를 제시한다.

8가지 수련 방침은 예비단계수련이라고 하는데, "잔인할 만큼 냉정하게 나 자신을 평가하는 것"으로서 말과 설교를 실천하는 진실성(정성), 이기심을 초월하는 헌신, 자만과 기만하지 않는 자아 정직, 타인에 대한 존경, 두려움을 식별하고 맞서는 대담함(겁내지 않기), 이기심과 사치심과 자기 숭배와 자기 권력 강화를 제거하려는 순수, 하나님과 참부모에 대한 약속 이행의 신용이라 하였다.[107]

이처럼 철저히 진실 정직하고 이타적 헌신과 탈 권력적인 '심신통일수련의 목표'가 위선과 기만과 조작이 아니라면 지난 50년 동안 이와 정반대 길을 달려온 아버지 문선명과 통일교의 죄과를 먼저 회개하고 그 책임을 지는 일부터 착수해야 할 것이다. 문형진이 지성적이고 양심적인 종교인이라면 더욱 그러해야 할 것이다.

향후 통일교는 '세계평화통일'이라는 실현 불가능한 목표보다는 최근에 크게 유행하는 단전호흡과 명상을 도입하여 문선명 참부모를 중심으로 한 각종 '심신통일 수련'을 가르치는 종교 단체로 전개될 것 가능성이 엿보인다.

최근 한국에서는 이승헌이 중심이 되어 시작한 단학선원(丹學仙院, 단월드)이 신선도(神仙道)라는 종교적인 성격을 띤 단전호흡과 뇌파운동 등으로 국내외에서 심신수련 단체로 부상하고 있는 것으로 비추어

---

106 문형진, 『천화당』, 164-165.
107 문형진, 『천화당』, 91-92.

볼 때 통일교에서 이와 유사한 형태로 일대 변신을 통해 교세확장을 꾀하고 있는 것이다.

VII. 문선명 사후 통일교의 모자 갈등(2015)

통일교 창시자인 문선명은 92세를 일기로 2012년 9월 3일 오전 1시 54분 통일교 성지인 경기도 가평군의 청심국제병원에서 사망했다. 장례는 13일장으로 치러졌다. 장례식의 공식명칭은 '문선명 천지인참부모 천주성화식'으로 9월 15일 오전에 거행되었다.

문선명의 사망으로 그의 아내 한학자가 후임 총재에 취임한 후 통일교는 한학자 체제로 교리와 조직이 재정비되었다. 문선명 생전에 세 아들에게 통일교를 삼분하였던 후계 구도는 한학자에 의해 거부되어 '왕자의 난'이라 불릴 정도로 모자간에 법적 분쟁과 후계 갈등을 겪었다.

문선명이 세 아들에게 후계 구도를 삼분하려고 했던 통일교의 기업, 종교, NGO 영역을 문선명의 아내 한학자와 그의 측근들이 장악한 것이다. 통일교재단 이사장과 통일그룹 회장직을 맡았던 문국진의 자리는 박노희 현 통일그룹 회장이 이어받았다. 천복궁교회 당회장과 미국총회장을 역임하던 문형진의 자리는 양창식 통일교 한국총회장이 가져갔다.[108]

한학자는 문형진이 '통일교'의 공식 명칭을 바꾼 것을 다시 '세계평화통일가정연합'으로 환원하고 '참어머님'으로서 자신의 존재를 강화했다.

---

108 조민기, "문선명 사후 3년, 통일교는 분열되는가?" 「현대종교」 2015년 10월호, 57-61.

그녀는 자신을 신격화하는 작업으로 2015년 2월 22일을 기원절로 제정하고, 천일국 3대 경전인 『천성경』, 『평화경』, 『참부모경』을 완성하였다.

어머니 한학자 총재의 집권에 밀려 재야로 물러났던 7남 문형진 전세계회장은 2015년 2월 8일 설교에서 반기를 들었다. 한학자가 주도하여 "참아버님께서 돌아가시자마자 미친 듯이 참아버님의 주요 선언과 의식들 그리고 주요 예식들을 겨냥하여 지우고 바꾼" 현재의 통일교는 이제 이단이 되었다고 규정하였다.

> 천일국의 만왕의 왕이신 메시아에 의해 후계자로 책봉된 나 문형진은 위의 내용을 선포한다. 만왕의 왕, 메시아, 참부모님 안에서도 주체되시는 참아버님의 무수한 선포문, 경전, 전통을 바꾸는 파탄적이고 이단적인 배반의 행위에 직간접적으로 동참한 이들을 천일국의 모든 공적 직분에서 해임을 명한다.[109]

한학자 측의 주도로 문선명 사망 3년 추모행사가 2015년 8월 30일 경기도 가평에 위치한 청심평화 월드센터에서 열렸다. 하지만 문선명 사망 1주년 때와 마찬가지로 3남 문현진, 4남 문국진, 7남 문형진은 추모식에 참석하지 못했다.

한학자 측에 의해 삼년상 추도회에도 참석이 배재된 것에 반발하여 문형진 부부와 문국진 부부 측은 2015년 8월 13일 미국 생츄어리처치

---

109 이용규, "통일교 7남 문형진 반기, '내가 후계자, 지금 통일교는 이단'", 「현대종교」 2015년 4월호, 75. 문씨가 직접 이름을 거론하며 면직한 김효율 씨, 김효남 씨, 안효열 씨, 김만호 씨, 양창식 씨, 석준호 씨, 김영휘 씨, 유경석 씨 등은 현 통일교의 주요 공직을 맡은 실력자들이다.

에서 독자적으로 문형진을 천일국 2대왕으로 추대하는 즉위식을 거행하였다. 이 즉위식에는 한학자 측은 배제되었다.[110]

문형진은 2015년 9월 16일 설교를 통해 "한학자 핏줄은 사탄의 핏줄"이라고 선포했다. 요한계시록 17장 1~6절을 본문으로 '바벨론의 미스터리'란 설교를 통해 그의 모친 한학자가 음녀인 이유 네 가지를 제시하였다.

첫째는 "하나님을 모독하는 이름들이 가득하고 일곱 머리와 열 뿔이 있다고 성경말씀에 나오는데 한씨 측에서 새로 제작한 가정연합 심볼을 가까이서 보면 일곱 머리, 열 가지 뿔이 보이는 것"이라고 하였다.

둘째는 문선명 사망 3주기 기념식에서 한씨가 입은 "보라색깔 옷과 빨간 색깔 면류관에다가 온몸에 금과 보석과 진주를 걸고 손에 들고 있는 잔(봉)"을 문제 삼아 "아버님께서도 한 번도 이 잔(봉)을 들고 식구들한테 나타나시지 않았다"며 한씨의 옷을 '거짓된 옷'이라고 비판했다.

셋째로 문씨는 "어머니가 (아버님을) 배신한 다음 바벨론 신들의 문을 열어 모든 음행과 모든 악령들과 악 세계가 올 수밖에 없게 되었고, 선이 악이 돼버린 것"이라며 한씨가 음녀인 이유를 설명했다.

넷째로 한씨의 마음속에 큰 비밀이 있었다고 주장했다.[111] "한학자 핏줄은 사탄의 핏줄입니다. 알겠어요?"라고 하였다.[112]

---

110 조민기, "문국진 문형진 부부 즉위식 거행", 「현대종교」 2015년 11월호, 57이하.
111 조민기, "문형진, '한학자는 사탄의 핏줄'", 「현대종교」 2015년 11월호, 11-13.
112 조민기, "문형진, '한학자는 사탄의 핏줄'", 13. 양 측의 논쟁 내용은 다음과 같다. 한학자 측의 주장: △ 내가(한학자) 있으니까 이 교회는 망하지 않는다 △ 내가 있으니까 이 교회는 성공되고 있다 △ 내가 깨끗한 핏줄이여서 아버지를 살렸다 △ 내가 깨끗한 핏줄이여서 아버지는 음행을 못하게 됐다 △ 내가 독생녀고 하나님이고 메시아라서 아버님은 성공할 수 있었다.
문형진 측의 주장: △ 축복반지에 아버님 이름이 삭제 △ 천성경 80%가 변경 수정 △

교회가 아닌 가정을 중심으로 두고, 가정이 인간 구원의 출발점이라는 '참가정 실천운동'을 펼치며 세계평화통일가정연합을 만들고 평화통일가정당을 창당한 통일교의 문선명 총재의 가정조차 이상적인 축복가정이 아니었다. 아들이 목사가 총재인 참 어머니를 사탄이라 공격하는 파탄난 가정의 실상이 적나라하게 드러난 것이다.

VIII. 문선명 일가의 비리 및 갈등과 통일교의 이단성

문선명(당시 24세)은 1944년 최선길(18세)과 결혼하였으나 1955년 이화여대 학생들과의 혼음 문제로 수감되었을 때 이혼하였다. 그리고 1960년 문선명(40세)은 한학자(17세)와 재혼하였다.

2남 문흥진은 1984년 교통사고로 죽었고, 5남 문영진은 발코니가 무너져 추락해 죽었다고 하나 자살한 것으로 알려졌다. 장남 문효진은 록 밴드를 만들어 상습적으로 흡연, 마약, 음주운전 그리고 사치와 낭비 외에도 문란한 성생활과 외도를 즐기고 가정 폭력을 일삼았다.

1983년 문효진(19세)과 지명 결혼한 홍난숙(15세)은 결혼 후에 외도와 가정 폭력을 견디다 못해 1995년 5명의 자녀와 탈출하여 1997년 이혼 소송하여 승인을 받았다.

홍난숙은 문선명 일가의 각종 비리를 고발한 『문씨 일가의 그늘에서』[113]

천일 국가 변경 △ 가정맹세 변경 △ 성혼문답 변경 △ 유일 신학에서 다신교 신학으로 변경 △ 가짜 헌법위원회에서 원리강론 배제 △ 자신이 하나님이고 메시아라 선포 △ 메시아의 혈통 앞에 타락한 한씨 혈통을 내세우고 참아버님의 보좌를 가로챔 △ 참아버님의 혈통을 축복에서 제거했다.

113 Nan Sook Hong(1998), *In the Shadow of the Moons- My Life in the Reverend Sun Myung Moon's*

(1998)라는 책에서 한학자와 결혼한 후에도 문선명의 바람기로 한학자가 고통당한 기록과 새미라는 사생아가 있었다는 내용이 고스란히 등장한다. 결혼 후에도 성적 문란으로 물의를 일으킨 문효진은 "아버지가 바람을 피웠으니 나도 피운다"고 항변했다. 어머니 한학자는 "아버지는 구세주이고 너는 다르다"고 훈계한 어처구니없는 기록도 있다.114

통일교는 도박도 엄격히 금하고 있지만 문선명과 그 가족이 라스베이거스에서 도박을 즐겼다고 한다.115 메시아요 참부모인 문선명조차 혼외정사와 도박을 즐겼으니 미국 TV방송에 두 번 출연한 홍난숙은 "문선명은 결코 메시아가 될 수 없는 사기꾼"이라고 결론지었으며 문선명의 넷째 딸 문은진도 자신은 "통일교를 믿지 않는다"라 밝혔다.116

베드로후서 2장 1-3절에는 이단 즉 거짓선지자의 특징 세 가지를 들고 있다. 첫째는 "사신 주를 부인한다"라는 것이다. 문선명을 하나님 또는 재림주로 신격화하여 우리의 참된 주이신 성부, 성자, 성령 하나님을 부인하고 있다. 예수는 성령으로 잉태한 것이 아니라 제사장 사가랴와 마리아가 관계를 맺어 탄생하였다고 주장한다.117 심지어 예수는 문선명의 아들 문흥진의 동생이라고 주장한다.

둘째는 "호색하는 것을 좇는다"라는 것이다. 문선명의 피가름과 혈대교환 등의 교리로 한 때 혼음을 자행하여 물의를 일으켜 여러 차례 투옥

Family, Little Brown and Company. 1998. 이 책의 내용은 이대복의 『통일교의 원리 비판과 문선명의 정체』(서울: 큰샘출판사, 1999), 174-396에 번역 게재 되어 있다.

114 이대복, "홍난숙 탈출기", 『통일교의 원리비판과 문선명의 정체』(서울: 큰샘출판사, 1999), 357-358.

115 이대복, "홍난숙 탈출기", 235-236.

116 조성식, "대해부 통일교 왕국", 101-103.

117 박준철, 『빼앗긴 30년 잃어버린 30년』, 51.

되기도 하였다.

박준철은 1960년 문선명(40세)이 현재의 아내 한학자(17세)와 결혼한 이후에도 최순화라는 처녀 사이에 사생아를 낳았고 미국에서도 새미라는 사생아를 낳았다고 하였다.[118]

이대복은 유신희 등 여섯 마리아와 성관계를 맺은 "문선명은 섹스 교주"라고 폭로하였다.[119] 통일교는 여전히 결혼 후 삼일 동안의 여성 상위와 남성 상위 성교 자세를 번갈아 행하는 삼일행사와 생식기 주인 찾기 등의 성적인 모티브를 교리화하고 있다.

셋째는 "탐심으로써 지어 낸 말을 가지고 너희로 이득을 삼는다"라는 것이다. 무엇보다도 축복가족 탕감성금(가족당 1,200만 원)과 조상해원식 비용(7대까지 70만 원) 외에도 전 재산을 헌납하도록 하는 소유권 환원식과 10의 3조의 헌금을 통해 지어낸 말로 이득에 집착하고 있다.

이러한 헌금으로 통일교 각종 제품판매와 사업을 통해 영리를 꾀한다.[120] 최근 에버랜드의 7배에 달하는 부지에 2015년까지 1조 5천억 원을 투자하여 여수 해양관광복합단지를 조성하는 등 대형 프로젝트를 수행해서 막대한 부를 창출하고 있다.[121] 통일교는 다른 이단들처럼 돈 버는 무수한 사업에만 투자하고 돈 드는 고아원과 양로원 같은 구제와 복지 사업에는 전혀 관심이 없다는 특징을 지닌다. 종교의 탈을 쓴 영리집단인 것이다.

---

118 박준철, 『빼앗긴 30년 잃어버린 30년』, 203.
119 이대복, "홍난숙 탈출기", 115-133.
120 이대복, "홍난숙 탈출기", 34-150. 통일교의 재산 축적 방법과 사업체에 관한 자료 참고할 것.
121 조성식, "대해부 통일교 왕국", 112.

넷째로 통일교의 창시자인 문선명은 평생 여섯 번 옥고를 치렀다. 공산치하인 북한에서 두 번, 일본에서 두 번 그리고 한국과 미국에서 각각 한 번이었다. 북한에서는 1948년 사회질서문란죄로 5년형을 선고받아 2년 8개월간 홍남감옥에 갇혔고, 한국에서는 사회혼란죄 등으로 3개월간 구금된 적이 있다.

1973년 미국에 진출한 후에는 탈세혐의로 여섯 차례 구속되었다. 결국 3년간 160만 달러의 은행예금에 대한 12만 2천 달러의 이자 탈세 및 7만 달러 상당 탈세 등으로 1984년 7월 16일부터 18개월 동안 미 댄버리 교도소에 수감되었다.[122] 통일교 측에서는 1981년 이자소득 1천 달러 미신고로 박해받은 것으로 주장한다. 정통적인 교회에서는 목사가 형법에 의해 실형을 받으면 무조건 목사직이 박탈된다.

마지막으로 통일교 교리에 따르면 최초의 혈통전환을 이룬 참부모 문선명과 한학자 사이에 태어난 참자녀들은 원죄, 혈통죄, 연대죄, 자범죄도 없는 축복의 자녀들이라 할 수 있다. 이들 '참자녀들'이 자살과 이혼 등 온갖 범죄를 다 짓는 것을 볼 때 통일교의 교리가 허구임이 만천하에 증명된 것이다.

더군다나 참 아버지 문선명 사후에는 참 어머니 한학자와 참 자녀들 사이에 주도권 싸움이 일어나 참 가정은 풍비박산이 났다. 심지어 아들들은 참 어머니인 모친을 사탄이라고 칭하는 지경에 이르게 되었다. 2015년 4월 12일 설교에서는 다음과 같이 말했다.

나는 어머님과 이야기를 하고 있었다. 어머님은 나에게 "나를 누구라고 생

---

122 이대복, "홍난숙 탈출기", 261, 264

각하느냐"라고 물었다. 나는 "당신은 승리하신 참 어머님, 재림주의 아내, 지상에서 가장 소중한 인간입니다"라고 말했다. 어머님께서는 이렇게 대답했다. "아니다, 나는 하나님이다." 나는 너무 놀라 "어머님, 그것은 다릅니다. 어머님은 하나님이 아닙니다. 만약 어머님께서 그런 것을 말하시면 부정될 것입니다"라고 말씀드렸다. 이것은 완전히 사탄의 주관을 받고 있는 것이다. '내가 하나님처럼 된다'는 것은 영적 타락과 같다.[123]

통일교의 후계자로 지목된 문형진은 문선명 사후 한학자에 대한 신격화를 "영적 타락"으로 규정하고 모친이 "완전히 사탄의 주관을 받고 있다"라고 하였다.

이러한 통일교 집단에 대해서 1970년 12월 15일 예장 통합 총회에서는 통일교를 '사이비종교'로 규정하고 다음과 같이 공표하였다.

항간에 물의를 일으키고 있는 통일교에 관하여 우리 총회로서는 기왕에 사이비종교로 규정한 바 있사오며 아직도 그 교의설명이 우리 교단에서 해석하는 전통적인 신학사상과는 극단적으로 다르게 나타나고 있음을 발견하게 되므로 전국교회는 현혹됨이 없이 주 안에서 지금까지 배우고 깊이 믿은 일에 거하며 육신이 된 영원하신 말씀, 삼위일체 하나님께 영광을 돌리시길 바랍니다.[124]

---

123 이용규, "통일교 문형진, '어머니 한학자는 사탄의 주관을 받고 있다'", 「현대종교」 2015년 6월호, 50.
124 대한예수교장로회총회 외 편, 『종합 이단·사이비연구보고집』(서울: 한국장로교출판사, 2011), 48-49.

이어서 1975년 5월 17일에도 '성명서'를 통해 통일교의 교리, 신앙생활, 사회활동, 정치성 등의 문제를 제기하고 다음과 같이 규정하였다.

통일교는 기독교가 아니다. 통일교는 기독교의 성서를 아전인수격으로 인용하여 마치 세계를 통일할 수 있는 원리를 소유하고 있는 양 착각하고 있으며, 문선명을 재림주로 우상화하는 시대적 광열주의(狂熱主義) 집단으로 본다. … 모든 교인과 양식 있는 국민 대중은 통일교에 현혹되지 말 것이며, 교회 지도자는 이들과 관계하지 말 것이며, 교인들을 바른길로 인도할 의무를 가지고 있음을 자각할 것이다.[125]

미국교회협의회의 '신앙과 직제 위원회' 역시 1977년 6월 "원리강론에 나타난 통일교 교리 비판"이라는 11쪽의 문서에서 "통일교는 기독교가 아니다"라고 결론지었다.

A. 통일교는 기독교가 아니다.
　1. 통일교의 삼위일체 교리는 잘못되었다.
　2. 통일교는 기독교의 가르침과 신앙에 위배된다.
　3. 구원과 은혜의 수단에 관한 통일교의 가르침은 부당하고 오류이다.

B. 통일교가 기독교의 정체성(identity)을 지녔다는 주장은 확인할 수 없다.
　1. 성경의 역할과 권위를 통일교의 가르침과 혼합하였다.
　2. 기독교 신앙의 기본 요소와 전혀 다른 『원리강론』을 계시로 여긴다.

125 대한예수교장로회총회 외 편, 『종합 이단·사이비연구보고집』, 51.

3. 통일교가 기독교를 비롯한 모든 기존의 알려진 종교의 가르침을 보완하고 완성한 '새롭고 궁극적이고 최종적인 진리'라고 한다.[126]

■ 문선명 통일교 집단의 이단성에 대한 교단별 결정[127]

교단	년도 / 회기	결정 내용
예장 통합	1971 / 56	사이비종교(전통적 신학사상과 극단적으로 다름)
	1975 / 60	불인정 집단(가입금지. 관련신문 잡지 투고 금지)
	1976 / 61	엄하게 처리(교단화합 교회 사명에 장래)
	1979 / 64	기독교 아님
	1988 / 73	불매운동(문선명 집단 관련 제품 조사 불매 운동)
	1989 / 74	통일교 관련자 철저 조사 색출 치리
예장 대신	2008 / 93	이단
예장 고신	2009 / 59	이단
기감	2014 / 31	이단
기성, 기장 합신, 합동		사이비, 반기독교(성경관 , 교회관, 기독론, 부활론 등)

---

126 "A CRITIQUE OF THE THEOLOGY OF THE UNIFICATION CHURCH AS SET FORTH IN 'DIVINE PRINCIPLE'"(June, 1977).
127 "한국교회 교단 결의 내용", 「현대종교」(www.hdjongkyo.co.kr).

제6장

[
안상홍·장길자의
'하나님의교회'
집단의 교리
]

I. 하나님의교회(세계복음선교협회)의 연혁*

하나님의교회(세계복음선교협회)[1]를 세운 안상홍은 1918년 1월 13일 전북 장수군 개남면에서 출생했다.[2] 1937년에 일본에 건너갔다가 1946년 10월에 귀국하였다. 1947년 7월에 제칠일 안식일예수재림교회에 입교하고 1948년 12월 16일 인천 낙섬에서 이명덕 목사에게 세례를 받았다고 한다.[3]

1953년부터 계시를 받기 시작했다고 하는 안상홍은 1956년에 "10년 안에 예수 재림이 있을 것"이라는 안식교 목사의 설교에 반박하는 간증문을 통해 초대교회의 진리가 자신을 통해서 회복될 것임을 지시받았다고 주장하였다.[4]

1962년 3월 17일 안식교에서 출교당한 후 그를 추종하는 23명의 소위 '시기파' 신자들과 함께 안식교를 탈퇴하고 1964년 4월 28일 '여호와의 전의 산들의 꼭대기'(미가 4장 1-2절)라는 부산에서 '하나님의교회예수증인회'를 창립하고 교회를 설립해 나갔다.[5]

---

* 이 글은 「신학과 문화」 20(2011), 89-118쪽에 발표한 논문을 보완, 재정리한 것임.

1 하나님의교회 공식 홈페이지(www.watv.org)에는 하나님의교회에 대해 "2000년 전 언약의 피로 세우신 하나님의교회, 새 예루살렘 어머니 하나님을 믿는 하나님의교회, 예루살렘 어머니의 사랑을 실천하는 하나님의교회, 엘로힘 하나님의 영광을 전하는 하나님의교회"라고 한다.

2 "'하나님의교회'사(史)", www.watv.org. 묘비에는 12월 1일생으로 되어 있다.

3 하나님의교회 교육부 편, 『확실한 증거』 (안양: 멜기세덱출판사, 2008), 128.

4 현대종교 편집부, 『신천지와 하나님의교회의 정체』 (서울: 국종출판사, 2007), 90-93. 자세한 연혁 참고할 것.

5 안상홍, 『새 언약의 복음』 (안양: 멜기세덱 출판사, 2009), 19. "말일에 여호와의 전의 산이 산들의 꼭대기에 굳게 서며"라는 말씀으로 시작되는 "미가 4장 1-2절의 예언은 유대나라 예루살렘을 중심한 대륙의 동방 끝인 한국 남단 부산에서부터 세워질 것을 두고 예언한 것이다"고 하였다.

1981년 안상홍은 장길자를 하나님의 신부로 택하고 신도들에게 "어머니 하나님"으로 칭송하게 하였다. 안상홍은 37년간 사역을 하다가 1985년 2월 25일 67세의 나이로 죽었다고 한다.[6] 하나님의교회 홈페이지의 교회 연혁에는 안상홍이 '1985년 2월 승천'[7]하였다고 명시하고 있다. 그러나 부산 석계공원묘지에 있는 안상홍의 묘비에는 '선지 엘리야 안상홍의 묘'라고 쓰여 있다.[8]

안상홍 사후 1985년 3월 22일 본부를 부산에서 서울 관악구 봉천동으로 옮겼다. 6월 2일에는 임시총회를 열어 교회 명칭을 '하나님의교회 안상홍 증인회'로 개칭하고, 안상홍의 이름으로 기도하도록 하였으며 안상홍의 아내였던 장길자 전도사(1943년 10월 29일생)를 하나님의 신부로 공포하였다.[9] 안상홍의 아내 장길자의 호칭 문제를 논의한 끝에 "영모라는 호칭에 있어 전도관 박태선의 호칭과 같으므로 어머니라고 하자"는 것을 공식 결의했다.[10] 이후부터 장길자를 신격화하여 어린양의 신부, 하늘에서 내려온 새 예루살렘, 위에 있는 어머니 등으로 주장한다.[11]

---

6 이대복, 『이단연구 IV』 (서울: 큰샘출판사, 2005), 151-152; "'장길자 이혼녀가… 여자 하나님?'… 모욕 '무죄'", 「교회와신앙」 2015년 11월 20일. 경찰과 검찰은 "안상홍은 국수를 먹은 후 지병인 뇌출혈이 발병해 병원으로 이송됐다가 사망했는데도, 라면을 먹다가 죽었다고 말한 것은 허위사실 적시에 의한 명예훼손"이라고 공소장에 적시했으나 대법에서 무죄로 확정하였다.

7 "교회 연혁", http://welcome.watv.org/history/history02.html.

8 안상홍, 『천사세계에서 온 손님들』 (안양: 멜기세덱출판사, 2007), 134. "성경은 죽음은 영혼의 멸절을 의미하는 것이 아니라 영혼과 육신의 분리를 가르친다"고 한다. 따라서 사람은 죽어도 영혼은 살아 있다는 것이다.

9 김진수, "하나님의교회는 안상홍 증인회냐? 장길자 증인회냐?" 「현대종교」 2000년 4월호, 112.

10 윤지숙, "재림 그리스도 안상홍, 새 언약 지켜야 구원(?)", 「현대종교」 2007년 2월호, 52.

안상홍 사후에는 장길자가 실제적으로 교주로 활동하며 하나님의교회 '세계복음선교협회'(총회장 김주철)를 이끌고 있다.[12] 하나님의교회 홈페이지에는 '어머니 교훈'이 실려 있다. 어머니의 사랑의 실천을 강조하기 위해 광범위한 봉사 활동을 벌이고 있으며 이를 소개하는 "언론이 본 어머니 하나님"과 "어머니 하나님께 오라"라는 동영상도 올려놓고 있다.[13]

1985년 안상홍이 세상을 떠날 때까지만 해도 소속 교회 10여 개로 미미하던 교세는 당시 약관 20대로 총회장을 맡은 김주철 목사가 공격적인 선교에 나서면서 비약적인 성장을 거듭했다.

하나님의교회 세계복음선교회 사이트(www.watv.org)에는 엘로힘 하나님, 하늘 어머니, 재림 그리스도 , 기본 진리(안식일, 영혼, 침례, 머리수건), 3차 7개 절기에 대한 교리 내용과 안상홍의 저서 8권[14]을 '진리의 책자'로 소개하고 있다. 그리고 안상홍의 육성 설교, 어머니의 교훈 그리고 하나님의교회가 받은 각종 봉사상 수상 내역이 실려 있다. 유튜브 (www.youtube.com) 검색창에 '안상홍'을 입력하면 하나님의교회의 교리와 활동을 홍보하는 약 5,800개의 검색 결과(2016년 2월 현재)를 확인할 수 있다.

2002년 부산아시안게임과 아·태장애인경기대회에 연인원 38,000명, 2003년 대구 유니버시아드대회에 연인원 87,000명이 각각 서포터

---

11 대한예수교장로회 총회, "안상홍 증인회(하나님의교회) 연구보고서"(2002).

12 현대종교편집국 편, 『이단바로알기』(서울: 월간 현대종교, 2011), 101.

13 http://www.watv.org.

14 『하나님의 비밀과 생명수의 샘』, 『천사 세계에서 온 손님들』, 『최후의 재앙과 하나님의 인』, 『모세의 율법과 그리스도의 율법』, 『선악과 복음』, 『성부성자성령 성삼위의일체 해석』, 『내 양은 내 음성을 듣나니』.

스 활동에 참가, 대통령 표창과 훈장을 받기도 했다.[15]그리고 옥천 고앤컴연수원, 엘로힘연수원, 전의산연수원을 통해 성경세미나를 운영하고 있으며 국제성경세미나를 통해 해외 포교에 힘쓰고 있다.[16]

하나님의교회 측은 2014년 현재 등록 교인이 약 200만 명에 달하고, 국내 지교회가 400여 개 있다고 한다. 그러나 하나님의교회 탈퇴자와 피해자 가족들로 구성된 '하나님의교회 피해자 가족모임(하피모)'은 지교회가 약 200여 개에 불과하다고 주장한다. 그리고 주소록이 확인된 하나님의교회 건물 207곳 중 35곳이 일반 교회가 사용했던 것을 매입한 것으로 나타났다.[17]

II. 성령시대의 하나님의 새 이름 안상홍

하나님의 교회 정관 1장 4조(安商洪님)에는 안상홍이 성령 하나님이며, 예언에 따라 오신 재림 그리스도이며, 이 시대의 구원자로서, 지상의 마지막 교회인 하나님의교회를 설립하신 후 (하늘로) 올리우신 승천한 자로 규정하고 있다.

1) 안상홍님은 성령시대 인류를 구원하기 위해 이 땅에 오신 성령하나님이시다.

---

15 김종락, "하나님의교회, 역사관 공개", 「문화일보」 2007.2.15.
16 http://seminar.watv.org/kr/index.asp.
17 박요셉, "이단 하나님의교회, 2010년 이후 교회 건물 적극 매입", 「뉴스앤조이」 2014.12.25.

2) 안상홍님은 다윗의 예언으로 이 땅에 오신 재림 그리스도이시다.

3) 안상홍님은 멜기세덱의 반차로 이 땅에 오신 재림 그리스도이다.

4) 안상홍님은 예언에 따라 오셨고 예언에 따라 진리로 이끄셨고, 예언에 따라 올리우셨다.

5) 안상홍님은 예언에 따라 지상의 마지막 교회인 하나님의교회를 설립하셨다.18

1) 하나님의교회의 정관 전문에는 "이 마지막 시대인 성령의 시대에는 성경의 증거대로 새 이름으로 이 땅에 오신 성령 하나님 안상홍(安商洪님)의 이름과 성령 하나님의 신부되시는 어머니 하나님(張吉子님)을 믿음으로 구원을 받는다는 진리를 믿는다"19고 되어 있다.

여기서 말하는 '새 이름'과 관련된 성경이 요한계시록에 두 번 기록되어 있다. 박해를 받고 있던 버가모 교회에 대해서 성령께서 "이기는 그에게 … 흰 돌을 줄 터인데 그 돌 위에 새 이름을 기록한 것이 있나니 받는 자 밖에는 그 이름을 알 사람이 없느니라"(계 2:17)고 하였다. 빌라델비아 교인들에게는 성령께서 "이기는 자가 성전 기둥이 되고 거기 나의 새 이름을 그 위에 기록하리라"(계 3:12)고 하였다. 이 두 구절의 '새 이름'에 근거하여 한 분 하나님이 각 시대마다 여호와, 예수, 성령의 새 이름으로 나타나신다는 소위 '새 이름 교리'가 등장한 것이다.

하나님께서 아버지(聖父)로 섭리하셨을 때의 이름은 여호와였습니다. 하

---

18 "안상홍 하나님을 위한 사회 봉사", 「현대종교」 2007년 7·8월호, 157-158.

19 권의석, "하나님의교회 안상홍집단에 대한 실천적 대응 방안", 총신대학교 신학대학원 석사학위논문, 2008, 24.

나님께서 아들(聖子)로 역사하셨을 때의 이름은 예수였습니다. 그러면 성령(性靈)님의 이름으로 나타나실 때는 이름이 무엇이겠습니까?[20]

이에 대해 구약시대의 하나님의 이름은 '여호와'이고, 신약시대의 하나님의 이름은 '예수'이지만, 지금 성령시대의 '하나님의 새 이름'이 바로 '안상홍'이다. "이 시대는 성령시대로, 성령시대의 구원자는 성령 하나님이신 안상홍님과 성령의 신부이신 예루살렘의 어머니"라고 한다.[21]

이러한 교주 부부의 신격화에 대한 비판을 의식한 듯이 "육체 옷을 입으시고 오신 하나님을 세상이 알지 못합니다. 비방하는 자"들이 있지만,[22] "세상 사람들은 믿지 못하여 걸리고 넘어질지라도 시온의 자녀들만큼은 우리의 구원을 위하여 애틋한 사연을 안고 이 땅까지 오신 하늘 아버지 어머니를 올바르게 깨닫고 영접해야 한다"고 가르친다.[23]

"한 분이신 하나님께서 성부, 성자, 성령 세 시대에 각각 다른 이름으로 구원섭리를 이루시기 위하여 나타나신다"[24]는 삼시대론을 근거로 성령시대의 하나님의 새 이름이 안상홍이므로 "이제 모든 사람은 안상홍의 이름으로 침례를 받고 죄사함을 얻으라"[25]고 주장한다. 성령시대의 신자들은 여호와의 증인이나 예수의 증인이 되어서는 안 되며 안상홍의 증인이 되어야 한다는 의미에서 '안상홍 증인회'라는 교단이름이 유래한 것이다.

---

20 김주철, 『내 양은 내 음성을 듣나니』(안양: 멜기세덱 출판사, 1990), 151.
21 김주철, 『아버지 하나님, 어머니 하나님』(안양: 멜기세덱 출판사, 2008), 49.
22 김주철, 『아버지 하나님, 어머니 하나님』, 81.
23 김주철, 『아버지 하나님, 어머니 하나님』, 57.
24 김주철, 『내 양은 내 음성을 듣나니』, 151.
25 탁지일, 『사료 한국신흥종교』(서울: 도서출판 현대종교, 2009), 492.

2) 같은 이치로 구약시대에는 하나님께 기도하고 신약시대에는 예수 그리스도의 이름으로 기도하였지만, 지금은 성령시대이므로 성령 하나님인 아버지 안상홍의 이름으로 기도해야 한다고 가르친다.[26] "우리의 원하는 기도"는 『새 노래』 2장에 실려 있는데 예배가 끝날 때마다 이 기도문을 한다.

> 하늘에 계신 아버지 안상홍님, 아버지께서 강림하실 날은 임박하였사오나 우리들은 아무 준비가 없사오니, 아버지여! 우리들을 불쌍히 여기시고 아버지의 성령으로 말미암아 우리를 거듭나게 하사, 아버지의 강림하실 날에 부족함이 없이 영접하게 하여 주옵소서. 아버지 안상홍님 이름으로 간구하옵나이다. 아멘.[27]

성부시대와 성자시대와 성령시대는 전화의 지역번호가 각기 다르듯이 통화방식이 다르기 때문에 안상홍 이름으로 기도해야 하나님께 통한다는 내용을 만화로 만들어 가르치고 있다.

뿐만 아니라 성부시대와 성자시대와 달리 성령시대는 안상홍 하나님을 찬양해야 한다는 것이다. 하나님의교회가 별도로 제작한 찬송가인 『새노래』 212개 곡 중 '어머니'로 시작된 제목의 노래가 27곡이나 되며, '안상홍 아버지'로 된 제목의 노래도 14곡이나 된다.[28] 특히 25장에는 안상홍과 장길자를 천지만물을 창조하신 전지전능한 하나님이라고 노

---

26 "재림 그리스도 안상홍, 새 언약 지켜야 구원(?)", 「현대종교」 2007년 2월호, 50.
27 탁지일, 『사료 한국신흥종교』, 495. 안증회에서 사용하는 찬송가인 『새노래』 2장은 "우리의 원하는 기도"를 가사로 곡을 붙인 것이다.
28 김주철, 『새노래집』 (안상홍 증인회하나님의교회새노래편집위원회: 서울, 2000).

래한다.

찬양하세 안상홍님 어머니를 찬양하세 / 세세무궁 안상홍님 어머니를 찬송
하세 /하늘의 온갖 별과 해와 달과 천지만물 /모든 것을 창조하신 안상홍님
어머닐세
그 옛적 깊고 넓은 홍해 바다 가르시고 / 시내산에 강림하사 모세에게 계명
주신 / 전지전능 하나님 안상홍님 어머닐세 / 세세무궁 찬양하세 세세무궁
찬양하세[29]

29 김주철, 『새 노래집』(안양: 안상홍 증인회새노래편집위원회, 2000); 장관섭 편, 『이단들
   의 최근동향 I』(서울: 도서출판 리폼드, 2004), 166-167.

또한 401장에는 한국교회가 즐겨 부르는 "주 하나님 지으신 모든 세계"라는 찬송가를 "안상홍님 지으신 모든 세계"로 개사하였다.

마지막으로 성부시대에는 여호와로 인하여 핍박을 받았고 성자시대는 예수로 인하여 핍박을 받았다면, 성령시대에는 안상홍을 위해 핍박받을 수밖에 없다고 한다.

다음의 표에서 보듯이 하나님의교회의 새 이름 교리에 따르면 성령시대의 구원자는 안상홍이므로 성령시대에는 안상홍의 증인이 되어야 하며, 안상홍의 이름으로 기도하고, 안상홍을 찬양하고, 안상홍 때문에 핍박받는다고 가르치는 것이다. 물론 요한계시록에 '나의 새 이름'이라는 표현이 나오지만 그 새 이름이 안상홍이라는 어떤 결정적인 증거가 있는 것은 아니다. 이 새 이름 교리를 신천지 이만희가 사용할 때는 재림예수의 새 이름이 이만희가 되기 때문이다.

■ 하나님의교회 교육 자료

시대별 항목	성부시대	성자시대	성령시대
구 원 자	여호와 (사 43:11)	예 수 (행 4:11)	새 이름 (계 3:12, 계 2:17, 벧전 2:4)
증 인	여호와 (사 43:10)	예 수 (행 1:6)	새 이름
기 도	여호와 (시 116:4)	예 수 (요 16:24)	새 이름
구 원	여호와 (욜 2:31)	예 수 (롬 10:9)	새 이름
찬 송	여호와 (시 113:2)	예 수 (히 2:12)	새 이름
핍 박	여호와 (렘 20:9)	예 수 (마 10:22)	새 이름

3) 안상홍 증인회에 빠진 어느 자매에게 안상홍이 왜 하나님이냐고 물었다. 대답이 이랬다고 한다. "대한민국이 월드컵 4강에 올라간 것을 보면 알 수 있다. 이 월드컵 당시 골을 넣은 선수가 안정환(안), 유상철 (상), 홍명보(홍)이다. 이 말을 듣고 전 성도들이 눈물을 흘렸다"고 한 다.[30] 이처럼 2002년 월드컵 경기를 통해 안상홍 하나님의 섭리가 전 세계에 알려졌다는 것이다. 이는 '미역 먹으면 미끄러진다'는 식의 주술 적 해석이다. 루터와 칼빈은 성서를 이처럼 제멋대로 알레고리, 즉 어리 석은 우의(愚意)로 해석하는 사람들은 "속임수를 쓰는 성직의 사기꾼" 이라 하였다.[31]

4) 안상홍이 하나님의 새 이름인 것이 성경에 기록되었다고 주장한 다. "내가 하늘에서 나는 소리를 들으니 많은 물소리와도 같고 큰 우렛소 리와도 같은데 내가 들은 소리는 거문고 타는 자들이 그 거문고를 타는 것 같더라"(계 14:2)는 구절에서 '많은 물소리'는 큰 물 '홍(洪)'을 말하고 '거문고 타는 것'은 거문고 소리 '상(商)'을 뜻이다. 여기에 안식일을 지키 라고 한 것에서 '안'을 붙이면 안상홍이 된다는 설명이다.[32]

그러나 요한계시록 본문에서는 '물 소리'(洪), '우뢰 소리'(雷), '거문 고 소리'(商) 순서로 나온다. 둘째의 '우뢰 소리'를 포함하여 순서대로 본문 전체를 풀이하면 '상홍'이 아니라, '홍뢰상'이 되어야 할 것이다. 자의적인 억지 해석이 아닐 수 없다.

5) 안상홍이 하나님인 또 다른 이유는, 그가 마지막 날에 육체로 오시

---

30 "미주교계, 신천지 · 안상홍 주목해야", 「크리스찬투데이」 2008. 10. 30.

31 허호익, 『신앙, 성서, 교회를 위한 기독교신학』 (서울: 동연, 2009), 248-252.

32 "진용식 목사 '이단 대책 세미나' 강연…박옥수 · 레마 · 안식교 등도 심각", 「크리스찬투데 이」 2008. 10. 30.

는 하나님을 뜻하는 엘리야이기 때문이라고 한다. "여호와께서 자기 비밀을 그 종 선지자에게 보이지 아니하시고 결코 행하심이 없으시며"(암 3:7), "그 종 선지자는 바로 크고 두려운 날이 이르기 전에 보내"(말 4:5)겠다고 했는데 그 선지자가 바로 엘리야라는 것이다.33

그런고로 '엘리'는 하나님이요 '야'는 히브리 원어에 '야훼' 즉, 여호와이므로 이는 '육체로 오시는 하나님'을 표상하는 뜻이다. 그 당시의 엘리야는 이스라엘 나라 요단강 동편에 살고 있던 사람이다. 마지막 엘리야도 동방에서 나타날 것을 보이신 것이다. 엘리야는 역사상 아비도 없고 어미도 없고 족보도 없고 시작한 날도 없고 생명의 끝도 없어 승천하여 옛날 멜기세덱과 같은 분이요, 하나님의 아들과 방불하다.34

이 마지막 엘리야가 곧 아버지 하나님인 안상홍을 지칭한다. 그렇다면 동방에 태어난 사람이 안상홍 혼자란 말인가? 한국의 이단의 교주들은 대개 동방을 한국으로 해석하여 자신을 동방의 의인, 동방의 독수리 하고 하지만 구약성서의 동방이 한국을 가리키는 것이 아니다. 예루살렘을 기준으로 하여 동쪽 지역은 모두 동방이기 때문이다.35

6) 안상홍은 하나님은 전지전능하고 무소부재하다고 한다. "우리가

---

33 안상홍, 『하나님의 비밀과 생명수의 힘』, 서문 참조: "그 종 선지자는 바로 크고 두려운 날이 이르기 전에 보내시겠다는 엘리야(말 4:5)라고 한다. 그런데 초림 예수는 '오리라 한 엘리야가 이 사람' 세례 요한이라 하였다(마 11:14)는 것이다. 세례요한을 보내어 엘리야의 사명으로 예수 초림의 길을 예비한 것 같이 마지막 때에도 엘리야를 보내어 진리로 인하여 굶주리고 허덕이는 백성에게 생명수 샘으로 인도하여 오시는 예수 재림의 길을 예비하게 한다고 주장한다.

34 "엘리야 이름에 대하여" ww.ncpcog.com/m_index.

35 진용식, 『안상홍 증인회의 실체는』 (서울: 성산, 2008), 47-54.

특별히 알아야 할 것은 하나님은 영으로만 계시는 것이 아니라, 육체로도 계시며 길가의 행인으로도 나타나신다."[36] 하나님은 육체로 오실 수 있으므로 "시온성에 계시는 육체의 하나님"께서 "절기를 지키는 시온성으로 오는 자들에게 생명의 진리로 가르쳐 주실 것"[37]이라고 가르친다. 그런데 "육체의 옷을 입고 이 땅에 오시는 하나님을 세상은 알지 못하기" 때문에 "비방하는 자들이 계속 비방할 거리만 눈에 보이지만", 이것은 "엘로힘 하나님께서 펼치시는 구원의 은혜와 모략"[38]이라고 변호한다.

마지막 엘리야라는 안상홍은 1985년 2월 25일 67세를 일기로 죽었다. 부산 석계공원묘지에 있는 안상홍의 묘비에는 "고 선지자 엘리야 안상홍의 묘"라 적혀 있다. 그러나 하나님의교회는 육신으로 오신 "그 엘리야(하나님 여호와)는 최후 심판주로서 변형되는 동시에 14만 4천 명 산 성도들도 천사로 변형되어 승천하게 될 것이다"[39]고 하였다. 하나님의교회 홈페이지의 연혁에는 안상홍이 '1985년 2월 승천'[40]하였다고 명시하고 있다. 안상홍의 육신이 천사로 변형되어 승천해야 할 터인데, 안상홍의 육신이 묘에 그대로 안장되어 있다는 사실은 이만저만 모순이 아닐 수 없다.

36 안상홍, 『하나님의 비밀과 생명수의 샘』 (안양: 멜기세덱 출판사, 1996), 99.
37 안상홍, 『하나님의 비밀과 생명수의 샘』, 160-162.
38 김주철, 『하나님 아버지, 하나님 어머니』, 56-57.
39 안상홍, 『하나님의 비밀과 생명수의 힘』, 261.
40 "교회 연혁", http://welcome.watv.org/history/history02.html.

III. 다윗의 예언으로 오신 재림 예수 안상홍

안상홍이 "다윗의 예언으로 이 땅에 오신 재림 그리스도"인 이유는 성경에 나오는 '구름'이라는 단어가 '육신을 가진 인간'을 뜻하기 때문이라고 한다.[41] 인자(재림 예수)는 구름을 타고 오거나(눅 21:27) 백마를 타고 온다(계 19:11)고 했는데 여기서 구름과 백마는 육체를 가르킨다고 해석한다.

1) 초림 때나 재림 때나 여호와 곧 예수께서 오실 때에는 영광의 빛을 구름(육체)으로 가렸기 때문에 세상에 계셔도 알아보기 어렵다. 암행(暗行)으로 오셔서 세상을 심판하여야 하기 때문에 신학박사라도 그를 알아보지 못할 것이라고 한다.[42] 그러나 성경에 나오는 구름이 모두 인간의 육체를 뜻하는 것이 아니다. 구름이 하나님의 영광(출 16:10, 겔 10:4)이나, 인간의 죄와 허물(사 44:22)이나, 환란과 고난(사 5:30, 습 1:15)을 뜻하기도 하기 때문이다.[43]

심지어 "예수 그리스도께서 육체로 오심을 부인하는 자라. 이런 자가 미혹하는 자요 적그리스도"(요이 1:7)라는 말씀을 인용하면서 안상홍 재림 예수가 육체로 온 것을 부인하는 자는 적그리스도라고 주장한다. 그러나 요한일서의 내용은 당시 영지주의자들이 예수가 육신으로 이 땅에 오신 것이 아니라, 육신을 빌려 입고 나타난 가현적 존재라고 주장하였기 때문에 이 가현설을 반대하기 위해 예수가 육신으로 온 것을

---

41 안상홍, 『하나님의 비밀과 생명수의 샘』, 190.
42 안상홍, 『하나님의 비밀과 생명수의 샘』, 201.
43 예장합동총회, "안상홍 증인회 하나님의교회에 대한 연구 보고", 『현대종교』 2008년 11월 호, 28.

부인하는 영지주의자는 적그리스도라고 규정한 것이다.[44]

2) 이스라엘이 독립한 1948년 안상홍이 침례를 받은 것은 마태복음 24장 32-33절의 예언의 성취라고 주장한다. 1948년 이스라엘의 독립은 "무화과의 잎사귀를 내는 것"이고 이 해에 안상홍이 침례를 받은 것은 '인자가 문 앞에 이른 것'으로 해석한다. 1948년에 침례 받은 것으로 인자라고 우기는 것인데, 1948년 한 해 동안에 전 세계에서 침례를 받은 사람이 안상홍 하나뿐일까? 한심한 논리이다.

3) 안상홍이 재림 예수인 또 다른 이유는, 그가 예수가 못다 채운 다윗의 재위기간을 채웠기 때문이라고 한다. "내 종 다윗이 영원히 왕이 되리라"(겔 37:25) 했는데, 다윗이 30세에 위에 나가서 40년을 다스렸고(삼하 5:4) 예수는 30년 쯤(눅 3:23)에 세례를 받고 육신사업을 3년으로 끝냈다. 그런데 다윗이 30세에 위에 나서고 예수도 가르침을 시작할 때 삼십 세쯤 된 것은 "분명히 다윗의 위에 대한 예언을 이루기 위한 것"이라고 해석한다.[45] 그러나 다윗의 재위 기간이 40년인데 예수는 공생애가 3년밖에 되지 않으므로, 다윗의 위에 대한 예언이 성취되려면 재림 예수가 와서 나머지 37년의 기간을 채워야 한다는 것이다.[46]

나머지 37년을 어떻게 처리해야 할 것인가? 이 37년을 암행어사로 나타나셔서 37년의 복음 사업을 하게 됨으로 40년의 예언이 성취될 것이다. 다윗 왕의 40년 역사는 예언이 되어 예수께서도 역시 육체로 오셔서 40년을

---

44 허호익, "영지주의의 기독교 왜곡과 사도신경의 형성", 『신앙, 성서, 교회를 위한 기독교신학』 (서울: 동연, 2009), 385-389.

45 엘로힘 아카데미 편, 『모세의 지팡이』 (출판지, 출판사, 출판년도 미상), 22.

46 김주철, 『내 양은 내 음성을 듣나니』, 116.

채우셔야 완전한 예언이 성취된다."47

하나님의교회 세계복음선교협회 홈페이지의 교회연혁을 보면 안상
홍님 침례(1948), 하나님의교회 설립(1964), 안상홍님 승천(1985.2)으
로 기록이 되어 있다.

다윗으로 다시 오신 그리스도 안상홍님께서는 성경의 모든 예언에 따라
1948년 30세에 침례를 받으시고 37년간 복음사업을 펼치신 후 1985년
되던 해 37년의 사역을 완성시키시고 승천하셨습니다.48

1948년 침례를 받고 1985년 죽은 안상홍이 그 37년의 사역을 채웠
다는 것이다. 예수가 채우지 못한 37년을 다 채우고 죽었다고 가르친다.
안상홍이 1948년 30세 되던 해에 안식교회에서 침례를 받고 37년간
복음사업을 하고 67세 되던 해인 1985년 2월 25일 죽었다는 것이다.
37년 사역을 한 사람은 모두 예수의 37년 사역을 채운 것이 된다는 우스
운 논리이다.

그러나 안식교 침례자 명부에는 안상홍이 37세이었던 1954년에 침
례를 받은 것으로 기록되어 있다.49 1948년 12월 16일 안식교 목사
이명덕에게 세례를 받았다는 주장은 허위로 드러났다. 그리고 안상홍
은 안식교에서 1948년 침례를 받았다고 해도 안식교인으로 활동하다

---

47 안상홍, 『하나님의 비밀과 생명수의 샘』, 134; 김주철, 『하나님 아버지, 하나님 어머니』
   (서울: 멜기세덱 출판사, 2008), 115-118.
48 김주철, 『내 양은 내 음성을 듣나니』, 118.
49 "다윗의 위 교리와 안상홍", 「현대종교」 2004년 9월호, 167.

출교까지 당한 후 1964년에 와서 '하나님의교회 예수증인회'를 세워 재림 예수라고 주장했으니 자칭 재림 예수의 사역도 24년에 지나지 않는다.[50]

4) 옛 언약의 제사 직분은 아론의 반차를 따르지만(히 7:11-13) 멜기세덱의 반차(시 110:4, 히 7:14-21)를 따르는 새 언약의 제사 직분을 맡은 이가 안상홍이라고 한다.

> 초림 때 이루지 못한 멜기세덱의 예언을 완성시키셔야 하므로 족보도 없다는 예언에 따라 이스라엘 족보에 오를 수 없는 이방나라에 탄생하셔야 하고, 아비도 어미도 없다는 예언에 따라 불신자 가정에서 태어나야 합니다. … 이러한 선지자의 예언에 따라 이스라엘 족보에 오를 수 없는 이방나라 동방 땅끝 대한민국에, 그것도 육신의 부모님이 하나님을 믿지 않는 불신자의 가정에 태어나셔서 새 언약의 유월절 떡과 포도주로 우리에게 영생의 축복을 빌어 주신 분이 안상홍님이십니다."[51]

이처럼 "마지막 멜기세덱은 구원받지 못한 부모 밑에서 출생한 이방인이 되어야 예언이 성취되는 것"[52]이라고 한다. 그러면 이 세상에서 한국에 태어났고 육신의 부모가 불신자인 이가 안상홍 하나뿐일까? 이만저만 억지 논리가 아닐 수 없다.

50 진용식, "안상홍은 다윗의 위에 앉은 왕인가", 『안상홍 증인회의 실체는』, 59.
51 안상홍, 『하나님의 비밀과 생명수의 샘』, 152; 김주철, 『하나님 아버지, 하나님 어머니』, 99.
52 안상홍, 『하나님의 비밀과 생명수의 샘』, 145.

IV. 아버지 하나님과 어머니 하나님의 부부 신관

하나님의교회는 하나님께서는 인류에게 아버지 하나님만 존재하는 것이 아니라 어머니 하나님도 존재한다고 성경이 가르치고 있으며, "우리에게 육체의 아버지와 더불어 영의 아버지가 있듯이(히 12장 9절), 육체의 어머니와 더불어 영의 어머니도 계신다"[53]고 주장한다.

1) 하나님 아버지와 하나님 어머니가 존재하는 근거를 구약성서의 히브리어로 하나님을 지칭하는 신명이 복수형 엘로힘(Elohim)으로 쓰여 있는 것과 "우리의 형상으로 남자와 여자를 만들자"(창 1:26-27), "내가 누구를 보내며 누가 우리를 위하여 갈꼬"(사 6:8)라는 말씀의 '우리'는 하나님 아버지와 하나님 어머니를 지칭한다고 주장한다.

엘로힘이란 '하나님들'이라는 뜻으로 단수로서의 하나님이 아닌 둘 이상의 하나님을 말하는 것으로 아버지 하나님과 어머니 하나님을 알려주고 있습니다. 하나님의교회 세계복음선교협회는 아버지 하나님과 어머니 하나님을 구원자로 영접하였습니다.[54]

그리고 '우리'라는 복수의 하나님께서 자기 형상대로 남자와 여자를 창조하였으니 하나님의 형상 안에는 남성적 형상과 여성적 형상이 있다는 것이다. 따라서 "남성 형상의 하나님이 아버지 하나님이라면 여성 형상의 하나님은 당연히 어머니 하나님"이라고 가르친다.[55]

---

53 김주철, 『하나님 아버지, 하나님 어머니』, 247.
54 "엘로힘 하나님", http://bible.watv.org/truth/index.html.
55 김주철, 『내 양은 내 음성을 듣나니』, 164.

하나님을 모델로 하여 사람을 창조하시니 남자와 여자가 창조되었다면, 하나님의 형상 안에 남성적인 형상과 여성적인 형상이 존재한다는 것은 너무나 분명합니다. "우리가 사람을 만들고"라고 하신 말씀 속에서도, '우리'라는 말은 분명 단수가 아닌 복수 개념입니다. 한 분 하나님이 아닌 두 분, 즉 아버지 하나님과 어머니 하나님께서 함께 세상만물을 창조하셨음을 알 수 있습니다. 창세기 11장의 내용을 통해서도 아버지 하나님과 어머니 하나님을 발견할 수 있습니다.[56]

2) "기약이 이르면 하나님이 그의 나타나심을 보이시리니"(딤전 6:15)라고 하셨는데, 이는 '성령과 신부'로 나타나실 것을 예언한 것이라고 주장한다. 6천 년 구속사에 있어서 하나님을 믿었던 많은 사람들이 믿음을 따라 죽었으나 약속을 받지 못하였다고 한다. 왜냐하면 우리를 약속의 자녀로 낳아주시는, 약속의 본체이신 분이 어머니 하나님을 믿지 않았기 때문이라고 한다.[57]

따라서 "우리를 신령한 형체로 낳아 주시는 어머니가 없는 곳에는 영생이 없습니다. 어머니가 없는 곳에 진리도 없습니다. 또한 어머니를 믿지 아니하는 사람은 천국이나 영생을 기약할 수 없습니다"라고 주장한다.[58]

죽을 수밖에 없는 인생들에게 영원한 생명수를 허락하시기 위해서 하나님께서는 이 마지막 시대에 아버지 하나님이신 성령 안상홍님과 신부 예루살

---

56 "엘로힘 하나님", http://bible.watv.org/truth/index.html.
57 김주철, 『하나님 아버지, 하나님 어머니』, 165.
58 김주철, 『하나님 아버지, 하나님 어머니』, 216.

렘 어머니로 이 땅에 나타나신 것입니다. 그분을 하나님의교회는 구원자로 영접하였습니다. 누구든지 더 자세한 말씀을 알고 싶으시면 가까운 하나님의교회를 방문해 주시기 바랍니다.59

예수는 하나님을 '아버지, 아바 아버지, 나의 아버지, 너희 아버지, 우리 아버지, 하늘에 계신 아버지(天父)' 등으로 표현하였다. 이처럼 복음서는 하나님을 '아버지'로 지칭하는 용어가 120회 정도 등장한다. 이 중에 '나의 아버지'라 명시적으로 표현한 것만 30회 정도이다(마 7:21 등).60 그러나 어머니 하나님을 지칭하여 '나의 어머니'라 한 적이 전무하다. 하나님의교회가 주장하듯이 하나님 아버지와 하나님 어머니가 있다면, 하나님의 아들인 예수가 그의 아버지만 알고 그의 어머니는 몰랐다는 것은 있을 수 없는 일이다. 무엇보다도 신약성서에는 "하나님 아버지"라는 표현이 15번 등장하지만, '하나님 어머니'라는 단어는 전무하기 때문이다.

이에 대해 하나님의교회에서는 성경의 여성적인 하나님 이름이 등장하지 않는 것은 구원자는 아버지 하나님으로 대표되기 때문이며, "이는 마치 집에 어머니가 계셔도 그 집의 문패는 아버지 이름으로 나타내는 것과 같다"61고 설명한다. 그러나 문패에 어머니의 이름을 적지 않는 것과 어머니의 존재가 아예 없는 것은 질적으로 다르다. 성경에는 어머니 하나님의 존재 자체를 확인할 수 있는 어떤 단서도 없기 때문이다.

하나님의교회가 하나님을 지칭하는 히브리어 '엘로힘'이 복수형이고

59 "엘로힘 하나님", http://bible.watv.org/truth/index.html.
60 허호익, 『예수 그리스도』 1(서울: 동연, 2010), 276-278.
61 김주철, 『하나님 아버지, 하나님 어머니』, 203-204.

'우리의 형상'에서도 복수형이 등장하므로 이를 근거로 복수의 '아버지 하나님과 어머니 하나님'을 주장하는 것은 성서의 언어적, 역사적 배경에 대한 무지에서 비롯된 것이다.

구약성서 신명 엘로힘은 엘의 복수형으로 되어 있는 것은 사실이다. 전통적으로 이 복수형은 삼위일체론의 흔적이라 주장되어 왔다. 19세기 이후는 비교종교학적인 입장에서 다신론의 잔재라는 주장도 있었다. 최근의 학자들은 대부분 엘로힘의 복수형은 수사(數詞)의 복수가 아닌 '존엄의 복수형'이라는 데 동의한다. 그 근거는 엘로힘이 주어로 등장하는 문장의 동사는 단수형이기 때문이라는 것이다.[62]

마찬가지로 야훼를 대신하여 주(主)라는 표현을 사용할 때는 단수형 아돈(adon)이 아닌 복수형인 아도나이(adonai)를 사용하였다. 그 외에도 히브리어는 하늘(샤마임), 물(마임), 지혜(호크모트) 등 존엄한 존재나 사물들도 복수형으로 표기하였다. 일부 학자들은 '신 중의 신'(신 10:7 등)이라는 의미에서 복수 형 엘로힘을 사용했다고 설명하기도 한다.[63]

하나님의교회는 "우리의 형상으로 사람을 만들자"(창 1:26)는 말씀을 남자는 하나님 아버지의 형상으로, 여자는 하나님 어머니의 형상으로 창조된 것으로 자의적으로 해석한다. 이러한 억지 해석 역시 창세기가 기록될 당시 '형상'이 무엇을 의미했는지 알지 못하는 무지에서 비롯되었다.

고고학적 연구 결과 신의 형상(zalem)은 이와 전혀 다른 뜻인 것이 밝혀졌다. 신의 형상이 그 당시엔 무엇을 의미했을까? 이집트 제4 왕조

---

62 성서와 함께 편집부 편, 『어서 가라-출애굽기 해설서』 (왜관: 분도출판사, 1993), 43-44.
63 허호익, 『야훼 하나님』 (서울: 동연, 2010), 28-30.

(B.C. 2600-2450경) 때부터 왕은 태어나면서부터 신의 아들로 임명되고 즉위함으로써 신성을 획득하고, 죽는 순간 완전한 신이 된다고 믿었다. 이처럼 왕만이 신의 형상을 지닌다. 그래서 왕들이 몸소 행차할 수 없는 먼 지방에는 왕의 통치영역이라는 것을 표시하기 위해 왕의 형상 즉 신의 형상을 세웠다.

쉬미트(W. H. Schmidt)에 의하면 이집트와 바벨론의 왕조신학적인 배경과 성서 본문의 분석을 통해서 볼 때, 신이나 왕의 형상을 지닌 자는 "신이나 왕의 통치를 대리하는 자이며, 동시에 신이나 왕의 영광을 반사하는 자"를 의미하는 것이 분명하다. 당시의 왕들은 이처럼 신처럼 영광을 누리며 다른 인간들을 종으로 지배한 것이다.64

성서는 이러한 반민주적이고 불평등한 인간 창조 신화를 모두 거부한다. 왕이 아니라 모든 인간, 심지어 남자뿐 아니라 여자도 존귀한 하나님의 형상으로 창조되었다고 한다. 중국과 일본에서 왕만을 천자나 천황이라 한 것에 대해 모든 남녀가 천자요, 천황이라 한다면 신의 형상이 뜻하는 놀라운 의미가 실감 날 것이다.

그래서 "무릇 사람의 피를 흘리면 사람이 그 피를 흘릴 것이니 이는 하나님이 자기 형상대로 사람을 지었음이니라"(창 9:6)고 하였다. 약한 자를 학대하고 가난한 자를 착취하거나 무고한 사람의 피를 흘리는 것은 하나님에 대한 반역이요, 그것 자체가 신성모독이 된다. 신의 형상을 지닌 인간에게는 자기 자신의 생명을 파괴할 권리나 다른 사람의 생명을 함부로 해칠 권리가 없다는 것도 거듭 강조되고 있다.

신약성서에는 하나님의 형상은 남자와 여자의 성별을 지칭하는 것이

---

64 허호익, "하나님의 형상론의 관계론적 해석", 『현대조직신학의 이해』, 42-76.

아니라 참된 하나님의 형상을 회복한 예수 그리스도를 지칭한다. "그리스도는 하나님의 형상"(고후 4:4, 골 1:15)이라 하였다. 인간이 암수로서 남자와 여자가 있듯이 하나님도 아버지와 어머니로서 암수가 있다는 주장은 하나님의 유일성과 초월성을 부정하는 신인동형론적 신관의 오류를 범하는 것이다.

고대근동의 이집트나 바벨론이나 가나안의 다신론적 종교에서는 신들의 아버지와 신들의 어머니가 등장한다. 바알 종교에서도 남신 바알과 여신 아세라라는 남녀 양성 신관이 존재하였지만 성서의 유일신관 전통에서 신들 사이의 성별이 있거나 부부관계가 성립하여 아버지 하나님과 더불어 어머니 하나님이 존재한다는 것은 성서의 유일신사상을 부정하는 있을 수 없는 신성모독이다.[65]

V. 안상홍의 신부 장길자와 하나님 어머니 교리

하나님의교회 측은 성경 구절을 자의적으로 짜 맞추어서 장길자를 어린양의 아내, 성령(하나님)의 신부, 하늘에서 내려온 예루살렘, 우리들의 어머니 그리고 생수를 주는 구원자라 가르친다.[66]

"성령과 신부가 말씀하시기를 오라 하시는도다"(계 22:17).
"내가 곧 신부 곧 어린양의 아내를 네게 보이리라"(계 21:9).

---

65 허호익, 『성서의 앞선 생가 1』 (서울: 한국장로교출판사, 1998), 40-42.
66 김주철, 『하나님 아버지, 하나님 어머니』, 267.

"오직 위에 있는 예루살렘은 자유자니 곧 우리 어머니라"(갈 4:26).

"예루살렘이 하늘에서 내려온다"(계 21).

"그 날 생수가 예루살렘에서 솟아난다(슥 14:8).

"성령과 신부가 말씀하시기를 … 목마른 자도 올 것이요 또 원하는 자는 값없이 생명수를 받으라 하시더라"(계 22:17).

요한계시록 3장 12절에는 "새 예루살렘의 이름과 나의 새 이름"이 언급되어 있다. 여기서 '나의 새 이름'이 곧 안상홍이고, 새 예루살렘의 이름이 '장길자'라는 것이다.[67] 요한계시록 22장 17절에 "성령과 신부가 말씀하시기를 오라 하시는 도다 듣는 자도 오라 할 것이요 목마른 자도 올 것이요 또 원하는 자는 값없이 생명수를 받으라 하시더라"고 했는데, 여기서 성령 하나님은 안상홍이며 신부는 그의 아내 장길자이므로 안상홍과 장길자를 통해 생명수를 받아야 구원을 얻을 수 있다고 가르친다.[68] "성령시대의 구원자는 성령 하나님이신 안상홍님과, 성령의 신부이신 예루살렘의 어머니"[69]이기 때문이라는 것이다.

하나님의 교회는 어머니 하나님을 믿는 유일한 교회이며, "어머니 없는 신앙은 영생을 얻을 수 없다. 하나님의 약속인 영원한 생명은 어머니로 말미암아 완성될 수 있는 일"이라고 가르친다. 장길자를 하나님의 어머니로 믿어야 영생을 얻을 수 있다는 교리로 구원론을 확장하고 있다.[70]

---

67 진용식, 『안상홍 증인회의 실체는』, 80-82.

68 김주철, 『하나님 아버지, 하나님 어머니』, 266.

69 김주철, 『하나님 아버지, 하나님 어머니』, 49.

70 진용식, 『안상홍 증인회의 실체는』, 89.

하나님의교회는 자기들이 만든 생명책에 이름이 기록되어야 하늘의 생명책에 기록되는 것이며, 이를 통해 구원받을 수 있다고 주장한다. 그들은 또한 마태복음 16장 19절의 천국 열쇠를 예로 들면서, 안상홍 집단이 천국 열쇠를 가졌기 때문에 매기도 하고 풀기도 하는 권세를 받았다고 한다.[71]

요한계시록 13:8과 20:12에는 생명책이 언급되어 있는데 안상홍 증인회에서는 이 생명책이 자기들에게만 있다고 주장한다. 즉, 안상홍 증인회에 등록하면 그 이름이 생명책에 기록되고 이들에게만 구원이 있다고 주장한다. 이것은 기성 교회의 교적부나 교인 명부 같은 것인데 저들은 자기들만이 생명책을 소유하고 있으며 거기에 등록되지 못하면 구원받지 못하는 것으로 교인들을 미혹하고 있다.[72]

하나님의교회는 신도들이 안상홍의 침례를 받고 등록을 하면 생명책에 이름을 올려주고 생명번호까지 부여한다. 이들에게 미혹된 신도들은 다른 교회에 없는 생명책이 자기들에게만 있다고 자랑스럽게 생각하는 것이다. 하나님의교회 공식 홈페이지에 가입하려면 교회가 부여한 생명번호를 기입하여야 회원가입승인이 되도록 되어 있다.[73] 이단들의 전형적인 수법이다.

그러나 하나님 어머니라 주장하는 장길자는 이혼녀인 것으로 알려졌

---

71 진용식, 『안상홍 증인회의 실체는』, 126-127.
72 대한예수교장로회(통합) 총회, "안상홍 증인회(하나님의교회) 연구보고서"(2002).
73 윤지숙, "재림 그리스도 안상홍, 새 언약 지켜야 구원(?)", 「현대종교」2007년 2월호, 50; 현대종교 편집국 편, 『이단바로알기』(서울: 현대종교사, 2011), 113.

다. "장길자 이혼녀가 어떻게 여자 하나님이에요? 우리 집 똥개가 하나님이지"라는 발언이 모욕죄에 해당한다고 하나님의교회 측에서 소송을 제기하였으나, 법원은 1심에 이어 2심에서도 무죄로 판단했다.[74]

안상홍은 아내가 여럿인 것으로 알려져 있다. 그의 첫 부인은 황○○(1923생) 씨였지만, 첫 번째 소위 영적 부인은 엄수인(1941년생) 씨였다고 전해진다. 엄씨는 안상홍과 관계되기 전에 전 남편과 이혼했고, 1978년 안상홍을 그리스도라 주장한 장본인이다. 현재 '하늘 어머니'로 불리는 장길자(1943년 10월 29일생)는 안상홍에 의해 1981년에 하나님의 신부로 택함을 받았다. 장씨는 1966년 결혼하여 전 남편 김씨와 더불어 두 자녀를 둔 어머니였음에도 불구하고 안상홍의 영적 부인이라하여 결혼사진까지 찍어 돌렸다고 한다.[75]

안상홍 사후 안상홍 하나님의 두 아내 중 누가 진짜 하나님의 신부인지 분쟁이 일어났다. 엄수인을 하나님의 신부로 섬기는 '새언약 유월절 하나님의교회파'와 장길자를 하나님의 신부로 섬기는 "안상홍 증인회 하나님의교회파'로 갈라졌고 후자가 더 큰 교세를 형성하고 있다. 이를 예상했던지 안상홍은 생전에 『새 예루살렘과 신부, 여자 수건 문제 해석』이라는 책에서 자기 혼자만 하나님의 신부 즉 하나님의 어머니라 주장하는 엄수인파의 주장을 조목조목 비판하기도 하였다.

---

74 "'장길자 이혼녀가 … 여자 하나님?' … 모욕 '무죄'", 「교회와신앙」 2015.11.20. "수원지법 형사7부(부장판사 이상무)는 2015년 11월 12일 '하나님의교회 세계복음선교협회'(안상홍 증인회, 안증회)에 대한 명예훼손과 모욕 등의 혐의로 기소된 '하나님의교회 피해자 모임'(하피모) 회원 3명에게 '허위사실 적시에 의한 명예훼손 혐의'에 대해 '무죄'를 선고 하면서, 원심(성남지법)이 A 씨의 '모욕혐의'에 대해 내린 '무죄판결'에 검찰이 불복해 제기한 항소를 기각했다(2015노542)."

75 현대종교 편집부 편, 『신천지와 하나님의교회의 정체』(서울: 현대종교사, 2007), 92-93.

엄수인이 처음에는 자기를 구원받게 해달라 애걸하던 그가 교회에서 환영을 받게 되니 마음이 변하여 자기 혼자만 신부이다 하고 주장하더니 신부는 하늘 예루살렘인 것이 밝혀지자 이제는 자기가 하늘 예루살렘인데 자기가 하늘에서 내려온 새 예루살렘이라하더니 이제는 또 하나님이 보내주신 보혜사라고까지 교만해졌다.[76]

VI. 하나님이 세운 교회와 배타적 교회론

하나님의교회는 "우리 교회는 하나님께서 친히 세우신 이 지상의 유일한 참 교회(행20:28)"[77]라 주장한다. 1,600년 동안 사라졌던 새 언약을 지키는 교회가 하나님의교회이고, 초대교회의 명칭은 하나님의교회라는 것이다. 안상홍은 "오늘날 전 세계에 바다 같이 많은 교회가 다 구원받지 못하고 '남은 자' 곧 약속의 자손만이 구원의 대상이 된다"고 하였다.[78] 이 남은 자는 이삭과 같은 약속의 자녀요, 예수처럼 성령에 따라 낳은 자녀라는 것이다.

하나님의교회에서는 일곱 가지의 신앙실천을 지키는 전 세계에서 유일한 참된 교회라 한다.

1) 여자들은 로마가톨릭과 같이 머리에 수건을 쓸 것.

2) 세례를 받지 않고 침례를 받을 것.

---

76 안상홍, 『새 예루살렘과 신부, 여자 수건 문제 해석』 (출판사 출판년도 미상), 14.
77 총회장 김주철 인사말, http://welcome.watv.org/intro/greetings.html.
78 안상홍, 『모세의 율법 그리스도의 율법』 (서울: 멜기세덱 출판사, 2009), 100.

3) 토요일을 안식일로 지킬 것.

4) 성탄절은 태양신 기념일이므로 지키지 말 것.

5) 유월절을 지킬 것.

6) 십자가는 우상이다.

7) 유월절·무교절·초실절·나팔절·대속죄일·초막절 등 3차 절기를 철저하게 지킬 것이다.[79]

이중에서도 특별히 강조하는 것은 기원후 321년 일곱째 날(토요일) 지켜지던 안식일이 일요일로 변경됐고, 325년 유월절이 완전 폐지되었으며, 586년경 이교도 풍습인 십자가 숭배 사상이 유입되었다고 한다. 이 모든 것은 중세 가톨릭교회가 왜곡한 교리이고, 루터와 칼빈도 이를 개혁하지 않고 가톨릭교회를 추종하였으므로, 이를 바로 잡아 하나님의 바른 진리로 돌아가야 한다고 주장한다. 그러므로 안식일과 유월절을 지키지 않고, 12월 25일의 성탄절을 지키고 십자가를 세우는 교회는 이단이라 규정한다.

1) 안식일을 지키지 않는 교회는 이단이다.

2) 유월절을 지키지 않는 교회는 이단이다.

3) 성경에 근거 없는 12월 25일을 예수님의 생일로 지키는 교회는 이단이다.

4) 십자가를 숭배하는 교회는 이단이다.[80]

---

79 김성주, "자칭 '하나님의교회'의 이단성과 개혁신학적 비판", (총신대학교 신학대학원 석사학위논문, 2007), 22.

80 김주철, 『내 양은 내 음성을 듣나니』, 61-68.

1. 안식일 교리

안상홍은 예수께서 행하지 않은 것은 모두 다른 복음이므로 저주를 받는다고 하였다.

> 예수님은 안식일을 지키셨는데 일요일을 지키면 다른 복음이 될 것이고 예수님은 유월절을 지키셨는데 12월 25일 크리스마스를 지키면 다른 복음을 될 것이다.[81]

안상홍이 안식교에서 안식일 교리를 배웠기 때문에 안식교에서 나온 뒤에도 안식교의 안식일을 주장하는 것이다. 안식일 교리를 주장하며 인용하는 성경구절이 안식교와 동일하다.

안식교는 "안식일은 하나님께서 당신과 당신의 백성 사이에 맺은 영원한 언약에 대한 영구한 표징이다. 이 거룩한 시간을 저녁부터 저녁까지, 즉 해질 때부터 해질 때까지 즐겁게 준수하는 것은 하나님의 창조와 구속의 행위를 경축하는 것"[82]이라고 한다. 구약의 규례일 뿐 아니라 신약에 와서도 예수(눅 4:16)와 제자들(눅 23:52-24:1)과 바울(행 16:13 등)도 안식일을 지키도록 가르쳤으므로 그 날짜를 변경해서는 안 된다고 가르친다.

콘스탄티누스 황제가 321년 3월 7일에 일요일 휴업을 포고하였는데, "일요일이 이교의 태양 숭배자들 사이에 인기가 있고 또 많은 그리스

---

81 안상홍, 『새 언약의 복음』 (안양: 멜기세덱 출판사, 2009), 9.
82 "안식일", 「기본교리 28」, http://www.adventistkr.org.

242 한국의 이단 기독교

도인들이 그 날을 존중한다는 점을 고려하여, 일요일을 공휴일로 만듦으로써"[83] 안식일을 변경하였다고 한다.

따라서 안식일 예배를 일요일 예배로 바꾼 로마 가톨릭은 배도(背道)라는 것이다. 가톨릭의 배도를 추종하는 개신교회 역시 성서 진리로부터 떠났다고 한다. 따라서 토요일 안식일을 지키지 않고 일요일에 예배하는 것은, 하나님의 계명이 아닌 인간의 계명을 따르는 것이고, '짐승의 표를 받고 드리는 거짓 예배'이기 때문에 하나님이 받는 참된 예배가 될 수 없다고 한다. 안식일 준수'는 그들에게 구원의 조건이 되는 것이다.

안식일에서 주일로 바뀐 것이 날짜 하루의 차이가 아니라, 하나님을 섬기느냐 사탄을 섬기느냐 하는 것이므로 "신자의 구원과 관련한 신앙의 본질적인 문제"라 주장한다.

날짜 하루 차이가 그렇게 중요합니까? 너무 율법적이지 않습니까? 이것은 토요일이냐 일요일이냐를 따지는 것이 아니라 주님의 계명에 순종하느냐 사람이 만든 계명에 순종하느냐의 문제입니다. 나아가 하나님의 권위에 순종하느냐 사탄의 권위에 순종하느냐의 문제입니다. … 날짜 하루 차이가 아니라 순종의 대상이 누구인가와 당신의 구원이 달린 문제입니다.[84]

이러한 안식교의 안식일 교리를 수용한 하나님의교회 역시 "안식일을 부인하고 성경에도 없는 일요일 예배를 성경에 기록된 말씀인 것처럼 덧붙여서 가르치는 이들은 악을 행하는 자들"이며, "안식일을 거룩하

---

83 "안식일", 「기본교리 28」, http://www.adventistkr.org.
84 "안식일과 예언", 「진리를 찾는 당신에게」, http://www.adventistkr.org.

게 지키고자하는 하나님의 백성에게 안식일을 지키지 못하도록 유혹하는 이는 마귀"[85]로 규정한다. "일요일 예배를 보는 쪽을 성경은 분명히 이단"[86]이라는 것이다. 따라서 "사단 마귀가 안식일을 지키지 못하게 훼방하는 여러 가지 악성 루머와 유언비어를 자세히 살펴서 영원하신 하나님을 배반하지 않도록 주의해야 한다"고 가르친다.[87]

예수 당시 바리새파 사람들은 안식일을 단지 노동금지로 해석하여 노동에 관한 39개 항목을 정하고 안식일에 병을 고치거나, 밀 이삭을 잘라 먹는 것을 노동금지 위반이라 정죄하였다. 하지만 예수께서는 안식일을 율법주의적으로 지키는 것을 거부하고 안식일의 정신을 더 강조하여 안식일에 병자를 고쳐주시면서 "안식일에 선을 행하는 것과 악을 행하는 것, 생명을 구하는 것과 죽이는 것, 어느 것이 옳으냐"(막 3:4)고 하였다. "사람이 안식일을 위해 있는 것이 아니라, 안식일이 사람을 위하여 있는 것"(막 2:27)이며, "인자가 안식일의 주인"(막 2:28)이라 하였다.

그리고 예수는 주께서 안식 후 첫 날(마 28:1 병행) 즉, 지금의 일요일인 주일날에 부활하셨다. 부활 이후 여덟 차례의 예수께서 현현하셨는데, 여섯 번이 주일날이었다(요 20:11-18, 마 28:7-10, 눅 24:13-33, 34, 요 29:19-23, 24-29).

이런 이유로 초대교회는 예수께서 부활하시고 제자들과 여러 사람들에게 나타나 보이신 이 날을, 새로운 창조와 새로운 구원의 날로 기념하기 시작한 것이다. 아마도 최후의 만찬에서 "주의 죽으심을 기억하라"(고전 11:26)했으니, 주의 죽으심을 기억하는 것이 바로 주의 부활을

85 김주철, 『내 양은 내 음성을 듣나니』, 20.
86 김주철, 『내 양은 내 음성을 듣나니』, 30.
87 김주철, 『내 양은 내 음성을 듣나니』, 27.

기념하는 것이라고 여겼기 때문에 안식일 회당 예배가 주일 교회예배로 대체된 것이다. 이미 55년경 갈라디아 교회는 매 주일 첫 날(갈 16:1)에 함께 모여 예배를 드리고 아울러 헌금을 하였다. 바울은 드로아에서 무교절이 끝난 일요일 저녁에 교회에 모여서 떡을 떼었다(행 20:7). 밧모섬의 요한이 첫 환상을 본 것도 주의 날이었다(계 1:10).

기독교 신앙은 유대교를 모체로 하여 생겨났다. 그러나 유대교의 어떤 부분은 그대로 받아들였으나, 어떤 부분은 받아들이지 않았다. 이를테면 구약성서 39권은 받아들였으나, 예루살렘 성전에서의 희생제사와 제사장 제도와 그리고 할례는 철저히 배격하였다. 반면에 다소 절충하여 유대교적인 것을 기독교적인 것으로 대체한 것도 없지 않다. 회당 제도는 교회제도로, 안식일은 주일로 대체된 것이다.

이그나티우스, 저스틴, 이레네우스와 같은 2세기 초의 교부들도 주일을 지켜야 한다고 가르쳤다. 기독교가 공인된 지 십 년쯤 되는 321년에 콘스탄티누스 황제는 칙령을 통해 일요일을 예배의 날로 선언하고 공휴일로 선포하였다. 시골에서 농사에 종사하는 사람 외의 모든 공직자나 사업가들은 이 존귀한 일요일에는 일을 하지 말아야 한다고 명령한 것이다. 그리하여 역사상 처음으로 일주일 중 하루를 모든 노동에서 면제되도록 정하여 기독교의 결정적인 공헌이 되었다.

2. 유월절 교리

안상홍은 모세의 율법 중에 3차의 7개 절기로서 유월절과 무교절, 초실절과 오순절, 나팔절과 속죄일과 초막절이 있다고 한다.[88] "너는 매년 삼차 내게 절기를 지킬지니"(출 23:14)라는 말씀에 따라 "마지막 때에 다윗의 이름을 가지고 암행으로는 오시는 어린 양이 일곱 인을 떼시는 동시에 인봉한 일곱 우레를 개봉"[89](계 5:1-6)하였다고 주장한다. 그래서 "성경의 예언에 따라 3차 7개 절기를 복구시키기 위해 오신 재림 그리스도 안상홍님을 영접하지 않으면 결코 하나님의 절기를 알지도, 지키지도 못한다"고 한다.[90]

안상홍 증인회는 구약에 나타난 모든 절기를 준수해야 한다고 한다. 특히 유월절 절기를 준수할 것을 강력히 주장하고 있다. 안상홍은 "하나님께서는 예수님의 몸으로 인간이 되게 하신 것이다. 누구든지 어린양의 살과 피를 먹고 마신다면 생명이 있으며 영생에 들어갈 특권이 있는 것"[91]이라 하였다.

성부시대 여호와 하나님께서는 애굽에서 종살이하던 이스라엘 백성을 유월절로 구속하셨습니다. 성자시대 예수님께서 사망의 종노릇하던 인류를 새 언약으로 구원하셨습니다. 성령시대의 안상홍님께서도 새 언약 유월절로 영생의 축복으로 허락하였습니다.

옛 언약은 양을 잡아 유월절을 지키고 새 언약은 떡과 포도주로 유월절을 지킨다고 주장한다.[92] 유월절은 재앙이 건너가고, 종살이에서 해방되고, 영생체를 먹고 천국의 유업을 받는 것을 의미하므로 "새 언약

88 안상홍, 『하나님의 비밀과 생명수의 힘』, 17-18.
89 안상홍, 『하나님의 비밀과 생명수의 힘』, 16.
90 칠칠절, http://bible.watv.org/truth/truth_54.html.
91 안상홍, 『최후의 재앙과 하나님의 인』, 한·타갈로그어 대조(안양: 멜기세덱출판사, 2008), 140.
92 안상홍, 『최후의 재앙과 하나님의 인』, 62. 옛 언약과 새 언약 대조표 참조할 것.

유월절 안에는 영생이 있고 진리와 구원과 사랑이 담겨 있고 또한 천국이 있고 하나님을 알 수 있는 징표가 있다"라 한다.93

"나는 여호와 너희 하나님이니 너를 종 되었던 애굽에서 나오게 한 나로라. 나 외에 다른 신을 위하지 말라"(신 5:6-7, 출 13:2-3)는 말씀과 "마음을 다하고 성품을 다하고 뜻을 다하여 주 너희 하나님을 사랑하라 하셨으니 이것이 크고 첫째 되는 계명"(마 22:38)을 짝으로 풀이하여 첫째 계명은 바로 유월절을 지키는 것이라 해석한다.94 그리고 유월절은 예수 그리스도가 십자가에 달리기 전, 제자들과 함께 최후의 만찬을 베풀며 새 언약, 즉 떡과 포도주를 먹고 마시는 예식을 행하도록 유언하고 영생을 약속한 날이라는 것이다.

1900년 전 예수님께서 계실 때 수차에 떡 뗀 일이 있었는데 그때마다 '이 떡은 내 몸이다'라 말씀하셨으면 아무 때나 해도 생명의 떡이 될 수 있다. 그러나 예수님께서는 다른 날 축사하시고 떼어서 주신 떡은 썩을 양식이라 분명히 말씀하셨다(요 6장 10-11절, 25-27절). 그런고로 다른 날에 행하는 것은 썩을 양식이고 닛산(Nisan)월 14일에 행하는 바스카절, 즉 유월절에 행하는 의식의 떡은 영생에 들어가는 생명의 떡이다.95

안상홍은 "평시에 사람들 마음대로 행하는 성만찬은 유월절이 아니다. 반드시 닛산 14일 저녁에 행하는 것이 유월절"96이라고 한다. 닛산

---

93 김주철, 『내 양은 내 음성을 듣나니』, 79.
94 김주철, 『내 양은 내 음성을 듣나니』, 99-100.
95 안상홍, 『새 언약의 복음』, 29.
96 안상홍, 『하나님의 비밀과 생명수의 샘』, 254.

월 14일에 행하는 성만찬은 새 언약 유월절이므로 이 절기를 지키지 않으면 죄사함과 영생을 얻지 못하고 말세의 모든 재앙에서 피하지 못한다는 것이다.

사도들이 거룩한 유월절 예식을 해마다 기념해 내려왔고, 사도시대 이후에도 주후 325년까지 계속 지켜 왔다는 것이다. 그런데 "325년 니케아 공의회에서 로마의 콘스탄틴 황제에 의해 폐지"되었다고 한다.[97] 그러므로 바벨론 음녀요 '짐승의 수'인 666에 해당하는 로마 가톨릭이라는 사단 마귀로 말미암아 폐지된 후 1,600여 년 간 흔적도 찾기 힘들던 유월절을 안상홍이 "새 언약 유월절"로 회복시켰다는 역설한다.

"유월절을 회복시킨 안상홍님은 성경의 모든 예언을 좇아 등장하신 재림 그리스도 즉 하나님"[98]이며, "우리가 기다려온 이 시대의 구원자"[99]라고 주장한다. 따라서 유월절을 지켜야 재앙을 면하고 구원을 받는 다는 것이다.

기독교 신자들에게 '혹시 구원을 받았습니까?'라 물으면 '예!'라고 대답하지만 '유월절을 지키고 있습니까?'라고 물으면 고개를 갸웃거리는 사람들이 많습니다. 그러나 사실, 유월절을 모르고서는 구원을 받았다고 말할 수가 없습니다. 예수님께서 본 보여 주신 유월절을 다시 찾아 주신 재림 그리스도 안상홍님을 영접한 하나님의교회에서는 전 세계 유일하게 유월절(성력 1월 14일 저녁, 레 23:4)을 지키고 있습니다. 유월절은 하나님께서 우리 인류 인생에게 허락하신 규례 중에서 가장 중요한 규례 중의 하나라볼 수

---

97 "유월절에 국내외서 기념예배", 「대한매일」 2001. 3. 29.
98 유월절, http://bible.watv.org/truth/truth_5.html.
99 김주철, 『내 양은 내 음성을 듣나니』, 110.

있는데, 그 이유는 모든 인류의 죄사함과 영생의 축복을 이 유월절로 약속하셨기 때문입니다. 또한, 유월절은 재앙을 면해주는 날이기도 합니다. 구약시대에도 각 시대를 따라 유월절을 지킨 자와 지키지 않는 자의 멸망받은 역사는 확연히 차이가 났습니다. 다시 말하자면, 유월절을 지키지 않으면 죄사함도 영생의 축복도 받을 수가 없을 뿐만 아니라 마지막 하나님께서 예정해 놓으신 재앙에서도 구원함을 받을 수 없다는 말입니다. 성경의 예언을 믿는 하나님의교회에서는 안상홍님께서 알려주신 초대교회 진리, 유월절을 소중히 지키고 있습니다.[100]

그러나 유월절이 콘스탄틴 황제에 의해 폐지된 것이 아니다. 예루살렘 성전이 멸망한 직후 기독교가 유대교에서 완전히 분리되었다. 이와 동시에 유대교의 모든 절기도 폐지되었다. 교회가 땅 끝까지 이르러 복음을 증거하기 위해 이방선교에 나서면서 성전제사와 제사장 제도를 폐지하였고, 할례와 안식일 제사는 세례와 주일 예배로 대체되었다.

기독교가 유대교에서 벗어나면서 이미 폐지된 안식일이나 유월절을 지켜야 죄사함과 영생의 구원이 있다는 배타적 구원론은 우리 죄를 담당하여 십자가의 대속적인 죽음을 죽으신 예수 그리스도를 믿는 믿음으로 구원을 얻는다는 성경적 복음의 진리를 현저히 왜곡하는 것으로 구원론적 이단이다

유월절을 지키는 하나님의교회만이 하나님의 절기를 지키는 시온에 세워진 참된 교회라 주장한다. "우리의 절기를 지키는 시온성을 보라"(사 33:20)는 말씀에 근거하여 7절기를 지키는 교회가 성경이 말하는

---

100 http://bible.watv.org/truth/truth_5.html.

시온이며, 하나님이 세우신 하나님의교회가 유월절, 무교절, 초실절, 칠칠절, 나팔절, 속죄일, 초막절을 지키므로 시온은 곧 하나님의교회라는 주장이다.

요한계시록의 "어린양이 시온산에 섰고, 그와 함께 십사만 사천이 섰다"(14:1) 라는 말씀에 나오는 시온산에 대하여, 육신적으로 해석하면 유대나라 예루살렘성 주위를 말하지만, 영적으로는 어디든지 새 언약의 절기를 지키는 곳이 시온산이라고 한다.[101] 마지막 구원을 받을 십사만 사천이 모이는 최후의 장소 시온이 바로 하나님이 세운 하나님의 교회라는 것이다.[102] 하나님의교회 교인 만이 시온에 능히 설 수 있는 14만 4천 명 만이 구원받을 '인 맞은 자'(계 7:4)라고 한다.[103]

그러나 비본질적인 유월절을 지키는 교회가 참된 교회이고 하나님의 교회 교인 14만 4천 명 만이 구원을 받는다는 배타적 교회론 역시 교회론적 이단의 전형이다.

3. 십자가 우상론

'하나님의교회' 측은 교회의 십자가나 가톨릭의 마리아상을 동일한 것으로 보고 이를 우상숭배로 비판한다. 오늘날 십자가는 기독교의 상징으로 표시되고 있으나 이는 성경적으로나 역사적으로나 용납해서는 안 될 이교도의 풍습이라는 것이다.

하나님의교회는 십자가 사용이 고대 바벨론 왕 담무스 숭배사상에서

101 안상홍, 『선악과와 복음』, 74.
102 김주철, 『내 양은 내 음성을 듣나니』, 183.
103 안상홍, 『하나님의 비밀과 생명수의 샘』, 255-256.

기원했다고 한다. 십자가 사용은 고대 바벨론에서부터 온 것으로 바벨론문화가 애굽으로 전파되면서 종교에 영향을 미쳤고, 로마 사람들 중에는 십자가를 숭배의 대상으로 삼아 부적으로 활용하여 무덤 위에 올려놓기도 했다는 것이다.

예배당 안이나 기도원에 십자가가 세워진 것은 431년이고, 586년에 가서야 예배당 꼭대기에 십자가를 세우기 시작했으니 이는 이교도들의 종교의식을 흡수한 후에 생긴 것이라 한다.[104] 따라서 십자가를 우상숭배로 정죄하고 십자가가 있는 모든 교회를 우상을 숭배하는 교회로 매도한다. "우상 숭배하지 말라는 가르침으로 볼 때 십자가 숭배는 우상숭배 행위이므로 십자가를 숭상하는 신앙을 불법"이라는 것이다.[105]

"십자가의 도는 모든 믿는 자에게 구원을 주시는 하나님의 능력"(고전 1:18)이라 하였으므로 십자가를 구원의 상징으로 사용하여 온 것이다. "십자가는 신앙의 대상이나 숭배의 대상이 아니라 상징물이요 표식이다. 결코 우상이 아니다."[106] 하나님의교회가 오히려 안상홍과 장길자의 사진을 걸어 놓고 있으니, 이것이 우상숭배이다.

4. 성탄절 우상론

하나님의교회는 '크리스마스는 예수님의 탄생일이 아니다'라는 동영상에서 12월 25일은 태양신 미트라의 탄생일이므로, 크리스마스를 지키면 우상숭배라고 한다. "성탄절은 태양신 바알의 축제일"이며, "마귀

---

104 김주철, 『내 양은 내 음성을 듣나니』, 40-43.
105 김주철, 『내 양은 내 음성을 듣나니』, 117.
106 한국기독교총연합회 편, "'안상홍 증인회 하나님의교회'에 대한 연구 보고."

는 세상 사람들에게 표면적으로는 그리스도를 잘 섬기는 듯이 하면서, 실상은 태양신 우상에 경배하도록 미혹하여 많은 사람들로 하여금 하나님을 배반케 하고 있다"라는 것이다[107]

일요일은 로마인들이 태양신에게 제물을 바치고 예배하던 날로 로마 황제 콘스탄틴이 321년에 일요일을 예배일로 지킬 것을 법령으로 선포했다고 주장한다.[108] "12월 25일은 성탄절이 아닌 태양신의 축제일이므로 그날을 지키는 행위는 '나 외에 다른 신을 섬기지 말라' 하신 말씀을 범하는 불법"[109]이라 한다. 그 대신 안상홍이 태어난 1월 13일을 성탄일로 지키고 있다.[110]

예수의 정확한 생일을 알지 못하는 것은 사실이다. 그래서 12월 25일이나 1월 6일을 지키는 교회가 생겨난 것이다. 이북에 두고 온 부모님의 생사여부를 알 수 없지만 생이별을 한 지가 60년이 넘었고 부모님이 생존한다면 100세를 훨씬 넘겼을 것이므로 이미 돌아가신 것으로 생각하고 가족들이 모이기 쉬운 임의의 날짜를 정해 추도일을 모시는 실향민들이 적지 않다. 이처럼 예수의 생일을 정확히 알지 못하지만 경건한 기독교인들이 그의 생일을 지키기 위해 모두가 모이기 쉬운 임의로 날짜를 정하다 보니 지역에 따라 12월 25일이나 1월 6일로 지키게 된 것이다.

크리스마스를 지키는 것을 이단으로 규정한다는 것은 보편적인 교회의 신앙의 전통을 부인하고 하나님의교회만이 참된 교회라는 배타적

---

107 김주철, 『내 양은 내 음성을 듣나니』, 50.
108 김주철, 『내 양은 내 음성을 듣나니』, 55-56.
109 김주철, 『내 양은 내 음성을 듣나니』, 117.
110 정윤석, "남자 하나님 안상홍, 여자 하나님 장길자", 「교회와신앙」 2010. 8. 26.

교회론을 주장하기 위한 억지이다. 성탄절을 지키는 전 세계의 20억이 넘는 기독교인들 중에 성탄절을 지키는 것을 태양신을 섬기는 우상숭배라 생각하는 사람은 아무도 없기 때문이다.

이처럼 하나님의교회는 비본질적인 일요일, 크리스마스, 십자가, 추수감사절, 어린이절 등의 규례를 지키는 것은 "저주받은 신앙이요 지옥불이 기다리는 참혹한 결과를 가져오는 거짓 신앙"이므로 이를 추종하는 "사람들이나 단체들은 결코 천국에 들어갈 수 없다고 단정할 수 있다"고 주장한다.[111] 따라서 "이스라엘의 뭇 자손의 수가 비록 바다의 모래 같을지라도 남은 자만 구원을 얻으리니"(롬 9:27-28)라 하신 말씀과 약속의 자손을 연결해 보면 "오늘날 전 세계에 바다 모래 같이 많은 교회가 다 구원받지 못하고 '남은 자' 곧 약속의 자녀만 구원의 대상이 된다"[112]고 주장한다. 이는 안상홍 하나님을 통한 구원을 강조하기 위해 예수 그리스도와 그의 십자가를 통한 구원을 부정하기 위한 수단인 것이다.

정통교회는 기독교 신앙의 다양성에도 불구하고 본질적으로 일치해야 할 신앙의 공통분모로서 사도신경을 고백하는 이 땅에 흩어진 모든 교회가 하나의 거룩한 공교회(holy catholic church)라 믿으며 이들 간의 성도의 교제를 믿는다. 그러므로 안식일과 유월절을 지키지 않고 십자가를 숭배하고 성탄절을 지키는 이 땅에 흩어져 있는 23억이 넘는 기독교인들이 소속한 교회를 이단으로 규정하는 배타적 교회관은 교회론적 이단이라 할 수 있다. 이는 사도신경을 고백하는 이 땅의 흩어져 있는 모든 교회를 통해 역사하시는 삼위일체 하나님의 구원의 역사를

---

111 김주철, 『내 양은 내 음성을 듣나니』, 118-119.
112 안상홍, 『모세의 율법과 그리스도의 율법』, 한포대조(안양: 멜기세덱 출판사, 2009), 100.

부정하는 것이므로 결국 삼위일체 하나님을 부정하는 것이 된다.

VII. 시한부 종말론의 오류

안상홍은 안식교회에서 침례를 받고 거기서 신앙과 교리를 전수받았기 때문에 안식교와 마찬가지로 시한부 종말론을 주장하였다. 14만 4천명의 성도들은 살아서 변형을 입고 승천할 사람들이라는 것은 안식교회도 다 인정하였다. 그러나 14만 4천명의 인치는 사업은 안식교의 창시자 밀러(William Miller, 1782-1849)가 주장한 1884년이 아니라,[113] "제2차 세계대전 이후부터 시작되어 제3차 세계대전 전에 마쳐져야 되는 예언"이라 한다.[114]

안상홍의 저서 『하나님의 비밀과 생명수의 샘』 초판(1980년)에는 "1948년에 이스라엘 나라가 독립하였으니 40년이 지나면 1988년이된다. 그 때에 과연 지구의 종말이 올 것인가?"라고 반문한다. 그러나제4판(2004)에는 이 내용이 포함된 1-3장을 1-2장으로 줄이면서 해당내용을 삭제하였다. 안상홍의 다른 저서 『신랑이 더디 오므로 다 졸며잘 새』(1985)라는 책 2장에서 1988년 종말을 분명히 하였다.

---

113 진용식, 『안식교의 오류』 (서울: 성산, 2008), 48. 요한계시록과 다니엘서를 연구하다가 다니엘서 8:14에 나오는 2300주야를 2300년으로 해석하고, 이를 에스라 7장 7절에서 바사와 아닥사스다가 세 번째로 예루살렘 성전 건축령을 내린 BC 457년과 연결한다. 그리고 BC 457년을 기점으로 2300년을 계산하여 재림의 년도 1844년으로 정하였다. 처음에는 재림 날짜를 1844년 3월 21일로 정했으나 구약의 속죄일에 해당하는 10월 22일을 재림일로 변경하였다.
114 안상홍, 『최후의 재앙과 하나님의 인』, 132; 안상홍, 『하나님의 비밀과 생명수의 샘』, 250.

서기 1988년에 대한 예언자는 나뿐 아니라 지상최대의 대예언의 저자 할린제이씨도 서기 1988년이 세상 끝이라 하였고, 『세계정부와 666』 책 191페이지에도 1988년경에 끝나리라 하였고, 그 책 후면에도 "그리스도는 1988년쯤 다시 오신다"라저자 콜린디일이 말하였고, 유대인 유리겔라 씨도 1988년을 지구 인류역사의 대전환기의 시점으로 본다고 주장했다고 주간경향에 발표하였습니다. 그 외에도 서기 1988년에 대한 예언자가 수십 명에 달하고 있습니다.115

1988년 주의 재림이 불발하여 많은 신도들이 이탈하였다. 조직을 재정비하고 기성 교회 교인들에게 교묘한 교리로 집중적으로 전도하여 1998년 5월 6일에는 올림픽체조 경기장에서 2만 명의 전도발대식을 가질 정도로 교세가 확장하였다.

하나님의교회는 1999년에도 Y2K(밀레니엄 버그. 컴퓨터가 2000년 이후의 연도를 제대로 인식하지 못하는 결함)로 인한 컴퓨터의 오작동으로 종말이 분명히 온다고 주장하였다. 이런 주장으로 피해를 입었다는 피해자의 실상이 각 언론에 보도되었다.116 이러한 종말론의 사회적 폐해가 심각하여 공중파 TV들이 이를 앞다투어 보도하면서,117 "1999년은 대 재앙의 해, 1999년은 세계 지도가 바뀌는 대격변의 해, 1999년은

---

115 안상홍, 『신랑이 더디 오므로 다 졸며 잘 새』 제1장과 2장 참고할 것. 이 책의 "제1장 1988년에 과연 세상이 끝이 될 것인가?"와 "제2장 종말에 대한 문제들"에서 1988년 종말을 언급하고 있다.
116 "또 종말론… 내일 그들은 뭐라말할까", 「동아일보」 2011. 5. 22. 하나님의교회 신자들은 당시 전국의 모든 지회에 생수, 건전지, 방한복, 비상약, 건빵, 통조림, 초 등 비상시에 쓸 물건들을 준비하기도 했다.
117 "하나님의교회", MBC PD수첩(1998. 10. 20.); "지구의 종말을 기다리는 사람들", KBS 추적60분(1999. 7. 15.); "1999 종말", SBS 추적 사건과 사람들(1999. 3. 15.).

세계적인 대 살육의 해, 1999년 지구 종말은 오는가?" 등의 내용이 담긴 하나님의교회 측의 비디오 일부를 소개하기도 하였다.[118]

하나님의교회 1988년에 이어 1999년에도 종말이 임한다고 주 차례나 주장했다. 모두 부도가 났음에도 불구하고 하나님의 교회는 2012년이 종말의 해라고 또 다시 주장하였다. 안상홍은 『신랑이 더디 오므로 다 졸며 잘 새』(1985)에서 "예수님이 하늘지성소에 들어가시던 1844년에서 168년을 합하면 서기 2012년이 마지막 끝날"이 되므로 혹시 더디 온다면 2012년이라고 하였다.[119]

안상홍은 『최후의 재앙과 하나님의 인』(초판 1984)에서 제3차 세계대전으로 인류가 종말하기 전에 '인치는 사업'이 마쳐져야 하기 때문에 네 천사가 땅 네 모퉁이에서 바람(전쟁)을 잡고 있는데 그 이유를 다음과 같이 설명한다.

제2차 세계대전(1939-1945) 이후 짧은 기간 동안 살아서 승천함을 받을 수 있는 14만 4천 성도에게 이마에 인이 찍혀져야 하기 때문에 그 수가 차기까지 바람을 놓을 수 없다. 그 이유는 택한 백성이라도 인을 받지 못하면 재앙과 제3차 전쟁으로 죽기 때문이다.[120]

이처럼 여러 차례 종말의 날을 변경하여 주장하고 3차 세계대전 전에 14만 4천 명에 속하여야 한다는 불안과 공포를 심어주는 것을 보아 상

---

118 현대종교 편집부 편, 『신천지와 하나님의교회의 정체』, 115.
119 안상홍, 『신랑이 더디 오므로 다 졸며 잘 새』, 14.
120 안상홍, 『최후의 재앙과 하나님의 인』, 한·타갈로그어 대조 (안양: 멜기세덱 출판사, 2008), 128.

습적인 시한부 종말론 집단이라 할 수 있다.

VIII. 하나님의교회의 국제적 물의와 이단성

미국의 피플지는 2015년 12월 12일자 온라인판에 미국의 하나님의교회의 탈퇴자 인터뷰 기사를 통해 하나님의교회가 시한부종말론, 재산 헌납 등으로 물의를 빚고 있다고 하였다. "하나님의교회가 사람들의 약점을 이용해 신도로 만들고, 통제와 세뇌를 통해 '어머니 하나님'과 교회에 빠지게 한다"고 보도 했다. "세상이 어느 순간이든 곧 끝날 것이라는 두려움을 주어서 그 종말 전에 선을 충분히 행하지 않은 것에 대해 죄책감을 느끼게" 하고 "음악도 통제했고 인터넷 사용도 금지"하고, "신도들이 대학을 중도 하차하거나, 직장을 그만두거나, 가족을 무시하도록 종용했다"는 것이다. 그리고 신도들이 시간과 재산을 교회에 바치게 해 이혼, 재산 헌납 등의 문제가 나타나고 있다고 지적했다. 탈퇴자들 전원은 봉급의 10~15%에 해당하는 십일조를 강요받았으며, 심지어 신도들이 가진 것을 기부하게 하여 교회가 나중에 기금마련 행사에서 판매했다고 보도했다.[121]

하나님의교회 세계복음선교협회(구 안상홍 증인회)가 미국 뉴저지 주에서 신도들에게 시한부종말론을 유포하며 낙태를 강요했다는 의혹이 미국 언론에서 또다시 제기됐다. 미국 온라인 뉴스매체인 「미디어아이

---

121 백상현, "'하나님의교회' 미국서도 종말론 내세워 물의…피플지 보도", 「국민일보」, 2016.1.11.

트」(Mediaite)는 "뉴저지 주의 종말론 사이비종교가 여성들에게 낙태를 강요했다"는 기사에서 탈퇴 신도 3명의 증언을 토대로 뉴저지 주 릿지우드 소재 하나님의교회가 사이비종교라는 혐의를 받고 있다고 밝혔다. 신도였던 미셸 콜론 씨도 릿지우드 하나님의교회 지도자가 "세상의 끝이 가까우니 아이를 이 세상에 들여놓는 것은 의미가 없다"고 말한 것을 증언하였다. "하나님의교회가 결혼생활에 파탄을 가져왔다는 이유로 소송을 진행 중"이라고 보도했다.[122]

이러한 하나님의교회 안상홍 증인회는 이미 2000년 한국기독교총연합회에 의해 "성경적으로 비판할 가치조차 없는 이단"으로 규정되었다.

'안상홍 증인회 하나님의교회'는 정통교회로부터 이단으로 규정 받은 안식교 계열에서 나온 또 다른 이단으로서 성경적으로 비판할 가치조차 없는 집단이다. 현재 이들은 한국교회에 너무나 큰 피해를 주고 있는 단체로 모든 교회들이 초교파적으로 연합하여 대처해야 할 것으로 사료되는 바이다.[123]

2002년 예장 통합의 87차 총회에서 '반기독교적 이단'으로 규정되었다.

안상홍 증인회는 교주를 신격화하고, 성경을 자의적으로 해석하며, 잘못된 구원관으로 사람들을 미혹하는 한편, 그 뿌리가 되는 안식교의 교리를 떨쳐 버리지 못하는 등 비성경적이고 반기독교적인 이단이다.[124]

---

122 백상현, "美 언론 '사이비 종교가 낙태 강요'… 하나님의교회 의혹 또 제기", 「국민일보」 2016.2.12.
123 한국기독교총연합회 편,『이단사이비연구 종합자료 2004』(서울: 한국교회문화사, 2004), 85.
124 대한예수교장로회총회 외 편,『종합 이단·사이비연구보고집』(서울: 한국장로교출판

■ 안상홍 장길자 하나님의교회 집단의 이단성에 대한 교단별 결정125

교단	년도 회기	결정 내용
예장 통합	2002/87	반기독교적 이단(교리적 탈선, 성경해석의 오류, 왜곡된 구원관)
	2011/96	이단(반기독교적)
예장 합동	2008/93	이단
예장 합신	2003/88	이단
기감	2014/31	이단
예장 고신	2009/59	이단

결론적으로 하나님의교회는 교주 안상홍을 신격화하여 하나님 아버지, 재림 예수, 보혜사 성령으로 주장하고, 장길자를 하나님 어머니로 가르치므로 신론적, 기독론적, 성령론적, 삼위일체론적 이단이다. 그 외에도 안식일을 지키고 유월절을 지켜야 구원이 있으며 크리스마스를 지키고 십자가를 세우는 교회는 이단이라주장하는 배타적인 구원론적 이단이며, 독선적 교회론적 이단이다.

사, 2011), 221.
125 "한국교회 교단 결의 내용", 「현대종교」(www.hdjongkyo.co.kr).

제 7 장

이만희의
신천지 집단의 교리

I. 이만희 신천지 집단의 연혁

MBC PD수첩의 '신천지의 비밀'(2007. 5. 8.)과 CBS의 '신천지 이단이 진화한다'(2008. 2. 15.)는 방송을 통해 신천지의 비리가 알려져 한국교회와 사회에 큰 충격을 주었다. 한국교회가 신천지를 경계하기 위하여 초교파적으로 많은 노력을 기울였음에도 불구하고 10년이 채 안 되어 신천지 교인이 16만 명에 육박하였다.

신천지는 이 기세에 힘입어 2016년 4월 29일 약 1만 명이 목동 CBS 사옥 앞에서 '한기총 해체, CBS 폐쇄를 위한 궐기대회'를 개최했다.[1] 동시에 한국교회연합회관 앞을 비롯한 CBS 서울 본부와 전국 12개 CBS 지사 앞에서도 신천지 신자들의 대규모 시위에 3~5만 명이 참석하였는데 신천지 측에서는 10만 명을 동원하였다고 한다.

신천지(신천지 예수교 증거장막성전)의 교주 이만희는 1931년 9월 15일 경북 청도군에서 태어났다. 1957년부터 박태선을 추종하다가 1967년부터는 '장막성전'의 유재열파에 가담했다가 사기를 당해 재산을 다 털리고 이탈했다.[2] 이즈음 상황을 이렇게 회고한 바 있다.

> 1957년 5월 10일 속세를 떠나 입산수도 길에서 성령체를 만나 혈서로 충성을 맹세한 후 ○○교회에 인도되었고 3년 후 본 교회로부터 버림을 받아 다시 농민이 되었다.[3]

---

1 백상현 · 김아연, "신천지 전국서 대규모 시위… 한국교회 상대 전면전", 「국민일보」 2016.4.29.

2 현대종교 편집부, 『신천지와 하나님의교회의 정체』 (서울: 국종출판사, 2007), 12-16. 자세한 연혁 참고할 것.

3 대언자 이만희, 『영원한 복음 새 노래 계시록 완전 해설』 (안양: 도서출판 신천지, 년도

1971년 9월 7일에는 40개 항목의 혐의로 유재열과 측근 신도 김창도를 고소해 법정에 세우기도 했다. 1978년 장막성전에서 영명(靈名) '솔로몬'으로 통하던 백만봉을 추종하며 '솔로몬 창조교회' 12사도 조직의 하나로 있었다.

1980년에는 유재열 측의 고소를 당해 3년형의 집행유예를 받았다.[4] 1984년 3월 14일 자신을 따르는 세력을 규합해 과천에서 '신천지 예수교 증거 장막성전'을 설립했다. 혈서로 '새 언약'이라 쓰고 일곱 집사가 날인하였는데, 이날부터 새 하늘과 새 땅이 이 땅에서 시작된 날로 여겨 신천기(新天紀) 원년이라 한다. 이는 이만희가 자신의 창조와 재창조의 교리에 근거하여 새 하늘과 새 땅(신천지)의 재창조를 위해 재림 예수격인 한 목자를 택하고 배도자를 멸망시키고 영적 새 이스라엘 12지파를 모아 신천지예수교 장막성전을 세우고 새 언약을 하였다는 것이다.[5] 하나님은 먼저 영계를 창조하시고 이 땅에서도 그와 같이 육계를 창조하셨다. 창조 후 안식하셨고, 창조한 세계가 부패할 때는 다시 재창조하셨다. 창조의 순리는 목자 선택, 장막(나라) 창조, 언약, 배도, 멸망, 새 목자 선택, 심판, 구원, 재창조, 새 언약과 안식이라고 한다.[6]

'진리의 성읍 아름다운 신천지'(www.shinchonji.kr)에는 '약속의 성전, 약속의 목자, 약속의 신학'이 아래와 같이 소개되어 있다.

미상), 114.

4 정윤석 외, 『신천지 포교전략과 이만희 신격화 교리』 (서울: 교회와신앙, 2007), 40-46. "신천지의 역사"에 관한 내용 참고할 것.

5 보혜사 이만희, 『천지창조』 (안양: 도서출판 신천지, 년도미상), 6.

6 보혜사 이만희, 『천지창조』, 5.

1) 약속의 성전에는 '교단명 & 보좌마크', 신천지 12지파, 보좌조직, 신천지연혁이 수록되어 있고 온 인류에게 꼭 필요한 한 사람, 재림 때 성취된 계시록을 증거하는 신약의 약속의 목자를 소개한다.

신천지예수교 증거장막성전신천지는 뜻을 하늘에서 이룬 것같이 오늘날 이 땅에 이루시고자 하나님께서 창조하신 하나님의 나라요, 6천 년간 하나님께서 역사해 오신 결과로 이루어진 창작물이며, 주 안에서 함께 구원받을 제사장들과 백성들이 소속된 거룩한 성전입니다. …

모세가 하나님이 보여 주신 하늘의 형상을 기준으로 이 땅에 성막을 지었듯이, 오늘날의 신천지도 약속의 목자가 영계의 천국을 보고 그와 같이 이 땅에 창설한 것입니다. 이것이 하늘에서 이룬 대로 이 땅에 창조된 하나님의 나라입니다. … 예수교라 함은 교명에 나타나 있는 것처럼 신천지 성전의 교주가 예수님이심을 의미합니다. … 증거장막성전은 만국이 와서 소성받고 주께 경배할 약속의 성전입니다.7

…

시대마다 나타난 하나님의 나라는 12지파였습니다. 구약 때 야곱은 이긴 자 즉 이스라엘이라는 이름을 받고 육적 이스라엘 12지파의 시초가 되었습니다. 유대 땅에 오신 예수님 역시 세상을 이기고(요 16:33, 마 4장, 눅 4장) 12제자(12지파)를 통해 영적 이스라엘 12지파를 만들었습니다. … 14만 4천 명이 인 맞는 곳은 계시록 14장의 시온산이며, 말씀으로 인 맞은 14만 4천 명을 처음 익은 열매라합니다(약 1:18). 이 14만 4천 명이 하나님의 인을 맞아 창조된 12지파입니다.8

7 http://www.shinchonji.kr/?ch=about01_01(2016.2.3.).

2) 성경대로 온 인류에게 꼭 필요한 한 사람, 재림 때 성취된 계시록을 증거하는 신약의 약속의 목자와 약속의 목장에 의해 창조된 영적 새 이스라엘 12지파를 소개한다.

오늘날 예수님께서 다시 오셔서 부패하고 언약을 어긴 영적 이스라엘을 심판하여 끝내시고 신약의 약속대로 이긴 자(약속의 목자)를 통해 영적 새 이스라엘 12지파를 창조하십니다.
이는 이방 바벨론에서 진리로 이기고 벗어난 자들이며, 예수님의 피로 죄사함 받아 하나님의 나라와 제사장이 되는 자들입니다. 이들은 1) 하나님의 씨로 났고, 2) 추수되었으며, 3) 하나님의 이름과 예수님의 이름으로 인 맞았으며, 4) 계시록을 가감하지 않았고, 5) 하나님의 약속의 새 나라 12지파에 소속되었고, 6) 생명책에 녹명되었습니다.[9]

3) 약속의 신학은 성경의 약속대로 세워지고 오직 성경 말씀만을 전하는 신학 교육기관으로 전 세계에서 유일하게, 성경에 감추었던 하나님과 예수님의 예언과 그 예언대로 이룬 실상을 전하는 시온기독교선교센터를 소개한다.

무료(계 22:17) 성경 센터인 시온기독교선교센터는 추수되어 온 자들을 새 말씀(새 노래) 곧 예언이 성취된 계시 말씀으로 인쳐서 열두 지파를 창조하므로, 영계의 보좌와 하나님께서 함께하시는 곳입니다. 작년 한 해

---

8 http://www.shinchonji.kr/?ch=about01_03.
9 http://www.shinchonji.kr/?ch=about02_01.

만 2만 5천 명, 지금까지 총 16만 명의 수료생을 배출한 시온기독교선교센터는 단일 교단으로서는 세계 최대 규모의 수료생을 배출하고 있습니다. … 해외 29개국에 약 600여 곳이 설립되어 있으며, 신천지의 진리를 인정하고 목사증을 반납한 목회자만도 현재 수백 명에 달합니다.[10]

「헤랄드 경제」와의 인터뷰에서 이만희는 "신천지를 자랑하는 대표적인 것을 꼽는다면, 새 언약의 말씀을 지킨 것, 그 누구도 알지 못한 성경을 성령의 계시로 통달한 사실, 전 성도가 신학원을 수료하고 걸어 다니는 성경이 된 것, 영적 새 이스라엘 열두 지파 창조, 단독 교단으로서는 세계에서 제일 큰 시온기독교무료신학원을 설립한 것" 등이라 하였다.[11]

이러한 신천지 기본 교리가 가장 함축적으로 드러나는 것은 이만희가 지은 "영원한 나의 본향"으로 시온산에서 144,000명이 부른다는 '새 노래'(계 14:3)인데 영지주의의 비밀 전승적 성격과 이 땅에서의 장생불사라는 종교 혼합적인 요소가 농후하다. 특히 이 노래에 나오는 천조, 초락도, 천종지성, 일음연수, 천우경전, 천정수, 천궁, 천상부모 등은 모두 박태선의 전도관에서 기독교와 정감록 사상을 혼합하여 만든 위서로 알려진 『격암유록』에 나오는 용어들이다.[12]

육천년 깊은 밤 천계(天鷄) 소리에 놀랜 잠 눈 떠진다

10 http://www.shinchonji.kr/?ch=about03_01.
11 "2005 새뚝이 경영인-신천지예수교", 「헤랄드경제」 2005. 1. 31.
12 허호익, "『격암유록』의 위조와 기독교 이단들의 종교혼합주의", 「장신논단」, 36(2009), 59

새 아침 빛 신천지에 솟아 때는 좋아 여명일세

송구영신 호시절은 신천지 운세라

육천년 봉한 책 천국비밀 일곱인 신천지 열쇠 문 열었다

천조(天鳥) 조화 곡조 따라 하늘 책 노래 소리에 춤 나오네

태고이후 초락도(初樂道)요 천종지성(天鐘之聲)

반석정(盤石井)에 일음연수(一飮延水) 영생수일세

생명수 강가 넓은 들판 천우경전(天牛耕田) 씨를 뿌려 천농(天農)이라

생명나무 열두 가지 천우에 열매인가 천조왕래(天鳥往來) 비 내린다

청정수(天井水) 마음 씻고 마음 가운데 천궁지어

천상부모 모셔다가 천년만년

너와 내가 여기 살리라.[13]

이만희의 신천지 자랑과 그가 지은 이 '새 노래'는 국악으로도 작곡되었는데, 신천지의 주요 요지들이 어느 정도 반영되어 있다.

신천지 집단의 집중적인 성경 공부를 통해 미혹하고 세뇌시키는 핵심 교리들을 이만희의 여러 저서와 신천지의 교육 자료에 통해 자세히 살펴보고 그 문제점들을 비판하려고 한다.[14]

13 이 '새 노래'는 국악으로 작곡되어 있다.
14 허호익, "『격암유록』의 위조와 기독교 이단들의 종교혼합주의", 58-62.

II. 재림 예수 이만희

이만희는 요한계시록에 나오는 주요 인물들은 다 자신을 가리키고 있다고 주장한다. 구름 타고 오시는 재림 예수, 이긴 자, 두 증인, 철장으로 만국을 다스릴 아이, 신부, 대언자, 사도 요한격인 목자 등 모두 이만희를 지칭한다는 것이다.[15]

요한계시록에는 박해를 받고 있던 버가모 교회에 대해서 성령께서 "이기는 그에게 … 흰 돌을 줄 터인데 그 돌 위에 새 이름을 기록한 것이 있나니 받는 자 밖에는 그 이름을 알 사람이 없느니라"(계 2:17)고 하였다. 그리고 빌라델비아 교인들에게는 성령께서 "이기는 자가 성전 기둥이 되고 거기 나의 새 이름을 그 위에 기록하리라"(계 3:12)고 하였다.

이만희는 '이기는 자'를 '이긴 자'로 왜곡하고 자신이 바로 계시록에서 말하는 이긴 자라 하고, 재림 예수의 새 이름이 이긴 자라 주장한다.

> 구약의 여호와 하나님의 새 이름은 예수였다. 이와 같이 재림하시는 예수님이 이긴 자에게 임하여 하나가 되므로 곧 이긴 자의 이름이 예수님의 새 이름이요 새 이스라엘이며 새 예루살렘이 되는 것이다.[16]

따라서 신천지의 교육자료에 의하면 "초림 때 예수님이 하나님의 새 이름으로 오신 분이었고, 재림 때 이긴 자(신천지예수교 총회장님)가 예수님의 새 이름으로 오신 분"이라고 주장한다.[17] 하나님의교회에서도

---

15 진용식, "'이만희 신격화'를 위한 요한계시록 해석", 「교회와신앙」 2000.10.1.
16 이만희, 『천국 비밀 계시』 (안양: 도서출판 신천지, 1992),75.
17 장운철, "'새 이름'= 교주 이름'이라 미혹하는 황당함", 「교회와신앙」 2011.6.8.

'새 이름 교리'에 따라 예수가 하나님의 새 이름으로 오셨고, 예수의 새 이름으로 오신 이가 안상홍이라 한다. 둘 다 억지 해석이 아닐 수 없다. 이긴 자는 하나님의 뜻을 하늘에 이룬 것 같이 신천지 예수교 증거장막 성전을 통해 이 땅에 이룬 이만희를 지칭한다. 그리고 이긴 자 이만희를 통하지 않고는 영생, 구원, 천국, 진리를 얻지 못한다고 주장한다.

하나님과 예수님과 천사들도 이긴 자와 함께 하시며 영생과 구원 천국과 진리도 이긴 자를 통해서 있게 되는 것이다. 그러므로 천국과 영생에 소망을 둔 모든 성도는 계시록에서 이긴 자를 찾아야만 구원에 이르게 된다.[18]

신천지가 이만희를 '이긴 자'라 지칭하며 그를 신격화하는데 엄밀히 말하면 요한계시록에는 '이긴 자'라는 표현이 없고 '이기는 자'가 모두 다섯 번 나온다(2:11; 2:26; 3:5; 3:12; 21:7). 당시는 로마의 박해가 끝난 상황이 아니며 박해 중에 있는 소아시아 일곱 교회의 신도들에게 그들이 처한 고난의 상황과 '닥쳐 올 시험'(계 3:12)을 극복하는 자가 되라는 권면으로 '이미 이긴 자'가 아니라 '장차 이기는 자'가 되라한 것이다.

이만희는 '하나님께서 영으로 오신 분'이 예수이고, '영으로 오신 예수님 대언의 목자와 함께 계시니. 이 대언의 목자를 보는 것이 예수님을 보는 것'이라 한다.

초림 때 하나님께서 영으로 예수님께 오사 함께 역사 하셨던 것 같이 재림의 예수님도 하늘에서 육신으로 오시는 것이 아니라 신령체로 오사 이 땅에서

<hr>

18 이만희 , 『천국 비밀 계시』, 84.

이긴 자를 택하여 영적 이스라엘(승리자)로 세우시고 그와 함께하여 하늘 영계에서 이룬 것 같이 하나님의 나라와 백성을 창설하신다.[19]

이와 같이 오늘의 대언의 목자 보혜사는 예수님의 이름으로 오시게 되고 (요 14:26 16:14) 영으로 오시는 예수님은 대언의 목자와 함께 계시니. 대언의 목자 요한의 증거가 곧 예수님의 증거이며 이 대언의 목자를 보는 것이 예수님을 보는 것이다.[20]

이 대언의 목자는 바로 "예수의 대언자요, 또 재림 예수의 다른 이름"[21]이라 한다. 그러므로 하나님의 대언자인 예수가 하나님과 하나이 듯이, 예수의 참된 대언자인 이만희도 예수와 하나이라는 것이다. 따라서 예수께서 "나를 본 자는 하나님을 본 것"이라한 것처럼 택한 목자 이만희를 보고 믿는 것이 곧 그를 보내신 하나님과 예수 그리스도와 진리의 성령을 믿는 것이 된다는 순환 논리를 주장한다.[22] 택한 목자 이만희는 "예수의 영혼이 다시 오셔서 다른 육으로 입으신 것이므로 실상은 동일한 인물"[23]이라 한다. 신천지의 공식 명칭은 '신천지 예수교 증거장막성전'인 것은 옛 시대의 나사렛 예수와 구분하여 신천지의 예수는 이만희라는 의미이다.

그동안 PD 수첩(2007. 5. 8.) 인터뷰에서 이만희는 재림 예수라 자처한 적이 없다고 하였지만, 2006년 이만희 교주의 생일을 맞아, 신천기

---

19 이만희, 『성도와 천국』(안양: 도서출판 신천지,1995), 217.
20 이만희, 『천국 비밀 계시』, 43.
21 이건남 · 김병희, 『神誕-성경의 예언과 그 실상의 증거』, 331.
22 시온신학 SCJ 파워특강, "보혜사" 참조.
23 이건남 · 김병희, 『神誕-성경의 예언과 그 실상의 증거』, 330.

23년 총회장배 축구대회 팜플렛 인사말에서 자신을 "만유의 대주재"(계 6:10)와 "영광의 본체이시나 낮아짐으로 섬김의 본을 보이신"(빌 2:6) 분으로 표현하고 있다. 우리나라에 자칭 재림 예수도 40여 명[24]이라 한다. 그렇게 많은 재림 예수가 존재한다는 것 자체가 거짓의 증거이다. 불경스러운 일이 아닐 수 없다. 재림예수교회의 구인회는 자신이 재림 예수라 주장하였으나 1975년 사망하자 성남의 모란공원묘지에 매장하였는데 '재림예수의 묘'라는 묘비를 세웠다.[25]

III. 육으로 오신 보혜사 이만희

이만희는 자칭 보혜사라 주장한다. 자신의 저서 『천국비밀 계시록의 실상』과 『천지창조』와 『천국비밀 계시』 표지에 '저자 보혜사 이만희'라 적고 있다. 그리고 신천지의 초기 교리서로 알려진 '신으로 태어나다'를 뜻하는 『神誕』에는 보혜사가 새 시대의 하나님의 대언자일 뿐 아니라 보혜사는 영과 육을 모두 말하는 것이며, 영이신 하나님이 육으로 오신 보혜사가 예수이듯이, 진리의 성령이신 다른 보혜사가 택한 목자로서 육으로 오신 분이 이만희라고 한다.

구약의 여호와는 신약의 예수로 나타나신바 되었고(요 1:18) 그 예수는 말일에 보혜사(요 14:16)로서 새 이름을 가지고 오신다(계 2:17).[26]

---

24 정윤석 외, 『신천지 포교전략과 이만희 신격화 교리』, 62.
25 차진영, "고(故) 구인회씨는 여전히 재림예수", 「현대종교」 2008년 1월호, 68-74.
26 이건남 · 김병희, 『神誕-성경의 예언과 그 실상의 증거』, 24.

보혜사는 예수의 영혼이 재림의 때에 한 육체에 임하여 탄생하시는 예수의
다른 이름이다.27

이만희는 보혜사는 은혜로 보호하는 스승이라는 말이며, "보혜사는
영이든 육이든 간에 은혜로 보호하고 가르치는 자를 뜻 한다"고 한다.

그러나 보혜사(保惠師)는 요한복음에 4번 나오는 희랍어 파라클레토
스(parakletos, 라틴어: paracletus, 영어: paraclete)를 한자로 음역한 것
으로 대언자, 변호사, 중재자, 협조자, 대변자라는 뜻이다. 한문으로 번
역하면서 동양인의 정서에 맞게 목사(牧師)의 경우처럼 스승 사(師)를
붙인 것으로 원어는 스승이라는 의미가 전혀 없다. 그러나 이만희는
이러한 원어에 대해 무지하므로, 한문 번역을 문자적으로 해석하여 보
혜사를 스승이라고 주장한다.

이만희는 원어를 뜻을 제대로 모른 채 보혜사를 문자적으로 '은혜로
가르치는 스승'으로 오해하였기 때문에, 보혜사가 여럿이라고 황당한
주장에 이르게 된다. 노아와 아브라함과 모세와 예수까지도 보혜사라
주장한다. 이 마지막 시대에 보혜사가 이만희 자신이라고 가르친 것이다.

신천지는 하나님의 대언자 보혜사 이만희의 직통 계시를 주장한다.
"이만희 총회장이 계룡산 국사봉에 올라가 40일 동안 받은 말씀을 노트
두 권에 기록해서 내려왔는데, 그 책이『신탄』"이라 한다. 그리고『천국
비밀 계시』나『천국비밀 계시록의 실상』의 머리말에도 이 두 책이 모두
계시 받은 내용을 기록한 것이라는 것을 구체적으로 명시하고 있다.

---

27 이건남 · 김병희,『神誕-성경의 예언과 그 실상의 증거』, 330.

필자가 증거하는 이 책은 약 2,000년 전 사도 요한이 밧모섬에서 계시로 본 장래사가 오늘날 실상으로 응한 것을 보고 들은 대로 진술한 것이다. 그러므로 이 책의 증거는 사람의 생각으로 연구한 것이 아니요, 또 사람에게서 배운 것도 받은 것도 아니며, 성경 66권을 기록한 선지자들 같이 필자도 오직 살아계신 주님의 성령과 천사들로부터 보고 듣고 지시에 따라 증거한 것이므로 이 증거는 참이며 진실이다. … 이 책의 해설과 증거는 모세 때(시 29:4)에도 예수님 초림 때에도(마 13: 34-35) 밝히지 아니한 천국의 비밀을 오늘날 드디어 밝힌 것으로서 기독교 최고의 값진 내용의 책이다. 이 책을 본 자는 참 하나님의 목자와 성도를 알게 되고 사단의 목자와 백성을 알게 되며 참 정통과 이단을 알게 된다.[28]

또 다른 저서 『성도와 천국』도 "필자가 하늘의 하나님을 찾아 나선 배움의 길에서 하나님의 계시를 직접 보고 듣고 깨달은 하나님의 말씀(요 6:45)을 실은 것"이라 한다.[29]

에스겔 3장 1절과 요한복음 13장 31절을 짝풀이 하여 "예수님께서 하나님의 두루마리를 받아먹은 것처럼, 이만희 총회장도 하나님의 말씀을 받아먹은 사람"이라 주장한다.[30] 그래서 직통 계시가 아닌 "사람이 연구한 주석은 생명이 없으며 주석은 사이비요, 이단의 교리"라고 한다.[31] 성도들은 이 보냄을 받은 대언자를 통해 계시를 전해 받게 된다는

---

28 이만희 보혜사, 『천국비밀 계시』(안양: 도서출판 신천지, 년도미상), 3-4; 이만희, 『천국 비밀 계시록의 실상』(안양: 도서출판 신천지, 년도미상), 3-4. 두 책의 머리말은 거의 같은 내용이다.
29 이만희, 『성도와 천국』, 머리말.
30 황의종, "이만희가 말씀을 받아먹었다는 것은 진실일까", 「현대종교」 2009년 11월호, 86.
31 이만희, 『천국 비밀 계시』, 92.

것이다.[32]

이만희는 계시를 두 가지로 구분한다. "하나는 장래 이룰 일을 이상으로 미리 보여주는 '환상 계시'이며, 다른 하나는 약속한 예언을 실물로 이루어서 보여주는 '실상 계시'이다."[33] 사도 요한은 요한계시록에서 환상 중에 본 천국을 기록하였지만, 이만희는 천국의 실상을 보고 증거한다는 논리이다.

> 약 2천 년 전 사도 요한이 계시를 받아 기록한 요한계시록은 환상 계시이다. 그러나 그 성취 때가 되면 환상 계시는 문자 그대로가 아닌 실상으로 이루어진다. 그때는 사도 요한의 입장으로 오는 약속한 목자가 열린 책에 기록된 말씀과 실체를 천사로부터 먼저 보고 듣고 우리에게 전해 준다. 그것이 실상 계시이다.[34]

이만희가 본 천국의 실상은 6,000년 동안 감추어진 비밀이라고 한다. "창세로부터 6,000년간 감추어졌던 이 비밀이 주님의 약속대로 오늘날 개봉되어 우리에게 알려지는 것이니 성도들은 참으로 믿고 지킬 일임을 명심하기 바란다"[35]고 하였다.

무엇보다도 6,000년 동안 감춰진 천국 비밀의 실상을 예수께서도 비사(秘辭)로 전했고 사도 요한은 요한계시록에서 환상으로 전했으며 오직 이만희 만이 직접 계시를 통해 실상을 보고 전했다면, 최소한 지난

---

32 이만희, 『천국 비밀 계시』, 17.
33 이만희, 『천국비밀 계시록의 실상』, 45.
34 보혜사 이만희, 『천지창조』, 27.
35 이만희, 『천국비밀 계시록의 실상』, 90.

2,000년 동안의 모든 기독인들은 성경을 전혀 알지 못한 채 신앙생활을 헛되게 한 것이 된다. 있을 수 없는 일이다.

교회사적으로 보면 170년경 몬타누스는 자신을 그리스도에 의하여 약속되었던 보혜사 성령(요 14:26: 16:7)의 성육신(Incarnation)이라 자칭하고, 직통 계시와 하늘의 새 예루살렘이 곧 임한다고 주장하여 결국 이단으로 정죄되었다.[36] 성령은 하나님의 영이므로 육체로 올 수 없다. '육은 죽이는 것이고 영은 살리는 것'이기 때문이다. 진리의 가장 단순한 형태는 진실이다. 과연 온갖 거짓과 위장을 일삼는 신천지 집단의 행태를 보아 그들에게 진리가 조금이라도 있는지 의심스럽다. 진리의 영이신 보혜사를 모독하는 일이 아닐 수 없다.

IV. 삼위일체론의 왜곡

『神誕』(신탄)은 '신천지 예수교 시온장막성전'의 교리서로서 성경론, 창조론, 언약론, 배도론, 멸망론, 구원론, 부활론으로 구성되어 있다. 이 책에서 "신과 일치하는 참 사람, 육천년의 긴 세월을 눈물로 역사해 오신 이, 우리 아버지 하나님이시다"[37]고 한 것은 실제로 이만희를 말씀의 아버지로 주장하는 것이다. 이만희는 하나님이 사람의 장막에 친히 왕으로 거하시는 분으로 묘사된다. 예장 통합에서 지적한 것을 들어 보자.

---

36 A. M. Ritter/조병하 역, 『고대 그리스도교의 역사』 (서울: 기독교교문사, 2003), 46.
37 이건남·김병희, 『神誕-성경의 예언과 그 실상의 증거』, 78.

이(만희) 씨는 구약의 아브라함과 이삭과 야곱을 삼위일체에 비유하여 "성령이신 성부(아브라함)는 성자 예수(이삭)를 낳았고 성령이신 예수(이삭)는 성자 보혜사(야곱)를 낳으셨으니 이것이 삼위이다"(『하늘에서 온 책의 비밀 계시록의 진상 2』 p. 37)라 하는데, 이는 성령이 예수와 하나 되신 후에 다시 그 성령과 하나 된 예수의 영이 지상의 사명자 육체에 임함으로 삼위일체가 이루어지는 것이 된다는 말이다(『천국비밀 계시록의 진상』 p. 306).[38]

삼위일체를 "보혜사의 육체에 하나님의 성령이 그리스도의 이름으로 좌정하신 것"[39]으로 표현하기도 하였다. "하나님의 본체의 영은 맨 먼저 익을 첫 열매로서 예수의 사명을 수행하고 이 땅의 사명자 곧 예수의 이름으로 오실 보혜사에게 임하시어 그와 혼연일체가 되어 하나님이 사람의 장막에 친히 왕으로 거하시게 된다"[40]는 것이다.

그리고 "성부이신 하나님의 신과 성자이신 하나님의 혼과 마지막에 오실 사명자 보혜사 육신이 어린양 혼인 잔치를 거쳐 하나로 일치하여 변화를 통해 영광을 받으실 때 그 참모습이 확실히 드러난다"[41]고 하였으니 이만희의 영과 혼과 육이 각각 하나님, 예수님, 보혜사 성령 즉 삼위일체 하나님에 해당된다는 주장이다.

이만희는 삼위일체(三位一體)를 문자적으로 해석한다. "이긴 자에게 거룩한 성 새 예루살렘의 이름과 하나님과 예수님의 이름을 기록하였으

---

38 대한예수교장로회총회 외 편, 『종합 사이비·이단연구보고집』, 177.
39 대한예수교장로회총회 외 편, 『종합 사이비·이단연구보고집』, 330.
40 대한예수교장로회총회 외 편, 『종합 사이비·이단연구보고집』, 327-328.
41 대한예수교장로회총회 외 편, 『종합 사이비·이단연구보고집』, 337.

니 일체(一體)에 위(位)가 셋이니 이것이 말하자면 삼위일체이다"[42]라 한다. 삼위일체라는 말은 '세 위격(tres personae)과 한 본체(una sub-stantia)'라는 라틴어를 번역한 것인데, 이만희는 삼위일체를 단순히 문자 그대로 '자리 위(位)'와 '몸 체(體)'로 풀이한다.[45] 자리는 영적으로 '보좌'이므로 세 보좌 중 한 육체가 앉는 것이 삼위일체라는 것이다. 세 보좌에 각각 하나님의 영과 예수의 영 그리고 이만희의 육체가 앉는 것이 삼위일체라는 터무니없는 주장을 한다.

전 신천지 교육장이었던 신현욱 역시 "초림 예수와 달리 다시 오는 예수는 영으로 오는데 보이는 육체를 가진 이만희에 임한다. 보좌에 하나님과 예수님은 영으로 임하고 나머지 보좌에는 육체를 가진 이만희, 즉 이긴 자가 앉는다는 그릇된 삼위일체관을 가르친다"[43]고 증언했다. 한 분 하나님이 세 모습으로 나타난다는 전형적인 양태론적 이단이다. 예장통합 요리문답 6에서 "하나님에게는 성부 성자 성령 삼위가 있고 이 셋이 한 하나님이며 본질이 같고 능력과 영광이 동등"하다고 가르친다. 성부 성자 성령 하나님은 각각 세 분이면서 동시에 한 분이라는 전통적인 삼위일체론이다.

V. 왜곡된 성서관과 실상풀이

이만희는 성경은 선민에게 하신 말씀으로서 크게 '역사, 교훈, 예언,

---

42 이만희, 『천국 비밀 계시』, 81.
43 "신천지 이단 진화하고 있다", CBS, 2008. 2. 15.

실상 네 가지'로 구분되고 "하나님에게 속한 목자와 마귀에게 속한 목자, 구원의 처소와 멸망의 현장" 등에 관해 기록되어 있다고 한다.[44]

이만희는 신구약 성경 66권 전체가 하나님의 말씀이지만 그 일부만을 '새 언약'이라 하여 더 큰 비중을 둔다. 심지어 "마태복음 24장과 요한계시록만 새 언약이며(『하늘에서 온 책의 비밀 계시록의 진상 2』 p. 522), 신약과 구약은 무효(『영원한 복음 새 노래 계시록 완전 해설』 p. 27)"[45]라 한다.

정통적인 기독교는 성경 66권 전체를 하나님의 말씀으로 여긴다. 150년경의 마르키온(Marcion)처럼 구약을 배제하거나 신약의 일부만을 성경으로 여기는 것은 이단으로 정죄되어 왔다.[46] 따라서 신천지의 이러한 성경관은 예장 통합 총회에서 이단의 근거로 제시된 것이다.

이만희는 예수께서도 하늘에 올라가서 보고 들은 천국의 실상을 증거하였으나(요 3:11-13), 이를 비사(秘辭)로만 말씀하셨다고 한다.[47] 그는 "예수께서 이 모든 것을 무리에게 비유로 말씀하시고 비유가 아니면 아무 것도 말씀하지 아니하셨다"(마 13:34)는 말씀에서 말하는 '비유'가 곧 '비사'라는 것이다. 그리고 요한계시록도 '영생에 이르는 천국의 비밀을 암호로 기록한 책'[48]으로서 비사(秘辭)에 해당한다고 한다. 이만희에 의하면 하나님은 아담 범죄 후 하늘의 비밀을 알아서 안 되는 자들에게는 깨닫지 못하도록 성경을 일곱 인으로 봉인하였다는 것이다.[49]

---

44 보혜사 이만희, 『천지창조』, 23,

45 대한예수교장로회총회 외 편, 『사이비이단연구보고집』, 177.

46 허호익, "영지주의 기독교 왜곡과 사도신경의 형성", 「신학과 문화」 14집(2005), 191-220.

47 이만희, 『천국의 비밀 계시록의 진상 2』 (안양: 도서출판 신천지, 1988), 28.

48 이건남 · 김병희 공저, 『神誕-성경의 예언과 그 실상의 증거』, 24.

성경의 모든 것과 하나님의 모든 재창조 역사를 매듭짓는 요한계시록은 사도 요한이 계시를 받아 기록한 후 약 2,000년 동안 일곱 인과 예언으로 봉해져 있었다. 그러나 오늘날 드디어 그 약속의 때가 되어, 예수님께서 봉해진 책의 인을 떼어 펼치시고 약속한 참 목자인 이긴 자에게 주어 그것을 먹게 하고, 거기에 기록된 말씀을 나라와 백성과 방언과 임금에게 전하셨다. 약속한 말씀을 믿고 지키는 사람은 알곡으로 추수되어 하나님 나라와 제사장이 되고, 천 년 동안 그리스도와 더불어 왕 노릇하는 첫 번째 부활에 참여하는 것이다.[50]

이만희는 2,000년이 지난 지금 약속한 때가 되어서 택한 종들 이외는 그 봉인을 떼고 '감추어진 비밀로 기록된 성경'의 영적 비밀을 깨닫지 못하게 한 것이라고 한다.[51] "성경에 기록된 하나님의 말씀은 영적인 것을 빙자하여 비유로 베푼 영적인 것인데 사람들이 문자에 매어 육적으로 해석하여 행동한다면 하나님의 뜻에 맞을 리가 없다"[52]라는 것이다. 따라서 "사람이 연구한 주석은 생명이 없으며 주석은 사이비요, 이단의 교리"라고 한다.[53]

하나님의 봉해진 책의 비밀을 천상천하에 아는 자가 없는 이때에 오직 책 받은 요한만이 성경을 통달하여 그 입에서 하나님의 비밀이 나오게 되는

---

49 이만희, 『성도와 천국』, 24

50 보혜사 이만희, 『천지창조』, 532.

51 이만희, 『성도와 천국』, 22-23.

52 이만희, 『성도와 천국』, 26.

53 한국기독교총연합회 이단사이비문제상담소, 『이단 사이비 연구 종합자료 2004』(서울: 한국교회문화사, 2004), 98 재인용.

것이다. 만민은 책을 받아먹은 사도 요한 격인 오늘날의 목자에게 가서 배워 믿고 행해야만 하나님의 뜻대로 하는 자가 되고 구원에 이르게 된다.[54]

신천지에서는 성경에 기록된 신의 뜻은 계시를 받은 자만이 알 수 있으며, 이만희만이 유일하게 그러한 계시를 받았다고 주장한다. 이만희만이 천국의 실상을 직접 보고 들었으므로, 천국의 비밀을 비사로 전한 예수의 복음과 환상으로 기록한 요한계시록을 바르게 해석할 수 있는 유일한 사람이라는 것이다.

주께서 명하신 대로 하나라도 가감하지 말아야 할 계시록의 말씀(계 22:18-19)은 기록한 실상이 나타나지 않았기 때문에 그동안 어느 누구도 참뜻을 해석하지 못했다. 그러나 이제 성취 때가 되어 계시록의 예언이 홀연히 이루어졌으므로 필자는 그 실상을 직접 보고 성령에게 설명 들은 대로 낱낱이 증거 하려 한다.[55]

신천지는 봉인된 성경의 '천국의 비밀이라는 비사(秘辭)의 영적 의미'를 풀이하는 비유 풀이의 방법을 비사풀이, 실상풀이, 짝풀이라 한다. 비유풀이를 통해 성경의 일부 단어들을 성서의 다른 단어들과 임의로 짝 맞추어 전자의 실상은 후자라고 주장한다.

예를 들면 그들의 추수꾼 교리도 이러한 비유풀이에 근거한다. 추수 마당은 기성 교회(바벨론 교회)이고, 곡간은 신천지예수교 증거장막성

---

54 이만희, 『천국비밀 계시』, 193.
55 이만희, 『천국비밀 계시록의 실상 』, 35.

전이고, 추수는 알곡 즉 영생할 수 있는 성도를 곡간에 들이는 하늘 농사(천농)라는 것도 전적으로 우의적인 해석이다.

또 다른 예를 들면 "포도원을 허는 여우를 잡아"야 하는데(아 2:15), "포도원은 이스라엘"(사 5:17)로서 오늘날 교회이며, "그 선지자들은 황무지의 여우"(겔 13:4)인데 즉 오늘날 기성 교회의 목사들이다. 따라서 이 여우들을 "그 입의 막대기"(사 11:4) 즉 말씀으로 잡아야 한다고 풀이한다. 이처럼 4개의 성경 구절을 문맥과 내용을 무시하고 짝으로 연결하여 무슨 수학 공식처럼 풀이하면서 이것이 감추인 비밀이라고 미혹하는 것이다.

신천지에서는 이러한 '말씀의 짝 맞추기'라는 비유풀이의 근거로 "너희는 여호와의 책을 찾아 자세히 읽어보라 이것들이 하나도 빠진 것이 없고 하나도 그 짝이 없는 것이 없으리니"(사 34:16)라는 말씀을 제시한다. 이 본문의 '이것들은' 어법이나 문맥으로 보아 짐승을 뜻한다. 표준새번역 등에는 "이 짐승들 가운데 어느 하나도 짝이 없는 짐승이 없을 것"으로 번역되었다. 그러므로 이만희와 인상홍이 주장하는 '말씀의 짝'과는 전혀 무관하다.[56] 성경의 전후 문맥을 무시하고 해석하는 이단들의 전형적인 오류인 것이다.

심지어 "바다에서 한 짐승이 나오는데 뿔이 열이요 머리가 일곱이라"(계13:1)는 말씀에서 일곱 머리의 실상을 아무런 근거도 없이 신천지에 비판적인 탁성환, 김정두, 한의택, 백동섭, 김종관, 탁명환이라 주장한다. 터무니없는 해석이다. 그리고 청계산의 '시내 계(溪)' 자를 시내산이라 풀이하거나, 과천(果川)을 생명과일과 네 개의 강으로 여겨 동방의

---

56 진용식, 『안상홍 증인회의 실체는』 (서울: 성산, 2008), 152-153.

에덴이라고 풀이한다.[57]

    이러한 비유풀이를 통해 본문의 전후문맥과 역사적 배경도 무시한 채 성서의 특정한 부분의 단어를 특정한 단어와 임의로 관련시켜 제멋대로 해석하는 어리석음을 범하고 있다. 이만희는 성서원어에 대한 이해가 전무하며 여러 번역본 중에서도 오직 1962년 판 개역성경에만 의존하여 비유풀이라는 방식의 문자적 우의적 해석을 시도하였는데 원어의 뜻이나 다른 번역본으로 보면 짝풀이가 맞지 않는 경우가 부지기수이다.

    예를 들면, 신천지의 공개 성서 강의에서 "내가 보니 그룹들 곁에 네 바퀴가 있는데"(겔 10:12)를 인용하고 '그룹'을 영어의 그룹(group)으로으로 오독(誤讀)하고 '네 그룹'(group)으로 되어 있다는 황당한 해석을 주장을 폈다. 본문의 '그룹들'은 히브리어 복수형 '케루빔'(cherubim)을 영어로 커룹(cherubs)으로 번역한 것을 다시 한글로 번역한 것이다. 이런 오해를 막기 위해 공동번역에는 '거룹들'이라 번역하였다. 원어 성경에 대한 무지와 개역 성경만을 고집하는 데서 오는 전형적인 오류인 것이다.

    이러한 해석들은 성서해석의 역사와 성서석의방법론을 신학대학에서 제대로 배우지 못한 채 『격암유록』 등의 도참 서적을 이현령비현령식으로 주술적으로 해석한 것을 주워들은 한국의 무지한 이단지도자들이 성서해석에 적용한 전통에서 비롯된 것이다.[58]

    어거스틴 등도 선한 사마리아의 비유 등을 알레고리로 해석하였으나

---

57 김보영, "신천지의 진실게임", 「현대종교」 2007년 10월호, 42-44.
58 허호익, "『격암유록』의 위조와 기독교 이단들의 종교혼합주의", 65.

루터와 칼빈은 성서를 이처럼 제멋대로 우의적(愚意的)으로 해석하는 사람들은 "속임수를 쓰는 성직의 사기꾼"이라 하였다. 종교개혁자들은 "성서가 성서를 해석한다"라고 하였다. 그러므로 성경 전체에 흐르고 있는 기본적인 교리를 파악하고, 그 빛 아래서 부분을 해석하여야 한다.[59] 따라서 그러기 위해서는 원어의 정확한 뜻도 알아야 하고, 성서의 본문이 쓰인 당시에 무엇을 의미했는지(What it meant)를 알아야 한다. 그리고 성경 전체로 돌아가 성경전체의 맥락에서 한 구절 한 구절이 오늘날 우리에게 주는 의미(What it means)를 해석하여야 한다.[60]

이만희는 요한계시록에 기록된 비사는 "전 인류가 수신 대상이 아니라 성경의 대상인 선민에게만 수신이 한정되어 있다"고 주장한다.[61] 그래서 신천지의 모든 성경공부는 특정한 사람에게 비밀리에 이루어진다. 심지어 입막음 교육을 통해 성경 공부를 하는 것은 가족이나 친지나 교인들에게 알리지 못하게 철저히 교육하는 것으로 알려져 있다. 신천지는 비밀리에 성경 공부를 하면서도, 자신들이 무료로 값없이 성경공부를 가르치는 것이 기성교단의 신학교와 다른 점이라는 것을 강조하면서 신자들을 미혹한다.

생명수는 '값없이' 주는 것이므로(17절) 생명수가 나오는 곳은 성경을 '무료로' 가르쳐 주는 곳이지 수업료를 받는 일반 기성 신학교가 아니라는 것

---

59 총회헌법개정위원회 편, 『대한예수교장로회 헌법』(서울: 대한예수교장로회총회출판국, 1992), 160.
60 허호익, 『신앙 성서 교회를 위한 기독교신학』(서울: 동연, 2010),258-264.
61 신천지의 『그리스도인의 선택』이라는 자료에도 성경은 "세상 모든 사람에게 주신 것이 아니고 하나님을 믿고 그리스도를 영접한 사람들 즉, 하나님께서 택하시고 언약한 선민에게 주신 글(언약서)라 한다.

쯤은 확실히 알 수 있다. 하나님의 은혜는 값없이 받는 것이며 돈을 주고 사는 것이 아니다. 그러므로 영생수 말씀을 얻으려면 말씀을 무료로 가르쳐 주는 곳을 찾아야 한다.62

신천지는 비밀리에 진행되는 복음방 교육, 신학원 교육, 새신자 교육을 받은 이후, 신천지 교회에 등록된 신자가 아니면 신천지 교회의 예배에 참석할 수 없다. 신천지 집회는 신천지 교인에게 발급하는 ID카드 소지자만 참석할 수 있도록 통제한다. 서울 화곡동의 신천지 '바돌로매 지성전' 출입문에 지문인식기가 설치 가동되고 있는데, 단순 보안장치가 아닌 외부인 출입 통제용으로 보여 폐쇄적인 집단임이 드러났다고 한다.63

그러나 예수께서는 복음의 실상을 비사로 특정인에게 비밀리에 전한 적이 없다. 그 반대로 예수께서는 언제 어디서나 누구나 쉽게 이해할 수 있도록 일상적인 비유로 그리고 공개적으로 말씀을 선포하였다. "내가 드러내 놓고 세상에 말하였노라. 모든 유대인들이 모이는 회당과 성전에서 항상 가르쳤고 은밀하게는 아무것도 말하지 아니하였다"(요 18:20)라 하셨다. 바울 역시 "우리나 혹 하늘로부터 온 천사라도 우리가 너희에게 전한 복음 외에 다른 복음을 전하면 저주를 받을 지어다"(갈 1:8)라고 하였다. 이런 의미에서 이레네우스는 특정인에게 비밀리에 가르치는 '비공개적 비밀 전승'과 달리 예수와 그의 사도들은 공개적으로 가르쳤기 때문에 '공개적인 사도 전승'으로 구분하였다.

진리의 가장 단순한 형식은 진실이다. 그리고 진리는 아무도 속이지

---

62 이만희, 『천국비밀 계시록의 실상』, 492.
63 "신천지 바돌로매… 출입문 지문인식기 설치 가동", 「교회와신앙」 2016년 01월 07일.

않는다. 부모와 가족을 속이고 성경공부를 하는 것이 더 이상 진리를 배우는 길이라 할 수 없다. "성경을 읽기 위해 촛불을 훔치지 말라"는 말이 있다. "성경을 배우기 위해서 거짓말을 하지 말라"는 의미일 것이다. 신천지는 자신들이 진리의 성읍이라 하지만, 그 출발이 거짓말을 하면서 비밀리에 위장 성경공부를 한다는 것은 진리에 위배되는 일이 아닐 수 없다.

종교를 크게 현교(顯敎)과 밀교(密敎)로도 구분한다. 현교는 교리, 제도, 의식이 모두 공개되어 있고, 의사 결정이 민주적이고 예결산이 투명하게 공개된다. 그러나 이단 사이비 집단은 대부분 밀교의 형태를 띠고 있기 때문에 대체로 집회 참석조차 공개되어 있지 않고 교리와 의식과 제도의 일부가 숨겨져 있다. 그리고 자기들만이 감춰진 비밀을 알고 있다고 주장하고 그 내용을 비공개적으로 은밀하게 가르친다.

신천지 교인들은 자신의 신분을 철저히 숨기고 심지어 '전도방법'과 같은 내부 유인물이나 문서의 외부 유출도 철저히 금하고 있다. 밀교는 또한 비민주적으로 운영되고 재정관리가 불투명한 등 교리와 제도와 의식이 이중적이다. 이러한 표리부동의 '비밀단체 체제'는 밀교적 성격을 띠는 이단 사이비 집단의 전형적인 특징이다.[64]

VI. 진리의 성읍인 신천지와 배타적 교회론

이만희는 신천지만이 천국의 실상이요, 요한계시록에 나오는 시온이

---

64 정윤석 외, 『신천지 포교전략과 이만희 신격화 교리』, 58.

며, 진리의 성읍이라 주장한다. 지금은 성경이 증거하는 신천지 예수교 (계 21:1-8)의 시대요, 증거장막성전(계 15:5)의 시대요, 약속한 목자 (계 10:11)에게 증거를 받을 때이며, 세계 민족 중에서 성경을 통달하고 실상을 증거할 수 있는 곳은 약속한 신천지예수교 증거장막성전 뿐이라고 한다. "이 증거장막성전은 천국의 실상이 응한 새 예루살렘이요 인 맞은 자 십사만 사천이 서게 될 시온산"[65]이라는 것이다.

이만희는 "다른 천사가 살아계신 하나님의 인을 가지고 해 돋는 데로부터 올라와서"(계 7:2)라는 말씀에 자의적으로 해석하여, 해 돋는 곳은 아시아이고, 아시아 중에서도 동방이며, 동방 중에서도 땅 끝인데, 그 곳이 땅 모퉁이 한반도이며, 한반도 중에서도 신천지예수교 장막성전이라고 한다.[66]

요한이 편지한 곳은 지구촌 오대양 육대주 중 아시아 동방 해 돋는 곳 땅 모퉁이에 있는 한반도이다. 한반도 중에서도 일곱 금 촛대가 있는 하나님의 집 장막에 보낸 것이요, 아시아에 있는 자들이 하나님의 나라와 제사장이 되니 이들이 하늘나라요 복 받을 자들이다.[67]

이만희는 성경에 나오는 동방이 한국이며, 에덴동산은 신천지 본부가 있는 경기도 과천이고, 천국은 과천에서 이루어진다고 한다. 청계산

---

65 이건남·김병희, 『神誕-성경의 예언과 그 실상의 증거』, 368. "그가 경의 말씀이 빠짐없이 실상으로 응하는 것을 듣고 보고 들은 대로 증거하기 위하여 신천지 증거장막을 설치하신다."
66 대언자 이만희, 『영원한 복음 새노래 계시록 완전 해설』(안양: 도서출판 신천지, 년도 미상), 114. ,
67 이만희, 『영원한 복음 새 노래 계시록 완전해설』(안양: 도서출판 신천지, 1986), 70.

의 계(溪)는 '시내 계' 자이므로 청계산이 시내산이며, 청계산 밑의 과천 (果川)은 열매 '과'(果)와 내 '천'(川)이므로 에덴동산의 생명과일과 네 개의 강을 뜻하므로 과천이 동방의 에덴이라고 풀이한다.[68] 따라서 "신 천지 예수교 증거장막성전으로 돌아오는 자는 의로 구속이 되고 배반하 는 자는 멸망(심판)을 받게 된다"[69]고 주장한다. 그래서 청계산 아래 과천을 성지화하기 위해 300억 규모의 성전 건축을 계획 중인 것으로 알려져 있다.

그러나 이는 '시나이 마운틴'(Mt. Sinai)과 '시내산'은 발음조차 다르다 는 것을 모르는 무지한 해석이다. 과천이 '과실나무와 냇가(강)'를 뜻하 기에 에덴동산이라는 해석도 어처구니가 없다. 조선 팔도 어느 마을 치고 과실나무와 냇가가 없는 동네가 없기 때문이다.

신천지에서는 "주님과 하나 된 계시록 15장의 증거장막성전의 교적 부에 이름이 기록되는 것이 생명책에 녹명된 것"[70]이라고 가르친다. 신 천지 신학원에서 6개월 공부를 한 후 새신자 공부·새가족 공부를 거쳐 신천지교회의 제직으로 등록돼야 한다. 그래서 이만희는 신천지증거장 막성전에 등록한 추종자들에게 "축 영생 신천지 총회장 이만희"라는 영생증을 써주고 그들만이 영생록에 기록된다고 가르친다. 그리고 생 명록뿐 아니라 중간록, 사망록이 있다고 주장한다. 신천지에 충성하고 열심히 추수하면 생명록에 있는 것이고, 믿음이 미지근하고 교회에 잘 나오다가 안 나오다가 하면 중간록, 아예 안 나오거나 탈퇴한 사람은 사망록으로 옮겨진다고 한다. 이처럼 생명록·중간록·사망록을 쓰는

---

68 김보영, "신천지의 진실게임", 「현대종교」 2007년 10월호, 42-44.
69 이만희, 『천국 비밀 계시록의 실상』, 231.
70 이만희, 『천국비밀 계시』, 363.

자가 바로 이만희라는 것이다.

신천지는 배도·멸망·구원의 교리를 통해 신천지를 배도하면 멸망하고, 끝까지 신천지에 남아 있어야 구원을 받는다고 가르친다. 따라서 신천지 등록 교인이 신천지에서 말씀(신천지에 가르치는 교리)을 부정하거나 장기간 무단으로 결석하거나 신천지를 떠나면 배도자로 여겨 사망록에 그 명단을 올려놓는다. 이를 위해 무단결석자가 있으면, 결석사유를 꼬치꼬치 추적하여 보고함으로써 교인들을 통제한다.[71]

그러나 성경에는 '생명책'(계 20:15 등)이라는 단어가 여덟 번 등장하지만 그것을 예수님께서 말씀하신 것처럼 "이름이 하늘에 기록된 것"(눅 10:20)이지 이 땅에 기록된 신천지 교인 등록부일 수 없다. 중간록이나 사망록이라는 것도 성경에 없는 비성서적인 신학적 왜곡이다.[72]

신천지는 매년 3월 14일 창립기념일과 3대 절기인 유월절(1월 14일), 초막절(7월 15일), 수장절(9월 24일)을 성경에 약속된 절기로 지킨다.[73] 유월절은 이만희가 오늘날 만국이 미혹을 받아 영적 바벨론이 된 곳인 유재열의 장막성전에서 나와 어린양 예수의 피와 살을 먹은 날인 1984년 1월 14일을 기념하여 드린다(계 17:4). 초막절은 오늘날 바벨론에서 나와 3년간 집 없이 산에서 모여 예배드린 1984년 7월 15일을 기념하고, 마지막으로 수장절은 자기 밭에 뿌린 씨의 열매를 추수한 1984년 9월 24일을 기념하여(출 23:16) 지키는 절기라 한다.[74]

---

71 "신천지의 거짓교리 시리즈 3-신인합일", http://blog.naver.com/knw1022.
72 "신천지의 사이비 교리-짝 풀이", http://blog.naver.com/knw1022.
73 정윤석 외, 『신천지 포교전략과 이만희 신격화 교리』, 43. 수장절이 9월 24일인 것은 "9월 24일 곧 여호와의 전 지대를 쌓던 날부터 추억하여 보라"(학개서 2장 18절)는 말씀에 근거한 것이다.
74 이영호, "도전받는 보혜사 이만희 집단", http://cafe.naver.com/areobago.

신천지는 구약의 역사적 절기마저 이만희의 생애에 제멋대로 적용시킨 것이다. 그리고 구약의 세 절기는 유월절 또는 무교절, 칠칠절 또는 맥추절 그리고 초막절(신 16:16, 대하 8:13) 또는 수장절(출23:14)이다. 구약성서에는 초막절과 수장절이 같은 절기인데 다른 이름으로 표현한 것뿐이다. 그런데 이만희는 이 둘을 다른 절기로 알고 있다. 무지하기가 이를 데 없다. 이만희가 재림 예수이기 때문에 세계의 모든 기독교 교회가 3대 절기로 지키는 나사렛 예수 그리스도와 관련된 성탄절, 수난절, 부활절을 지키지 않는다. 마찬가지로 안상홍 증인회도 구약의 유월절을 지키는 유일한 교회라고 자화자찬한다.[75]

이만희는 기성 교회를 비판하고 부정한다. "하나님이 성경에 약속하시고 이루신 것을 믿지 않는 목자마다 거짓 목자들이요, 거짓 선지자들이며, 마귀의 교단들"[76]이라는 것이다. 그는 자신이 참 목자라고 주장하면서 어느 목자를 택할 것인지 선택하도록 강요한다.

일반 기성 신학교에서 부분적으로 성경을 배우고 사람에게 안수를 받고 목회자가 되어 자기 교단에서만 설교를 할 수 있는 일반 목자를 따를 것인가, 아니면 예수님께서 직접 안수하시고(계 1:17-19) 영계 하나님 나라를 보여 주시고(계 4장) 열린 책을 주어 받아먹게 하시고(계 10장) 천사를 보내어 계시록 전장 사건을 설명해 주신(계 22장) 약속한 참 목자를 따르겠는가?[77]

---

75 진용식, 『안상홍 증인회의 실체는』, 26-38.
76 이만희, 『성도와 천국』, 111-112
77 이만희, 『천국비밀 계시록의 실상』, 494.

기성 교회는 음녀에 속해 있으며, 기성 교인은 음행의 포도주에 취한 자들이므로 그들과 교제하는 것은 사단과 교제하는 것이라고 비난한다.

음녀와 더불어 음행한 '땅의 임금들'은 음녀에게 속한 '각 교단 목자'를, 그 음행의 포도주에 취한 '땅에 거하는 자들'은 '그 교인들'을 가리킨다. '음행'은 신랑되신 예수님이 아닌 '사단과 교제하는 것'을 말하며 '음행의 포도주'는 참 포도주 같은 '예수님의 말씀에 귀신의 교리가 섞인 것'을 뜻한다.[78]

기성 교단이 신천지를 이단이라고 하지만 음녀에 속하는 기성교단이 바로 '이단이고 귀신들린 자'라고 주장한다.

장로교, 감리교, 침례교, 성결교 등과 같은 큰 교단에 속하지 않았다고 하여 '오직 하나님과 예수님께 속한 증거장막성전'을 이단이라 하는 사람은 성경의 '성'자도 모르는 자요, 계시록의 '계'자도 모르는 자이다. 아니면 교권을 앞세우며 예수님을 찌르거나 사도들을 죽인 귀신들린 자들일 것이다.[79]

신천지에서는 이단과 정통을 구분하는 기준이 '박해를 하는 자와 박해를 받는 자'라고 한다. 예수도 루터와 칼빈도 당시에는 이단으로 핍박받았으나 지금은 정통이 된 것처럼, 오늘날 이단이라 핍박받는 신천지가 정통으로 드러나고, 신천지를 핍박하는 기성교단들이 이단으로 드러날 것이고 한다.

---

78 이만희, 『천국비밀 계시록의 실상』, 367-368.
79 이만희, 『천국비밀 계시록의 실상』, 331.

사도신경에는 "거룩한 공교회와 성도의 교제를 믿는다"라고 고백하고 있다. 그러나 신천지는 그리스도께서 피로 값 주고 사신 이 땅의 무수한 공교회를 부정하고 자신들의 교회만이 참된 교회라고 주장하는 배타적 교회관을 통해 결국은 그리스도의 몸 된 교회들을 대적하는 이단들의 전형적인 특징을 드러낸다. 이처럼 기성 교회를 부정하고 자기들만이 참된 교회라고 주장하는 것은 배타적인 교회관에 해당하는 전형적인 교회론적 이단이다.

VII. 신천지 12지파 144,000명의 배타적 구원론

신천지는 보혜사 이만희를 통해서만 구원이 가능하다는 배타적인 구원관을 가지고 있다. 예수를 믿으면 구원을 못 받고 예수의 새 이름을 믿어야만 구원 받는다는 것이다.[80] 이만희는 자신이 이긴 자이며, "계시록이 응하고 있는 오늘날은 계시록에 약속한 이긴 자(계 2, 3장, 21:7)를 통하지 않고는 구원이 없다고 한다. 이를 부인하는 사람은 예수님과 그 말씀을 믿지 않는 자이며 마귀의 영에게 조종을 받는 자"[81]라는 극언을 서슴치 않는다. 이만희는 "계시록에 약속한 구원의 처소와 구원의 목자를 찾아야만 구원받을 수 있으며, … 이 새 언약의 말씀을 지키지 않는 자는 구원받지 못하는 이방인이 된다"[82]고도 하였다. '한 목자' 즉 이만희가 예수와 함께 알곡을 구원하고 쭉정이를 심판하는 구원자요

---

80 "신천지 이단이 진화하고 있다", CBS TV, 2008. 2. 15.
81 이만희, 『천국비밀 계시록의 실상』, 37.
82 이만희, 『천국비밀 계시록의 실상』, 17.

심판자라는 것이다.

다시 오시는 예수님은 하나님께서 자기를 택하심과 같이 때를 따라 양식을
나누어주는 한 목자를 빛으로 택하시고(마 24:45-47; 계 10; 요 16:14)
그와 함께하여 성경의 예언대로 알곡과 쭉정이를 가르는 심판과 구원의
일을(창 1:6-7; 마 13:24-26) 초림 때와 같이하신다.[83]

이런 의미에서 요한지파 학생회가 작곡한 노래에도 "구원이 선생님
께 있네. 심판이 선생님께 있네. 하나님이 예수님께 주신 것처럼 예수님
이 그에게 맡기셨네. 우리는 믿네. 다시 오신 보혜사"라는 가사가 등장
한다. 이만희가 구원자요 심판자라는 것은 기독론적 구원론적 이단에
해당한다.

이만희는 "초림 예수께서 열두 제자를 택하여 열두 지파를 창설"하
였듯이, 약속의 목자 이만희가 "알곡 성도를 모아 영적 새 이스라엘 열두
지파를 창조하였다"고 한다.[84] 예수가 영계의 열두 제자를 세운 것처럼
이만희는 육계의 열두 지파를 세웠다는 것이다. 이 마지막 때에 바벨론
(기성 교회)의 미혹에서 벗어나 약속한 목자와 성전에 대하여 바로 깨닫
고 나아와 새 이스라엘 12지파에 속해야만 구원이 있다는 주장한다.

구약의 성취 때와 같이 신약 성취 때에도 하나님과 사단의 전쟁이 있다.
이 전쟁에서 하나님께 속한 자들이 이김으로 하나님의 구원과 나라가 이루

---

83 이만희, 『성도의 천국』 (안양: 도서출판 신천지, 19), 95.
84 보혜사 이만희, 『천지창조』, 486.

어진다. 이때 성도는 성경이 약속한 목자와 성전과 신학원을 찾아 그와 하나가 되어야만 구원을 얻는다. 또한 이때에 예수 그리스도의 선천(先天) 세계가 끝이 나고 후천 세계가 재창조되므로, 선천 세계의 교회에서 나와 새 노래가 있는 열두지파에 소속되어야 천국에 들어간다.[85]

그러나 이만희가 세운 12지파는 다음과 같은 신천지의 지역 조직인 12교구의 별칭에 지나지 않는다. 그런데 이 지역들도 수시로 바뀌고 있다.[86]

요한지파(서울)   안드레지파(경남 부산)
시몬지파(경기 고양, 서울 영등포)   맛디아지파(충청 대전)
베드로지파(전남 광주)   다대오지파(경북 대구)
바돌로매지파(서울 강서, 부천, 김포)   야고보지파(서울, 경기, 의정부)
야고보지파(경남 부산)   빌립지파(강원 원주)
마태지파(인천)   도마지파(전북 전주)

이러한 한국의 12지파론은 이만희의 새로운 주장이 아니다. 일제말 기에 박동기도 주장한 바 있다. 그는 1928년 1월 금식기도 중 신비체험 을 한 후 1944년 4월 25일 사탄의 제국인 독일과 일본의 국체를 빼앗아 상제이신 하나님의 통치 아래에 두는 '성일본제국'(聖逸本帝國)이라는 시온산 제국을 선포하였다. 국가와 국기도 제정하였는데 우리나라 각도를 다음의 12지파로 나누고 도지사를 12족장으로 명명하기도 하였다.[87]

---

85 보혜사 이만희, 『천지창조』, 6.
86 http://www.shinchonji.kr/?ch=about01_03(2016.2.22.) 자료에 따라 도마지파가 화정 또는 불광으로 되어 있고, 바돌로메 지파는 부천 또는 인천으로 되어 있다.

경상도: 유다, 전라북도: 레위, 전라남도: 요셉, 충청북도: 르우벤, 충청남
도: 베냐민, 강원도: 단, 경기도: 시므온, 평안북도: 잇사갈, 평안남도: 스불
론, 함경북도: 아셀, 함경남도: 갓, 황해도: 납달리

이만희가 세운 12지파에 속해야 구원을 얻는다는 것은 성경 어디에
도 없는 주장이다. 예수 그리스도 외에 "천하 사람 중에 구원받을 만한
다른 이름"(행 4:12)을 주시지 않았다는 말씀을 기억해야 할 것이다.

신천지의 12지파의 등록교인이 144,000명을 채우게 되면 이들이 청
계산 아래서 12지파를 통해 이 지구를 영원히 다스리며 천년만년 살게
된다고 가르친다. 그래서 144,000명의 교인들을 곡간에 채우는 추수활
동을 위해 학업과 결혼과 육아도 미루도록 젊은이들을 내몰고 있다.
PD 수첩(2007. 5. 8)의 취재에 응한 전 신천지 교인의 증언에 따르면
"144,000명의 권세가 어느 정도냐 하면 그 옛날 사람들이 말씀을 듣기
위해 돈을 들고 찾아오므로 전 세계의 돈이 신천지의 것이 된다"라 한다.

그러나 신천지의 주장처럼 만약 12지파에 속한 신천지 교인
"144,000명만의 제일 꼴찌라도 들어가야 구원받아" 이 땅에서 영생을
얻는다면 지금 전 세계에 흩어져 있는 24억여 명(2015년 기준)의 기독교
인들은 모두 구원을 얻지 못하는 것이 되고 만다. 있을 수 없는 일이다.
이러한 특정 시대의 특정 인원만이 구원받는 다는 배타적 구원론은 구
원론적 이단의 전형적인 특징이다.

---

87 김남식, 『일제하 한국교회소종파운동연구』(서울: 새순출판사, 1987), 115-117.

VIII. 영육일체 신인합일의 왜곡된 영생론

주 재림 때인 오늘날 영과 육이 하나 되는, 영육 합일체(靈肉合一體)가 새 하늘 과 새 땅 곧 신천지(계 21:1-3)라고 한다.[88] 신천지예수교 장막성전에 등록한 교인이 144,000명으로 채워지면 하늘에 있는 순교자의 영혼들이 신천지인들의 육체와 합하여 영적 변화가 일어나 영생불사의 존재가 된다고 주장한다. 하나님의 인 맞고 구원의 처소인 신천지로 오는 자는 하나님의 나라와 제사장이 되어 세세토록 왕 노릇한다는 것이다.[89]

하나님의 이름으로 인 맞은 처음 익은 열매 열두 지파 14만 4천 명(계 14:1-5)이다. 이 사람들이 사는 장막에 영계의 천국 거룩한 성이 임해 오고 (계 21:1-2), 순교한 영들과 이 장막 사람들이 영육 합일체(靈肉合一體)가 되어(계 20:4-6; 고전 15:51-54), 그리스도와 더불어 천 년 동안 왕노릇 하니, 이것이 첫째 부활이다(계 20:4-6).[90]

요한계시록(20:4-6)[91]을 자의적으로 해석하여 "하나님의 말씀을 전하다가 목 베인 영혼들과 짐승과 그의 우상에게 경배하지 않고 그의 표를 받지 아니한 자들은 살아서 그리스도와 더불어 신천지 천년성에서

---

88 보혜사 이만희, 『천지창조』, 515.

89 보혜사 이만희, 『천지창조』, 529.

90 보혜사 이만희, 『천지창조』, 497.

91 "또 내가 보니 예수의 증거와 하나님의 말씀을 인하여 목 베임을 받은 자의 영혼들과 또 짐승과 그의 우상에게 경배하지도 아니하고 이마와 손에 그의 표를 받지도 아니한 자들이 살아서 그리스도로 더불어 천 년 동안 왕 노릇 하니"(계 20:4).

왕노릇한다"[92]고 가르친다. 목 베인 자의 영혼이 사람의 육체와 합일하여 살아서 이 땅에서 영생한다는 영육일체 신인합일의 해괴망측한 영생론을 주장한다.

영계와 육계가 하나 되는 신인합일체(神人合一體)의 천국 나라가 이 땅에 창조됨을 말한 것이다(계 21:1-3) … 그리스도와 함께 사는 천년성 안 열두 지파 영적 새 이스라엘은 악이 없는 세계 속에서 영원히 살게 된다.[93]

기독교는 죽은 자의 부활을 가르치는 데 반해, 신천지는 인간이 죽지 않고 영육이 합일하여 신으로 태어나서, 이 땅에서 영생하는 노이불사(老而不死)를 가르친다. 인간이 변화성신(變化聖身)하여 신으로 태어난다는 뜻의 『신탄』의 머리말에 그 요지가 잘 나타나 있다.

역사여, 영혼의 기갈 없는 영원한 생명을 갈구하는 이들이여! 오늘 우리는 기쁜 마음으로 너희에게 전하노라. 신이 탄생하는, 그렇다, 하늘에 있는 신이 아니라 이 땅의 인생에서 처소를 찾는 신이 탄생하는 순간이다. 그러므로 신탄(神誕)이라 부르노니, 그대들이여 듣고서 깨달으라. 그리하여 잃어버렸던 자아의 실재와 상봉하여 이때껏 껍질뿐이었던 몸뚱이가 저마다 변화성신(變化聖身)하여 그대들도 새로이 신으로 탄생하라.[94]

이만희가 지은 새 노래 종장에도 "청정수(天井水) 마음 씻고 마음

---

92 보혜사·이만희, 『천지창조』 (서울: 도서출판 신천지, 연도미상), 526.
93 보혜사·이만희, 『천지창조』, 121.
94 이건남·김병희, 『神誕-성경의 예언과 그 실상의 증거』, 6.

가운데 천궁지어 천상부모 모셔다가 천년만년 너와 내가 여기 살리라"[95]고 하였다. 보혜사 성령이 육신이 되신 이만희의 인치심을 받은 신천지 교인들이 변화성신(變化聖身)하여 영생불사의 신으로 태어난다는 것은 범신론적 성격을 띤 이단적인 영지주의적 구원관과 재래종교의 도교의 노이불사(老而不死) 사상이 혼합된 유형으로 평가된다.

한국의 이단 중에는 영생교처럼 이 땅에 죽지 않고 영생한다는 교리가 널리 퍼져 있고 한국인들은 불노장생의 이단사상을 쉽게 수용하는 듯하다. 그러나 육신으로 오신 하나님이라주장한 천부교의 박태선도 죽었고, 이 땅에서 영원히 죽지 않는 다고 가르친 영생교의 조희성도 죽어 김포공원묘지에 안장되었다. 그리고 아버지 하나님 안상홍 역시 1985년 2월 25일 67세로 죽어 부산 석계공원묘지에 안장되었다. 신천지의 경우 신천지 교주 이만희의 장례를 위하여 가묘(假墓)를 만들어 놓았다고 한다. 영생 교리를 스스로 부정하는 꼴이다.[96]

사도신경에는 "몸이 다시 사는 것과 영생"을 고백하고 있다. 고린도전서 15장에서는 이 땅에서 죽지 않고 신인합일의 상태에서 영원히 사는 것이 아니라 "죽은 몸이 신령한 몸으로 부활"하는 것이라 가르치고 있다. 따라서 변화성신하여 신으로 태어나 이 땅에서 영원히 산다는 신천지의 신탄론과 영생론은 기독교적 인간론과 부활론의 현저한 왜곡이 아닐 수 없다.

신천지에서는 이만희를 '해'로 그의 아내 김남희를 '달'로 형상하는 조형물을 세우기도 하였다.[97] 그리고 신천지가 이만희 부부를 '천상부

---

95 이 '새 노래'는 국악으로 작곡되어 있다.
96 cafe.naver.com/soscj/38919.
97 "해와 달이 된 신천지 이만희와 김남희", 「교회와신앙」 2015년 1월 5일.

모'로 운운한 것은 알게 모르게 통일교나 안상홍의 하나님의교회처럼 교주의 부부를 신격화한 사례에 속한다. 통일교가 문선명과 한학자를 참부모님으로 신격화하고, 하나님의교회가 안상홍 아버지 하나님과 장길자 어머니 하나님을 주장하면서 부부를 신격화하는 전통을 이어가는 듯하다. 이러한 부부의 신격화를 통해 음양의 조화를 강조하는 것 역시 한국적 이단의 전형적인 한 특징이다.

IX. 신천지의 이단성

이만희는 6,000년 동안 감춰진 천국의 비밀을 처음으로 밝히는 보혜사요, 재림주요, 새 말씀의 아버지이며 신천지만 참된 교회라 주장하였기에 1995년에 예장 통합 총회에서 "도저히 기독교라고 볼 수 없는 이단"으로 규정하였다.

이만희 씨는 장막성전(당시 교주 유재열) 계열로서, 그가 가르치고 있는 계시론 신론 기독론 구원론 종말론 등 대부분의 교리는 도저히 기독교적이라볼 수 없는 이단이다. 따라서 이런 이씨의 교리나 주장을 가르치고 따르고 있는 신천지교회(신천지 예수교 증거장막성전)나 무료성경신학원(기독교신학원)에 우리 총회 산하 교인들이 가는 것을 금해야 한다.98

---

98 대한예수교장로회총회 외 편, 『종합 사이비·이단연구보고집』 (서울: 한국장로교출판사, 2001), 176-179.

■ 이만희 신천지 집단의 이단성에 대한 교단별 결정[99]

교단	년도 회기	결정 내용
예장 통합	1995/80	이단(계시론, 신론, 기독론, 구원론, 종말론)
예장 합동	1995/80	신학적 비판 가치 없음
	2007/92	이단(신학적 비판 가치 없음)
기성	1999/54	이단(계시론, 신론, 기독론, 구원론, 종말론)
예장 합신	2003/88	이단
기감	2014/31	이단
예장 고신	2005/55	이단 (직통 계시, 보혜사)
예장 대신	2008/31	이단(1595년 결정 재확인 및 영입거부)

99 "한국교회 교단 결의 내용", 「현대종교」(www.hdjongkyo.co.kr).

"전국에서 하늘에 소망을 두고 신앙하시는 목사님들께"

(2010년 11월 이만희가 배부한 육성 설교 내용 발췌)

1. 계시를 받지 못하면 구원이 없다.

"지(이만희)가 말씀을 드리고자 하는 것은 계시의 말씀입니다."

"하늘에서 큰 별이 저에게 왔습니다."

"이런 주님이 말씀을 주시고, 그 말씀을 받아먹게 하고, 그다음에 눈으로 보고, 귀로 듣고 지시한 것, 그것을 전하라하신 것이었습니다."

"오늘날 계시를 받지 못하면 하나님도 예수님도, 하나님의 약속의 장소도 아는 사람은 없습니다. 그렇다면 하나님의 계시의 말씀으로 인 맞는 사람도 없습니다. … 하나님의 나라와 백성이 되지도 못합니다. 다 땅에 떨어진, 하늘에서 땅에 떨어진 입장에 있는 것에 불과합니다. 그러니 구원이라는 것이 있겠습니까? 구원은 없습니다."

2. 약속의 말씀을 모르는 교회는 음녀이며 기독교의 종말이다.

"신약성경에 예수님이 약속하신 그 예언은 오늘날 대한민국에서 이루었지마는 아는 사람이 없습니다. 또 약속의 그 말씀의 뜻을 바로 아는 사람도 없고, 오늘날 이룬 것을 아는 사람도 없습니다."

"계시록 17장에 보니까 음녀였고, 거기에 목자들도 음녀와 더불어 행음하였고, 땅에 거하는 자들도 음행의 진노의 포도주에 취했다고 되어있고, 그들이 바로 바벨론이라그 비밀을 알려준 것이 있습니다. … 이러면 이 기독교의 종말이 아니고 그 무엇이겠습니까?"

3. 이단이라 핍박하는 기성 교회를 대적하여 싸워 이겨야 한다.

"예수님 때, 예수님과 예수님의 그 제자들을 핍박하고 죽였습니다. 그러면은 예수님과 예수 제자들이 잘못입니까? 아닙니다. 자기네들이 알지 못하고 깨닫지 못해 가지고 이단이니, 사단이나 하면서 그들이 죽였지 그들을 죽인 그들이 하나님의 소속이 아닙니다.
"계시록 12장을 말씀을 드린다면 대적과 싸워 이겨야만 하나님의 나라도 있고, 구원도 있다고 하시는 것입니다."

4. 말세 추수되어 가야 할 곳은 신천지뿐이다.

"오늘날 각 교회에서 우리가 신앙을 하고 있지만, 추수되어 가야 할 곳은 오직 계시록 14장 하나님 보좌가 있는 새 노래가 나오는, 열두 지파가 있는, 처음 익은 열매들이 모인 그 한국밖에는 없습니다. 뿐만 아니라 계시의 말씀을 받아 가지고 전하는 사람도 계시록 10장에 오직 한사람 밖에 없습니다. 이러한 사실을 부인하거나, 믿지 아니한다면 성경을 믿거나 하나님을 믿는 사람이 아닐 것입니다."

5. 신천지 12지파 144,000명이 곧 하나님의 나라이며, 이들만 영생한다.

"진리가 없는 밤에 와서 추수를 하게 됩니다. 그 처음 익은 열매가 모인 곳이 시온 산입니다. 열두 지파입니다. 이와 같이 추수를 해서 새로운 나라 열두지파를 창조하는 것입니다. 이 열두지파가 창조되지 아니하면 하나님의 나라는 이 땅에 없는 것입니다. 그래서 인을 쳐서 계시의 말씀을 마음을 새겨지는 것이 인 맞는 것이었는데, 인을 쳐서 14만 4천 12지파가 창조되면, 이것이 바로 하나님의 나라가 되고, 하나님의 영과 예수님의 영, 천국이 여기에 임해서 함께 살게 된다는 것입니다.

"정말 이제는 우리는 천국과 지옥이 있습니다. 영벌로 갈 것이냐? 영생으로 갈 것인가? 이것은 내가 하나님의 약속의 말씀을 믿느냐 안 믿느냐에 따라서 영생 영벌로 가게 될 것입니다. 이 점을 우리는 꼭 생각하셔야 하겠습니다."100

---

100 이 녹취 자료의 소제목은 저자가 임의로 작성한 것이다.

제 8 장

이만희의 신천지 집단의
포교 전략과 교육과정

I. 문제 제기

신천지 이만희 집단은 한국의 다른 모든 이단과 달리 기성 교회와 교인을 대상으로 공격적이고 공개적으로 집중적인 포교를 펼쳐 왔다. 이를 위해 추수꾼 교리를 비롯하며 섭외대상자 선정 전략과 추수꾼의 위장 전략인 '모략'과 '이리 옷 입기'와 같은 터무니없는 교리를 강요한다. 교인이 50명 미만인 교회를 접수하는 '산 옮기기'를 비롯한 '가나안 정복 7단계'와 같은 동영상들은 이들의 기만적인 포교 전략이 여지없이 드러나 있다.

신천지는 일단 섭외를 통해 포섭된 신자들에게 집중적으로 1개월간의 복음방교육과 6개월간의 무료신학원 교육과정으로 장기적인 성경 공부를 함으로써 영적으로 미혹하고 집요하게 세뇌하는 것으로도 유명하다. 신천지의 이러한 다양한 포교전략과 교육단계별 교육주제와 교육목표 그리고 교육방법들을 살펴보려고 한다.

II. 신천지의 포교 교리와 전략

1. 알곡 신자 천국 추수와 추수꾼 교리

신천지가 고약한 것은 다른 이단들과 달리 적극적으로 기성 교회에 침투하여 교인을 빼내가는 기만적 추수꾼 교리를 주장하고 이를 실행하기 때문이다. 신천지의 '새 하늘'은 이 땅에 이루어질 '천국'이며, 신천지의 '새 땅'은 새 신도로서 '알곡'이며 '천국의 아들'이고, 보혜사 이만희는

'새 목자'라 한다. "알곡은 모아 곡간에 들이고 쭉정이는 꺼지지 않는 불에 태우시리라"(마 3:12)는 말씀을 자의적으로 해석하여, 기성 교회 (바벨론 교회)는 타작마당인 '추수 밭'이고 기성 교회의 교인들은 '쭉정이'이며 그중에 일부 '알곡'도 '곡간'에 해당하는 신천지 증거장막성전 (계15:5, 21:1)에 들어와야 영생한다고 가르친다.

> 추수 때는 씨 뿌리는 목자의 사명은 끝이 나고 그 대신 추수하는 사명자의 때이므로 알곡이 된 성도는 추수하는 목자에 의해 추수되어 가야만 구원받는 자가 된다.[1]

신천지는 기성 교회에 침투하여 기성교인을 신천지로 빼나가는 것을 이집트에서 가나안 복지로 넘어가는 '유월'(踰越)이라 한다. 알곡인 기성 교인을 몰래 빼내가는 것은 천국 추수 천농(天農)이라고도 한다.

신천지는 불신자를 전도하여 "아버지와 아들과 성령의 이름으로 세례를 주라"(마 28:19)는 예수의 최후 분부를 무시하고, 기성교인을 빼내가서 교세를 확장하는 수법을 쓰고 있다.

2. 추수꾼의 위장 전략: 모략과 이리 옷 입기

신천지는 자신의 신분을 거짓으로 위장하고 이를 교리적으로 합리화한다. 추수꾼을 밭에 보냄은 "기성 교회 침투"로, 추수 대상으로 삼는 기존 교회를 "도둑질 당한 밭"인 "우리 것"을 되찾는 것으로, 기성 교회

---

1 이만희, 『천국비밀 계시』 (안양: 도서출판 신천지, 1992), 260.

침투는 "양을 이리 가운데 보내는 것"(마 7:15)으로 그리고 이러한 비밀 침투 활동을 위한 위장과 기만을 "이리 옷을 입는 것"으로 합리화한다.

신천지는 비밀리에 교회에 침투하는 것을 "뱀처럼 슬기로운 지혜"(마 10:16)라 한다. "거짓말을 해도 죄가 되지 않는다"고 가르친다. 거짓을 말하는 것을 "모략의 교리"(사 19:17)로 합리화한다. 이만희는 PD수첩 (2007. 5. 8) 인터뷰에서 "영생 그런 것 얘기한 적 없고, 재림 예수라 칭한 적이 없다"고 뻔뻔한 거짓말을 하였다.

신천지는 정통교회의 이름과 간판으로 위장하여 교회를 세운 후 포교에 활용하는 것으로 알려졌으며 그중 네 개의 교회가 밝혀지기도 하였다.[2] 2010년 1월과 2월에는 장충체육관에서 세계종교개혁연구소가 주최하고 교회개혁연합회와 작은 교회 살리기 운동본부 등이 후원하는 "말씀대혁명 세미나"를 4차례 개최하였는데, 실제로는 신천지의 위장 집회로 알려졌다.[3]

신천지는 자신들이 '진리의 성읍'이라면서 거짓과 기만을 교리적으로 합리하고, 위장교회와 위장집회를 통해 포교를 하고 있다. 때문에 신천지 교인들은 기본적인 윤리의식이 아주 희박한 것으로 알려져 있다. 신천지의 구원받은 14만 4천명 교리의 근거가 되는 요한계시록 전후 문맥을 보면 시온에서 새 노래를 부를 14만 4천 명은 "그 입에 거짓말이 없고 흠이 없는 자들"(계 14:6)이라고 하였다. 그럼에도 불구하고 신천지는 교주 이만희를 비롯하여 추수꾼들이 '그 입에 거짓말과 달고 산다.' 그들의 성경해석대로라면 그들은 구원받을 14만 4천명에 해당

2 "신천지 위장교회를 찾아라", 「현대종교」 2010년 2월호, 28-32.
3 "신천지 장충체육관 위장집회 의혹", 「현대종교」 2010년 3월호, 82-87.

되지 않는다.

십계명에는 "네 이웃에 대하여 거짓증거하지 말라"라고 가르친다. 진리는 아무도 속이지 않는다. 하나님께는 거짓이 통하지 않는다. 이단과 사이비는 '거짓된 교리와 기만적인 행동'으로 분별할 수 있다.

3. 추수꾼의 교회 침투 전략: 가나안 정복 7단계

신천지는 추수꾼의 추수과정을 이앙기, 트렉터, 콤바인 등으로 설명하기도 하였다.

> 추수꾼 1: 이앙기는 정통교회의 성도를 물색하고 정통교인에게 추수꾼 2를 소개하는 역할,
> 추수꾼 2: 트렉터는 정통교회의 성도와 교제를 나누며 친분을 나누고 추수꾼 3을 소개하는 역할,
> 추수꾼 3: 콤바인은 추수꾼 2를 통해 소개받은 정통교인에게 성경적 궁금증을 유발한 다음 성경공부로 인도해 결국 신천지인으로 만드는 역할.

2006년 여름, 새로 지은 대전 맛디아지파 성전에서 열린 '신천지 전도사 수련회' 중, 전국에서 모인 수많은 신천지 전도사들을 대상으로 새로운 산 옮기기와 추수전략을 교육시키는 내용에는, 교회에 침투하여 성도들을 유인해 오거나 교회를 점령하는 일을 '여리고 정복' 또는 '가나안 정복의 7단계'[4]라는 전략으로 교육한 바 있다.

1) 무엇으로 가장한 것인가? — 이리웃 가장

2) 어떻게 들어갈 것인가? — 입지선정

3) 무엇을 정탐할 것인가? — 정탐하기

4) 어떻게 활동할 것인가? — 성 둘러보기

5) 무엇을 맡아 일할 것인가? — 목자되기

6) 어떻게 점령할 것인가? — 정복하기

7) 어떻게 매칭할 것인가? — 추수하기

'신천지가 드러나기 전의 행동지침' 17가지를 사전에 교육시켜 마치 과거 북한에서 남한으로 간첩을 남파하듯이 철저히 교육시킨 후, 장기간에 걸쳐 기성 교회에 침투시켜 성도들을 도둑질하는 방법을 가르치고 있다. 이러한 방식으로 대전지역에서만 "2006년 3월부터 8월까지 신천지가 각 교회에서 빼내 간 신자가 780명으로 집계"되었다고 대전기독교연합회 이단사이비대책위원회가 밝혔다.5 전국적으로 그 피해는 헤아릴 수 없다.

4. 추수꾼의 교회 접수 전략: 산 옮기기

기성 교회에 '꼬리'로 침투하여 개 교인을 추수하는 것보다, '머리'로 침투하여 교회를 통째로 접수하는 '산 옮기기'(사 2:2)라는 전략을 통해 신천지는 50명 미만의 교회에 침투하여 전도사와 목사를 쫓아내고 교

---

4 추수꾼 교회 침투전략을 가르치는 "가나안 정복 7단계" 동영상 참조.

5 새로남교회에서 청년부가 150명이 신천지에 빠졌으며, 충남제일감리교회(현재 천성교회)에서는 80명, 둔산제일감리교회에서는 50명이란 청년들이 신천지로 넘어갔다.

회를 차지하는 수법을 교육하기도 하였다.[6] 이와 관련된 동영상의 내용이 충격적이다. 직접 개척하지 않은 교회를 선별하여, 자비량 심방전도사로 '이리 옷'을 입고 침투하고, 심방을 통해 교인을 확보한 후, 그 교회의 전도사 등 부교역자에 대해 불만을 조장하여 내보내게 한다. 그 자리에 신천지 전도사를 추천하여 데려오게 한 후 신천지 사람들을 전도해서 교인의 다수를 차지하게 되면 담임목사에 대한 불신을 꾸며 담임목사를 내보내고 신천지 목사가 그 자리를 차지함으로써 작은 교회 전체를 통째로 점령하는 전략이다.[7]

실제로 한 신도시에 개척한 교회를 신천지 교인들이 들어와 차지하여 결국 담임 목회자가 목회를 포기하고 교회를 매물로 내놓은 사례가 CBS 보도특집(2012) "반사회적 집단, 신천지교회"를 통해 알려졌다.

신천지에서 산(교회) 옮기기나 추수밭 활동 대상으로 적합한 교회를 다음과 같이 제시한다.

— 원로목사와 후임 목사 간 갈등교회

— 담임목사와 장로 간 갈등교회

— 담임목사의 재정 비리가 드러난 교회

— 예배당 이전, 신축, 리모델링 교회

— 예방 세미나, 특강을 하지 않은 교회

— 담임목사가 신천지에 무지하게 둔감한 교회

---

6 정윤석 외 공저, 『신천지 포교전략과 이만희 신격화 교리』(서울: 교회와 신앙, 2007), 17-29.

7 정윤석 외 공저, 『신천지 포교전략과 이만희 신격화 교리』, 22-29. '신임 사명자 교육-추수밭 운영'(2005. 1. 25.)이라는 추수꾼 교육 동영상 녹취 내용 참조.

III. 신천지의 섭외 전략

신천지는 기성교회 신자를 들을 미혹하여 신천지로 끌고 가기 위해 접근하는 전도 방식을 '섭외'라고 한다. 그들의 섭외전략은 '접근 및 만남, 친분관계 형성, 교사소개 및 복음방 인도' 순으로 진행된다.[8] 이를 좀 더 세분하여 8단계 섭외전략에 따라 "정보수집 → 섭외 활동 → 열매 선별 → 인간적 신뢰형성 → 유형별 상태 진단 → 신앙 우위 선점 → 유형별 맞춤 전략 → 복음방 등록 순"으로 성도들을 교묘하게 미혹하여 전도하는 것으로 알려져 있다.[9]

1. 신천지의 접근 방식

신천지는 전도 대상자에게 다양한 방식으로 접근하여, 포섭 대상자를 물색하고 정보를 수집한다. 예장 통합 이단사이비대책위원회에서 발간한 「신천지 집단에 대한 긴급경계령」(자료집)에 의하면 신천지가 접근하는 방법은 아래의 사례와 같이 매우 다양하다.[10]

1) 위장 자원봉사단체를 통한 접근

신천지가 만든 위장 봉사단체로는 사단법인 '만남', '좋은날'(하늘무용단), '얼 지킴이', '아름다운 사람들의 모임', '봉다리', '온고을 크린' 등이

---

8 "신천지 3단계 포교과정 분석해보니", 「교회와신앙」 2014년 12월 26일. 소책자 「만화로 보는 신천지 사기 포교법」 참고.

9 백상현, 『이단사이비, 신천지를 파해친다』 (서울: 국민일보기독교연구소, 2013), 51.

10 대한예수교장로회 총회 이단사이비대책위원회 편, 「신천지 집단에 대한 긴급경계령」(자료집), 6-13쪽의 내용을 주로 인용함.

있고, 각종 위장 행사로는 헌혈, 태극기 손도장 찍기, 불우이웃 돕기, 북한 어린이 돕기, 김장 담가 주기, 쌀 모으기, 폐옷 수거, 우유팩 수거, 각종 설문조사나 캠페인 등이 있다.

2) 위장 교회와 기도원을 통한 접근

신천지로 넘어간 기존의 목회자들과 신천지 강사들을 담임으로 세워 대한예수교장로회 '복된교회', '사랑교회', '생명샘교회' 등과 같은 이름으로 위장 교회를 세우고, 기도원을 설립하여 신유집회나 성경세미나 등을 열고, 심지어 기성 교회나 기도원을 빌려서 말씀집회, 신유은사집회, 찬양집회 등을 한다.

3) 위장 문화단체나 평생교육원, 위장 카페 등을 통한 접근

신천지는 '생활문화연구원', '사랑이 머무는 곳에' 등의 위장 단체를 설립하고 '지식마당', '건강마당', '솜씨마당', '아침 세미나'와 같은 각종 문화강좌와 미술 심리치료, 도형분석, 치료상담강좌 등과 위장 카페를 설립하여 성도를 미혹한다.

4) 대학가에 위장 동아리나, 인터넷상의 위장 카페를 통한 접근

헌혈 동아리 'RCY', 학술, 취업, 자기개발 동아리 '도움닫기', 기독교 동아리 '가스펠'(충남대), 맛집 동아리 '맛동산', 팝 동아리, 봉사활동 동호회 '만남'(전주대), 봉사활동 동아리 'ES', 영어 학술 동아리 '글로벌 챌린저'(전북대) 등의 대학 동아리와 인터넷의 위장 카페들이 있다.

5) 각종 설문지 조사를 빙자한 접근

가가호호 방문이나 대학가, 공원, 길거리 등 장소를 가리지 않고 시간관리 세미나, 도형 그리기, 기독교 영화제, 도형상담, 미술치료, 성격유형검사, 애니어그램, 헌혈, 손금 보기 등의 설문을 이용한다.

6) 위장 언론들을 통한 접근

신천지에서 은밀하게 발행하던 "기독교초교파신문"의 위장성이 밝혀지자 이를 폐간하고 제호만 바꿔 "천지일보"로 재창간하였다. 인터넷 언론 "올댓뉴스"를 "뉴스천지"로 이름만 바꿔 그대로 운영하고 있다는 의혹을 받고 있다. 앞으로 이런 일은 계속될 것이다. 이 외에도 타교인 전도방법, 가가호호 전도방법, 친인척 전도방법, 같은 교인 전도방법, 대중교통 이용 시 전도방법을 만화로 만들어 교육하고 있다.11

2. 전도대상자 선정: 정보수집과 열매 선별

신천지 추수꾼들은 다양한 방식으로 접근하여 전도대상자를 물색한 다음 전도팀을 짜서 전방위적으로 해당자의 인적 사항(이름, 전화번호 등)에 대한 '정보수집'에 나선다. 확보한 정보에 따라 나이, 경제력, 성품, 건강 등 자체 기준에 따라 섭외 대상자를 선별한다. 이를 '열매 선별'이라고 한다.

결혼, 임신, 해외취업, 이민, 유학, 입대, 이사, 시험을 앞둔 사람이나 간병자, 부채가 많은 사람 등은 섭외 대상에서 제외한다.12 전도 대상자를 A급, B급, C급으로 나눔 생활이 궁핍한 사람들은 이 대상에서 제외된다. 60세 이상이거나 장애인, 이단 출신들은 C급으로 분류된다. 이처럼 20세 이상 60세 미만의 건강하고 빚이 없어야 하며 천국과 지옥에 대한 소망과 두려움이 있어야 하지만 주관과 의지력이 있는 사람이어야 한다.13 이들은 적극적으로 추수활동을 할 수 없는 계층이기 때문에 주로 청년

---

11 현대종교 편집부 편, 『신천지와 하나님의교회의 정체』(서울: 국종출판사), 59-86.
12 백상현, 『이단사이비, 신천지를 파해친다』, 58.
13 신영주, "신천지의 치밀한 포교전략", 「현대종교」 2009년 9월, 73-74.

대학생을 대상으로 추수활동을 한다.

그러나 예수께서는 '가난한 자'에게 복음을 전했으며, 보편적인 교회는 인종, 신분, 학력, 남녀, 나이의 차별 없이 누구나 참석할 수 있는 곳이다. 이단은 이처럼 전도 대상마저 차별한다.

3. 친분 쌓기 또는 밭 갈기

신천지는 전도대상자에 대해 전방위적으로 수집한 정보를 바탕으로 포섭대상자에게 접근하여 가정, 자녀, 직장, 이성, 건강 문제에 대한 해법을 제시하고 가짜 독서 지도사, 심리상담사, 건강전문가 등을 연결시켜 주며 호감을 산다.[14] 형제자매 이상의 친분을 쌓고 의도적으로 신뢰를 형성한 후 자연스럽게 성경공부의 필요성을 강조하거나 성경공부에 함께 참석할 것을 권유한다.

기존 교회 성도들을 24가지 유형으로 구분해서, 각 유형에 맞게 신천지에서 공부를 하고 싶은 마음을 가지도록 유도하는 과정이다. 가령 어려운 성경구절을 질문해서 잘 모르면, 자기가 잘 아는 전도사나 선교사가 있는데 한 번 만나서 성경을 배워보자는 식으로 접근한다. 섭외대상자의 신앙 상태 즉, 교회에 대한 불만, 교회에서 받은 상처, 말씀 관심도를 반드시 파악하고 개인 간증, 중보기도, 말씀 문자메시지 발송 등으로 신앙의 우위를 선점하여 포교 대상자에게 영적 영향을 발휘함으로 자신을 의지하도록 유도한다.

추수꾼들은 치밀하게 수집한 정보를 토대로 "집사님이 내 꿈에 나타

---

14 백상현, 『이단사이비, 신천지를 파헤친다』, 52.

났는데 썩은 나무를 붙들고 울더라. 이런 문제를 갖고 있지 않느냐"는 등 거짓 꿈 이야기로 섭외자를 영적으로 조종하기도 한다. 이러한 활동을 '밭 갈기'라고 한다.

이 단계에서는 신천지라는 말은 절대 하지 않으며, 이만희라는 이름도 말하지 않는다.

4. 교사 소개 및 복음방 인도

신천지에는 정통교회 교인들을 미혹하기 위하여 만들어진 '68개 질문서'라는 것이 있는데, 모두 비유적으로 해석하여 성도들을 미혹하기 위한 질문서들이다.[15] 성경에 관한 사전에 준비된 여러 의도된 질문을 던져 성경의 영적 진리에 대하여 전혀 알지 못한다는 것을 폭로시키고 예수를 믿는 것보다 영적 진리를 깨닫는 것이 더 중요하다고 설득한다. 성경의 영적 진리를 체계적으로 배워야 한다는 점을 강조한다. 그러기 위해서는 성경공부를 처음부터 다시 시작해야 한다는 것을 각인시킨다. 섭외대상자에게 성경의 영적 비밀을 단시일 내에 일대일이나 소그룹으로 가르쳐 줄 제3의 교사를 소개하고 복음방으로 인도한다.

신천지에서 이른바 '추수꾼'으로 활동했던 A씨는 이 프로그램에서 전도 실적이 낮으면 팀장에게 문책당하고 일주일에 세 명 정도는 포섭해야 하며 그중 한 명 정도가 복음방으로 승급하여 올라가도록 압박했다고 증언했다.[16]

---

15 대한예수교장로회 총회 이단사이비대책위언회 편, 『이단경계주일을 위한 목회자료집』, 64-65.
16 강소희, "추수꾼 '일주일에 세 명 정도 전도, 아니면 문책' 시스템", 「아세아투데이」

5. 신천지 섭외에 대한 경계

신천지는 기성 교회 성도를 미혹하는 이단 집단이다. 조직적으로 기성 교회에 다양한 방법으로 침투한다. 신천지 추수꾼으로 의심할 수 있는 신천지 신자들의 특징을 알아 두면, 이들을 효율적으로 경계할 수 있을 것이다.

1) 성도들끼리 만나서 목사에 대하여 은근히 불평을 터트리며 목사의 성경 지식에 회의하게 하는 사람.
2) 목사에게는 숨기면서 개인적으로 성경을 가르치겠다고 하는 사람.
3) 갑자기 나타나 열심히 봉사해서 리더의 위치에 올라가는 사람.
4) 봉사는 열심히 하되 그 얼굴에 기쁨보다는 강박관념이 나타나는 사람.
5) 대화 중에 무심결에 씨, 밭, 나무, 새, 기름, 등불, 배도, 멸망, 구원, 배멸구, 충진, 길 예비, 사자, 하나님의 비밀 등의 용어를 사용하는 사람.

IV. 복음방 교육의 주제, 목적, 방법

'추수꾼'으로 불리는 이들이 포섭 대상자를 '섭외'하는 방식을 아래와 같이 "신천지 10단계 기성교인 미혹전략"[17]으로 분석하기도 한다.

2015.3.22.
17 전민수, 『왜 신천지는 이단인가?』(서울: 영창서원, 2008), 105-108.

소그룹성경공부(복음방, 다락방) 또는 위장교회(교회명을 자주 바꿈) → 비밀성경교육 센터(구, 무료성경신학원) → 센터 수료 → 신천지 입교(지문 인식, 출입증 카드 발급) → 신천지 신도가 되어 신천지교회에서 예배함.[18]

신천지의 교육과정은 크게 3단계이다. 복음방 교육, 무료성경신학원 교육, 신천지 입교후 새신자교육으로 나눌 수 있다. 우선적으로 섭외 과정에서 피섭외자의 성경지식과 교회생활과 교육 정도를 사전에 미리 조사하여 적절한 복음방 교사를 소개한다.

복음방은 신천지 교사가 개인 또는 소그룹을 대상으로 기성교인을 미혹하는 세뇌교육의 현장이다. 복음방에서는 성경공부 최우선하기, 교회관 허물기, 이단경계교육, 입막음 교육을 강화한다. 신천지 집단의 '복음방 운영의 핵심'은 전적으로 외부인들에게 조직을 드러내지 않는 '밀실 비밀 교육'을 기반으로 한 전도방식이다.

1. 복음방 교육의 주제 및 목적

신천지 신도가 기록한 68쪽의 '복음방 교육노트'를 보면 4단계 24과 의 여러 주제를[19] 가르치는데 중요한 주제들은 다음과 같다.

성경의 중요성, 성경을 모르는 자들의 결과, 아름다운 성전건축, 육적성전과 영적성전, 지식·믿음·행함, 초림과 재림, 정통과 이단, 역사·교훈·예언.[20]

---

18 신현욱, "강력한 사이비신천지 예방백신", 「기독교포혈뉴스」 2014.1.9.
19 전민수, 『왜 신천지는 이단인가?』, 73-86 참고.
20 강신유, "신천지 교도의 '이단경험과 탈퇴' 과정에 관한 연구", (평택대학교 신학전문대학

1) 성경 공부 최우선 하기

복음방 교재를 중심으로 '그동안 성경에 무지했다'는 느낌을 받게 하고 성경공부를 처음부터 새롭게 할 필요성을 강요한다.[21] 성경의 영적 진리를 체계적으로 배우는 것이 가장 중요하므로 말씀 교육이 최우선 과제라 확신시킨다. 그리고 성경교사에 대한 절대적 신뢰를 강조하고 성경의 영적 비밀을 깨닫는 것이 중요하고 이 일이 학업, 사업, 가정생활보다 우선되어야 한다는 것을 강조한다. 복음방 교육에 전력할 것을 가르친다.

신천지는 성경 내용을 '역사-교훈-예언-성취'로 나누고 성경 역사를 다음과 같이 12시기로 구분한다.

아담 부패 → 노아 출현 → 아담세계 멸망 → 노아의 세계·가나안 부패 → 모세 출현 → 노아의 세계 멸망 → 모세·육적 이스라엘 세계 부패 → 예수님 출현 → 육적 이스라엘 멸망 → 예수님의 초림 복음시대·부패 → 예수님 재림 → 초림 영적 이스라엘 멸망[22]

이는 시대별 구원자를 내세우기 위한 포석으로 마지막 시대 다른 이름의 구원자를 내세우기 위한 목적이 숨어 있다.

원 박사학위논문, 2011. 2), 11-12. "신천지 복음방 주요 주제들과 성구들"을 참고할 것.
21 백상현, 『이단 사이비 신천지를 파헤치다』 (서울: 국민일보기독교연구소, 2013), 73.
22 백상현, 『이단 사이비 신천지를 파헤치다』, 74.

2) 기존 목사 버리기

신천지는 종말의 때 기근이 온다는 말씀을 영적 기근으로 해석한다. "기존 목회자들은 악령이 들어 쓰는 목자이기 때문에 신약에 성취된 말씀을 풀지 못하고 있다"고 가르친다.[23] 그들은 육적 성전과 영적 성전의 차이를 강조하며 영적 말씀을 가르치지 않는 기성 교회는 음녀와 더불어 타락한 육적 성전으로서 바벨론 교회이며 참된 교회인 영적 성전이 아니라고 한다.

"젖 먹이는 자에게 화가 있다"(마 24:19)라는 말씀을 자의적으로 해석하여 젖먹이는 자는 기성 교회의 목사이며, 이들은 진리의 말씀으로 교인들을 먹이지 않고, 거짓된 말씀 즉 우상 제물을 먹이는 자들이기 때문에 화가 있다고 가르친다.

그리고 "만일 네 눈이 너를 범죄케 하거든 빼어 내버리라"(마 18:9)는 말씀도 자의적으로 해석하여 '눈'은 '목사'(사 29:9 이하)이므로, '눈이 범죄했다'는 말은 곧 '목사가 범죄했다'는 말이라고 한다. 따라서 '눈을 빼버린다'는 말은 '목사를 버리라'는 뜻이라고 가르친다.[24]

'새 포도주와 묵은 포도주'(눅 5:37)의 비유풀이를 통해 "구약의 약속대로 오신 예수님을 믿으라는 말은 2000년간 들어온 묵은 포도주"이므로 "새 포도주가 되기 위해서는 비진리를 가르치는 교회와 목회자를 버려야 한다"라고 가르친다.[25]

열 처녀의 혼인잔치의 비유(마 25:1-13)를 통해 "하나님의 소와 살진

---

23 백상현, 『이단 사이비 신천지를 파헤치다』, 80.
24 장운철, "'네 목사를 버리고 오라'고 배웠어요", 「교회와신앙」 2011년 06월 01일.
25 백상현, 『이단 사이비 신천지를 파헤치다』, 78.

짐승(배도자, 멸망자)을 잡은 혼인잔치(신천지)를 찾아 예복(옳은 행실), 등(말씀), 기름(증거의 말씀)을 준비하고 택함 받은 자가 되자"고 독려한다.[26] 성경을 자의적이고 주술적으로 해석하는 전형적인 사례이다.

3) 이단 경계심 낮추기(정통과 이단)

신천지가 이단이라는 정통교회를 비판하면서, 신천지가 이단이라 하지만, 신천지를 이단이라 하는 저들이 참 이단이고 사탄이라고 가르친다. 신천지는 결코 이단이 아니라는 것을 미리 주지시킨다.

오늘날 자기 교단(바벨론)에 유전되는 교법으로 세워져 정통이라 주장하는 거짓 목자들과 그 소속들이 적반하장(賊反荷杖)격으로 도리어 인 맞은 성도들을 이단으로 몰아세우고 있다. 그러나 오늘날 창조된 신천지는 하나님의 나라요 천국 백성이다. 신천지를 에워싸고 이단이라고 하는 그들이 참 이단이며 사단의 군사들이다.[27]

따라서 이단으로 핍박을 받더라도 끝까지 진리의 성읍인 신천지를 떠나지 말아야 한다고 교육한다. 왜냐하면 역사적으로 보면 항상 이단이라고 핍박받은 자들이 정통이 되었고, 이단이라 핍박하던 자들이 이단으로 판명났다는 것이다. "성경 역사 6천년 동안 핍박하는 자는 마귀에게 속하는 자였고, 핍박당하는 자는 하나님께 속한 자였다"[28]라는 것

---

26 백상현, 『이단 사이비 신천지를 파헤치다』, 81.
27 보혜사 이만희, 『천지창조』 (안양: 도서출판 신천지, 년도미상), 521.
28 보혜사 이만희, 『천지창조』, 441.

이다. 이러한 궤변을 통해 신천지가 이단이라는 세간의 평판을 뒤집고, 신천지에 대한 이단 경계심을 무너뜨린다.

신천지는 하나님과 예수님이 사랑이신데 오늘날 기성교회는 진리를 찾아 나선 신앙인들을 핍박하고 정죄하는 모습이 만연해 있다고 비난한다.[29] 이단이라 핍박하는 기성교회를 대적하여 싸워 이겨야 한다고 강조한다.

4) 입막음 교육

신천지는 복음방 시작에서 학원에 인도되는 것을 외부 및 가족에게 "비밀로 하라"고 여러 성구를 제시하며 "입막음 교육"을 반복한다. 성경 공부하는 사실을 절대적 비밀로 한다. 신학원의 교재는 밖으로 유출시키지 않는다. 보안 유지와 신변보호를 위하여 집회장소나 단체를 위장하거나 지도자들은 가명을 사용한다. '밭에 감추인 보물'(마 13:44)을 발견하고 그것을 차지하기 전에는 다른 사람에게 알리지 않아야 한다는 것이다.

신천지는 군대에서 적군으로부터 비밀을 지키기 위해 암호를 쓰듯 성경에서도 하나님이 사단으로부터 지키고자 하는 비밀이 있다고 주장한다. 그리고 이 비밀을 감추기 위해 암호를 사용하는데, 그게 바로 비유라는 조잡한 논리를 편다.[30]

---

29 백상현, 『이단 사이비 신천지를 파헤치다』, 78.
30 백상현, 『이단 사이비 신천지를 파헤치다』, 77.

그리고 "집안 식구가 원수"(마 10:34-36)이기 때문에 성경 공부하는 것을 가족이나 교인이나 목회자에게 일체 비밀로 하여야 한다고 세뇌시킨다. 심지어 어떤 사람은 신천지에서 성경 공부를 하면서 비밀을 안 지켰더니 교통사고로 뼈가 부러졌다는 식으로 위협까지 하면서 입막음을 철저히 강요한다.

— 교육 교재가 따로 없고, 공부하는 것을 절대 타인에게 말하지 말라 입단속을 시킨다.
— 교육 중 인터넷 검색을 통해 대부분 신천지인줄 알고 탈락하기 때문에 인터넷을 선악과라 가르친다(인터넷을 보는 날에는 정녕 죽으리라!).
— 수강생이 필기한 노트를 집에 가져가지 못하게 하고 센터에 보관하도록 유도한다.
— 소위 '잎사귀'라 불리는 수강생들은 상호간 신상 정보 교류나 사적인 대화를 금한다.
— 함께 공부하는 옆 짝꿍은 반드시 바람잡이 역할을 하는 신천지 신도들이다.[31]

2. 복음방 교육 방식

포섭대상자의 형편에 따라 대략 1~2달 동안의 '복음방'이라는 이름으로 성경의 기본적인 내용을 공부하게 한다. 이때는 신천지라는 것을 드러내지 않아서 성경공부를 하는 사람이 의심하지 못하도록 한다. 그

---

31 강신유, "신천지 교도의 '이단경협과 탈퇴' 과정에 관한 연구", 12.

러면서 다음 단계인 신학원에 들어가서 더 배우고 싶은 호기심을 갖게 하는 것이 목적이다.

특별히 제작한 교재로 추수꾼들은 아침 9시부터 오후1시까지 1개월 간 암기 및 스피치 실기 특강을 이수한다. 이때 교재는 복음방 교재로 사용 하고, 교육 담당자를 선교사 내지 전도사로 호칭하며, 2인 1조로 활동한다. 그리고 복음방 교재 1, 2과까지 내용을 수회 교육한 후 복음방 개설한 선교 사나 전도사가 각종 구실을 붙여서 성경신학원으로 인도한다.

V. 무료 성경신학원 교육의 주제, 목적, 방법

1개월 정도의 '복음방' 교육을 통해 성경 공부 최우선하기, 교회관 허물기, 이단경계교육, 입막음 교육이 이루어진 대상자만을 선별하여 '무료성경신학원'으로 인도하여 초중고 3개 과정을 6개월 정도 공부하 게 한다.

1. 성경신학원 교재의 주제 및 목적

성경신학원 교재(초중등 요약)의 주요 주제는 다음과 같다.

신학과 인학(人學), 천국비밀의 말씀은 비유와 비사로 이루어짐, 때가 이 르면 밝히 이르게 됨, 너희에게는 허락했지만, 저희는 허락이 안 됨, 비유풀 이,32 구약의 비밀과 신약의 비밀(예수 그리스도, 7별과 7금 촛대, 7머리 10뿔, 마지막 나팔의 비밀), 배도 · 멸망 · 구원, 예레미야의 사명(심판과 구원), 주기도문·사도신경의 참 뜻(하늘: 장막), 창조와 재창조의 원리(목자 택함, 장막창조, 선민과의 언약, 선민의 배도, 선민의 멸망, 새 목자 택함, 새 장막 창조, 회개, 심판, 구원, 재창조 부활, 새 언약)[33]

1) 교회관 뒤집기

"신에게 배운 것은 신학이고 사람에게 배운 것은 인학"이라 가르치며,[34] 기성 교회는 신학박사나 교수들인 사람들에게 배웠기 때문에 '인학(人學)이고, 거짓'[35]이라는 것이다. 기존 교회에서 '신학'이 아닌 '인학'을 가르치는 목회자들은 모두 "서기관과 바리새인", "독사의 새끼", "사단의 자식", "거짓목자"이고, 기성 교회는 "바벨론" 또는 "마귀의 소굴"이라 반복적 교육을 통해 세뇌하여 교회관을 흔들어 놓는다. 말세에 추수되어 갈 곳은 신천지뿐이며, 신천지가 바로 시온산에 우뚝 선 '진리의 성읍'으로 유일한 참된 교회이다. 그리고 신천지 교인 144,000명이 바로 천국이므로 신천지에 가야 천국이 보이고 신천지 교인만이 영생한다고 가르친다.

---

32 강신유, "신천지 교도의 '이단경험과 탈퇴' 과정에 관한 연구", 12.
33 강신유, "신천지 교도의 '이단경험과 탈퇴' 과정에 관한 연구', 12. "신천지 성서신학원 주요 주제들과 성구들"을 참고 할 것.
34 이만희, 『천국비밀 계시록의 실상』 (안양: 도서출판 신천지, 년도미상), 30.
35 이만희, 『영원한 복음 새 노래 계시록 완전해설』 (안양: 도서출판 신천지, 년도미상), 21.

2) 성경관 뒤집기

성경 66권 중 가장 중요한 것은 요한계시록이며, 성경 말씀 중 천국비밀의 말씀은 비유와 비사(秘辭)로 이루어져 있다. 6,000년 동안 감춰진 천국의 비밀이 때가 이르러 '한 목자'(이만희)를 통해 천국의 실상으로 밝혀졌으며, 이 천국의 비밀은 "너희에게는 허락했지만, 저희는 허락이 안 된 것"이라 가르친다. 신천지에서 천국의 비밀에 관한 진리의 말씀을 배우는 것이 특권이라 주장한다. 성경의 약속의 말씀과 실상 계시는 이만희를 통해 신천지 교인들에게만 주어지는 것이라 가르친다.

3) 비유풀이 반복 학습

신천지는 성경말씀은 비사로 되어 있어 짝풀이를 통해 풀어야만 천국의 비밀과 그 실상을 알 수 있다는 사실을 체계적으로 집중적으로 수학공식 풀듯이 반복하여 세뇌시킨다. 비유풀이의 주요 내용은 다음과 같다.

씨=말씀(눅 8:11), 밭=사람의 마음(교회), 나무=거듭난 사람, 새=영, 떡=말씀, 누룩=교훈의 말씀, 그릇=사람의 마음, 물=말씀, 불 심판=말씀 심판, 샘=교회, 강=전도자, 바다=사단이 다스리는 세상(나라·세계), 어부=목자, 그물=말씀, 고기=사람, 배=교회, 산=배도의 산, 멸망의 산, 시온의 산, 인=말씀, 나팔=증거의 말씀, 돌=심판의 말씀, 우상=거짓목자, 해=목자, 달=전도자, 별=성도, 신랑=영, 신부=육체, 정통=말씀이 있는 곳, 이단=말씀이 없는 곳

예를 들면 "포도원을 허는 여우를 잡아"야 하는데(아 2:15), "포도원은 이스라엘"(사 5:17)로서 오늘날 교회이며, "그 선지자들은 황무지의 여우"(겔 13:4)인데 즉 오늘날 기성 교회의 목사들이다. 따라서 이 여우들을 "그 입의 막대기"(사 11:4) 즉 말씀으로 잡아야 한다고 풀이한다. 이처럼 4개의 성경 구절을 문맥과 내용을 무시하고 짝으로 연결하여 무슨 수학 공식처럼 풀이하면서 감추인 비밀이라 미혹하는 것이다.

이러한 짝 풀이는 성경의 의미를 현저히 왜곡하는 속임수임에도 불구하고, '미역 먹으면 미끌어진다'는 식의 해석에 익숙해온 사람들은 이런 식으로 성경을 풀이하는 것을 재미있어 하고 성경이 이렇게 깊은 의미가 있는 몰랐다는 식으로 수용한다.

4) 구원관 뒤집기

신천지는 예수를 믿어도 배도하고 멸망하는 자들이 있으므로 예수만 믿어서 구원을 받지 못한다. 천국의 비밀인 진리의 말씀을 '새로 택한 목자'(이만희)를 통해 계시하였다. 이 택한 목자가 신천지 12지파의 '새 장막 창조'(신천지예수교장막성전)를 하였다. 신천지 12지파에 속하는 자들만이 구원을 받을 수 있다. 이것이 '새 언약'이라 가르친다.

12지파의 144,000명만 생명록에 녹명되어 이 땅에서 죽지 않고 영생하며 온 세상을 통치하는 것이 새 창조이다. 따라서 시대마다 구원자와 구원받을 자가 다르다. 기성 교회에는 구원이 없다고 구원관으로 완전히 뒤집어 놓고, 신천지 12지파에 속하여야 신천지 예수교 증거장막성전에 등록되어 144,000명에 녹명(錄名)되고 이들만이 구원과 영생을 받게 된다고 믿고 시인하게 한다.

5) 배도(탈락자) 멸망 교육

신천지에 빠졌다가 탈락하는 자들이 생길 것에 대비하여 철저하게 탈락에 대한 예방교육을 시키는 것으로 알려지고 있다. 신천지에서 말씀 공부하다가 중간에 탈락하는 자는 3대가 저주를 받는다거나, 더러운 귀신이 나갔다가 저보다 더 악한 귀신 일곱을 데리고 다시 들어온다(마 12:43-45)고 경고한다.

신천지에서 가르치는 말씀(성경)을 부정하거나, 깨닫지 못하거나, 가정에서 심하게 반대하거나, 말씀보다 은사에 취해 있는 신자는 사망록에 등재한다. 신천지는 배도·멸망·구원의 교리를 통해 신천지를 배도하면 멸망하고, 끝까지 신천지에 남아 있어야 구원을 받는다고 가르친다. 심지어 부모나 가족들이 신천지 교인인 것을 알고 반대하면 진리를 부정하는 자는 사단의 수족이고 사단의 말을 들으면 영원히 멸망한다고 가르친다. 이를 위해 신자들의 상황을 일일보고하고 무단결석자가 있으면, 결석사유를 꼬치꼬치 추적하여 보고함으로서 교인들을 통제한다.[36]

마지막으로 배도, 멸망, 구원을 본 유일한 증인, 계시의 말씀을 받은 유일한 보혜사, 계시록의 실상을 보고 들은 유일한 대언자, 이긴 자로서 이시대의 약속된 참 목자가 바로 이만희라가르친다.

놀라운 것은 신학원에서 6개월간의 성경 공부를 마칠 즈음에 처음으로 지금까지 공부한 계시의 실상은 바로 마지막 때의 메시아요 보혜사인 이만희를 통해서 밝힌 구원의 진리임을 이야기한다. 그러나 이때는

---

36 "신천지의 거짓교리 시리즈 3-신인합일", http://blog.naver.com/knw1022.

이미 신학원에서 충분히 세뇌를 당했기 때문에 이만희를 자연스럽게 메시아로 믿어 버린다.[37]

2. 성경신학원 교육 방법

초중고등 3개 과정으로 진행되는 성경신학원의 각 과정은 5~6주 동안 주 4회(월, 화, 목, 금), 1일 3회(오전 반, 오후 반, 저녁 반)의 강의로 이루어지므로 모두 이수하는 데 6개월 정도가 걸린다.

강의 내용의 일부는 PPT로 만들어 반복 강의하고, 매일 교육 내용을 철저히 노트 필기하게 하고 일일숙제라는 이름으로 쪽지 시험을 실시하여 반복적으로, 집중적으로 세뇌시킨다.

실제로 신천지 등록교인이 되려면 성경신학원에서 6개월 동안 초중고 과정을 끝내고 90점 이상 되어야 합격하는 성경시험을 통과해야 성경신학원의 졸업장을 준다고 한다.[38]

3. 신천지 소속교회의 새 신자 등록과 교육

6개월간의 성경신학원 과정을 수료하여야 비로소 신천지 소속교회(12지파 중 한 곳)에 유월(전입)하여 1개월간 주 4일에 걸쳐 일일 4시간가량 새 신자 교육을 받는다. 주로 이만희 보혜사 위상, 신천지 역사, 위계질서, 예법 등을 배운다. 1개월 새 신자 교육을 끝내면 신천지 교회에

---

37 blog.daum.net/yongsimyi/1596546.
38 정윤석 외 공저, 『신천지 포교전략과 이만희 신격화 교리』, 53-55.

등록이 된다. 기존의 신천지 교인들도 1개월에 한 번씩 신앙 점검을 구실로 신천지 교리를 끊임없이 주입시킨다.

4. 신천지 본부 등록과 생명록 녹명(錄名)

신천지 교회에 등록한 후 전도실적, 수요예배, 주일예배의 출석, 서울 과천에 건축하는 성전에 내 자리 마련 본부 건축헌금과 각 지역 성전건축헌금 및 선교헌금, 십일조, 주정헌금, 체육회비 등의 납부실적을 평가하여 신천지 예수교 증거장막성전 본부에 등록된다. 신천지 증거장막 성전본부에 등록되는 것이 144,000명에 속하는 것이요, 요한계시록 20장에서 말하는 생명책에 녹명(錄名)되는 것이다. 생명책에 녹명된 신자에게 이만희 총채가 사인한 '영생증'을 주기도 한다. 그리고 교적부에는 영생록, 중간록, 사망록이 있어서 신천지에 등록한 후 중간에 탈락하는 자는 사망록에 기재함으로써 신천지에서 탈퇴하면 영생에 이르지 못하는 것으로 압박한다.

5. 신천지 등록교인의 추수꾼 훈련

신학원 교육 마지막 단계에 가서 이만희가 메시아임을 확신하게 되면 비로소 신천지 교회에 등록을 하게 되고, 기존 교회에 가서 신자들을 미혹하는 추수꾼 훈련을 받은 후 기존교회로 들어가 추수꾼으로 활동하게 된다.

VI. 신천지의 비밀 성경공부의 밀교적 성격

한 걸음 더 나아가서 요한계시록에 기록된 비사는 "전 인류가 수신 대상이 아니라 성경의 대상인 선민에게만 수신이 한정되어 있다"라 주장한다.[39] 그래서 신천지의 모든 성경 공부는 특정한 사람에게 비밀리에 이루어진다. 심지어 입막음 교육을 통해 성경 공부를 하는 것은 가족이나 친지나 교인들에게 알리지 못하게 철저히 교육하는 것으로 알려져 있다. 그러나 신천지는 자신들이 무료로 값없이 성경 공부를 가르치는 것이 기성교단의 신학교와 다른 점이라는 것을 강조하면서 신자들을 미혹한다.

생명수는 '값없이' 주는 것이므로(17절) 생명수가 나오는 곳은 성경을 '무료로' 가르쳐 주는 곳이지 수업료를 받는 일반기성 신학교가 아니라는 것쯤은 확실히 알 수 있다. 하나님의 은혜는 값없이 받는 것이며 돈을 주고 사는 것이 아니다. 그러므로 영생수 말씀을 얻으려면 말씀을 무료로 가르쳐 주는 곳을 찾아야 한다.[40]

신천지는 비밀리에 진행되는 복음방 교육, 신학원교육, 새신자 교육을 받은 이후에 신천지교회에 등록된 신자가 아니면 신천지 교회의 예배에 참석할 수 없다. 신천지 집회는 신천지 교인에게 발급하는 ID카드

---

39 신천지의 『그리스도인의 선택』이라는 자료에도 성경은 "세상 모든 사람에게 주신 것이 아니고 하나님을 믿고 그리스도를 영접한 사람들 즉, 하나님께서 택하시고 언약한 선민에게 주신 글(언약서)"이라한다.
40 이만희, 『천국비밀 계시록의 실상』, 492.

소지자만 참석할 수 있도록 통제한다. 서울 화곡동의 신천지의 '바돌로매 지성전' 출입문에 지문인식기가 설치 가동되고 있는데, 단순 보안장치가 아닌 외부인 출입 통제용으로 보여 폐쇄적인 집단임이 드러났다고 한다.[41]

그러나 예수께서는 복음의 실상을 비사로 특정인에게 비밀리에 전한 것이 아니라는 것이 복음서의 증언이다. 그 반대로 예수께서는 언제 어디서나 누구나 쉽게 이해할 수 있도록 일상적인 비유로 그리고 공개적으로 말씀을 선포한 것이다. 그래서 "내가 드러내 놓고 세상에 말하였노라. 모든 유대인들이 모이는 회당과 성전에서 항상 가르쳤고 은밀하게는 아무것도 말하지 아니하였다"(요 18:20)라 하셨다. 그래서 바울은 "그러나 우리나 혹 하늘로부터 온 천사라도 우리가 너희에게 전한 복음 외에 다른 복음을 전하면 저주를 받을 지어다"(갈1:8)라 하였다.

이런 의미에서 이레네우스는 특정인에게 비밀리에 가르치는 '비공개적 비밀 전승'과 달리 예수와 그의 사도들은 공개적으로 가르쳤기 때문에 '공개적인 사도 전승'으로 구분하였다.

진리의 가장 단순한 형식은 진실이다. 그리고 진리는 아무도 속이지 않는다. 부모와 가족을 속이고 성경공부를 하는 것이 더 이상 진리를 배우는 길이라 할 수 없다. "성경을 읽기 위해 촛불을 훔치지 말라"는 말이 있다. "성경을 배우기 위해서 거짓말을 하지 말라"는 의미일 것이다. 신천지는 자신들이 진리의 성읍이라고 하지만 그 출발이 거짓말을 하면서 비밀리에 위장 성경공부를 하는 것은 진리에 위배되는 것이기 때문이다.

---

41 "신천지 바돌로매… 출입문 지문인식기 설치 가동",「교회와신앙」2016년 1월 7일.

종교를 크게 현교(顯教)과 밀교(密教)로도 구분한다. 현교는 교리, 제도, 의식이 모두 공개되어 있고, 의사 결정이 민주적이고 예결산이 투명하게 공개된다. 이단 사이비 집단은 대부분 밀교의 형태를 띠고 있기 때문에 대체로 집회 참석조차 공개되어 있지 않고 교리와 의식과 제도의 일부가 숨겨져 있다. 그리고 자기들만이 감춰진 비밀을 알고 있다고 주장하고 그 내용을 비공개적으로 은밀하게 가르친다. 신천지 교인들은 자신의 신분을 철저히 숨기고 심지어 '전도방법'과 같은 내부 유인물이나 문서의 외부 유출도 철저히 금하고 있다. 밀교는 또한 비민주적으로 운영되고 재정관리가 불투명하는 등 교리와 제도와 의식이 이중적이다. 이러한 표리부동의 '비밀단체 체제'는 밀교적 성격을 띠는 이단 사이비 집단의 전형적인 특징이다.[42]

VII. 신천지의 위장 포교와 가출 사례

2011년 11월에는 신천지가 가톨릭 사제를 사칭하며 포교하는 것이 폭로되었다. 가톨릭 주교회 사무처가 각 교구에 보낸 공문을 인용, "최근 천주교 사제를 사칭하는 인물들에 대한 주의가 요청되고 있다"며 "청주교구와 부산교구 등에서 '신천지'(교주 이만희)의 추수꾼으로 활동해온 무적(無籍) 사제 '김용기(가명 김현성) 그레고리오 신부'와 '김우인 프란치스코 신부'로 알려진 인물이 사제를 사칭하고 다녔기 때문"이라 하였다.[43]

---

42 정윤석 외, 『신천지 포교전략과 이만희 신격화 교리』, 58.

2013년 11월에는 신천지가 위장 포교 방법으로 성을 포교의 도구로 삼는 사례들이 폭로되고 있다. "이러한 섹스포교가 가능한 것은 신천지는 포교를 위하여서는 어떠한 비윤리적, 비도덕적 방법 내지 위법적 방법을 사용하는 데에 거부감이 없도록 훈련되어 왔기 때문"이며, "이성을 상대로 한 비윤리적 이성포교, 섹스포교에 관해서는 본 단체가 운영하는 인터넷 카페(바로알자 사이비 신천지 www.antiscj.net)에 그 피해의 사례들이 게시되어 있다"라 한다.44

신천지 모 여전도사와의 성적 관계를 통해 신천지에 포섭된 이후 양심적 가책과 정신적 혼란을 겪었다는 A씨는 신천지 측에서 이른바 '섹스포교'를 지시한 적이 있는지에 대해 내용증명을 보냈지만, 묵묵부답이었다고 폭로했다. A씨는 "재미교포 사업가로 한국과 미국을 오가던 중 신천지의 김모 여전도사를 소개받아 성적 관계를 맺었고, 이후 6개월 동안 신천지교육을 받았다"라는 사실을 털어놨다.45

신천지 '하늘문화세계평화광복'(HWPL)이 주최한 만국회의에 참석했던 한 해외 참가자가 "신천지 선전도구로 이용당했다"라 폭로한 사실이 있다. 신천지의 '국제청년평화그룹'이라는 단체가 UN을 사칭하여 서울대생들을 포섭하려한 것이 드러났다. 2016년 2월 초 서울대 동아리연합회 소속 10여 개 동아리 대표들에게 UN 산하단체인 국제청년평화그룹이 2월 19일 지구촌 전쟁종식, 국제법 제정 촉구를 위해 열리는 평화포럼에 참석해 달라는 요청 공문을 보낸 것이다. UN 산하 단체라는 점을 이상하게 여긴 서울대 동아리연합회 측은 조사에 나섰고, 이

43 전정희, "신천지가 '천주교 사제'도 사칭, 포교활동하고 있다", 「교회와신앙」 2011.11.8.
44 엄승욱, "사기집단 신천지의 반국가적 범죄행위 수사촉구", 「교회와신앙」 2013.11.18.
45 "신천지 탈퇴자 A씨, '성 매개 포교' 내용증명 요구", 「CBS노컷뉴스」 2013.11.18.

단체가 신천지 조직이란 것을 밝혀냈다. 서울대동아리연합회는 UN을 사칭한 국제청년평화그룹의 학내 홍보활동을 금지하고, 이런 일이 반복된다면 더욱 적극적인 조치에 나설 것이라는 내용의 대자보를 발표다.

이단 전문가들은 신천지가 최근에는 '하늘문화세계평화광복'과 유관기관인 국제청년평화그룹(IPYG), 세계평화여성그룹(IWPG) 등을 활용해 여성과 청년층 포섭에 나서고 있다고 주의를 당부하였다고 한다.[46] 실제로 신천지 이만희 씨는 최근 집회에서 신도들에게 HWPL 활동을 강조하기도 했다.

신천지의 집중적인 성경공부를 통해 세뇌 당하고 영적으로 미혹되어 가정과 교회에서 신앙의 갈등을 일으키고 마침내 이혼과 가출로 이어지는 사건들이 빈번하여 물의를 빚고 있다.[47] 이로 인해 가족과 부모들이 생업을 전폐하고 가출한 자녀를 애타게 찾는 사진과 보도가 잇따르고 있다. 한 사람의 가출로 인해 그 가족과 교회가 입는 피해는 상상을 초월하므로 한국교회와 사회가 연대하여 크게 경계하고 차단할 대책을 세워야 할 것이다. 광주의 조남운 집사(52)는 딸 조은혜 씨(가명, 24)의 가출에 대해 이렇게 증언한다.

> 대학교를 졸업하고 집에서 은혜가 신천지 교육 자료를 공부하는 것을 발견한 후에 저희 내외는 은혜가 신천지에 빠졌다는 것을 2004년 5월에 처음으로 눈치챘어요. 집사람은 당장 회사를 그만두고 딸을 구해야 한다고 했지요. 그러나 저는 '은혜는 착한 아이니까 신천지가 이단임을 가르쳐 주면

---

46 송주열, "서울대생 넘보는 신천지?", 「CBS노컷뉴스」 2016.3.10.
47 정윤석 외 공저, 『신천지 포교전략과 이만희 신격화 교리』, 130-143. "신천지에 빠져 가출했던 20대 3인의 인터뷰" 참고할 것.

금방 나올 것이다'라 쉽게 생각했어요. 그런데 이단이 그렇게 무서운 줄은 몰랐어요. 딸과 대화하면 할수록, 신천지 측에 대항하면 할수록 끝이 보이지 않는 싸움이라는 답답함이 느껴져요. 그래도 딸을 끝까지 포기하지 않을 겁니다.48

많은 부모들이 가출한 자녀를 돌려보내라 생업을 전폐하고 호소하고 있다. 가출했다 돌아온 한 자매는 "가족들의 반대에 갈등하자 신천지에서는 여기서 포기하면 3대가 멸하는 저주를 받는다고 위협했다. 내가 전도한 자매의 어머니에게도 곧 오래 못 살 거라며 저주를 퍼부었다. 그 말을 듣는 순간 신천지의 차가움에 몸을 떨게 되었고 회의감이 들었다"49라 한다.

강제로 귀가시킨 신천지 교인에 대한 사전교육 자료로서 '신천지임이 드러나 감금되어 있는 상황'에서의 행동지침 12가지와 가정으로 귀가 당해 교회에서 '개종교육을 받는 상황'에서의 행동지침 13가지가 공개되기도 하였다. 그리고 개종교육 시 정신병원에 감금하면 50만 원~100만 원의 비용을 강요한다는 흑색선전을 유포하고 있다고 한다. 신천지는 이처럼 간첩을 침투시키듯 사전에 철저히 교육시켜 추수활동에 침투시키고 있는 것이다. 심지어 신천지에 빠진 자녀를 가정과 교회로 돌아오도록 설득하자 신천지에서는 신천지 탈퇴하면 3대가 멸하는 저주를 받는다고 위협했다고 한다.

그런데도 이만희는 PD수첩과의 인터뷰(2007. 5. 8.)에서 또 "부모들

---

48 http://www.happymaker.or.kr/zboard/view.php?id=galilee&no=1848.
49 문규옥, "신천지 탈퇴하면 3대가 멸하는 저주를 받는다고 위협", 「뉴스앤조이」2006. 11. 17.

이 여기로 몰려와서 없는 아이들을 찾고 있으니, 없는 애를 낳아주기라도 해야 하느냐"라며 "우리는 오겠다는 아이들도 돌려보내고 있다"라 말했다. 보편적인 교회는 교회의 일치와 가정의 화합을 강조하는데 이단들은 신앙의 이름으로 교회의 분열과 가정의 해체를 부추긴다.

제 9장

[
박옥수의 구원파 집단의
구원론과 교회론
]

I. 구원파의 계열과 박옥수(기쁜소식선교회)

"죄사함, 거듭남의 비밀을 깨달아야 구원을 얻는다"고 주장하는 소위 '구원파'는 1961년 4월 미국인 독립 선교사 딕 욕(Dick York)을 통하여 복음을 깨달았다는 유병언과 같은 해 11월 네덜란드 선교사 길기수(Case Glass)를 통하여 죄사함을 깨달았다는 권신찬에 의해 대구에서 시작되었다.[1]

권신찬(1923-1996)[2]은 1951년 대한예수교장로회 총회신학교를 졸업하고 그해 11월 30일 목사 안수를 받았다. 그는 1961년 4월 미국인 선교사 딕 욕을 통해 '복음을 깨달은' 후 1962년 12월 21일 재침례 문제로 경북 노회로부터 목사 면직처분을 받기까지 12년간 경북지방의 여러 교회에서 목회를 했다. 1966년 2월 10일 인천에 있던 복음주의 방송국(현 극동방송국) 전도과장으로 활동하다가 1974년 9월 10일 교리 문제로 극동방송국을 떠나게 되었다. 1969년에 '한국평신도복음선교회'를 만들었고 20년 후인 1981년 11월 21일, 이를 '기독교복음침례회'(www.ebcworld.org)로 개명하여 활동하다가 1996년 사망했다.

유병언(1942-2014)[3]은 권신찬의 사위로서 1969년부터 '한국평신도복음선교회'를 중심으로 활동하였다. 권신찬과 유병언은 1974년 '삼우 트레이딩'이라는 회사를 인수, 교인들의 헌금으로 운영하면서 교인들

---

1 대한예수교장로회총회 외 편, 『종합 이단사이비연구보고집』(서울: 한국장로교출판사, 2011), 109-100.

2 정동섭·이영애, 『왜 구원파를 이단이라 하는가?』(서울: 죠이선교회, 2010), 114-115; 대한예수교총회 외 편, 『종합 이단·사이비연구보고집』, 109.

3 이용규, "유병언은 누구인가?", 「현대종교」 2014년 6월호, 28-31.

로부터 '사장'으로 추앙받았다. 1980년대에는 ㈜세모라는 이름으로 스쿠알렌, 한강유람선 등의 사업에 전념하면서, 신자들이 "스쿠알렌 약품을 팔고 사업을 의논하는 것이 성도의 교제"[4]라 합리화하였다.

1987년 8월 29일 경기도 용인에 위치한 주식회사 오대양 식당 천장에 32명이 집단 변사하는 사건이 벌어졌고 이 배후에 기독교복음침례회와 유병언이 관련 있는 것으로 드러나 사회적 물의를 일으켰다. 그는 오대양 사건 관련 상습사기 혐의로 징역 4년 확정판결을 받고 1991년 구속됐을 때 추종자들이 그를 목사라 불렀으나 자신을 구원파와 무관하다고 증언한 바 있다.[5] 1996년 권신찬이 사망한 후 그의 사위 유병언이 대를 이어 구원파를 이끌었다.[6]

2002년부터는 청송 외에도 안성과 제주도에 농장을 운영하면서 환경친화적 유기농업으로 농사를 짓는다는 명분으로 수익사업과 집단생활을 유도하였다.[7] 2014년 4월 16일 세월호가 침몰하여 299명이 희생되었다. 이 배의 실질적인 소유주가 유병언 일가라는 것이 드러났다. 그가 도피 중 6월 12일 변사체로 발견되어 또 다시 큰 충격을 주었다.[8]

초창기부터 이들과 함께하던 이요한[9]은 1983년 이탈하여 대한예수

---

4 정동섭·이영애, 『왜 구원파를 이단이라 하는가?』, 169.
5 정동섭·이영애, 『왜 구원파를 이단이라 하는가?』, 117.
6 김정수, "구원파(기독교복음침례회) 일지", 「현대종교」 2014년 10월호, 36.
7 정동섭, "유병언·이요한·박옥수 구원파는 왜 이단인가?", 「교회와신앙」 2013.6.5.
8 김정수, "구원파(기독교복음침례회) 일지", 36.
9 정동섭·이영애, 『왜 구원파를 이단이라 하는가?』, 16-19; 현대종교 편집국 편, 『이단 바로 알기』(서울: 현대종교사, 2011), 68. 이요한은 중학교 졸업 후 대구 성경신학교에서 권신찬의 지도를 받았으며 1960년 중반부터 목포에서 권신찬과 함께 활동하다가 1971년 그에게 목사 안수를 받았다. 1983년 유병언을 비판하면서 이탈하여 대한예수교침례회 서울중앙교회를 설립하였다. '생명의말씀선교회'(www.jbch.org)에는 2016년 1월 현재 세계 54개국 338개, 국내 199개 교회가 있다고 밝히고 있으나 사실 여부를 확인하기 어렵다.

교침례회를 만들었다가 현재는 '생명의말씀선교회'를 통해 구원파를 이끌고 있다.[10]

구원파 중에서 현재 가장 활발하게 포교 활동을 전개하여 교세를 확장하고 있는 이는 박옥수이다. 그는 중학교 3학년 중퇴생으로서 체계적으로 신학을 공부한 적이 없으며 길기수 선교사의 금오산 집회 중 크게 감화를 받아 1962년 10월 7일에 죄사함의 비밀을 깨닫고 구원을 받은 날이라 한다. 권신찬과 유병언 계열과 결별하고 대구에서 대구중앙교회를 목회하였다.[11]

딕 욕(Dick York) 선교사 등이 운영하던 '믿음의 방패선교회'(Shield of Faith Mission)에서 운영하던 성경학교에서 유병언과 함께 3년간 (1962-1964) 공부한 후, 1971년 딕 욕으로부터 목사 안수를 받았다고 한다.[12] 아마 이 즈음 권신찬 및 유병언과 결별하고, 1976년에 독자적으로 한국복음선교학교를 설립했으며, 1980년대에 들어와 '예수교복음침례회'라 했다가 '대한예수교침례회'라는 간판을 걸고 서울 관악구 봉천동 소재 서울제일교회를 중심으로 목회하였다.

1983년 '기쁜소식선교회'를 조직하였다. 박옥수는 '죄사함, 거듭남의 비밀'이라는 슬로건을 내걸고 전국 대도시의 체육관을 빌려 성경강연회를 인도하며 본격적으로 세력 확장을 확장하였다.[13]그리고 2001년 3월에는 국제청소년연합(IYF)을 창립하였는데 2014년 현재 49개

---

10 정동섭·이영애, 『왜 구원파를 이단이라 하는가?』, 114-115.

11 정동섭·이영애, 『왜 구원파를 이단이라 하는가?』, 115.

12 "박옥수씨는 목사안수 여부 스스로 해명해야", 「현대종교」 2015년 9월호, 81-82.

13 1989년에는 출판사 기쁜소식을 정식 등록하여 「기쁜소식」이란 잡지와 각종 도서를 출판하고 있다.

국 54개의 국제 청년 NGO가 등록 되어 있다고 한다.[14] 그리고 2008년
에는 GNN방송을 개설하였다.[15]

'기쁜소식선교회'의 사이트(www.goodnews.or.kr)에는 2016년 2
월 현재 한국어, 영어, 스페인어, 독일어, 중국어, 일어로 된 공식 사이트
를 운영하고 있다. 한국어 사이트에는 박옥수목사 홈페이지,[16] 굿뉴스
TV, 국제청소년연합, 마하나임 바이블트 레이닝센터, 월간 기쁜소식
그리고 주간 기쁜소식 사이트가 연결되어 있다. 그리고 기쁜소식 강남
교회의 주일 낮 '인터넷 예배'를 한국어, 영어, 스페인어, 중국어로 참여
할 수 있다.

기쁜소식선교회는 2013년 현재 국내에 177개 교회, 해외에는 포교
실적이 좋아 191개 교회를 개척했다고 한다. 특히 국제 청소년연합 IYF
와 해외봉사단인 굿뉴스코(Goodnews Corps)를 만들어 아메리카, 아
프리카, 유럽, 아시아 등 해외 지교회에 청년 단기선교사를 파송하여
해외 활동을 열을 올리고 있다. 그리고 그라시아스 합창단의 크리스마
스 칸타타, 미술 전시나 공연 등으로 종교 색을 풍기지 않는 각종 문화행
사를 포교의 방법으로 사용하고 있다. 정기적인 성경세미나와 폭넓은
대외 활동으로 다른 구원파보다도 교세가 크게 성장하고 있다.[17]

박옥수는 '또별'이라는 약을 항암치료제로 교인들에게 소개하여 그
의 말을 믿고 이 약을 먹다가 치료시기를 놓치고 죽음에 이른 사례 등이

---

14 http://www.iyf.or.kr/new/(2016.2.3.).

15 정동섭·이영애, 『왜 구원파를 이단이라 하는가?』, 119-121.

16 "복음과 함께한 50년"이라는 제목으로 박옥수 목사의 활동도 소개되어 있다.
http://www.iyf.or.kr.

17 탁지원, 『구원파의 정체』(서울: 현대종교사, 2009), 69-86.

344 한국의 이단 기독교

2012년 3월 17일 채널A(www.ichannela.com)의 시사고발 프로그램에서 방영되기도 하였다. 이와 관련하여 수백억대 주식 사기를 벌인 혐의 등으로 불구속기소되어 재판을 받아 온 박옥수는 2016년 5월 24일 광주고등법원 전주지부 제8호 법정에서 열린 항소심 재판에서 징역 9년을 구형받았다.[18]

II. 박옥수 구원파의 구원론

1. 죄와 범죄는 다른 것인가?

박옥수는 타락한 인간은 '죄의 덩어리'이므로 인간으로서는 죄의 문제를 해결할 수 없다고 주장한다.

> 우리는 죄악투성이기 때문에, 근본적으로 죄의 나무이며, 죄의 자식이고 죄의 씨여서 아무리 스스로 깨끗하게 하려고 해도, 죄를 안 지으려 해도 안 됩니다.[19]

박옥수는 죄를 원죄와 자범죄로 구분하지 않고 '죄와 범죄'로 구분한다. 도둑질, 거짓말, 살인과 같은 자범죄를 '범죄'로 규정한다.

---

18 엄무환, "검찰, 항소심서 기쁜소식 박옥수 또 9년형 구형", 「교회와신앙」, 2016.5.27.
19 박옥수, 『죄사함, 거듭남의 비밀』 (서울: 기쁜소식선교회, 1988), 33.

여러분 죄와 범죄는 다릅니다. 여러분이 도둑질을 했고 거짓말을 했고 살인을 했으면 그것은 죄가 아니고 범죄입니다. 성경에는 '죄'와 '범죄'에 대해 명백하게 나뉘어져 있습니다.[20]

박옥수에 의하면, 죄는 죄의 결과나 죄의 증상을 말하고 범죄는 죄의 근본인 죄 그 자체를 말하는 것이다. "죄의 결과를 고백하는 것과 죄의 근본을 고백하는 것은 상당한 차이"가 있다고 주장한다.[21] 그는 문둥병을 예로 들면서 손가락이 눈썹이 빠지고 코가 일그러지는 것은, 문둥병의 증상이거나 현상으로서, "문둥병의 결과이지 문둥병 자체는 아닌 것"처럼 "죄와 범죄도 근본적으로 다르다"고 한다.[22]

따라서 다윗의 예를 들면서 "죄의 결과를 고백하는 것과 죄 자체를 고백하는 것은 상당히 차이가 있다"고 주장한다.

시편 51편 5절을 보십시오. 다윗은 그렇게 고백하지 않습니다. "내가 죄악 중에 출생하였음이여 모친이 죄 중에 나를 잉태하였나이다." 자신이 무슨 죄를 지었다는 것이 아니고 그는 근본적으로 죄를 지을 수밖에 없는 인간이라는 그 자체를 고백한 것입니다. … 죄의 결과를 고백하는 것과 죄의 근본을 고백하는 것은 상당한 차이가 있습니다.[23]

그리고 이러한 죄와 범죄를 구분하는 성서적 근거로 요한일서를 제

---

20 박옥수, 『죄사함, 거듭남의 비밀』, 31
21 박옥수, 『죄사함, 거듭남의 비밀』, 32.
22 박옥수, 『죄사함, 거듭남의 비밀』, 31.
23 박옥수, 『죄사함, 거듭남의 비밀』, 32.

시한다.

> "만일 우리가 우리 죄를 자백하면…"(요일 1:9), 이 말씀에서 "내가 도둑질
> 했습니다" 하고 범죄한 것을 자백하라는 것이 아니라, 죄를 자백하라는 뜻
> 입니다. 그러나 요한일서 본문은 "만일 우리가 범죄하지 아니하였다면"(요
> 일 1:10)이라 기록하고 있다.[24]

1) 개역성경 요한일서는 '죄'라는 단어가 16번, '범죄'라는 용어는 6번
등장한다. 그러나 그리스어 원어 성경에는 죄와 범죄가 엄격히 구분되
지 않는다. 죄를 뜻하는 '하마르티아'(hamartia)를 때에 따라 범죄(요일
3:9; 5:16)로 번역되기도 한다. 범죄라 번역된 단어의 원어 '하마르테
마'(hamartema)도 'hamartia'에서 파생한 단어이기 때문이다. 이러한
구분은 전적으로 원어에 대한 무지와 번역서에 대한 문자적 해석에서
비롯된 것이다.

2) 물론 원죄를 '죄'로, 자범죄를 '범죄'로 해석할 수 있을 것이다. 그러
나 죄와 범죄를 엄격히 구분하여 죄만 죄로 고백하면 되고 범죄는 자동
적으로 해결된다는 것은 죄의 심각성에 대한 성서의 가르침을 현저하게
왜곡하는 것이 아닐 수 없다. 죄와 범죄는 동전의 양면과 같이 상호내재
적인 특징을 가지는 것이다. 죄 된 생각과 죄 된 행위가 서로 어울려져야
죄가 죄로서 현실화되고 구체화되기 때문이다.

3) 삭개오는 예수를 영접하여 구원을 받은 후 토색한 것에 대해서
4배나 갚겠다고 한 것이다. 이런 의미에서 죄도 고백해야 하고 범죄도

---

24 박옥수, 『죄사함, 거듭남의 비밀』, 29.

고백해야 하며, 죄도 용서받아야 하고 범죄도 용서받아야 하는 것이다. 물론 정통적인 신학에서도 '존재의 죄'와 '행위의 죄'를 나누지만, 존재와 행위를 이원론적으로 구분하지 않는다. 둘 다 고백해야 할 죄이고 용서받아야 할 죄이기 때문이다.

2. 죄사함의 비밀을 깨달아야 구원을 얻는가?

박옥수는 예수 그리스도의 십자가의 보혈로 우리의 죄의 현상이요 결과인 범죄가 아니라 '죄의 뿌리인 죄 자체'를 뽑아 버렸고 죄의 문제를 근원적으로 해결했다고 가르친다.

> 우리 주님은 죄의 열매, 즉 죄의 결과인 죄를 범한 그 문제를 다스리려고 하지 아니하시고 죄의 나무를 뽑아버리듯이, 근본적으로 우리 마음에 있는 죄를 해결하셨다는 것입니다.[25]

우리 마음속에 죄가 있으면 죄를 짓게 만들기 때문에 예수 그리스도께서 우리에게 있던 죄의 뿌리를 송두리째 뽑아 제거해 버린다는 것이다. 그리고 이러한 구원의 도리는 너무 쉬운 것이라역설한다. "내가 죄를 이기는 것은 어렵지만 예수님으로 말미암아 죄를 이기는 것은 너무나 쉬운 일이기 때문"(1권, 23)이라는 것이다.

무엇보다도 십자가의 보혈로 우리의 죄가 눈과 같이 정결하게 남김 없이 사해졌으므로 죄가 남아 있지 않다고 깨닫는 것이 매우 중요하다

---

25 박옥수, 『죄사함, 거듭남의 비밀』, 197.

는 것을 강조한다.

> 십자가의 보혈이 우리 죄를 눈과 같이 정결케 했다는 그 사실을 믿지 아니하
> 고, 예수 그리스도께서 십자가에 못 박혀 죽으셨지만 오히려 우리 죄가
> 그냥 있다고 생각하는 것 자체가 십자가의 원수라하는 사실을 우리는 깨달
> 아야 한다.[26]

박옥수는 "죄사함을 깨달아야 죄의 문제를 해결할 수 있는 이유는
아담에게서 기원한 '죄의 문제가 바로 아담이 죄를 깨달은 데'에서 비롯
되었기 때문"이라 한다.

> 아담과 하와는 하나님 앞에 나아가게 되었습니다. 그들이 자기 죄를 깨닫기
> 전에, 죄를 짓기 전에, 그들이 벌거벗은 것을 깨닫기 전에는 하나님 앞에
> 나아가는데 아무런 문제가 없었습니다. 그러나 그들이 벌거벗은 것을 깨닫
> 는 날부터는 하나님 앞에 나아가는데 문제가 생겼습니다. 마음이 막혔다는
> 것입니다. 이 문제가 하나님 앞에서 정리되어야 한다는 것입니다.[27]

따라서 아담이 '죄를 깨달아서 죄인이 된 것'처럼 예수의 보혈로 '죄가
사해졌다는 것 깨달아' 거듭나야 죄의 문제가 영원히 해결되어 구원을
받을 수 있는 이치라는 것이다.

---

26 박옥수, 『두 부류의 신앙』 (서울: 기쁜소식사, 1989), 192.
27 박옥수, 『노아는 의인이요』, 120.

죄가 사해지려면, 첫째 죄를 짓고 난 다음 죄를 지었다는 것을 깨달아야 하고, 둘째는 죄사함을 받았다는 것을 깨달아야 한다는 것이다.[28]

이러한 깨달음이 죄사함과 거듭남의 비밀이며, 이 비밀을 깨달아야만 구원을 받는다는 것이다.

하나님이 우리에게 주신 가장 큰 선물은 죄사함이다. 인간은 죄 때문에 하나님과 멀어졌으며, 그래서 참 기쁨과 즐거움과 축복대신 죄에 대한 가책과 고통과 두려움으로 어두움에서 헤매어야 했다. 이제 이 모든 것이 죄사함 하나로 회복될 수 있는 것이다. 성경에는 죄사함의 분명한 진리가 비밀로 숨겨져 있다. 그래서 다윗이 "누가 지혜가 있어 이를 깨달으며, 누가 총명이 있어 이런 일을 알겠느냐? 여호와의 도는 정직하니 의인이라야 그 도를 행하리라, 그러나 죄인은 그 도에 거쳐 넘어지리라(호 14:9)[29]

그러나 죄사함을 받는 것이 그렇게 어렵거나 힘든 일이 아니라 한다.[30] 단지 죄사함의 비밀을 깨닫고 그것을 믿기만 하면 되는 것이다. 박옥수는 "복음에는 하나님의 의가 나타나서 믿음에서 믿음에 이르게 한다"(롬 1:7)는 저 유명한 말씀에서 "믿음에서 믿음에 이르게 하는 것"이 바로 죄사함의 비밀을 깨달아 믿는 것이라가르친다.

"내 죄가 다 씻어져서 하나님 보시기에도 내 죄가 없구나! 우리는 더 이상

---

28 박옥수, 『죄사함, 거듭남의 비밀』 2, 51.
29 박옥수, 『죄사함, 거듭남의 비밀』, 머리말.
30 박옥수, 『죄사함, 거듭남의 비밀』 2 (서울: 기쁜소식선교회, 1993), 10

죄인이 아니고 깨끗하게 되었구나" 그렇게 말하는 사람이 믿음 있는 사람입니다.[31]

여러분, 죄사함을 받는 것도 2,000년 전에 씻어 놓은 그 죄사함의 소식을 이제야 듣고, "아하! 이제 내 죄가 씻어졌구나" 하는 것이나 다름없습니다. 이제, 하나님께서는 예수 그리스도의 보혈로 여러분의 죄를 완벽하게 씻으셨습니다. 그런데 마귀는 씻지 않았다고 속입니다.[32]

죄사함을 받고 기쁘고 복된 삶은 사는 것도 '영적 비밀'이 숨겨져 있어 '영으로 깨닫는 것'[33]이라 한다. 그리고 "이 영적 비밀을 깨닫게 되면 마음의 호롱에 불이 들어오는 것"[34]이라 하였다. 그리고 죄에는 놓임을 받아 죄가 안개같이 사라지게 하는 '기쁜소식'을 전한다는 의미에서 '기쁜소식선교회'라 하였다.

죄사함·거듭남의 비밀! 죄에서 놓임을 받는다는 이것이 기쁜소식이 아니고 무엇입니까? 죄인된 당신의 몸 그대로 주님께 나오십시오. 죄사함의 복음을 들으면 당신의 죄는 안개같이 사라질 것입니다.[35]

박옥수에 의하면 우리의 모든 죄가 씻어졌다는 죄사함의 비밀을 깨

31 박옥수, 『죄사함, 거듭남의 비밀』 2, 212.
32 박옥수, 『죄사함, 거듭남의 비밀』 2, 208.
33 박옥수, 『죄사함, 거듭남의 비밀』 2, 163.
34 박옥수, 『죄사함, 거듭남의 비밀』 2, 146.
35 박옥수, 『죄사함, 거듭남의 비밀』, 표지 뒷면 참고.

닫게 되면 우리는 더 이상 죄와 싸울 필요도 없고 죄를 짓지 않으려고 노력할 필요도 없이 자연히 죄에서 벗어나서 죄를 이길 수 있다고 한다.

예수님께서 십자가에 못 박혀 죽으시면서 "다 이루었다"라 하신 그때에 우리의 모든 죄가 사하여졌습니다. 여러분에게는 표가 안 나고, 여러분은 몰라도, 하나님은 그 십자가 보혈로 여러분의 죄가 씻어진 것을 보시고 '이젠 됐다' 하시면서 '너희는 의롭다. 다시는 정죄하지 아니한다. 이제는 너희 죄를 기억하지 아니하겠다'는 약속을 하신 것입니다.[36]

따라서 예수 그리스도가 우리의 마음을 지배하시면 더 이상 죄와 싸울 필요가 없고, "더 이상 술을 끊으려고, 담배를 끊으려고, 도둑질하지 않으려고, 방탕한 생각을 하지 않으려고 노력할 필요가 전혀 없게 된다"라 한다. "예수 그리스도가 여러분 마음속에 그 모든 죄악을 이기게 해주실 것"이기 때문이라는 것이다.[37]

1) 박옥수는 죄사함의 비밀, 거듭남의 비밀을 깨달아야 한다고 하지만 죄사함이나 거듭남에 관한 성서의 가르침은 더 이상 비밀이 아니다. 누구나 성서를 통해 들을 수 있는 공개적인 가르침일 뿐만 아니라, 하나님을 믿기로 작정하고 예수를 구주로 영접하는 모든 이들이 성령의 감화 감동으로 자연스럽게 고백할 수 있는 신앙의 보편적인 내용이기 때문이다.

---

36 박옥수, 『죄사함, 거듭남의 비밀』 2. 146.
37 박옥수, 『죄사함, 거듭남의 비밀』, 16.

2) 박옥수는 "성경은 죄에서의 구원을 가장 근본적인 문제로 가장 절실한 문제"로 그려 보이고 있으며,[38] "창세기부터 요한 계시록까지 전부 죄사함에 관한 말씀밖에 안 보인다"라 한다."[39] 이처럼 구원파는 성서의 모든 내용과 신앙에 관한 모든 설교가 구원관 중심으로 흐르는 '구원지상주의'라는 비판을 받는다.[40] 그러나 신자들은 "예수 그리스도의 은혜와 하나님의 사랑과 성령의 교통"에 대한 총체적이 깨달음이 있어야 하며, 하나님의 창조와 섭리, 그리스도의 성육신과 십자가와 부활, 성령의 역사 등 우리가 말씀을 통해 깨달아야 할 신앙의 내용이나 교리들이 너무나 많다는 사실을 기억해야 한다.

3) 박옥수는 "기쁜소식선교회는 전국적으로, 세계적으로 단 한 가지 우리의 죄가 십자가의 보혈로 해결되어졌다는 '기쁜 소식'을 전하는 일만 합니다"[41]라 하였다. 그러나 예수의 사역은 복음만 전하는 것이 아니었다. 그의 공생애 동안의 사역을 보면 천국 복음 전하는 일(preaching)과 더불어 회당에서 가르치는 일(teaching)과 병자와 약자를 고치는 일(healing)을 병행하셨다. 그래서 목회 사역이나 선교 사역에는 늘 교회를 세우고, 학교를 세우고, 병원과 각종 복지시설을 세우는 일을 병행하고 있는 것이다. 박옥수의 구원론은 예수의 사역을 전도 사역으로 축소하고 극단화하는 근원적인 위험이 내재해 있다.

4) 믿음을 단지 개인적이고 피동적인 깨달음으로 제한하는 것은 동양 종교에서 말하는 해탈이나 득도와 다를 바가 없다. 그러나 성서가

---

38 박옥수, 『죄사함, 거듭남의 비밀』 3, 20.
39 박옥수, 『죄사함, 거듭남의 비밀』 3, 243.
40 정동섭·이영애, 『왜 구원파를 이단이라 하는가?』, 148.
41 박옥수, 『죄사함, 거듭남의 비밀』 2, 260.

말하는 구원은 죄사함의 비밀을 자신이 주관적으로 깨달아 자신의 개인적 죄책감을 심리적으로 해소하는 것이 아니다. 구원의 객관적 근거는 예수 그리스도의 십자가 사건이고 구원의 주관적 근거는 성령의 감화 감동이기 기 때문이다. 성령의 역사가 아니면 죄를 죄로 깨닫지 못하고 죄사함과 거듭남도 전적으로 성령의 역사이기 때문이다.

따라서 구원을 개개인의 순간적인 깨달음으로 축소하는 것은 하나님의 구원의 섭리와 그리스도의 대속의 은혜를 '값싼 은혜'로 치부하는 것이 아닐 수 없다. 그래서 예장 통합(2002)에서는 "깨달음에 의한 구원의 확신이 곧 구원이라 생각하는 점은 구원의 역사에 대한 하나님의 주권(롬 9:16)을 무시하는 처사"[42]라 한 것이다.

5) 박옥수의 구원론에는 부활에 대한 메시지가 거의 없다. 다만 십자가의 보혈에 집중하기 때문에 '이미 지은 죄를 소멸시켜 죄짓기 이전의 상태로 소급시키는 환원적인 구원론'이 되고 마는 것이다. 그래서 몰트만은 구원을 예수 그리스도의 십자가의 대속적인 죽음을 통해 죄사함을 받는 것으로 제한할 경우, 부활하신 그리스도를 통해 옛사람은 죽고 새사람으로 거듭나서 새로운 피조물이 되는 미래지향적인 구원의 의미가 배제된다고 하였다.[43]

6) 깨달음을 통해 구원을 얻는다는 구원파의 주장은 로마교회의 장로였던 마르키온이 영적 지식을 통해 자신이 영적 존재라는 사실을 깨달음을 통해 영적 세계로 돌아가는 것이 구원이라 가르친 경우와 다를

---

42 대한예수교회장로회 외 편, 『종합 이단·사이비연구보고집』(서울: 한국장로교출판사, 2011), 114.

43 허호익, "구원론의 통전적 이해", 『현대 조직신학의 이해』(서울: 대한기독교서회, 2003), 330-331.

바 없다. 이런 까닭에 "깨달음만으로 구원받는다는 이들의 주장은 영지주의적 사고임에 틀림"[44]없으며, "영적 비밀(죄사함, 거듭남의 비밀)을 깨달아야 구원받는다고 주장하던 초대교회 당시의 니골라당, 영지주의가 현대판으로 재현된 것"[45]이라는 비판을 받는 것이다.

7) 박옥수는 믿음을 죄사함을 깨닫는 것으로 축소 왜곡한다. 깨달음 자체가 믿음의 전부가 아니며, 깨달음은 믿음의 일부이기 때문이다. 바울은 이 믿음은 '말씀을 들음'(롬 10:10)에서 나온다고 하였다. 따라서 믿음은 말씀을 '들을 마음'(情)과 '알아들음'(知) 그리고 '듣고 행함'(意)이라는 전인적인 차원을 가진다. 다시 말하면 믿음은 하나님에 대한 지정의를 통섭하는 통전적이고 전인격적으로 신뢰(信賴)하는 것이다.

따라서 하나님의 말씀을 들을 마음인 신심(信心)이 있어야 하며, 하나님의 말씀을 알아듣고 확신(確信)하는 것과 더불어 하나님의 말씀을 듣고 준행하는 신행(信行)도 포함되는 것이다. 그런데 구원파는 믿음을 확신에 이르게 하는 깨달음으로 국한시켜 믿음의 다른 두 요소인 확신과 신행을 약화시킨다.

3. 구원받은 날을 알아야 하는가?

구원파는 자신의 구원받은 날, 죄사함 받은 날, 거듭난 날을 알아야 구원받은 자요, 알지 못하거나 머뭇머뭇 거리면 구원받지 못했다고 단정 짓는 것으로 유명하다.[46] 박옥수는 자신이 거듭난 날짜를 1962년

---

44 대한예수교회장로회 외 편, 『종합 이단·사이비연구보고집』, 114.
45 정동섭, "구원파는 반율법주의적이고 영지주의적 사이비 기독교 집단이다", 「현대종교」 2006년 10월호, 86.

10월 7일이라 밝히고 있다.[47]

1962년 10월 7일은 죄 속에서 고통당하고 있다가 벗어난, 잊을 수 없는 날입니다. 그전에는 교회를 다니면서 배운 대로 지은 죄를 낱낱이 하나님께 고백했지만, 여전히 제 마음에서 죄가 떠나지 않았습니다. 그러다가 그해에 감당할 수 없는 일들이 생기고 일이 제대로 되지 않아 죽고 싶은 심정이었을 때, 처음으로 하나님의 은혜로 형편없이 추한 나를 발견하면서 내 생각을 따르면 망하겠다는 생각이 들었습니다. 그러던 중 1962년 10월 7일 새벽, 예수님 앞에 나아가 내 모든 죄를 용서해 달라 기도했는데, 놀랍게도 그날 제 마음속에 죄가 사해졌다는 사실이 믿어졌습니다.[48]

박옥수는 자신이 체험한 것처럼 육체적 출생과는 다르게 이성이나 지적 능력이 발달한 상태에서 거듭나게 되는 영적 거듭남은 날짜를 알 수 있고 하나님이 알게 하신다고 하였다.[49] 따라서 죄사함을 받은 날을 알아야 하나님의 우리 사이의 어두운 죄의 그림자가 사라지고 성령의 능력이 임하게 된다는 것이다.

'죄사함 받는 날'이 여러분에게 꼭 필요합니다. 여러분, 그날이 없으면 하나님과 여러분 사이에 늘 어두운 죄의 그림자가 막혀 있어서 성령의 능력이

46 정동섭·이영애, 『왜 구원파를 이단이라 하는가?』, 160.
47 박옥수, 『죄사함, 거듭남의 비밀』, 113.
48 이미경, "복음과 함께한 50년", 「주간 기쁜소식」(인터넷판), 2012.10.06. 박옥수 인터뷰 기사.
49 대한예수교회장로회 외 편, 『종합 이단·사이비연구보고집』, 111.

여러분 속에 임할 수 없습니다.[50]

그리고 죄사함의 비밀을 깨달아 죄사함을 받은 날이 바로 하나님의 나라 생명책에 기록되는 날이며 '주 나의 죄 다 씻은 날'이라 한다.

오늘이 여러분의 이름이 하나님 나라 생명책에 명확하게 기록되는 날이 되기를 바랍니다. 영원히 잊을 수 없는 날 '기쁜 날 기쁜 날 주 나의 죄 다 씻은 날'이 되기를 바랍니다.[51]

권신찬은 '죄사함을 깨닫고', 유병언은 '복음을 깨닫고', 이요한은 '중생을 경험하라'고 한 것처럼 박옥수는 '죄사함을 깨닫고 거듭나야 구원을 받는다'고 주장한다. 이들 구원파는 모두 그 구원받은 시각(영적 생일)을 알아야 한다고 하며, 육적 생일을 기억하는 것과 같이 영적 생일을 기억해야 구원받은 증거라 주장한다.[52]

여러분 우리가 고통스럽던 죄에서 해방된 그 날, 주 예수님을 영접한 그 날이 그렇게 시시한 날, 기억조차 잘 안 될 만큼 대수롭지 않은 날이었습니까? … 물론 그 날을 꼭 기억하고 있어야 한다는 것은 별개의 문제지만, 그 날은 반드시 있어야 합니다.[53]

---

50 박옥수, 『죄사함, 거듭남의 비밀』, 34.
51 박옥수, 『죄사함, 거듭남의 비밀』, 220.
52 대한예수교회회장로회 외 편, 『종합 이단·사이비연구보고집』, 111.
53 박옥수, 『죄사함, 거듭남의 비밀』 3, 292.

1) 박옥수는 감리교 창시자 웨슬레 목사가 자신이 회심한 시간과 날짜가 1738년 5월 24일 수요일 9시 30분경이라고 정확히 알고 있었다는 점을 강조한다. 그러나 웨슬레의 회심은 그가 시간과 날짜를 고의적으로 기억하였던 것이 아니다. 그가 그 사건을 일기장에 기록하여 두었기 때문에 후세에 알려진 것이다. 웨슬레는 회심과 그 회심한 날짜가 중요한 것이 아니라, 회심 후 '그리스도의 완전'에 이르도록 성화(聖化)에 힘쓰는 것이 중요하다고 역설하였다.

2) 큰믿음교회의 변승우조차도 '죄사함과 거듭남의 비밀'을 깨달아 믿으면 과거 현재 미래의 모든 죄가 용서받고 그 후로는 죄를 자백하거나 회개할 필요가 없으며 어떻게 살든 천국에 간다고 가르치는 것은 "무율법주의로 명백한 이단사상"이라 한다.[54] 거듭남에서 중요한 것은 '시간'이 아니라 '상태'이다. 비록 거듭난 시간을 모른다 해도 현재의 상태가 거듭난 자의 상태라면 그는 거듭난 것이다.[55]

3) 미국의 종교심리학자 메도우(Mary J. Meadow)와 캐호우(R. D. Kahoe)는 회심에는 5가지 유형이 있다고 한다. 바울의 경우처럼 '급격한 회심', 칼빈의 경우처럼 '점진적 회심', 외할머니 로이스와 어머니 유니게의 믿음을 자연스럽게 물려받고 자란(딤후 1:5) 디모데의 경우처럼 '무의식적 회심', 미국 선교 사역을 마치고 돌아온 후 다시금 체험한 존 웨슬레의 경우와 같은 재통합의 회심, 부흥회 등에서 의도적으로 회심을 유도하는 '계획에 의한 회심'(Programmed Conversion)이다. 따라서 깨달은 날짜를 아는 회심만이 유일한 회심이 아닌 것이 분명하다.

---

54 변승우, 『지옥에 가는 크릿스챤들』(서울: 큰믿음출판사, 2004), 186.
55 변승우, 『지옥에 가는 크릿스챤들』, 187.

4) 신자들의 회심의 유형이 다양하므로 회심한 날짜를 아는 것이 구원의 결정적인 조건이 될 수 없다. 실제로 1978년 프린스톤 대학교의 종교 연구소(Religion Research Center)의 조사에 따르면 1,000여 명 중 약 33%가 회심을 경험했고, 그 회심자 중 18%가 급격한 회심을 경험한 것으로 나타났다. 그러나 이들에게도 그 날짜가 중요한 것은 아니었다.[56] **그 날짜를 모른 채 회심하여 기독교인이 된 사례가 더 많기 때문이다.**

5) 칼빈은 "나를 돌이키소서 그러면 내가 돌아오겠나이다"(렘 31: 19)라는 말씀을 주석하면서 회심은 자신의 힘으로 하는 것이 아니라 성령의 고유한 일이라하면서도 "우리는 조금씩 여러 단계를 통해 하나님에게로 향한다"라 하였다. 그는 재세례파들이 돌발적 회심만을 강조하는 것은 경솔한 짓이라 비판하면서 "그리스도인에게 있어서 회심은 그의 전 생애에 지속되어야 한다"고 하였다.[57]

4. 죄사함 받은 후 죄인인가, 의인인가?

구원파의 또 다른 질문은 당신은 죄인인가 의인인가 하는 것이다. 박옥수는 죄사함의 비밀을 깨달았은 후에도 허물이 많고 실수가 많지만, 믿음으로 우리를 깨끗하게 하신 주님을 바라보면, 나는 이미 깨끗하게 된 것을 볼 수 있다고 한다. 그것이 믿음이라는 것이다.[58] 따라서

---

56 강희천, "회심의 경험", 「현대와 신학」 11집(1987), 155-178.

57 Calvin, *Comm. Je* 31:18; 이양호(1997), 『칼빈- 생애와 신학』 (서울: 한국신학연구소, 1997), 162.

58 박옥수, 『죄사함, 거듭남의 비밀』 2, 175.

의인과 죄인의 차이를 다음과 같이 설명한다.

> 죄사함의 비밀을 깨달아 "'우리의 죄가 다 씻어졌다'고 믿는 사람은 믿음으로 의롭게 된 것"이고, "'그렇지만 나는 죄인인데' 하는 사람은 예수님이 십자가에 못 박혀 내 죄를 못 씻었다고 하는 사람"이다.[59]

박옥수는 "죄사함을 받는 것이 그렇게 어렵거나 힘든 일이 아니"[60]라고 한다. "내 죄가 다 씻어져서 하나님 보시기에도 내 죄가 없구나! 우리는 더 이상 죄인이 아니고 깨끗하게 되었구나"[61]하는 것을 깨닫기만 하면 되는 것이기 때문이다. 그것은 빚을 다 갚았으니 이제는 빚이 없는 것과 같다고 한다. 그런데 대부분의 신자들은 예수를 믿고 죄사함을 받았다고 하면서도 여전히 자신에게 죄가 있다고 하는데, 이렇게 죄가 남아 있으면 예수 그리스도는 죽으나마나라 한다.

> "여러분, 예수님 왜 믿습니까?"
> "죄사함 받으려고 믿습니다."
> "죄사함 받았습니까?"
> "받았지요."
> "그럼 죄 없겠네요?"
> "그렇지만 죄야 있지요."
> 무엇인가 문제가 있는 이야기입니다. 죄를 다 씻었으면 없어야 하는데, 씻

59 박옥수, 『죄사함, 거듭남의 비밀』, 99.
60 박옥수, 『죄사함, 거듭남의 비밀』 2, 10
61 박옥수, 『죄사함, 거듭남의 비밀』 2, 10

어도 죄가 있으면 썻으나마나입니다. 예수님이 십자가에 못 박혀 우리 죄를 썻었다고 했는데, 죄가 남아있으면 주님이 죽으나마나입니다. 안 그렇습니까? 그렇지요?[62]

예수께서 십자가에서 우리의 모든 죄를 사해 주는 일을 다 이루셨고 기억도 하지 않으시기 때문에 이제는 더 이상 우리에게 죄가 존재하지 않는다. 그 구체적인 예로서 간음하다 잡힌 죄 많은 여인의 경우처럼 "나는 너를 정죄하지 않겠다. 죄 없다"고 선포하는 것이다.[63] 우리가 착하게 살아서 의인인 것이 아니라 죄사함을 받고 하나님의 의를 가졌기 때문에 의인이라는 것이다. "우리의 의로는 의인이 하나도 없지만, 예수님의 의를 가지고 있으면 의인"이라 한다.[64]

제가 착하게 살아서 의롭다는 이야기가 아닙니다. 나의 의는 찌그러지고 형편 없지만, 하나님의 의를 가지고 있기 때문에 '나는 의롭다'는 것입니다.[65]

따라서 의인이 된 후 "옛날에 싸우고 거짓말하고 나쁜 짓을 한 죄가 기억나도 하나님 편에서는 죄가 없다고 하신다"는 것이다.[66] 하나님께서는 나를 의롭게 만들고 내 죄를 기억하지 아니하신다면, 더 이상 부끄러울 게 없다고 한다.[67]

62 박옥수, 『죄사함, 거듭남의 비밀』, 117.

63 박옥수, 『죄사함, 거듭남의 비밀』, 97.

64 박옥수, 『죄사함, 거듭남의 비밀』, 121-122.

65 박옥수, 『죄사함, 거듭남의 비밀』 2, 109.

66 박옥수, 『죄사함, 거듭남의 비밀』 2, 233.

67 박옥수, 『죄사함, 거듭남의 비밀』 2, 210.

나아가서 의롭게 된 이후에도 과거의 죄가 기억나는 것에 대해서 박옥수는 '죄를 지은 기억'과 '죄'는 다르다고 한다. 우리에게는 죄가 있는 것이 아니라 죄 지은 기억이 있다는 것이다. 따라서 "자꾸 죄가 생각나고 죄지은 기억이 남아 마음을 괴롭힌다고 해서 죄가 남아 있는 것으로 생각하지 말라"고 한다.[68]

'나는 죄를 지었지만, 그 죄가 예수님의 십자가에서 해결되었구나'라는 것을 믿을 때 내 마음의 죄가 없어져 버립니다. 죄지은 기억이 있을지라도 이미 사해졌기 때문에 더 이상 죄인이 아닌 것이지요.[69]

무엇보다도 내가 죄인인가 의인인가는 하나님의 판단 사항이라 한다. 우리의 형편보다 하나님의 말씀이 우선이라는 것이다.

여러분이 죄인인 것처럼 보여도 하나님의 말씀에 의인이라면 의인이고, 여러분이 의인인 것처럼 보여도 하나님의 말씀에 죄인이면 죄인입니다.[70]

박옥수는 "하나님은 의롭지 않은 사람보고 의롭다고 할 수 없고, 죄인을 보고 하나님은 의롭다고 못 하신다"[71]고 한다. "죄인은 죄인이고 의인은 의인"이라는 것이다.[72] 그러므로 믿음으로 죄사함의 비밀을 깨달

68 박옥수, 『죄사함, 거듭남의 비밀』 3, 182-183.
69 박옥수, 『죄사함, 거듭남의 비밀』 2, 232.
70 박옥수, 『죄사함, 거듭남의 비밀』 3, 227.
71 박옥수, 『죄사함, 거듭남의 비밀』, 124.
72 박옥수, 『죄사함, 거듭남의 비밀』, 99.

은 자는 당당히 '나는 죄가 없는 의인'이라 주장해야 한다고 가르친다.

예수님의 십자가의 보혈이 여러분의 죄를 확실히 씻었다면 무엇 때문에 의인이라는 소리를 못합니까? 죄가 없으면 의인이지요.[73]

박옥수는 한 걸음 더 나아가 "오직 그리스도는 죄를 위하여 한 영원한 제사를 드리고"(히 10:12)라는 말씀을 '모든 죄를 영원히 사했다'는 뜻으로 해석한다. 따라서 죄사함의 비밀을 깨달으면 원죄와 자범죄, 과거와 현재와 미래의 모든 죄가 영원히 사해진 의인이라는 것이다.

성경 말씀에는 우리의 모든 죄를 사했다고 기록되어 있습니다. 영원히 사했다고 기록되어 있습니다. 모든 죄 안에 원죄는 들어갑니까? 들어가지 않습니까? 자범죄는? 과거의 죄는? 현재의 죄는? 미래의 죄는요?[74]

따라서 의롭게 된 자는 죄가 100% 사해졌기 때문에 죄가 1%만 있어도 지옥에 간다고 한다.

2천 년 전에 십자가에서 너의 벌을 다 받았다. 그래서 의롭게 된 것이다. 원죄뿐 아니라 자범죄도 다 씻었다고 한다.[75] 만일 죄가 100가지가 있는데 예수님이 99개만 씻었다면 나머지 1개 때문에 나는 지옥에 가야 합니다.[76]

---

73 박옥수, 『죄사함, 거듭남의 비밀』 2, 163.
74 박옥수, 『죄사함, 거듭남의 비밀』 3, 195.
75 박옥수, 『죄사함, 거듭남의 비밀』, 125.
76 박옥수, 『죄사함, 거듭남의 비밀』, 125.

1) 박옥수는 성경 본문을 잘못 인용하고 있다. 성경에서 예수님은 간음한 여인에게 '죄없다'고 말씀하신 적이 없으며 '정죄하지 않겠다'고 하셨다. 죄가 없다고 말씀하신 적이 없으며, 또 죄를 지어도 상관이 없다고 하신 것이 아니라, "다시는 죄를 범치 말라"고 하셨다. 다시 말하여 '죄가 없다'는 것과 '정죄하지 않겠다'(요 8:11)는 것은 전혀 다르다. 죄가 있지만 정죄하지 않겠다는 것은 죄가 있지만 죄의 책임을 묻지 않겠다는 뜻이기 때문이다. 그럼에도 불구하고 박옥수는 우리가 예수의 십자가로 이미 죄사함을 받았는데 여전히 죄가 있다고 해서는 안 된다는 것을 강조한다.

2) 박옥수는 "바울은 '오호라 나는 곤고한 자로라', '나는 죄인 중의 괴수였다'고 이야기 했습니다. 그는 죄인 중의 괴수였지만 예수 그리스도의 의로운 옷으로 갈아입었기 때문에 의로워졌다고 간증하고 있습니다"[77]라 하였다.

그러나 '나는 곤고한 자'(롬 7:24)라 고백한 것은 믿음으로 의롭다고 인정받았음에도 불구하고 의롭게 살지 못하는 것을 고백한 것이고, '죄인 중의 괴수'(딤전 1:5)라 한 구절의 그리스어 원문은 현재 시제로 되어 있어 과거의 죄인이었음을 회상하는 말이 아니다. 의로운 옷으로 갈아입은 후에 과거에 상태가 그러하다는 것이 아니라 현재의 상태가 '죄인 중 괴수'라는 고백인 것이다.

3) 박옥수는 "의인은 믿음으로 말미암아 살리라"는 말씀의 뜻은 "믿음으로 죄를 다 씻고 나면 의인이 되는 것 그것이 '의인이 믿음으로 사는 것'"이라 한다.[78]

---

77 박옥수, 『죄사함, 거듭남의 비밀』 3, 163.

그러나 루터는 『로마서 강의』에서 '믿음에서 믿음으로'라는 말의 뜻을 풀이하면서 "사람이 믿음 안으로 점점 더 성장하여 의로운 자가 계속 의롭게 되는 것이다. 그래서 어느 누구도 이미 그것을 잡았다(빌 3:13)고 생각하고 계속 성장하는 것을 멈추지 말아야 한다"고 하였다. 따라서 믿음으로 의롭게 된다는 것은 의가 행위에서 나오는 것이 아니고 "의는 행위에 앞서 가고 행위가 의에서 나온다"라는 뜻이라 하였다.[79]

4) "믿음으로 죄를 다 씻고 나면 의인이 되는 것"이라는 박옥수의 주장은 칭의론의 왜곡에서 비롯된 것이다. 왜냐하면 믿음으로 의롭다 인정함을 받는다는 것은 "신분상(in terms of status)으로 법적으로 의롭다함을 받은 것이지 실제로 성품상으로(in terms of character) 죄가 없는 의인이 된 것이 아니다."[80]

칼빈은 믿음으로 의롭게 된 것은 법적인 개념으로 하나님의 의가 전가(轉嫁)되는 것이며, 존재론적으로 의가 주입(鑄入)된 것이 아니라고 하였다. 그런데도 불구하고 구원파는 칭의를, '의롭다고 칭한다'는 의를 전가(impute)로 보지 않고, '의롭게 된다'는 의의 주입(impart)으로 해석하는 오류를 범하고 있다. 죄사함의 비밀을 깨달으면 죄인에서 의인으로 변화하므로 더 이상 죄인이 아니라고 주장하는 것이다.

5) 박옥수의 이러한 주장은 그리스도가 '참 하나님이며 동시에 참 인간이라는 양성론의 역설'처럼 구원받은 인간 역시 '의인임에도 불구하고 죄인이라는 칭의론의 역설'에 대한 무지에서 비롯된 것이다. 루터는 '의인과 죄인의 역설'은 사중적 의미를 지닌다고 한다. 첫째는 율법적

---

78 박옥수, 『죄사함, 거듭남의 비밀』 2, 169.
79 M. Luther, 『로마서 강의』 (서울: 두란노 아카데미, 2011), 105.
80 정동섭, "구원의 복음 전한다는 구원파는 왜 이단인가?", 「현대종교」 2000년 1월호, 89.

인 역설이다. "율법의 행위로 의롭게 되기 위해 아무리 선행을 하여도 여전히 죄인일 수밖에 없다"라는 뜻이다. 둘째는 복음적인 역설이다. 율법으로는 죄인이지만, 복음에 나타나는 은혜로 말미암아 죄인임에도 불구하고 믿음으로 인하여 의롭게 되었다는 의미이다. 셋째는 성화의 역설이다. 복음의 은총과 믿음으로 값없이 의롭게 되었으므로 의롭게 살아야 할 과제가 주어졌다. 그러나 여전히 완전한 의인으로 성화될 수 없다는 의미이다. 마지막으로는 영화(榮華)의 역설이다. 믿음으로 의롭게 된 다음에도 여전히 그리스도인의 완전에 이르지 못하고 죄에 빠져 있지만 저 영광의 나라에서는 다시 의인으로 세워 주신다는 의미이다.[81]

그렇기 때문에 "우리 영혼이 하나님 품에 안기기 전에는 참된 안식이 없나이다"라 한 어거스틴의 고백이 불가피한 것이다. 믿음으로 의롭게 되었으니(稱義) 의로운 삶을 살아야 하지만(聖化) 이 역시 불가능한 가능성이기 때문에 종말론적으로 구원이 완성될 영광스러운 주의 재림을 기다리는 것(榮化)이다.[82]

5. 스스로 죄인이라 고백하면 지옥 가는가?

박옥수는 죄사함을 받은 후에는 죄 씻음을 받았고 의인이 되었기 때문에 스스로 죄인임을 고백해서는 안 됨에도 불구하고 여전히 '나는 죄인이다'라 고백하는 것은 불신앙의 표현이라 한다.

---

81 허호익, 『신앙, 성서, 교회를 위한 기독교신학』, 170
82 허호익, 『현대조직신학의 이해』 (서울: 대한기독교서회, 2003), 348.

사람들이 성경을 잘 모르니까. 그저 주님 앞에 "나는 죄인입니다. 나는 죄인입니다" 하는 것이 겸손인 줄로 생각하는 경우가 많은데, 이는 내 죄가 씻어졌다는 사실을 전혀 알지 못하는 불신입니다.[83]

박옥수는 "예수님이 십자가에서 '다 이루었다'면 우리의 모든 죄의 문제가 해결되었다는 것"이므로, "주여. 죄인입니다. 용서하소서"라거나, "이 죄인이 예수님의 이름으로 기도드립니다"라 하는 것은 겸손이 아니다. "성경은 죄인의 기도는 듣지 않는다"고 가르친다.[84]

박옥수에 의하면 '죄사함을 받았다'고, 찬양한 후 '주여 죄인입니다'라고 기도하는 것은 앞뒤가 맞지 않다고 한다.[85] 죄를 용서해 달라 하는 사람은 죄를 용서받지 못한 사람이며, '죄 용서를 다 받은 사람은 죄를 용서해 달'라고 기도하지 않는 사람이라는 것이다.[86] 당신은 죄인이냐 의인이냐를 물었을 때 죄인이라 답하는 사람은 구원받지 못한 '사탄의 자식'이라고 정죄한다.

박옥수는 예수 그리스도의 성령은 거룩한 영이기 때문에 죄인의 마음속에는 임하지 않으며, 그렇기 때문에 우리가 죄를 가진 상태에서는 예수 그리스도의 영을 모셔 드리지 못한다는 것이다. 구원받은 후에는 우리 모두 회개할 필요가 없는 의인이 되며, 천국은 의인만 가는 곳이요 지옥은 죄인이 가는 곳이니 스스로 죄인이라 고백하면 지옥에 간다는 것이다. 다만 하늘나라에는 "하나님의 의를 가진 자만이 당당히 가는

---

83 박옥수, 『죄사함, 거듭남의 비밀』 2, 212.
84 박옥수, 『죄사함, 거듭남의 비밀』 3, 255.
85 박옥수, 『죄사함, 거듭남의 비밀』 2, 77
86 박옥수, 『죄사함, 거듭남의 비밀』 2, 164.

것"[87]이라 한다.

> 하늘나라에는 죄가 없어져야 가는 것이지 죄 있는 자는 절대로 들어 갈수 없습니다. 성령은 죄인들의 마음속에 들어가지 않습니다. … 먼저 우리 속에 죄가 눈처럼 희게 씻어져야 합니다. 죄가 눈처럼 희게 씻어지면 비로소 성령이 우리 마음속에 들어오십니다.[88]

박옥수는 정통 신앙이라 자부하는 사람들이 갖고 있는 그릇된 믿음 중 하나가 바로 '비록 죄가 있지만, 예수를 믿기에 천국에 갈 수 있다'는 생각이라고 비난한다. 실제로 구원파 교인의 증언에 의하면 "예수 그리스도의 은혜로 죄사함을 받았다고 증거하게 한 뒤, 이제는 죄가 없다고 가르친다. 그리고 나서는 자신이 의인이 된 것을 시인하게 한 뒤, 죄인이라는 용어를 평생 동안 사용하지 않는다"고 한다.

구원파는 죄사함의 비밀을 깨달을 후 어떤 죄를 짓게 되면 "나는 이번에 이런 잘못을 했는데, 나는 이럴 수밖에 없는 사람이다"는 식으로 자신의 죄를 드러내는 것이 전부이고, 그 죄를 뉘우치고 회개하고 눈물 흘리는 경우는 없다고 한다. 하나님의 자녀가 되고 구원받은 사람도 죄를 지을 수 있지만, "지은 죄에 대하여 하나님께 자백하거나 회개해야 한다는 가르침 자체가 없다."[89] 다만 "구원받은 후에 짓는 죄는 회개가 아니라 반성이라며 그냥 자백만 하면 된다"[90]고 가르친다.

---

87 박옥수, 『죄사함, 거듭남의 비밀』, 122.
88 박옥수, 『죄사함, 거듭남의 비밀』 1, 112.
89 정동섭 · 이영애, 『왜 구원파를 이단이라 하는가?』, 91.
90 정동섭 · 이영애, 『왜 구원파를 이단이라 하는가?』, 85.

1) 그러나 예수께서는 "멀리 서서 감히 눈을 들어 하늘을 우러러 보지도 못하고 다만 가슴을 치며 가로되 하나님이여 불쌍히 여기옵소서. 나는 죄인이로소이다"라고 회개한 세리가 바리세인들보다 "의롭다 하심을 받았다"고 하였다(눅 18:13-14).

2) 바울은 "만일 우리가 죄 없다 하면 스스로 속이고 또 진리가 우리 속에 있지 아니할 것이요 만일 우리가 우리 죄를 자백하면 저는 미쁘시고 의로우사 우리 죄를 사하시며 모든 불의에서 우리를 깨끗케 하실 것이요 만일 우리가 범죄하지 아니하였다 하면 하나님을 거짓말하는 자로 만드는 것이니 또한 그의 말씀이 우리 속에 있지 아니 하니라"(요일 1:8-10)고 하였다.

예장 통합 총회는 "스스로를 죄인이라고 지옥 간다는 주장은 성경의 가르침에 위배되는 명백한 이단으로 사료된다"고 하였다.[91]

6. 회개를 계속하면 구원 받지 못한 증거인가?

박옥수는 성경에 '회개하라'고 했기 때문에 회개는 해야 하지만, 회개하면 죄가 사해진다는 말이 성경 어디에 있느냐고 묻는다.[92] 회개해서 죄를 씻는 것은 성경적인 방법이 아니라는 것이다.

여러분, 아무리 유명한 부흥 목사의 이야기라 해도 성경에 없는 것은 하나님의 길이 아닙니다. 회개하면 죄가 씻어진다는 말은 성경 어디에 있습니

---

91 대한예수교회장로회 외 편, 『종합 이단·사이비연구보고집』, 114.
92 박옥수, 『죄사함, 거듭남의 비밀』 2, 51.

까? 회개해서 죄를 씻는 것도 성경적인 방법이 아닙니다.[93]

그래서 성경 사도행전에서는 "회개하고 돌이켜 죄 없이함을 받으라" (행 3:19) 했다는 주장이다. 그러므로 "회개하면 죄가 저절로 씻어지는 것이 아니라 회개하고 난 뒤 죄 없이 함을 받아야 한다"라는 것이 성경의 가르침이라는 것이다.[94]

박옥수에 의하면 죄를 씻는 방법은 회개가 아니라 '죄사함의 비밀을 깨닫는 것'이기 때문이다. 따라서 진정한 회개는 죄를 지은 것을 깨닫고 뉘우치고 그 범죄를 고백하는 것이 아니라, 범죄의 뿌리인 죄를 고백하여서 죄를 없이 하여야 죄사함이 이루어진다는 것을 깨닫는 것이라 주장하는 것이다. 따라서 '일반적으로 말하는 회개와 죄사함을 얻는 것'은 별개라고 구분한다.

사람들이 회개한다고 합니다. 그런데 성경을 보면 회개는 죄사함으로 연결되어야 한다고 하는데, 회개를 하지만 죄가 사해지지 않은 사람들이 참 많습니다. 왜 그렇습니까? 참된 회개를 하지 않은 것입니다. … 내가 죄의 씨임을 고백하는 것이 참된 회개입니다.[95]

죄를 지은 사람이 죄를 지었다는 것을 깨닫고, 양심의 가책을 느끼고 뉘우치는 마음을 가지고 회개를 해야 한다. 그러나 회개만 하면 되는 것이 아니다. 죄사함을 받아야 하는 것이다. 박옥수는 그 예로서 가룟

93 박옥수, 『죄사함, 거듭남의 비밀』 2, 50.
94 박옥수, 『죄사함, 거듭남의 비밀』 2, 44.
95 박옥수, 『회개와 믿음』 (서울: 기쁜소식사, 2006), 166.

유다의 회개와 베드로의 회개를 비교한다. 가룟 유다는 뉘우치고, 돈을 모두 돌려주고 울며 회개했지만 죄사함을 받지 못했다는 것이다.

> 죄를 짓고도 깨닫지 못하거나, 깨달아도 양심의 가책을 못 느끼거나, 가책을 받아도 회개하지 않거나, '회개까지는 했지만 죄사함을 받지 못하는 경우'가 있다고 한다.[96]

박옥수는 "너희가 회개하고 돌이켜 너희 죄 없이 함을 받으라"(행 3:19)라는 말씀에 근거하여 진정한 회개를 통해 죄사함을 얻은 후에는 모든 죄가 없어지는 것이므로, 반복적인 회개를 하는 사람은 구원받지 못한 것이라 주장한다. 구원파 교회에서는 회개하는 일은 없다. 심지어는 울며 통회하며 기도하는 것도 구원받지 못했기 때문이라 일축해버린다.

> 예수님은 "다 이루었다"라고 말씀하셨습니다. 그러므로 지금 "우리의 죄를 사하여 주옵시고"라고 기도할 필요가 없겠죠. 우리의 죄는 예수님이 십자가에 달려 돌아가심으로 이미 모두 사하여졌으니까요.[97]

구원받은 자들은 회개할 필요가 없는 이유는 회개란 '돌이킨다'는 말로서 세상에서 하나님께로 한 번 돌이켰기 때문에 더 이상 돌이킬 필요가 없다고 한다. 그리고 범죄의 뿌리인 죄를 회개하고 죄사함의 비밀을 깨달아 죄를 없이하였으므로, "예수님이 우리 대신 흘리신 피로 우리의

---

96 박옥수, 『죄사함, 거듭남의 비밀』 2, 51.
97 박지연, "박옥수 구원파, 주기도문을 거부한다!", 「현대종교」 2006년 10월호, 44.

과거, 현재, 미래의 죄가 모두 용서되었다는 것을 믿고 깨닫는 것이 구원"이라고 가르친다.[98] 따라서 회개를 계속한다는 것은 사죄의 확신이 없는 증거이므로 구원받지 못한 지옥의 자식이라 한다. 그래서 구원파는 주기도문도 외우지 않고 회개 기도도 하지 않는다. [99]

'주님 내 죄를 용서해 주십시오' 하고 기도하는 분이 있습니다. 참 잘하는 분입니다. 그러나 가만히 생각해 봅시다. 여러분, 예수님이 십자가에 못 박혀 죽으셨을 때 여러분의 죄를 씻었습니까? 못 씻었습니까? 씻었는데 또 죄를 씻어달라 할 필요가 있을까요?[100]

1) 박옥수가 참된 회개는 죄사함을 얻어서 죄를 없이하는 것이라면, 죄사함의 비밀을 깨닫고 거듭난 구원파 신자들은 죄에 대한 욕망은 사라지고 죄를 안 짓고 살아야 한다. 그러나 우리 인간은 죄를 안 짓고 산다는 것이 실제로 불가능한 일이다. 죄를 짓는 이상 회개는 반복되어야 하기 때문이다.

박옥수도 이 점에서는 예외가 아니다. 그와 관련된 (주)운화 측은 2011년 '또별'이라는 일반 식품을 암은 물론 AIDS까지 낫게 하는 '약'인 것처럼 홍보·복용권유 함으로 (주)운화는 부당이득을 취하고 있다고 고발을 당하였다.[101] 박옥수의 말을 신뢰한 암 환자 신도들이 '항암치료' 등을 받지 않고 '또별'이라는 약을 먹다가 치료시기를 놓치고 죽음에

98 정동섭·이영애, 『왜 구원파를 이단이라 하는가?』, 85.
99 대한예수교회회장로회 외 편, 『종합 이단·사이비연구보고집』, 111.
100 박옥수, 『죄사함, 거듭남의 비밀』, 99.
101 "박옥수(구원파) 씨 등 '또별' 문제로 형사고발 당해", 「교회와신앙」 2011.12.14.

이른 사례 등이 2012년 3월 17일 채널 A(www.ichannela.com)의 시사고발프로그램에서 방영되어 사회적 물의를 빚기도 하였다. 이와 관련하여 박옥수는 여러 차례 재판 과정을 거쳐 2014년에는 '200억대 주식 사기 의혹'과 '400억대 자본시장과 금융투자법 위반 의혹'으로 피소되어 경찰 조사를 마치고 검찰에 송치되었다.[102] 2016년 5월 24일 광주고등법원 전주지부 제8호 법정에서 열린 항소심 재판에서 수백억대 주식 사기를 벌인 혐의 등으로 불구속기소 되어 재판을 받아 온 박옥수에 대해 검찰이 징역 9년을 구형했다.[103]

2) 회개를 뜻하는 히브리어 '슈브'(shub)는 '뒤로 돌아서다'는 뜻이며, 헬라어로 '메타노이아'(metanoia)는 '마음을 바꾼다'는 뜻이다. 따라서 회개의 성서적 의미는 하나님께로 돌아서는 것이며, 불신앙에서 신앙으로 그 마음을 바꾸어 삶의 방향을 완전히 전향하는 것이다. 이런 신앙적 의미에서 회개는 유일회적인 것이라 할 수 있다.

3) 이런 의미에서 바울도 행함으로 의롭게 되는 것이 아니라, 믿음으로 의롭게 된다는 사실을 확신한 후, '죄의 종에서 해방되었으니 의의 종'(롬 6:18)이 되어야 하는 데, 믿음에 따라 의롭게 살지 못하는 참담한 현실을 "오호라 나는 곤고한 사람이로다. 이 사망의 몸에서 누가 나를 건져 내랴"(롬 7:24)라 고백하였고, 심지어 "나는 죄인의 괴수"(딤전 1:15)라 하였다. 다윗도 자신의 죄를 여러 번 회개한 것을 성경에서 볼 수 있다(삼하 24:10; 시 32:5).

4) 루터는 95개 조항 첫 부분에서 "우리 주님께서 회개하라(마 4:18)

102 "검찰, 또 다른 구원파 박옥수 출국금지", 「교회와신앙」 2014.8.14.
103 엄무환, "검찰, 항소심서 기쁜소식 박옥수 또 9년형 구형", 「교회와신앙」, 2016.5.27.

하신 것은 신부에게 가서 고해하는 것이 아니라, 신자의 전 생애가 회개되어야 하는 것"이라는 취지라고 하였다. 따라서 구원파는 "구원을 위한 단회적 회개(히 6;1 이하)와 성화를 위한 반복적인 회개를 구별하지 못하는(시51편; 삼하 24:10; 마 6:12; 요일 1:8-9) 자들"이라는 비판을 받는 것이다.[104]

5) 정동섭은 "구원파에서는 구원받기 위해서, 즉 거듭나기 위해서 회개가 필요 없고, 성화를 위해서도 회개가 필요 없다는 회개 무용론을 주장하고 있다. 따라서 박옥수 씨는 죄사함을 강조함으로 참 기독교를 흉내 내고 있지만 회개의 복음을 부정하는 사이비기독교 이단"이라 하였다.[105]

6) 주기도문은 이미 예수를 믿고 따르는 제자들에게 "우리의 죄를 용서하여 주시고"(마 6:12)라고 기도하라고 하셨다. 칼빈은 주기도는 "이렇게 기도하라"(마 6:9)는 예수 그리스도의 명령이라고 하였다. 그런데 일체의 회개 기도와 주기도마저 못하게 하는 것은 성서의 가르침과 예수의 명령을 거부하고 무시하는 비성경적인 가르침이 아닐 수 없다.[106]

---

104 대한예수교회장로회 외 편, 『종합 이단·사이비연구보고집』, 112.
105 정동섭·이영애, 『왜 구원파를 이단이라 하는가?』, 159-160.
106 심지어 권신찬은 "거듭나기 전에 하는 기도는 새벽기도나 철야기도, 금식기도, 통성기도 등 어떤 기도든지 간에 인간의 종교적 본능의 발산에 불과한 것으로 하나님과 관계가 없다"라 하였다. 구원파는 말라기(3:16)에 근거하여 참다운 기도는 양심의 내적인 기도이며, '신도의 교제가 바로 기도'라 한다고 가르친다.

7. 복음 시대에는 순종의 행위나 율법은 필요 없는 것인가?

박옥수는 율법 시대와 은혜 시대로 나누고 율법 시대 이전 사람들에게는 범죄를 해도 죄가 되지 않았고, 율법으로 인하여 범죄가 들어왔다는 것이다. 더 나아가서 율법을 주신 이유를 율법을 지킬 수 없다는 사실과 이를 통해 죄를 깨닫게 하고 율법을 지킬 수 없는 존재임을 드러내기 위함이라 한다.

> 율법은 죄를 깨닫게 하기 위해서 주신 것입니다. 우리가 율법을 지켜서 깨끗하기를 바라셨다면 우리가 지킬 수 있는 법을 주셨겠지요? … 근본적으로 우리는 율법을 지킬 수 없는 없는 존재입니다. 왜냐하면 율법은 다 지켜야 하지 몇몇 가지만 적당히 지켜서 되는 것이 아닙니다.[107]

박옥수는 하나님이 인간에게 율법을 주신 것은 "진짜로 지킬 수 있나 지켜봐라. 너희들은 못 지킨다"[108]는 사실을 깨우쳐 주어 예수 앞으로 나오게 하기 위함이라 한다. 따라서 "우리를 거룩하게 하거나 의롭게 하기 위하여 율법을 주신 것이 아니다"[109]라 주장한다. 심지어 "여러분들은 교회에 나와서 선한 사람이 되려고 노력하지 마십시오"[110]라 설교한다.

박옥수에 의하면 오늘날 많은 기독교인들이 자신의 선한 행위로 자

---

107 박옥수, 『죄사함, 거듭남의 비밀』, 96.
108 박옥수, 『죄사함, 거듭남의 비밀』 3, 80.
109 박옥수, 『죄사함, 거듭남의 비밀』, 89.
110 박옥수, 『죄사함, 거듭남의 비밀』, 42.

신의 죄를 씻으려고 한다고 비난한다. 그리고 "율법에 순종한다고 해서 죄가 씻어지는 것은 아니다. 에서가 아버지의 명령에 순종하였으나 오히려 이삭의 저주를 받았다"고 한다.

이삭은 그런 축복은 안 하고 자기 아들이 죽도록 사냥해 와서 아버지께 순종했는데 뭐라고 했습니까? 저주했습니다. 이것은 무엇을 뜻하느냐 하면 내가 하나님의 말씀대로 살려고 애쓰고 순종해도 하나님 앞에 저주밖에 못 받는다는 것입니다. 왜냐하면 우리는 하나님의 말씀을 순종하고 지킬 수가 없기 때문입니다.[111]

이처럼 율법을 지켜 하나님의 말씀에 순종해도 저주를 받을 수 있다고 박옥수는 주장한다. 지금은 우리가 천국에 가는 것은 선한 일을 많이 해서가 아니라 한다. 율법 시대가 은혜 시대로 바뀌었기 때문에 율법의 행위가 아니라 죄사함의 비밀을 깨달은 자에게 주시는 은혜로 구원을 받는다고 것이다. "그것 가지고는 안 된다. 빨리 그 방법을 내려놓고 하나님을 믿는 믿음으로 나오라"고 깨우치기 위하여 율법을 주셨다는 것이다.[112] 따라서 죄인을 죄인으로 만드는 것이 율법이고, 의인을 의롭게 만드는 것이 은혜의 법이라고 가르친다.[113]

박옥수는 율법은 간음한 여인에게 사형 언도를 내렸지만 예수는 무죄라 한다. 즉 다른 법을 적용해야 구원할 수 있다는 말이다. 이는 심사기준이 다르고 법이 달라졌기 때문이라고 한다.[114] 하나님께서 인간에

---

111 박옥수, 『죄사함, 거듭남의 비밀』 1, 70.
112 박옥수, 『죄사함, 거듭남의 비밀』 3, 81.
113 박옥수, 『죄사함, 거듭남의 비밀』, 96.

게 바라는 것은 율법의 행위가 아니가, 죄사함의 비밀을 깨달아 죄로 인해 더럽혀진 하나님의 형상을 회복하여 죄 없는 상태로 환원하는 것이라고 한다.

> 하나님께서는 … 우리 인간이 착한 삶을 살고, 악을 버리며 선해지기를 바라는 것이 아니라, 우리 속에 다시 하나님의 형상을 불어 넣음으로 말미암아 우리가 거룩하여지고 사랑과 영원함 속에 들어오게 되기를 원하신다는 것입니다.115

죄사함의 비밀을 깨달아 죄를 온전히 씻어 죄인에서 의인으로 변화하게 되면, 율법의 행위로부터 자유하게 되어 자연스럽게 죄를 안 짓든지 아니면 죄를 지어도 죄가 아니라는 말이 된다.116 그래야 죄에 대하여 완전히 승리하게 된다는 것이 박옥수의 주장이다.

> 예수 그리스도가 여러분의 마음을 지배하시면 더 이상 여러분 자신이 죄와 싸울 필요가 없는 줄 압니다. 여러분이 더 이상 술을 끊으려고, 담배를 끊으려고, 도둑질을 하지 않으려고, 방탕한 생각을 하지 않으려고 노력할 필요가 전혀 없게 됩니다. 여러분 안에 계시는 예수 그리스도가 여러분 마음속에서 그 모든 죄악을 이기게 해 주실 것입니다.117

114 권호덕, "박옥수의 '죄사함' 이해에 대한 비판적 고찰(2)", 「현대종교」 2005년 6월호, 98.
115 박옥수, 『노아는 의인이요』, 53.
116 정동섭·이영애, 『왜 구원파를 이단이라 하는가?』, 140.
117 박옥수, 『죄사함, 거듭남의 비밀』, 16

1) 박옥수는 예수께서 율법을 폐하러 온 것이 아니고 온전하게 하러 왔다고 한 것은 "우리에게 온전히 지키라는 것이 아니라 예수님께서 온전케 했고 다 해결했으니 너희는 걱정하지 말라는 뜻"이라고 한다.[118] 그러나 예수께서는 "하늘에 계신 너희 아버지가 온전하심 같이 너희도 온전하라"(마 5:48)고 하셨다.

예수께서도 "율법을 폐하러 온 것이 아니라 율법을 완성"하러 오셨다고 하였다. 모든 법에는 법 정신이 먼저 있고 법 정신을 구현하기 위해 법조문을 만든 것이다. 따라서 예수께서 율법의 조문을 문자적으로 형식적으로 지키는 율법주의자들을 비난하면서 그 율법 조문 배후의 율법의 정신을 더욱 철저히 지킬 것을 가르친 것이다.

2) 루터와 츠빙글리와 칼빈 역시 율법은 세 가지 용도가 있다고 가르쳤다.[119] 특히 「일치신조」(1577)는 율법의 제3 기능을 다음과 같이 설명한다.

율법은 세 가지 이유 때문에 사람에게 주어졌다. 1) 무법하고, 불순종하는 사람들을 향하여 외적 훈련을 유지하기 위하여, 2) 사람들에게 그들의 죄를 깨닫게 하기 위하여, 3) 거듭났으나 아직도 육체 가운데 거하고 있는 이들에게 그들의 전 생애를 모범적이고 통제할 수 있게 하기 위한 명확한 규범을 주기 위하여.[120]

율법의 제1 용도는 시민적, 정치적 용도(usus poeiticus, usus civilis)

---

118 박옥수, 『죄사함, 거듭남의 비밀』 2, 228.
119 손규태, "루터에 있어서 율법의 제3용법", 「성공회대학논총」 5집(1991), 7-52
120 지원용 편역, 『신앙고백서』 (서울: 컨콜디아사, 1998), 479-480.

이고, 율법의 제2 용도는 신학적 영적 용도(usus theologicus)이며, 율법의 제3 용도는 복음적 규범적 용도(usus evangelicus)이다. 그런데 구원파는 율법의 제2 용도만을 주장하는 것이다.

특히 율법의 제3 용도는 칭의와 성화의 관계를 새롭게 설정한 주제이다. 루터가 강조한 것처럼 좋은 나무가 좋은 열매를 맺듯이 의로운 행위가 사람을 의롭게 하는 것이 아니라, 믿음으로 의롭게 된 사람이 의로운 행위를 할 수 있다는 것이다. 따라서 의로운 행위는 구원의 조건이나 전제가 아니라 구원받은 자의 과제와 응답이라볼 수 있다.

3) 구원파처럼 율법에서 해방되었으니 회개할 필요 없다고 주장하는 것은 율법폐기론 또는 반율법주의(antinominianism)라는 비판을 받을 수밖에 없다.[121]

III. 박옥수의 배타적 교회론

박옥수에게 성경을 가르친 딕 욕 등은 독립 선교사들로서 당시 기성교회에는 복음이 없고 구원받은 목회자가 거의 없다는 시각을 갖고 제자들을 양성하였다. 특히 딕 욕(Dick York)은 기성 교회를 반복음적인 세력으로 보고 있었으며 체계적인 신학 공부를 하는 것은 믿음을 버리고 타락하는 것이라 주장하였다.

구원파는 초기부터 손으로 지은 교회는 필요 없으며 "교회의 참모습

---

[121] 정동섭, "구원파는 반율법주의적이고 영지주의적 사이비 기독교 집단이다", 「현대종교」 2006년 10월호, 86.

에 대한 비밀이 우리 구원파 교회에서 처음으로 깨달아졌다. 구원파 모임에 붙어 있는 자만이 예수님이 재림할 때 들림 받을 수 있다"[122]고 가르쳤다.

다른 구원파 유병언은 "'나로 말미암지 않고는 아버지께로 올 자가 없다'(요 14:6)는 말씀에서 '나'는 '교회' 즉 구원파 교회를 가리킨다"고 해석하였다. 이처럼 구원파는 "하나님은 구원파를 예정한 것이지, 개인을 예정한 것이 아니"[123]라 한다.

먼저 구원파를 옹호하기 위해 쓰인 『세칭 구원파란』 책에서 구원파의 신조 12가지를 소개하고 있는데, 제7항에서 교회에 대해 다음과 같이 기록하고 있다.

교회는 보이는 건물이나 인위적인 조직이 아니라, 성령으로 말미암아 거듭난 그리스도인들로만 이루어지고, 그것이 곧 그리스도의 몸이며 신부이다. 그리스도인은 그 몸의 자체이며 사랑의 교제 가운데 성령이 역사하셔서 그 몸이 성장함을 믿는다.[124]

권신찬을 비롯한 구원파는 초기에 전통교회의 제도와 예배 형식 그리고 주일성수, 십일조, 새벽기도, 축도 등은 율법주의이므로 이러한 율법주의에 빠진 전통교회에는 구원이 없다고 하였다. 권신찬의 경우 복음과 종교를 구별하면서 종교는 죽은 것이요 복음은 살리는 것인데 기성 교회도 종교요 자신들만이 복음이라고 주장한 것이다(『종교에서

---

122 정동섭·이영애, 『왜 구원파를 이단이라 하는가?』, 169.
123 정동섭·이영애, 『왜 구원파를 이단이라 하는가?』, 168.
124 한국평신도복음선교회 편집위원회, 『세칭 구원파란』 (서울: 신아문화사, 1981), 28.

의 해방』, 1-3).

구원파는 공통적으로 ① 당신은 거듭났습니까? ② 당신은 완전히 중생했습니까? ③ 당신은 지금 죄가 있습니까? 등의 질문을 던져 확신에 대한 혼란을 일으킨다. 제2 단계로 기존 교회의 새벽기도, 십일조, 성전 건축, 목회자 우대 등의 부당성을 지적하며 "기성 교회의 신앙생활이 무익하고 헛된 것임을 시인하게 유도"[125]하고 기성 교회와 기성 교회의 신앙을 송두리째 비난하고 부정하기도 한다. 심지어 유병언의 경우는 빌리 그래함이나 한경직 목사도 구원받지 못했다고 공언한다.[126]

박옥수 역시 오늘날 한국의 많은 기독교인들은 성경 속에 숨겨진 하나님의 깊은 마음을 모르고 그냥 주일에 교회 나가고, 새벽기도 나가고, 십일조나 내고 봉사하면 신앙생활 잘하는 것으로 알고 있다고 비판한다.[127] 그리고 기성 교회의 목사를 '종교인과 그리스도인'으로 구분하고, 죄에서 해방 받지 못한 사람이 너무 많다고 한다. 심지어 구원의 방법도 모르는 목회자가 대부분이라한다.

훌륭한 목사님, 뛰어난 종교지도자들, 유명한 신학박사들은 많이 있어서 지식적으로도 많이 알고 구제나 봉사, 헌금, 전도는 잘하는 데 가장 핵심인 '예수의 그리스도 보혈로 말미암아 나의 죄가 씻어졌다'는 사실을 껍데기로만 알고 있어서 그 마음의 죄에서 해방 받지 못한 사람들이 너무너무 많습니다.[128]

---

125 정동섭·이영애, 『왜 구원파를 이단이라 하는가?』, 151.
126 정동섭, "나와 유병언의 37년 전쟁 드디어 끝났다", 「프리미엄 조선」 2014.8.4
127 박옥수, 『죄사함, 거듭남의 비밀』 3, 20.
128 박옥수, 『죄사함, 거듭남의 비밀』, 261.

한마디로 말하면, 오늘날 목회자들은 대부분 구원받는 방법을 정확하게 모릅니다. 어떻게 죄를 사함 받는지, 어떻게 해야 거듭나는지 그 방법을 정확하게 모르고 있다는 것입니다.

박옥수는 교회는 두 종류가 있는데 하나는 목회자가 거듭났을 뿐 아니라 성도 하나하나를 살펴 정말 이 사람이 죄사함을 받고 거듭났는지 알아보고 올바른 믿음으로 인도하는 교회이며 다른 하나는 목회자가 그냥 교인만 만들어 놓는 교회로 죄사함이나 하나님과의 올바른 관계는 덮어놓고 그저 열심만 내도록 하는 교회라고 한다.

박옥수는 목사는 기성 교회 목회자가 진짜 죄사함을 받고 거듭났는지를 판단하여 그렇지 않은 거짓 선지자가 있는 기성 교회에서 냉정히 떠나야 한다고 가르친다.

먼저 그 목사님이 진짜 거듭난 하나님의 종인지, 죄사함을 받고 성령을 모신 분인지, 아니면 신학교만 졸업해서 이론적으로 목회하시는 분인지 그것을 분별해야 합니다. 성경 말씀에 따라 거짓 선지자로 분별되었을 때에는 냉정하게 거기서 돌아서야 합니다.[129]

이런 기준으로 볼 때 죄사함의 비밀을 집중하여 가르치는 기쁜소식선교회가 기성 교단과 다른 점이 있다고 한다.

가장 다른 것 한 가지는 기쁜소식선교회에서는 "신앙은 내가 하는 것이

___
129 박옥수, 『죄사함, 거듭남의 비밀』, 248.

아니고 하나님이 하시는 것"이라고 전합니다. 반면 오늘날 많은 기독교인들은 자신의 선한 행위로 자신의 죄를 씻으려고 합니다. 죄를 사함 받는 것은 우리 스스로는 불가능하기 때문에 예수님이 사해 놓으신 것을 믿어야 하는데, 많은 사람들이 예수님이 십자가에 못 박혀 죽으신 것으로는 자기의 죄가 온전히 씻어졌다고 믿지 못하는 것이죠.130

구원파에서 탈퇴한 신자의 증언에 의하면 박옥수는 심지어 불신자들보다 기성 교회의 신자들 가운데서 구원받지 못할 사람들이 더 많은 것처럼 말한다.

아직까지 이 땅에 교회는 다닌다고 하지만 죄에 매여 고생하는 분이 너무 많고, 그 마음이 죄에서 벗어나지 못한 사람이 너무 많습니다. 기쁜소식 선교회는 전국적으로, 세계적으로 단 한 가지 우리의 죄가 십자가의 보혈로 해결되어졌다는 기쁜 소식을 전하는 일만 합니다.131

이런 취지의 박옥수의 설교를 듣게 되면 기성 교회를 비판하게 되고, 교회를 떠나게 된다. 박옥수가 전하는 구원과 정통교단에서 전하는 구원은 너무나 다르기 때문에 누구나 이들 집단에 가서 '구원을 받으면', 정통교단에 속한 배우자를 이방인 또는 불신자로 취급하게 됨으로 이혼하는 가정이 속출하고 있다.132

구원파는 다른 기성 교회에서 받은 구원을 전혀 인정하지 않는다.

---

130 이미경, "복음과 함께한 50년", 박옥수 인터뷰 기사
131 박옥수, 『죄사함, 거듭남의 비밀』 2, 260.
132 정동섭·이영애, 『왜 구원파를 이단이라 하는가?』, 231.

박옥수의 구원파에서 탈퇴한 신자의 증언은 이 점을 분명히 드러내 준다.

구원파에서는 다른 교회에서 받은 구원은 일체 인정하지 않고 있습니다. 그들은 어떻게 해서든지 정통교회에서 구원받았다는 것을 흔들어서 자기 입으로 구원받지 못했다고 시인하게 만듭니다. 그리고 다시 자기들이 주로 사용하는 말씀을 전해서 구원받게 하고 있습니다.[133]

구원파에서 가르치는 구원관에 문제가 있다는 것을 깨닫고 구원파 교회를 떠나는 교인들에게는, "거기서 나오면 우리가 저주를 받을 수 있다"협박한다. 그 말에 개의치 않고 구원파에서 탈퇴한 신자에게는 "박옥수 목사가 원래 구원받지 못한 사람"으로 알고 있었다고 정죄한다.[134]

1) 박옥수를 비롯한 구원파는 한결 같이 정통교회의 제도와 예배형식, 주일성수, 십일조, 새벽기도, 축도 등을 종교와 율법이라고 규정하고 무시하거나 부정한다.[135]

그러나 정통교회는 율법의 행위로 구원을 얻을 수 있다고 가르치지 않는다. 새벽예배, 십일조, 주일성수 등을 구원의 조건이 되는 율법의 행위로 보지 않는다. 이런 신앙의 덕목들은 구원받은 은혜에 대한 감사의 표식으로 행해지는 한국교회의 전통이다.

2) 구원파의 신자들은 대부분 보수적이고 엄격한 장로교 신자들이었다. 70년대를 전후하여 한국 장로교는 주일성수, 새벽기도, 십일조 등

---

133 정동섭·이영애, 『왜 구원파를 이단이라 하는가?』, 91-92.
134 정동섭·이영애, 『왜 구원파를 이단이라 하는가?』, 95.
135 대한예수교장로회 총회 외 편, 『종합 이단·사이비연구보고집』, 62.

을 강조하는 상황이었다. 이들은 모두 기존교회에 이러한 신앙형태를 모두 율법적 신앙이라고 비판하는 것이 신선한 충격이었을 것이다. 구원파의 반율법주의로 인해 엄격한 율법적인 행위의 강요에 따르는 죄책감과 제도적 종교의 굴레로부터 벗어나 양심의 자유를 추구하는 의식이 촉발 된 것도 사실이다. 개인적으로 죄책감과 제도적 종교의 굴레에서 벗어나 양심과 신앙의 자유를 누리는 것이 죄사함의 비밀이요 구원의 비밀이라는 가르침이 먹혀들게 된 것이다.

구원파가 심리적 해방감의 개인적 신앙의 자유를 강조하다 보니 자유에 따르는 책임감마저 약화시켰고, 제도적 교회에서 일탈하는 무규범적인 방종에 이르게 된 점이 없지 않다.

3) 박옥수 개인 홈페이지에는 '믿음의 방패 선교회'가 운영하는 선교학교를 졸업(1962~1964년)한 후 딕 욕(Dick York) 선교사로부터 목사 안수(1971년)를 받았다고 게시되어 있다. 하지만 딕 욕 측이 운영하는 '믿음의 형제들' 홈페이지에는 박씨에게 "안수를 준 적이 없다"고 명시되어 있다. "자신(박옥수)이 자신에게 안수를 준 것"이라 덧붙였다.

4) 2010년 한국을 방문한 딕 욕은 한 세미나에서 '성직제도'와 관련해서 "교회가 소수의 사람들을 중심으로 움직이게 돼 있고, 그 소수가 아닌 사람들은 관망"하게 되는 것을 문제 삼았다. 딕 욕은 "성직제도가 교회에서 없어야 됨을 그들(유병언, 이요한, 박옥수)에게도 가르쳤고, 지금도 가르치고 있다"라며 다음과 같은 한 가지 에피소드를 말했다.

그들(유병언, 이요한, 박옥수)의 교회 중 한 교회에 간 적이 있었다. 그런데 그곳의 젊은 사람들이 '목사님'이라고 부르는 것을 봤다. 심지어는 부인들이 남편한테 목사님이라고 부르는 것을 봤다. 그래서 내가 목사라고 부르는 것은 잘못된 것이라고 가르쳤다. 내 말을 들은 그들은 오히려 내가 자기네 체제를 잘 모른다고 생각했는지 웃었다. 그들은 여전히 목사님이라고 불렀다." 딕 욕은 "교회 문제의 중심은 성직제도이며 이 제도가 없어지면 교회의 많은 문제가 사라질 것"이라고 소리를 높였다. 이어서 참여한 신도들에게 "목사라는 호칭을 버리기 바란다"고 당부하였다.[136]

딕 욕 선교사가 전한 구원파의 원래 정신은 이처럼 제도적 교회의 목사직 자체를 인정하지 않는 것이었다. 딕욕 선교사도 "박씨에게 안수를 준 적이 없으며 목사 제도를 반대하는 입장"이라 하였다. 이에 대해 박옥수는 아무런 해명을 하지 않아 논란이 되고 있다.[137]

IV. 구원파의 이단성

한국의 이단을 크게 둘로 나누면 교주를 신격화하는 이단과 교주를 신격화하지 않는 이단으로 나눌 수 있다. 교주를 말씀의 하나님, 재림 예수, 보혜사 성령 등으로 신격화하는 대표적인 이단은 통일교(문선명), 천부교(박태선), 신천지(이만희), 하나님의교회(안상홍과 장길자), JMS (정명석) 등이 있다. 교주를 신격화하는 이단에 대해서는 그래도 그 이단성을 쉽게 분별할 수 있지만, 교주를 신격화하지 않는 이단에 대해서는 신자들이 그 이단성을 분별하기가 쉽지 않다.[138]

---

136 이승연·차진형, "구원파 스승 딕 욕(Didk York), '유병언, 이요한, 박옥수씨의 교만이 문제'", 「현대종교」 2010년 11월호, 69.
137 "박옥수씨는 목사안수 여부 스스로 해명해야", 「현대종교」 2015년 9월호, 81-82.

교주를 신격화하지 않는 이단으로는 다락방(류광수), 구원파(박옥수), 큰믿음교회(변승우) 그리고 여호와 증인, 안식교 등이 있는데, 이러한 이단들은 교회론적 이단과 구원론적 이단이라는 공통점을 가지고 있다. 자기들만이 참된 교회라 주장하면서 공교회(公敎會)를 부정하는 배타적인 교회론과 예수를 믿어도 구원을 받을 수 없다고 주장하면서 구원을 받을 수 있는 자신들만의 조건과 방식을 가르치는 배타적인 구원론이 이들 이단들의 공통점이다. 교주를 신격화하든지, 하지 않든지 모든 이단의 공통점이기도 하다.

구원파 역시 영지주의적 깨달음을 통한 구원과 율법폐기론 그리고 구원파 교회에만 구원이 있다고 주장하며 제도적 교회를 부정하고 비판하는 배타적 교회론으로 인해 이단으로 규정되었다.

온전한 구원은 회개하고 주 예수 그리스도를 구주로 믿고 의지하고 본받으며, 성령의 감화로 거룩하게 하심과 영원한 영광을 믿는 것이다(예장 통합 신조 9). 예수의 가르침을 개념적으로 요약하면 "나를 믿으라"(칭의), "나를 따르라"(성화), "나를 기다려라"(영화)라는 것이다.

따라서 온전한 구원은 과거에 이미 '마음으로 믿어 얻은'(롬 10:9) 구원(칭의), 현재 '두렵고 떨리는 마음으로 이루어야 할'(빌 2:12) 구원(성화) 그리고 "현재의 고난과 족히 비교할 수 없는 장차 우리에게 나타날 영광"(롬 8:18)을 '소망 중에 기다리는'(롬 13:11) 영원한 구원(영화)이라는 세 차원으로 되어 있다.

구원의 세 요소인 칭의(稱義), 성화(聖化), 영화(榮化) 중 어느 하나를 극단적으로 주장하고 다른 것을 배제하는 것도 구원론의 왜곡이며 구원

---

138 허호익, 『이단은 왜 이단인가』 (서울: 동연, 2016), 103-104.

론적 이단이다.[139]

구원파(박옥수)는 죄사함의 비밀을 깨달으며 모든 죄가 소멸되어 완전한 의인이 된다는 왜곡된 칭의(稱義)에 근거하여 회개기도는 스스로 죄인인 것을 인정하는 것이므로 회개기도마저 금하고 있다. 이와 정반대로 큰믿음교회(변승우)는 "예수를 믿고 입으로 고백하는 것은 본래 이단 사설"이며 진정한 회개와 선행을 행하는 큰 믿음이 있어야 구원을 받는다는 왜곡된 성화(聖化)론을 주장한다. 이와 달리 다미선교회(이장림)는 임박한 종말을 사모하고 예비하여 휴거에 참여하는 자들만이 영생에 참여한다는 왜곡된 영화(榮化)를 주장한다.

"죄에게서 해방되어 의에게 종이 되었느니라 … 그러나 이제는 너희가 죄에게서 해방되고 하나님께 종이 되어 거룩함에 이르는 열매를 얻었으니 이 마지막은 영생이라"(롬 6:19)는 말씀처럼 구원에 관한 성서의 가르침은 믿음으로 의롭게 되고, 의의 열매인 거룩한 삶을 살고 그리고 마지막으로 신령한 몸으로 부활하여 영생을 누리며 하나님의 영광에 참여하는 영화에 이르는 것이기 때문이다. 이처럼 성서가 가르치는 구원은 칭의, 성화, 영화를 포함하는 통전적인 성격을 지닌다.

구원파가 여러 갈래로 나누어졌지만, 기본적인 교리는 공유하고 있다. 권신찬은 '죄사함을 깨닫고' 유병언은 '복음을 깨닫고' 이요한은 '중생을 경험하라'고 하였고,[140] 박옥수는 '죄사함의 비밀을 깨닫고 거듭나야 구원을 받는다'고 한다. 그래서 구원파는 깨달음파 또는 중생파라고도 불리는 데 이들이 구원론을 현저하게 왜곡하고 기성 교회의 제도와 신앙적인 전통을

---

139 허호익, "구원론의 통전적 이해", 347-348.
140 정동섭·이영애, 『왜 구원파를 이단이라 하는가?』, 139.

부정하고 비난하며 그것이 '종교와 율법으로부터 자유'를 얻는 길이라 많은 교인들을 미혹하여 한국교회에 큰 피해를 입혔다.

구원파는 한국교회 주요 교단들로부터 '이단'으로 규정되었다.[141]

■ 구원파 집단(권신찬, 유병언, 박옥수, 이요한)의 이단성에 대한 교단별 결정[142]

교단	년도/회기	결정 내용
예장 통합	1992/77	이단
예장 고신	1991/41	이단
예장 합동	2008/93	이단
예장 합신	1995/80	이단
	2014/99	이단 재확인
기감	2014/31	이단
기성	1985/40	이단 사이비 집단

---

141 "박옥수가 구원파인 이유 및 역사와 현황", 「교회와신앙」 2014.8.21.
142 "한국교회 교단 결의 내용", 「현대종교」(www.hdjongkyo.co.kr).

제 10장

[변승우 집단의
교리와 예언 및
신유 사역]

I. 큰믿음교회(현 사랑하는교회)의 연혁

변승우에 대해서는 성결대학교 82학번으로 졸업한 것 외에는 자세한 인적 사항이 알려져 있지 않다. 1995년 울산큰믿음교회를 개척한 후 10년 넘게 목회하였으나 크게 성장하지 못했다고 한다. 2005년 3월 서울로 옮겨와 또다시 서울큰믿음교회를 개척한 후 예언사역과 신유사역 그리고 변승우의 여러 저서의 출판 사역을 집중하여 교세가 급성장하였다.

2004년 저술한 『지옥에 가는 크리스챤들』을 통해 기독교의 근간인 '이신칭의'를 통째로 부정하는 구원관을 설교하여 한국교계에 물의를 일으켜 오던 중, 2009년 합동정통 교단(현 예장 백석)에서 제명 출교되는 등 5개 교단에서 이단 등으로 규정되었다. 이에 변승우는 2009년 12월 '대한예수교장로회 부흥'교단을 만들었다.[1] 2010년에는 성령신학교를 세워 학장에 취임하기도 하였다.

2016년 2월 현재 서울큰믿음교회를 중심으로 전국 11개의 도시에 130여개의 지교회가 세워져 있으며, 미국의 LA, 일본의 도쿄와 오사카, 캐나다의 밴쿠버, 인도네시아의 버까시 그리고 중국의 북경에 지교회가 있다고 한다.

2015년 11월 6일 SBS 저녁 8시 뉴스에서 강남의 한 대형 마트에서 여성의 신체를 몰래 찍다가 경찰에 체포된 남자가 큰믿음교회의 부목사인 것으로 드러났다고 보도하였다. 이 사건으로 물의를 일으키자 이미지 실추에 부담을 느낀 것인지, 12월 말경에 큰믿음교회를 '사랑하는교

---

1 정윤석, "변승우 목사, 어쩌다 출교당한 이단 됐는가", 「교회와신앙」 2009.10.9.

회'로 명칭 변경하였다.[2] 2016년 2월 4일 현재 큰믿음교회 인터넷TV 사이트(www.gfctv.org)는 종전대로이나, '큰믿음교회'의 한국어 공식 사이트(www.greatfaithchurch.org)는 영어 등 외국어 사이트로 전용 되었고, 한글 공식사이트는 '사랑하는교회'(www.belovedc.com)로 대폭 개편 중에 있다. 이전의 공식 사이트에는 최신 설교를 시청하거나 음성파일로 다운받을 수 있는 서비스도 제공한다. 그리고 인터넷 생방 송으로 매주 수요예배와 금요 영성집회(저녁 7시 30분)를 방영하고 있다.

큰믿음교회는 '사도적 선지자적 교회'를 표방하면서 3대 사역으로 예언사역, 신유사역 그리고 큰믿음출판사 사역을 강조한다는 것을 공식 사이트를 통해 확인할 수 있다.[3] 큰믿음출판사 사역은 변승우가 계시를 받아 저술한 저서 50권 이상을 출판 보급하고 있으며 그리고 선지자학 교와 예언사역학교의 예언사역과 중보기도학교의 신유 사역에 관해 자세히 안내하고 있다.

변승우의 여러 저서에 드러나는 교리의 문제와 큰믿음교회의 예언 및 신유 사역의 문제점들을 자세히 살펴보려고 한다.

II. 변승우 집단의 주요 교리

1. 사도적 선지자적 교회의 배타성

큰믿음교회의 성격에 대해 공식 사이트는 다음과 같이 명시하고 있다.

2 정윤석, "큰믿음교회, 사랑하는교회로 명칭 변경", 「기독교포탈」 2015.12.30
3 http://www.gfctv.org/ko/index.htm(2016.2.3.).

'큰믿음교회'는 사도적 선지자적 교회입니다. 큰믿음교회는 대부흥과 대추수를 위한 그리스도의 신부와 용사로 준비되고 그를 위해 참된 회개와 하나님의 진리로 나아가도록 부름을 받은 교회입니다.[4]

사도적 교회를 지향하는 변승우는 "사도는 교회의 터를 닦는 사람이고, 하나님이 보내신 영적 지도자이다. 그러나 사도적 사역의 가장 두드러진 특징들 중 하나는 영적 아버지의 역할을 하는 것"이므로 "사도는 아버지"라 한다.[5] 따라서 변승우는 1세기의 사도와 같은 역할을 하게 될 오늘날의 사도이고, 큰 믿음교회는 오늘날의 사도적 선지자적 교회라는 것이다.

1) 이런 의미에서 폴 키스 데이비스(Paul Kieth Davis) 목사가 큰믿음교회 집회에서 공개적으로 변승우가 '아버지 부재 시대'의 영적 아버지가 되어 아브라함이 이삭에게 한 것처럼 많은 축복을 영적 자녀들에게 물려 줄 것이라 예언하였다. 그 일부를 인용하면 다음과 같다.

변목사님께서 예언적인 영역의 성취를 위하여 많이 수고해 오셨지만 하나님께서 변목사님을 위해 예비하신 것은 훨씬 더 높은 부르심에 관한 것입니다. 변목사님에게 사도의 부르심이 임하였습니다. 사도바울에게 허락하신 것 같은 사도적 부르심이 있습니다. … 변목사님은 주님의 뜻을 아는 사람이며 의로운 분을 볼 수 있는 사람입니다. 직접적인 하나님의 역사하심을

---

4 http://www.gfctv.org/ko/index.htm(2016.2.3.).
5 변승우, 『1세기의 사도와 오늘날의 사도』(서울: 큰믿음출판사, 2010), 127.

체험하고 나누실 수 있는 사람입니다. … 주님께서 말씀하십니다. '목사님은 단지 가르치는 스승이 아니라 아버지이다'라 말씀하십니다. … 변목사님은 아버지로서 영적 자녀들에게 축복을 전이시켜주는 사람입니다. 아브라함처럼 변목사님은 많은 사람들의 '아버지'가 될 것입니다.[6]

그리고 아르헨티나 대부흥의 주역인 에도 실보소 목사는 영적 지도자 변승우를 통해 큰믿음교회의 대부흥이 일어날 것이라 다음과 같이 예언하였다고 한다.

큰 믿음교회는 구원에 관한 대낮과 같은 진리를 가지고 있기 때문에 … 또다시 주님은 큰 믿음교회를 중심으로 또 하나의 대부흥을 일으키실 것입니다.[7]

큰믿음교회의 사이트에 "대부흥과 대추수를 위한 그리스도의 신부와 용사로 준비하는 교회"라는 것을 명시한 까닭도 이와 관련이 있다고 보인다. 사도들이 당시에 교회를 크게 부흥시킨 것처럼 이시대의 사도인 변승우를 통해 큰 부흥을 일으켜 세울 것이라는 예언을 이루는 것을 교회의 목표로 삼고 있는 것으로 보인다.

2) 변승우는 2004년 5월 출판한 저서 『지옥에 가는 크리스천들』에서 전통적인 칭의론을 부정하고 믿음의 행함과 참된 회개가 없으면 지옥에 간다고 주장하여 비판을 받으면서 이단성 논란이 촉발되었다.[8]

---

6 변승우, 『1세기의 사도와 오늘날의 사도』, 125-126.
7 변승우, 『지옥에 가는 크리스챤들』 (서울: 큰믿음출판사, 2004), 131.
8 정윤석, "변승우 목사의 이상한 구원론-'참 구원받은 사람도 진짜 버림받을 수 있다'", 「교회

그는 『정통의 탈을 쓴 짝퉁기독교』, 『가짜는 진짜를 핍박한다』는 도발적인 제목의 저서를 통해 "진짜는 진짜이기 때문에 핍박을 받고, 가짜는 가짜이기 때문에 진짜를 핍박한다"라 적극 항변하였다.9

심지어 자신을 비판하는 자들에 대하여 "이단 사냥꾼", "정통의 탈을 쓴 짝퉁 기독교", "바리새파 사람들" 심지어 "영적 기생충"이라 공격한다.10

예수님을 대적한 서기관과 바리새인들이 정통의 탈을 쓰고 있었지만 참된 유대교가 아니었던 것처럼, 이들 역시 기독교의 정통의 탈을 쓰고 있지만 성경적인 참된 기독교가 아닙니다.11

3) 한편으로 큰믿음교회가 『그 시에 주시는 말을 하라』, 『특별히 예언을 하려고 하라』와 같은 저서와 그의 즉흥 설교 및 예언 사역이 신사도 운동과 유사하게 직통 계시를 주장하고 성경의 권위를 부정한다는 비판을 받게 되었다. 그러자 그는 성경의 권위만 주장하는 이들은 "은사중단론에 미혹되어 '말씀 말씀'하면서 은사와 계시를 전면 부정하는 자들"이며, 이들은 '성경교 목사요, 성경교 신자일 가능성이 높다'고 비판하였다.12

신약시대에도 90% 이상이 거짓 선지자들이듯이 오늘날의 목사들도 대부분 거짓 선지자라 비난한다.

와신앙」 2004.12.8.

9 변승우, 『가짜는 진짜를 핍박한다』 (서울: 큰믿음출판사, 2008), 목차 참고

10 대한예수교장로회총회 외 편, 『종합 이단사이비연구보고집』 (서울: 한국장로교출판사, 2011), 308.

11 변승우, 『정통의 탈을 쓴 짝퉁기독교』 (서울: 큰믿음출판사, 2009), 88.

12 변승우, 『정통의 탈을 쓴 짝퉁기독교』, 91.

신약시대 때도 여러분! 90% 이상의 거짓 선지자들은 목사들입니다. …
교회 밖의 사이비들, 이단들 속에 있는 것이 아니에요. 대부분의 거짓선지
자들은 오늘날 교회 안에서 목사라는 직함을 가지고 목사라는 양의 옷을
입고, 목자로 위장하고 사람들을 어디로 이끌어요?('거짓선지자들을 삼가
라', 2006년 5월 26일 설교).[13]

그리고 "성령시대인 지금 정통의 탈을 쓴 많은 교단과 교회와 목사와
신자들이 성령님이 오셨는데 그것이 성령이시라는 것을 알아보지 못"
하고 "성령이 임하시므로 나타나게 되는 계시와 기적 그리고 영적인
현상을 보고 '광신자다', '극단적인 신비주의다', '사이비다', '귀신의 역
사다', '직통 계시 이단이다'라 끊임없이 허튼소리"를 하는 것은 "역시
참된 기독교의 모습"이 아니라 반박한다.[14] 기성 교회가 영의 세계를
잘 알지도 못하면서 교리와 전통으로 생사람 잡는 것은 『위조 영분별』
이라 공격하였다.[15]

4) 한 걸음 더 나아가서 그를 비판하는 이들을 향해 '이단 사냥꾼',
'성경교 신자', '사탄교', '마귀의 하수인', '사탄의 충견', '사탄의 사냥개',
'영적 기생충' 등의 독설을 퍼부으며 성령을 무시하지 말라비난하였다.[16]

교회 안에도 사탄교가 있습니다. 즉 정통의 탈을 쓰고 있지만 사탄을 따르

---

13 대한예수교장로회총회 외 편, 『종합 이단·사이비연구보고집』, 311.
14 변승우, 『정통의 탈을 쓴 짝통기독교』, 87.
15 변승우, 『사도와 선지자들을 잡는 위조 영분별』 (서울: 큰믿음출판사, 2008), 109-113.
16 대한예수교장로회총회 외 편, 『종합 이단·사이비연구보고집』 (서울: 한국장로교출판사,
   2011), 308.

고 사탄에게 복종하고 사탄을 위해 충성하는 무리들이 있습니다. … 바로 이단 사냥꾼들입니다. 그들은 현대판 사탄의 회요, 교회 안에 존재하는 사탄교입니다.[17]

그리고 큰믿음교회를 비난하고 대적하고 핍박하는 것은 하나님에 대한 범죄라함으로써 기성 교회의 신학적 비판을 하나님에 대한 적대행위로 규정한다.

큰믿음교회에 대한 음해와 핍박은 모두 이런 가짜들에게서 나옵니다. … 큰믿음교회를 비난하고 대적함으로 하나님께 범죄하고 있습니다.[18]

심지어 예수가 말씀한 그대로 가르친 "그것이 이단이라면 예수님도 이단"[19]이라 하였다.[20]

5) 예장 통합 총회(2009)는 이처럼 변승우 씨가 기성 교회를 비판하는 것은 자신을 정당화시키려는 의도이며, 기성 교회 교인들을 자신의 교회로 오게 하려고 "본인이 목회하는 교회만이 참된 교회라 주장"하려는 의도라 비판하였다.[21]

한국교회의 많은 이단들 중에 기성 교회에 대해 『정통의 탈을 쓴 짝퉁기독교』, 『가짜는 진짜를 핍박한다』, 『위조 영분별』과 같은 도발적인

---

17 변승우, 『정통의 탈을 쓴 짝퉁기독교』, 160.
18 변승우, 『정통의 탈을 쓴 짝퉁기독교』, 25-26.
19 변승우, 『정통의 탈을 쓴 짝퉁기독교』, 74.
20 전정희, "바리새주의 정통교회가 가장 사악한 이단", 「교회와신앙」 2008.10.28.
21 대한예수교장로회총회 외 편, 『종합 이단·사이비연구보고집』, 309.

제목의 저서를 통해 한국의 보편적 교회를 공격하고 자신들의 정당성을 주장하기 위해 대부분의 정통적인 한국의 공교회를 이단으로 매도하는 사례는 큰믿음교회에서만 찾아볼 수 있는 예외적인 현상이라 할 수 있다.

따라서 이러한 배타적인 교회론은 "거룩한 공교회와 성도의 교제"를 부인하는 교회론적 이단의 전형적인 형태가 아닐 수 없다.

2. 직통 계시와 즉흥 설교

선지자의 교회를 지향하는 변승우는 교사와 선지자를 엄격하게 구분한다. 그 차이에 대해서 교사는 성경 저자의 의도를 설명하는 것에 초점을 맞춘다면, 선지자는 자신이 성령으로부터 직접 들은 말씀을 성경에 을 빗대어 설명하는 것이라 하였다. 따라서 변승우는 "말이나, 설명이나, 개념이 아닌 그런 계시 즉, 하나님과 우리 자신에 대한 계시"의 필요성을 강조한다.

> 말이 아닌 계시가 필요합니다. 개념이 아닌 계시가 필요합니다. 설명이 아닌 계시가 필요합니다. … 주님의 계시가 필요합니다. 주님에 대한 계시와 우리 자신에 대한 계시가 필요합니다.[22]

1) 계시가 필요한 자신에게 성부, 성자, 성령 하나님께서 각각 변승우에게 직접 말씀하셨다는 내용이 그의 저서 도처에 기록되어 있다. 삼위일체 하나님께서 모두 그에게 직접 계시를 주시는 분이라는 것을 당당

---

22 변승우, 『그 시에 주시는 그 말을 하라』 (서울: 큰믿음출판사, 2009), 255-256.

하게 주장한다.

그 실례로 "주님, 저는 아무것도 아니고 너무나 부족한데 왜 저를 쓰시고 우리 교회에 부흥을 주십니까?"라 질문한 것에 대하여 예수께서 변승우에게 직접 말씀하신 내용을 길게 적고 있다.[23]

너[변승우]는 실제적으로 아무것도 아니지만 네가 성도들이 필요로 하는 전부이기 때문에 성도들이 만족을 얻을 것이고, 그로 인해 교회는 부흥할 것이고, 그것으로 대부흥이 일어날 것이고, 그것으로 세계를 진동시킬 것이고, 그것으로 도시와 나라를 변화시킬 것이고 열방을 만지게 될 것이다.[24]

그가 성령께서 하신 말씀을 직통 계시로 받은 사례 중 일부만 소개하면 다음과 같다.[25]

너[변승우]의 장점, 은사, 재능 때문에, 너의 탁월한 능력 때문에 성공한 것이 아니다. 시기와 우연을 주장하시는 하나님께서 네게 성공을 주실 것이다. … 하나님께서 너를 높여 주시고, 너를 드러나게 하시고, 교회를 성장하게 하시고, 사역이 크게 하시고, 많은 영혼들을 살리게 하신 것이다.[26]

이로써 변승우는 자신이 예수와 성령과 더불어 직접 질문과 대답을 주고받는 특별한 사이라는 것을 과시하고 있다.

---

23 변승우, 『그 시에 주시는 그 말을 하라』, 187-192.
24 변승우, 『그 시에 주시는 그 말을 하라』, 188-189.
25 변승우, 『그 시에 주시는 그 말을 하라』, 292-299.
26 변승우, 『그 시에 주시는 그 말을 하라』, 294.

2) 변승우는 "하나님께로부터 듣지 않으면 설교하지 않습니다! 이것이 제 설교의 좌우명입니다"[27]라 선언한다. 성서에 기록된 과거의 계시가 아니라 하나님께서 지금 말씀하시는 직통 계시만을 설교한다는 것이다.

> 설교가 깊이가 있고 꼭 전해야 할 가치가 있는 설교가 되려면 지식만 가지고는 안 됩니다. 계시가 필요합니다. … 성경적인 것만 가지고는 안 됩니다. 반드시 계시적이라야 합니다. 설교는 하나님이 과거에 이렇게 말씀하셨다가 아니라 지금 이렇게 말씀하고 계시는 것이 되어야 합니다.[28]

그는 구약의 선지자나 초대교회 사도들처럼 "성령께서 저에게 설교하라 레마로 주시는 말씀들을 설교합니다. 제가 설교의 주제나 내용을 자의로 선택하지 않습니다"[29]라 하였다.

따라서 예수께서는 "내 양은 내 음성을 들으며 나는 저희를 알며 저희는 나를 따르느니라"(요 10:27)라 말씀하셨으므로, 직통 계시를 통해 "주의 음성을 듣고 개인적으로 인도 받는 것은 성경에 반하는 것이 아니며 성경적"이라 주장한다.[30] 그러므로 삼위일체 하나님의 말씀이 현재에 직접 계시되는 것을 수용하지 않는 한국교회의 "강해설교나 제자훈련은 희망이 없다"("말씀 병에서 치유되지 않으면", 2007년 7월 24일 설교)고 진단한다.[31] 그런데 "많은 개신교 및 개혁파 신학자들은 하나님의

---

27 변승우, 『계시와 지혜의 영』 (서울: 큰믿음출판사, 2007), 9.
28 변승우, 『지혜와 계시의 영』, 9~11.
29 변승우, 『명목상의 교인인가? 미성숙한 신자인가?』 (서울: 큰믿음출판사, 2009), 11.
30 변승우, 『주의 음성을 내가 들으니』 (서울: 큰믿음출판사, 2008), 10.
31 전정희, "[이단성 핵심체크] 변승우(큰믿음교회)", 「교회와신앙」 2010.2.26.

음성을 듣는 것을 방해할 뿐만 아니라 사실상 금지"하고 있다고 비판한다.[32]

이런 까닭은 큰믿음교회는 스스로 '사도적 선지자적 교회'라 주장함으로서 직통 계시를 부정하는 정통적인 교회에 대해 배타적인 입장을 취하고 있는 것이다.

3) 변승우는 실제로 설교할 때 대부분 성경 본문도, 설교 제목도 미리 준비하지 않은 채, 강단에 올라가 계시를 받은 대로 시행하는 '즉흥설교'를 한다.

중보기도 시간에는 '즉흥설교'를 합니다. 즉흥설교란 전혀 준비하지 않은 설교를 뜻합니다. 제 설교는 모두 즉흥설교에서 나옵니다.[33]

그리고 "부흥회 때에는 거의 100% 영감으로 온 설교"만 하며, "이런 설교는 대개 새롭고 영적인 비밀"을 담고 있으므로 매우 중요하다고 한다.[34]

큰믿음교회 홈페이지에는 변승우의 '즉흥설교' 총 357편의 VOD가 수록되어 있다.[35] 그리고 "즉흥설교 중 성령께서 설교하라고 명령하시는 것을 원고로 써서 주일날 설교"하고 그리고 "그 설교 중 성령께서 책으로 만들라고 지시하시는 것으로 책으로 만든다"고 하였다.[36] 그래

---

32 변승우, 『주의 음성을 내가 들으니』 (서울: 큰믿음출판사, 2008), 10.

33 변승우, 『그 시에 주시는 그 말을 하라』, 머리말.

34 변승우, 『대부흥이 오고 있다』 (서울: 큰믿음출판사, 2006), 237-238.

35 http://www.gfctv.org/category.php?cateId=100010007(2016.2.3.).

36 변승우, 『그 시에 주시는 그 말을 하라』, 머리말.

서 자신은 저술에 힘을 쏟고 있으며 50권 이상의 책을 저술하였다고 것이다.[37]

4) 변승우가 설교와 저술을 하는 동안 천사가 함께한다고 주장한다. 샨 볼츠 목사는 영동제일교회 집회에 참여하여 설교를 하는 변승우에 대해 "이 시간 기록을 담당하고 있는 천사 중 직위가 높고 강력한 한 천사가 변승우 목사님 곁에 와 있습니다. 바울이 서신서들을 저술할 때에 바울과 함께 있었던 바로 그 천사입니다"라 하였다. 이어서 "변 목사님에게 나타난 그 천사는 지금까지 제가 천사의 나타남을 본 것 중 가장 강력한 것입니다. 여러분 놀랍지 않습니까?"라 공언하였다.[38]

질 오스틴 목사 역시 천사들이 하늘나라에서 계시와 메시지를 가져 와 변승우가 책을 쓰는 것을 도와주며, 그의 저서는 천국도서관에 따로 보관되어 있다고 하였다.

천사들이 목사님[변승우] 곁에 둘러싸고 있는 것이 보입니다. 그 천사들은 기록하는 천사들입니다. 하늘나라에서 계시와 메시지를 가져와 책을 쓰는 것을 도와주기 위해 기록하는 천사들이 목사님 곁에 있습니다. 천국의 도서 관이 보이는데 거기에 목사님의 책들이 꽂혀 있고, 목사님의 책들을 꽂기 위한 섹션이 따로 있는 것이 보입니다.[39]

---

37 『교회가 변하면 세상이 변한다!』, 『지옥에 가는 크리스천들(수정증보판)』, 『구원에 이르는 지혜』, 『명목상의 교인인가? 미성숙한 신자인가?』, 『다림줄』, 『정통의 탈을 쓴 짝퉁 기독교』, 『말씀 말씀 하지만 성경에서 벗어난 제자 훈련』, 『진짜 구원받은 사람도 진짜 버림받을 수 있다!』, 『특별히 예언을 하려고 하라!』, 『예수빵』, 『성령이 교회들에게 하시는 말씀』, 『그 시에 주시는 그 말을 하라!(1, 2, 3권)』, 『실전 영분별』, 『주의 음성을 네가 들으니!』 등 50여권의 책을 저술하였다.

38 변승우, 『다림줄』 (서울: 큰믿음출판사, 2013), 25-26.

39 변승우, 『특별히 예언을 하려고 하라』 (서울: 큰믿음출판사, 2008), 10-11.

실제로 예언 사역과 신유 사역과 더불어 큰믿음교회의 3대 사역 중에 하나인 큰믿음출판사 사역에 대한 공식 사이트의 소개 글에는 큰믿음출판사는 "정말 중요한 책들은 사도와 선지자들에 의해 쓰인다는 견고한 믿음 때문"에 주로 검증된 사도와 선지자들의 책을 출판한다고 홍보한다. 변승우는 구내서점을 '천국의 도서관'이라 명하였고, 출판사를 세우라는 주님의 음성을 들었으므로 큰믿음출판사를 세워 이윤 추구가 목적이 아니라 진리를 보급하는 데 초점을 두고 있다고 한다.[40]

변승우는 자신의 저서가 천국도서관에 소장되어 있다고 하지만, 20세기 최고의 신학자 칼 바르트는 그의 방대한 저서 "『교회교회학』 13권을 짊어지고 천국에 가면 천사들이 비웃을 것"이라 한 적이 있다.

5) 변승우는 자신이 새로운 계시를 직접 받을 뿐 아니라 성경에 기록된 하나님의 말씀을 정확하게 해석하는 '다림줄'(암 7:7-8)을 가지고 있다고 주장한다. 그가 "주의 은혜로 다림줄(성경의 바른 이해)을 손에 들고 있다는 또 다른 증거"는 다림줄 사역의 열매인데, 자신이 바로 "12번째 책을 쓰고 있으며 그리고 회원 14,500명이 넘는 대형 인터넷 카페를 운영"하고 있으니 다림줄을 지닌 자의 사역에 합당한 열매를 맺은 증거라 논증한다.[41] 심지어는 성령께서 "그[변승우]가 성경을 해석하는 것은 틀린 것이 없을 것이며, 내가 직접 하는 말과 같은 것이라 하였다"라 주장한다.[42]

그는 한국교회의 "거의 대부분의 주석과 강해집과 설교들이 사실상은 다림줄이 아니며, 사실 눈대중에 불과하므로 불완전한 과정에서 탄

---

40 http://www.gfctv.org/ko/ministries4.php(2016.2.3.).
41 변승우, 『다림줄』, 27.
42 변승우, 『다림줄』, 26.

생된 것"이라 한다.

충격적이지만 진실을 말씀드리자면 대부분의 주석과 신학서적, 대부분의 강해설교집과 성경공부 교재 그리고 대부분의 설교자들의 설교와 심지어는 대형 교회 목사님들의 설교에 이르기까지 이런 불완전한 과정을 통해서 탄생되었습니다.[43]

'여호와께서 손에 잡고 있던' 그 다림줄을 통해 변승우 자신만이 성경을 100% 정확하게 똑바로 해석할 수 있다는 것이다. 나아가서 말씀의 다림줄에 따라 성경말씀을 100%로 완전하게 전해야만 한국교회의 회복과 부흥이 가능해진다고 역설한다.

영적인 다림줄인 말씀이 성경 그대로의 의미대로 회복이 되어야 교회가 주님이 의도하신 대로 반듯하게 다시 건축될 수 있습니다. 이것을 다른 말로 하면 바로 회복과 부흥입니다. … 교회를 제대로 회복시키려면 다림줄인 말씀을 가지고 있어야 합니다. 하나님은 오늘날도 손에 다림줄을 가지고 있는 자를 찾고 계십니다. 바로 그런 사람을 통해서 일하십니다.[44]

6) 변승우는 『지옥에 가는 크리스천들』(2009)의 수정증보판을 홍보하면서 "5년 전 책을 쓸 때 성령께서 '이 책은 너의 책이 아니다. 나의 책이다'라고 말씀하셨다"고 하였다. 『다림줄』이라는 책에서는 "주님께

---

43 변승우, 『다림줄』, 60.
44 변승우, 『다림줄』, 103-104.

서 말씀하셨습니다. … 성경 저자들이 성경을 쓸 때에 임했던 그런 영감을 준 사람은 이 종 하나뿐이다"[45]라고 하였다. 마치 자신의 저서가 성경과 동등한 영감을 받은 것으로, 동등한 권위를 가진 것으로 주장하는 것이 아닐 수 없다.

이와 더불어 그가 예언 사역과 신유 사역을 강조하면서 이러한 초자연적인 사역은 '초성경적일 수 있다'는 점을 인정하였다.[46]

새로운 계시는 성경을 벗어나지 않을 것이며 이전에 교회에 알려지지 않았을지라도 교리와는 달리 단순히 문자적으로가 아니라 정신에 있어서 철저하게 성경적일 것입니다. 그러므로 귀 있는 자는 그것을 들을 것입니다. 그리고 그중 일부는 비성경적인 것은 아닐지라도 '초성경적인 것'이 될 것입니다.[47]

이러한 변승우의 주장들은 직통 계시를 받아 전하는 자신의 설교나 저서에 초월적인 권위를 부여하고, 계시를 받지 못한 기성 교회 목사들의 설교와 자신의 설교 사이의 영적 차별성을 강조하는 효과를 노리는 것으로 보인다. 그러나 성경과 동등한 새로운 직통 계시를 주장하고, 자신의 성경 해석만이 다림줄처럼 완전하다는 배타적 성서해석을 고집하는 것은 결과적으로 성서의 권위를 부정하는 성서관과 계시관의 현저한 왜곡이 아닐 수 없다.[48]

---

45 변승우, 『다림줄』, 25.
46 전정희, "새로운 계시의 일부는 초성경적인 것", 「교회와신앙」 2008.11.13
47 변승우, 『특별히 예언을 하려고 하라』, 275.
48 대한예수교장로회총회 외 편, 『종합 이단·사이비연구보고집』, 309. " 외국의 사역자들의

그래서 예장 통합 총회(2009)는 변승우의 성경관과 계시관은 "하나님의 말씀인 성경을 훼손시키는 비성경적 기독교 이단"이라 규정하였다.[49] 성경 이외의 새로운 계시나 직통 계시를 주장하는 경우 그 신학적 문제점을 좀 더 자세히 설명하면 다음과 같다.

1) 대한예수교장로회 헌법 중 신조 1조 "신구약 성경은 하나님의 말씀이니 신앙과 행위에 대하여 유일무이한 법칙"이라 고백한다. 따라서 다른 새로운 계시를 주장하는 것은 '하나님의 계시의 말씀'이요 '신앙과 행위의 유일한 법칙'인 성경의 권위를 부정하는 성경론적 이단에 해당한다.

2) 웨스트민스트 신앙고백 제1장 1조에는 "그러나 하나님이 자기의 뜻을 자기 백성에게 계시해 주시던 이전 방법은 현재 중지되어 버렸다"(히 1:1-2)고 했으며, 6조에서는 "이 성경에 대하여 어느 때를 막론하고 성령의 새로운 계시로서나, 인간의 전통으로서도 더 첨가할 수 없다"(딤후 3:15-17; 갈 1:8-9; 살후 2:2)고 하였다. 따라서 변승우의 특별 계시 주장은 성경이 완결된 후에는 어떤 형태의 직통 계시나 새로운 계시가 불필요하다는 정통적인 교리에 위배된다.

3) 칼빈은 성경 66권에는 '구원에 관한 모든 부분의 모든 지식이 완전히 계시'되어 있다고 하였다. 따라서 성경 외에 다른 직통 계시를 주장하는 것은 성경의 신적 권위와 성경의 완결성, 충족성, 최종성을 부정하는 것이기 때문에 성경론적 계시론적 이단에 해당한다.

4) 직통 계시 받은 내용이 대부분 허위로 판명되었고 직통 계시 받은

추천사를 책 앞에 배치시키는데, 그 추천사에는 거의 예외 없이 변승우 씨가 받은 계시가 성령의 계시라하는 내용이 포함되어 있다."

49 대한예수교장로회총회 외 편, 『종합 이단·사이비연구보고집』, 310, 313.

자의 신앙의 착각과 가식과 교만이 드러났다. 예를 들면 이장림(다미선교회)의 경우 1992년 10월 휴거설을 주장하기 위해, 어린 종들을 중심으로 한 40여 명의 아이들이 '직통 계시'를 받았다고 주장하였으나 결국 허위로 판명나자 다미선교회는 1992년 11월 2일자로 해체되고 만 것이다.

3. 믿음의 행위 및 참된 회개와 극단적 구원론의 문제점

변승우는 어렸을 때부터 유달리 구원론에 관심이 많았다고 한다.[50] 행함으로 의롭게 되느냐 믿음으로 의롭게 되느냐는 '신앙과 행위'에 관한 나름대로 성찰을 한 것으로 보인다. 이 문제에 대해 찰스 피니의『생명의 길』과 조나단 에드워드의『기독교의 중심』을 읽고 영향을 크게 받았다고 한다.[51]

1) 그는 구원은 오직 믿음으로 받고, 믿기만 하면 '행함이 없이 죄 가운데 산다 할지라도 적어도 부끄러운 구원을 받는다는 것'을 거부한다.[52] '부끄러운 구원은 존재'하지 않는다고 단언한다.

따라서 구원파 박옥수처럼 '죄사함과 거듭남의 비밀'을 깨달아 믿으면 과거, 현재, 미래의 모든 죄가 용서받고, 그 후로는 죄를 자백하거나 회개할 필요가 없으며, 어떻게 살든 천국에 간다고 가르치는 것은 "무율법주의로 명백한 이단사상"이라 비판한다.[53] 거듭남에서 중요한 것은 시간이 아니라 상태이다. 비록 거듭난 시간을 모른다 해도 현재의

---

50 변승우,『지옥에 가는 크리스챤들』, 99.
51 변승우,『지옥에 가는 크리스챤들』, 105-123.
52 변승우,『지옥에 가는 크리스챤들』, 185.
53 변승우,『지옥에 가는 크리스챤들』, 186.

상태가 거듭난 자의 상태라면 그는 거듭난 것이기 때문이라는 이유
다.[54]

2) 변승우는 이런 관점에서 '율법의 행위'와 '믿음의 행함'을 엄격히
구분한다. "믿음으로 의롭게 되고 율법의 행위로 의롭다 할 육체가 없
다"(롬 3:2)는 바울의 말은 '율법의 행위'를 부정해서 하는 말이고, 야고
보가 말하는 "행함이 없는 믿음은 죽은 믿음"이라는 것은 '믿음의 행함'
을 긍정하는 것으로 구분한다.[55]

> 전자는 구원 받기 전에 나타나는 행위이고 후자는 구원받은 자에게 나타나
> 는 행함이고, 전자는 실현불가능하고, 후자는 실현가능하며, 전자는 인간
> 의 공로가 될 수 있으나 후자는 하나님의 은혜로 된 것으로 하나님께 영광이
> 됩니다.[56]

전자는 자기 힘으로 구원 얻으려는 것이고, 후자는 하나님의 은혜로
구원을 얻으려는 것이다. 결과적으로 "믿음이 있노라 하고 행함이 없으
면" 단순히 부끄러운 상급을 받는 것이 아니라 아예 구원을 받을 수 없다
는 말이 된다고 한다.[57]

그러므로 믿음에는 반드시 행함이 따르고 순종의 열매가 있어야 한
다. "구원은 단순히 죄에서 벗어나는 것이 아니라, 새사람으로 거듭나는
것"이기 때문이다. 죄에서 벗어나는 것이 칭의라면, 새사람이 되는 것이

---

54 변승우, 『지옥에 가는 크리스챤들』,187.
55 변승우, 『지옥에 가는 크리스챤들』, 104.
56 변승우, 『지옥에 가는 크리스챤들』, 104.
57 변승우, 『지옥에 가는 크리스챤들』, 104.

중생이므로 "구원은 마치 동전의 양면처럼 한 면은 칭의이고 다른 면은 중생이다"라 주장한다.58 따라서 "칭의는 하나님과 우리의 관계 속에서 [믿음으로] 이루어지는 것이고, 중생은 내면에서 실제적으로 [행함으로] 이루어지는 것"이라 한다.59

이런 까닭에 칭의와 중생의 관계에 있어서 "중생이 먼저"이며, "중생 없는 칭의는 비성경적"이라 한다. 구원을 얻으려면 궁극적으로 믿음으로 거듭나야 하기 때문이다.

3) 그러나 믿고 "거듭난 자라도 때로 범죄"하는 것이 믿는 자들의 현실이다. 그러므로 거듭난 자라도 '죄가 그를 주관하지 못하게' 해야 하는데, 습관적인 죄를 참으로 회개하지 않은 경우 죄가 남아 있기 때문에 "예수를 믿어도 천국 가지 못하게 된다"고 단언한다. 60

여기서 변승우는 '회개와 자백'을 구분하고 양자는 전혀 다르다고 한다. "회개는 습관적인 죄를 대상으로 하고 자백은 우발적인 범죄를 대상"이라는 것이다. 따라서 원칙적으로 "회개는 불신자가 하는 것이고 자백은 신자가 하는 것"이라 한다.61 "회개는 단순히 죄를 뉘우치거나 자백하는 것이 아니라 죄를 끊는 것"이기 때문이다.62 따라서 "회개해야 할 습관적인 죄가 있다면, 다시 말해서 아직도 끊어버리지 못한 죄가 있다면 그 사람은 회개치 않은 사람이요 지옥에 간다"는 주장에 이르게 된다. 그래서 죄가 없어야 천국에 가는 것이기 때문에 구원은

---

58 변승우, 『지옥에 가는 크리챤들』, 164.
59 변승우, 『지옥에 가는 크리스챤들』, 115.
60 변승우, 『지옥에 가는 크리스챤들』, 161.
61 변승우, 『지옥에 가는 크리스챤들』, 28.
62 변승우, 『지옥에 가는 크리스챤들』, 25.

참된 회개에 달려 있는 것이 되고 회개하지 않으면 지옥 간다고 단언한
다.[63]

그러므로 천국에 가려면 이 말씀 그대로 회개할 것이 없어야 합니다. 단
한 가지라도 회개할 죄가 남아 있으면 안 됩니다. 모든 죄를 다 회개했어야
만 합니다. 그런 사람만이 참으로 회개한 사람이요 천국에 들어갈 자격이
있는 사람입니다.[64]

4) 예수를 믿는다고 할지라도 습관적인 죄를 완전히 회개하여 죄를
없이 해야 천국에 가는 것이라는 결론에 이르게 된 변승우는 역으로
"오직 믿음으로 구원을 받는다"는 종교개혁자 루터와 칼빈의 칭의론에
대한 근본적인 회의와 부정에 이르게 된다. 예수께서 "회개하고 복음을
믿으라"고 했으니 구원의 조건에서 '회개'를 배제하고 '칭의'만을 주장하
는 것은 잘못된 생각이라는 것이다.

구원을 받으려면 어떻게 해야 하지요? 대부분 이 질문에 '오직 믿음'이라
대답합니다. 하지만 이것은 온전한 대답이 아닙니다. 왜냐하면 성경은 구
원의 조건으로 믿음뿐 아니라 회개에 대하여 말씀하고 있기 때문입니다.[65]

변승우는 "회개한 사람이 죽을 때는 천사가 마중 나오고 회개하지
않은 사람이 죽을 때는 귀신들이 그를 잡아가려고 온다"고 한다.[66] 그러

---

63 변승우, 『지옥에 가는 크리스찬들』, 24, 43.
64 변승우, 『지옥에 가는 크리스천들』, 28.
65 변승우, 『지옥에 가는 크리스찬들』, 36.

므로 '예수 믿고' 지옥가지 말고 '제대로 예수 믿고' 꼭 천국에 가야 한다는 것이다.[66] 이런 까닭에 "거듭나지 않은 죄인은 천국에 가더라도 천국의 참된 즐거움을 기뻐할 줄 모른다. 그가 사악한 죄인인 경우 "천국 한복판에서도 지옥을 경험하게 될 것"이라 하였다.[68] 따라서 "십자가의 공로를 믿고 의지하면 무조건 죄에서 용서받고 구원받는다는 것은 진리가 아니며 잘못된 가르침"이며, "십자가를 믿고 의지한다고 무조건 죄 용서를 받지는 않는다"[69]고 단언한다.

변승우에 의하면 마르틴 루터가 '오직 믿음'이라는 슬로건으로 종교를 개혁했는데, 공로도 있지만 이것은 '교회에 미혹'을 가져왔고, 칼빈은 "한 번 구원은 영원한 구원이라는 미혹"을 정착시켰다고 비난한다. 칭의와 견인의 교리를 부인한다.[70] 마침내 "예수를 믿고 입으로 고백하면 구원받는다는 것은 본래 이단 사설이며", 이러한 "이단사상이 이제는 교회 안에 깊숙이 뿌리내리고 들어와 가지고 거짓선지자들의 입술을 통해서 번지고"("거짓선지자들을 삼가라" 2006년 5월 26일 설교)[71]며, 주의 진리 대적하고 있다고 과감한 주장을 하였다.

'오직 믿음'이니 '은혜로 받는 구원'이니 하면서 사실은 자기들이 사용하는 단어들의 의미조차 제대로 모르면서 주의 진리를 대적합니다.[72]

---

66 변승우, 『지옥에 가는 크리스챤들』, 35.
67 변승우, 『지옥에 가는 크리스챤들』, 머리말.
68 변승우, 『지옥에 가는 크리스챤들』, 177.
69 변승우, 『주 달려 죽은 십자가』 (서울: 큰믿음출판사, 2007), 65.
70 전정희, "큰믿음교회(변승우 목사)에 '성형'의 기름부음이?", 「교회와신앙」 2012.5.3.
71 전정희, "바리새주의 정통교회가 가장 사악한 이단", 「교회와신앙」 2008.10.28.
72 변승우, 『아무도 너희를 미혹하지 못하게 하라』 (서울: 큰믿음출판사, 2005), 87-88.

5) 변승우는 "너희 의가 서기관과 바리새인보다 낫지 못하면 결단코 천국에 들어가지 못하리라"(마 5:20)는 말씀과 "나더러 주여 주여 하는 자마다 다 천국에 들어갈 것이 아니요 다만 하늘에 계신 내 아버지의 뜻대로 행하는 자라야 들어가리라"(마 7:21)는 말씀처럼 "우리 안에 의가 없으면 하나님 앞에서 의롭다함을 얻을 수 없다"고 가르친다.[73]

마치 십자가를 신뢰하기만 하면 죄에서 돌아서는 회개나 행함이 따르는 참 믿음이나 예수님 안에서 선한 일을 위하여 새로 지음 받는 거듭남이 없이도 죄 용서받고 천국에 갈 수 있는 양 가르치고, 자신들만이 정통인 것처럼 착각하고 있는 사람들이 많습니다.[74]

이상에서 길게 분석한 변승우의 구원론은 다음과 같이 요약할 수 있다.

(1) 일반교회가 말하는 믿음은 거짓 믿음이다.
(2) 믿음으로 구원을 받는다는 자체가 잘못된 가르침이다.
(3) 믿음과 회개를 분리시켜, 회개로 구원을 받는다고 주장한다.
(4) 그가 말하는 '행함'이란 결국 회개와 율법의 지킴, 순종 등 사람의 의지적인 것을 가리킨다.
(5) 종교개혁자들의 이신칭의라는 교리 자체를 근본적으로 부정하고 있다.

앞에서 언급한 것처럼 큰믿음교회의 사이트에는 "참된 회개와 진리

---

73 변승우, 『지옥에 가는 크리스챤들』, 166.
74 변승우, 『주 달려 죽은 십자가』, 59.

로 나가도록 부름을 받은 교회"라고 명시하고 있다. "하나님께로 돌아가서 회개에 합당한 일을 행하라"(행 26:20)는 말씀에 따라 '진정한 회개'를 위해 '상한 심령'(시 51:17)으로부터 나오는 '통곡기도'를 하는 것이라고 한다. '자아를 죽이고'(마 10:23), '주님의 진정한 신부로서 주님과 동행'(고후 11:2)하도록 중보기도학교를 운영한다.

큰믿음교회는 매주 월요일과 목요일 철야기도회(저녁 9시부터 새벽 5시)에는 1,000여 명이 모여 주님의 얼굴을 구하며, 가족과 나라와 민족 그리고 세계 열방을 위해 주님과 함께 울며 중보하는 시간을 가진다고 한다.

변승우의 주장과 큰믿음교회의 활동에 대해 예장 합동 측의 이단사이비피해대책조사 연구위원회는 보고서(2009)를 통해 다음과 같이 비판하였다.

(변승우 목사는) 오직 믿음으로만 구원받는다는 성경적인 신앙을 인정하는 것처럼 보이지만 그 믿음이 선행을 수반하지 않는다면 구원받을 수 없다. … 변승우 씨의 주장은 오직 믿음으로 구원받는 성경적 구원관을 따르는 것이 아니라 알미니안주의 혹은 신율법주의를 따르고 있다고 볼 수 있다.[75]

예장 통합 총회(2009) 역시 변승우의 구원론적 주장에 대해 "절대 용납할 수 없는 구원론"으로서 구원론적 이단으로 규정하였다.

이렇게 변 씨는 예수 그리스도를 믿는 믿음 이외에도 회개와 선한 일을

---

[75] "합동측 '변승우 목사 주장은 신율법주의' … 참석금지 규정", 「교회와신앙」 2009.9.25.

행해야 한다고 하며, 구원받은 사람도 헌신하는 생활을 해야 한다고 강조함으로 성령의 선물로 인한 믿음으로 얻는 구원을 반대하고 행위와 공덕에 의한 구원을 강조한다. 이러한 구원관은 성경적 구원관이나 우리 개혁교회의 구원관과 정면으로 배치되는 것으로, 본 교단은 절대로 용납할 수 없는 위험한 구원론이다.76

온전한 구원은 회개하고 주 예수 그리스도를 구주로 믿고 의지하고 본받으며, 성령의 감화로 거룩하게 하심과 영원한 영광을 믿는 것이다(예장 통합 신조 9). 따라서 예수의 가르침을 개념적으로 요약하면 "나를 믿으라"(칭의), "나를 따르라"(성화), "나를 기다려라"(영화)는 것이다. 그러므로 온전한 구원은 과거에 이미 '마음으로 믿어 얻은'(롬 10:9) 구원(칭의), 현재 '두렵고 떨리는 마음으로 이루어야 할'(빌 2:12) 구원(성화) 그리고 "현재의 고난과 족히 비교할 수 없는 장차 우리에게 나타날 영광"(롬 8:18)을 '소망 중에 기다리는'(롬 13:11) 영원한 구원(영화)이라는 세 차원으로 되어 있다.

구원의 세 요소인 칭의(稱義), 성화(聖化), 영화(榮化) 중 어느 하나를 극단적으로 주장하고 다른 것을 배제하는 것도 구원론의 왜곡이며 구원론적 이단이다.77

---

76 대한예수교장로회총회 외 편, 『종합 이단 · 사이비연구보고집』. 312.
77 허호익, "구원론의 통전적 이해", 『현대 조직신학의 이해』(서울: 대한기독교서회, 2003), 347-348.

III. 무분별한 예언사역과 치유사역의 문제점

1. 예언사역과 예언전도학교

변승우는 사도행전 2장의 오순절 성령강림 사건이 요엘 선지자의 예언(욜 2:28-32)을 문자적으로 해석하여 단지 부분적으로만 이룬 것이라 주장한다. 실제로 '만민에게' 성령이 물 붓듯이 부어지는 날, 즉 오순절을 능가하는 더 큰 성령의 부어주심이 교회사의 마지막에 있게 될 것이라는 것이다.

요엘의 예언은 이중적입니다. 요엘의 예언은 오순절에 이루어졌습니다. 그러나 그 날 부분적으로만 이루어졌습니다. 그 증거로 요엘은 만민에게 성령을 부어주실 것이라고 했는데 그날에는 단지 15개국 사람들에게만 성령이 부어졌습니다. 따라서 앞으로 실제로 만민에게 성령이 부어질 날이 올 것입니다. 즉 오순절을 능가하는 더 큰 성령의 부어주심이 있게 될 것입니다. 그러면 그 날은 언제일까요? 그 날은 교회사의 중간이 아니라 마지막에 있게 될 것입니다.[78]

변승우는 "그날이 전 세계적으로 다가오고 있고, 우리 큰믿음교회에 다가오고 있다"고 주장한다. 그 증거로 '표적과 기사와 이적'이 큰믿음교회를 통해 나타날 것이라 하였다.

---

78 변승우, 『대부흥이 오고 있다』, 240-241.

하나님이 행하실 그 다음 단계는 바로 표적과 기사와 이적입니다. 우리는 이미 치유의 기적이 점점 더 증가하는 것을 보고 있습니다. 그러므로 우리는 실로 주의 권능의 날이 우리 교회에 심히 가까이 와 있음을 깨달아야 합니다.[79]

서울큰믿음교회의 경우 전교인 중 50% 전후가 청년인 것에 대해 청년들을 불어 모으시는 까닭도 '주의 권능의 날' 즉 '대 부흥과 대 추수의 때'가 도래하고 있기 때문이라고 아전인수격으로 해석한다.[80] 그리고 하나님께서 큰 새 일을 행하실 때가 도래했는데 낡은 가죽부대와 같은 마음을 가지고, "예언을 멸시하고 성령을 소멸하고 심지어는 성령을 훼방"하는 것은 무서운 죄를 짓는 것이라고 경고한다.[81]

이런 까닭으로 변승우는 요엘이 예언한 꿈, 환상, 예언, 입신 등 종말론적이고 성령론적인 은사로 여기고 이와 관련된 사역에 집중하는 목회를 과감하게 펼치고 있다.

현재 요엘이 예언한대로 꿈과 환상과 예언이 전 세계적으로 급증하고 있습니다(욜 2:28). 저는 입신 역시 이와 같은 추세로 급증할 것이라 믿습니다. 우리는 꿈과 환상과 예언의 증가와 더불어 반드시 입신의 증가를 보게 될 것입니다. 이미 우리는 밥 존스, 하이디 베이커, 릭 조이너, 타드 벤트리, 샨 볼츠의 사역에서 그것을 보고 있으며, 서울과 울산의 큰믿음교회에서도 그 일이 일어나고 있습니다.[82]

---

79 변승우, 『대부흥이 오고 있다』, 242-243.
80 변승우, 『대부흥이 오고 있다』, 253.
81 변승우, 『대부흥이 오고 있다』, 288.

변승우는『특별히 예언을 하려고 하라』는 책에서 꿈, 방언, 예언, 쓰러지는 현상, 입신에 관한 자신의 견해를 자세히 서술하고 있다.

1) 꿈 역시 예언의 유형 중 하나이며, 하나님은 꿈을 통해 우리에게 영감을 불어 넣고, 꿈을 통해 개인뿐 아니라 나라 전체를 바꾸어 놓을 수 있다고 한다. 그러므로 꿈은 영혼 구원을 위한 강력한 도구라 주장한다.[83]

2) 방언의 은사를 받아야 하는 이유에 대해서 방언은 죄를 고백하는 데 유익하고, 오랫동안 기도할 수 있고, 기도를 순결하게 하고, 영감을 받고 하나님의 인도를 받는 데 유용하며, 개인의 덕을 세우고, 최상의 찬양의 도구이며, 영적 육적 활력소가 되고, 중보기도에 유용하며 그리고 때로는 방언을 통해 우리를 극적으로 보호하며, 종종 영혼을 구원하는 극적인 계기를 마련해 주기 때문에 유익하다고 한다.[84]

3) 예언은 끝나지 않았고 오히려 더 빈번해지며, 예언이 중요하니 멸시하지 말아야 하며, 예언을 무분별하게 받아들이지 말고 예언의 내용이 성경적인지, 예언하는 자가 성령의 열매를 맺고 있는지, 예언의 내용이 소망을 주는지, 예언을 들을 때 심령에 와 닿는 지를 잘 분별하라 한다. 예언이 땅에 떨어지지 않고 이루어지게 하려면, 하나님을 경외하고 그 말씀에 순종하며, 예언을 기도의 제목으로 삼고 기도하고, 예언을 무기로 삼아 믿음의 싸움을 싸워야 한다고 권고한다.[85]

4) 쓰러지는 현상의 성경적인 이유를 "사울이 옷을 벗고 사무엘 앞에

82 변승우, 『특별히 예언을 하려고 하라』, 297-298.
83 변승우, 『특별히 예언을 하려고 하라』, 26-46.
84 변승우, 『특별히 예언을 하려고 하라』, 84-102.
85 변승우, 『특별히 예언을 하려고 하라』, 137-209.

서 예언을 하며 종일 종야에 벌거벗은 몸으로 누웠다"(삼상 19:23- 24)
는 구절과 사울이 다메섹으로 가는 길에 홀연히 하늘로서 빛이 저를
둘러 비추었을 때 "땅에 엎드려져" 하늘로 부터 "사울아 사울아 네가
어찌하여 나를 핍박하느냐"(행 9:3-4)는 예수의 음성을 들을 것을 근거
로 성경에서도 '눕고 쓰러지는 영적 현상'을 확인할 수 있다고 한다.[86]
이러한 쓰러짐은 회심, 관심 유발, 질병의 치유, 귀신으로부터 해방,
하나님의 임재에 잠김, 성령의 계시 그리고 입신에 이르게 하는 데에
유용하다고 주장한다.[87]

그러나 다윗이 눕고 바울이 쓰러진 단순한 행위를 마치 신비한 영적
현상인 것처럼 과장하는 것이라는 비판을 면할 수 없다.

5) 변승우는 환상과 입신을 구별한다. 성령의 감동을 받아 내 영이
몸을 떠나서 몸에서 빠져나오면 입신이고, 영이 몸 안에 있는 상태에서
무엇을 본다면 환상이라는 것이다. 영이 몸 안에 있으면서 천국과 지옥
을 본다면 환상이고, 반면에 "영이 분명히 몸에서 빠져나왔다면 설사
천국이나 지옥을 보지 않았더라도 그것은 입신"이라 한다.[88]

입신을 통해 예수를 직접 만나 교제할 수 있으며, 앞서간 성도들과
만나 교제할 수 있으며, 성경의 진리에 대한 큰 이해력을 얻을 수 있으
며, 미래에 대한 놀라운 계시를 받을 수 있으며, 위에 것을 찾는 자로
변화될 수 있다고 주장한다.[89]

---

86 변승우, 『특별히 예언을 하려고 하라』, 224-225.
87 변승우, 『특별히 예언을 하려고 하라』, 254-268.
88 변승우, 『특별히 예언을 하려고 하라』, 301-302.; 정정희, "특별 은총 '입신'으로 천국·
   지옥 체험", 「교회와신앙」 2008.11.25.
89 변승우, 『특별히 예언을 하려고 하라』, 309-328.

한 녹취록에 의하며 변승우는 꿈, 환상, 예언, 입신, 쓰러짐 외에도 "'비명을 지르는 것', '몸을 심하게 떠는 것', '거룩한 웃음', '기침', '구역질' 같은 현상들이 성령께서 교회 안에서 일어나게 하시는 일들"이라 주장한 것을 확인할 수 있다.[90]

우리말 성경(개역한글, 개역개정, 표준새번역)에는 '입신'이라는 단어가 등장하지 않는다. 종교학적으로는 의식이 전체 또는 부분적으로 정지되고, 자아가 신적 존재에 의해 인도되며 지배받는 샤만의 엑스타시 현상을, 접신(接神) 상태에 익숙한 한국 기독교인들이 기독교적인 개념으로 수용하여 성령에 사로잡힌 상태를 설명하는 용어로 사용해 온 것으로 보인다.

6) 큰믿음교회는 특이하게 예언전도학교와 예언사역자 훈련학교를 중심으로 예언 사역을 집중적으로 시행하고 예언의 은사를 받을 사람들을 선발하여 이들에게 효과적으로 예언 사역을 교육하는 예외적인 특징을 가지고 있다.

"모든 사람이 예언을 할 수 있다"(고전 14:3-5)는 믿음을 강조하는 큰믿음교회에서는 300여 명의 예언 사역자들이 선지자학교에서 매주 화요일 2시와 주일 8시에 예언 사역을 통해 성도들을 세우고, 위로하고, 권면한다고 한다. 예언 사역을 받기 원하시는 분들은 선착순으로 안내위원들로부터 번호표를 수령하여 사역을 받아야 한다.[91]

실제로 2008년 1월 1일의 예언집회 참석 보도에 따르면 예언사역자 10여 명이 회중들 사이를 오가다가 손가락으로 특정 사람을 가리키며

---

90 전정희, "새로운 계시의 일부는 초성경적인 것", 「교회와신앙」 2008.11.13.
91 http://www.gfctv.org/ko/ministries.php(2016.2.3.).

공개 예언하기를 "성도님에게서 하나님을 향한 강한 열망이 뿜어져 나오는 것이 보입니다"라든가, "성도님께서 하나님의 성품에 대해서 더 많이 깨닫게 되는 것을 보여주십니다" 등과 같은 내용의 예언을 했다고 한다. 약 30분간 10여 명의 신도들에게 공개 예언을 진행한 후, 3부 개인 예언 시간을 진행되었다. 예언 사역자 72명이 동원되어 2인 1조(36개 예언팀)를 이루고 약 3시간 동안 900여 명의 신도들에게 일대일로 1인당 약 3분에서 5분 정도의 개인 예언을 쏟아내었다고 한다.

참석한 기자에게는 "직장에서나 어디에서 주변에 있는 분들 때문에 마음이 힘들어하는 부분이 감지됩니다. 주님 앞에 온전히 다 내려놓을 때 주님께서 평강을 주시는 것을 알게 하십니다"는 개인 예언을 하였단다. 직장인이라면 누구나 겪는 평범한 일에 대한 것을 무슨 하나님의 특별한 예언인 것처럼 전해 준 것이다. 그리고 홍보영상을 통해 "선지자학교에서는 누구에게나 '예언 훈련'을 통해 정확한 주님의 음성을 꿈과 환상으로 보고 해석하는 방법을 가르친다"고 알렸다고 한다.[92]

큰믿음교회는 예언의 은사를 받은 사람들을 훈련하기 위해 예언사역 훈련학교를 통해 매주 목요일 오후 2시와 8시에 예언 훈련을 시행한다. 예언에 대한 성경적 기초를 다지는 동시에 연습과 훈련을 통하여 예언 은사를 발전시켜나갈 수 있도록 돕고 있다. 예언 사역팀원들에 한하여만 훈련 시간을 개방하고 있다.

변승우의 이러한 예언사역에 대하여 예장 통합 총회(2009)는 '신비주의적 사역'으로 규정하고 그 문제점을 다음과 같이 비판하였다.

---

92 전정희, "주님 음성 해석법 가르친다는 '예언훈련'", 「교회와신앙」 2008.1.11.

변승우는 『특별히 예언을 하려고 하라』는 등의 저서와 설교들 통하여 천국을 갔다 온 입신의 경험, 개인의 미래에 대한 예언, 방언, 쓰러지는 현상 등 신비주의 형태의 목회를 활발히 펼치고 있다. 그의 저서에는 천국을 갔다 온 사람들의 간증이 많이 실려 있다(가령, 『정통의 탈을 쓴 짝퉁 기독교』 pp. 223-289를 보라). 그는 집회 시간에 방언을 훈련시키고 있으며, 〈큰믿음교회〉 내에는 예언 사역 팀, 방언 통변 팀, 신유 축사 팀 등 신비주의를 조장하는 목회가 큰 비중을 차지하고 있다. 그가 지난 2009년 7월 23일 150명의 죽은 자를 살렸다는 조세프 과지마의 집회광고 게재 문제로 국민일보, CBS를 비난한 것도 한 예이다.

이러한 변 씨의 신비주의적인 사역은 우리 주님께서 "악하고 음란한 세대가 표적을 구하나 선지자 요나의 표적 밖에는 보일 표적이 없느니라"(마 12:39; 16:4)고 하신 말씀과 배치된다. 또한 본 교단에서 엄히 경계하는 극단적인 신비주의 사역이라는 점에서 마땅히 배척되어야 한다.[93]

큰믿음교회 변승우에 대한 "기독교대한성결교회 이단사이비대책위원회의 연구보고서"(2011)에는 신비한 계시체험에 집중하는 사역은 교인들을 신비주의로 이끄는 그들의 세속적 감정에 영합하는 '영적 타락'의 경향이 있다고 규정하였다.

신비한 계시체험에 집중하여 성령사역의 목회를 하고 있다. 이른바 신사도 개혁운동이라는 맥락에서 은사들을 훈련하는 과정을 두어 성도들을 신비체험으로 이끌고 있다는 사실이 목회의 본질에서 벗어난 일이요, 한편으로

---

93 대한예수교장로회총회 외 편, 『종합 이단·사이비연구보고집』, 312.

극적인 체험을 열망하는 세속적이고 감정주의적인 신자들에게 영합하는 일로서 영적 타락을 심히 염려하지 않을 수 없다.[94]

2. 성형수술 및 신유사역과 중보기도학교

변승우는 『내가 원하는 교회』에서 "제가 꿈꾸어 온 교회는 복음서와 사도행전에 기록되어 있는 것처럼 강력한 치유와 기적이 일어나는 교회"라 밝히고 "성형외과가 대세인 요즘 주님이 성형의 기적들을 시작하셨다"라 주장한다.

교계신문 뿐만 아니라 「조선일보」를 비롯한 여러 일간지에 "큰믿음 교회로 각종 중환자들을 데려오십시오! 지금 엄청난 치유의 기적들이 계속해서 일어나고 있습니다"[95]라고 광고하였다.

여러 치유의 기적과 함께 요즘 성형의 기적들이 지속적으로 일어나고 있습니다. 콧대가 높아지고, 큰 코가 작아지고, 삐뚤어진 코가 제자리로 돌아왔습니다. 튀어나온 광대뼈가 들어가고, 초자연적으로 즉각 쌍꺼풀이 생겨났습니다. 목이나 얼굴의 잔주름이 사라지고, V라인 턱 선이 되고, 흉터와 수술 자국이 사라졌습니다. 턱살이 빠지고 뱃살들이 순식간에 사라졌습니다. 팔자걸음이 고쳐지고, 오다리가 일자다리가 되고, 굽은 등들이 펴졌습니다. 흰머리가 검은 머리로 변하고……[96]

94 정윤석, "변승우 목사에 대한 기성측 연구 보고서", 「교회와신앙」 2011.3.8.
95 「조선일보」 2011.10.12.
96 전정희, "큰믿음교회(변승우 목사)에 '성형'의 기름부음이?", 「교회와신앙」 2012.5.3.

변 목사는 2011년 9월 23일에 410건이 넘는 성형 기적이 일어났고, 9월 21일에는 아주 짧은 30분간의 팀별 치유훈련시간에 206건의 성형 기적이 일어났다고 주장한다. 더구나 이런 기적들은 소수에게만 일어나는 게 아니라 참석자의 70~90%에게 일어나고 있으며, 때로는 참석자 수보다 더 많은 건의 치유가 일어난다고도 한다.[97]

큰믿음교회는 이러한 치유 사역을 효과적으로 수행하기 위해 중보기도학교를 운영한다. 중보기도학교는 매주 평일 아침(오전 10:30부터 오후 1시)에 변승우의 즉흥설교로 진실된 회개로 이끌고 있으며, 집중적으로 신유 사역을 펼치고 있다. 그리고 매주 수요일 오후 2시와 선지자학교 사역 시간(화요일 오후 2시, 주일 오후 8시)에 신유 사역을 받기 원하는 분들은 사전에 예약문의를 통해 가능한 시간에 사역을 받게 한다. 신유 사역을 받기 원하는 분들은 역시 안내위원으로부터 번호표를 받아야 한다.

매주 월요일과 목요일 철야기도회(저녁 9시부터 새벽 5시)에는 1,000여 명이 모여 중보하는 시간을 가지고 있다. 또한 매주 평일 아침(오전 10:30부터 오후 1시)에는 변승우가 특별히 원고 없이 성령의 감동하심을 받아 전하는 즉흥설교와 중보 기도로 진실된 회개로 이끌고 있다고 한다.[98] 중보기도학교에서 중점을 두고 있는 것은 "진정한 회개와 상한 심령으로부터 나오는 통곡과 자아의 죽음 그리고 주님의 진정한 신부로서 주님과 동행하기"라고 한다.

---

97 전정희, "큰믿음교회(변승우 목사)에 '성형'의 기름부음이?"
98 http://www.gfctv.org/ko/ministries2.php(2016.2.3.).

IV. '사랑하는교회'로 개명한 큰믿음교회의 이단성

앞서 언급한 것처럼 2015년 11월 6일 SBS 저녁 8시 뉴스에서 강남의 한 대형 마트에서 여성의 신체를 몰래 찍다가 경찰에 체포된 남자가 큰믿음교회의 부목사인 것으로 드러났다고 보도하였다. 이 사건으로 물의를 일으키자 이미지 실추에 부담을 느낀 것인지, 송파구 위례성길에 위치한 '큰믿음교회'라는 명칭을 2015년 12월 29일 현재 '사랑하는교회'로 전격 변경하였다. 교회 간판과 주보와 교회가 운영하던 카페 이름도 모두 '사랑하는교회'라는 이름으로 바꿨다.

포털사이트 다음(Daum)에 있는 '큰믿음교회측 카페'도 사랑하는교회로 명칭을 교체했다. 그러나 명칭을 바꾼 이유에 대한 공지는 되지 않았다. "큰믿음교회 부목사라는 사람이 몰카 사건으로 이미지가 실추돼 이름을 바꾼 것 같다"는 지적과 "이름 세탁을 통해 이단성을 감추려는 것으로 보인다"는 지적이 있었다고 한다.99

예장통합 총회(2009)는 '큰믿음교회'를 이단으로 규정하는 이유를 다음과 같이 제시하였다.

변승우씨는 기성 교회를 심하게 비판하여 교인들을 자신의 교회로 인도하는 부도덕한 목회행위, 직통 계시에 근거하여 성경의 권위를 훼손시키는 잘못된 성경관과 계시론, 하나님의 은혜로 인한 믿음으로 구원을 얻는 정통 구원관과 다른 구원론, 입신, 예언, 방언 등 극단적인 신비주의 신앙 형태 등을 갖고 있는 비성경적 기독교 이단이다. 따라서 본 교단 교인들은 변

---

99 정윤석, "큰믿음교회, 사랑하는교회로 명칭 변경", 「기독교포탈」 2015.12.30.

씨의 집회에 참석을 엄히 금하는 것은 물론 그가 운영하는 인터넷 동영상이
나 카페에 참여하지도 말아야 할 것이다.100

이를 전후하여 큰믿음교회(현 사랑하는교회)는 약 8개 교단에서 이단
등으로 규정됐다.101

■ 변승우 큰믿음교회 집단의 이단성에 대한 교단별 결정102

교단	년도/회기	이단(구원론, 입신, 예언, 방언 등 극단적인 신비주의의 신앙형태)
예장 통합	2009/94	이단(구원론, 입신, 예언, 방언 등 극단적인 신비주의의 신앙형태)
예장 고신	2008/58	주의(불건전)
	2009/59	참여금지(구원관, 계시관, 신사도 운동 추구, 다림줄, 신학 및 교리 경시, 한국교회 폄하)
기성	2011/66	참여 교류 금지(성서해석 오유, 비성서적)
예장 합동	2009/94	집회참석금지(알마니안주의 혹은 신비주의)
예장 백석	2009/94	제명처리, 출교, 주의, 경계, 집회 참여금지(계시관, 상경관, 구원관, 교회관)
예장 백석	2008/31	이단(1595년 결정 재확인 및 영입거부)
예장 합신	2009/94	이단성, 참여 교류 금지(구원론, 직통 계시, 기성교회 비판)
예성	2012/91	이단(구원관 변질, 개인체험에 의한 성경해석, 급진적 신비주의 추구)
기감	2014/31	예의 주시

100 대한예수교장로회총회 외 편, 『종합 이단·사이비연구보고집』 (서울: 한국장로교출판
    사, 2011), 313.
101 백상현, "이단 교회 '간판 바꿔달기' 조심!… '큰믿음교회' 최근 '사랑하는교회'로 명칭
    변경", 「국민일보」 2016.1.5.
102 "한국교회 교단 결의 내용", 「현대종교」 (www.hdjongkyo.co.kr).

제11장

[
류광수의
다락방 집단의 교리와
전도전략
]

I. 류광수 다락방(세계복음화전도총회)의 연혁

류광수는 1951년 10월 13일 경남 밀양군 상남면에서 태어났다.[1] 부산 동구 수정동에 소재한 예장통합 일신교회(박지덕 목사)에 출석하다가 1975년 합동신학교에 입학한 후 부산 지역 여러 교회에서 전도사로 사역하면서 여러 신학교를 전전하였다. 1984년 3월 총신대 신학대학원 연구과 3학년에 편입하여 1985년 2월 78회로 졸업하였다.[2]

1986년 예장 합동 총회에서 안수를 받고, 부산동성교회에서 부목사로 시무하던 중 1987년 8월 2일 부산 동삼제일교회 부임한다. 이때부터 본격적으로 다락방전도운동을 전개하였고 1991년 10월 '다락방 전도훈련원'을 세워 원장직을 겸하였다.[3]

류광수는 사도행전(1:13-14)에 근거하여 '다락방 전도'는 예수께서 친히 제자들을 중심으로 마가 요한의 다락방에서 시작하신 순수한 복음운동이었고 기도모임이며, 예수께서는 마귀를 멸하려고 오셨으므로, 이 예수를 영접하면 마귀를 결박하고 천사를 동원하는 권세를 얻게 된다고 가르쳐 물의를 일으켰다.[4] 1991년 11월 26일 예장합동 부산노회 제133차 1회 임시노회는 류광수가 김기동의 귀신론의 영향을 받았다는 점과 1987년에 음주운전을 하다 사고를 내고 도주한 혐의로 구속되어 유죄 판결을 받은 것"을 이유로 목사 면직을 처분하였다.[5]

---

1 현대종교 편집국 편, 『이단 바로 알기』(서울: 현대종교사, 2011), 38-39.

2 박용규, "류광수 다락방 운동비판", 『신학지남』 282호(2005), 66.

3 "예장 합동총회, 류광수 씨의 다락방 전도운동에 대한 연구보고서", 「교회와신앙」(인터넷판) 1996.11.1.

4 다락방전도훈련원, 『다락방 전도란 무엇인가?』, 14; "예장 합동총회, 류광수 씨의 다락방 전도운동에 대한 연구보고서", 「교회와신앙」(인터넷판) 1996.11.1.

부산을 중심으로 예장 고신 측 교회 다수가 다락방 운동에 참여하자 1995년 예장 고신 총회(45회)는 류광수의 다락방 전도운동을 비개혁주의요 비복음주의인 이단 사이비로 규정하였다.6 그 후 예장 합동, 고신, 통합, 감리교, 성결교, 침례교 등을 비롯하여 한국 내 주요 교단들로부터 이단으로 규정되었다.

그럼에도 불구하고 류광수는 1997년 다락방 전도협회를 '세계복음화 전도총회'7로 확대 개편하고, 그해 7월에 제1회 세계 램넌트 대회와 제1회 세계산업인 선교대회를 개최하는 등 해외 포교 활동에 박차를 가하였다.

한국교회 전체가 다락방 운동의 이단성을 경계하자 류광수는 공청회를 요청하고 「한국교회 앞에 고백 드리는 글」(1998.8.27)을 통해 "잘못된 점은 고치고 오해되었던 부분은 풀어나가도록 노력할 것"이라 하였다. 그러나 여전히 기본적인 교리를 반복하고 있다. 그리고 '전도훈련'만 하지 절대 교단을 만들지 않겠다고 했지만 버젓이 '예장 전도 총회'라는 교단을 만들고 그 활동을 더욱 확대하여 왔다.

2005년 5월 31일에는 램넌트 공동체 훈련장(RUTC, Remnant Unity Training Center) 건립추진 위원회가 발족되어 국내 1만 선교회원, 전 세계 100만 선교회원 확보를 목표로 제시하였다.

2007년 11월 30일에는 원니스미션클럽(OMC, oneness mission

---

5 「기독신보」, 1991.12.21.

6 "예장고신 총회 류광수 씨와 다락방 전도학교 보고서", 「교회와신앙」(인터넷판) 1995. 11.01.

7 대한예수교장로회(전도총회)는 1997년 9월 10일에 설립되었다. "성경 말씀에 입각하여 전도하는 총회"가 설립 목적이며 전도, 세계복음화가 주요 활동이다.

club)을 통해 일치단결과 인력 양성을 위한 렘넌트 장학사업을 시작하였다.[8] 12월 17일에는 RUTC 방송국이 개국하였다. 교육기관으로는 렘넌트신학교가 있으며 기관지로는 세계복음화신문이 있다. 협력 기관에는 세계복음화전도협회, 다락넷, 세계선교총국, 세계렘넌트총국, 인터넷총국 등이 있다.

대한 예수교 장로회(전도총회) www.pcea.or.kr
세계 선교 총국 www.mission.darak.net
다락넷 www.darak.net
총회신학교 www.gats.darak.net
세계복음화 신문 www.darakwen.net
RUTC 방송국 www.rutc.tv

II. 류광수 다락방 집단의 주요 교리

1. 기독론의 왜곡과 사탄배상설의 문제

류광수는 하나님이 두 가지 일을 해결하기 위해 예수를 보냈다고 주장한다. 하나는 요일서 3장 8절에 기록된 것처럼 '하나님의 아들이 나타나신 것은 마귀의 일을 멸하려 하심'이다. 다른 하나는 '예수 그리스도의 십자가의 죽으심은 우리 실패의 대가를 사탄에게 갚는 것'이라 했다.

---

8 http://www.iomc.kr/omc.

요일 3:8에 예수님께서도 마귀의 일을 멸하러 오셨다고 했다. 그렇다면 마귀의 일이 무엇인가? 창세기 3장 사건이다. 인간이 하나님 모르도록 해서 죽게 하는 것이다. 그것을 멸하러 오셨다. 예수님이 그 일을 또한 우리에게 맡기셨다. 그래서 마귀의 일을 멸하게 하는 것이 복음 전파이다. 롬 10:13에 "누구든지 주의 이름을 부르는 자는 구원을 얻으리라" 예수 이름을 부르면 사탄의 권세는 깨진다.[9]

창세기 3장의 선악과 사건 때문에 생긴 아담과 하와의 타락의 원인은 사탄의 유혹 때문이며, 타락 이후 인류는 사탄의 종이 되어 그의 영향 아래에서 헤어 나오지 못할 운명 속에 살고 있다. 사탄은 각종 사고나 질병, 실패 등 모든 문제를 발생하게 하는데 예수께서 사탄을 멸하기 위해 이 세상에 오셔서 사탄의 권세를 꺾고 인생의 모든 문제의 원인을 해결하였다는 것을 믿는 것이 바로 예수를 그리스도로 믿고 영접하는 것이라 한다.

요한일서 3장 8절의 "하나님의 아들이 오신 것은 마귀의 일을 멸하려 심"이라는 내용을 극단적으로 강조하여 전통적인 그리스도의 삼직무론인 선지자, 제사장, 왕의 직무를 전적으로 마귀박멸론으로 해석한다.

뱀 곧 사탄의 머리를 완전히 깨뜨리신 주인공이 여자의 후손 곧 예수 그리스도이십니다. 예수님은 인생 근본 문제의 완전한 해결자이신 그리스도로 오셨습니다. 예수님은 하나님을 만나는 길을 여신 참 선지자이시며, 사탄의 세력을 완전히 멸하신 참 왕이시며, 죄에서 완전히 해방하신 참 제사장

9 류광수, 「현장복음」, 42과 "깨어 있을 이유."

이십니다.[10]

예수 그리스도가 이 땅에 오신 궁극적인 목적은 자기 백성을 죄에서 구원하시기 위함이다. 이를 위해 예수께서는 공생애를 통해 회당 등에서 가르치시고(teaching), 천국 복음을 전파하시고(preaching), 병자와 약자를 치유(healing)하셨다(마 4:23). 그리고 예수는 하나님의 영으로 기름부음 받은 메시아 즉 그리스도로서 구약의 기름부음을 받은 자인 제사장직, 예언자직, 왕직을 통합하고 완성하였다.

칼빈에 의하면 예수 그리스도로서 수행한 구원 사역은 복음을 선포하고 율법을 새롭게 해석하여 가르치신 예언자직이요, 영원한 통치 영적 통치를 선포하고 실현하신 왕직이며, 하나님의 공의를 충족시키기 위한 제물이 대신 제사장직이라 하였다.[11] 따라서 마귀의 역사를 파괴하기 위하여(요일 3:8) 오신 예수님을 지나치게 강조하여 성경 66권 전체를 요한일서 3장 8절로 해석하려고 하는 것은 이러한 통전적인 기독론과 그리스도의 삼직무론을 현저하게 축소하고 왜곡한 것이 아닐 수 없다.

예수께서 십자가에서 고난을 받은 것은 사탄에게 우리의 모든 실패의 대가를 갚아버리는 것이라는 류광수의 주장은 고대 기독론에 등장하는 사탄배상설이다. 안셀름과 같은 신학자에 의해 배격된 신화적 속죄론이다. 예수가 인간을 구원하기 위해서 인성이라는 미끼와 신성이라는 낚시 바늘로 사탄을 속였다는 사탄배상설은 속임수에 의해 인류가

---

10 류광수, 『복음편지』, 75.

11 허호익, 『그리스도의 삼직무론』 (서울: 한국장로교출판사, 1999), 64-76.

구원받게 되었다는 결론에 이르게 된다. 사탄배상설은 사탄이 먼저 인류를 속였기 때문에 하나님은 속임수에 대하여 속임수로 대응한 것이라는 옹색한 반론을 제시하였다. 그래서 안셀름은 "속임수에 대해 속임수로 대응한다"라는 사탄배상설의 신학적 문제점을 비판하였다. 그리스도께서 자신을 대속물로 주신 것은 우리의 죄 값을 하나님의 공의에 지불한 것이지 결코 사탄에게 지불한 것이 아니기 때문이다.

무엇보다도 사탄배상설은 예수 그리스도의 구원 사역을 축소 왜곡하고 부활의 의미를 무효화시킨다. 바울은 예수의 십자가의 죽음의 사탄에 대한 배상이 아니라 사탄의 세력 즉 죽음의 세력을 물리치고 예수 그리스도의 승리라고 하였던 것이다. "우리 주 예수 그리스도로 말미암아 승리를 주시는 하나님께 감사한다"(고전 15:57)고 하였다.

루터는 누구보다도 강력하게 사탄배상설을 반대하고 예수 그리스도께서 십자가와 부활을 통해 이루신 사탄에 대한 승리를 강조하였고, 아울렌(G. Aulen)은 이를 『승리자 예수』라는 속죄론으로 전개하였다.[12] 이런 의미에서 박용규는 류광수의 다락방 전도지에는 "십자가와 부활에 대한 강조가 나타나지 않는다"[13]라 비판한 것이다.

예장 통합 총회는 "류광수 씨의 핵심 사상은 구속사를 마귀와의 대결로 보는 잘못된 마귀론에서 비롯되었다"고 하였다. 그리고 "류씨의 위와 같은 가르침이 비록 김기동의 마귀론과 완전히 일치하는 것은 아니며, 또한 류씨의 변명에 의하면 자신도 김씨의 마귀론이 잘못된 것이라 비판 (「지역복음화를 위한 다락방전도전략」, p. 120)"한 것을 지적하였다. 이

---

12 허호익, "구원론의 통전적 이해", 『현대조직신학의 이해』 (서울: 대한기독교서회, 2003), 302-304.

13 박용규, "류광수 다락방전도운동 비판", 100-101.

어서 변승우가 "역술인과 무당들을 전도하는 과정에서 빚어진 것이라고 변명하고 있긴 하지만, 결국 예수가 오신 것이 마귀의 일을 멸하기 위한 것이라는 류씨의 주장은 김기동의 마귀론과 상통한다고 볼 수 있다"라 하였다.14

2. 구원론의 왜곡

1) 재영접설과 신분변화설의 문제점

류광수는 기존 성도들도 예수를 다시 영접해야만 구원과 축복을 받는다는 재영접설을 주장한다. 그는 예수 이름으로 구원받는 5단계, 즉 아는 단계, 믿는 단계, 영접하는 단계, 시인하는 단계, 나타내는 단계로 나누고 예수를 믿는 것과 영접하는 것을 구분한다(『성령이 말씀하시는 전도 기초 훈련』, 63).15 그는 믿는 단계(요 3:16)와 영접하는 단계(요 1:12; 계 3:20)를 구분하고 예수를 알고 믿어도 영접하고 시인하여야 구원을 받는다는 것이다. 그의 주장에 따르면, 예수를 아는 것과 믿는 것과 영접하는 것은 다르므로 예수를 믿고 있는 기존 성도들도 예수를 다시 영접해야 한다.

류광수가 영접을 강조하는 이유는 예수를 영접하는 것은 단순히 예수를 알고 믿는 것이 아니라, 예수의 이름을 부를 때 예수께서 영적으로

---

14 대한예수교장로회 총회 외 편, 『종합 이단·사이비 연구보고집』 (서울: 한국장로교출판사, 2011), 171.

15 "예장 합동총회, 류광수 씨의 다락방 전도운동에 대한 연구보고서", 「교회와신앙」(인터넷 판) 1996.11.1.

우리 안에 들어와 실제로 내주하는 것으로 보기 때문이다.

> '영접'이란 말은 성령께서 우리 속에 내주한다. 그러니까 이 말을 이해해야
> 만 영접이란 말을 이해할 수 있겠습니다. … 하나님이 우리 속에 오셨다.
> 말씀이 육신을 입어 오셨습니다. 그것을 보고 뭐라 말하느냐? 성령의 내주!
> 이것을 이해해야 이해되는 말입니다. 주님이 여러분 속에 오셨다는 그 말이
> 요(류광수, 「기본멧세지」, "영접의 열두 가지 의미", p. 2).[16]

류광수는 "여호와 이름을 부르는 것과 예수 이름을 부르는 것과 차이
가 무엇인가? 그것은 하나님이 우리 속에 들어올 수 있고 없고의 차이
다. 예수님이 우리 속에 들어오는 것을 가리켜 '영접'이라 하는 것이다"
(「현장복음」, '예수의 이름')라고 하였다. 그는 이것이 "영접의 엄청난 비
밀"이며, "예수 그리스도의 모든 비밀"이라 한다.

> 영접, 이 말은 교회에 오도록 성경 공부하면서 예수 영접을 시키는 단순한
> 그 얘기가 아니고, 어마어마한 비밀을 누리는 것입니다. 그 사람이 예수를
> 영접하는 순간에 엄청난 비밀이 이루어지고, '우리가 영접했다' 이 말은
> 우리에게 엄청난 비밀이 이루어지는 것입니다. 축복을 놓치지 말고 누리게
> 되시기를 주의 이름으로 축원합니다. 우리 안에 계신 예수 그리스도의 모든
> 비밀이라고 말씀했습니다. 잘 깨달아야 합니다(류광수, 「기본멧세지」, "영
> 접의 열두 가지 의미").[17]

---

16 "류광수 씨는 지방교회·김기동 베뢰아와 흡사 - 류광수 다락방(예장 전도총회)에 대한
　세이연 연구보고서", 「교회와신앙」 2012.11.23.
17 "류광수 씨는 지방교회·김기동 베뢰아와 흡사 - 류광수 다락방(예장 전도총회)에 대한

류광수는 영접하는 자는 예수와 성령이 내주하는 것이므로 사망에서 생명으로, 마귀의 자녀에서 하나님의 자녀로 호적이 바뀌고 신분이 변한다고 주장한다.

"너희는 너희 아비 마귀에게서 났으니"(롬 8:44), "내가 진실로 진실로 너희에게 이르노니 내 말을 듣고 또 나 보내신 이를 믿는 자는 영생을 얻었고 심판에 이르지 아니 하나니 사망에서 생명으로 옮겼느니라"(요 5:24) 신분이 변합니다. 전에는 마귀의 자녀였으나 하나님의 자녀로 바뀌게 된 것입니다.[18]

류광수는 예수 그리스도를 영접하면 "신분이 바뀌어 흑암의 세력에서 완전히 해방"되고,[19] 예수를 영접할 때 앞으로 받게 될 저주와 재앙, 지옥의 문제에서 완전히 해방된다고 한다.[20] 영접하여 구원을 받는 신자들은 운명, 팔자, 저주, 재앙, 지옥, 사탄의 권세에서 완전히 해방되었으므로 염려와 걱정을 할 필요가 없다. 그러나 예수를 영접하여 마귀의 자녀에서 하나님의 자녀로 신분이 변화했음에도 불구하고 신자들의 삶에는 여전히 많은 문제들로 고통을 당할 수밖에 없는 것이 현실이다. 그래서 그는 "예수를 영접했는데 또다시 그와 같은 어려움이 올 수 있고 어두움의 세력이 꿈에 나타나 협박하기도 하지만, 그때는 예수 이름의 권세를 사용하라"라고 가르친다. "'주 예수 그리스도의 이름으로 명령하노니, 흑암의 권세는 결박을 받고 떠날지어다'라고 하면 하나님께서 분

세이연 연구보고서."

18 류광수, 『복음편지』, 147-148.
19 류광수, 『복음편지』, 37.
20 류광수, 『생명없는 종교 생활에서 벗어나라』 (서울: 도서출판 생명, 2011), 37.

명히 증거를 주신다"[21]는 것이다.

류광수에 의하면 예수를 영접한 이후 기도를 하게 되면 보이지 않는 하나님의 놀라운 역사가 일어나서 우리 속에 성령이 내주하고 성령이 역사하게 되면 악령은 떠나게 된다. 그리고 우리는 하나님의 자녀로 신분이 변하고 하나님의 자녀가 하나님의 권세로 기도하면 사탄의 모든 역사를 물리칠 수 있고 '전도의 문' 마저 열리게 된다.[22] 류광수의 주장에서 추론하면 전도하지 않는 것은 영접하지 못한 증거가 되는 것이다.

이런 배경에서 류광수는 성경의 진리 두 가지는 "예수를 영접하는 것과 예수의 능력을 누리는 것, 이 두 가지"라 하였다. 이 두 가지만 발견해내면 신앙생활의 전부 다 발견하는 것이다. 다시 말하면 영접하는 자는 성령이 내주하여 하나님의 자녀로서 신분이 변하게 되었으니 자녀의 권세를 누려야 한다는 주장이다.

실제로 누려야 한다. 성경 공부하다가 예수님에 대하여 다 배웠는데, 중요한 것은 예수님으로 말미암아 믿는 자에게 누려지는 것이 있어야 한다. 어떻게 누리느냐? 그것을 배워야 한다. 이 누리는 것이 너무너무 안 되어가지고, 5년 믿어도 그대로요, 10년 믿어도 그대로이다. 어떤 면에서는 오래 믿을수록 더 골치 아프다. 문제는 자라지 않는 것이다(「현장복음」, 27과 그리스도의 은혜를 누리자).[23]

21 류광수, 『복음편지』, 81.
22 류광수, 『복음편지』, 78-80.
23 "류광수 씨는 지방교회 · 김기동 베뢰아와 흡사 - 류광수 다락방(예장 전도총회)에 대한 세이연 연구보고서."

류광수는 구원받은 자가 누리는 축복 첫 번째로 "원죄, 자범죄, 조상의 죄"라는 "재앙과 보응의 죄"에서 해방되고, 둘째로 "세상의 짐과 사단의 권세에서 즉시 해방"되고(엡 2:2), 세 번째로 "지옥의 권세에서 영원히 해방"되는 것(엡 2:6)이라고 한다.

> 단순히 교회만 다닌다고 구원을 받는 것이 아닙니다. 예수님을 구주로 마음속에 영접하는 순간 인생의 근본 문제가 해결됩니다(요 1:12). 원죄를 비롯한 모든 죄의 문제가 예수를 믿음으로 해결됩니다(창 3:1-14). 사단의 세력을 멸하신 예수 그리스도를 영접함으로써 사단의 권세에서 완전히 해방됩니다(요일 3:8). 죽음, 심판 지옥의 문제에서 완전히 해방됩니다(히 9:27; 계 14:9-1). 구원받으면 어떻게 될까요? 과거, 현재, 미래의 문제가 완전히 해결됩니다(요 5:24). 과거, 현재, 미래의 모든 문제를 예수님께서 십자가에서 완전히 해결하셨기 때문입니다(류광수, 「현장복음메시지」 1, "그리스도인의 확신", pp. 271-272).[24]

류광수의 재영접론과 신분변화론은 심각한 신학적 오류를 내포하고 있다. 우선 예수를 믿는 것과 영접하는 것 사이에는 질적 차이가 전혀 없다. 성서의 가르침이 신자들의 신앙 체험을 통해서 볼 때 예수를 믿는 것과 영접하는 것은 불신앙에 신앙으로 돌아선 은총의 사건에 대한 상이한 표현에 불과하다. 성서는 분명히 "영접하는 자 곧 그 이름을 믿는 자"(요 1:12)라 하였기 때문이다. 불신자의 회심 사례에서도 믿는 그 순간이 영접하는 순간이기 때문이다.

---

24 박용규, "류광수 다락방전도운동 비판", 89-90.

류광수가 신자의 구원을 두고 '믿는 단계'와 '영접하는 단계'를 구분하는 이유는 이미 예수를 믿어 '구원받은 자'로 확신을 가지고 있는 정통교회의 교인들에게 예수를 믿어도 영접하지 않으면 구원을 받지 못한다는 교묘한 논리로 구원관으로 흔들어 '예수 그리스도를 영접'하게 만들고 이들을 다락방 전도요원으로 포섭하기 위해 사용하는 구원론적 이단의 전형적인 논리로밖에 볼 수 없다.[25]

　누구든지 예수를 믿으면 구원을 받는다는 것이 성서적 구원론의 근거이다. 예수를 믿는 것 외에 다른 구원의 조건을 제시하는 것은 모두 구원론적 이단에 해당한다고 볼 수 있다.[26] 따라서 세이연(세계한인기독교이단대책연합회)에서는 "예수를 재영접해야 한다는 그의 주장은 지방교회 위트니스 리의 성경요도에 나타난 사상과 일치하며 이미 이단 사설로 규정된 가르침"이라고 규정하였다.[27]

　류광수는 영접을 성령의 내주라고 주장한다. 영접이라 번역된 단어의 희랍어 원어 '람바노'(lambano)는 '취하다, 붙잡다'라는 뜻이다. 엄격하게 말하면 성령의 내주와는 다른 개념이다.

　예수를 영접하면 하나님의 자녀로 신분이 변화한다는 신분변화설 역시 천박한 신학적 주장이 아닐 수 없다. 구원은 신분의 변화에 있는 것이 아니다. 예수 그리스도를 믿고, 따르고, 다시 오실 것을 기다리며, 하나님과의 바른 관계를 회복(칭의)하고, 강화하고(성화), 영원히 지속

25 "예장 합동총회, 류광수 씨의 다락방 전도운동에 대한 연구보고서", 「교회와신앙」(인터넷판) 1996.11.1.
26 허호익, 『이단은 왜 이단인가』, 132-141.
27 "류광수 씨는 지방교회·김기동 베뢰아와 흡사 - 류광수 다락방(예장 전도총회)에 대한 세이연 연구보고서", 「교회와신앙」 2012.11.23.

하는 것(영화)이기 때문이다.28

　류광수는 예수를 영접하는 순간 "원죄를 비롯한 모든 죄의 문제가 해결"된다고 하였다. 여기서 말하는 '모든 죄'는 원죄와 더불어 '자범죄와 조상의 죄'도 포함된다. 그는 박옥수를 비롯한 구원파가 즐겨 사용하는 "과거와 현재와 미래의 죄" 대신 "과거와 현재와 미래의 문제"라고 에둘러 표현하였다. 박용규의 지적처럼 "이 같은 주장은 구원파의 가르침과 맥을 같이하는 것이다."29 류광수가 말하는 '예수를 영접하는 순간'은 바로 구원파가 말하는 '죄사함의 비밀의 깨닫는 순간'과 내용적으로 다르지 않기 때문이다.30

2) 렘넌트(Remnant) 사상과 배타적 구원론

　다락방은 자신들만이 마지막 시대의 구원받을 '남은 자'라는 렘넌트(Remnant) 사상을 주장한다. 다락방전도운동이 이단으로 결의되자 류광수 목사는 다락방전도운동의 확산을 위해 '렘넌트 운동'을 전개하고 있다. 그는 렘넌트에 대해서 "시대와 국가의 어두운 앞날을 책임지고 나아갈 남은 자, 흩어진 자"라 정의한다.

　성경에서는 이 'Remnant'라는 단어에 대하여 미래를 위한 '후대', 시대와 국가의 어두운 앞날을 책임지고 나아갈 '남은 자', '흩어진 자'라는 뜻을 제시하고 있습니다. 하나님의 백성인 이스라엘이 죄악과 우상숭배 때문에 멸망

---

28 허호익, "구원론의 통전적 이해", 348.
29 박용규, "류광수 다락방전도운동 비판", 90.
30 박옥수 구원파의 '죄사함의 비밀의 깨달음'에 대해서는 이 책 9장 2절을 참고할 것.

을 받게 되었을 때, 하나님께서는 과거 그들의 조상과의 약속을 기억하고 언약의 사람들을 남겨두셨는데(사 6:13) 바로 이들 몇몇 남은 자들을 통해 이스라엘이 회복되었고, 이것이 성경 중심부에 흐르는 Remnant 사상입니다. 성경과 역사 속에는 시대마다 하나님의 언약의 전달자인 Remnant가 있었습니다.[31]

류광수는 '세계 렘넌트 총국'에서는 국내 및 해외에서 시행되는 렘넌트 운동을 이끌어가면서, 곳곳에 숨겨진 렘넌트 를 찾아 훈련하며 세우는 데 목적을 두고 있다고 한다. 그리하여 제18차 세계렘넌트대회에 참가한 1만여 명의 청소년들이 '렘넌트 선서'를 했다.

나는 은혜의 사람, 하나님의 자녀, 세상을 위한 전도제자, Remnant이다. 내 삶의 규모, 인간관계, 무너진 나의 현장을 복음 안에서 다시 살려낼 것이다! 나는 복음이 없어져 가는 시대를 말씀 각인으로 살려낼 것이다. 나는 무기력에 빠진 사람과 교회를 기도 뿌리내려 살려낼 것이다. 나는 모든 문화를 빼앗긴 이 시대를 전도 체질로 도전! 회복시킬 것이다. 나는 오늘부터 하나님 나라 누리는 기도를 실제로 시작할 것이다. 나는 아무도 가르쳐주지 않는 길을 기도의 힘을 가지고 하나님과 함께 걸어갈 것이다.[32]

류광수 집단은 다락방에 소속한 젊은이들을 남은 자라 규정하고 '렘넌트'라는 구별된 호칭을 부여한다. 그러나 성서에서는 엘리야 시대에

---

31 http://www.rutc.com/mainplus/missions/missions03.asp.
32 류광수 목사 '다락방 전도운동'의 핵심사역(2), http://blog.daum.net/christian-enjoy/1364.

우상에게 절하지 아니한 자 7천 명을 남겨두셨다고 말씀하셨다. 이것은 하나님께서 남겨두신 믿음을 끝까지 지킨 사람들을 말한다. 남은 자는 이처럼 정치적, 군사적 재난으로부터 살아남은 자(수 13:12)나, 하나님의 심판에서 살아남아 하나님의 새로운 백성의 싹이 될 자(사 1:9; 6:13) 그리고 바벨론에 포로로 잡혀간 자 중에서 끝까지 살아남아 믿음을 지키다가 고국으로 돌아오게 될 자(렘 31:9) 등을 가르킨다.

렘넌트가 하나님의 남겨두신 믿음의 사람들로서 어느 특정한 집단을 가리키는 것이 아님을 알 수 있다. 이 '남은 자'가 '신실한 그리스도인'을 의미한다고 해석하면 문제가 되지 않는다. 그러나 다락방과 같은 특정 교회의 성도로 제한시켜 해석한다면 이는 14만 4천 명에 속해야만 구원을 받는다는 신천지나 하나님의교회의 배타적인 구원과 다를 바 없는 구원론적 이단이라 할 수 있다.

2006년 1월 1일 RUTC(남은자훈련센터) 시대 선언에서 "인생 개혁, 종교 개혁, 세계문화 개혁을 이루고 하나님이 준비하신 근원적 축복 속으로 들어가서, RUTC로 세계 문화를 개혁하며, 교회 건축으로 지역 문화를 개혁하고, 제자 확립으로 우상 문화를 개혁하여 한 시대를 앞당기는 기적을 이루자"라 하였다. 그러나 실제로는 "이스라엘이여 네 백성이 바다의 모래 같을지라도 남은 자만 돌아오리니 넘치는 공의로 파멸이 작정되었음이라"(사 10:22)라는 말씀에 근거하여 "남은 자는 100% 유월절 피 언약에 참여한 자"라 주장한다.

세계 복음화를 위한 1천만 전도 제자를 양성한다는 목표를 세우고 "글로벌 청소년 육성정책에 부응하는 국제청소년센터를 통해 국제적 규모의 청소년 전용 시설로서 국가위상 제고, 국제대회 및 국제 교류로 인한 한국 청소년의 국제적 지위향상, 청소년 수련시설의 국제적 모형으로 관련 국가 간 정책교류사업 활성화 계기, 편향된 학교교육 중심에서 체험 인턴십 교육을 통한 국가적 문제 해결"이라는 기대 효과를 내세우고 있다.[33]

다락방이 2006년에 제시한 렘넌트 운동의 3차 전략을 살펴보면 그 핵심은 모두가 하나 되어 "RUCT 건립에 한 사람도 빠짐없이 참여하는데"에 두고 있다. 이미 2005년 11월 30일 렘넌터훈련센터(RUTC) 건립 헌금 작정에 "한 달 만에 408억 1452만 3228원"을 달성하였다고 한다. 실제로는 이를 위해 3차 전략의 마지막 핵심으로 제시한 'Fund 전략'에 따르면 "① 사유재산을 영원한 렘넌트에게로 ② 교회재산, 특허권 Royalty를 렘넌트에게로" 헌납하는 것은 'Donation 응답'이라고 제시하였다.

다락방에서는 다윗이 성전을 짓지 못한 것은 헌금만 헌납하였기 때문이며, 솔로몬이 성전을 지을 수 있었던 것은 헌금뿐만 아니라 성전을 지을 수 있는 건축 기술까지 헌납하였기 때문이라는 명분을 제시하면서 특허권의 헌납마저 강요하고 있다.

3) 육체 멸절설과 반구원론

류광수는 구원받은 사람도 죄를 자꾸 지으면 육체는 멸해 버리고 영혼만 구원받는다고 주장한다.

구원받은 사람도 죄지을 수 있습니다. … 그럴 때 어떻게 되지요? 고린도전

---

33 http://rutc.net/erutc/about/mp1_3.asp.

서 5:5에 보면 그 육체는 어디에 내어주고? 마귀에게 내어주고, 영혼을 건지기 위함이라. 여러분이, 구원받은 사람이 자꾸 하나님 뜻대로 안 살면 하나님이 어떻게 합니까? 여러분 육체를 멸해 버리고 여러분 영혼을 어떻게 해요? 건지리라. 그러니까 똑바로 살아야 되지요("다락방개요-수영로", 테이프, 8B).[34]

예수 그리스도의 십자가와 부활을 통해 이루신 구원은 영혼과 육체의 온전한 전인적 구원이다. 육체는 마귀에게 내어 주고 영혼만이 구원받는다고 주장하는 것은 일종의 영혼불멸설로서 성서가 가르치는 '몸의 부활'과는 거리가 멀다. 따라서 류광수처럼 죄지은 육체는 멸해 버리고 영혼만 구원을 받는다거나, 문선명의 통일교 집단처럼 예수께서 십자가에서 영혼을 구원하고 육체를 구원하지 못해서 재림 예수 문선명이 육신을 구원하기 위해 이 땅에 왔다는 주장들은 둘 다 일종의 반구원설 (半救援設)로서 구원론적 이단에 해당한다.[35]

영육이원론에 근거한 영혼멸절설이나 육체멸절설, 또는 영혼불멸설은 성서적 기독교적 가르침이 아니다. 성서적 구원관의 최종적인 표상은 영육이 하나 되어 신령한 몸으로 부활하는 것이기 때문이다.

3. 다락방 전도만능론과 배타적 교회론

류광수는 다락방 전도가 2,000년 만에 회복된 복음 운동이며, "성경이

---

34 박진규, "류광수 씨의 신학은 과연 건전한가", 「교회와신앙」 1995.11.1.
35 박진규, "류광수 씨의 신학은 과연 건전한가", 「교회와신앙」 1995.11.1.

말하는 완벽한 전도 방법을 찾아낸 것"이라 하여 논란을 일으켰다.

그래서 2,000년 만에 회복된 복음이라고 했더니 어떤 목사님이 제게 시비
를 걸었죠. '류 목사님 저, 다락방에서는 2,000년 만에 복음이 회복되었다
고 하는데 그럼 지금까지 전도가 없었습니까?'라고 했어요. 어, 있었죠!
있었는데 성경에 있는 전도는 제가 찾지를 못했어요. 찾으면 수정하겠는데
없어요. 저도, 공부 좀 했는데요, 아무리 찾아도 없어요. 성경에 있는 완벽
한 전도를 찾아내는 게 2,000년 만이다 이 말이에요.[36]

류광수는 이처럼 "성경적인 전도는 초대교회에 딱 한 번 있었다. 그래
서 2천 년 만에 회복한 운동인 것이다. 이것을 다른 교단이 들으면 상당
히 기분 나쁜 소리다"[37]라 했다. 그는 "교회에 다니는 사람의 80%는
구원을 받지 못했습니다. … 그래서 "신자 가운데 80%가 사업에 실패합
니다"(「새 생명 강의록」, p. 72)라고 단언하였다. 기존 교회의 신자들은
임마누엘의 축복을 누리지 못하고 있다고 하였다.

기존 신자들은 사실상 임마누엘의 축복을 누리지 못하고 있다. 여러분 개인
에게 하나님이 함께 하신다면 얼마나 큰 축복인가? 기존 신자는 이것을
누리지 못하는 것이 가장 큰 약점이다. 목사님들도 무언가 모르게 이것이
느껴지질 않으면 은혜가 안 되는 것이다(「복음편지」, 3과 어떻게 하나님을
만날 수 있는가?).[38]

---

36 정윤석, "다락방이 2천년만에 복음 회복했다/류광수 목사 이단시비 부른 다락방 특수화
　　주장 여전", 「교회와신앙」 2008.1.20.
37 "다락방이 2천년만에 복음 회복했다", 「교회와신앙」 2008.1.20.

다락방은 한국교회의 98% 이상이 마귀에 사로잡혀 있고, 한국교회 90% 이상은 싸우고 갈라져서 세운 교회로 이미 파산한 교회라고 비난하고 따라서 기성 목사와 장로들은 모두 깡패 목사요, 깡패 장로라고 비방하였다.

지금 한국교회는 파선했다. 한국교회 98% 이상이 마귀에게 사로잡혔고 한국교회 90% 이상은 싸우고 갈라져서 세운 교회이다. 한국교회는 사도행전에 바울의 말을 듣지 않고 선장의 말을 듣고 항해를 계속했다가 파선당한 사건과 같이 선장이 잘못해서 파선했다. … 교회의 목사, 장로들이 전도에는 관심이 없고 노회로 총회로 정치나 하러 다니며 명예나 이권에 급급해 다니는데…. 깡패 같은 교회에는 깡패 같은 목사가 들어가야 하고 깡패 같은 교회에는 깡패 같은 장로들이 있어야 어울리고 우리같이 은혜로운 교회는 나 같은 목사나 있어야 하고….[39]

류광수는 "저는 설교준비를 안 합니다. 설교연구도 안 합니다. 할 것도 없고 또 해지지도 않고 항상 누구 얘기만 하느냐? 예수님 얘기, 전도만 얘기합니다. 전도 외에 다른 것 할 필요가 없습니다. 전도하되 다락방 전도여야 합니다. 지금까지의 전도방법은 기본 원리를 빠뜨린 채 해왔기 때문에 전도가 되지 않습니다"[40]라고 주장하였다. 그는 "전도는 모든 문제를 해결"하는 것이며, "전도는 현장에서 그리스도의 임재를 누리는

---

38 "류광수 씨는 지방교회 · 김기동 베뢰아와 흡사 – 류광수 다락방(예장 전도총회)에 대한 세이연 연구보고서."
39 "예장고신 총회 류광수 씨와 다락방 전도학교 보고서."
40 "예장고신 총회 류광수 씨와 다락방 전도학교 보고서."

말씀운동"이고, "전도는 성도의 가장 축복된 하나님의 비밀을 누리는 것"(막 3:14-15)이라고 주장한다.[41] 그러므로 "교회가 전도나 하면 되지 당회고 제직회고 노회고 총회고 그게 무슨 필요인가?"[42]라고 하였다. 그의 이러한 주장으로 인해 는 교회의 여러 사역 중에 전도만을 배타적으로 강조하는 전도만능론이라는 비판을 받게 되었다.

류광수는 해명서(1991년 12월 24일)에서 기성 교회에 관한 언급에 대해 표현이 서툴러서 혹은 표현의 과격함에 오해를 하신 분께 사과를 한다고 한 바 있지만, 여전히 다락방 전도 운동에 동참하지 않는 기성 교회는 사탄이 역사하는 교회라고 주장한다.[43]

대부분의 이단들을 이처럼 기성 교회의 제직회나 당회, 노회나 총회 같은 민주적 의사결정 기구가 제도화되어 있지 않다. 그러나 성서에는 예루살렘 교회에서 사도와 장로와 온 교회가 모인 '예루살렘 회의'(행 15:22)라는 총회가 있었고, '장로의 회'(딤전 4:14)와 같은 당회가 있었다.[44]

류광수 씨의 목사면직 공고에 보면 그는 "기성 교회 성도들은 수년간 교회를 다녀도 구원의 확신이 없고, 자신들의 다락방에 와야 구원의 확신을 얻어 새 삶을 얻는다"[45]고 장담하며 기성 교회를 비방하고 성도들을 미혹시켰다고 지적하였다. 예장 통합 총회는 류광수 다락방 전도가 "기성 교회를 부정적으로 비판하고 교회를 혼란하게 한다"고 명시하였다.

---

41 류광수, 『성경적인 다락방 전도』, 36.

42 "예장고신 총회 류광수 씨와 다락방 전도학교 보고서."

43 "다락방이 2천년만에 복음 회복했다", 「교회와신앙」 2008.1.20.

44 허호익, 『이단은 왜 이단인가』, 128-129.

45 "예장고신 총회 류광수 씨와 다락방 전도학교 보고서."

류씨는 '다락방전도훈련원'이라는 간판을 내걸었으나 전도 훈련을 시키는 것보다 '다락방전도훈련원'을 중심으로 한 전도운동을 목적으로 다락방식 성경 공부를 시키고 있는 것으로 보이며, 정통교회에서 수용할 수 없는 다락방 사상들을 주입시킴으로 교인들을 혼란하게 하고 있다. 나아가 다락방 전도운동을 하나의 전도의 방법으로 보는 차원을 넘어 전도의 유일한 방법인 양 강조하는 인상을 강하게 느낄 수 있을 뿐만 아니라 기성 교회를 부정적으로 비판하는 것은 기성 교회보다 다락방을 우월 시 하려는 의도로 보인다.46

대부분의 이단들은 류광수 집단처럼 교주를 신격화하지 않을지라도 기성 교회의 교리와 제도와 목회자들을 무조건 비판하고, 기성 교회는 '파산한 교회'로서 더 이상 구원이 없으며 자기들 교회만 참된 교회라는 배타적 교회론을 주장한다. 이처럼 '공교회의 화합일치와 성도들 간의 교제'를 거부하고 분열과 파당을 획책하는 것은 교회론적 이단의 전형적인 형태에 해당한다.

4. 마귀결박권과 마귀론

류광수는 예수 그리스도를 영접한 성도들에게 7가지의 축복이 주어진다고 했다. 그 내용을 보면 다음과 같다

1. 양자권(롬 8:14)

---

46 대한예수교장로회 총회 외 편, 『종합 이단사이비 연구보고집』, 171.

2. 기도 청구권(요 16:24)

3. 사탄 결박권

4. 천사 동원권(출 14:19; 왕하 19:35)

5. 세계 복음화의 권세

6. 축복권과 저주권

7. 대행권(「다락방개요-수영로」 강의 테이프 6b-7a).[47]

이 중에서도 류광수가 가장 강조하는 것은 "사탄을 결박하는 권세와 천사를 움직이는 권세"이다. 예수 그리스도 영접하면, 예수의 능력을 얻게 되어 예수의 권세를 누리는데 그 권세가 사탄을 결박하는 권세라는 것이다.[48] 그는 사탄을 타락한 천사장이라 주장한다.

사탄은 원래 하나님을 찬양하던 천사장이었습니다. 그러나 하나님과 같아지려는 교만한 마음을 품어 하늘에서 쫓겨나게 되었습니다. 타락한 천사가 바로 사탄입니다(계 12:1-9; 겔 28:14-19). 타락한 천사가 공중의 권세를 잡고(엡 2:2) 지구에 출현하여 인간을 망하게 하다 결국은 영영한 지옥에 갇히게 되는 것입니다(마 25:41).

사탄은 하나님의 일을 방해하는 자이므로 사탄의 주 업무는 하나님을 모르게 만들고 괴롭히고 멸망시키는 것이고, 귀신은 사탄의 졸개이며 병에 걸리게 하고 다른 종교에 사로잡히게 만든다고 한다.[49] 사탄을

---

47 박진규, "류광수 씨의 다락방 교리", 「교회와신앙」 1995년 8월호.
48 류광수, 『생명없는 종교 생활에서 벗어나라』, 97-98.
49 류광수, 『복음편지』, 28.

결박해야 하는 까닭은 사탄에 사로잡혀 있으면 일평생 마귀의 자녀로 살다가 지옥에 가기 때문이라고 설명한다.

> 일평생 마귀의 자녀로 살아가게 됩니다(요 8:44). 원인 모를 고통을 당하며 살게 됩니다(행 8:7; 10:38). 열심히 노력해 보지만 마음에 참된 행복이 없습니다(마 12:25-28). 귀신을 섬기면 행복해야 할 텐데 참된 안식이 없습니다(마 11:28). 육신이 고통당합니다(행 8장). 정신적인 고통을 당하고 결국은 지옥으로 가게 됩니다(행 16:16-18; 눅 16:19-31).[50]

류광수는 심지어 마귀가 주는 계시가 따로 있다고 가르친다.

> 마귀가 주는 계시를 알아야 합니다. … 마귀 계시, 하나님만 계시하는 것 아닙니다. 마귀가 계시해 가지고 여러분이 진짜 이것 못하게 합니다. … 마귀 계시를 받아 가지고 자기는 잘 믿는 것처럼 보이지만 그러면서 복음만 희미해집니다.[51]

류광수에 의하면 사탄은 아무런 능력도 행사하지 못하는 죽은 존재이지만, 불신자에게 사탄은 왕 같은 존재라고 한다. 사탄은 오직 죽어가면서 발악하고 있을 뿐 아니라 예수께서 재림하시는 그 날까지 활동하는 "이러한 사탄의 음모를 폭로한 책은 성경밖에 없다"고 한다.[52] 그러므로 예수께서 오신 것은 이러한 사탄의 일을 멸하기 위함이라(요일

---

50 류광수, 『복음편지』, 29.
51 "예장 고신 총회 류광수 씨와 다락방 전도학교 보고서."
52 류광수, 『복음편지』, 104.

3:8)는 것이다.

예수 그리스도께서 오셔서 사탄의 권세와 죄의 권세와 지옥의 권세를 완전히 멸하셨습니다. 그러나 지금도 그 세력은 존재하고 있습니다. 사탄이 구원받은 하나님의 백성을 지옥으로 보낼 수도, 멸망시킬 수도 없으며 죄가 우리를 지옥에 보낼 수도 없고 지옥이 우리를 끌고 갈 수도 없게 된 것입니다. 예수 그리스도께서 사탄의 권세를 완전히 결박해 버렸기 때문입니다.[53]

류광수는 한국교회의 98% 이상이 마귀에게 사로잡혔다고 주장했을 뿐 아니라, "모든 질병의 원인을 귀신 때문이라 주장"한 것으로 보인다.[54] 그는 사탄의 권세를 멸하신 예수를 "영접하는 자 곧 그 이름을 믿는 자들에게는 하나님의 자녀가 되는 권세"(요 1:12)를 주셨으므로, 영접한 신자들이 "예수의 이름을 놓고 명령 기도하면 사탄은 꼼짝없이 결박당하고 추방당한다"고 하였다. 그에 의하면 기도는 두 가지 있는데, 예수의 이름으로 기도하는 것과 예수 이름의 권세를 가지고 기도하는 것이다.[55] 그는 예수의 이름의 권세로 기도하면 귀신도 순종(막 1:27)한다고 주장한다.

주의 종들, 특별히 기도하는 종들에게는 예수 이름의 어마어마한 권세가 있다. 그런데 그것을 안 쓴다. 안 쓰면 아무 역사도 안 일어난다. 두 가지는 명령해야 된다. 첫째, 악령을 보고는 달래서 안 된다. 명령해야 된다. 둘째,

53 류광수, 『복음편지』, 103.
54 "예장 고신 총회 류광수 씨와 다락방 전도학교 보고서."
55 류광수, 『복음편지』, 104.

천사들을 명령해야 된다. 이렇게 하면 응답이 즉각 온다. 효과가 대단하다. 왜? 권세를 사용하였기 때문이다(「현장복음」, 4과 예수의 권세).56

류광수는 마귀 때문에 축복을 놓쳐 버렸으므로 마귀를 벗어나면 회복, 즉 신의 경지에 이른다고 주장한다. 그는 사탄이 개입했지만 결국 인간이 하나님의 언약을 어긴 것이 죄인데 사탄과 죄는 붙어 다니므로 사탄을 결박해야 한다고 가르친다.

그러나 성서가 가르치는 성도가 갖는 권세는 사탄을 결박하는 것이 아니라 사탄을 물리치고 귀신을 내어 쫓는 권세이다(막 3:15). 사탄결박권은 그리스도에게 속한 것이지 성도의 것이 아니다. 그리고 사탄을 잡아서 천년동안 결박하는 것은 그리스도께서 천 년 동안 왕 노릇 하실 때에 이루어질 일로 기록되어 있다(계 20:2).

류광수 자신은 이른바 김기동의 귀신론을 가르친 베뢰아 아카데미와의 관련성을 극구 부인하였다. 그러나 그는 베뢰아 아카데미와 관련이 있는 마산 산해원 교회를 5차례 이상 다니며, 베뢰아 아카데미를 수료하였다고 한다.57

예장 통합 측에서 지적한 것처럼 류광수의 주장은 "김기동(베뢰아 아카데미) 마귀론의 기본 사상과 유사한 구도"를 가지고 있다. 따라서 "류광수 씨의 핵심 사상은 구속사를 마귀와의 대결로 보는 잘못된 마귀론에서 비롯되었다"라고 규정하였다."58

---

56 "류광수 씨는 지방교회·김기동 베뢰아와 흡사 – 류광수 다락방(예장 전도총회)에 대한 세이연 연구보고서."
57 "예장 합동총회, 류광수 씨의 다락방 전도운동에 대한 연구보고서", 「교회와신앙」(인터넷판) 1996.11.1.

5. 천사동원권과 기도관의 왜곡

류광수는 예수를 영접하는 자는 하나님의 자녀가 되는 권세를 누리는데 곧 마귀결박권과 더불어 천사동원권이라 주장한다.

하나님이 성도에게 축복의 권세를 주셨는데 기도하면 성령께서 역사하시고, 이때 흑암의 세력이 꺾이며, 하나님께서 천군 천사를 보내어 지켜 보호하신다. 우리가 기도할 때 주의 천사들이 금향로에 기도를 담아 하늘 보좌로 가지고 간다. 기도하기만 하면 한 번도 빠짐없이 같은 일이 동시에 일어난다. … 이것이 놀라운 기도의 비밀이다.[59]

류광수는 "베드로가 옥에서 빠져 나온 것은 놀라운 이적입니다. … 눈에 보이는 가시적인 철문을 뚫고 그를 이끌어 낼 수 있도록 천사가 동원된 것은 곧 합심 기도의 결과"[60]라고 하였다.

기도는 과학입니다. … 기도할 때마다 하나님께서는 하늘 보좌의 문을 여시고 하늘의 군대들을 보내십니다. 하나님께서는 모든 일에 주의 천사를 보내셔서 응답하시며, 중요한 일을 이룰 때는 군대를 보내기도 하십니다. 엘리아와 엘리사 같은 종들에게는 불말과 불병거를 보내셨고, 다니엘에게는 미가엘 천사장을, 예수님의 탄생을 예언하실 때는 가브리엘 천사장을 보내셨습니다.[61]

58 대한예수교장로회 총회 외 편, 『종합 이단·사이비 연구보고집』, 171.
59 류광수, 『생명없는 종교 생활에서 벗어나라』, 122.
60 "예장 합동총회, 류광수 씨의 다락방 전도운동에 대한 연구보고서."

따라서 지금도 성도들이 "기도하면 하나님이 천사를 보내서 어렵게 만드는 사람 손, 발, 입, 산업, 싹 다 묶어 버리는"(「현장복음메시지」 1, "그리스도인의 확신", p. 49) 것이 확실하다고 류광수는 주장한다.62

(자기에게 강의 받았던 청년 하나가 따로 다락방 운동본부를 내서 자기의 다락방 모임에 피해를 주었더니) 하나님이 조용하게 이 친구를 녹여버려요. 요새 중성자탄 있지요? 쏘면 조용하게 없어지는 것입니다(「현장복음 메시지」 3편 p. 34).63

류광수에 의하면 천사는 '하나님의 종'이면서 동시에 '우리의 심부름하는 종'으로 보고 성도에게 천사동원권이 있다 한다. 이런 주장을 하는 성서적 근거로서 "모든 천사는 섬기는 영으로서 구원받은 상속자들을 위하여 섬기라고 보내심을 받은 것이 아니냐"(히 1:14)라는 말씀을 제시한다. 그러나 이어지는 본문을 살펴보면 천사는 하나님의 사자로서 "천사들을 통해 주신 말씀도 권위가 있어서 그것을 어기거나 순종치 않았을 때 모두 공정한 처벌을 받았다"(우리말성경 히 2:2)는 뜻이다. 본문은 하나님의 사자인 천사가 전한 말씀을 듣지 않으면 벌을 받는다는 내용인데, 류광수는 천사는 구원받은 성도는 섬기는 역할을 하면서 성도를 "어렵게 만드는 사람 손, 발, 입, 산업, 싹 다 묶어버리는 것"으로 해석한다.

천사동원권 역시 성도의 권세가 아니라 하나님의 절대 권한이다. 성도가 하나님의 도우심을 구할 때, 하나님께서 응답하시는 방법으로 천

---

61 류광수, 『복음편지』, 216.
62 박용규, "류광수 다락방전도운동 비판", 97.
63 "예장고신 총회 류광수 씨와 다락방 전도학교 보고서."

사를 보내 섬기게 할 수 있을 뿐이다. 예수께서도 "내가 아버지께 청하기만 하면 당장 열두 군단도 넘는 천사를 보내줄 수 있다"(마 26:53)라고 하셨다. 성도들이 기도를 통해 하나님의 도우심을 요청할 수 있듯이, 위기의 순간에 하나님의 천사들을 동원하여 보호하고 도와달라고 요청할 수 있는 것이다. 성도들이 요청한다 해도 천사를 동원하는 것은 하나님의 절대 주권에 속한다. 천사 동원은 성도들의 권세는 아닌 것이다. 성도들이 기도로 요청한다 하더라도 하나님께서 허락하지 않을 수도 있다는 것이 성서의 가르침이다. 류광수가 제시한 신구약에 나타난 천사 관련 성구들 중 성도가 천사를 동원한 경우가 단 한 번도 없다. 이처럼 류광수는 천사의 요청권과 하나님의 동원권을 혼동하고 있는 것이다.

류광수는 예수를 영접한 성도들의 기도는 모두 이루어진다고 가르친다.

> 저는 3일을 넘기는 일이 없습니다(「현장복음메시지」 2편 p. 120). 교회 다니는 사람 중에 기도 응답 받지 못한 사람을 추적해 보면 예수님을 진짜 영접 안 해서 그래요(「현장복음메시지」 2편 p. 11).[64]

모든 기도를 하나님이 다 응답하여 주신다는 류광수의 주장은 기도에 대한 심각한 왜곡이다. 성경은 분명히 "구하여도 받지 못함은 정욕으로 쓰려고 잘못 구하기 때문이라"(약 4:3)고 하였다. 바울이 '육체의 가시'를 제하여 달라는 기도처럼 "너무 자만하지 않게 하려고"(고후 12:7) 기도가 응답되지 못하는 사례를 제시하고 있기 때문이다. 무엇보다도 예수께서도 겟세마네의 기도를 통해 자신의 뜻대로 십자가의 쓴 잔을

---

64 "예장고신 총회 류광수 씨와 다락방 전도학교 보고서."

지나가도록 구하지 않고 '아버지의 뜻'이 이루어지도록 기도했다는 것을 기억해야 한다.

따라서 예수를 영접한 성도들이 기도하면 자신의 뜻대로 천사를 동원할 수 있다거나, 모든 기도가 다 이루어진다는 것은 '영적 기만이거나 교만'이며, 기도관의 현저한 왜곡이 아닐 수 없다.

6. 질병 병마설과 무분별한 치유

류광수는 병을 크게 세 가지 즉, 육체의 병, 마음의 병, 정신의 병(영적인 병)으로 구분한다. 육체의 병은 암, 신경통, 당뇨병 등 눈으로 볼 수 있는 병이고, 마음의 병은 노이로제, 불안, 염려, 신경성 질환, 타락된 습관이고, 영적인 병은 정신질환, 귀신들림 병, 원인 모를 병과 고통 등이라고 한다. 이 중에서 "정신의 병은 사단(마귀)과 미혹의 영(악한 영)의 작용이 없이는 들지 않으며 이 병은 성령의 능력이 아니고서는 치료가 불가능하다"라 주장한다. 그 이유는 다음과 같다.

1) 마음의 병: 악령의 활동이므로 본인의 힘으로 불가능하며 환경에 따라 다소간의 차이가 있다.
2) 재난, 불화, 실패: 이런 것들이 영속되는 것은 모두 영적인 병이다.
3) 마귀를 섬기는 것: 이 병은 사단(마귀, 귀신)의 권세에 '깊이 사로잡힌 상태'이므로 본인도 망하며 가족까지 연결된다.[65]

---

65 류광수, 『현장복음메세지』,(서울: 온누리포도원, 1969), 35.

이러한 병들의 치유 방법도 각각 다르다고 한다. 영적인 병인 정신병, 귀신들린 병은 예수 이름으로 물리치고 기도와 말씀으로 믿음을 소유하면 저절로 떠나간다. 마음의 병은 미혹의 영이 활동하므로 성령 충만하면 이길 수 있고 그냥 두면 육신의 병으로 옮겨 간다고 한다. 그리고 육체의 병은 모두 병마가 근원이라고 한다.

육체의 병이 들면 병 자체가 병마의 세력(고후 12:7)이 악용하기 때문에 예수 영접자가 예수 이름으로 기도하면 병마의 근원(병의 근원: 원인)이 즉시 떠난다. 약해진 육신과 신경은 믿음으로(말씀, 기도, 성령충만) 기도하면, 음식(약)과 정상적인 신앙생활과 말씀에 따른 믿음(하나님께 맡기는 믿음)에 의해 치료된다.[66]

재난, 불화, 실패 이런 것들이 영속되는 것은 모두 영적인 병이라 주장하는 류광수는 집이 안 되는 것도 가난한 것도 세상에서 실패하는 것도 다 귀신의 역사로 본다. 그의 기도문에 이러한 편협하고 왜곡된 교리가 그대로 반영되어 있다.

사업하는 분들에게 사업의 힘을 더하여 주시고 사업에 사단의 권세가 떠나가게 해주시고, 가난의 권세가 물러가게 해주시고 실패의 권세가 물러가게 해주시고 이일을 속히 해야 되겠사오니…"(류광수, 『그리스도 안에서』 1집, p. 23).[67]

---

66 『현장복음메세지』, 35.
67 박용규, "류광수 다락방 운동 비판』, 77.

류광수는 예수 이름으로 기도하면 치료되는 이유가 근본 문제가 해결되었고(요 1:12; 요일 3:2, 8), 병의 근원자가 떠났고(행 16:16-18), 십자가상에서 다 이루었기(사 53:5-6) 때문이라고 한다.

예수님을 영접하고 예수 이름으로 기도하면 원죄, 자범죄, 조상의 죄가 해결되기 때문에 질병의 근본 원인이 해결됩니다. 질병의 뿌리인 죄의 문제가 해결되므로 자연히 드러난 질병들은 치유됩니다. 죄의 문제가 해결되므로 자연히 드러난 질병들은 치유됩니다. 죄의 문제가 해결되면 사단이 기생하면서 질병으로 괴롭힐 만한 근거가 없어집니다(류광수,「현장복음메시지」1, "그리스도인의 확신", p. 152).[68]

류광수는 무분별한 치유사역을 강조하기도 하였다.

현장에 역사하는 분위기가 되면 손수건만 던져도 됩니다(「현장복음메시지」1, p. 32).

성령치료 받으면 발가락이 문제인 사람은 발가락에 역사가 일어날 것이고 손가락에 문제가 있는 사람은 손가락에 역사가 일어날 것이다(「파급단계」2, p. 7-8).[69]

류광수의 이러한 사고(思考)는 예수 당시의 유대인들의 질병관을 반

---

68 박용규, "류광수 다락방 전도 운동 비판", 103.
69 "예장고신 총회 류광수 씨와 다락방 전도학교 보고서."

영하는 것으로 보인다. 히브리인들은 질병의 원인을 죄의 결과로 생각했다. 본인이든 부모의 죄든 죄의 결과로부터 질병이 발생하였음을 믿고 있었다.

그러나 나면서부터 소경된 자가 누구 죄 때문이냐는 당시 유대인들의 질문에 대해 예수께서는 질병의 원인이 반드시 죄의 결과라는 고정관념을 깨뜨려 주셨다. 나면서부터 소경된 것이 "이 사람이나 그 부모의 죄로 인한 것이 아니라 그에게서 하나님이 하시는 일을 나타내고자 하심이라"(요 9:3) 하였다. 소경된 것 자체로 하나님의 뜻이나 하나님의 영광을 드러낼 수 있다고 한 것이다.

현대 의학적으로도 류광수처럼 병을 구분하는 것은 전혀 의학적 상식에 어긋나는 것이다. 18세기에 현미경이 생겨 병균을 발견한 이후 질병 병마설은 질병 세균설로 바뀌었다는 것을 주목해야 한다. 따라서 우리가 육신이 병들고 아픈 것의 원인을 병마나 죄의 결과로만 볼 수가 없게 되었다.

따라서 완전히 믿기만 하면 모든 질병이 치유된다고 주장하는 것은 일반 은총으로 주어진 현대의학의 다양하고도 전문적인 치료와 시술과 투약을 전적으로 외면하는 반현대주의적이고 시대착오적인 신앙이 아닐 수 없다.

III. 다락방 전도운동 선교전략 및 해외활동

1. 다락방 전도 20개 전략[70]

류광수는 1987년 8월 2일 부산 동삼제일교회 부임하여 이때부터 본격적으로 '다락방전도학교'를 중심으로 다락방전도운동을 전개하다가, 1991년 10월 '다락방 전도훈련원'을 세워 원장직을 겸하였다.[71] 그는 다락방 전도운동을 다음과 같이 정의한다.

다락방전도란 우리가 처해있는 현장에 하나님의 목적과 계획이 있는 줄 믿고 전도지역에 들어가서 전도활동을 펴기 위한 생명운동을 말합니다. 이 운동은 초대교회 '마가의 다락방'에서부터 시작된 운동입니다.

마가 다락방에 모인 성도들은 3년 동안 예수님께 배운 것과 그에게서 깨달은 것과 부활과 승천하시기 전에 약속하신 말씀이 이루어지기를 기도하는 모임이었습니다(행 1:4). 이 생명운동은 하나님께서 함께하심으로 250년 만에 로마를 완전히 정복했습니다.

마가 다락방에서 시작된 복음이 어떻게 로마까지 정복하게 되었을까요? 사도행전에 나타난 성경적인 전도 전략 다섯 가지 곧 다락방, 팀사역, 미션홈, 전문교회, 지교회 전략을 이해해야 합니다. 이것이 모든 것의 시작이며 이 다섯 가지 기초를 이해하고 전체를 보아야 합니다.[72]

---

70 현대종교 편집부, 『이단 바로알기』, 41-43, 52.
71 "예장 합동총회, 류광수 씨의 다락방 전도운동에 대한 연구보고서."
72 류광수, 『복음편지』, 189.

다락방전도훈련원은 전도학교, 전도신학원 등을 두고 있으며, 세계적으로 1천만 요원과 국내 40만 요원을 양성하고 '10만 대학 요원'과 '10만 중고 요원'을 확보하겠다고 선전하고 있다. 또한 다락방전도신문, 도서출판 예수생명, 다락방 방송센터(영상다락방) 등의 기관을 통해서 류광수 씨의 '다락방 메시지' 등을 담은 교재와 녹음(녹화) 테이프를 공급함으로써 이 운동을 확산시켜 가고 있다.

다락방전도훈련원은 초기의 전도 전력을 발전시켜 "사도행전에 나타난 성경적인 전도 전략 다섯 가지 곧 다락방, 팀사역, 미션홈, 전문교회, 지교회 전략"이라는 다섯 가지 기초를 중심으로 체계적인 '전도 20개 전도 전략'을 수립하고 이를 추진하고 있다.[73]

1) 다섯 가지 기초
   ① 다락방 — 개인의 축복(행 2:1-47)
   ② 팀사역 — 만남의 축복(행 11:25-26)
   ③ 미션홈 — 가정의 축복(행 16:15)
   ④ 전문사역(행 18:1-4) — 기능축복: 다양한 사람을 연령별, 직업 및 기능별로 나누어 이에 따라 준비된 사역자가 사역을 하는 것
   ⑤ 지교회(행 19:1-43) — 지역 축복

2) 다섯 가지 훈련
   ① 1차 합숙 훈련(마 4:19)
   ② 팀합숙 훈련(행 11:25-26)

---

73 류광수, 『복음편지』, 195.

③ 현장 캠프 합숙

④ 전문 합숙 훈련: 70인 1차 합숙훈련을 이수한 이후, 전문사역 강의 14강 비디오테이프를 청취하고 정리하여 제출

⑤ 전도 합숙 훈련: 전문합숙 이후에는 70인 3차 훈련을 신청하여 매월 70인 3차 훈련에 참석 후 담임목사 추천받은 자

3) 다섯 가지 조직

① 전도학교

② 전도 신학원(행 19:8-20)

③ 선교사훈련원

④ 총회신학교(왕하 2:5)

⑤ A.U.C.(American University of California)

4) 다섯 가지 미래

① 전문교회(행 10:2)

② 산업선교(행 18:1-4)

③ 문화사역

④ 치유사역(막 16:18-20)

⑤ Remnant(렘넌트) (사 6:13): 100%의 유월절 피의 언약에 참여한 남은 자로서 다가오는 세대, 즉 후대를 복음화하기 위한 것으로 렘넌트들이 예수 그리스도를 인생의 해답과 주인으로 모시고, 이 그리스도를 전 세계에 증거하는 세계복음화의 주역이 된다.

이 20가지 다락방 전도전략이 "마가 다락방에서 시작된 복음이 강대

국 로마를 정복할 수밖에 없었던 핵심적인 전략"이라 주장한다.[74]

2. 기타 전도 활동

1) 문서 활동

류광수 목사의 설교와 다락방 내 소식을 전하는 「세계복음화신문」을 발간해 자신들의 교리사상을 전하고 국내외 활동 및 소식을 알리고 있고, 해외에 거주하는 한인과 외국인을 대상으로 영자신문 「THE CHRIST HERALD」를 월간으로 발행하고 있다고 한다.

2) 교육 및 복지 활동

'렘넌트 지도자 학교' 등 대안학교를 운영하여 다락방의 사상적인 교리를 전하고 있고, '사회복지법인 렘넌트'를 설립해 어린이, 청소년, 노인복지 분야를 중심으로 활동하고 있다고 한다. 대학현장에서 학생들을 포교하여 전문화된 요원을 양성하기 위한 DCM(Department of College Ministry) 전문 포교단체를 만들어 전국 대부분의 대학에 뿌리를 내리고 있으며, 필리핀 '아름다운 미션센터'를 설립해 필리핀 현지 유학생과 유학을 준비하는 학생들에게 포교하고 있다고 한다.

---

74 류광수, 『복음편지』, 207-208.

3) OMC

다락방 활동을 지원하고, 목적 사업을 지속할 수 있도록 돕는 OMC (ONENESS MISSION CLUB)를 설립해 풍부한 재원 확보 사업을 진행하고 있다고 한다.

4) 미션홈

생명의 복음을 전하는 사명자가 머무는 "장소의 축복"과 "전도자의 참된 축복"을 동시에 누릴 수 있는 훈련 과정인 '미션홈'은 다락방, 팀사역, 전문별 훈련까지 전체 훈련을 한눈에 볼 수 있도록 하는 훈련과정이라 한다. 이 훈련을 통해 사명자와 사역자를 찾고 세우고 있다.[75]

3. 다락방의 세계 전도전략

1) 해외 포교 관리시스템

다락방은 1994년 10월 싱가포르를 필두로 해외포교를 시작했다고 한다. 1997년 3월 1일 선교사 훈련원 개강과 더불어 제1차 세계선교대회에 17명의 선교사가 참석하였다. 제20차(2016.2.16.~19) 세계선교대회에서는 선교사, 후원교회 목회자, 중직자, 전문인, 렘넌트, 차세대 선교사를 포함 4,600명이 참석하여 11개국 14가정 선교사 파송하였다

---

75 전도협회자료국. http://www.wedarak.net/meeting/mh.asp. 참고.

고 한다.[76]

「세계복음화신문」에 따르면 다락방은 권역별로 10개 지역을 구분하여 대륙별 포교 활동을 강화하고 있다. '권역별 선교회'는 '세계복음화상임위원회'와 '세계선교총국' 지도하에 선교사 발굴과 파송, 후원을 담당하고 나라 담당을 중심으로 강사단을 관리하며 다락방 측 선교사 자녀의 학업, 진로, 국내 전도 훈련을 후원하고 있다고 한다.[77]

'협회선교국'은 한국에 전도훈련을 받기 위해 거주하는 해외 사명자(현지인, 교포)들을 중심으로 월 1회 정기모임을 가지며 전도훈련 인도를 잘 받을 수 있도록 돕고 있으며, '세계선교총국'에 따르면 다락방은 19개의 전문별 선교국을 만들어 전문적으로 포교하고 있음을 말해주고 있다.

실제로 독일, 이태리, 오사카, 말레이시아, 호주, 캔버라(호주), 펜실베니아, 보스턴, 애틀랜타, 파리, 태국, 오다와라, 시카고, 뒤셀도르프, 벤쿠버에 다락방 지교회가 있다.[78] 해외에서 진행되는 각종 집회는 다음과 같다.[79]

(1) 해외 전도캠프: 다락방 해외 전도캠프는 3~5일 동안 해외 지교회를 중심으로 한국과 기타 국가의 다락방 지원 하에 이루어지는 현지 포교 활동이라 한다. 4~5명이 한 조를 이루고 지역을 나누어 비신도뿐 아니라 기성 교회 파송 선교사들에게도 적극적인 포교활동을 벌이고 있어 문제가 되고 있다고 한다. 최근에는 패션쇼, 찬양콘서트, 뮤지컬들

---

76 "세계선교대회의 역사", http://mission.darak.net/wmc/wmc1.asp.
77 탁지원. 『이단 바로알기』 (서울: 현대종교, 2011), 49-51.
78 http://immanuel.rutc24.com/?c=4/38.
79 탁지원. 『이단 바로알기』, 51-53.

을 기획해 다락방 메시지를 전하고 있으며 이러한 전도캠프를 통해 다락방, 미션홈, 지교회, 전문 교회가 세워지고 있는 것이다.

(2) 세계 렘넌트 대회: 1998년 시작된 이 대회는 전 세계의 다락방 렘넌트들이 모이는 집회로, 류광수 씨의 전도훈련 강의, 현장전도 포교 활동, 전도 활동 보고, 뮤지컬 등의 문화 행사로 진행된다고 한다. 제18차 세계렘넌트대회는 2115년 8월 4~7일까지 부산 벡스코에서 열렸는데, 관계자는 "국내 유일 최대 규모의 기독교 청소년 축제가 53개국 1만 3천 명이 모여 부산 벡스코 전시장을 가득 메운 가운데 성료했다"라 밝혔다. 렘넌트 출신 대표로 축구선수 박주영, 프로골퍼 최진호 선수가 대회 환영 축사를 영상으로 내보냈다.[80] 제19차 세계렘넌트대회는 2016년 8월 2일~ 8월 5일까지 부산 벡스코에서 개최하였다.

(3) 세계산업선교회: 1996년 조직된 단체로 다락방 측이 "산업인을 살리고 전도와 선교에 필요한 경제를 회복한다"라며 만든 '평신도 산업 선교 모임'이라 한다. 또 다른 산업인 모임인 'OMC'와 기부금 작정, 장학금 사업 등 재정 관련 부분을 담당한다. 제19차 세계산업인대회가 2016년 4월 14일~16일까지 경기도 이천 RUTC센터에서 열렸는데, '산업인의 목표'를 주제로 한국 · 미국 · 중국 · 일본 · 유럽 등 국내외 산업인 1,500여 명이 참석했다.[81]

---

80 http://blog.daum.net/love10040691/11274338.
81 http://blog.daum.net/love10040691/11274841.

IV. 다락방 전도총회의 이단성과 이단 해제 논란

류광수의 다락방전도운동이 한국교회에 급속히 확산되기 시작한 배경과 이유는 다음과 같이 분석된다고 한다.

첫째, 전도를 강조하는 가르침이 교회 성장의 돌파구를 찾고 있는 한국교회 목회자들에게 시기적으로 상당한 관심을 불러일으켰다는 사실이다.

둘째, 류광수가 고신과 총선의 신학적 배경을 가지고 있어 그의 이단성을 전혀 의심할 수 없었기 때문이다.

셋째, 류광수가 자신의 전도이론과 방법론은 자신의 교회에서 실효를 거둔, 임상실험을 거친 전도방법이라는 사실을 강조했기 때문이다.

넷째, 류광수가 가르치는 전도방법이 단순히 복음을 전하는 차원이 아니라 성경을 새롭게 보는 시각을 열어준다고 믿었기 때문이다.

다섯째, 다락방전도방법은 합숙훈련을 통해 짧은 시일 내에 습득할 수 있고, 이 방법이 정착될 수 있도록 후속 지원을 지속한 것이다.[82]

예장 고려 측의 다락방에 대한 연구보고서의 종합 평가는 다음과 같다.

이상의 사실을 통하여 류광수 씨의 다락방 전도 운동은 비개혁주의 신학사상이요, 나아가 비복음주의적이며, 균형을 잃은 신학이라 하겠다. 이는 류광수 씨가 심취하고 수용했던 여러 편의 사상이 혼합주의 형태로 나타난 결과이다. 그의 신학은 성격상 체험과 증거를 강조하는 감정신학이며, 사

---

82 박용규, "류광수 다락방 전도운동 비판", 69-70.

탄, 마귀, 귀신을 중심으로 인간의 죄와 구원을 풀어가는 일종의 사탄신학 내지 축사신학이라 하겠다. 결국 교회사에 자주 등장했던 유사기독교 운동 내지 사이비기독교 운동의 특성을 지닌다 하겠다.[83]

총신대 총회 조사위원회 제의에 따라 1996년 총신대학교 신학대학원 교수 3명이 작성한 다락방에 대한 연구보고서의 결론적인 종합 평가는 다음과 같다.

류광수 씨와 다락방 전도 훈련의 내용이 일견 복음적이요, 기존의 교회주변 운동과 별반 다르지 않은 것으로 보일 수 있으나, 믿는 단계와 영접하는 단계를 구분하고 요한일서 3장 8절을 그 핵으로 강조하고 있는 점에서 구원론에 있어 중대한 결함을 안고 있으며, 기존 신자들을 요원화하고 다락방화한다는 점에서 교회론에 심각한 문제를 제기하고 있다고 판단된다. 이런 이유로, 다락방 전도 훈련은 구원론에 있어 신자를 오도할 우려가 있을 뿐만 아니라 교회 내에서 다락방화된 신자와 그렇지 못한 신자 사이에 위화감을 조장하고 분열을 일으킬 위험성이 있다. 그러므로 다락방 전도운동을 받아들이거나 다락방 훈련교재 및 테이프 등을 교회 안에서 신자 양육용으로 사용하는 것을 금하는 것이 마땅하다고 사료된다.[84]

대한예수교장로회 고신, 고려, 통합, 합동, 합신, 기독교대한성결교회, 대한기독교감리회 등 한국의 대표적 교단들이 '이단', '사이비성',

---

83 「예장 고려신학연구보고서」(1995).
84 "예장 합동총회, 류광수 씨의 다락방 전도운동에 대한 연구보고서."

'불건전한 운동'[85]으로 규정한 바 있다

■ 류광수 다락방 집단의 이단성에 대한 교단별 결정[86]

교단	년도/회기	결정 내용
예장 통합	1996/81	사이비 단체
예장 합동	1996/81	이단
예장 합신	1996/81	위험한 사상, 참여 금지
기성	1997/52	사이비 운동
기감	1998/23	이단
기침	1998/87	이단
예장 고려	1995/45	유사기독교 운동, 사이비기독교 운동
예장 고신	1997/47	불건전운동
	1913/63	이단 유지
고신대 교수회	1998/8월	이단적 성격을 띤 불건전한 운동
예장 합동	2004/9월	1595년 이단 결정 재확인 및 영입 거부

한국 주류 교단이 이단으로 규정한 류광수의 다락방 전도협회를 대한
예수교장로회(개혁) 측에서 2011년 6월 21일 영입하였다. 일부 회원교
회가 이단 집단을 영입하는 것에 반대하여 총회가 해산되는 등 진통을
겪었다. 그러나 한기총에 이미 가입되어 있던 예장 개혁을 통해 한기총
회원교회로 가입된 다락방전도협회에 대해 한기총(대표회장 홍재철)은

---

85 "한국교회 교단 결의 내용", 「현대종교」(www.hdjongkyo.co.kr); 박용규, "류광수 다
   락방 전도운동 비판", 73; 한상덕, "다락방, 왜 이단이라 하는가", 「교회와신앙」
   2013.1.13. "류광수 다락방 집단의 이단성에 대한 교단별 결정" 참조.
86 "한국교회 교단 결의 내용", 「현대종교」(www.hdjongkyo.co.kr); 박용규, "류광수 다
   락방 전도운동 비판", 73; 한상덕, "다락방, 왜 이단이라 하는가", 「교회와신앙」 2013.
   1.13.

2013년 1월 14일 류광수의 다락방을 이단성이 없다고 결정했다.

2011년 이단 해제 등의 문제를 제기하며 한기총 소속 20개 교단으로 구성된 '한기총정상화를위한대책위원회(대책위)'가 2012년 3월 29일 한기총에서 탈퇴(또는 행정 보류)하여 한국교회연합(한교연·박위근 대표 회장)을 결성했다. 2013년 8월 현재 예장통합·기성·예성·대신·기하성 (여의도)·백석 등 34개 교단이 한교연에 가입돼 있으며, 100여 개의 교단과 기독교 단체가 가입된 일본복음주의동맹 총회도 2013년 6월 한기총과의 선교 협약을 파기하기에 이르렀다.

이런 사태를 보면서 대책위가 제기한 한기총의 여러 문제 중 특히 이단 해제 문제는 신학자들로서 향후 한국교회의 이단들에게 면죄부를 주는 아주 나쁜 선례를 만드는 치명적인 사안이라 여겨졌다. 무엇보다 20개 교단이 탈퇴한 것을 보며 한기총이 자정 능력을 상실했다고 판단 했다. 한기총 문제가 한국교회의 정화와 개혁에 있어서 가장 시급한 문제 중 하나라 뜻을 모은 교수들은 이 문제에 대한 신학적 입장을 밝히 는 것이 우리들에게 부여된 신학적 사명이며 역사적 소명이라 생각했 다. 이에 2013년 6월 14일 전국 14개 신학교 110명 교수들은 '최근 한기총의 다락방 류광수 이단 해제에 대한 신학대 교수 110인 의견'을 발표했다.

13일 뒤인 6월 27일, 한기총은 홈페이지를 통해 '박용규 교수 외 110 인의 성명서에 대한 반박 성명서'를 발표했다. 한기총이 여전히 이단 해제가 가져올 신학적 혼란의 폐해를 심각하게 생각하지 않는 것으로 판단하고, 더 많은 교수들이 이 문제를 지속적으로 제기해야겠다고 생 각했다. 7월 9일 25개 신학대학 교수들이 '최근 한기총의 다락방 류광수 이단 해제에 대한 신학대 교수 172인 의견'을 발표했다. 같은 날 한국복음주의신학회·한국기독교학회·한국장로교신학회·한국성경신학회·한국개혁신학회·한국교회사학회·한국복음주의역사신학회가 여러 회원들의 뜻을 모아 "한기총은 이단 결정이나 해제를 중지하라" 등의 성명서를 발표했다.

한기총은 2013년 8월 1일자로 서명 교수 172명과 6개 학회 그리고 서명 교수의 소속 대학 24개 법인 등 207명을 피고로 삼아 서울중앙지방법원에 10억의 손해배상 청구 소송을 제기했다. 이 소송 1심에서 한기총 측이 패소하자 항소를 했으나 홍재철 한기총 대표회장의 임기가 끝나 후임을 맡은 이영훈 대표회장이 항소를 취하하였다. 홍재철 회장 재임 시 결의한 다락방에 대한 이단해제를 2015년 7월에 원인 무효한 바 있다.[87]

---

87 "한기총, '홍재철 목사 시절 이단해제는 무효'", 「노컷뉴스」 2015.7.9.

제12장

영세교의 최태민과
그의 영적 후계자 최순실

I. 비선 실세 최순실 사태와 박근혜 대통령의 사과

박근혜 대통령이 2016년 10월 25일 사과문을 통해 "최순실 씨는 과거 제가 어려움을 겪을 때 도와준 인연으로 지난 대선 때 주로 연설이나 홍보 등의 분야에서 저의 선거운동이 국민들에게 어떻게 전달됐는지에 대해 개인적인 의견이나 소감을 전달해주는 역할을 하였다"라 밝혔다. 박태통령이 공조직을 통해 날고 기는 전문가들의 자문을 받지 않고, 비선 실세 최순실의 최종 의견을 의존한 것이 드러난 것이다. 이러한 국기문란은 수렴청정의 왕조국가에나 있을 일이라는 비판과 함께 대한민국이 사교(邪教, 사이비 종교)에 의존하는 신정국가가 되었다는 주장까지 나오고 있다.

국민의당 박지원 위원장은 최순실이 만든 '미르재단'의 명칭은 '미륵'(彌勒)과 관련이 있으며, "최순실 씨의 선친인 최태민 씨가 스스로를 미륵이라 했다"고 밝혔다. 그는 "지금 상황은 박근혜 대통령이 최태민과 최순실의 '사교'(邪教)에 씌어 이런 일을 했다고 볼 수밖에 없다"고 주장했다.[1]

최태민을 옹호한 박근혜 대통령이 그의 '영적 후계자' 최순실에게 홀린 것이 아니냐는 제목의 신문보도가 나오는 지경이다. 집권 여당 쪽에서조차 "황당하지만, 최순실이 교주여야 이 모든 상황이 설명된다"는 한탄이 나온다.[2] 「노컷뉴스」에는 "대한민국, 사이비 종교가 통치하나?"라는 제목의 기사가 게재되었다.[3]

---

1 "미르+K='미륵'…박 대통령, 최태민·최순실 사교(私教) 씌여", 「노컷뉴스」 2016.10.26.
2 "최태민 옹호한 朴 '영적 후계자' 최순실에도 홀렸나", 「한국일보」 2016.10.28.
3 "대한민국, 사이비 종교가 통치하나?", 「노컷뉴스」 2016.10.27.

박 대통령이 지난 40년 동안 영세교 교주 최태민과 그의 딸 최순실만을 절대 신뢰하여 온 배경에는 이러한 '사교적(邪敎的) 예속 관계'가 있지 않은가 하는 여러 의문이 제기되고 있다. 따라서 최태민과 박근혜 그리고 최순실과 박근혜 사이의 특수한 사교적 의존 관계가 실재하는지, 그 흔적이 있는지를 살펴보려고 한다.

II. 여러 종교를 두루 이용한 영세교 교주 최태민

1912년 황해도에서 태어난 최태민은 1942-45년 황해도경의 순사였다. 해방 뒤 남쪽에 둥지를 튼 그는 이름을 '상훈'으로 바꾸고 강원도, 대전, 인천에서 경찰로 복무했다. 그 후 육군과 해병대에서 '비공식 문관'으로 일했다. 1951년 이름을 봉수로 바꾸고, 대한비누공업협회 이사장, 대한행정신문사 부사장 등을 지냈다. 1954년엔 여섯째 아내 김제복과 결혼했다가, 김씨가 그를 여자 문제로 고소하자 부산 금화사로 도피하여 머리를 깎고 승려가 되면서 이름을 '퇴운'으로 바꾼다.

1년여 뒤 김씨와의 문제가 잠잠해지자 최태민은 산에서 내려와 부산에서 다섯째 아내 임선이와 다시 결합했다. 「월간조선」 2007년 7월호는 별도의 자료를 인용해 최태민이 6명의 아내들로부터 모두 3남 6녀를 둔 가계도를 제시한 바 있다. 아내 임선이 사이에 태어난 5녀가 최순실이다.[4]

경남 양산에서 개운중학교를 설립해 교장에 취임한 최태민은 2년

---

4 "79년 중앙정보부 보고서 '최태민 비리 자료' 최초 공개", 「서울의소리」 2012.8.19.

만에 그만두고, 이후 몇 가지 일에 종사하였다. 1965년엔 천일창고라는 회사의 회장으로 있다가 유가증권 위조혐의로 서울지검이 그를 입건하자 도피했다. 도피 중이던 그는 1969년 초 철저히 신분을 속이고 공해남(孔亥男)이란 가명으로 서울 중림동 성당에서 영세를 받기도 했다.5

1970년대 들어 최태민은 서울과 대전 일대에서 난치병을 치료한다는 등 사이비 종교 행각을 벌였다. 1979년 중앙정보부 보고서 '최태민 비리 자료'를 통해 확인할 수 있다.

71. 10 서울 영등포구 방화동 592-7 호국사에서 불교를 신앙타가 불교, 기독교, 천도교를 복합, 창업한 영세계의 교리인 영혼합일법을 주장, 사이비종교 행각

   ※ 독경 및 안찰기도로 환자치유(房敏)

73. 5 대전시 현대예식장에서 영세계 칙사를 자칭, 영혼합일법 설교

73. 11 서울 서대문구 3대현동 67-5 대현빌딩 3층(16평)에 전세입주, 동일방법으로 원자경 자칭, 사이비행각

74. 5 서울 동대문구 제기2동 122-16 박경순 집에 전세입주, 동일방법으로 칙사, 태자마마 등 자칭, 사이비행각6

박정희 정권의 중앙정보부와 전두환의 합동수사본부를 거치며 작성된 것으로 보이는 '수사자료'에도 이러한 내용이 나온다. 70년대 들어 최태민은 서울과 대전 일대에서 난치병을 치료한다는 등 사이비 종교

---

5 "이름 7개, 부인 6명, 승려 목사 '최태민 미스터리'", 「한겨레」 2012.7.17.
6 "79년 중앙정보부 보고서 '최태민 비리 자료' 최초 공개", 「서울의소리」 2012.8.19.

행각을 벌였으며, 불교, 기독교, 천도교를 종합했다는 교리를 내세웠고, 자신을 '영세계의 칙사', '원자경', '태자마마'라 호칭했다고 한다.[7]

1973년 5월 13일자 「대전일보」 4면에는 '영세계(靈世界)에서 알리는 말씀'이라는 이상한 내용의 5단 8cm의 광고가 실렸다. 그 전문은 다음과 같다.

영세계 주인이신 조물주께서 보내신 칙사님이 이 고장에 오시어 수천 년 간 이루지 못하며 바라바라든 불교에서의 깨침과 기독교에서의 성령강림, 천도교에서의 인내천 이 모두를 조물주께서 주신 조화로서 즉각 실천시킨다 하오니 모두 참석하시와 칙사님의 조화를 직접 보시라 합니다.

일시: 5월 13일 오후 4시
장소: 대전시 대흥동 현대예식장

또한 모든 종교 지도자께서는 영세계 법칙을 전수받아 만인에게 참된 공헌을 하기를 바랍니다.[8]

광고 하단에는 특히 "난치의 병으로 고통받으시는 분께 현대의학으로 해결치 못하여 고통을 당하고 계시는 난치병자와 모든 재난에서 고민하시는 분은 즉시 오시어 상의하시라"는 말도 덧붙였다. 그리고 '칙사님의 임시숙소'는 '대전시 대사동 케이블카 200m 지점 감나무 집'이라

7 위의 글.
8 "박근혜-최태민 20년 커넥션", 「월간 중앙」 1993년 11월호, 209.

적었다.

이 광고에는 칙사란 표현은 세 차례 등장한다. 최태민은 이른바 '영세계(靈世界) 교리'를 전하는 '칙사'(勅使)로 활동했으며, 이를 신문광고를 통해 알렸다. 칙사의 사전적 의미가 '임금의 명령을 전달하는 사신'이라는 점에서, 그는 '영세계 교리'를 전하는 '영적 메신저'로 자처한 것이다. 칙사 최태민이 말하는 영세계 교리란 불교에서의 깨침, 기독교에서의 성령강림, 천도교에서의 인내천을 조화시킨 영혼합일법이었다.[9] 종교 혼합적인 사이비 종교의 전형적인 특성이 그대로 드러난다.

일부 언론에서 최태민은 기독교-불교-천주교를 통합한다는 명분으로 1970년대 초 '살아 영생'이란 교리를 표방해 영생교를 세우고 1973년에 본부를 설립한 것으로 보도하였다.[10] 이는 사실이 아니다. 최태민의 영세교(靈世敎)와 조희성의 영생교(永生敎)는 그 교주와 교리가 전적으로 다르고 둘 사이의 계보적 관련성은 전혀 없다.[11]

1973년 7월 또 다른 전단이 대전 시내에 뿌려졌다. "찾으시라! 들으시라! 대한민국은 세계 주인국이 될 운세를 맞이했다는 칙사님의 권능과 실증의 말씀"으로 시작되는 "영세계에서 알리는 말씀"이라 제목한 것이었다. 요약하면 "한국은 현재 후진국인데, 조물주가 세계 주인국으로 이미 정해 놓았다. 그 사명을 칙사(勅使)님이 받아 이 땅 위에 오신 것"이라는 내용이었다.[12] 자신을 조물주의 사자(使者)로 신격화한 것으로 볼 수 있다.

---

9 "이름 7개, 부인 6명, 승려 목사 '최태민 미스터리'", 「한겨레」 2012.7.17.
10 "최순실 아버지 최태민씨가 세운 '영생교'는", 「중앙일보」 2016.10.26
11 "최태민의 '영세교', 영생교와는 다르다", 「국민일보」 2016.10.28.
12 "박근혜-최태민 20년 커넥션", 210.

최태민은 1973년 7월에서 대전시 선화 1동 동사무소 앞으로 숙소를 옮기고 '영세교 칙사관'이라는 간판을 내걸었다. 병을 고치기 위해 찾아오는 사람들에게 색색의 둥근 원을 벽에 붙여 놓고 '나무자비조화불'이란 주문을 외우며, 그 원을 집중적으로 응시하면 병이 낳는다고 하였다.

　　특이한 것은 방금 전까지 '아파 죽겠다'고 소리치던 환자들이 이 의례를 거치고 나면 다 나은 듯이 웃음을 짓는다는 사실이다. 무당들도 '원자경' 교주 앞에서는 꼼짝도 하지 못하고 벌벌 기었다. 뿐만 아니라 원자경 교주를 만나고 난 후 무당들이 신기(神氣)가 떨어져 그 업을 작파하는 경우도 생겨났다. 소문을 듣고 찾아온 다른 무당들도 그 앞에 엎드려 절부터 했다. 이로써 그는 신통력 있는 도사로 확고한 위상을 굳히게 된다.[13]

　　최태민의 치료 방법이 일종의 최면술에 가까웠다. 그의 4촌 최용석의 증언을 따르면 "최태민이 실제로 '사람의 마음을 사로잡는 능력', 즉 '최면술'에 능했다"고 한다.[14]

　　그 당시 국제종교문제연구소 소장이었던 탁명환이 문제의 감나무집을 수소문하여 찾아보았다. 대전 보문산 골짜기 대사동에 위치한 그곳에서 최태민 '칙사님'을 만났다. 그는 자신을 '원자경'이라 소개했다. 자신의 영특함은 둥근 원에서 출발한다며, 자신의 숙소 벽면에 그려진 둥근 원을 똑바로 응시하면서 '나무자비조화불'이라는 주문을 계

13 "박근혜-최태민 20년 커넥션", 210.
14 "사이비교주 최태민 최면술로 박근혜 홀렸다", 「고발뉴스」 2016.10.28.

속 외웠다고 한다. 그렇게 하면 만병을 통치할 수 있고 도통의 경지에 이른다는 주장이다. 그것이 그가 말하는 '영세계 원리'라는 것이다.[15]

그런데 박근혜 대통령이 공식 석상에서 목에 걸고 나오는 목걸이가 바로 최태민이 주술적으로 사용한 둥근 원을 본뜬 것이라는 주장이 있다. 청담동의 '베켓'이라는 곳에서 최순실이 구매해서 공급한다는 것이다.[16]

최태민은 1973년 11월에는 활동 무대를 서울 서대문구 대현동 대현빌딩 3층으로 옮긴다. 바로 이화여대 앞인 이곳에서 '영세교'라는 간판을 내걸었다. 1990년 11월 23일자 「동아일보」 보도에 따르면, 4개의 교리를 합쳐서 만든 영세교 교주가 최태민이라 했다. 16평 정도 크기의 영세교 본부에는 그의 신통력을 추종하는 신도들이 몰려들자, 74년 5월에는 동대문구로, 그해 8월에는 다시 북아현동으로 본부를 옮겼다. 이때 추종자가 한 300여 명 정도였다고 한다.[17]

III. 최태민의 '육영수 여사 현몽'과 박근혜와의 만남

최태민이 대전에서 서울로 옮겨온 다음해인 1974년 8월 15일 광복절 기념식장에서 재일 한국인 문세광에 의해 육영수 여사가 피살되는 사건이 일어났다. 박근혜의 충격은 이루 말할 수 없었다. 그녀는 어머니가 "돌아가신 후 얼마나 방바닥을 긁으며 서러워했는지 손톱이 다 닳을

---

15 위의 글, 210.
16 "최순실이라는 종교에 빠진 박근혜", 「딴지일보」 2016.10.25.
17 위의 글, 211.

지경"[18]이었다고 회고하였다. 이즈음 각계각층에서 박근혜를 위로하고 격려하기 위한 전화와 편지들이 헤아릴 수 없을 정도였다.

　1979년 중앙정보부 보고서에는 "최태민은 영혼합일법(일종의 최면술) 등 사이비종교 행각으로 전전하던 75년 2월 말경 박근혜에게 3차에 걸쳐 꿈에 '육 여사가 나타나 근혜를 도와주라'는 현몽이 있었다는 내용의 서신을 발송"하였다고 한다.[19] 『김형욱 회고록』은 편지 내용을 이렇게 전한다.

"어머니는 돌아가신 게 아니라 너의 시대를 열어 주기 위해 길을 비켜 주었다는 걸 네가 왜 모르느냐. 너를 한국, 나아가 아시아의 지도자로 키우기 위해 자리만 옮겼을 뿐이다. 어머니 목소리가 듣고 싶을 때 나를 통하면 항상 들을 수 있다." 그리고 최태민은 육 여사가 꿈에 나타나 "내 딸이 우매해 아무 것도 모르고 슬퍼만 한다"면서 "이런 뜻을 전해 달라"고 했다며 편지를 썼다는 것이다.[20]

　전여옥 전 한나라당 대변인은 박근혜 자신도 이와 비슷한 현몽을 하였다는 것을 직접 들었다고 증언하였다.[21]

　이른바 '육영수 여사가 최태민의 꿈에 나타나 박근혜가 나의 뒤를 이어 아시아의 지도자가 될 것'이라 현몽한 것에 대해 최태민은 이를 부인했다. 그는 한 인터뷰에서 "'현몽' 등의 말이 대학 교육을 받은 박(근혜)

---

18 "박근혜-최태민 20년 커넥션", 197.
19 "79년 중앙정보부 보고서 '최태민 비리 자료' 최초 공개", 「서울의소리」 2012.8.19.
20 "박근혜-최태민 20년 커넥션", 198.
21 "박근혜 대표 연설문 모처 거치고 나면 '걸레' 돼 오더라", 「조선닷컴」 2016. 10. 29.

이사장에게 먹혀들 것 같아요?"라며 "'현몽'이나 정식으로 접견 신청 내용 따위는 쓰지 않았다. '위로 말씀을 전하며 기회 있으면 한 번 만나주시길 바랍니다'라는 말로 끝맺었다"라고 말했다고 한다. 박근혜도 현몽설을 부인했다.[22]

영세교의 교주 최태민이 시민들을 현혹했던 현몽의 수법이 1970년대 홍보 전단에서 확인된다. 태민이 1973년 5월 13일 '영세계 교리'를 선포하고 난 후 두 달 뒤인 7월에 제작한 이 전단에서 그는 자신이 찾는 사람들을 여섯 가지 부류로 제시했다. '조물주의 역군으로서 인류를 위해 앞장서실 분', '태몽을 받고 출생하신 분', '현몽을 받고 계시는 분', '기도를 게을리 하지 않고 계시는 분', '신앙 없이 방황하시는 분', '신이 들렸거나 신이 쏠려있는 분'은 칙사관(勅使館)을 찾아오거나 상담을 받으라고 하였다. 전단에는 태몽(胎夢)이나 현몽(現夢) 경험자들을 초청하는 내용이 포함돼 있어 꿈을 이용해 박근혜 당시 큰 영애에게 접근했던 것이 최 씨의 전형적인 수법이었음을 보여준다.[23] 최태민은 이러한 현몽과 더불어 자신이 육영수 여사 영혼에 빙의됐다고 주장하며 박근혜에게 접근한 것이다.[24]

앞에서 언급한 것처럼 최태민은 영세교 교주로서 자신의 영적 세계를 알려주는 칙사(勅使)라 자처하였기 때문에, 육영수의 현몽을 이용하여 박근혜에게 접근하였고, 이 현몽에 박근혜가 특별한 관심을 보여준 것은 이후의 그들의 행보를 통해 확인할 수 있다.

---

22 "이름 7개, 부인 6명, 승려 목사 '최태민 미스터리'", 「한겨레」 2012.7.17.

23 신상목, "최태민, '현몽'으로 사람들 현혹… 朴 대통령도 '맹신'", 「국민일보」 2016.10. 28.

24 "박지만 폭탄발언, 혼령 '접신설' 뒷받침하나 '오싹'", 「CBS뉴스」 2016.10.27.

현몽이라는 것은 사이비 교주가 자신의 영적 우월성을 강조하기 위해 자주 사용하는 수법이다. 이를 통해 교주가 특정인의 영적 상황을 본인보다 잘 아는 것처럼 착각하게 만들어 교주를 맹종하도록 만든다. 이를 계기로 나중엔 교주에게 예속되는 경우가 많은 것이다. 신천지도 포교 과정에서 꿈을 가장하여 영적 우월성을 확보하여 전도하고 통제하는 수법을 가르치고 있는 것으로 알려져 있다. 이단들이 꿈을 이용하여 상대방에 대한 영적 우월성을 확보하고 이를 계기로 주종관계의 영적 통제를 획책하는 사례는 허다하게 발견된다.

어쨌든 '아시아 지도자가 될 것이라는 육 여사의 현몽'에 감동을 받은 박근혜는 1975년 3월 6일 최태민을 청와대로 불러 대화를 나눴다. 육 여사 사후 박근혜는 최태민뿐 아니라 많은 목사, 스님, 수녀들을 청와대에 초청하였다. 그리고 "남한테 그토록 존경받았던 어머니가 왜 그렇게 돌아가셔야 하느냐"라고 물었다. 초청을 받은 종교인들은 듣기 좋은 말로 "천당이나 극락에 갔다는 얘기만 했다"고 한다.[25]

그런데 최태민의 대답은 그들과 전적으로 달랐다. 흉탄으로 돌아가신 어머니의 죽음으로 절망에 빠져 있던 박근혜에게 '잠시 자리를 비켜준 어머니 대신 국모의 역할'을 대신해야 하며, 나아가 '아시아의 지도자'가 되어야 한다는 '영적 메시지'를 통해 어머니의 죽음의 이유와 함께 자신의 미래에 대한 새로운 꿈과 희망을 제시한 것이다.

천당에 갔는지 지옥에 갔는지 누가 어떻게 알겠는가. 어머니는 바로 당신한테 후광을 주고자 잠시 자리를 비켜 앉았다. 이제 어머니 대신 당신이 나서

---

25 "박근혜-최태민 20년 커넥션", 198.

486 한국의 이단 기독교

야 한다"라 하였다. 나라를 위한 외부 활동을 해야 한다고 3시간 넘게 설득하였고 박근혜는 상당한 감동을 받고 긍정적인 반응을 보인 것으로 짐작된다.26

70년대 말 대한예수교장로회 종합총회의 총회장으로 최태민 목사에게 목사 안수를 준 전기영 목사는, 현몽에 대한 편지를 청와대에 보낸 최태민이 그후 박근혜를 청와대에서 만났을 때 "육 여사의 표정과 음성으로 빙의"하여 박근혜와 대화했다는 사실을 직접 전해 들었다고 밝혔다. 그는 최태민이 "육 여사가 내 입을 빌려 딸에게 나 따르면 좋은 데로 인도할 것이라 말했고, 육 여사 빙의에 놀란 박근혜가 그 자리에서 기절했다가 깨어났다. 그때 박근혜는 입신한 상태였다" 말했다고 증언하였다.27

Ⅳ. 사이비 목사 최태민과 대한구국선교단

1975년 4월 10일 최태민 교주는 '영세교'의 간판을 내리고 '대한구국선교단'의 간판을 내걸었다. 이즈음 최태민은 목사로 등장한다. 최태민 목사가 안수를 받을 당시 군소 교단 대한예수교장로회 종합총회의 부총회장이었던 전기영 목사(78세)의 최근 증언에 따르면 "최태민에게 주술가가 돼서는 세상에 먹힐 수가 없다고 해서 목사 안수를 받을 것을 제안

26 위의 글.
27 "최태민은 주술가이자 무당… 박근혜와 영적 부부라 말해", 「국민일보」 2016.10.30.

했고, 신학교육 과정 없이 바로 안수를 줬다"고 한다. "당시 총회가 가난해서 10만 원 받고 목사 안수를 남발할 때"였다는 것이다.[28] 돈을 주고 목사직을 샀다는 것이 교계의 중론이다.[29]

최태민이 한구국선교단을 급조하기 위해 목사직을 매수하였을 뿐 실제로 목회를 한 적이 한 번도 없었다. 그의 비리가 드러나 1년 만에 구국선교단이 구국봉사단으로 바뀌었고, 이 단체 역시 1년 만에 박정희 대통령의 지시로 해체되었기 때문이다. 그럼에도 불구하고 목사라 사칭해 온 것이다.

최태민은 1975년 4월 29일 대한구국선교단을 설립하고 총재가 됐다. 박근혜를 명예총재로 추대했다. 5월 어느 날 각 교계신문에 난 「대한구국기도회」에 관한 기사에 최태민 목사의 사진을 실린 것을 보고, 1년 전에 대전에서 그를 만난 적이 있었던 탁명환은 다시 그를 방문하였다. 탁명환은 영세교의 원자경 교주가 최태민 목사로 변신한 것에 놀랐다. 그와 대화 끝에 "최 총재의 목사직은 온당치 않으니 가짜 목사의 탈을 벗어야 한다"고 직언하였다. 이에 대해 최태민을 수행하던 다른 목사 2명이 "탁 소장! 말조심하십시오. 지금 이분이 누구라고 함부로 말이라면 다하는 거요. 그런 식으로 말하면 탁 소장 신상에 좋지 않아요"라고 발끈했다.[30]

1973년 5월 한경직 목사 주도로 세계적인 대부흥사 빌리 그레함 목사를 초청하여 여의도 광장에서 전국의 기독교인들이 참여한 대형 전도

---

28 "최태민, 「박근혜가 대통령 될 테니 근화봉사단 맡아달라」", 「CBS노컷뉴스」 2016.10.30.
29 "'최태민, 목사 아니다' 한국교회언론회 논평, '목사' 호칭 중지 촉구", 「문화뉴스」 2016. 10.25.
30 "박근혜-최태민 20년 커넥션", 226.

집회가 있었다. 이듬해 1974년 8월에는 김준곤 목사 주도로 '엑스포 74'를 여의도 광장에서 개최하였다. 이 두 집회에 기독교인들 수백만 명이 모였다.

최태민은 자신이 교주로 있는 영세교의 교세로서는 박근혜를 설득할 수 없다고 생각하고, 기독교의 교세를 이용할 의도로 목사가 된 것으로 추정할 수 있다. 그 근거는 최태민은 1973년 7월에 제작한 전단에서 빌리 그래함이 대한민국을 영적 종주국이라고 언급한 내용에서 확인할 수 있다.

> 가진(갖은) 서러움과 모욕을 당하면서 살아온 이 민족의 한이 이제 세계 주인국이라는 찬란한 엄연한 현실이 우리 민족 앞에 놓여 있습니다. … 세계종교사상 유래 없는 인파가 모인 서울 5·16 광장에서 부흥사 빌리 그래함 박사는 대한민국을 영적 종주국이라 했다.[31]

최태민은 한편으로 기독교인들의 반공정신과 그 동원력을 이용하기 위해 "기독교반공운동을 위해 승공(勝共) 정신을 함양한다는 목적"으로 박근혜를 앞세워 대한구국선교단을 발족한 것이다. 이 선교단에는 강신명(대한예수교장로회 통합), 최훈(예장 합동), 박장원(기독교대한감리회) 목사 등 10개 교단 목회자들이 참여한 것으로 당시의 언론에 보도되었다.[32] 이들 교계지도자들이 박근혜가 참석한다는 빌미로 1975년 5월 11일 오후 3시 임진강변에서 2,000명의 기독교인들을 동원하여 구국

---

31 신상목, "최태민, '현몽'으로 사람들 현혹… 朴 대통령도 '맹신'", 「국민일보」 2016.10. 28.

32 "최태민씨, 박 대통령·교회 앞세워 이권 챙겼다", 「국민일보」 2016.10.28.

기도회를 개최하였다. 말이 기도회이지 실제로는 '반공과 안보'를 전면에 세운 궐기 대회였다. 그 자리에 참석한 박근혜에게 즉석 제안해서 명예 총재로 추대하였다.[33]

23세의 박근혜는 이 집회에서 난생처음으로 대중들의 열렬한 환영을 받았다. 최태민은 박근혜에게 구국선교단이 나중에 큰일을 하기 위해 필요한 조직이라 설득하였다. 그는 전국의 동 단위까지 조직을 확대해 최대 300만 명의 단원을 확보할 계획이라고 하였다. 최태민이 '아시아의 지도자가 될 것이라는 육영수의 현몽'의 실현 가능성을 보여 주기 위해 구국선교단을 이용한 것으로 보이는 대목이다. 그리고 자신의 '현몽과 영적 메시지'에 이어 박근혜로 하여금 자신을 전적으로 의지하도록 심정적으로 꽁꽁 묶어 두려는 것이 이 두 번째 사업, 즉 '임진강 집회'의 목적이었다는 것이 「월간 조선」의 평가이다.[34]

한편 최태민은 한국구국기도회 개최 준비를 하면서 박근혜에게 "박정희 대통령에 대해 기독교 목사들이 모두 반대하는 건 아닙니다. 그게 궁금하면 5월 11일 임진강가로 나와 보십시오. 놀라운 일이 있을 것입니다"[35]라고 하였다. 당시에는 박정희의 유신체제에 대해 비판하는 기독교인들이 많았기 때문이다.

전기영의 증언 따르면 "박정희 전 대통령이 최태민을 불러 민주화 운동을 하는 진보 기독교 세력이 강하다며, 이를 견제할 세력을 만들라 했다"고 한다.[36] 1973년 3월 20일 베트남에 파병됐던 주월한국군 개선

---

33 1976년 12월 10일에는 '구국봉사단'으로, 1979년 5월 1일에는 '새마음봉사단'으로 각각 개명되었다.

34 "박근혜-최태민 20년 커넥션", 199.

35 위의 글.

국민환영대회가 서울운동장에서 열렸다. 이 자리에서 박정희 대통령은 "어제의 평화십자군이 오늘의 유신(維新) 십자군, 구국의 십자군이 되게 하자"라고 촉구했다. 그런데 박 대통령이 이야기한 '구국의 십자군'은 2년 뒤 현실로 나타난 것이다.37 박정희 대통령이 최태민을 통해 반공이념이 투철한 보수 기독교 세력을 이용한 셈이 된다.

1975년 6월 21일에는 배재고등학교에서 '대한구국십자군' 창군식을 거행하였다. 박근혜 명예총재가 격려사를 하였다. '구국과 멸공'을 위해 구국십자군을 창설하여 목회자 100여 명을 초청하여 전방 사단에서 2박 3일 특수군사훈련을 시행하며 숙식을 제공한다고 발표했다.38 전기영은 최태민이 "돈이 정말 많았다"며 "목사들에게 10만 원씩(1970년대 당시) 주는 일은 예사"였다고 한다. 그는 최태민이 "자신에게도 당시 아파트 한 채 값보다 많은 6백만 원을 준 적이 있다"고 증언했다.39

최태민이 한국교회를 이용한 행적은 1975년 8월 14일 대한구국선교단, 대한구국십자군 총사령부, 대한구국선교단여성후원회 주최로 열린 육영수 여사 추모예배서도 드러난다. 이날 예배에도 교계 인사들이 대거 참석했다.40

박근혜는 같은 해 9월 22일에 열린 구국여성봉사단의 수원·화성지부 결성대회에 참석하여 격려사를 했다. 수원시민회관에서 열린 이 대

36 "최태민의 대한구국선교단 창설은 박정희 지시, 민주화 세력에 대응하려고 만들었다", 「CBS노컷뉴스」 2016.10.29.
37 "박근혜, 목사 총검술 '구국십자단' 지원", 「오마이뉴스」 2012.10.22
38 "기독교구국십자군 창설하기로", 「경향신문」 1975.5.21.
39 "최태민의 대한구국선교단 창설은 박정희 지시, 민주화 세력에 대응하려고 만들었다", 「CBS노컷뉴스」 2016.10.29.
40 "최태민씨, 박 대통령·교회 앞세워 이권 챙겼다", 「국민일보」 2016.10.28

회에는 조병규(趙炳奎) 경기도지사 등 지방 유지와 봉사단원 2,500명이 참석했다. 대통령 영애의 지원을 받는 이 단체가 준(準)관변단체처럼 움직이기 시작했다는 증거이다. 최태민과 박근혜의 주도로 구국연합기도회 등 수차례의 구국 행사들이 이어졌고, 관내 기관장과 공무원들이 총출동하여 들러리를 섰다.

1975년 12월 31일자 「조선일보」에 송년 소감을 밝히는 난에 최태민은 대한구국선교단 총재로서 이런 글을 썼다.

인지(印支, 베트남) 사태를 계기로 더욱 절실해진 국방력 강화를 위해 우리 기독교인들이 생명을 바칠 각오로 구국십자군을 창설한 것, 이와 더불어 기독교인들이 더욱 단합하게 된 것, 그리고 가난한 이들을 위한 봉사의 한 방법으로 야간무료진료센터를 개설한 것들이 뜻 깊은 일이다.

이러한 구국 집회들을 조직하고 성사시키는 과정을 보면서 박근혜는 최태민 목사의 능력과 추진력을 전적으로 신뢰하고 추종하게 된다. 이즈음 박근혜는 자신도 목사가 되기 위해 장로회신학대학교 기독교교육대학원에 한 학기를 다닐 정도였다. 당시 학장이었던 이종성은 "박정희 전 대통령 서거 2년 후로 기억"한다며, "당시 청와대 비서실장을 통해 (박근혜의 입학) 의사를 타진해왔다"고 밝혔다.[41]

육영수의 서거한 후 청와대 제2부속실에서는 어머니가 죽으면 딸이 그 역할을 대신한 여러 예가 실제로 있는 것을 검토하고 박정희 대통령

---

41 "박근혜 전 대표, 장신대 다닌 적 있다", 「뉴스파워」 2007.4.21.

에게 건의하였다. 그래서 '퍼스트레이디 역할은 큰 영애가 한다'고 발표하였다. 박근혜는 스스로도 퍼스트레이디 역할에 충실하려고 노력하였다. 시간이 갈수록 자신감도 갖게 되었다. 그렇다고 스스로 대통령이 될 꿈을 꾼 것은 아니었다. 그런데 대통령이 될 수도 있다는 "대망의 불씨를 피워 넣은 사람이 최태민이라는 분석이 많다."[42] 실제로 박근혜를 사람들은 육영수 여사 이상으로 대우했다. 최태민이 박근혜에게 '육여사의 뒤를 이을 지도자'가 될 것이라 계속 부추긴 것으로 보인다. 그가 "그 고리로 박근혜를 포로처럼 잡은 것이다. 최태민 씨는 처음부터 이 모두를 계산 속에 넣어 두고 일을 실행한 사람이다"라는 것이 「월간조선」의 또 다른 평가이다.[43]

1976년에는 구국선교단은 '구국봉사단'으로 이름을 바꾼다. 이즈음 최태민과 관련하여 각종 이권개입, 횡령, 사기, 융자 알선 등 권력형 비리와 여러 여성들과의 스캔들에 관한 의혹이 쏟아져 나왔기 때문이다.[44] 정보 당국에서도 문제의 심각성을 느끼고 이를 박정희 대통령에게 보고하였다. 정부에 보관 중인 한 수사기록에는 최태민에 대해 "1975년 4월 29일 박근혜의 후원으로 자신의 심복 및 사이비 종교인을 중심으로 대한구국선교단을 만들고 최태민을 총재, 박근혜를 명예총재로 하여 구국 선교를 빙자해 매사에 박근혜의 명의를 팔아서 이권 개입 및 불투명한 거액금품 징수로 이권단체화하면서 치부한 자"라고 적고 있다.[45]

---

42 "박근혜-최태민 20년 커넥션", 214.
43 위의 글, 215.
44 "이름 7개, 부인 6명, 승려 목사 '최태민 미스터리'", 「한겨레」 2012.7.17.
45 "79년 중앙정보부 보고서 '최태민 비리 자료' 최초 공개", 「서울의소리」 2012.8.19.; "박근

전기영(서산 충성교회 목사)은 당시 불거진 주술가요 무당이었던 '최태민 · 박근혜 연인설'에 대해 최태민에게 직접 물어본 적이 있었는데, 그때 그는 "박근혜와 나는 영의 세계 부부이지 육신의 부부가 아니다"고 말한 걸 들었다고 증언했다.[46]

일부 목회자들이 기독교, 불교, 천도교 사상을 혼합한 영세계(靈世界) 교리를 설파했던 사이비 교주 최태민이 하루아침에 사이비 목사로 변신한 것을 모르고 속았던 것은, 그가 박근혜 영애를 앞세워 '구국', '선교', '십자군'이라는 단어로 포장했고 박정희 대통령이 음으로 양으로 이를 지원했기 때문으로 추정된다.[47]

V. 최태민의 비리와 박정희 대통령의 친국

청와대 공보비서관이었던 선우련의 비방록에 의하면 1977년 9월 12일 박정희 대통령이 김재규 중앙정보부장과 백광현 정보부 7국장 그리고 박근혜를 배석시켜 최태민의 비리와 뇌물수수 혐의에 대해 직접 친국(親鞫)을 한 과정이 묘사돼 있다. 최태민이 박근혜와의 친분 관계를 내세워 정계와 재계, 정부 관료와 접촉해 인사, 승진, 공천, 공사 수주 등의 명목으로 금품을 수수하고, 입회비와 후원금을 빼돌리는 등 공금을 횡령한 것으로 드러났기 때문이다. 중앙정보부의 수사 자료에는 총 44건 3억 1,700만 원(현재 약 40억 원 상당)의 비리 사실이 적시돼 있다.

혜-최태민 20년 커넥션", 203.

46 "최태민은 주술가이자 무당… 박근혜와 영적 부부라 말해", 「국민일보」 2016.10.30.

47 "최태민씨, 박 대통령 · 교회 앞세워 이권 챙겼다", 「국민일보」 2016.10.28.

1979년 중앙정보부 보고서에도 이와 비슷한 내용이 나온다.

75. 4. 29 박근혜의 후원으로 자신의 심복 및 사이비종교인 중심으로 대한
구국선교단(76.12.10 구국봉사단명, 79.5.1 새마음봉사단으로 각각 개
칭)을 설립하고 총재(박근혜는 명예총재)로 취임하여 구국선교를 빙자,
매사 박근혜 명의를 매명하여 이권개입 및 불투명한 거액금품징수 등 이권
단체화로 치부하는 한편, 복잡한 여자관계와 반대파에 대한무자비한 보복
등으로 원성이 고조.48

1977년 9월 20일 박 대통령은 세 가지 특명을 내렸다. '최태민을 거세
하고, 향후 근혜와 청와대 주변에 얼씬도 못 하게 하라. 구국봉사단 관련
단체는 모두 해체하라'는 것이었다.49 그러나 '친국' 사건 당시 박근혜는
아버지에게 울면서 최태민의 결백을 주장한 것으로 알려졌다.50 그리고
며칠 후 박정희 대통령은 선우연 비서관에게 "사실 지난번에 내가 특명
을 내리고 나서도 근혜가 엄마도 없는데 일까지 중단시켜서 가엾기도
하고, 나도 마음이 아팠어"라고 했다. 최태민을 가까이 하지 않는 조건
으로 박근혜의 구국봉사단 활동을 다시 허용하였다.
1977년 10월 5일 최태민은 총재직에서 사퇴한다. 박정희 대통령 시
절 정보기관에 몸담았던 사람들은 박 대통령이 정보부의 보고를 사법처
리 하지 않고, 왕조시대의 친국(親鞫) 방식으로 처리한 데 대해서 이해

---

48 "79년 중앙정보부 보고서 '최태민 비리 자료' 최초 공개", 「서울의소리」 2012.8.19.
49 "박근혜-최태민 20년 커넥션", 223.
50 "박지만, 박근령 1990년 '누나(언니)를 최태민에서 구해주세요' 노태우에 탄원서", 「경향
  신문」 2016.10.26.

할 수 없다고 평한다.[51] 친국은 전형적인 제왕적 행태이기 때문이다.

　1977년 12월 8일자 「중앙일보」 사회면에는 '대통령 영애 박근혜 양이 사단법인 구국여성봉사단의 총재로 취임했다'는 기사가 나온다. 다음 해 2월 22일에는 '구국여성봉사단'을 사단법인 '새마음봉사단'으로 개편하고 박근혜가 총재로 취임한다.[52]

　박근혜는 훗날 최태민에 대해 "어머니가 돌아가신 뒤 힘들었을 때 흔들리지 않고 바로 설 수 있도록 도와준 고마운 분"이라고 말한다. 각종 의혹에 대해선 "의혹은 많이 제기됐지만 실체가 없었다. 한 가지라도 사실이었다면 내가 국회의원이 될 수 있었겠나"라며 일축한 바 있다.[53]

　그러나 당시 청와대 비서실장이었던 김정렴의 회고에 따르면 박근혜가 직접 최태민의 이권 개입을 청탁하였다고 한다.

> 하루는 큰 따님[박근혜]으로부터 구국선교단을 지원하고 있는 어느 '건설
> 회사'와 '섬유공업회사'의 현안 문제를 해결해주었으면 한다는 이야기를
> 전해 들었다. 나는 아버지 박 대통령을 돕겠다고 순수하게 충효 선양운동을
> 시작한 큰 따님이 구국선교단에 이용될 위험성이 크다고 생각되어 즉각
> 박 대통령에 보고했다. 만약 대통령이 보기에도 큰 따님에게 자금이 꼭
> 필요하다고 판단된다면 비서실장이 자금을 추가로 마련해 드릴 터이니 대
> 통령이 큰 따님에게 직접 지원하되 그 대신 큰 따님에게는 금전 문제에
> 개입되는 일이 없도록 원천 봉쇄하는 것이 좋겠다고 건의했다.[54]

51 조갑제, "『박정희 전기』에 나타난 최태민이란 골칫거리", 「조선닷컴」 2016.10.27.
52 "이름 7개, 부인 6명, 승려 목사 '최태민 미스터리'", 「한겨레」 2012.7.17.
53 "박근혜 후보 인터뷰", 「중앙일보」 2007.6.17.
54 "박근혜, 최태민 청탁 의혹", 「시사인」 2012.12.10.

김재규 중앙정보부장이 작성하여 제출한 보고서에는 최태민이 대한 구국선교단을 조직한 후 14건의 횡령, 사기, 변호사법 위반, 권력형 비리, 이권개입, 융자브로커 등의 비위행각을 했던 것으로 적혀 있다. 또, 여성추문과 관련 12건의 내용이 적나라하게 기술되어 있다. 이 보고서는 1979년 10월 23일 김재규 중앙정보부장이 박정희 대통령에게 직접 올린 문건이다.[55]

그리고 3일 후 박정희 대통령에 총격을 가한 김재규는 10.26 사건의 정당성을 설파하면서 항소이유서에 "1975년 5월 구국여성봉사단 총재로 있는 최태민이라는 자가 사이비 목사이며 자칭 태자마마라 하고 사기횡령 등의 비위사실이 있는데다, 여자들과의 추문도 있는 것을 알게 되었는데, 이런 일을 아무도 문제 삼는 사람이 없어서 대통령에게 보고하였다"고 밝혔다. 그러나 박정희가 듣지 않았다고 한다. 주변의 비리에 대해 직보하고 충언을 했지만, 딸을 감싸기만 한 채 제대로 된 판단을 하지 못하는 박정희에 대해 그의 측근 중 한 사람으로서 크게 실망했고, 이것이 박정희 제거의 한 가지 이유가 됐다는 주장이다.[56] 김재규의 범행 동기를 수사한 한 관계자는 "김 부장은 이 사건 처리로 대통령에 대해 실망했고, 존경심이 약해지기 시작했다. 이 사건이 시해 동기의 하나"라고 하였다.[57]

1979년 10월 26일 박정희 대통령이 서거한 후 제일 먼저 박근혜를 찾아 온 이가 최태민이라 알려져 있다. 박정희 대통령이 죽었다는 전갈을 받고 "전방은요?"라 말한 박근혜의 반응은 대통령이 유고이니 '유신

---

55 "79년 중앙정보부 보고서 '최태민 비리 자료' 최초 공개", 「서울의소리」 2012.8.19.
56 "최태민 조사 중정보고서·김재규 항소이유서", 「동아일보」 2016.10.26.
57 조갑제, "박정희 전기에 나타난 최태민이란 골칫거리", 「조선 PUP」 2016.10.27.

공주'인 자신이 유신 헌법에 따라 통일주체국민회의의 추대를 받아 아버지의 뒤를 이어 대통령이 될 것으로 알고 있었을지도 모른다고 설명하는 이들도 있다.

> 고상만 전 의문사진상규명위 조사관은 "박근혜가 박정희 사후에 '전방은요?'라 한 점은, 투철한 국가관의 표징이라기보다는, 자신이 박정희에 이어 왕위를 이어받았다는 판단의 단면이 아닌가 추정된다"라고 말했습니다.[58]

아버지가 살아 있을 때 '죽으면 따라 죽을 것처럼 아부하던 인사'들이 박정희 대통령을 비판하는 것을 보고 박근혜는 심한 배신감을 느꼈다는 것을 여러 번 토로하였다. 박근혜가 1980년대를 배신자들에 대한 분노로 고통스럽게 지냈다고 자주 토론한 것은 자신이 아버지의 뒤를 이어 대통령이 되어야 하는데, 전두환 장군이 유신헌법에 따라 대통령으로 추대된 것이 배반을 뜻한다는 분석도 없지 않다.

그러나 최태민과 그의 딸 최순실은 달랐다. 언젠가는 육영수 여사의 현몽대로 될 것을 의심하지 않았을 것이다. 몇몇 증언이 이를 뒷받침한다. 박정희 대통령이 죽고 난 후 최태민이 찾아와 "앞으로 박근혜 씨가 대통령으로 나올 게 틀림없는데 나를 도와주시오"라고 전기영 목사에게 부탁한 적이 있다고 한다.[59] 그들은 시종일관 박근혜를 지지하고 옹호하였다. 아버지에게 수많은 혜택을 입었던 무수한 사람들의 배신 속

---

58 https://twitter.com/funronga/status/459892152135196672(2014. 4. 25).
59 "최태민, '박근혜가 대통령 될 테니 근화봉사단 맡아달라'", 「CBS노컷뉴스」 2016.10.30. "박근혜가 대통령이 될 테니 당신이 근화봉사단을 맡아달라"고 하면서 "조흥은행 안국동 지점에 원금 13억, 이자 9천만 원이 있는데 당신이 이것을 사용하라 제안했다"고 밝혔다.

에서 그 둘의 의리는 박근혜에게는 당연히 돋보일 수밖에 없었다.[60] 박근혜의 마음에는 최태민과 최순실만 믿고 의지할 대상이라는 것이 더욱 확고하게 자리 잡게 되었다.

박정희의 죽음 이후 전두환이 지휘하는 합동수사본부는 최태민을 서빙고에 잡아놓고 1주일 정도 강도 높게 조사했다. 당시 보안사 대공처장 이학봉은 「신동아」 2007년 6월호 인터뷰에서 최태민 목사에 대한 처리를 증언했다.

> 강원도로 보내 활동하지 못하도록 했다. 조용하게 자숙할 필요가 있었다. 그러나 강원도에 그리 오래 두지는 않았다. 구체적 비리 혐의는 기억나는 것이 없고 그가 기업체로부터 돈을 뜯어낸 것으로 확인된 게 얼마가 되는지… 별로 없었던 것 같다.[61]

합동수사본부는 최태민을 전방부대에 보내 6개월간 가둬 버렸다. 풀려난 최태민 목사가 그동안 서빙고에서 조사받은 일, 전방부대에 감금된 일들을 다 박근혜에게 불었다고 한다.

1982년 3월 1일 전두환 정권의 암묵적 배려로 박근혜가 그의 어머니가 1969년 설립한 육영재단 이사장에 취임한다. 최태민은 육영재단의 이사로, 고문으로 활동하며 운영에 깊숙이 개입했던 것으로 알려져 있다. 그의 사위도 육영재단에 관여했다. 최태민의 영적 후계자로 알려진 5녀 최순실은 1986년에 육영재단 부설 유치원 원장으로 취임하였다.

---

60 "박근혜-최태민 20년 커넥션", 217.
61 "최태민 루머에 침묵으로 동조", 「오마이뉴스」 2016.5.24.

이때부터 육영재단의 어린이회관에선 최태민과 최순실의 전횡이 또다시 불거졌다. 「여성중앙」 1987년 10월호에 따르면 최태민 목사에게 우선 보고해야 이사장인 박근혜의 결재를 받을 수 있으며, 최순실도 회관 운영에 개입했다고 한다. 그 무렵 재단에서 발행하던 잡지사 기자들의 파업과 직원들의 농성도 모두 외부 세력이라 표현된 최태민과 최순실 부녀의 간섭이 원인이었다.

VI. 근령과 지만 남매가 노태우 대통령에게 보낸 탄원서

육영재단 문제가 세간의 이목을 집중시킨 것은 박정희 전 대통령의 차녀 박근령과 아들 박지만이 1990년 8월 노태우 당시 대통령 내외에게 보낸 탄원서 때문이었다. 그 내용은 '언니 박근혜가 남자에게 최면이라도 걸린 듯 빠져서 정신을 못 차리고 있으니 구해 달라'는 충격적인 것이었다.

최 씨를 다스리기 위해서는 언니인 박근혜의 청원(최태민 씨를 옹호하는 부탁 말씀)을 단호히 거절해 주시는 방법 외에는 뾰족한 묘안이 없을 것 같습니다. 그렇게 해 주셔야만 최 씨도 다스릴 수 있다고 사료되며 우리 언니도 최 씨에 대한 잘못된 인식과 환상에서 깨어날 수 있을 것이옵니다. 진정코 저희 언니는 최 씨에게 철저히 속은 죄밖에 없습니다. 그렇게 철저하게 속고 있는 언니가 너무도 불쌍합니다! 대통령의 유족이라는 신분 때문에 어디에 하소연할 곳도 없고 또 함부로 구원을 청할 곳도 없었습니다.62

이들 남매는 탄원서에서 "최태민이 아버님 재직 시 아버님의 눈을 속이고 누나(박 대통령)의 비호 아래 치부했다는 소문이 있는데, 아버님이 돌아가신 후 자신의 축재 행위가 폭로될까 봐 누나를 방패막이로 삼고 있다"고 밝혔다. 최태민이 박 대통령을 앞세워 육영재단을 통해 여전히 부정축재를 하는 등 전횡을 저지른다고 탄원한 것이었다. 그리고 "이번 기회에 언니가 구출되지 못하면 언니와 저희들은 영원히 최태민의 손에서 벗어나지 못하고 그의 장난에 희생되고 말 것"이라고 호소하였다.

이러한 분란은 1990년 11월 15일 박근혜가 여동생 박근령에게 이사장직을 물려 줄 때까지 계속되었다. 박근혜는 1991년 중앙일보와 인터뷰에서 "(최태민이) 우리 사회를 걱정하는 사람으로 느껴서 그분과 같이 일하게 됐다"라 해명한 바 있다. "내가 누구에게 조종을 받는다는 것은 내 인격에 대한 모독"이라 반박하기도 했다.63

2007년 6월 한나라당 대선 후보 경선 당시 이명박 후보는 '최태민 관련 의혹'을 문제 삼았다. 이명박 측에서 "최태민 목사 관련 내용들은 가히 충격적"이라며, "영남대 이사장 재직 시 최 씨 가족들이 사학재단 비리를 저질렀다는 의혹, 육영재단 운영에서 최 씨 일가의 전횡과 재산 증식 의혹, 정수장학회 현 이사장이 과거 박 후보와 최 목사의 연락 업무를 담당했다는 의혹" 등이 모두 사실이라고 밝혔다. "최태민 일가와의 관계는 과거완료형이 아니라 현재진행형, 미래진행형"이라고 주장하였다.64 하지만 박근혜 후보는 "이런 식으로(네거티브) 하는 것은 천벌

---

62 "'언니를 구해달라' 박근령·지만 남매가 쓴 편지", 「위키트리」(보도자료), 2016.10.25. "대통령 각하 내외분께 드리는 호소문"이라는 A4용지 12매 분량의 문서이다.
63 "박근혜와 최순실, 과연 누가 대통령인가", 「미디어투데이」 2016.9.20.

을 받을 일"이라며 최태민 일가를 두둔했다.[65]

2007년 7월 20일 당시 알렉산더 버시바우 주한 미국대사가 본국에 보낸 대선정국과 관련된 전문에는 "최태민이 박근혜의 몸과 마음을 완전히 통제"하고 있다는 놀라운 내용이 포함되어 있다.

아마도 그녀의 어머니(육영수 여사)가 피살된 이래 그녀가 자신을 희생하며 국가를 위해 봉사해왔다는 이미지에 더 큰 상처를 낸 것은, 카리스마 넘치는 고(故) 최태민 씨와의 관계였다. 최태민은 박의 인격 형성기 동안 그녀의 몸과 마음을 완벽하게 통제했고, 그의 자녀들은 이로 인해 막대한 부를 축적했다는 루머가 파다하다.[66]

버시바우 대사는 '최태민이 한국의 라스푸틴이라고 불린다'는 사실도 덧붙였다.[67] 라스푸틴은 시베리아의 사이비 사제로서 제정 러시아의 마지막 황제 니콜라이 2세의 아들 알렉세이의 혈우병을 치유해 준다고 접근하여 황후를 육체적, 정신적으로 통제한 후 황제마저 장악하고 러시아 정국을 농락하였던 자이다. 당시 극심한 신경쇠약에 시달리는 알렉산드라 황후는 라스푸틴 없이는 하루도 견디지 못하는 지경에까지 이르게 되자 라스푸틴은 이를 이용하여 니콜라이 2세를 사실상 허수아비로 만들며 폭정을 일삼았다. 그 결과 로마노프 왕가는 몰락하고 마지막 짜르 니콜라이 2세의 모든 가족이 몰살당했다. 그리고 이 와중에

64 "李측 '朴이 대통령 되면 최태민 일가 국정농단'", 「뉴시스」 2007.6.18.
65 "박 대통령은 왜 최태민 가족 곁을 떠나지 못하나", 「오마이뉴스」 2016.10.25.
66 "'최태민, 박근혜 완벽 통제' 美 기밀문서 다시 보니", 「국민일보」 2016.10.29.
67 "'최태민은 한국의 라스푸틴' 2007년 미 대사관 외교전문", 「중앙일보」 2016.10.27.

러시아는 공산화되었다.

최태민에 관한 의혹의 결정판은 박근혜 후보와 최태민 사이에 숨겨둔 아이가 있다는 '사생아' 루머다. 박 후보는 청문회에서 "애가 있다면 데리고 와라. 검사까지 해주겠다"고 반박한 바 있다. 하지만 이 루머는 쉽게 사라지지 않고 여러 버전으로 유통되고 있다. 김영삼 전 대통령의 차남인 김현철 전 여의도연구 소장도 이와 유사한 주장을 했다가 "박 후보께 진심으로 유감을 표한다"고 사과한 바 있다.68

VII. 최태민의 영적 후계자 최순실과 박근혜 대통령

최태민은 1994년 노환으로 만 81세의 나이로 죽었다. 이때부터 최순실이 최태민의 영적 후계자로서 그 역할을 대신 한 것으로 보인다. 최태민이 최순실을 총애한 이유는 "아버지의 현몽, 꿈을 통한 예지력을 이어받았기 때문"69이다. 실제로 최태민은 여러 자녀 중에서 최순실이 "자신처럼 예지력이 있다"고 박근혜에게 말했다고 한다.70 최순실의 사촌 최용석의 증언을 따르면, 최순실에게 남자 형제들이 있었으나, "최순실 씨에 (영적) 파워를 몰아주기 위해 큰 어머니(임선이)께서 남자는 전부 다 호적을 팠다"고 한다.71

---

68 "박근혜, 최태민 전횡 눈감았다는데", 「한국일보」 2012.8.22.
69 "'무당' 최태민, 예지력 이어받은 최순실 총애했다", 「고발뉴스」 2016.10.13.
70 "종교적 속박? 능력 인정? … 박대통령은 왜 최순실에게 의지했나", 「서울신문」 2016.10.26.
71 "사이비교주 최태민 최면술로 박근혜 홀렸다", 「고발뉴스」 2016.10.28.

최순실은 최태민과 그의 다섯 번째 아내인 임선이 사이에서 다섯째 딸로 태어났다. 최태민은 6명의 아내들 사이에서 3남 6녀를 두었다. 최순실이 1975년 단국대학교에 입학했다고 알려졌으나 청강생이라는 보도가 나왔다. 그녀와 박근혜와의 본격적 인연이 시작된 때는 1977년으로 추정된다. 이때 새마음 전국대학생연합회가 출범한 바 있고, 최순실이 회장을 맡았다.

최순실은 1979년 6월 10일에는 한양대학교에서 열린 제1회 새마음제전에 참석해 개회선언을 했다. 이 행사에서 그녀는 새마음봉사단 총재 박근혜의 옆자리에 앉았다. 당시 최순실이 박 대통령을 밀착 수행하는 모습이 담긴 영상이 한 매체를 통해 공개됐다.[72] 그녀는 1982년 김영호와 결혼했다. 1983년 아들을 낳았으며, 1986년 이혼했다. 1995년 최태민의 비서 출신 정윤회와 재혼했고, 1996년 딸 정유라를 낳았다. 2014년 '결혼 기간 동안 서로가 알게 된 일은 일체 비밀로 한다'는 조건으로 합의 이혼했다.

1980년 전두환 신군부는 박근혜에게 영남대 재단 이사장직을 맡긴다. 학생들의 반대 시위로 몇 달 만에 이사장직에서 물러났지만 1988년까지 이사직을 유지했다. 박근혜가 이사로 있는 동안 부정입학, 장학금횡령, 영남대병원 비리 등이 불거져 영남학원 비리를 조사하는 과정에서 재단 운영을 좌지우지해 온 4명 중 두 명이 최태민의 인척이라는 사실이 밝혀졌다. 영남학원 산하 영남투자금융 등을 관리하는 재단의 실세였던 조순제는 최태민 처의 전남편의 아들이었다. 영남대병원 관리부원장을 맡아 의료원 관련 비자금 총책 역할을 한 것으로 알려진

72 "박 대통령 '어려울 때 도움' 최순실 父 최태민의 '영생교'", 「동아일보」 2016.10.26.

손윤호는 조순제의 외삼촌이었다.[73]

1986년 박근혜가 이사장으로 있던 육영재단 운영의 여러 비리가 다시 부상한다. 이번에도 최태민과 다섯째 딸 최순실이 등장한다. 최태민 부녀가 "회관 운영에 개입해 전횡을 한다"는 요지였다.

박근혜가 정치에 입문하기 전에 가졌던 직함 중 대표적인 게 육영재단과 영남학원의 이사와 이사장이다. 그녀가 맡았던 이 두 기관 모두 부실경영과 비리부패로 인해 풍비박산의 위기를 겪었다. 박근혜는 '선거의 여왕'으로 '정치적 감각'이 남다르다는 평가는 받지만, 업무를 실제로 관장하는 '행정 능력'은 평균 이하인 것이 드러난 것이다. 이 두 기관의 부실 운영에 최태민과 정윤회와 최순실이 개입하여 있어 전횡을 저지르는 것이 통제되지 못한 것이다.

박근혜는 1998년 15대 국회의원 대구 달성구 보궐선거에 출마하여 당선됨으로써 정계에 진출한다. 정윤회는 이때 박근혜 후보의 입법보조원으로 활동하였다. 박근혜는 당시 최순실, 정윤회 부부와 같은 아파트에서 생활했으며, "그때도 최순실이 머리 만져주고 의상 코디"를 해줬다는 것이다.[74] 2002년 박근혜가 한나라당을 탈당해 '한국미래연합'을 창당하고 총재가 됐을 때 정윤회는 총재 비서실장이었다. 이때 정윤회가 '문고리 3인방'으로 통하는 이재만, 정호성, 안봉근 비서관을 추천한 것으로 알려졌다. 박근혜는 제19대까지 5선 국회의원을 지냈다.

2006년 한나라당 대표로서 참석한 서울시장 선거 유세 현장에서 면도칼 피습을 당한 일이 있었다. 이때 최순실은 박근혜가 입원한 병원을

73 "박 대통령은 왜 최태민 가족 곁을 떠나지 못하나, 40년 전 시작된 인연", 「오마이뉴스」 2016.10.25.
74 "1998년 박근혜·최순실·정윤회, 같은 아파트 생활", 「뷰스앤뉴스」 2016.10.28.

찾아 박근혜를 극진히 간호했다. 이를 전후하여 최순실이 가족이 없는 박근혜 대통령의 최측근이 되어 사생활을 보살펴 주는 역할을 하여 온 것이다.

2012년 제19대 총선을 승리로 이끈 박근혜는 새누리당의 대통령 선거 후보로 선출되어 2012년 12월 19일 실시된 제18대 대선에서 대통령으로 당선되었다. 영세교 교주이자 자칭 '영세계에서 조물주가 보내신 칙사(勅使)'였던 최태민의 '육 여사 현몽'이 마침내 이루어진 것이다. 박근혜 대통령으로서는 최태민과 그의 영적 후계자 최순실을 절대 의존할 수밖에 없는 '체험적 신앙'이 더욱 확고하여진 것이다.

2014년 말에 경찰관 박관천이 박근혜 정부 권력 서열 1위는 최순실, 2위는 정윤회 그리고 3위가 박근혜라 주장했다. 박근혜가 대통령이 된 이후에도 최순실과 밀접하게 지냈다는 의혹이 터져 나왔다. 최순실의 딸 정유라가 이화여대의 입학부터 학점 취득까지 각종 혜택을 받았다는 문제가 제기되어, 2016년 10월 21일 이화여대 총장이 사퇴하게 이른다.

이를 전후하여 최순실이 박근혜 대통령을 등에 업고 미르재단과 K스포츠재단을 만들어 이권을 챙겼다는 의혹이 제기되었다. 2016년 10월 24일부터 최순실이 박 대통령의 연설문, 각종 정부보고 문서, 국무회의 자료, 심지어 국제 문제로 번질 수 있는 외교문서까지 사전에 받아보고 개입했다는 의혹이 연달아 제기되었다.

2016년 10월 25일 박근혜 대통령은 대국민 사과 기자회견을 통해 2012년 대선 당시 연설문이나, 대통령이 된 이후에도 일부 자료에 대해 최순실의 '개인적인 의견이나 소감'을 전달 받았다고 밝혔다. 박 대통령의 사과에도 불구하고 박근혜-최순실 게이트는 개인적 소감을 주고받은 차원이 아니라, 둘 사이에 종교적 의존 관계가 있을 것이라는 여러

정황들이 속속 드러나기 시작하였다.

여권에서조차 "황당하지만, 최순실이 교주여야 이 모든 상황이 설명된다"는 한탄이 나왔다.[75] 2016년 10월 27일자 「노컷뉴스」에는 "대한민국, 사이비 종교가 통치하나?"라는 제목의 기사가 게재되었다.[76]

VIII. 박근혜 대통령의 종교혼합적인 신앙 양태

2016년 10월 29일에는 박근혜가 한나라당 대통령 대표시절 자신의 다음과 같은 현몽을 당시 전여옥 대변인에게 얘기한 적이 있다는 사실이 폭로되었다.

> 대표 시절 이런 이야기를 내게 한 적이 있다. 꿈에 어머니인 육영수 여사가 나타났다고. 그리고 어머니가 이렇게 말했다고 한다. '나를 밟고 가라. 그리고 어려운 일이 닥치면 최태민 목사와 상의하라.' 귀곡 산장도 아니고. 이게 말이 되나.[77]

그동안 최태민 부녀의 '영적 메시지'를 추종할 수밖에 없었던 것을 스스로 증거하는 대목이다. 박근혜는 자신의 일기에서 시대마다 하늘이 성인을 통해 주어지는 계시가 최고의 지혜이며, 예언이 있고 그 예언은 이루어지므로, 하늘이 시키는 일을 묵묵히 해야 한다는 운명 신앙을

---

75 "최태민 옹호한 朴 '영적 후계자' 최순실에도 홀렸나", 「한국일보」 2016.10.28.
76 대한민국, 사이비 종교가 통치하나? 「노컷뉴스」 2016.10.27.
77 "박근혜 대표 연설문 모처 거치고 나면 '걸레' 돼 오더라", 「조선닷컴」 2016.10.29.

가지고 있다고 적어 놓았다.

최고의 지혜란 바로 바름이다. 이 지혜를 하늘은 각 시대를 통해, 성인들을 통해 누누이 계시해 주셨는데도 잘난(?) 인간들은 그것을 귓등으로 듣고 무시하면서 오히려 그 바름의 반대편에서, 또는 다른 데서 그 지혜와 평안을 찾으려 한다(1992년 11월 11일).[78]

예언이 있다는 것. 또 그것대로 일이 이루어진 예들을 볼 때 역사와 인간의 운명도 모두 다 천명에 따라 각본에 따라 이루어져 가고 있다는 것을 인정하지 않을 수 없다(1991년 2월 22일).[79]

하늘이 일을 시키시면 그 일을 충실히 묵묵히 완수하여 하늘을 기쁘시게 하고 자기 생을 충실하게 하는 것으로 보람과 기쁨은 충분한 것이다(1991년 7월 12일).[80]

위에서 인용한 박근혜의 일기 내용에서 다음과 같이 유추해 볼 수 있다. 즉, '아시아의 지도자가 될 것이라는 육영수 여사 현몽'을 '이 시대의 하늘이 보내신 성인'인 최태민을 통해 '계시'한 것이다. 이러한 '최고의 지혜'와 '예언은 그대로 이루어질 것'이며, 그것이 나의 운명이다. 이를 위해 '하늘이 시키는 이 일'을 묵묵히 하겠다. 이러한 자신의 종교적 신앙을 드러낸 것으로 해석할 수도 있다.

---

78 박근혜, 『평범한 가정에 태어났더라면』 (서울: 남송, 1993), 218.
79 위의 책, 93.
80 위의 책, 103.

박근혜는 조물주가 하늘에서 보내신 칙사(勅使)로 자처한 최태민의 현몽과 자신의 현몽은 바로 '영적 메시지'로 여겨, 그것을 하늘의 '계시나 예언'처럼 절대 신뢰하였던 것 같다. 그리고 자신이 어머니의 뒤를 이를 '국모가 되고 아시아의 지도자가 되는 것이 자신의 피할 수 없는 운명'으로 확신하였던 것 같다. 무엇보다도 "어려운 일을 당할 때 최태민 목사와 상의 하라"는 어머니의 현몽을 절대적인 신앙으로 지켜온 것으로 보인다. 박근혜 대통령의 독특한 종교혼합적인 무속 신앙은 언론에 보도되어 널리 알려진 그의 특이한 여러 발언에서도 그대로 드러난다.[81]

"간절히 원하면 온 우주가 도와준다."

"자기 나라 역사를 모르면 혼이 없는 인간이 되고, 바르게 역사를 배우지 못하면 혼이 비정상이 될 수밖에 없다."

"우리가 경제 활성화를 해야 된다고 간절하게 기도하는 마음으로 염원하는데 그것에 대한 하늘의 응답이 바로 (중동 진출이라는) 메시지라 읽어야 된다."

"전체 책을 다 보면 그런 기운이 온다."

박근혜의 대통령의 이런 발언의 맥락에서 보면 최태민 부녀의 종교

---

81 "'최순실 사태' 이후 재조명된 박 대통령의 발언 5가지", 「인사이트」 2016.10.28.

혼합적인 무속 신앙은 박 대통령에게 끼친 영향을 가늠할 수 있다. 그 '근거'가 될 만한 게 한두 가지가 아니다. 2013년 2월 25일 대통령 취임식 날 '희망이 열리는 나무' 제막식이 개최되었다. 이 행사는 최순실이 기획한 것으로 알려졌다. 당시 나무에 장식돼 있던 물건은 '오방낭'(五方囊)이었다. 오방낭은 다섯 가지 색으로 이뤄지는데, 중앙의 흰색은 우주의 중심을, 바깥의 4색은 동서남북을 가리킨다. 우주의 기운을 담은 주술적 의미가 있다고 봐야 한다.

그 외에도 최순실과 관련된 문양엔 '용'이 자주 등장한다. 미르재단의 로고에도 '용'이 그려져 있다. 승천의 의미로 해석되는 '용'은 사이비종교가 숭배하는 문양이다. '주술적' 정황은 대통령의 옷에서도 발견된다. 해외순방 중 입었던 옷의 색깔을, 최순실이 사주와 궁합 등을 고려해 지정해 주었다는 주장이 나왔다.

> 하늘의 응답, 기도, 메시지, 우주, 혼… 국정을 논하는 공식석상에 주술적 의미가 내포된 이런 용어가 대통령의 입에서 튀어 나온 '현상'을 어떻게 이해할 수 있을까? 박 대통령과 최순실 씨의 관계가 단순한 '인간관계'가 아니라 '주술적 의존의 관계'는 아닐는지.82

전여옥 전 한나라당 대변인은 당시 박근혜 당대표가 연설문을 다른 곳에서 고쳐 왔고, 대변인실이 아닌 다른 곳에서 온 '메시지'를 자주 발표했다고 한다.

---

82 "상식 넘어선 '박근혜-최순실' 관계, 오방낭이 증명?" 「오마이뉴스」 2016.10.27.

"대표 연설문이 모처에 다녀오고 나면 걸레, 아니 개악이 되어 돌아왔다"라 한다. 그리고 더 이상한 것은 우리가 당에서 만든 대표의 '메시지'말고 다른 곳에서 온 메시지를 자꾸 발표하는 거다. 이번에 보니 다 그게 최순실의 작품이었던 거다.[83]

전여옥은 박근혜가 대통령 후보 시절 중요한 결정을 할 때는 어쩔 줄 몰라 하기에, "'전화라도 해 보세요'라 했더니, 늘 결정 못 할 때는 어딘가에 전화를 했으니까. 그랬더니 정말 저쪽으로 가서 조용히 전화를 했다. 힘이 쫙 빠지더라"고 하였다.[84] 박근혜 후보가 그때 전화한 사람이 최순실일 것으로 추정하였다. 중요한 결정을 스스로 하지 못하고 최순실의 메시지를 받아야 하는 주술적 의존관계가 형성된 것으로 추정된다. 최순실의 집안 사정에 밝은 A 씨는 "최 씨는 항상 대통령과 연결된 직통 휴대전화를 갖고 다녔다"고 증언했다. 이어 최 씨가 대통령과 통화 직후 "대통령을 일일이 코치해야 해서 피곤하다"고 말한 것도 이를 뒷받침한다.[85]

1977년 5월 30일자 동아일보에 당시 퍼스트레이디 역할을 하던 박근혜가 주한 미8군 소속 군목과의 대담에서 "신앙은 내 인생의 목표이며, 삶의 의미가 돼왔다. 특히 어머니께서 돌아가신 후 여러 가지 어려움을 극복하는 데 있어 신앙은 나에게 큰 힘이 돼주었다"고 하였다. 이 인터뷰가 진행되던 시점은 박근혜가 최태민의 현몽을 믿고 적극적인

---

83 "박근혜 대표 연설문 모처 거치고 나면 '걸레' 돼 오더라", 「조선닷컴」 2016.10.29.
84 위의 글.
85 "'스포트라이트' 최순실 '대통령이 자꾸 물어봐 피곤' 최측근 폭로 공개", 「JTBC뉴스」 2016.10.28.

대외 활동을 펼칠 때이다. 그녀가 말하는 자신의 인생의 목표가 된 신앙은 '육 여사의 뒤를 이어 아시아의 지도자가 되는 것이 자신의 운명'이며, 하늘의 계시라고 맹목적으로 믿는 주술적인 신앙이라 할 수 있다.

40여 년간이나 최태민 부녀가 박근령·박지만 씨 등 박정희 대통령의 혈육을 제치고 박근혜의 온 마음을 사로잡은 결정적 이유가 최 씨 부녀의 '종교적 예지력에 대한 의존' 때문이라는 분석이 나온다.

단순히 친한 언니, 동생 사이라면 박 대통령이 사생활은 물론 연설문, 인사안 등 국정 전반을 맡길 수 있겠느냐는 것이다. 박 대통령이 최 씨의 종교적 예지력에 기대어 주요 국정 현안에 대해 '종교적 결재'를 받느라 난맥상이 벌어졌다는 얘기다. 이 관측이 맞는다면 최 씨는 단순한 조언자가 아니라 박 대통령을 사실상 좌지우지하는 주체라고도 볼 수 있다.[86]

정두언 새누리당 전 의원조차 박근혜 대통령과 최순실이 "힘든 시절을 같이 보내고 그래서 각별하다는 건 틀린 사실"이라며, 이들의 관계는 "주술적인 것, 샤머니즘적인 것"이라 했다.[87]

이재명 성남시장은 "대한민국을 지배한 건 박근혜의 몸을 빌린 최태민의 혼백"이며, "그 혼백은 최순실을 통해 말했고 국민은 이 원시 주술사들에 놀아났다"고 개탄했다.[88]

더불어민주당 추미애 대표는 "이건 독재도 아니고 한마디로 무서운

---

86 "종교적 속박? 능력 인정?… 박대통령은 왜 최순실에게 의지했나", 「서울신문」 2016.10.26.
87 "朴대통령-최순실 관계는 주술적, 샤머니즘적인 것", 「뷰스앤뉴스」 2016.10.28.
88 "이재명 '박근혜 몸 빌린 최태민 혼백이 대한민국 지배", 「뷰스앤뉴스」 2016.10.30.

'신정(神政)정치'라 할 수 있다"며, "박근혜 대통령은 국민과 대화하지 않고, 심지어 자신이 임명장을 준 공무원, 장·차관과도 대화하지 않고, 오로지 최순실과 심령 대화를 했다"고 탄식했다.89

세계의 주요 언론도 이 사건을 주목하고 있는 가운데 미국 공영방송 NPR는 29일(현지시간) "샤머니즘과 관련한 스캔들이 한국 대통령을 위협한다"라는 제목의 기사를 통해 "이 스캔들은 단순히 수백만 달러가 오고 간 문제"에 그치지 않고, "샤머니즘에 기반해 영적인 가이드를 제시하는 최태민 일가의 문제와 관련돼 있다"고 지적했다. 이 방송은 "최씨 일가가 얼마나 깊이 국정에 관여해 이권을 챙겼는지가 박근혜 정부의 운명을 결정할 것"이라고 하였다.90

'심리연구소 함께'의 김태형 소장은 '최순실이라는 종교에 빠진 박근혜'91의 심리적 배경을 다음과 같이 분석하면서, "누군가에게 40년 동안 이용당하고 조종당하면, 사실상 본성이 망가진다"고 진단하였다.

박 대통령의 기본 심리는 두려움이다. 종교적인 걸 떠나서 누군가에게 의존하게 되어 있다. 어머니인 육영수 여사는 대통령이 참석한 행사장 경호를 뚫고 들어온 공작원(문세광)의 총에 죽었다. 그리고 아버지 박정희 전 대통령도 최측근이자 실세 중 한 명이었던 사람(김재규)의 총에 죽었다. 이 상황에서 인간 '박근혜'는 누굴 믿어야 할까? 두 번의 사건만으로도 박 대통령이 세상을 두려워할 이유는 충분하다. 자신을 보호해주며 정신적 안정을 주는 사람이 있다면 의탁할 수밖에 없다. 그게 최태민 목사였다. 최 목사는

89 "朴대통령, 최순실과 심령 대화", 「문화닷컴」 2016.10.27.
90 "박 대통령 '샤머니즘 스캔들' … 국가신용도 악영향",「세계일보」, 2016.10.30
91 "최순실이라는 종교에 빠진 박근혜", 「딴지일보」 2016.10.25.

특히 종교(영세교)를 도구로, 효과를 극대화했다. 최순실 씨 또한 그런 최 목사의 후계자로 알려져 있다. 최 씨 일가와 박 대통령의 관계가 교주와 교인이라면, 더욱 강력할 것이다."[92]

박근혜 대통령의 모든 영광과 비극은 이러한 '영적 메시지'를 제공하는 최태민과의 주술적 의존 관계로 끝나지 않고, 그의 영적 후계자인 최순실로 이어져 왔고 그 햇수가 40년이라는 데에 있다.

박근혜는 '아시아의 지도자가 될 것'이라는 최태민의 현몽을 믿었고 최태민 부녀의 '영적 가이드'를 받아 절대 추종하여 마침내 대통령이 되는 영광을 누렸다. 아울러 비선 실세 최순실 사태가 빚은 국기문란의 모든 책임을 지고 대통령직에 물러나라는 국민들의 열화 같은 요구에 처하게 된 비극과 고난을 맞게 된 것이다.[93]

물론 박근혜 자신의 남다른 정치적 감각과 '선거의 여왕'으로 여겨지는 대중적 득표력이 있었던 것은 사실이다. 그러나 참모들에 대한 신뢰가 없었고, 대통령으로서 결단해야 할 최종 결정이 늘 두려웠던 것으로 보인다. 따라서 최태민 부녀의 '영적 메시지'에 의존한 것이 40년 동안 학습된 행동 방식이 된 것이다.

그런데 박근혜와 같은 인물이 민주공화국인 대한민국의 대통령이 될 수 있었던 것은 "극우보수와 최순실이 박근혜를 '사육'해 대통령으로 내세웠기 때문"이라는 분석이 나왔다. '대통령 하기 싫은 박근혜 대통령'을 분석했던 심리학자 김태형은 "핵심은 무자격자를 정권 연장을 위해

92 "정신 파괴된 박근혜, 폭주가 두렵다", 「프레시안」 2016.10.27.
93 "'순수한 마음'으로 알아보는 최순실의 민낯", 「한국일보」 2016.10.29. '박근혜-최순실 게이트'로 번진 이번 사태에서 주목받는 의혹은 크게 세 가지다.

포로 삼은 것"이라고 하였다.

박 대통령의 심리라면 아버지가 죽은 후 최태민 밑에서(의존해) 살면서 그걸로 끝났으면 되는데, 누가 이 사람을 끌어낸 거 아니겠나. 박 대통령이 필요하니까 한국의 극우보수세력이 끌어냈다. 이명박 전 대통령이 '개판' 쳐 놓으니 그다음 정권 창출 가능성이 없었는데 박 대통령은 득표력이 있었다. 그 전부터 관리했겠지만 적극적 접근했을 것이다.[94]

박근혜의 이러한 실상을 누구보다 잘 알고 있었던 보수 정치권과 보수 언론이 박근혜를 집권을 연장하고 기득권을 유지하려는 방편으로 이용한 것이, 국정농단의 일차적인 책임이라는 것도 분명히 하여야 할 것이다. 아울러 대한민국의 국정을 영적으로 미혹하는 일에 한국의 보수적인 기독교인들이 덩달아 대거 동참하였다는 사실도 지적하지 않을 수 없다.

박근혜-최순실 게이트는 그동안 대통령의 임기가 끝날 즈음에 폭로되곤 하였던 측근이나 친인척들의 '권력형 비리'와 본질적으로 차원을 달리한다. 사이비 종교들의 의해 자행될 수 있는 온갖 행태들의 '종교적 비리'의 중심에 대통령이 자신이 있다는 사실에 온 세계가 큰 충격을 받은 것이다.

이처럼 이단이나 사이비 종교는 한 개인과 가정의 몰락을 가져올 뿐 아니라, 사회를 혼란시키고 나아가 국가의 기강을 무너뜨릴 수 있다는 역사적 실체를 지금 우리들이 슬픔과 분노를 가지고 목격하고 있는 것이다. 박근혜가 아버지 박정희의 명예를 회복하기 위한 지극한 효심으

---

94 "극우보수와 최순실이 박근혜 '사육'해 대통령 내세웠다", 「미디어투데이」 2016.10.27.

로 정치 일선으로 나왔으나 그 결과는 오히려 '박정희 신화'를 무너뜨린 장본인이 되어 불효로 막을 내리는 것은 아닌지….

부록

I.
영지주의의 기독교 왜곡과 사도신경의 형성

1. 머리말

신약성서에서는 그리스도인을 가장 미혹하는 신앙의 양태를 영육이
원론에 입각하여 예수께서 육신으로 태어나신 것을 부인하는 영지주의
자들이었다. 그래서 "예수 그리스도께서 육체로 임하심을 부인하는 자
라 이것이 미혹하는 자요 적그리스도"라고 하였다(요이 1:7).

최근 전 세계적으로 물의를 일으키고 있는 『예수는 신화다』나 『다빈
치 코드』 등은 모두 영지주의의 현대적 부활이라는 성격이 농후하다.[1]
영지주의gnosticism란 영적 지식gnosis을 추종하는 동방 종교와 희랍 철
학[2]과 신지학神智學, theosophy 그리고 그리스도교 신앙의 혼합 형태로서
주후 80년부터 150년 사이 초대 교회와 경쟁했던 가장 강력하고 위협
적인 운동이었다.[3] 영지주의는 엄격한 의미로 보면 종교도 아니고 순수

---

1 허호익, "『예수는 신화다』를 반박한다", 「국민일보」 2002년 10월 11일, 18일.
2 플라톤의 『티아마오스』(*Thimaeus*)의 우주발생론은 창세기 제1장의 영지주의적 해석에
   공헌하였다.
3 David Wayne Deakle, *The Fathers against Marcionism: a study of the methods and motives in the develop-
   ing patristic*, Thesis(Ph. D.)-Saint Louis University, 1991; Adolf von Harnack,
   Marcion: the gospel of the alien God (Durham, N.C.: Labyrinth Press. 1900). 1948년 이집트

하고 단순한 철학도 아니었다. 일종의 밀의적인 민중 신앙이다. 영지주의는 여러 체계와 분파들이 있어 그들의 가르침은 서로 간에도 현저하게 달랐다.[4]

대부분의 영지주의자 즉, 바실리데스Basilides, 헤라클레온Heracleon, 발렌티누스Valentinus, 프톨레미Ptolemy 그리고 마르키온Marcion과 같은 인물들은 기독교인이었던 것으로 알려졌다.

영지주의는 여러 면에서 형식상 신약성서의 가르침과 유사하였다. 퍼킨스P. Perkins는 신약성서의 네 가지 요소 즉, ① 천상의 구속자로서 예수, ② 육과 창조신이 만들어 놓은 율법의 덫에 걸려 있는 인간에 관한 바울 전승, ③ 영생을 소유하거나 혹은 천상의 영역으로 올라간 믿는 자에 관한 실현된 종말론적 징표들, ④ 빛과 어둠, 선택된 자와 불신자, 하늘에 속한 자와 이 세상에 속한 자로 구분되는 요한 문서의 이원론이 영지주의의 초기 형태와 직접적인 관련성이 있다고 보았다.[5]

이런 관련성으로 인해 영지주의는 기독교가 초기에 서양 민중 속에 널리 뿌리를 내릴 수 있었던 유리한 통로가 되었다. 그들에게 영지주의에 대한 전이해preunderstanding가 있었기 때문에 기독교의 복음을 수용하는 일이 훨씬 용이하였다. 다른 한편으로 영지주의는 형태적 유사성 때문에 기독교 신앙의 본질을 근본적으로 왜곡할 수 있는 위험한 요소

나그함마디에서 발굴된 영지주의 문서를 영지주의에 관한 지식을 근본적으로 늘렸으며, 이레네우스 등 초기 교부들의 진술이 확실하다는 것을 입증하였다. 나그함마디의 문서는 모두 48개 저작물과 13개 사본인데, 특히 콥트어 번역인 52편의 그리스 영지주의 작품, 복음서, 사도행전, 대화록, 묵시록, 지혜서, 편지, 설교 등이 중요하다. 이 중 가장 중요한 두 작품은 「진리의 복음」과 콥트어로 쓰인 「도마복음서」이다.

4 J. N. P. Kelly/김광식 역, 『고대기독교교리사』 (서울: 한국기독교문학연구소출판부, 1979), 35.

5 P. Perkins/유태엽 역, 『영지주의와 신약성서』 (서울: 감신대성서학연구소, 2004), 21.

를 함축하고 있었다. 그래서 이레네우스는 영지주의와 기독교의 종교 혼합을 교회에 대한 공공연한 위협으로 간주하였다. 그는 영지주의 가르침을 기독교의 메시지와 혼동한 사람들은 기독교를 바르게 수용하지 못할 것이며, 영지주의자들의 방자한 주장과 행동에 반감을 가진 사람들은 다른 기독교인들도 같을 것으로 여겨 비난할 것이라고 하였다.[6]

영지주의 기독교는 근본적으로 기독교에 대한 엄청난 도전이 아닐 수 없었다. 영지주의라는 이단을 반박하고 기독교 신앙의 정통을 지키기 위한 효과적인 대응 수단이 요청되었다. 곤잘레스에 따르면 사도적 계승의 확립을 통해 감독제도 중심의 교회 조직을 강화하고, 신앙의 규범으로서 사도신경을 만들었고, 신약성서의 위경 가운데서 정경을 확정한 것은 모두, 초대 교회가 영지주의와 같은 이단의 위협에 대응하는 데에 상호 보완적으로 쓰인 중요한 수단이었다고 한다.[7]

이 글에서는 로마교회에서 영향력 있는 장로였던 마르키온Marcion의 영지주의 이단 기독교가 가져온 신앙의 왜곡에 대해 초대 교회가 어떻게 신앙을 변증하고 새롭게 정립하였는지 그 핵심적인 쟁점을 살펴볼 것이다. 또한 영지주의 이단 기독교의 왜곡된 신앙을 반박하고 정통적인 신앙의 규범을 새롭게 정립하는 과정에서 형성된 '사도신경'의 신학적 배경들을 살펴봄으로써 신학이 신앙의 바른 정립을 시도한 역사적 한 사례를 제시하려고 한다.

그리고 영지주의 이단 기독교에 대한 비판은 최근에 논란이 되고 있는 『예수는 신화다』나 『다빈치 코드』 같은 류의 안티 기독교적인 저서

6 Irenaeus, *Adv. Haer.* 1. 25. 3.
7 J. L. Gonzalez/이형기 · 차종순 역, 『기독교사상사 고대 편』 (서울: 한국장로교출판사, 1988), 191.

에 대한 반박의 지침이 되리라 기대한다.

2. 영지주의의 일반적 특징

1) "진주의 노래"에 나타난 영지주의의 비유

영지주의는 그 성격상 밀의적인 혼합 종교이므로, 그 교리와 제도와
의식이 너무나 다양하여 한 마디로 규정하는 일이 쉽지 않다. 2세기경
이집트에서 쓰인 것으로 보이는「진주의 노래」는 영지주의의 기본적인
특징을 비유를 통해 가장 구체적으로 보여주는 좋은 사례이다.

동방의 위대한 왕의 아들인 주인공은 진주를 찾는 위험한 일을 위해
그의 아버지에 의해 이집트로 보내진다.[8] 왕자는 변장을 하고 이집트로
가지만, 시간이 흘러 자신이 왕자였던 것과 진주를 구하러 온 것마저
망각하게 된다.

그러나 이러저러한 이유로

그들은 내가 그들 나라의 사람이 아니라는 것을 알아차렸다.

그리고 그들은 나를 믿기 어려운 식으로 대해 주었다.

그리고 그들은 나에게 그들의 음식을 먹게 해주었다.

그리고 나는 내가 왕의 아들임을 잊어버렸다.

---

8 Edgar Hennecke and Wilhelm Schneemelcher ed., tr. by R. McL. Wilson, "The
  Acts of Thomas", in *New Testament Apocrypha* (New York: Westminster Press, 1963),
  Vol. 2, 499-501; W. Placher/박경수 역, 『기독교신학사입문』 (서울: 크리스챤다이제스
  트, 1994), 54 재인용.

그리고 나는 그들의 왕을 섬겼다.

그리고 나는 나의 부모가 나를 보내면서 가져오라 한

진주에 대해 잊어버렸다.

그리고 그들의 '음식'의 나른함 때문에

깊은 잠에 빠져들었다.[9]

고향에서 왕자의 나쁜 소식을 듣게 된 왕은 망각의 잠에서 깨어나게
하는 '마법의 편지'를 보낸다. 이 편지를 통해 왕자는 자신의 본 모습과
본향을 각성하고 귀향하게 된다.

나는 내가 왕들의 아들임을 기억하였다.

그리고 나의 고귀한 출생이 나타났다.

그리고 나는 진주를 빼내었다.

그리고 나의 아버지의 집으로 가기 위해 돌아섰다.

그리고 그들의 더럽고 누추한 옷을

나는 벗어버리고 그것을 그들의 땅에 남겨두었다.

그리고 나의 고향땅 동방의 빛으로 이르는

'내가 왔던' 나의 길로 향하였다.[10]

이 「진주의 노래」에는 영적 망각과 자각이라는 영지주의의 기본적인
모티브가 잘 드러나 있다. 영지주의 자체는 너무나 복잡하고 다양하지

---

9 W. Placher, 『기독교신학사입문』, 54-55 재인용.
10 W. Placher, 『기독교신학사입문』, 55 재인용.

만 공통된 일반적인 특징을 몇 가지 간추려 보려고 한다.[11]

2) 영지주의의 일반적 특징

(1) 영육이원론

모든 영지주의는 이원론二元論에 기초를 두고 있다. 영靈의 세계와 물질의 세계, 영혼과 육체는 서로 존재론적으로 대립의 관계에 있다는 전제에서 출발한다. 이러한 영육이원론은 영혼은 선하고 육체는 악하다는 선악이원론으로 귀결된다.[12] 영육이원론은 그대로 영지주의적 신론, 인간론, 기독론, 구원론에 적용된다.

영지주의자들이 말하는 참된 신은 영의 세계만 관할하고 물질의 세상과는 전혀 상관이 없는 신이다. 그들은 영의 세계를 어떠한 물질적 요소도 존재하지 않는 '완전함Fleroma'의 세계라 부른다. 그들은 인간의 육신을 포함한 세상의 모든 물질은 나쁜 것이며, 조물주를 뜻하는 데미우르고스Demiurgos라 불리는 사악한 창조의 신이 물질세계와 육적 인간을 만들어냈다는 기본적인 전제를 가지고 있다.[13]

영지주의자들은 인간이 고통을 당하고 죽는 까닭은, 인간이 이 악한 물질세계에서 악한 육신을 입고 육신의 감옥에서 살아가기 때문이라고 본다. 육신은 악하기 때문에 육신을 사랑해서는 안 된다. 그래서 예수가

---

11 A. M. Ritter/조병하 역, 『고대 그리스도교의 역사』 (서울: 기독교교문사, 2003), 41.
   리터는 영지주의의 일반적인 특징을 현세의 피안의 대립, 신적 자의 타락, 자아의 각성,
   빛의 고향으로의 귀환이라 하였다.

12 우리나라의 음양사상을 조화적인 이원론이라 한다면, 영지주의의 이원론은 철저히 대립
   적인 이원론이다.

13 Tertullian/이형주 역주, 『그리스도의 육신론』 (서울: 분도출판사 1994), 49.

"네 이웃을 네 몸과 같이 사랑하라"(마 22:39)라 하신 말씀을 영지주의 문서인 「도마복음서」 25절에는 "네 형제를 네 자신의 영혼과 같이 사랑하라"라는 말로 바꿀 정도로, 영혼과 육신을 이원론적으로 대립시킨다.[14]

인간 육신을 적대시하고 천시하는 영지주의는 서로 다른 두 가지 극단적인 형태로 나타난다. 첫째, 극단적인 금욕주의로서 일체의 육식과 결혼을 금한다. 둘째, 이와는 정반대로 육신은 전혀 쓸모없는 것이기 때문에 어떠한 짓을 해도 상관없다는 윤리적 방탕주의에 빠지게 된다. 따라서 신앙적 고행이나 금욕은 구원에 아무런 소용이 없다고 말하기도 한다.[15]

영지주의에 의하면 구원은 영적 각성을 통해 인간의 영혼이 육신의 굴레에서 해방되어 영적 본향으로 귀향하는 것이다. 그리스도의 육체적 죽음과 육체적 부활에 대한 믿음을 통해 죄사함을 받아 영육 간에 구원을 얻는다는 기독교의 구원론을 조잡한 것으로 배척한다. 영혼의 불멸이라는 플라톤적 교설이나 불교적 의미의 영적 각성을 뜻하는 영적 부활론을 선호하고 영적 세계로의 귀향이라는 신화론적 구원론에 집착한다.[16]

육신을 악한 것으로 보는 기독교 영지주의자들은 로마의 박해 기간 동안 그리스도를 증거하기 위해 육체적 고통과 죽음을 감수하면서, '자기 십자가를 지고 그리스도를 따르는 순교자적인 신앙'까지도 경멸하였다.[17] 이레네우스가 "이 거짓 형제들은 너무나 대담무쌍하여 심지어 순교에 대해 경멸을 쏟아 부었다"[18]고 토로할 정도였다.

---

14 허호익, 『예수 그리스도 바로보기』(서울: 한들, 2003), 532.
15 Tertullian, 『그리스도의 육신론』, 30.
16 허호익, 『예수 그리스도 바로보기』, 532-536.
17 E. Pagals/최의원 외 역, 『영지주의 신학』(서울: 한국로고스연구원, 1997), 181.

(2) 육체의 감옥 유폐된 영혼

영지주의에 따르면 인간은 원래 천상의 영적 존재였다. 일부 영지주의자들은 천상의 영적 존재였던 인간 안에는 마치 신적 로고스의 씨앗*logos spermaikos*처럼 '신적 불꽃*divine spark*'이 내재해 있다.[19] 그런데 어쩌다가 천상의 인간은 이러한 '신적 불꽃'인 영혼을 상실하고, 지상의 물질 세계로 추방되어, 고통과 죽음의 운명을 지닌 육신의 감옥에 유폐되었다. 그래서 육신*soma*은 영혼의 감옥*sema*이라 보았다. '육신은 감옥*soma-sema*'이라는 그리스어의 압운押韻이 널리 통용되었다.

인간이 육신의 감옥에 유폐된 이유에 대해서는 유출설[20]로 설명하기도 하고 범죄로 인한 타락과 추방으로 설명하기도 한다. 위의 「진주의 노래」에서는 '동방의 왕자가 이집트에 진주를 구하러 여행을 간 것'으로 비유하였다.

(3) 이중 망각과 영적 각성으로서의 구원

영지주의는 영적 세계의 영적 존재였던 인간이 물질세계로 추방되어 그 영혼이 육체의 감옥으로 유폐된다. 그래서 온갖 육체적 고통을 겪게 되고 점차 자신의 본래적인 영적 본성을 망각하게 되었다. 마침내 자신의 추방과 유폐의 과정조차 망각한 채 살아가고 있다고 가르친다.

---

18 Irenaeus, *Adv. Haer.* 3. 18. 5. 이들은 이그나티우스와 터툴리아누스 등이 순교를 하나님께 바치는 제물이며 순교자의 죽음이 죄사함을 제공한다고 가르친 것을 비웃는다. 이는 인간의 구원을 위해 하나님이 "인간의 희생"을 원하는 것이 되고 결국 하나님을 식인(食人)하는 자로 만든다는 것이다.

19 H. Chadwick/박종숙 역, 『초대교회사』(서울: 크리스챤다이제스트, 1999), 40.

20 신들의 계보에서 가장 열등한 신이 물질을 창조한 조물주Demiurge이다. 신적 근원에서 멀어짐으로 물질과 인간이 창조되고 인간의 영혼이 육체의 감옥에 유폐되었다.

「진주의 노래」에서는 동방의 왕자였던 것과 진주를 구하러 왔던 것조차도 망각하였다고 설명한다. 중요한 열쇠를 잊어버리고 한참 지나다 보니 그것을 잊어버렸다는 사실마저 잊어버린 것처럼, 인간은 이중 망각에 빠져서 이 세상에서 육신의 고통을 당하고 죽는 것이 자신의 운명인 것처럼 착각하고 살아간다는 것이다. 「진리의 복음서」는 이를 악몽으로 비유하여 "사람들은 무지할 때 마치 잠 속에 빠진 것처럼 행동한다. 그리고 마치 깨어났을 때처럼 영지에 이르렀다"고 가르친다.[21]

영지주의자들은 구원은 영적 지식의 각성에 의해 이루어진다고 가르친다. 영적인 인간임을 망각하고 살아가는 육체에 감옥에 갇힌 인간이 자신이 영적 존재라는 각성함으로서 구원을 얻는다. 영적 각성은 영적 지식을 통해 가능하다. 따라서 원래의 자기가 누구인지, 자기가 어떻게 현재의 조건에까지 이르게 되었는지, 자신이 어떻게 영적 존재라는 각성을 할 수 있는지에 대한 영적 지식을 얻게 되면 인간 속에 있는 영적인 요소가 물질의 굴레로부터 벗어나게 된다는 것이다.[22]

(4) 구세주의 출현과 영지를 통한 영적 귀환

영지주의자들은 자신이 본래는 영적 존재였다는 사실을 망각한 채 깊은 잠에 빠져 있는 인간을 깨우기 위해, 천상의 신이 구원자를 이 땅에 보냈다고 가르친다. 인간을 육체의 감옥에서 해방시켜 영적 세계로 귀환하여 구원을 얻게 하기 위해서는 망각의 망각 즉, 이중 망각을 일깨워 줄 영적 지식과 이를 전해 줄 영적 교사가 바로 구세주라는 것이다.

---

21 *Gospel of Truth*, 30. 12.
22 J. N. P. Kelly/김광식 역, 『고대기독교교리사』 (서울: 한국기독교문학연구소출판부, 1979), 37.

어떤 영지주의자들은 영적 귀환 과정을 묘사한다. 세상은 일곱 혹성에 거주하는 악한 영들의 철권 같은 통치 아래 있으며, 선택된 영혼은 죽음 후에 천성天城의 본향으로 돌아가는 과정에서 이 혹성계를 통과하는 위험한 여행을 거치게 된다. 천상으로 돌아가는 문을 막고 있는 악한 세력들을 물리치고 그 문을 통과하기 위해서는 각각의 주문을 알아야 한다.[23] 그래서 영지주의자들은 많은 시간을 정확한 마술적 암호와 강력한 주문을 외우는 데 할애하였다. 영지주의는 다양한 유파가 있었고 서로 경쟁적이었기 때문에 서로 다른 암호를 가르쳤다. 자기들만이 영혼의 복귀를 가능하게 해주는 영적 비밀인 유일한 암호를 소유하고 있다고 주장하기도 하였다.

(5) 밀교적 비밀 전승

영지주의자들은 육체의 감옥과 망각의 잠에서 깨어나는 영적 각성과 천상으로의 복귀를 구원으로 이해하였다. 이러한 구원의 지식을 영지라 가르쳤다. 이들은 이 구원의 지식을 「진주의 노래」에서 '마법의 편지'라 표현한 것처럼 비밀스러운 지식이라 한다.

어떤 이들은 인간 안에는 '신적 불꽃'이 있는데, 이 신적 섬광은 원래 영의 세계 요소이며, 모든 사람이 가지고 있는 것이 아니라 일부 사람들 안에만 있다고 한다.[24] 천상의 영적 세계에 속하는 구원자가 물질세계에 내려와 '신적 불꽃'을 가지고 있는 사람들에게만 몰래 그 비밀을 깨우

---

23 H. Chadwick, 『초대교회사』, 40-41.
24 이 신적 섬광이 어떻게 일부 사람들 안에 있게 되었느냐 하는 문제를 설명하는 방법이 영지주의파마다 차이가 있지만, 일반적으로는 천상 세계의 하위 "신"(혹은 "에온")인 소피아가 죄를 지어 물질의 세계로 쫓겨나서 육체 안에 감금되어 있기 때문이라는 것이다.

쳐 줌으로써 구원이 이루어지는데, 이 비밀이 바로 영지Gnosis라는 것이다. 일부 기독교 영지주의자들은 막달라 마리아와 바울과 야고보 등 열두 제자의 집단 밖에 있는 인물들이, 이러한 비밀 전승을 전수한 주체들이라고 가르친다.[25]

영지주의자들이 말하는 구원은 '신적 불꽃'을 지니고 있는 극소수의 사람에게 국한된다는 점에서 선민적選民的 운영론이다. 영지가 일반 대중에게 공개될 수 없는 은밀한 비밀이라는 점에서 밀교적密敎的 성격을 지니고 있다.

흔히 종교를 밀교密敎와 현교顯敎로 구분하는데, 밀교는 교리와 제도와 의식의 일부는 외부자에게 공개되고 그 일부는 내부자들에게만 공개되는 이중구조를 지니고 있다. 반면에 현교는 교리와 제도와 의식이 모두 공개되어 있는 종교이다. 영지주의는 교리와 제도와 의식의 일부가 외부인들에게는 철저하게 감추어져 있는 밀교의 성격이 강한 것으로 볼 수 있다.[26]

3. 마르키온의 영지주의적 주장과 그 비판

1) 마르키온의 영지주의적 기독교의 전개

2세기에 들어와서 영지주의와 기독교 신앙이 혼합되어 기독교적 영지주의가 다양하게 전개되었다. 특히 이집트의 바실리데스(약 125-160

---

25 E. Pagals/최의원 외 역, 『영지주의 신학』 (서울: 한국로고스연구원, 1997), 74.
26 오늘날 대표적인 밀교의 예로는 통일교를 들 수 있다. 통일교의 일부 교리와 제도와 의식은 이중적이어서 외부인들에게 공개되어 있지 않은 것으로 알려져 있다.

년)와 로마의 발렌티누스(135-160년 활동)의 체계가 전성기를 이루었다.[27]

실제로 교회 내에서 가장 큰 논란을 일으킨 영지주의자는 140년경 로마에 도착하여, 로마교회에 큰돈을 헌납하자 환대를 받고 장로가 된 마르키온Marcion이었다. 그는 로마교회에서 영향력을 발휘하면서 자신의 영지주의적 기독교 교리를 가르치기 시작하였다.[28] 로마교회는 마르키온의 가르침에 문제점이 있음을 간파하고 그가 영지주의자 케르도의 제자라는 것을 확인하였다.

교황은 144년 7월에 로마교회의 사제단 회의를 소집하고 마르키온을 소환하여 그의 신앙을 공개적으로 고백하게 하였다. 마르키온은 그이 자리에서도 구약성서와 신약성서를 대립시키고, 바울 사도를 제외한 다른 사도들의 전통을 이어받은 교회가 구세주의 참된 복음을 왜곡시켰다고 주장하였다. 사제단이 그의 왜곡된 성서해석을 지적하고 시정할 것을 촉구하였지만, 그는 이에 불응하였다. 교회는 그가 교회에 들어올 때 바친 헌금을 되돌려주고 그를 파문하였다.

마르키온은 로마교회로부터 파문 받은 즉시 자기의 공동체를 만들고, 파문 받은 날을 새 공동체의 설립기념일로 경축하기 시작하였다. 작은 공동체로 시작된 이 이단 집단은, 그 가르침의 단순성과 기독교와의 유사성 때문에 많은 추종자들을 얻게 되었다.

150년경 이미 저스틴은 마르키온의 이단성을 지적하였고,[29] 154년과 155년에 로마를 방문하였던 서머나의 주교 폴리캅은 마르키온을

---

27 H. R. Drobner/하성수 역, 『교부학』(서울: 분도출판사, 2001), 188.
28 N. Mclean, "마르키아누스", 『기독교대백과사전』 5 (서울: 기독교문사, 1994), 688.
29 Justinus, *Apology* 1. 26. 5.

만나 토론한 다음, "나는 네가 확실히 사탄의 맏자식임이라는 것을 알게 되었다"라고 단죄하였다.[30]

마르키온의 『대립명제Antitheses』 이외에 그나 그의 제자들의 어떤 저작도 남아 있지 않다. 그의 인물됨과 가르침에 관한 지식은 모두 반대자들, 주로 이레네우스, 터툴리아누스, 히폴리투스, 알렉산드리아의 클레멘스의 작품에 바탕을 둔 것이다.

마르키온의 사망 연대는 160년경으로 추정된다. 그가 죽은 후에도 영지주의의 이단적 기독교는 로마로부터 시작하여 로마 제국 전역으로 급속히 퍼져나갔다. 200년경부터는 그 세력이 상당히 줄어들었지만 5세기까지도 시리아에 그의 추종자들이 남아 있었다.[31]

마르키온 사후에도 영지주의 이단 기독교가 교회에 미친 해악은 실제로 매우 극심하였다. 영지주의자들은 형식상으로는 그리스도교의 용어와 개념들을 많이 사용하였기 때문이다. 그러나 그 내용으로 보면 구약성서와 신약성서를 대립시키고 신론, 창조론, 그리스도론, 구원론, 교회론 등 그리스도교의 기본을 뿌리째 왜곡시켜 흔들어 놓았던 것이다. 영지주의 이단을 잘 이해하지 못하는 일반인들이 쉽게 미혹되는가 하면, 때로는 정통 교회 안에 머물면서 의식 없이 그들의 이단적 주장에 깊이 빠져드는 경우들도 있었다. 특별히 마르키온은 모든 교회의 중심인 로마교회의 영향력 있는 장로라는 지위를 이용하여, 기독교의 이름으로 영지주의를 전개하였기 때문에, 교회에 미친 위험과 해독은 상상을 초월하였다.

---

30 Irenaeus, *Adv. Haer.* 3. 3. 4.
31 Tertullian, 『그리스도의 육신론』, 48.

2세기 말과 3세기 초의 교회 교부들의 최대 과제는 영지주의 이단 기독교의 교설을 분석하고 오류를 논박하는 일이었다. 그 대표적인 교부는 리옹의 이레네우스였다. 그의 뒤를 이어 로마의 히폴리투스, 카르타고의 터툴리아누스 등이 반영지주의 신학자로 활약하였다. 마르키온을 중심으로 기독교 영지주의적 가르침 중에 논쟁이 되는 점들과 이에 대한 교부들의 반론을 살펴보려고 한다.

2) 두 하나님 교리와 그 비판

마르키온 역시 영지주의의 기본 원리인 영육이원론을 유대교와 기독교의 신론에 적용하여 물질과 육체를 창조한 구약성서의 여호와 하나님은 열등한 신이며, 신약성서에서 예수가 가르친 영혼의 아버지 하나님과는 다른 하나님이라는, 두 하나님 교리를 주장하였다. 이레네우스와 터툴리아누스는 마르키온이 다음과 같이 주장하였다고 증언한다.

구약의 율법서와 예언서들이 선포한 하나님은 우리 주 예수 그리스도의 하나님이 아니시다. 왜냐하면 구약의 하나님은 알려져 있지만 예수 그리스도의 하나님은 알려져 있지 않기 때문이다. 또한 구약의 하나님은 의의 하나님인 데 비해 신약의 하나님은 사랑의 하나님이기 때문이다.[32]

폰투스인(즉 마르키온)은 매의 두 날개처럼 두 신을 만들어냈는데 하나는 그도 부인할 수 없는 창조신 곧 우리의 하나님이요, 다른 하나는 자기도

---

32 Irenaeus. *Adv. Haer.* 1. 27. 1.

증명할 수 없는 자기가 믿는 신이다.[33]

마르키온은 "하나님께서 무한히 선하시고 전능하신 분이라면, 어떻게 불행과 악이 만연해 있는 그런 불완전한 세상을 창조하셨겠는가?"라는 신정론적神正論的 의문을 제기하였다. 그는 파문당하기 직전 로마의 사제단 앞에서 공개적으로 자신의 주장을 이렇게 피력하였다.

예수께서 "좋은 나무가 나쁜 열매를 맺지 않고 나쁜 나무가 좋은 열매를 맺지 않습니다"(눅 6:43)라 말씀하셨습니다. 세상 도처에 산재해 있는 불행과 불완전함 그리고 매일 발생하는 악들을 생각해 볼 때, 이런 세상이 어떻게 무한히 선하시고 전능하신 창조주의 작품이라 할 수 있겠습니까?[34]

마르키온은 여기서 형이상학적인 문제를 제기한 것이다. 그는 "세상이 왜 악한가?"라 질문한다. 이어서 "하나님의 형상으로 창조되어 영혼 anima을 지니게 된 인간이 왜 결국 범죄할 수밖에 없었는가?" 하는 문제를 제기한다.

하나님께서 선하고 미래를 예지하며 악을 막을 수 있다면 어떻게 자신의 형상이며 모양이고, 영혼의 출처를 생각한다면 하나님 자신의 본질인 인간이 마귀에게 속아서 율법에 대한 순종을 떠나 죽음에 빠지게 할 수 있는가?[35]

---

33 Tertullian, 『마르키온 논박』 1. 2. 1: 공성철(2003), "마르키온Marcion, 사상적 배경에서 본 새로운 해석", 「신학과 문화」 제12집, 192.

34 Epiphanus. *Panarion* 42(PG 41, 697-698); H. Chadwick(1999), 47.

35 Tertullian, 『마르키온 논박』 2. 5. 1: 공성철(2003), 187.

인간이 타락한 것은 전적으로 인간의 의지적 선택이 아니라, '인간의 영혼 자체의 결함' 때문이고, 이는 선하지도 전능하지도 않은 조물주가 인간을 창조하였기 때문이라는 성급한 결론에 이른 것이다. 이 열등한 신이 인간의 영혼을 만든 것이므로 "창조주의 본질 가운데 죄지을 능력이 있는 것이 분명한 것"[36]으로 보았다. 그는 이러한 주장의 성서적 근거로 "나는 환난도 창조하니 나는 여호와라"(사 45:70)는 구절을 제시한다. 악의 조성자인 창조주는 악할 수밖에 없다는 것이다.

마르키온은 악으로 가득 찬 물질 세상은 '선한 신Deus bonus'이 창조한 것으로 볼 수 없고, 분명히 다른 어떤 신이 창조하였다고 확신하였다. 마르키온에 따르면 서로 다르고 대립되는 두 신이 존재할 수밖에 없다.[37] 세상의 창조주는 이스라엘 백성의 신, 즉 구약의 신으로서 본성이 사악하지는 않지만, 그가 창조한 물질 세상이 불완전하기 때문에 세상 악의 원인이 되며, 율법적 사고방식에 따라 물질적 제사를 요구하고 불순종하는 자에게 보복하는 분노의 신이라는 것이다.

마르키온은 『대립 명제』라는 책에서 유대교의 창조주 하나님이 신약의 예수 그리스도의 아버지인 하나님과 얼마나 다른지를 입증하기 위해 구약성경과 신약성경 사이의 많은 불일치를 열거하였다. 유대교의 하나님은 우상 만드는 것을 금지하고는 후에 모세에게 구리로 된 뱀을 만들도록 명령한다. 그는 또한 전지全知한 존재가 아니었다. 아담이 어디 있는지 물어야만 했으며, 소돔과 고모라의 상태가 어떤지 알기 위해 땅으로 내려오지 않으면 안 되었다. 그뿐 아니라 아담의 창조주로서

---

36 Tertullian, 『마르키온 논박』 2. 9. 1.
37 Tertullian, 『마르키온 논박』 1. 2. 2-3.

이 세상에 악이 들어오게 된 것에 대해 책임이 있다. 참으로 수치스러운 성적 생식의 방법, 임신의 불쾌함, 출산의 고통 등을 고안해낸 이는 바로 이 창조주라는 것이다. 이것들에 대해 생각만 해도 마르키온은 속이 뒤집혔다.

그렇기 때문에 마르키온의 공동체는 결혼을 이 열등한 창조주의 혐오스러운 사업을 도와주는 것으로 여겨 엄격하게 배척했다.[38] 그러나 마르키온은 인간이 육체를 가졌기 때문에 누리는 온갖 순수한 기쁨 즉, 부부의 정과 육아의 기쁨과 가정의 행복을 간과하였다. 육체를 악하게 만 보았기 때문에 육체 자체의 선함과 아름다움을 부정한 것이다.

마르키온에 의하면 구약성서의 창조신은 모세의 율법의 기준에 따라 세상을 엄하게 다스리기 때문에 선해질 수 없으며, 인간을 죽음의 틀 안에 가두어두는 인색하고 폭군적인 신이다.[39] 그는 정직하게 질문한다. 예수 그리스도가 선포한 선하신 하나님이 어떻게 구약의 공정하고 벌하시는 하나님과 같을 수 있는가? 그는 선하신 하나님을 절대화하였기 때문에 선하신 하나님을 벌하시는 하나님과 일치시킬 수 없었다. 그래서 두 하나님의 동일성에 대한 주장의 근거가 되는 구약성서 전체와 벌하시는 하나님과 관련된 신약성서의 모든 구절을 거부하였다.

마르키온은 복음서의 영과 사랑의 아버지 하나님은 세계를 창조한 조물주 하나님과는 전적으로 다른 분이라는 의미에서 '타자Other' 또는 '낯선 하나님Foreign God'이라 하였다. 이 낯선 하나님이야말로 비가시적인 영적 세계와 밀접한 관련이 있는 분으로서 어떠한 사악한 죄인이라

---

38 Henry Chadwick, 『초대교회사』, 44-45.
39 Tertullian, 『마르키온 논박』 2. 28. 1.

도 용서해 주는 사랑의 하나님이라 가르쳤다. 마르키온의 두 하나님론에는 이처럼 천박한 신정론적神正論的 동기가 포함되어 있었다.

마르키온은 자신의 이러한 주장을 정당화하기 위하여 바울이 말한 삼층천三層天의 구조를 활용하였다. 결코 알려질 수 없는 낯선 하나님은 '셋째 하늘'(고후 12:2)에 거하는 초월적인 존재로 정위定位시켰지만, 이는 한낱 이원론적 구원관을 전개하기 위한 구실에 불과할 따름이었다. 결국 그가 가르친 구원자 하나님은 계시의 능력을 지니고 자연에 대해 지속적으로 섭리하는 성서의 하나님과는 거리가 먼 초월적인 낯선 신이 되고 말았다.

영지주의의 이러한 두 하나님론을 조목조목 반박한 대표적인 교부는 이레네우스와 터툴리아누스이다. 이레네우스는 구약의 창조주 하나님이 신약의 영의 아버지 하나님과 같으신 한 분 하나님이라고 반박하였다. 하나님의 천지 창조와 그리스도의 탄생과 최후 심판에 이르는 구원 사역의 전 과정이 그리스도 안에서 통일을 이루는 일관된 구원사임을 밝힘으로써 구약의 창조의 하나님과 신약의 아버지 하나님이 한 분 하나님인 것을 논증한 것이다.

이레네우스는 바울이 즐겨 사용한 첫 번째 아담과 두 번째 아담인 그리스도 사이의 유형론typology을 통해 첫 아담의 실패를 둘째 아담이 회복한 것(고전 12:22)을 구속사적으로 설명한다.

그리스도 자신 안에서 최초의 창조를 다시 회복하셨다. 한 사람의 불순종으로 인하여 세상에 죄가 들어왔고, 그 죄를 통하여 사망이 온 것처럼, 한 사람의 순종으로 말미암아 세상에는 의가 들어왔으며, 그 이전에 죽었던 자들에게 생명을 가져다주었다.[40]

이레네우스는 구약의 예언자들에 의하여 선포되고, 신약의 복음에 의해서 계시된 하나님은 동일한 한 분 하나님이라고 단호하게 반박했다.[41] 그는 구약과 신약을 관통하는 이 전체적인 구속사적 경륜을 '총괄갱신recapitulation'이라는 개념으로 표현하였다. 이 말은 회복restoration 이라는 뜻을 내포한다. "하늘과 땅에 있는 모든 것이 그리스도 안에서 통일된다"(엡 1:10)는 의미이다.

터툴리아누스 역시 마르키온이 전개한 두 신의 개념은 논리적으로 부적절하다고 지적했다. 마르키온은 한 신은 선하고 무한한 반면, 다른 한 신은 포악하고 세상 안에 제한되어 있는 존재로 묘사했다. 터툴리아누스는 신은 최고의 위대한 속성을 모두 소유한 존재임에도 불구하고, 이보다 열등한 신인 조물주에게도 동일한 하나님이라는 명칭을 사용하는 것은 논리적으로 부당하다고 반박했다.

한때 그를 추종했던 마르키온의 제자 아펠레스Apelles도 "나는 동일하게 영원한 두 개의 원천이 존재한다고 말하는 마르키온으로부터 배울 생각이 전혀 없다. 왜냐하면 나는 하나의 원천뿐인 하나님만을 알고 그렇게 설교하기 때문이다"고 하였다.[42]

마르키온은 성서가 말하는 창조 교리를 모두 거부하였다. 그는 영지주의적 다신론적이고, 남녀 양성신론적이며, 유출설적인 신론을 그대로 수용하였다. 결국 그의 주장은 하나님을 철저히 가시적인 물질세계와 우주에서 소외시킴으로써 순수한 영적 존재로서 무감각, 무감정한 모습으로 존재하는 낯선 하나님으로 전락시키고 말았다.[43]

---

40 Irenaeus. *Adv. Haer.* 3. 21. 9-10.
41 Irenaeus. *Adv. Haer.* 3. 5. 1; 3. 9. 2. ; 3. 11. 1.
42 Tertullian, 『그리스도의 육신론』, 60-63.

3) 그리스도의 가현설과 그 비판

구약과 신약, 조물주과 영의 아버지 하나님의 분리는 그리스도론과 구원론의 새로운 전개를 불가피하게 만들었다. 마르키온에 따르면 예수 그리스도는 아담의 타락과 무관하게 그때까지 아무에게도 알려지지 않은 선하신 하나님에 관한 영적 지식을 인류에게 비밀리에 전해 주기 위해 인간의 모습으로 나타난 영지자로서 구원자로 묘사된다.

마르키온은 영육이원론에 입각하여 하나님의 아들이 세상에 육체로 오는 것은 그의 영적 본성이 더럽혀지는 것으로 보았기 때문이다. 그는 그리스도가 마리아에게서 실제로 '태어났다generatio'는 동정녀 탄생을 부정한다. 그리스도가 가상의 육체의 모습을 빌어 마치 유령처럼 순전히 영적 존재로 이 땅에 잠시 '나타나 보였다doceo'고 가르쳤다.

마르키온은 그리스도는 구약의 예언자나 다른 누구의 예고도 없이 갑자기 로마 황제 디베료가 즉위한 지 15년이 되는 해(눅 3:1)에 갈릴리의 가버나움에 있는 회당에 육체라는 가면을 쓰고 나타나서 영지를 가르치기 시작했다고 한다.[44] 그는 그리스도가 인간적 탄생을 거치지 않고 30세(눅 3:7)쯤 된 가상假想의 성인成人 모습으로 하늘에서 직접 내려왔기 때문에 구약과 완전히 단절된 새로운 존재라 가르쳤다. 그리스도는 순수한 영적 존재이며, 그리스도의 기적들과 새로운 영적 가르침이

---

43 David R. Ruppe, *God, Spirit, and Human Being: The Reconfiguration of Pneuma's Semantic Field in the Exchange between Irenaeus of Lyons and the Valentinian Gnosis,* Ph. D. diss, Columbia University, 1988. 77-83.

44 Tertullian, 『마르키온 논박』 4. 7. 1. 사실 마르키온이 유일하게 안정하는 누가복음서에서는 그리스도의 탄생과 유년기에 대한 1-2장이 삭제되고, 가파르나움의 회당에서 설교한 내용부터 시작된다.

그리스도의 신성을 입증한다는 주장이다.

마르키온은 순수한 영적 존재인 그리스도는 사람들과 만나 구원 지식을 가르치기 위한 방편으로 일종의 '가상적 육신caro putativa'을 가지고 행동하였다고 한다. 이 가상적 육신은 실제로 존재하지는 않는 '환상phantasma'이지만 사람들의 눈에 실제인 것처럼 보인다는 것이다.[45] 그러므로 그리스도의 육체적 모습은 우리의 착시이고 단지 그렇게 보일(dokesis) 뿐이다.[46] 마르키온의 이러한 주장을 그리스도의 가현설docetism이라 부른다.

영지주의자들은 가상적 육신을 지닌 예수의 육체적 출생과 육체적 고난 그리고 육체적 부활을 모두 부인하였다. 어떤 영지주의자들은 예수가 처녀 마리아에게서 태어난 것이 아니라 "물이 파이프를 통과하듯이 마리아를 통과하였다"[47]고 가르쳤다. 마르키온을 비롯한 영지주의자들 중에서 예수가 육체적으로 수난당하고 그 육체가 죽임을 당했다는 사실을 인정하는 사람은 없었다. 그리스도가 실재의 육신을 지니고 있지 않았으므로 고통과 죽음 그리고 육체적 부활을 겪을 수 없었다는 것이다.[48]

어떤 영지주의자는 십자가상에서 예수의 울부짖음(막 15:34)을 예수 그리스도의 영혼이 잠시 빌려 사용한 육체를 떠나는 것을 보고 그의 가상의 육체가 외치는 소리라고 한다. "나의 신(영혼)이여 나의 신(영혼)

---

45 Tertullian, 『그리스도의 육신론』, 51.

46 H. Chadwick, 『초대교회사』, 42.

47 Irenaeus. *Adv. Haer.* 1. 7. 2.

48 Tertullian, 『마르키온 논박』 4. 20. 8. 그렇지만 마르키온은 역시 예수께서 하혈하는 여인이 치유 받을 희망을 가지고 당신의 옷자락을 몰래 만지자 치유의 능력이 빠져나가는 것을 느꼈다(누가 8:43-48 참조)고 하는 성서의 대목을 그대로 전하고 있는 것으로 보아 그리스도의 가상적 육신이 전혀 무감각한 육신은 아니었던 것처럼 말하고 있다.

이여 왜 나(육체)를 버렸느냐"라는 뜻이라 해석한다.49

마르키온은 그리스도의 실제적인 육체적 수난은 부인하지만, 사도 바울의 신학에 따라 그리스도의 수난이 인간 구원을 위해 매우 중요한 요건이 된다는 점은 부정하지 않았다. 그렇지만 그리스도의 수난이 인류 구원을 위해 지니는 참된 이유를 공개적으로 설명하지 않았는데, 그 이유는 자기들의 이단 집단에 의해서만 전수되는 비밀이기 때문이라고 주장한다.50

마르키온의 주장을 종합해 보면, 그리스도의 십자가상의 수난은 일종의 가상적 상징에 지나지 않은 것이 된다. 그리스도의 탄생과 육신을 부인하는 마르키온은 그분의 수난과 부활에 관한 대목들도 모두 자기 복음서에서 삭제해야 했다.51 요한일서는 이미 "예수 그리스도께서 육체로 임하심을 부인하는 자"(요이 1:7)를 '적그리스도'라 하였다. 당시의 영지주의자들처럼 예수 그리스도께서 육체로 태어난 것이 아니라 육체라는 가면을 쓰고 나타난 것이라는 가현설假現說을 주장하며 예수의 인성을 부정하는 이들을 적그리스도로 규정하였다.

마르키온의 가현설을 가장 체계적으로 반박한 이는 터툴리아누스이다. 그는 『그리스도의 육신론』에서 마르키온이 그리스도인들에게 매우 중요한 구원 사건이 되는 그리스도의 수난을 어처구니없는 코미디로 전락시켰다고 반박하였다.52 "그리스도의 육신을 믿지 않고서는 인간 육신의 부활, 즉 구원을 바랄 수 없다."는 그리스도교적 구원론의 원칙

---

49 W. C. Placher, 『기독교신학사 입문』, 58.
50 A. Harnack, *Marcion* 2 377. 참조.
51 Tertullain, 『그리스도의 육신론』, 5,1-3.
52 Tertullain, 『그리스도의 육신론』, 5. 3-10.

에 입각하여, 그리스도의 육신이 우리 인간 육신과 같은 육신이어야, 인간 육신의 구원이 가능하다는 것을 입증하는 데에 전력하였다.

터툴리아누스는 "주님의 육신은 실체로 존재하는가?"라고 질문한다. 그는 그리스도의 육화가 불가능한 것도, 위험한 것도, 부당한 것도 아님을 논증한다. 육화肉化는 세상의 모든 지혜에 의도적으로 도전하는 하나님 사랑의 행위이다. 인간 육신에 대한 마르키온의 증오는 자기 자신과 인류에 대한 증오를 뜻한다. 그러나 인간을 사랑하시는 그리스도는 인간이 존재하는 데에 필수적인 육신까지도 받아들이심으로써 당신의 사랑을 우리에게 드러내 보이셨다는 것이 터툴리아누스의 논지이다.

터툴리아누스에 따르면 진정한 육화 없이는 진정한 구원이 있을 수 없다(5,1-5). 영지주의 이단자들에게 원수라 여겨지는 육신은 '우리 신앙을 위해 필수적인 것necessarium dedecus fidei'이다. 하나님의 아들은 참으로 육신을 지니셨으며, 그 육신 없이는 그분이 참으로 죽고 부활하실 수 없기 때문이다(5,3-5).

터툴리아누스는 "주님의 육신은 어디서 왔는가?"라고 질문한다. "이 세상에서 온 것인가? 다른 곳에서 온 것인가? 하늘에서 떨어진 것인가, 태어난 것인가?"라고 반문한다. 이 문제에 대해, 그리스도께서 지상에 내려오기 전에 천상의 별에서 육신을 취했다고 주장하는 마르키온의 제자 아펠레를 주로 겨냥하여 논박한다(6,1-3).

천사들이 발현한 것과 그리스도가 육신을 취한 것은 같은 이유에서가 아니므로 이단자들이 내세우는 예는 적절하지 못하다(5-8). 천사들은 죽기 위해 내려온 것이 아니므로 태어날 필요가 없었지만(5), 이와는 달리, 죽기 위해 오신 그리스도는 태어나셔야만 했다(6,6-7).

터툴리아누스는 주님의 육신은 우리의 육신과 동일한 형태로 존재한다고 주장하고, 그리스도의 육체적 고난과 죽음뿐 아니라 육체적 부활을 강조하였다. 그는 무덤에서 일어난 것은 "피가 가득히 차 있고 뼈대로 조립되어 있으며 신경선으로 뒤섞여 있고 혈관들이 교차되어 있는 이 육신"이라고 하였다.[53] 그는 자신의 이러한 주장을 읽는 사람들에게 충격을 주리라 여겨 "이것은 불합리하기 때문에 믿어야 한다"고 역설하였다.

터툴리아누스는 그리스도가 육신으로 무덤에서 살아났듯이 모든 신도는 육신의 부활을 기대해야 된다고 가르쳤다. 그가 "영혼의 구원은 논할 필요조차 없다"고 한 것은 "그 문제는 이단자들마저도 어떤 형식으로라도 인정"하기 때문이라 하였다.[54] 그는 우리의 육신을 구원하기 위해서 주님은 우리와 동일한 육신으로 나시고 죽으시고 부활하셨다는 논지로 일관하였다.

4) 영적 지식을 통한 영혼 구원론과 그 비판

마르키온은 선한 영혼의 하나님은 사악한 창조의 신에 의하여 율법의 폭정에 시달리고 있는 인간 영혼을 불쌍히 여겨, 당신의 아들 그리스도를 구세주로 '갑자기subito' 세상에 내려 보내, 구원의 복음을 선포하게 함으로써 인간 영혼을 육신으로부터 해방시켰다고 가르쳤다.[55] 구세주가 세상에 '갑자기' 내려왔다는 것은 구약의 창조신 조물주와 대립되는

---

53 Tertullain, 『그리스도의 육신론』, 5.
54 Tertullain, *De Resurrectione Carnis*, 2.
55 Tertullian, 『마르키온 논박』 4. 7. 1-2.

신약의 '선한 신'이 그의 아들 그리스도를 예언자들의 예고 없이 직접 내려 보냈다는 뜻이다. 그는 이 선한 신은 그의 아들 구세주를 통해서 비로소 세상에 알려지게 되었으므로, 구약의 창조신과 구별하기 위해 신약의 영의 하나님이라 부른다.

기독교의 영향을 받은 마르키온의 구원관은 다른 영지주의자들의 운명론적 구원론과는 다르다. 일반적으로 영지주의자들은 '신적 섬광' 즉, 신적 요소를 지니고 있는 사람들만이 구원받을 수 있고, 이를 지니고 있지 못한 사람들은 운명적으로 구원에서 제외된다고 하였다.

마르키온은 그러한 차별을 두지 않고 모든 인간이 구원받을 수 있다고 주장한다. 인간은 세상에서 악에 대한 어떤 책임도 없기 때문에, 그리스도는 십자가의 죽음으로 인간을 죄에서 구원한 것이 아니라, 단지 인간의 구원을 위해 필요한 지식을 복음을 통해 계시하였다고 가르쳤다. 그러나 이런 방식의 구원은 그 내용에 있어서 전인적全人的인 구원이 아니라 영혼만의 구원이다. 육신의 구원은 제외된다고 본 점에서 다른 영지주의자들의 주장과 다를 바 없다.[56] 따라서 마르키온은 영혼의 구원을 위하여 육신적으로는 철저히 금욕하고 세상에서 멀리 떨어져 있어야 한다고 주장하였다. 이런 까닭에 미사에서 포도주조차 마시지 못하게 하였으며 결혼과 성생활도 못하게 하였다.[57]

당시의 가톨릭 교회는 영적 지식을 통한 영혼구원론를 반박하기 위해 구약의 창조주 하나님의 성육신과 십자가의 대속적 죽음과 부활을 가르쳤다. 하나님께서 육체를 입고 인간이 되심으로써 육체를 지닌 인

---

56 Tertullian, 『마르키온 논박』 1. 24. 3.
57 H. R. Drobner, 『교부학』, 194

간이 예수 그리스도와 연합하여 영생에 참여할 수 있게 되었으며, 이것이 성서가 가르치는 구원과 영생의 복음이라 하였다. 특히 이레네우스는 인간의 구원을 위하여 예수가 육신을 입고 이 땅에 오신 것이 불가피하다는 점을 역설하였다.

> 그래서 그는 우리의 몸으로부터 우리와 비슷한 몸을 하나 취하셨고, 모든 몸은 죽음의 부패를 면할 수 없는 고로, 그도 그들 모두를 위해 자신의 몸을 넘겨주셨다. 그리고 모든 것을 하나님께 맡기셨다. 그는 인자하심으로 이를 행하셨는데, 이는 모든 사람이 자신 안에서 죽을 때, 전 인류를 감염시킨 그 부패의 율법을 도말하기 위해서였다. 그리고 주님의 몸 안에서 그 율법의 힘이 다 소모될 때, 그것이 다른 인간에게 더 이상 힘을 발휘하지 못하게 하기 위해서였다. 이렇게 인류를 부패로부터 구하심으로써, 그는 그들에게 다시 불사성을 선사하셨고 자신이 취하신 몸을 통해 그리고 (마치 불 속에 던져진 지푸라기같이 죽음을 사라지게 하는) 부활의 은총을 통해 그들을 죽음에서 생명으로 불러내었다.[58]

이레네우스는 이처럼 육신을 입은 인간이 영육 간에 구원을 얻기 위해서는 육신이 되신 하나님의 성육신과 십자가의 죽음과 부활이 불가피하였다는 성서적 사실을 신학적으로 확립 일에 앞장섰다.

---

58 Irenaeus, *De incarn, Vervi*. 6-7.

5) 비밀 전승에 대한 비판과 사도 전승

마르키온은 「누가복음」에서 예수가 공개적으로 가르친 내용보다 더 중요한 것이, 바로 예수 자신의 비밀 전승이라 하였다. 기독교 영지주의자들은 부활 이후 40일 동안 예수께서 사도들에게 하신 비밀스러운 말씀들과 사도 바울이 삼층천에 갔다 와서 전해 준 영적 비밀을, 자신들만이 비밀리에 전승하였다고 한다. 그리고 이 비전적秘傳的 신비를 공개적으로 선전하지 아니하고, 자기들만의 전례 기도문이나 성례의 정식定式으로 만들어 자기들만의 집회에서 사용함으로써 다른 사람들에게는 비밀로 삼았다.

가톨릭 교회는 공생애 동안의 예수의 가르침과 사역이 공개적인 것이었다는 것과 예수 사후의 베드로와 바울의 가르침과 사역 역시 공개적인 것임을 강조하였다. 요한복음에는 예수가 체포되어 대제사장들이 그의 교훈을 질문할 때 은밀한 가르침은 전무한 것으로 대답하였다고 사실을 강조하였다.

내가 드러내 놓고 세상에 말하였노라. 모든 유대인들이 모이는 회당과 성전에서 항상 가르쳤고 은밀하게는 아무것도 말하지 아니하였거늘(요 18: 20).

예수의 비밀 전승이 실제로 있었다면, 베드로와 바울 같은 사도들은 자신이 교회에 세운 감독들에게 이것을 반드시 전수하였을 것이다. 사도들이 세운 교회들 가운데 이러한 이단적 가르침이 전수된 실례가 전무하다는 점을 들어 영지주의들의 비밀 전승을 강력하게 부인하였다.[59]

이레네우스는 사도들이 세운 여러 교회가 있지만, 모든 교회가 그때 이후로 사도들이 공개적으로 가르친 동일한 교훈 그대로를 계속 전승하고 있다는 것을, 예증하기 위해 사도들이 직접 임명한 자들로부터 시작하여 사도직을 계승한 교회의 지도자들을 열거하기도 하였다.

진리를 알고자 하는 모든 사람들은, 모든 교회 안에서 온 세상에 두루 전파되어 있는 사도들의 전통을 명백히 관찰할 수 있다. 우리 사도들에 의해 교회 안에서 감독으로 임명된 자들과 오늘날까지 내려오는 그들의 계승자를 열거할 수 있다. 그들은 이단자들이 이야기하는 것과 같은 것을 가르치지도 않았고 알지도 못했다. 사도들이 사적으로 비밀리에 "완전한 자"에게 부여하는 경향이 있는 그 감추인 비밀 전승秘傳을 알고 있었다고 가정해 보자. 분명 그들은 자신들이 교회를 맡긴 자들에게 특별히 그 비전을 전승시켜 주었을 것이다. 왜냐하면 그들은 자신들의 계승자들이 모든 면에서 완전하고 흠이 없기를 바랄 것이기 때문이다.[60]

이레네우스의 기본 논점은 영지주의자들의 교회보다 정통 교회 안에서 사도 전승을 더 분명하게 발견할 수 있다는 것이다. 그는 영지주의자들이 전통보다 자신이 각성한 영적 진리를 궁극적 기준으로 삼았으며, 온갖 형태의 창의적 발상을 개인의 영혼이 살아 있는 증거로 알고 즐거워한다는 점을 비판하였다.[61] 그는 사도 전승은 일관되고 통일된 가르침이지만, 영지주의자들의 비밀 전승은 그 자체가 단절되고 비밀스러운 것이기 때문에 통일성과 일관성이 결여되어 있다는 점이 들어 반박

---

59 Henry Chadwick, 『초대교회사』, 47.

60 Ireneaus, *Adv. Haer.*, 3. 3. 1.

61 E. Pagals, 『영지주의 신학』, 79.

하였다.

터툴리아누스 역시 영지주의자들이 전통을 마음대로 바꾸어서 너무나 다양하고 전체적으로 통일성이 결여되어 있음을 지적하였다.

> 그[영지주의자]들은 물려받은 전통을 각각 자신의 기질에 맞도록 수정한다. 전통을 후대에 물려 내려준 사람들이 그 전통을 수정하였듯이 그들도 자신들의 뜻대로 전통을 만들었다.[62]

이레네우스는 혼란과 분열을 막기 위해서라도 교회 내의 신앙의 불일치를 종결지을 처방으로서 "모든 교회들은 반드시 그 (사도직을 계승한) 교회와 전통에 일치해야 한다"[63]고 가르쳤다. 그는 교회의 일치를 위해누구나 교회 안에 있는 사제들에게 순복해야 한다고 가르쳤다. 이는 "그들은 감독직을 계승함과 동시에 확실히 진리의 선물을 받았기" 때문이라고 하였다.[64]

4. 영지주의에 대한 대응과 사도신경의 형성

영지주의가 기독교의 중요한 가르침과의 형식적 유사성으로 인해, 기독교를 희랍 로마 문화권에 전파시키는 데 유리한 통로가 된 것은 사실이다. 그러나 영지주의의 핵심적인 가르침이 기독교의 본질과는 현저하게 다른 것이기 때문에, 기독교 신앙을 근본에서 왜곡하고 있다

---

62 *Praescriptione Haereticorum*, 42.
63 Ireneaus, *Adv. Haer.*, 3. 3. 2.
64 Irenaeus, *Adv. Haer.*, 4. 26. 3.

는 사실을 간파한, 당시의 가톨릭 교회는 기독교 신앙의 전통을 수호하기 위해서는 몇 가지 중요한 조치를 취할 수밖에 없었다.

첫째, 정통 교회는 사도직과 더불어 사도들의 가르침을 계승Apostolic Succession하였다는 입장을 강화한 것이다. 일찍이 이그나티우스는 정통 교회의 감독들이 사도들에게 주어진 그리스도의 권위를 계승한 것이라 주장하였다. 이를 통해 정통 교회의 가르침의 순수성과 통일성과 일관성을 유지할 수 있다고 본 것이다. 또한 이를 통해 자신들의 편의에 따라 계시의 내용을 가감하는 영지주의와 마르키온주의의 비밀 전승이 개입할 수 있는 모든 여지를 차단할 수 있었다.

둘째, 정통 교회는 사도 전승을 충실히 따른 4복음서와 바울 문서 등을 선별하여 정경화를 시도하였다. 마르키온은 처음으로 누가복음과 사도행전의 일부와 바울 문서만을 예수의 가르침으로 수용하고, 그나마 그 내용을 자기 주관대로 가감하거나 수정하였기 때문에 정경의 확정이 불가피하였다. 전통적으로 예배 중에 널리 사용되어 온 문서와 사도들의 가르침이 충실히 반영된 문서들이 '복음성, 사도성, 예배성' 등의 기준에서 정경에 편입되었다.

셋째, 이단에 대응하기 위한 가장 효과적인 수단은 '신앙의 규범regular fidei'을 확실하게 정해두는 것이었다. 이레네우스는 신앙의 규범이 감독들에 의해 전수된 것이기에, 사도적 전승이라 표현하였다. 터툴리아누스는 사도신경이 보다 함축적이며 직접적이기 때문에 이단들을 논박하는 데는 성경 자체보다 더 효과적이라 평가했다.[65]

이레네우스는 영지주의를 염두에 두고 구속사의 중요한 계기가 되는

---

65 H. Chadwick, 『초대교회사』, 53.

사건을 아래와 같이 요약하여 「신앙의 규범」으로 제시하였다.

전능하시어 하늘과 땅과 바다와 그 가운데 만물을 만드신 한 분 아버지 하나님을 그리고 우리의 구원을 위하여 육신이 되신 하나님의 아들 예수 그리스도를 그리고 성령을 믿는 바, 성령은 예언자를 통하여 구속의 경륜과 사랑하는 우리 주 예수 그리스도의 오심과 동정녀 탄생과 수난과 죽은 자 가운데서의 부활과 육체를 입은 채 승천하심과 … 모든 육체를 살리시기 위해 아버지의 영광으로 하늘로부터 다시 오실 것을 선포하였다.[66]

이레네우스가 전하는 「신앙의 규범」은 그 이후 100년 동안 통용되었으며, 로마교회에서 사용하기 시작한 「로마신조」의 핵심 내용으로 확충되었다.

나는 만물을 다스리시는 아버지 하나님을 믿으며, 독생자 우리 주 예수 그리스도가 성령과 동정녀 마리아에게서 나시고, 본디오 빌라도에게 십자가에 처형되어 장사된 지 사흘 만에 죽은 자 가운데서 다시 사시고, 하늘에 오르사 하나님 우편에 앉아 계시다가 거기서부터 산 자와 죽은 자를 심판하러 오실 것을 믿으며, 성령을 믿으며, 거룩한 교회와 죄의 용서와 육신의 부활을 믿습니다. 아멘.[67]

이 문장은 간단하지만 신앙의 중요한 내용을 거의 포함하고 있으며,

---

66 H. Chadwick, 『초대교회사』, 50.
67 「로마신조」는 3세기 말경에 로마에서 그리스어로 고백되다가 후에 라틴어로 번역되었다.

영지주의의 이단적인 가르침의 핵심을 명백히 반박하는 성격을 띠고 있다. 전능한 하나님은 언제나 세계의 창조자이며 동시에 우리들의 영의 아버지이다. 하나님의 아들인 그리스도는 육신을 가진 인간으로 태어났으며, 육신적 고난과 죽음 그리고 육신적 부활을 통해서 믿는 자들에게 영육 모두의 구원을 가져오신 분이다. 영지주의자들이 세상과 몸을 폄하하는 것에 맞서서 죽은 자들의 부활에 대한 희망을 밝히고, 영지주의가 멸시하는 육신의 부활도 분명히 고백하였다.68

「로마신조」는 300년경에 확정되었으나 4세기에는 첨가된 부분들 때문에, 본래의 구조가 바뀌면서 「사도신경」으로 확충되었다. 초기 형태의 「사도신경」도 역시 마르키온파에 대항하기 위해 사용되었다. 몇 가지 예를 들면 「로마신조」의 '만물을 다스리시는'이라는 표현을 '전능하사 천지를 만드신'으로 바꾸었다. 영지주의자들이 구약의 창조주 Demiurgus 하나님을 열등한 신으로 보아 신약의 영의 아버지 하나님과는 다른 신이라 했기 때문에 '창조주 하나님이 바로 아버지 하나님인 것'을 명확히 밝힌 것이다.

다음으로 "그의 외아들 우리 주 예수그리스도를 믿사오며, 이는 성령으로 잉태하사 동정녀 마리아에게 나시고, 본디오 빌라도에게 고난을 받으사, 십자가에 못 박혀 죽으시고, 장사한 지 사흘 만에 죽은 자 가운데서 다시 살아나시며"라는 구절이다. 이 구절은 예수는 육신으로 태어났으며, 이전에 알려지지 않은 하나님의 아들이 아니라, 창조주 아버지 하나님의 아들이며 유령이 아니라 완전한 인간이라는 것을 주장하고

---

68 Raymund Kottje & Bernd Moeller/이신건 역, 『고대교회와 동방교회』(서울: 한국신학연구소, 2002), 104

있다.[69] 육신으로 태어나 육신으로 고난을 받고 육신으로 죽으시고 육신이 장사되고 육신으로 다시 살아나셨다는 것을 명시한 것은 그리스도께서 육신으로 오신 것을 부인하는 영지주의자들의 반그리스도an-ti-Christ적인 주장을 명확히 반박하기 위한 것이었다.[70]

"하나의 거룩한 공교회를 믿는다"는 항목은 마르키온 등의 이단적인 교회에 대한 거부이다. 콘스탄티노플 신조(381년)에는 여기에 '사도적 교회'가 포함되어 "하나의 거룩하고 보편적인 사도적 교회를 믿는다"는 교회의 4중적 특성이 확정되었다. 이로써 사도 전승과 계도직의 계승을 거부하고 교회의 일치를 해치는 이단적인 교회는 참된 교회일 수 없다고 고백한 것이다.

니케타스Niketas von Remesiana가 전해 준 세례 고백에는 제3조에 "성도가 서로 교통하는 것sanctorum communionem"과 "영원히 사는 것vitam aeteram"이 추가로 첨부되었다. 이것은 하늘에서 구원받은 자들이 사귀는 것 혹은 선지자와 사도, 순교자와 의인, 심지어 천사와의 사귐을 뜻하는 종말론적 구원의 사귐이다.[71]

"성령과 동정녀 마리아에게서 나시고"가 "성령으로 잉태하사 동정녀 마리아에게 나시고qui conceptus est de Spiritu Sanctu, natus ex Maria virgine"로 바뀐 것도 4세기의 일이다.

시르미움 회의(359년)에서는 "음부로 내려 가셨다descendit ad inferna"

---

69 K. S. Latourette/허호익 역, 『기독교의 역사』 (서울: 대한기독교출판사, 1986) 52.

70 H. Chadwick, 『초대교회사』, 55. "고난을 받으사"(passus est)라는 말이 본디오 빌라도에게(sub Pontio Pilato)라는 말에 덧붙여진 까닭은 성부수난설을 배격하기 위한 것이었다는 주장은 칼케돈 신조(451년) 전후의 논쟁의 상황이므로 역사적 정황으로 보아 설득력이 약하다.

71 H. Chadwick, 『초대교회사』, 55.

는 항목이 추가로 첨부되었다. 회의 참석자인 마르쿠스Markus von Arethusa
는 이 표현의 첨가를 제안하면서 그리스도의 진정한 죽음을 뜻하는 것
으로 생각하였다. 서방에서는 이것을 '승리의 음부행' 또는 '지옥의 정
복'으로 풀이하였다.72

이렇게 해서 「로마신조」는 완결되었으나 「사도신경」이라는 명칭은
교황 시리키우스Siricius에게 보낸 밀라노 회의(390)의 서신에서 처음으
로 나타났다. 중세에 이를 12문장으로 나눈 것은 404년 루피누스Rupinus
가 12사도가 각각 한마디씩 한 것이 사도신경이 되었다고 해설한 데서
기인한 전설이다. 예를 들면 도마는 "죽은 자 가운데서 다시 살아나시
고"라는 항목을 고백했다는 식이다.

이레네우스, 터툴리안, 어거스틴과 기타 다른 교부들은 모두 조금씩
내용이 다른 사도신경을 전하고 있으며, 750년경의 피르미니우스Saint
Pirmin의 본문이 서방 교회의 표준 또는 공인 원문Forma Recepta으로 채택
되었다고 한다.73 이처럼 사도신경은 단번에 만들어진 것이 아니라 점
진적으로 이루어졌고, 어느 종교회의의 결의로 형성된 것이 아니다.

결론적으로 사도신경은 교회가 영지주의로 인해 야기된 당면한 신앙
적인 위기를 극복하고 신앙의 왜곡을 반박하고 신앙의 바른 규범을 정
립하기 위해 공동으로 대처하여 온 과정에서 자연스럽게 기독교 신앙의
규범으로 형성된 것이다. 그 내용에서 영지주의에 대한 대응이라는 시
대적 제약이 있는 것이 사실이지만, 그럼에도 기독교 신앙의 규범을

---

72 특히 논쟁이 되는 '음부에 내려가시고'는 루피누스Rufinus(390년)의 본문과 Sacra-
mentarium Gallicanum(650년)에 등장하는 것을 프리미누스Pirminius(750년)가 최종
수용한 것이다.

73 http://www.ccel.org/ccel/schaff/creeds2.iv.i.i.v.html.

가장 잘 드러내기 때문에 전 세계 교회를 통해 오늘날까지 전승되고 있는 것이다. 이 사도신경의 간단한 신앙 규범은 오늘날 문제가 되고 있는『예수는 신화다』나『다빈치 코드』같은 왜곡된 주장에 대한 반박의 논리로서 손색이 없다는 점을 확인할 수 있다.

II.
이승헌의 단학의 신인합일론과
단월드의 종교성

1. 이승헌의 단학과 단군상 및 천부경비 건립의 배경

이승헌(李承憲)은 1950년 12월 23일 충청남도 천안군 성남면 대흥리에서 출생하였다. 천안에서 중고등학교를 다녔고, 1968년 서울 보건전문대학 임상병리과 야간을 졸업한 후, 단국대학교 체육교육학과 3학년에 편입하여 졸업을 했다.

이승헌은 고등학교와 대학 시절 통일교회에 다녔고, 통일교의 원리연구회에서 6개월간 통일교회에 대한 공부를 했으며, 통일교에서 안양에서 일화생수 대리점을 만들어줬는데, 집만 하나 날렸다고 한다.1

이승헌은『태극권』이란 책을 통해 "선을 통해서 기를 터득하면 천하무적이 된다"는 글귀를 읽으면서, 강력한 기를 느끼는 소위 '氣 체험'을 하게 되었다. 그 후 안양 충현탑에서 수련생을 지도하다가 1979년 7월 전주 모악산에 들어가 수련 중 하늘에 물어 '일지(一指)'라는 호를 받았다고 한다. 이즈음 마인드 콘트롤을 배운 후 제자 8명과 함께 관악산

---

1 한상진, "대해부 단월드",「신동아」 2010.01.05.

정상에서 정단회를 구성하고, 이상 인간 한세계를 이루겠다는 뜻을 갖고 하늘에 고(告)하면서 천지신명 앞에 다짐을 하였다. 1985년 2월 15일 강남구 신사동에 25평의 도장을 만들고 1986년 1월부터 단학선원을 시작하였다.[2]

이승헌은 "현대 국학과 뇌교육의 창시자"인 자신의 프로필을 다음과 같이 소개하고 있다.

우리나라 고유의 정신문화를 현대화하고 개발하여 전세계인들에게 전하고 있는 세계적인 명상가이자, 뇌교육자, 평화운동가이다. … 심신의 건강 증진과 인간의 양심, 인성을 회복할 수 있도록 현대 단학과 국학, 뇌교육을 창시했다. 1987년 민족정신광복운동본부 설립을 시작으로 30여 년 동안 현대 국학운동을 전개해 오고 있다.[3]

이승헌은 『신성을 밝히는 길』(1990)을 통해 단군이 신선이 되는 비결을 깨닫고 전수했으나, 그 신선도의 맥이 끊어진 것을 그가 되살려 현대화한 것이 단학이라 주장하였다. 그는 단학의 수련을 통해 신인합일의 경지에 이르는 것을 천화(侁化)라 하였다. 1985년 '단학선원'(현 단월드)을 설립하고 자신을 '대선사 일지'(大禪師 一指)라 한 후, 1989년에 '천화원'(侁化院)을 개원하고 국내 단군상 제1호를 세운 이유도 바로 이러한 천화사상에 기초해 있는 것임을 알 수 있다.

이승헌은 단군의 신선도를 보급하기 위해 전국 공공기관에 3,600기

---

2 이승헌, 『단학-그 이론과 수련법』 (서울: 한문화, 1994), 207. 특히 그는 통일교 원리연구 6개월 과정을 수료한 후 일화생수 대리점을 경영하다 집 한 채를 날리기도 하였다.

3 http://www.ilchi.net/AboutIlchi/Profile.aspx.

의 단군상을 설치할 계획을 세우고, 1997년에서 1999년 사이에 단군상 369기를 세웠으나, 기독교계의 반대로 중단되고 그 일부는 철수되었다. 단군상 추가 건립이 중단되자 2006년부터는 '천부경비' 수십기를 대구 해맞이 공원 등 공공장소에 설치하기도 하였다.

2002년에는 단학선원을 '단월드'(www.dahnworld.com)로 바꾸고 명상호흡 지도, 기체조, 스트레스 관리, 자기계발을 수련하는 기업으로 탈바꿈하였다. 이즈음부터 이승헌은 "1억 명의 SUN(Spiritual United NGOS)을 만들기 위해 전 세계에 3만 6,000개의 센터를 만드는 것을 변하지 않는 비전"[4]으로 세웠다고 한다. 2016년 2월 현재 국내 270개의 센터가 운영 중이라고 한다.

2003년에는 민족정신수련장과 국학원 및 뇌과학대학원대학교와 뇌과학연구원 세워 본격적으로 신선도의 명상과 호흡 등의 기훈련을 '국학과 뇌교육'이라는 이름으로 보급하여왔다. 2016년 2월 현재 이승헌은 글로벌사이버대학교 총장, 국제뇌교육종합대학원대학교 총장으로서 한국뇌과학연구원 원장과 국제뇌교육협회 회장을 맡고 있다. 주요 연혁을 살펴보면 다음과 같다.

1985 단학선원 대선사 일지 이승헌(1950년생)이 '단학선원' 설립
1989 천화원(伩化院) 개원과 국내 단군상 제1호 세움[5]
1992 「신성을 밝히는 길」
1997-9 단군상 369기 세움

---

4 한상진, "대해부 단월드", 「신동아」(인터넷판) 2010년 1월호, 8.
5 단군이 신선이 되었듯이 인간이 신성에 이르는 것을 천화(伩化)라 한다.

1999 창조주와의 만남 행사

2001 불광선원 설립 세계지구인 선언대회

2002 단월드(대표 차동훈)로 개명

2002 세도나 일지센타 해외 단군상 1호 건립

2003 흑석산 민족정신수련장, 뇌과학대학원대학교

　　　뇌과학연구원, 국학원 세움

2006 국조전 건립, 천부경비 1호 건립(나철 생가)

2007 공공장소 천부경비 건립(대구 해맞이 공원)

2007 세계한민족총연합회 창립

2009 뇌교육의 날 제정

2010 마고 할미상 건립[6]

이 글에서는 이승헌의 신일합일 사상을 알아보고, 그의 천화사상이 단군상 건립과 뇌교육 보급을 통해 드러난 종교성과 단월드의 비리와 상업성의 문제점들을 살펴보려고 한다.

2. 단학의 신인합일의 천화(仸化)사상과 종교혼합주의

이승헌은『힐링소사이어티』(2001)[7]에서 "진정한 '나'는 우리 내면에

---

6 박제상(363년~418년 추정)이 저술하였다고 알려져 있는 부도지(符都誌)에는 마고성과 함께 탄생한 '한민족의 세상을 창조한 신'으로 설명되어 있기도 하다. 그래서 단군과는 달리 한민족 창세신화의 주인공으로 알려진 할미이다.

7 이승헌은『힐링소사이어티』(서울: 한문화, 2001). 지은 책으로는『행복의 열쇠가 숨어 있는 우리말의 비밀』,『자기명상』,『세도나 스토리』,『뇌철학』,『뇌교육 원론』,『두뇌의 힘을 키우는 생명전자의 비밀』,『원하는 것을 이루는 뇌의 비밀-뇌파진동』,『뇌호흡』,

있는 순수한 영혼의 불꽃, 바로 '신성'(神性)이다"고 주장한다. "모든 인간의 참 의미와 삶의 참 목적은 이 신성을 깨닫는 데 있다"고 강조한다. 초기 저서 『신성을 밝히는 길』(1990)에는 그가 단군상을 세우고 단학선원과 단월드를 통해 뇌과학을 보급하려는, 그의 근본적인 종교사상이 잘 드러나 있다.

1) 이승헌은 단학은 몸속의 신성(한얼)을 밝히는 것이라 한다. "인간은 인간의 신성이 있고 우주는 우주의 신성"이 있으며, "인간은 우주의 신성에서 나온 하나의 에너지 덩어리"라는 것이다.8 그는 "우리 몸에 신성이 나타날 때 신기(神氣)가 감돌고 그래서 신성을 밝히는 것을 신명(神明)"이라 주장한다.9

다이아몬드보다 더 귀한 것이 우리 몸속에 있습니다. 그것을 알려 주기 위해서 저는 단학을 보급하는 것입니다. 그 보물의 이름은 바로 신성(神性)입니다. 이것은 사람에게만 있습니다. 여러분은 신성이라는 그 보물을 캐야 합니다. 몸 안에 신의 성질이 있다는 것입니다. 멀리 있는 것이 아니고 몸 안에 있습니다. 신성이 바로 한얼인 것입니다.10

이러한 신성이 밝지 못하니까 병이 생기고 욕심이 생기는 것이므로

『힐링 소사이어티』, 『한국인에게 고함』, 『아이 안에 숨어 있는 두뇌의 힘을 키워라』, 『걸음아 날 살려라, 장생보법』 등이 있다.
8 이승헌, 『신성을 밝히는 길』, 112.
9 이승헌, 『신성을 밝히는 길』, 103.
10 이승헌, 『신성을 밝히는 길』, 102.

우리의 본질은 신성이고 사람의 몸에는 신성이 있다는 것을 이 세상에 알려 주어야 한다는 것이 그의 핵심 주장이다.[11]

2) 이승헌에 의하면 우리 몸 안의 신성을 밝혀 신성으로 돌아가는 천화(天化)의 비법이 바로 신선도인데, 이 법을 전해 주신 환웅천황과 천화하신 단군이라는 것이다. 신선도는 신불교(神佛敎) 즉 '신을 밝히는 교'라는 뜻이고, 신성을 깨달아 천화(天化)한 자를 신불(神佛)이라고도 하는데, 단군시대는 이러한 천화 신앙시대였다는 것이다.

> 우리나라는 이와 같이 불교가 있기 전에 신불이 있었고 기독교의 여호와가 있기 전에 하느님이 계셨으며, 전 세계에 하나밖에 없는 성인이 세운 나라 입니다.[12]

> 우리는 그러한 맥락을 통해서 각자 천손이라는 것을 확실히 알아야 합니다. 그리고 우리 민족에게는 한인 성인, 한웅 성인, 단군 성인으로 내려오는 선도의 맥이 있습니다.[13]

이성헌은 "천화 사상은 우리 민족 고유의 인간 완성법"이기 때문에 단학을 통해 신성을 찾는 '바로 그 때에 인간의 완성'이 이뤄진다고 한다.[14] 인간 완성의 3단계는 육체의 완성, 정신의 완성, 천지인 조화의 완성인데, 이 마지막 단계가 천화(天化)라는 주장이다.[15] 단학은 "천지

---

11 이승헌, 『신성을 밝히는 길』, 104.
12 이승헌, 『신성을 밝히는 길』, 205.
13 이승헌, 『신성을 밝히는 길』, 184.
14 이승헌, 『신성을 밝히는 길』, 112.

기운 내 기운, 내 기운 천지기운, 천지마음 내 마음, 내 마음 천지마음"이라는 이승헌의 활구(活句)에 그 뿌리를 두고 있다. 그는 궁극적으로는 천지인의 기운의 조화를 내 안에서 완성하여 천화(伩化)에 이르는 길이라고 가르친다.16 그러므로 구도심이 확고하고 열심히 수련한다면 누구나 천화(伩化)할 수 있다고 한다.17

이승헌은 『한얼리 강천집』에서 천화를 다음과 같이 설명한다.

(1) 단학선원은 처음부터 천화를 가기 위한 코스
(2) 본래의 모습으로 돌아가는 것이 천화
(3) 천화는 인간이 이 세상에 태어난 삶의 목표
(4) 영원히 하늘로 날아 갈 수 있는 사람은 천화된 것
(5) 천화법을 전수하는 곳은 오로지 한 군데
(6) 단학원리에 대한 절대적 기준을 가진 사람은 천화할 것18

이승헌은 천화의 법을 오로지 전수하는 곳은 한 군데 밖에 없을 뿐 아니라, "천화라는 단어를 쓰는 데는 하나밖에 없다"고 한다. 따라서 굉장히 귀한 자리이므로 그 과정을 타기 위해서 정성을 기울여야 한다고 강조한다.19 자신들의 집단의 배타성을 노골적으로 드러내고 있는 것이다.

---

15 이승헌, 『신성을 밝히는 길』, 148-151.
16 이승헌, 『신성을 밝히는 길』, 56.
17 이승헌, 『신성을 밝히는 길』, 243.
18 이승헌, 『한얼리 강천집』 중급편(서울: 한문화, 1999), 216-218.
19 이승헌, 『한얼리 강천집』, 218-219.

3) 이승헌은 단학수련을 통해 신성을 밝히 깨닫는 것이 구원의 길이라고 가르친다. "단학 수련을 통해서 우주의 신성과 여러분의 신성이 만나는 순간이 깨달음이요 구원"이라는 단언한다.[20] 우주의 원리인 조화주는 우리의 몸으로 말하면 자연 치유력이요, 지구로 말하면 지구 정화 능력이며,[21] "지구촌을 살릴 수 있는 마지막 원리"[22]라는 것이다. 그는 신선도를 계승한 단학을 통해 우리 안에 있는 우주의 원리인 신성을 만나는 것으로 구원의 문제가 해결되었기 때문에, 교회와 법당도 필요 없게 되었고, 구원받고 천당 가고 극락 간다는 것은 잘못된 유혹이라고 가르친다.[23]

4) 이승헌은 신선도는 신인합일을 통해 구원을 얻을 뿐 아니라 영생에 이르는 길이라 주장한다. 그는 "생명의 본체, 본질은 변화하는 것"이 아니며, "질량불변의 법칙에 따라 영원히 사는 것임을 알기 바란다"고 하였다.[24]

내가 영원히 사는 것을 아는 것처럼 기쁜 일이 없습니다. 이것이 최고의 기쁨입니다. 이 몸뚱이는 껍데기에 불과합니다. 변하지 않는 것, 영원히 변치 않는 것을 아는 것이 중요합니다. 그러면 우리의 정신이 태극궁에 들어가게 됩니다. 우리의 조상 중에는 태극궁에 들어가 있는 많은 선령(仙靈)들이 있습니다. 그곳은 수행이 높은 사람들이 영원히 모여 사는 곳입니다.[25]

---

20 이승헌, 『신성을 밝히는 길』, 112.
21 이승헌, 『신성을 밝히는 길』, 141.
22 이승헌, 『신성을 밝히는 길』, 157.
23 이승헌, 『신성을 밝히는 길』, 171.
24 이승헌, 『신성을 밝히는 길』, 92.
25 이승헌, 『신성을 밝히는 길』, 92.

이승헌에 의하면, "신성과 완전히 하나가 되는 순간 우리는 육체의 옷을 벗고 완전히 신성으로 돌아가는 것"이다.[26] 그것이 바로 영생에 이르는 것이기도 하다. 그는 다이아몬드처럼 영원불변한 보물이 우리 몸속에 있는데, "그 보물의 이름이 바로 신성"이며, 이 보물은 사람에게만 있으니 "여러분은 신성이라는 그 보물을 캐야 한다"고 역설하였다. 그가 말하는 천화(仟化)를 통한 영생은 태극궁에서 선령이 되어 영원히 사는 것이다. 선도의 노이불사(老而不死)나 불로장생(不老長生)의 의미와 맞닿아 있는 것이 분명하다.

5) 이승헌은 우주의 원리로서 우리 안에 있는 신성이 곧 하나님이라는 범신론을 주장한다. 그가 말하는 '조화주는 우주 원리로서 만물을 창조하는 하느님'이다. 이 우주의 원리를 보는 것이 바로 신을 보는 것이고 '그 자리가 바로 신의 자리'이다.[27]

제가 말하는 신은 무엇이냐 하면 조화주를 말합니다. 종교적인 하느님이 아니고 원리이고 법입니다 우주의 원리. 우주의 법이 바로 신입니다. 그 신은 우리의 몸 안에도 존재합니다. 우리 몸의 건강 원리가 곧 신입니다. 건강의 원리를 거역하면, 즉 우리 몸의 신을 거역하면 죽게 되어 있는 것입니다. 또한 우주의 원리를 거역하면 이 우주를 떠나야 됩니다. 살 수 없게 됩니다. 우주의 원리를 보는 자가 바로 신을 보는 자입니다.[28]

이승헌은 신을 조화의 원리로 보기 때문에 인격적 주제자로서의 신

---

26 이승헌, 『신성을 밝히는 길』, 112.
27 이승헌, 『신성을 밝히는 길』, 150.
28 이승헌, 『신성을 밝히는 길』, 162.

은 부정된다.

6) 이승헌은 "하나님은 계시지 아니한 곳이 없다"라고 주장한다. 특
히 "기독교의 신은 무소부재하니까 신의 모습은 우주의 모습이기도 하
며 이것이 사람의 모습"[29]이므로, 모든 신은 하나라고 강조한다. 세계
주요 종교에서 섬기는 하나님은 하나라는 것이다.

> 하나님은 원래 하나입니다. [그 이름이] 한웅 하나님이냐, 복희 하나님이
> 냐, 여호와 하나님이냐가 다를 뿐 하나님은 하나입니다.[30]

이승헌은 단군신화에 등장하는 한웅천왕께서 "한얼 속에 한울 안에
한 알이 있다"고 가르쳤다고 한다. 이 말 속에는 "팔만대장경, 성경, 노자
사상, 사서삼경과 모든 철학의 핵심이 다 들어 있다"라는 것이다. 그러
므로 그가 세운 한문화원에서 "단군 할아버지, 예수님, 공자님, 부처님
의 소원까지 해결해 주어야 한다"고 하였다.[31] 그가 신성은 우주의 축소
판인 우리 몸 안에 있으며, 모든 종교가 이것을 가르치고 있다고 주장한
다는 점에서 그의 종교혼합사상을 엿볼 수 있다.

7) 이승헌은 신선도가 최초로 탄생한 곳이 바로 한국이고, 우리의
상고사인 『한단고기』는 전부 천화의 역사인데, 불행하게도 그 맥을 이
어 오지 못했다고 한다.[32]

---

29 이승헌, 『신성을 밝히는 길』, 73.
30 이승헌, 『신성을 밝히는 길』, 228.
31 이승헌, 『신성을 밝히는 길』, 205.
32 이승헌, 『신성을 밝히는 길』, 145.

단군세기 마지막 부분에 단군 조선 47대 고열가 황제의 유언이 있습니다. "내가 수차에 걸쳐서 천명을 전하고 천화를 전하나, 사람들이 세상일에 눈이 어둡고 욕심에 빠져서 내 법을 행하지 않는구나. 오호통재라 슬프도다! 이제 내가 폐관을 하고 입산하여 수도하리라" 하시면서 천화하셨습니다. 그다음부터는 맥이 끊어졌습니다.[33]

신성으로 돌아가는 법인 신선도(神仙道)의 "원맥은 끊어졌고 수련하는 방법만 조금씩 남아서 내려온 것"을 이승헌이 되살려 냈고, 그것이 단학이다. "단학은 바로 신선도를 현대화한 것"이라고 주장한다.[34]

8) 이승헌은 한 걸음 더 나아가서 머잖아 또 다시 단군시대와 같은 '신인합일의 시대가 도래'하고, 인간 본성이 밝혀질 것이라고 하였다. 그는 대종교의 어떤 책에는 "2,000년 후에나 신불(神佛) 오리라"라는 말이 있다면서, 단군시대 이후로 단절된 인간이 신이 되는 목표를 세우고 수련해야 하는 시대가 지금이라고 한다.

지금이 바로 그 시대입니다. 그로부터 혼란 속에서 신앙 시대가 열렸습니다. 단군 시대는 신앙 시대가 아니었습니다. 신이 되는 시대였습니다. 신선도라는 것은 신이 되는 공부입니다. 인간의 목표는 신이 되는 것입니다.[35]

앞으로 때가 되면 신인합일의 시대가 옵니다. 신령스러운 기운이 작용하여 인간의 신성이 밝아집니다. 인간의 본성이 밝아짐으로써 여러 가지의 관념

33 이승헌, 『신성을 밝히는 길』, 118.
34 이승헌, 『신성을 밝히는 길』, 112.
35 이승헌, 『신성을 밝히는 길』, 119.

에서 해방되는 것을 부활이라 합니다. 부활이라는 것은 다른 것이 아니라 관념에서 해방되는 것을 의미합니다.[36]

이승헌은 궁극적으로 "인간 완성은 천화에 있고, 신이 되는데" 있으며, "그래서 앞으로는 정치도, 종교도, 문화도, 경제도 인간 완성을 위해서 있어야 한다"[37]고 역설한다. '우리 몸속의 신성에 눈 떠서 신인합일된 사람'[38]이 되는 천화(侙化)가 바로 우리 민족 고유의 인간 완성법인데, 이 법을 전해준 한웅천황과 단군의 후예인 우리는 이를 계승하고 전 세계에 확산할 책임과 의무가 있다고 역설한다. 그래서 그가 국내외에 단군상과 천부경비와 마고상을 세우고 단학과 단요가 그리고 뇌교육을 보급하고 한다는 것이다.

3. 단학의 유사 종교 의식

단월드에서는 단학의 비밀 경전인 『永生의 氣』(영생의 기)를 '천서'(天書)라 하여 비밀리에 돌려 읽고 있다. 이 천서에는 심고문(心告文)이 있는데, 이승헌을 신격화하여 귀의하고 숭배하겠다는 내용이 포함되어 있다.

영생의 법인 조화의 선법을 내려주신 조화주님 상황천제님 일지 스승님께 귀의합니다. 고귀한 기운을 백회로 인당으로 인중으로 단중으로 중완으로

---

36 이승헌, 『신성을 밝히는 길』, 168.
37 이승헌, 『신성을 밝히는 길』, 133.
38 이승헌, 『한얼리 강천집』 중급편(서울: 한문화, 1999), 69-75.

기해로 보내어 단전에서 축기하여 회음으로 장강으로 미려로 대추로 아문으로 옥침으로 옥출문으로 조화경을 통하여 일지 스승님, 삼황천제 조화주님께 드립니다.

'법연자 심고문'에는 이승헌의 호(號)인 '일지(一指)'를 통해 영생의 조화선법을 받은 자로서의 각오를 고하는 내용이 보인다.

나는 일지 법맥을 통해 영생의 조화선법을 받은 법연자로서 조화주님 삼황천제님 일지 스승님의 믿음과 소망을 나의 믿음과 소망으로 하여 이상 인간 한 세계 건설에 신명을 다할 것을 하늘 땅 사람에게 고합니다.

단학 기도문에도 이승헌의 신격화하는 내용이 드러나 보인다.

한 세계 지도자들의 가슴 속에 계신 하나님, 당신의 뜻을 이루시길 바랍니다. 한문화 가족의 가슴 속에 계신 하나님, 세세토록 영광을 받으옵소서 … 이상 인간 한 세계 벨록(Bell Rock)의 이름으로 기도합니다.[39]

여기서 말하는 벨록은 미국 애리조나주(州)에 위치한 유명한 관광지 세도나(Sedona)에 있는 종처럼 생긴 바위를 말한다. 이승헌은 그곳에 지구에서 기(氣)가 가장 강한 곳이라 하여 단학수련원을 만들고 그곳에 단군상도 세웠다.

무엇보다도 이승헌이 세운 단학선원은 그가 전주 모악산에서 대각

---

39 미국 아리조나주 세도나 일지센터에 있는 종모양의 바위 이름.

(大覺)하여 정립했다는 곳으로 그의 단학을 돈을 받고 가르치고 있다. 그들의 지도자 수련 과정 중에는 다음과 같은 이승헌 숭배를 비롯한 종교의식이 내밀하게 수행되고 있는 것으로 알려졌다.[40]

1) 단호식: 단호(檀號)는 일정한 수련과정을 이수한 자에게 세례명처럼 천부경 81자 중에서 한 자를 택해 단호로 정해 주는 것이다. 단호식은 이승헌이 직접 '법봉'으로 각 개인의 이마(인중)에 천지기운을 전달하며 수여하는 의식이다. 죽을 때까지 단호의 의미를 새기며 살아가도록 하는 의식이다.

2) 강천: 강천(降天)은 이승헌이 미국 세도나 본부에서 조직원들에게 정신교육이라는 이름으로 자신이 하늘로부터 받은 메시지를 매일 전한다는 것을 말한다. 조직원들은 이 메시지의 내용을 숙지하고 하루 생활의 지침으로 삼도록 가르친다.

3) 천부경 103배 절 수련: 이승헌은 단학선원 회원들에게 '절 수련'이라는 이름으로 하루에 평균 103배 이상 단군과 환웅천황에게 백일 간 하도록 지시하고 있다. 103이라는 숫자는 천부경 전문의 숫자 81에다 이승헌이 만든 주문 22자를 합친 숫자이다. 천부경을 외우면서 절 수련을 하기 때문에 천부경 103배 절 수련이라 한다.

4) 천도제: 천도제(遷度祭)는 죽은 조상들의 영혼을 저 세상으로 인도해 주기 위한 제사 의식이다. 천도제를 하려면 제사 비용을 지불해야 한다. 500만 원(조상 10명)이 가장 작은 단위인데 사정이 여의치 않을 경우에는 300만 원(조상 6명)을 최소 단위로 제를 올리기도 한다.[41] 천

---

40 오종헌, 『단학』과 홍익문화운동에 관한 고찰", 「단군상 철거를 위한 세미나 자료집」(한기총 단군상대책위원회, 2002. 7. 30.), 17-18.
41 한상진, "대해부 단월드", 「신동아」(인터넷판) 2010년 1월호, 15.

도제 중 가장 관심을 끄는 것은 '천광인제'와 '신명의례'이다. 전자는 통상적으로는 부모로부터 거슬러 올라가 한민족의 조상인 한웅까지 이어지는 모든 조상의 복을 빌어준다고 하여 5,000만 원의 제사 비용을 내야 한다. 후자는 '신과 인간이 하나가 되는 신인합일의 시대를 열어가는 주역'으로 선불교를 이끄는 핵심조직인 '신명군단'이 될 자격을 획득하기 위한 것으로 1억 원이 드는 천도제이다.[42] 이는 통일교의 조상해원식과 유사한 형태이다.[43]

5) 영인체 수련: 영인체(靈人體) 수련은 밤 12시에 시작해서 한 시간 정도 '단군의 영정과 이승헌의 사진'을 두고 세 번 절하고, 절한 후에는 단군 영정과 이승헌의 사진을 그냥 보면서 단군과 이승헌의 가르침을 새기고 명상하는 중요한 의식이다. 단군과 이승헌을 동시에 숭배하게 하는 종교의 의식을 통해 이승헌이 오늘날의 단군과 같은 존재라는 것을 명시하고 있다. 이러한 의식은 이단 기독교의 교주 신격화 의식과 유사한 것으로 보인다.

6) '일지' 이름의 제품들: 이승헌의 호인 일지(一指)를 상품명으로 하는 각종 제품과 '일지파워'라는 스티커를 판매한다. '일지' 이름을 붙인 온갖 물건들을 '주식회사 천금산'을 통해 제작 판매하면서, 이승헌이 하늘로부터 받은 천지기운을 불어 넣은 제품이라 선전한다. 그리고 일지파워를 붙이면 재앙이 물러가고 병이 치유되며 복이 들어오고, 주로 손바닥과 이마 등에 붙이고 앉아 있으면 천지기운이 들어오는데, 이를 '현대의 인스턴트식 수련법'이라고 한다. 이 '일지파워'는 100일이 지나

---

42 한상진, "대해부 단월드", 15.
43 이 책 5장의 통일교의 "영계인 교리와 조상해원식"을 참고할 것.

면 그 효과가 없어지므로 계속해서 구입할 수밖에 없도록 부추긴다. '한국 인체과학회'라는 단체를 앞세우며 마치 일지파워가 과학적으로 검증이 된 것처럼 선전한다.

그 외에도 일종의 부적인 가정신표와 사업장신표를 판매하고 있다. 가로 세로 30×40cm 정도 크기의 액자인 가정신표는 100만 원~150만 원에 팔린다. 가정신표를 사지 않으면 법회에서 공개적으로 망신을 당하기도 한다. 사업을 하는 이들은 1,500만 원짜리 사업장신표를 사야 한다.[44] 이승헌도 통일교처럼 종교를 빙자하여 영리를 추구하고 있다.

7) 이승헌은 자신이 깨달음을 얻은 날을 통천일(通天日)로, 다시 한 번 깨달을 날을 대각일(大覺日)로 지키게 하고 있다. 그의 아내 심정숙의 고향집 뒷산인 전주 모악산에서 21일간 죽음을 넘나드는 고행을 한 끝에 하늘을 향해 '나는 누구인가'라는 물음을 던지던 이승헌은 어느새 '하늘이 곧 자기 자신'임을 깨달았다. '천지기운 내 기운, 내 기운 천지기운, 천지마음 내 마음, 내 마음 천지마음'이라는 하늘의 답을 받아 '대통천'(大通天)을 이뤘다는 것이다. 이날이 바로 1979년 7월 15일이다. 깨달음을 얻은 날, "하늘과 통한 날"이라 해서 통천일이라 부른다.[45]

같은 해 8월 8일 이승헌이 한인-한웅-단군으로 이어져 오다 47대 단군 이후 끊어졌던 선도의 법통을 이어야 한다는 '대각'(大覺)을 이루었다고 한다. 이승헌이 인간 완성의 법을 세상에 알려 인류를 구원할 사명을 받은 이날을 대각일로 한다.[46]

8) 이승헌은 단학 수련을 지도할 '지도령'(指導令)을 잘 만나면 신성을

---

44 한상진, "대해부 단월드", 「신동아」(인터넷판) 2010년 1월호, 16.

45 이영호, "한문화운동연합 이승헌 어록", 「현대종교」 2001년 9월호, 106.

46 한상진, "대해부 단월드", 12.

깨닫고 사후 세계까지 바꾸어 천화한다고 주장한다. 그는 자신의 호를 유일한 지도령이라는 의미에서 일지(一指)라 하였다.

> 사람에게는 누구나 내가 있고, 지도령이 있습니다. 지도령을 잘 만나야 합니다. 이 수련은 육체와 정신의 건강뿐 아니라 사후 세계까지 바꿉니다. 내 기질을 갈고 닦는 수련으로 죽기까지 닦아야 합니다. 그래서 기가 맑아져서 완성되면 천화합니다.[47]

이승헌에 의하면 우주의 원리를 깨우치고 신성과 하나 되는 신인합일을 이루어야 천화(仹化)하는데, 이 "천화의 비결을 전수 받지 못하면 천화할 수 없다"고 한다. 천화를 위한 단학 수련의 요체는 정기신(精氣神) 수련이다. 정을 단련해서 기가 충만해지면 신이 밝아진다는 것이다.[48] 정기신 수련은 아이들이 걸음마를 배우듯이 책으로 배우는 것이 아니고, 수 없이 넘어지면서 걸음마를 터득하듯이, 끊임없는 수련을 통해 터득하는 것이라고 한다.[49] 그런데 정기신의 수련을 걸음마와 달리 스스로 터득하는 것이 아니고 "조화의 본성, 조화의 원리를 전수할 스승이 필요하다"고 주장한다.[50] 그래서 지도령의 필요성을 강조한다.

이승헌은 수행 과정에서 마지막까지 남는 자가 성공하고 승리할 것이라고 한다. "탈락자는 끝장입니다. 개인적으로 타락이요, 공적으로 배신인 것입니다"라 공언하였다. 단학을 보급하는 것이 바로 수행이므

---

47 이승헌, 『신성을 밝히는 길』, 85.
48 이승헌, 『신성을 밝히는 길』, 72.
49 이승헌, 『신성을 밝히는 길』, 33.
50 이승헌, 『신성을 밝히는 길』, 154-155.

로, 개인수행보다 더 시급한 것이 단학의 보급이라고도 하였다.[51] 이단기독교에서 탈퇴자를 배도자로 여기거나 전도 행위로 구원을 얻는다거나 하는 것과 같다.

9) 이승헌은 "확실한 사상을 만나는 것은 구세주를 만나는 것과 같습니다. 바로 바른 사상과 원리를 알려주는 자가 구세주입니다"라고 하였다. 자신을 많은 구세주를 만들기 위해 이 세상에 온 '구세주 중의 구세주'인 것처럼 보인다.

저는 이 세상에 구세주가 되려고 나온 것이 아니고 구세주를 만들기 위해서 나온 사람입니다. 나 스스로 사명자임을 알리려고 하는 것이 아니고 많은 사명자를 탄생시키는 일을 완수하려고 하는 것입니다.[52]

실제로 그가 세운 단군상은 국가가 지정한 표준단군영정보다 이승헌의 얼굴을 닮은 것이라는 비판을 받고 있다. 심지어 단군 할아버지가 이승헌을 통해 지도자들에게 전하는 다음과 같은 편지를 보내기도 했는데 주로 민족정신을 강조하면서 단학수련을 독려하는 내용이 담겨 있다.

천년의 모진 풍파를 견디어온 나의 자손들아. 너희들이 인내하여 참고 살아온 기나긴 세월은 이제 끝나는 운세가 되었구나. … 너희가 받은 고통이 오히려 너희를 성장시키어 세계 민족 중에서 어른이 되었구나. … 너희는 어찌 한민족임을 잊고 사는가. 너희 피는 누구의 피더냐. 너희들 속에 흐르

---

51 이승헌, 『신성을 밝히는 길』, 172.
52 이승헌, 『신성을 밝히는 길』, 168.

는 피는 핏줄도 조상줄도 없는 것이냐. … 너희가 하는 단학이라는 수련법
은, 내가 하늘에서 알려준 심신수련법이니라. 내가 너희에게 알려줄 것이
많다. 너희는 목숨을 바쳐 실천하라(1997년 3월 9일 회원교육 강천).[53]

이승헌의 추종자들은 단학수련을 단군의 후손으로서 천손(天孫)되
는 것을 목표로 하고 있으며, 그 한 제자는 "100만 명의 천손을 만들어야
한다"고 주장하기도 하였다.[54],

이승헌은 예수는 열두 제자에게 이를 깨닫게 하여 세계를 변화시키
지 못했지만, 자신은 단학과 뇌과학을 통해 1억 명에게 이 신성을 깨닫
게 하여 세계를 변화시키겠다고 호언장담한다. 단학을 통해 "우리의
이념이 세계에 알려지고 생활화되지 않고서는 인류가 구제"되기 힘들
므로, 이를 세계에 알려 인류를 구제할 사명이 있다고 한다.[55]

10) 이승헌은 1999년부터 창조주와의 만남이라는 행사를 해왔다.
'자기 안의 창조주를 만난 후 다른 사람들에게도 창조주가 존재함을 깨
우쳐' 주는 행사라고 한다. 2001년에는 네 명의 창조주와의 만남의 행사
(3월 4일)를 가졌는데, 리처드 모스, 닐 도널드 월시, 헤나 스트롱 그리고
이승헌을 창조주라 하였다.

이처럼 단월드는 겉으로는 명상과 호흡을 수련하는 기업으로 포장하
고 있지만, 내밀하게는 이승헌을 지도령으로 신격화하여 숭배하고 각
종 종교의식을 행하는 유사종교임에 분명하다.

---

53 한상진, "대해부 단월드", 13.
54 한상진, "대해부 단월드", 9.
55 이승헌, 『신성을 밝히는 길』, 247.

4. 이승헌의 기독교 왜곡과 폄훼

이승헌의 저서에는 범신론적이고 종교혼합적인 요소와 신일합인과 영생과 같은 종교적이 가르침이 담겨 있다. 실제로 이승헌을 신격화하고 여러 종교의식을 도입하여 수행하고 있다. 그가 추구하는 종교는 궁극적으로는 이승헌 자신을 숭배하게 유도하고 있기 때문에 타종교뿐 아니라 기독교를 왜곡하고 폄훼하는 내용들도 적지 않다.

1) 이승헌은 기독교가 들어오기 전에 우리나라에 이미 하나님이 있었으며, 환인천황의 열두 번째 아들인 태호 복희의 여동생인 '여왜'(女媧)가 이스라엘 민족에게 알려 여호와 하나님이라고 한다.[56] 중국신화에 나오는 태호 복희의 여동생인 여왜와 성서의 하나님의 이름인 '여호와'가 발음상 유사성이 있다고 하여 양자를 동일시하여, 여신(女神) '여왜'가 여호와라 주장한다.

> 천부경이 한인천제를 통해 한웅천황에게 내려왔고, 태우의(太鷹僅) 천황의 막내아들이 중국 시조인 태호 복희이고, 태호 복희의 여동생이 여왜(여호와)입니다.[57]

이승헌에 의하면, "한웅 천황의 열두 번째 아들인 태호 복희의 여동생인 여왜가 이스라엘 민족에게 알려 준 하느님이 여호와 하나님이 된 것"이다. 이를 "티벳에 전한 것이 불교의 뿌리"이고, "중국에 전해 준

---

56 이승헌, 『신성을 밝히는 길』, 183.
57 이승헌, 『신성을 밝히는 길』, 228.

것에서부터 유교가 시작한 것"[58]이라 한다. 그리고 "이 셋이 전부 한국에서 나간 것인데, 다시 우리나라에 다 모였다"고 가르친다. 따라서 "한문화원에서는 단군 할아버지, 예수님, 공자님, 부처님의 소원까지 해결"[59]해 주어야 하며, 우리 민족의 뿌리를 찾고 민족의 사상과 전통을 생활 속에 심고 세계에 알리는 것이 단학의 목적이라 하였다. 그는 "우리의 이념이 세계에 알려지고 생활화되지 않고서는 인류가 구제되기 힘들기" 때문이라고 하였다. 그러므로 이를 세계에 알려 인류를 구제할 사명이 있다고 역설한다.[60]

그러나 중국의 고대 신화에 나오는 여와(女媧)는 전설적인 황제 복희(伏羲)의 누이(또는 아내)이다. 여와는 인간의 얼굴을 갖고 있지만 몸은 뱀 또는 물고기로 묘사된다. 대홍수 후 살아남은 여와는 모든 것이 사라진 것을 심심하여 진흙으로 사람을 빚었다고 한다. 이러한 내용의 여와 신화는 여와(女媧)와 여호와(Yehowah)의 우리 말 발음이 비슷하고, 둘다 흙으로 인간을 만들었다는 기록 때문에 여와가 여호와라는 주장이 생긴 것이다.

그러나 성서 여호와(Yehowah)와 중국 신화의 여와(女媧)의 실제 발음은 전혀 다르다. 원래 히브리어 신명이 'YHWH' 였다. 후대에 모음을 병기하면서 히브리어 나의 주라는 뜻의 아도나이(Adonay)의 모음을 차용하여 만든 신조어가 여호와이다. 근래에 와서 여호와의 본래 발음은 야훼(Yahweh 공동번역)인 것인 확인되었다. 반면에 여와(女媧)의 표준 중국식 발음은 '뉘와'(nǚwā)이다.[61] 한국어 발음으로 유사하지만 중

58 이승헌, 『신성을 밝히는 길』, 183-184.
59 이승헌, 『신성을 밝히는 길』, 229.
60 이승헌, 『신성을 밝히는 길』, 247.

국어 발음으로는 '뉘와'와 '야훼'는 전혀 다르다. 그리고 흙으로 인간을 만들었다는 것은 여러 문화의 고대 신화에 보편적으로 등장하는 이야기이다. 그러므로 중국의 여와를 여호와와 동일시 한 것은 무지와 왜곡의 극치이다.

2) 이승헌은 구세주는 인간의 몸으로 올 수 없다고 주장한다. "불교의 옷을 입고, 기독교의 옷을 입고, 회교의 옷을 입고 오실 수는 없다. 왜냐하면 하나님은 어느 한 종파만을 사랑하시는 편협된 하나님이 아니라 모든 인류를 사랑하시는 공심을 가지신 분이기 때문이다. 그래서 인류를 구원할 수 있는 큰 정신으로밖에 오실 수가 없다"고 하였다.[62] 그럼에도 불구하고 구세주께서 온 인류를 구원하시기 위하여 1988년 한반도 땅에 천지인 정신으로 강림하셨다고 주장한다.

> 구세주께서는 88 서울 올림픽 때 한반도 잠실벌 상공에 구름타고 전 세계 이목이 집중된 가운데 큰 영광과 능력을 가지고 이 땅에 내려 오셨다. 그 구세주는 바로 천지인 정신이다.[63]

이단 기독교의 교주들이 재림 예수가 한국에 온다고 주장하는 것과 다를 바가 없다.

3) 이승헌은 예수와 세례 요한의 이종 사촌 간이고, 마리아가 사촌 언니 집에 갔다가 언니 엘리사벳의 남편인 형부 사갸랴와 관계를 맺고 임신한 것을, 성경이 성령의 잉태라고 했다고 주장한다.

---

61 "여와", https://namu.wiki/w.
62 이승헌, 『한얼리 강천집』 중급편(서울: 한문화, 1999), 112.
63 이승헌, 『한얼리 강천집』 중급편, 113.

세례요한은 예수님과 혈연관계로 볼 때 이종사촌 간입니다. 나이도 한 살밖에 차이가 나지 않습니다. 바로 예수님 어머님의 언니의 아들입니다. 이스라엘 풍습은 언니가 임신을 하고 뭔가 여자로서의 역할을 다하지 못했을 때는 처제가 언니 대신 본인이 원하고 형부가 원하면 그 집에 가서 일도 하면서 동침을 하는 것이 풍습이에요. 그래서 성경에 보게 되면 마리아는 바로 세례요한의 아버지, 제사장[사가랴]의 집에서 거했다는 게 기록에 나와 있어요. 그리고 임신을 한 겁니다. 또 이스라엘 법은 결혼을 하지 않은 자가 임신을 하면 그건 간음죄로 돌로 쳐 죽이게 돼 있습니다. 제사장이기 때문에 아니면 멀리 해외로 도망시키든지 아니면 항상 종교적인 분위기 속에서 항상 계시를 믿는 거니까. 아, 하나님이 성령으로 잉태 됐다고 얘기하는 겁니다. 그 얘기를 누가 했느냐 하면 그 제사장이 한 거예요. 바로 마리아는 성령으로 잉태했다. 그러니까 서둘러서 결혼을 시켰습니다. 결혼을 시켰는데 그 남자가 바로 누구냐? 목수예요. 목수의 이름이 뭐예요? 요셉이예요(『96 한문화비전 I 수련편』, 325).[64]

마리아가 임신한 후 그녀의 어머니가 생존하지 않아 아마 가까운 친척인 엘리사벳을 찾아갔을 것이고 그녀가 이모일지도 모른다는 추측이 전해 오긴 하지만 복음서에는 마리아가 엘리사벳 집에 가서 임신을 했다고 하지 않는다. 이미 성령으로 잉태된 것이 먼저 나타났기 때문에 엘리사벳을 찾아간 것(눅 1:26-45)으로 분명히 기록되어 있다.

예수께서 성령으로 잉태한 것이 아니라 제사장 사가랴와 마리아가 관계를 맺어 예수님이 탄생하였다는 것은 통일교에서 일찍이 주장한

---

64 이영호, "한문화운동연합 이승헌 어록", 113.

내용이다.[65] 한때 통일교를 접했던 이승헌은 통일교의 주장을 수용하여 마리아와 형부 사가랴의 불륜설에 맹종함으로써 기독교 신앙을 모욕하고 있는 것이다.

4) 이승헌은 장소와 건물로서 교회를 부정한다. 예수는 교회를 만들라 하지 않았다는 것이다.

> 예수님은 교회를 만들라 안했어요. 예수님 당시엔 교회가 없었고 제사 지내는 장소만 하나 있으면 돼요. 그리고 원래가 내 몸이 교회라 그랬습니다. 몸이 다 교회다. 인간이 몸이다. 그런데 꼭 옛날부터 타락할수록 엄청난 성당을 짓는 것입니다. 항상 뭐냐 하면 거기에 진리가 없으면 대신 건물이라도 웅장하게 짓는 것입니다(『96 한문화비전 II 수련편』, 125).[66]

이승헌은 "우리 육체가 법당이고 교회이고 단학선원"이라고도 하였다(『단학인』, 21). 그러나 예수는 베드로에게 '이 반석 위에 내 교회를 세우라'(마 16:18)고 분명히 말씀하셨다. 성서에는 요한계시록에 나타난 7교회를 비롯하여 장소와 건물로서의 무수한 지역교회(local church)들이 기록되어 있다. 이 역시 성경을 왜곡하여 교회를 부정하는 반기독교적인 주장이다.

5) 이승헌은 성령은 천지기운과 같고 삼위일체는 천지인의 조화라 가르친다. 삼위일체 사상은 단학의 정, 기, 신의 원리이며, '한' 철학의 천, 지, 인 사상과 같다고 할 수 있다.[67] 그는 단학에서 말하는 기(보다

---

65 박준철, 『빼앗긴 30년 잃어버린 30년』, 51.
66 이영호, "한문화운동연합 이승헌 어록", 116.
67 이승헌, 『상 단전의 비밀』, 142.

정확히는 천지기운)이 기독교의 성령과 같은 것이라고 하였다. 이는 성령
의 신성과 인격성을 부정하는 것으로 기독교의 삼위일체를 부정하고
왜곡하는 주장이다.

이승헌 휴거에 대해서 언급하였다. 성서 곳곳에는 이처럼 공중으로
들림 당한다는 내용이 많이 나오고 있다고 전제하고, "휴거란 완성되어
대천문(大川門-百會穴)을 통하여 나가는 것을 말한다. 이것을 단학에서는
천화 또는 혼비백산"이라 주장하기도 하였다.[68] 자의적 해석의 전형이다.

5. 이승헌의 단군상 건립의 종교적 의도

한문화운동연합는 단체에서 단군상을 만드는 목적을 효정신, 민족정
신, 통일정신을 함양하기 위함이라 천명하였다.[69] 1999년 3월부터 전
국 초·중·고등학교와 공원에 360기의 '통일기원국조단군상'을 건립해
왔다. 그는 2000년까지 3,600기를 건립하겠다고 밝힌 바 있다.[70]

단군상을 건립하여 온 것이 문제가 되기 시작한 것은, 1999년 2월
27일 경기도 안양지역의 2개의 중학교에서 단군 동상 건립을 추진하고
있는 것이 지역 교계에 알려지면서부터이다.[71] 1999년 6월 14일 한국
기독교총연합회, 한국기독교지도자협의회, 기독교윤리실천운동, 한

---

68 이승헌, 『한얼리 강천집』 중급편, 111.

69 www.hanmunwha.or.kr.

70 「세계일보」 1999년 7월 8일. '한문화운동연합'의 이승헌 총재의 제안으로 1998년 8월에
   창립된 '단군민족일체화 협의회'는 전국의 초중고교에 단군상을 제작하여 보급하는 운동
   을 전개하고 있다.

71 허호익, 『단군신화와 기독교』 (서울: 대한기독교서회, 2003). 제7장 2절의 단군상 건립
   이후 야기된 논쟁 일지를 참고할 것.

국복음주의협의회에서 공동으로 "공공시설 내 단군상 설치를 반대한다"는 성명서를 발표하였다.[72] 단군상이 사회적 물의를 일으키자 2000년 8월 30일 단군상을 세워온 한문화운동연합의 이승헌 명예총재는 "앞으로 더 이상 단군상을 세우지 않겠다"고 밝혔다.

단군상을 세운 것뿐 아니라 건립기의 내용이 교육적으로 역사적으로 그리고 종교적으로 많은 문제점을 내포하기 있기 때문에, 우선 "통일기원 국조 단군상을 건립하며"라는 제목으로 되어 있는 건립기의 전문을 살펴보기로 한다.

동방에 찬란한 정신문화를 꽃피웠던 동이배달 겨레의 유구한 역사는 세계사 속에서 실로 자랑스러운 것이었다. B.C 7197년 중원대륙 천산에 안파견 한인(환인, 桓人) 천제께서 하늘로부터 천부삼인을 받아 세상에서 나라를 세우셨으니 국호는 한국(환국, 桓國)이다. 한국(환국)의 마지막 왕이신 지위리 한인(환인) 천제께서 B.C 3898년 태자(거발한)에게 천부삼인과 천부경을 하사하시니 이를 받아 무리 3000명을 이끌고 천산에서 삼위 태백산 기슭으로 옮겨 신시를 세우고 국호를 '배달'이라 선포하셨다.

18대 거물단 한웅(황웅)천황께서는 웅족의 황녀를 황후로 맞아드려 태자를 낳으니 한배검(왕검)단군이시다. 한배검께서는 38세 되던 B.C 2333년 수도를 아사달(오늘날의 백두산 기슭)로 천부삼인과 천부경을 이어받아 홍익인간 재세이화의 정신으로 조선(단군조선=고조선)을 세우셨다.

---

72 허호익, 『단군신화와 기독교』, 제7장 3절 기독교계의 성명서를 참고할 것.

배달시대 18대 조선시대 47대의 제왕들은 홍익인간 재세이화의 큰 뜻을 가지고 나라를 다스렸음을 볼 때 모두 성인 중의 성인이심이 분명하며 그 핏줄을 이어받은 배달겨레는 세계에서 찾기 힘든 유일한 문화민족임에 틀림이 없다. 그러나 그로부터 부여, 고구려, 백제, 신라, 발해, 고려, 조선, 일제 식민시대에 이르는 약 2천 년이 지나는 동안 우리는 사실 6,962년의 역사를 부정하고 일제 식민사관에 동조하여 단군 이전의 역사는 신화로 취급하여 성인이신 단군을 곰의 자식으로 전락시키는 웃지 못할 현실에 처하게 되었으니 이 어찌 통탄스럽지 아니한가?

이를 평소 애통스럽게 여기고 평생을 민족 정신 광복에 전념해 오신 한문화운동연합 총재 일지 이승헌님의 제안으로 뜻을 같이 하는 동지들의 힘을 모아 분단 반세기를 넘긴 민족의 통일을 기원하는 마음과 민족사 바로 세우기의 정신을 담아 전국에 360개의 통일기원 국조 단군상 건립을 추진키로 하고 한문화운동연합회원들의 도움으로 여기에 통일기원국조단군상을 세운다.

이곳을 참배하는 모든 사람들이 우리의 뿌리를 기억하며 가슴 속에 홍익인간 재세이화의 큰 정신을 간직하고, 겨레의 얼을 되새겨 밝고 강한 민족으로 살아갈 것을 다짐하자.

이 동상은 신라시대 화가 솔거가 그렸다고 추정되는 조선 시대 한배검님의 영정을 원형으로 하여 조각가 이홍수가 제작하였다.

4332년 정월
한문화운동연합 총재 일지 이승헌
통일기원단군상 건립추진위원 일동

무엇보다도 이승헌이 세운 단군상은 교과서에 나오는 표준영정과 다르다. 대선사 이승헌과 닮은꼴의 단군상을 세운 것이다. 이는 「신성에 이르는 길」을 제시한 단군 사상의 끊어진 맥을 이었다는 이승헌을 오늘날의 단군으로 상징한 것으로 볼 수 있다. 이승헌이 세운 단군상의 문제점을 열거하면 다음과 같다.[73]

1) 건립기는 'BC 7197년 한국 건국'을 주장한다. 초중고 국정교과서에서는 모두 고조선의 건국을 BC 2333년으로 명시되어 있다. 역사적으로 공인되고 검증된 바 없는 내용을 주장하는 것은 역사 왜곡이며, 청소년들에게 역사교육의 혼란을 일으킨다.

2) 단군 고조선 이전의 한국(환국)과 배달국이 있었다고 한다. 건립기는 단군 이전에 7명의 한인(천제: 하느님)이 다스린 한국(BC 7197- 3898)과 18명의 한웅(하느님 아들)이 다스린 배달국(BC 3898-2333)이 있었다고 한다.

이는 단군관련 종교의 경전(『환단고기』)에 기록된 내용으로 역사적으로 검증된 바 없으며, 검인증 역사 교과서에 채택된 바 없다. "민족사 바로 세우기" 위함이라 하지만 오히려 민족사의 왜곡과 혼란만 부추긴다.

3) 건립기는 단군 이전의 6962년의 역사가 있었고, 이를 부정하는 것을 식민사관이라 한다. 단군 이전의 역사에 대한 근거가 확실하지 않아서 역사학계에서도 이를 인정하지 않는다. 근거가 불확실한 역사를 인정하지 않는 것을 식민사관이라 매도할 수 없다. 민족혼을 말살한 일제의 식민사관도 역사 왜곡도 문제지만, 역사적 근거 없는 사실을 무모하게 주장하는 국수적 민족사관도 명백한 역사 왜곡이다.

73 허호익, 『단군신화와 기독교』, 177-202.

한반도와 북만주에 국가단위의 공동체가 등장한 것은 대체로 12세기 이후라는 것이 비판적인 사학자들의 공통된 주장이다. 고고학적으로 고조선 시대의 유물로 인정되는 고인돌이나 비파형동검은 기원전 8세기경의 유물이며, 고조선에 관해 기록된 가장 오래된 역사서는 기원전 4세기의 것이다. 근거 없이 기원전 70세기의 역사를 무리하게 주장하는 것에 대해서는 국사학계에서도 신랄하게 비판하고 있는 실정이다.

4) 단군은 역사적 인물로서 우리 민족의 조상이라고 한다. 건립기는 단군 이전의 역사는 신화가 아닌 역사라고 강조한다. 그러나 한인(환인) 천제 즉 '하느님'이 7명이고, 한웅(환웅) 즉 '하느님 아들'이 15명이라는 건립기의 주장은 다신론적 신화이다. 아울러 대조상신을 뜻하는 한배검(왕검) 단군이 1500년을 다스리고 1908세에 신선이 되었다는 것도 신화적 표현이다.

5) 건립기에서 강조하는 홍익인간은 단군의 이념이 아니라 환인의 의지이다. 건립기는 단군상을 참배하여 홍익인간의 정신을 계승할 것을 주장한다. 단군신화에 의하면 홍익인간은 단군의 정치이념이 아니다. 홍인인간의 정신으로 신시를 개천한 주인공은 단군이 아니라 환웅이다. 단군상을 세워 단군을 강조하려다 보니 단군신화의 내용조차 왜곡하기에 이르렀다.

6) 한배검(대조상신) 단군상의 참배와 천부경 인용은 종교적 의도를 드러낸다. 건립기에는 단군상을 교육적 목적으로 세운다고 하지만, 대조상신을 뜻하는 '한배검'과 단군관련 종교단체의 경전인 '천부경'을 각각 두 번 언급하고 있다. "이곳에 참배하는 모든 사람들"이라는 표현한 것은 보아, 단군상 건립의 목적은 단군 한배검 즉 대조상신에 대한 참배를 유도하기 위함이라는 것이 확인된다.

7) 대조상신 단군상을 공공장소에 세워 참배하게 하는 것은 종교 자유의 침해이다. 공립학교에 한배검 단군 즉 '대조상신' 단군상을 세우는 것은 헌법(20조 1, 2항)과 교육기본법이 보장하는 타종교의 종교의 자유를 침해하는 것이다. 만약 공립학교나 공공장소에 불교의 불상이나 기독교의 십자가상을 세워 참배하게 한다면 그들도 이를 반대할 것이다.

8) 단군상이라는 용어도 역사적 사실에 부합하지 않는다. 건립기가 주장하는 환국과 배달국과 단군국이 기록된 『환단고기』에는 47명의 단군이 등장한다. 단군은 제정일치 시대의 통치자를 무군(巫君)을 지칭 보통명사이다. 오늘날의 '대통령'에 상응하는 보통명사이다. '통일기원 국조 단군상'이라는 어불성설이다. '박정희 대통령상'이라면 말이 되지만 그냥 '대통령상'이라 할 수 없는 것과 같은 이치이다.

9) 남한의 단군상의 종교적 왜곡은 북한의 단군릉의 정치적 왜곡과 무관하지 않다. 1963년 이후 단군을 신화적 인물로 부정하고, 평양을 요동지역으로 주장하던 북한은 김일성의 유훈에 따라 1994년 단군릉을 세웠다. 평양에서 고조선이 건국했듯이 평양이 남북통일의 중심지라는 정치적 목적을 분명히 하였다. 남한의 단군상의 종교적 왜곡 역시 북한 단군릉의 정치적 왜곡과 선전에 악용될 수 있다.

10) 민족 통일을 기원하는 단군상이 민족 분열을 야기한다. 한국의 기독교인들은 조상신 제사를 거부해 왔고 일제의 신사참배 강요의 뼈아픈 기억으로 인해, 공공장소에 대조상신(大朝上神)인 단군상을 세우고 참배하게 하는 것에 대해 반대하지 않을 수 없다. 민족 통일을 기원한다는 명문으로 세운 단군상이 종교적 참배를 목적으로 한 것이 밝혀져 남한 인구의 4분의 1에 달하는 기독교인들의 반대에 부딪혔고, 결국 민족 통일은 고사하고 남한 내의 국론 분열만 야기한다.

11) 민족문제를 해결하기 위해 단군상을 제시하는 것은 과거지향적이다. 건립기는 "밝고 강한 민족으로 살아갈 것을 다짐"한다고 하지만, 이를 위해 신화적인 인물인 단군을 제시하는 것은 과거지향적이고 국수적이고 폐쇄적이며 무속적인 발상이다. 단군은 일부 지역에서 여전히 무당의 명칭으로 사용되고 있기 때문이다.

세계화 개방화 정보화 시대를 맞이하기 위해서는 단군시대로의 회귀가 아니라 세계 개방적이고 미래지향적이고 공학적인 신지식인이 요청된다.

12) 단군상을 세운 이승헌 씨에 대한 김지하 시인의 비판도 경청해야 한다. 건립기에는 '이승헌' 개인의 이름이 두 번 명시되어 있어 공공장소에 단군상을 건립한 것도 사적인 공명심과 명예를 취하려는 불순한 의도로 비판받을 수 있다. 김지하는 한문화운동연합에 가입하려다가 이승헌 씨의 비리를 알고 이를 고발하였다. "수십만 달러의 외화를 미국으로 밀반출해 LA에 호화주택을 소유하고 있는 등 각종 반민족적 비리를 저지른 이승헌에 대해 검찰이 수사에 나서야 된다"고 기자회견 한 바 있다.[74]

한국기독교교회협의회(NCCK) 성명서(1999.10.15.)를 통해 단군상의 철거를 촉구하였다.

단군상을 어떤 동기에서 건립하였는지 모르지만 건립 주최 측이 세운 '건립기'에 그 의도가 표명되어 있다고 본다. 그런데 '건립기'에는 아직 국사학계의 학문적인 검증을 거치지 않은 내용들이 명시되어 있다. 이와 같이 학계

---

74 「조선일보」 1999.10.12.

의 객관적 검증을 거치지 않은 채, 일반 국민들의 역사인식과는 동떨어진 내용을 근거로 건립한 단군상은 우리나라 상고사 인식에 혼선을 야기할 뿐만 아니라, '홍익인간', '재세이화' 등의 훌륭한 민족적 이념을 민족우월주의 혹은 국수주의를 충동하는 가치관으로 변질시킬 위험마저 내포하고 있다. 또 단군상이 세워진 장소가 대부분 초·중·고등학교라는, 감수성이 예민한 어린 세대들의 교육장이라는 점을 감안하면 이런 우려는 증폭될 수밖에 없다. 여기에다 '건립기'에 특정종교의 경전으로 확정된 '천부경'이 명시되어 있어 단군상 건립의도가, 세종대왕상이나 이순신상에서 보여주는 것과는 달리, 순수하지 않다는 것이 드러난 이상, 단군상은 스스로 철거하는 것이 마땅할 것이다.

단군을 대조상신으로 여겨 단군상을 참배하는 등 단군의 신격화는 당연히 배격되어야 한다. 무엇보다도 북한 단군릉의 단군신화의 정치적 왜곡[75]과 남한 단군상의 단군신화의 종교적 왜곡은 철저히 거부되어야 한다.

6. 뇌호흡과 뇌교육의 문제점

이승헌은 천도교의 경전 『삼일신고』에 나와 있는 "오로지 자신의 진실한 마음을 통해 하늘을 찾으라. 그리하면 너의 뇌 속에 이미 내려와 있다(自性求子 降在爾腦)"라는 구절에, 현대의 뇌교육을 관통하는 원리가 나타나 있다고 한다.[76] 단학은 신선도를 현대화한 것이라 하더니 단

---

75 허호익, 『단군신화와 기독교』, 200-222.

학(단전호흡)을 현대화한 것이 뇌호흡 또는 정충호흡이라도 주장한다. 뇌호흡은 뇌 속의 에너지 회로를 회복시킴으로써 뇌의 기능을 활성화시켜 주는 새로운 방식의 호흡법이라는 것이다. 그는 뇌의 비밀이 인생의 비밀이라 하여 뇌호흡 운동을 제안한다.

뇌호흡이란 생명 에너지인 기(氣)를 이용하여 뇌에 집중을 해서 호흡을 함으로써 우주의 신선한 에너지를 불어넣고, 그 에너지로 뇌를 운동시키는 호흡법입니다.

이승헌은 뇌 속에 맑은 기운을 가득 채우고, 그 생명 에너지를 뇌세포 구석구석까지 골고루 전달하여 뇌를 건강하게 만들고, 제 기능을 100% 발휘할 수 있도록 이끌어 준다고 한다. 뇌호흡은 100% 개발된 뇌를 통해 생산적, 창조적, 평화적인 파워브레인이 되게 하는 심신건강법이라는 것이다.

뇌는 4차원의 세계에서 쓰는 영역이 90%이고, 보통 쓰는 10%의 영역은 3차원의 세계에서 쓰는 것입니다. 4차원에 속하는 그 90%는 거기에 대한 믿음이 있을 때, 쓸 수 있습니다. 상상의 에너지를 통해 뇌를 운동시키고 뇌를 변화시킵니다.[77]

---

76 조현비, "[美 베스트셀러 작가 이승헌③] 뇌호흡 탄생 스토리 한국 전통 선도 원리를 뇌과학에 접목하다", 「브레인미디어」 2012.5.9.

77 이승헌, 『뇌호흡』 (서울: 한문화, 1997), 25. 뇌호흡 방법은 바른 자세로 앉아 눈을 감고 마음을 안정시킨 마음속에 있는 좌대뇌, 우대뇌, 소뇌 등을 생각하면서, "옴~" 하는 소리를 좀 크고 길게 내쉬기를 5분 정도 한 다음 숨을 깊이 아랫배로 들어 쉬고 내쉬고 3번 정도하는 것인데, 이를 하루에 2~3회 반복하면 좋다고 한다.

이승헌은 뇌호흡을 통해 초능력을 발휘할 수도 있다고 한다. 특수한 개인의 예외적인 초능력은 일반적으로 학습을 통해 다른 사람에게 전수되지 않지만, 뇌호흡을 통한 초능력은 학습을 시키는 것이 가능하다는 주장이다. 그래서 뇌호흡의 학습 방법으로 뇌교육 시스템 트레이닝(Brain Education System Training)을 만들었다. 이 뇌 훈련은 인간이 뇌의 주인, 나아가 인생의 주인이 되도록 하는 뇌운영 및 뇌훈련 프로그램인데, 몸과 마음의 통합력을 증대시키고, 유연하고 개방적인 마인드를 갖도록 해 주며, 뇌의 창조성을 개발하도록 도와준다고 한다.

이승헌은 한국홍익교원연합회를 만들어 뇌교육 공개수업과 뇌교육 학급수업을 인성교육이라는 이름으로 뇌호흡을 전파하고 뇌교육을 통한 우리교육 희망 찾기를 주장한다.

이승헌은 이 뇌교육 시스템 트레이닝을 학교 교육에 확산하기 위해 '해피스쿨'(kr.happyschool.brainworld.com) 운동을 전개하였다. 해피스쿨에서는 뇌교육 CD를 제작해 각 학교에 제공하고 있는데, 초등용, 중등용으로 제작, 이론편, 실제편, 뇌교육 명상예화로 구성되어 있다.

서울 동작구의 한 초등학교는 아침 8시 40분부터 50분까지 10분간 뇌체조와 명상을 했고, 서울의 한 고등학교는 한국뇌교육원 강사의 교육, 방과후 수업, 수련회 등에서 활용한다. "뇌를 잘 쓰는 학교, 서로 통하는 학교, 흡연과 폭력이 없는 학교를 통해 행복한 학교를 만드는 해피스쿨 캠페인"이라는 슬로건을 걸고 학교 교육에 이를 적용하려고 시도한 것이다. 2007년 12월을 시작으로 전국적으로 초·중·고등학교와 협약을 맺어 왔는데 2011년 11월 현재 300여 개 학교에서 체결한 것으로 알려져 있다.[78]

부산교육청은 2009년 연구학교 3개교, 거점학교 182개교 등 모두

200개교에서 해피스쿨를 시행을 계획하고, 연구학교 세 곳에는 각 학교별로 1천만 원의 예산을 지원키로 했다. 이에 부산지역 50여 개의 시민사회단체 대표들이 범시민대책위원회를 조직해서 그 효과가 검증되지 않았으며 또한 종교성이 강한 뇌교육 프로그램의 철회를 요구했고, 결국 교육청 측은 이승헌 측과의 협약을 파기했다.79

이승헌이 전개하는 뇌호흡과 뇌교육의 문제점을 살펴보면 다음과 같다.

1) 뇌운동은 의학적으로 검증되지 않은 것으로 밝혀졌다. 2007년 3월 15일 이승헌이 KBS 1TV '아침마당'에 출연하여 "뇌 운동, 뇌간 운동만 해도 의료비 지출의 50%를 절약할 수 있다"고 하였다. 그 근거로 "국민의 80%가 심인성 질환인데 다 뇌를 잘못 써서 오는 것"이라 설명하였다. 그러나 이는 의학적 근거가 없는 것으로 "의료행위나 약품에 관한 방송은 과학적 근거를 가지고 다루어야 한다"라는 방송심의에 관한 규정 제43조 제1항을 어긴 것이다. 방송위원회는 그 해 5월 22일 KBS측에 '경고' 조치를 내리며 시정을 명령했다.80

2) 이승헌의 단학수련을 통해 병을 고치려다 오히려 건강이 악화된 사례와 환자를 유인하여 금품을 갈취한 사례 그리고 수련 중 사망한 사례들이 고발되었다.81

3) 단학이나 뇌호흡 수련 내용이 빈약하고 수련지도자의 수준이 형

---

78 김정수, "공교육 현장에 침투하는 단월드 뇌교육", 「현대종교」 2011년 11월호, 92.

79 이대웅, "부산, 뇌기반 인성교육 프로그램 철회되나", 「크리스천투데이」, 2009.5.5.

80 「김대원, "이승헌 대선사 강의 내보낸 KBS, 방송위로부터 '경고'", 「크리스챤투데이」 2007.9.17.

81 「보건신문」 2001.7.24, 9.11.

편없으며 수준 미달의 수련지도자를 남발하고 있다.[82]

4) 뇌호흡 수련 단계별로 평생 회비를 과다하게 받는 것으로 지적되었다. 평생회비 350만 원을 납부해야만 각 코스별 수련에 들어갈 수 있다. 미국에서 최근 상업성의 문제가 된 훈련비 내역은 다음과 같다.

— 마스터힐러 코스(Healer Corse+Dahn Mu Do) 9,500달러

— 뇌운영관리사(Brain Management Course) 4,900달러

— 마스터 트레이닝 코스(Master In Training) 2,800달러

— 타오 홀리스틱 힐링 수련(Tao Holistic Healing, Mago Garden) 8,600달러

— 천명수련(Chun Myung, Mago Garden) 10,000달러

— 대신명제(천도제 일종, Dae Shin Myung, Mago Garden) 10,000달러

— 단요가 프랜차이즈 원장 교육비(BBC Owner Education Fee) 10,000달러

— 단요가 프랜차이스 센터 가맹비와 라이센스비용(BBC Education Fee+ Franchise License Fee) 30,000달러[83]

7. 단학에 대한 언론과 교계의 비판

영국의 가디언신문의 기획 보도자료의 단학(단요가)에 대한 비판 내용을 요약하면 다음과 같다.[84]

---

82 「보건신문」 2001.8.20, 9.3.

83 blog.jinbo.net/true/i/comment/117(2016.2.8.).

84 http://dailyablution.blogs.com/the_daily_ablution/2004/12/guardian_report.html.

— 단요가는 무비판적인 우상 치료법이다.

— 뇌호흡은 사이비 과학이다.

— 이승헌의 학력에 대한 정보의 증거가 불충분하다.

— 단요가는 위험한 우상숭배인가? 선정주의인가?

— 단요가 마스터들이 착취를 당하고 있다.

— 이승헌이 숭배의 대상이다.

— 마스터 훈련 중 탈수현상으로 사망한 한 여성의 사례가 있다.

렌디보고서는 이승헌을 새로운 문선명으로 규정하였다.[85] "당신이 사용하지 않는 90%의 뇌를 내가 통제할 수 있다"고 주장하는 이승헌은 거룩한 베테랑 사기꾼인 문선명과 유사한 'A NEW MOON'으로 하버드 대, 캘리포니아 대, 코넬 의대 등과 제휴하여 연구한다는 허위 사실로 사람을 현혹하고 있다고 보고한 것이다.

2009년 5월 20일 전직 단월드 지도자 27명이 이승헌 대선사와 단월 드 및 관련 계열사를 상대로 낸 소송을 샌프란시스코 CBS, 시카고 CBS, 포브스 등 현지 언론들이 앞다투어 보도하였다.

— "단학: 요가 프로그램인가 아니면 위험한 사이비인가?"(May 22, 2006 10:00 pm CBS/Central)

— "브루클린 출신의 요가 애호가가 사막에서 죽은 수수께끼"(July 11th, 2006 11:07 AM CBS/Central)

---

85 http://www.randi.org/jr/111904the.html.

이승헌은 2002년 미국 아리조나주 세도나에 일지센타와 해외 단군상 1호를 건립하였다. 2009년 미국 애리조나 코튼우드 지역에 세운 마고상 등이 주위 환경에 어울리지 않는다는 지역주민들 민원의 대상이 되었다. 2011년 2월 마침내 지구어머니라는 정체불명의 노랑머리를 한 '마고'[86]상은 상업성과 탈세에 관련된 것이므로 30일 안에 철거하도록 결정되었다.[87]

미국 CNN은 2011년 1월 5일 보도를 통해 미국 여성 제이드 헤럴슨이 한국에서 이승헌에게 성폭행을 당했다는 인터뷰기사를 보도했다. 회원들이 단요가 측으로부터 점차적으로 큰 액수의 수련비용을 요구받았고 그 과정이 매우 강제적이었다고 밝혔다. CNN은 단월드 수련내용도 체력이 완전히 고갈될 정도로 3천 번씩 절하고 울고 뒹구는 등 가학적이고 육체적·심리적으로 고통을 동반한다는 피해자의 주장도 보도했다.

「신동아」 2010년 1월호의 "단월드 집중해부"라는 기사에서 이승헌 집단의 비리 내용을 다음과 같이 지적하였다.[88]

1) 이승헌이 세운 선불교에서는 '천광인제'와 '신명의례'라는 대표적 제사 의식이 있는데, 이것을 제사를 치르기 위해서는 각각 5천만 원과 1억 원을 내야 한다.

2) 다양한 형태의 천도제를 시행하고 있는데, 그 비용이 최소 300만 원에서 500만 원이라고 한다.

---

86 박제상(363년~418년 추정)이 저술하였다고 알려져 있는 부도지(符都誌)에는 마고성과 함께 탄생한 '한민족의 세상을 창조한 신'으로 설명되어 있기도 하다. 그래서 단군과는 달리 한민족 창세신화의 주인공으로 알려진 할미이다.

87 「크리스천투데이」 2011.2.10.

88 한상지, "단월드 집중해부", 「신동아」(인터넷판), 2011년 1월호.

3) 의무적으로 구매해야 하는 가정신표 외에 사업을 위한 사업장신표는 가격이 무려 1,500만 원에 이른다고 밝혔다.

4) 기수련 보조용품 중 어린이 주먹 만한 금도금 거북이 600만 원, 여의주 300만 원, 목걸이 60만 원, 팔찌 40만 원 등에 판매된다. 단월드 측에는 실제 거북이는 200만 원, 여의주는 85만 원이라 반론했다고 한다.

5) 이승헌은 50여 개의 기업 및 단체를 운영하면서 각종 공산품, 가구류, 건강식품, 의류, 신발, 액세서리(목걸이, 귀걸이, 팔찌, 자동차 스티커, 삼족오 문양제품) 등의 기호 제품들을 제조 또는 위탁 판매하고 있다고 한다. 이들 상품들에 자신의 기(氣)가 들어있다고 주장하며, 애용하고 소지하면 재앙이 물러가고 복을 받는다는 허황된 감언이설(甘言利說)로 소비자들을 현혹하고 있다고 한다.[89]

6) 이승헌은 국학교육, (주)유답, 단태권도, 단무도, BR유치원 및 유아원, 단학수련, 기(氣)수련, 단요가, 뇌호흡(뇌계발) 등 교육 및 건강수련의 이름으로 소비자들을 유혹하고 있다. 그러나 천부경, 홍익인간 이화세계, 선도, 풍류 등의 신통한 기운을 통하여 건강과 평안을 얻는다고 하는 이 같은 수련은 영적으로 유해하며, 실제로 그 피해가 심각한 상태에 이르고 있다고 보도하였다.[90]

이러한 단학의 종교성과 상업성에도 불구하고 단학에 가입한 회원의 31%가 기독교인이고 25%가 천주교인인 것으로 밝혀졌다.

2007년에 이미 예장 합신 92회 총회에서는 "기훈련 관련 프로그램이

---

89 전정희, "뇌호흡·단요가 등 氣훈련 '참여금지' 헌의, 합신 단군상대책위, '유사 종교성 있어 교회 대처 시급'", 「교회와신앙」 2007.5.30.
90 전정희, "뇌호흡·단요가 등 氣훈련 '참여금지' 헌의, 합신 단군상대책위, '유사 종교성 있어 교회 대처 시급'", 「교회와신앙」 2007.5.30.

'유사종교성'이 있다"고 보아 "뇌호흡·기(氣)체조·단요가·명상·기상품 등 참여 금지할 것"을 규정하였다. 이어서 제93회 총회(2008.9.23)에서는 단군상을 세운 홍익문화운동협회(이승헌)을 이단사이비단체로 규정하였다.

예장 합동의 경우 2015년 100회 총에서 단월드가 이승헌을 신격화하는 등 여러 위험성과 허구성을 다음과 같이 지적하고 참여를 금지시켰다.

이승헌은 이단의 교주처럼 자신을 신격화한다. 정신적으로 불안정하고 육신적 질병으로 고생하고 경제적으로 어려운 평범한 사람들을 유혹하여 자신의 단학선원에 등록하도록 한다. 자신의 사업체를 확장하기 위해 이단종파처럼 사람들을 착취하고 협박한 사실들이 매스컴을 통해서 확인되고 있다. …

적지 않은 기독교인들이 이승헌의 단학선원을 단순히 건강요법을 가르쳐주는 정도로 알고 있다. 요가 같은 수련도 문제가 있지만 이승헌의 단학선원은 더 심각한 문제를 안고 있다. 따라서 교회 성도들에게 이승헌의 단학사상이 갖고 있는 위험성과 허구성을 알리고 출입을 금해야 한다.[91]

---

91 "이승헌 단학사상 단학선원… 교회성도 출입금지, 예장합동 제100회 총회 신학부의 총회적 입장 정리 연구", 「교회와신앙」 2015.12.3.

III.
동성애 옹호는 이단인가?

1. 문제 제기

2017년 예장 합동 총회는 퀴어성경주석 번역 발간과 관련된 임보라 목사(섬돌향린교회 담임, 한국기독교장로회 서울노회 소속)에 대해 "집회 참석 금지"로 결의했으나, 예장 합신 총회와 백석대신 총회는 임보라 목사를 이단으로 결의했다. 2019년 예장 통합 총회에서도 임보라 목사를 '이단성이 높으며', 퀴어 신학은 '이단성이 높은 신학'이라고 결의하였다.

이 글에서는 동성애가 법죄인지, 질병인지, 소수의 성지향인지에 대한 역사적 논쟁들을 요약하고, 세계교회의 동성애에 대한 수용적 입장을 소개하고, 동성애 옹호를 이단으로 결의한 것에 대한 문제점도 지적하려고 한다.

2. 동성애: 범죄인가, 질병인가, 소수의 성지향인가?[1]

1) 범죄로서 동성애

오랫동안 동성애는 사법적으로 범죄로 여겨 왔다. 4세기 초대교회는 동성애자 세례를 거부했다. 750년경 스페인은 동성애자를 거세했다. 1179년 제3차 라테란공의회는 동성애 행위를 처벌하도록 결의하였다. 14세기 서유럽에서는 동성애자를 소돔의 범죄로 규정하고 화형에 처하였다. 흑사병이 창궐하자 동성애 탓으로 돌렸다. 영국 의회는 1533년부터 동성애를 사형에 처한다고 규정하였고, 영국의 식민지였던 미국 동부의 13개 주는 1775년 독립전쟁 전까지 동성애자를 사형에 처하였다. 프랑스는 1791년까지, 스코틀랜드는 1885년까지 동성애자를 사형에 처하였다.

1933년 히틀러가 집권한 후 동성애자 5만 명을 생매장하고, 점령국의 동성애자 4만 명을 처형한 것으로 추정된다. 1934년 스탈린의 출산장려정책으로 동성애자 수천 명을 체포, 구금하였다. 히틀러와 스탈린의 동성애자에 대한 무차별적 학살과 처벌이 동성애자의 인권에 대한 관심을 촉구하는 역사적 계기가 되었다.

1953년에 발효된 「유럽인권법안」 제8조 '사생활과 가족생활의 권리'에서 국가가 개인의 동성애 행위 선택 여부를 간섭하는 것을 사생활 침해로 규정함으로써 동성애의 비범죄화에 결정적인 영향을 끼쳤다.

---

1 허호익, "동성애의 핵심 쟁점: 범죄인가, 질병인가, 소수의 성지향인가?", 「장신논단」 38 (2010).

미국의 경우 1961까지 모든 주가 소돔의 죄(sodomy) 즉, 동성애를 범죄로 규정하였다.

1967년 영국의 성범죄법(Sexual Offense Act)은 "서로 동의하는 21세 이상의 성인이 사적으로 행한 동성애 행위는 더 이상 범법행위가 되어서는 안 된다"고 선언하였다. 2003년 6월 26일 미 연방대법원은 동성애 행위는 헌법상 보호되며, 이를 규제하는 텍사스 주법은 위헌이라고 최종 판시했다. 이를 전후로 전 세계적으로 동성애를 범죄로 규정한 법률을 폐지하여 왔다.

우리나라에서도 교도소와 군대에서만 동성애를 법률적으로 금지하고 있다. 미국은 2011년 9월 20일 성소수자(LGBT)들이 자신의 성적 체성을 드러낸 상태로 군에 복무할 수 있도록 허용했다.

2) 질병으로서 동성애

프로이트를 비롯한 심리학자들은 동성애를 치료가 필요하거나 치료가 가능한 정신질환으로 여겼고, 동성애를 이성애로 바꾸려는 다양한 '전환치료'가 시도되었다. 1952년 이후로 동성애를 정신질환으로 진단해 온 미국정신의학협회(APA)가 1973년에 공식적으로 동성애를 '정신장애' 항목에서 삭제하고 '성적 지향 장애'로 규정하였다.

1980년에는 APA에 의해 '자아 동질성 동성애'와 '자아 이질성 동성애'(ego-dystonic homosexuality)가 구분하였다. 자신의 동성애적 성정체성을 불편해 하지 않고 커밍아웃하는 '자아 동질성 동성애'는 정신질환 진단 목록에서 완전히 삭제되었다.

1999년 세계보건기국(WHO)는 '동성애'를 '성적 지향'의 한 양식으로 규정하고 '자아 이질적 성적 지향'(ego-dystonic sexual orientation) 조차도 사회의 차별과 혐오로 인해 겪는 성 정체성 이질감으로 규정하였다. '동성애'(homosexuality)라는 용어도 '동일성 지향'(same-sex orientation)으로 대체하였다. 비로소 동성애라는 용어 자체가 정신질환 진단 목록에서 완전히 삭제되었다. 아울러 전환치료의 폐지를 촉구했다.

우리나라도 통계청이 고시한 한국 표준질병 분류도 "성적 지향성 그 자체는 장애와 연관시킬 수 없다"고 밝히고 있다. 교육인적자원부 발행 '성교육 교사용 지도지침서'는 "동성애 또한 하나의 인간적인 삶인 동시에 애정의 형식이다"(중학교용)고 하였고, "이제는 더 이상 동성애가 성 도착증으로 분류되지는 않는다"(고등학교용)고 기술하고 있다.

3) 소수의 성적 지향으로서 동성애

앞에서 살펴본 것처럼 동성애는 오랫동안 범죄나 질병으로 여겨졌지만 특이하게도 비범죄화와 비질병화의 과정을 거쳤다. 살인이나 도적질 같은 행위는 시대의 변화와 상관없이 여전히 범죄로 규정된다. 예외적으로 동성애는 합법화의 과정을 거쳤다. 그리고 암과 정신분열증(조현증) 같은 것은 예나 지금이나 신체적 또는 정신적 질병으로 진단하고 있지만, 동성애는 예외적으로 질병 목록에서 삭제되는 과정을 거쳤다.

20세기 전반기에 히틀러의 나치 정권은 최대 수만 명의 동성애자를 처형하였고, 소련의 스탈린 치하에서도 동성애자 수만 명이 투옥되거나 유배되었다. 제2차 세계대전 이후 인권 보호에 대한 국제적 관심이 높아져 유럽인권보호협약(1953)을 비롯하여 유엔과 국제노동기구

(ILO)와 같은 국제단체에서 동성애자를 포함한 탄압 대상이 되어 온 여러 소수자들에 대한 인권 보호를 협약하고 차별 금지를 촉구하였다.

2차 세계대전 이후 각종 인권 운동과 연대하여 동성애자들도 스스로 자신들의 권리를 주장하였다. 이런 영향으로 1960년대에 접어들어 몇 몇 국가에서는 수천 년 동안 유지해 온 동성애 금지법이나 처벌법들을 철폐하였다. 동성애의 합법화의 역사가 시작된 것이다.

1989년 덴마크가 처음으로 동성결혼을 허용하여 많은 국가가 뒤를 이었다. 2003년 6월 26일에 미국 연방 대법원은 동성애 행위는 헌법상 '자유에 의해 보호'되어야 한다고 판결하여 동성애 합법화의 대세를 이 끌었다.

선스타인(Cass R. Sunstine)은 동성애는 ① 제3자에게 해를 끼치지 않는 사적(私的)인 성행위이며, ② 동성애 처벌로 인한 정당한 국가의 이익이 없으며, ③ 더 이상 공공의 지지를 받을 수 없으며, ④ 헌법상의 자유와 평등의 원칙을 위반한 것이기 때문에 동성애 금지는 위헌이라고 하였다. 2015년 6월 26일 미국 연방대법원은 미국의 모든 주에서 동성 결혼을 합법화하였다.

4. 반동성애자들의 동성애 반대 논리

최근 우리나라에서는 동성애에 대한 반대와 혐오가 적지 않은 것 같 다. 반동성애 운동을 하는 단체들도 생겨나 동성애가 에이즈(AIDS) 확 산, 출산율 저하, 산업 인력 감소, 국가 경제 몰락을 가져오는 가정, 사회, 국가 파괴의 주범이라고 주장한다. 그들이 주장하는 동성애 반대 논리 들로 살펴볼 필요가 있다.

1) 동성애를 반대하는 이들은 동성애가 가장 치명적인 죄라고 말한다. 동성애는 남녀를 창조하고 둘이 한 몸이 되어 생육하고 번성하라는 창조 질서를 거역하는 가장 치명적이 죄라고 주장한다. 그러나 대량학살이나 전쟁, 생태계 파괴와 환경 오염 등은 동성애 보다 더 심각한 창조 질서를 훼손하는 것이다. 물론 성 윤리가 엄격한 성서에서는 동성애를 죄로 규정하고 있다. 종교적인 죄와 사법적인 죄는 차원이 다르다. 선진 사회에서는 더 이상 법적으로 죄라고 여기지 않는 동성애의 죄성에 일부 한국교회가 너무 집착하는 것으로 보인다. 모든 사회가 법적으로 죄로 규정하는 살인, 성폭행, 인종차별, 제도적 약탈과 같은 종교적 · 사회적으로 치명적인 죄에 더 관심을 보여야 할 것이다. 그동안 서구에서도 독재자나, 비리가 있는 종교 지도자, 골수 반공주의자들 그리고 이단들이 한 목소리로 반동성애 운동에 앞장선 것도 사실이다.

2) 소돔이 동성애 때문에 멸망했듯이 동성애로 인해 교회와 국가가 망하게 될 것이라고도 한다.

성경에 기록된 소돔 사건을 전후 문맥에서 자세히 보면 마을의 모든 남자들의 동성애 요구 때문에 멸망한 것이 아니라 낯선 나그네에게 행패를 부린 것에서 보듯이 소돔 사람 중에 의인 열 명이 없어 멸망한 것이다.

우리나라의 동성애 경험자는 0.3%라는 통계가 있다. 이 0.3% 동성애자 때문에 교회가 해체될 것인가? 교회를 떠난 '가나안 신자들'이 교회를 떠난 이유가 동성애 때문일까? 절대로 아니다. 권위적이고 세속적이고 시대에 뒤떨어진, 상식조차 통하지 않는 일부 교회 때문이다. 지동설, 진화론, 공산주의, 이슬람 등 외부 세력 때문에 기독교가 망하는 것이 아니다. 로마의 박해에도 살아남은 기독교의 적은 항상 내부에 있었다.2

3) 동성애 반대 논리로 가장 많이 사용하는 것이 '에이즈'이다. 동성애가 에이즈를 퍼뜨린다는 것이다.

2018년 3월에 발표된 질병관리본부의 통계에 따르면 2016년 기준 에이치아이브이(HIV·에이즈 바이러스) 감염인과 에이즈(AIDS) 환자는 모두 1만 1,439명으로 집계됐다. 성별로는 남성이 1만 618명으로 92.8%를 차지해 여성보다 압도적으로 많았다.

2016년에 새로 내국인이 에이즈에 감염된 수는 1,062명이었는데, 이들 가운데 감염 경로가 확인된 712명은 모두 성 접촉에 의한 것으로 나타났다. 에이즈 바이러스는 성 접촉을 비롯해 수혈이나 혈액 제제, 주사기 공동사용 등으로도 감염되는데, 이런 경로를 통한 감염 보고사례는 없었다. 성 접촉의 경우 이성 사이 성 접촉이 54.3%(387명)로 동성보다는 많았다.[3]

우리나라에서도 2015년 한국질병관리본부가 "에이즈는 더는 불치병이 아니고 단순 만성질환일 뿐"이라고 밝혔다. 에이즈는 개인의 안전한 성관계를 통해서, 국가의 안전한 혈액 관리 통해서 예방할 수 있으며, 최신의 치료제와 처방을 통해 치료할 수 있는 질병이다.[4]

4) 일부 반동성애 운동가는 동성애 옹호가 신좌파의 전략이고, 동성애를 합법화하려는 것은 좌파 독재라고 한다.

실제로는 스탈린 좌파 정부는 "동성애는 부르주아의 도덕적 타락의 산물"이라는 이유로 동성애자 수만 명을 구금하고 처벌하였다. 히틀러

2 이은혜, "동성애 때문에 교회 안 망해, '신학적 다양성' 이해해야", 「한겨레」 2019.07.03.
3 "국내 에이즈 바이러스, 이성 간 성접촉에 더 많이 감염", 「한겨레」 2018.03.11.
4 동성애자인권연대 & 지승호, 『후천성 인권결핍 사회를 아웃팅하다』 (서울: 시대의 창, 2011), 288-289.

독재 정권은 유대인들 중 동성애자가 많으며 이들 때문에 독일이 몰락할 것이라고 선동하고 유대인과 동성애자를 동급으로 여겨 처형했다.

동성애 문제를 지적하면서 자기는 문제없는 인간 혹은 집단인 것처럼 행세하려는 위선적 행태라고도 볼 수 있다. 한편으로 한국교회는 자극적인 메시지에 갈급해 있다. 동성애에 대한 관심이 높고 반동성애 메시지가 사람들을 긴장하게 하니까, 교회에서 그런 사람들을 강사로 자주 부르게 되고, 사실 관계를 확인하지 않는 채 반동성애 논리가 퍼지고 있는 것 같다. 목사와 교인들의 분별력이 필요하다.

5) 극심한 동성애 혐오와 반대 운동은 청소년 동성애자를 자살로 내몬다.

동성애 혐오와 반대의 사회적 분위기에 편승하여 부모와 형제자매로부터도 거부당하는 동성애 청소년 77%가 자살 충동을 느끼고, 47%가 실제 자살을 시도하였고, 30%가 자살한 것으로 조사되었다.

동성애를 적극 반대한 어떤 장로님이 자기 아들이 동성애자인 것을 알고 교회를 떠났다는 실화를 들었다. 옛날 어른들은 "자식 가진 부모는 남의 자식 험담을 하지 말아야 한다"고 했다. "자기 자식이 동성애자인 것을 알게 된다면 나가 죽어라고 할 것인가"라고 반문하고 싶다.

청소년 동성애자의 자살률이 이란 청소년에 비해 4, 5배나 높아 사회적 문제가 되고 있다. 예전에는 법의 이름으로 동성애자들을 처형했지만, 지금은 법률적으로 죄가 아님에도 불구하고 가족과 교회와 사회의 혐오와 적대로 죽음으로 내몰리고 있다.

동성애는 그 성격이 매우 다양하다. 그 정도에 따라 평생을 동성에게만 성적매력을 느끼는 '배타적 동성애'에서부터 '일시적 동성애', '잠재적 동성애', 동성과 이성 모두에게 성적 매력을 느끼는 양성애, 절대적 이성애 그리고 '동성애 혐오증' 사이에는 수많은 중간 단계들로 채워진 일련의 연속성이 있기 때문이다. 양상에 있어서는 동성애 경향과 동성애 행위로 구분된다.

이성애도 범죄적인 것과 병적인 경우가 있듯이 동성애 역시 경우에 따라 범죄형 동성애와 질병 또는 장애형 동성애가 있다는 사실을 인정하여야 한다. 하나님 편에서 보면 모든 인간은 어느 정도 죄인이고, 어느 정도 환자이고, 어느 정도로는 비정상적이기도 하다. 이성애도 동성애보다 죄질이 나쁘고 더욱 병적인 행위로 나타나기도 한다.

5. 동성애에 대한 최근 서구 기독교의 다양한 입장

성경은 동성애를 종교적인 죄로 규정하는 것이 사실이다. 최근 동성애자들의 인권문제와 차별금지가 제기되면서 동성애의 비질병화와 합법화가 이루어졌다. 그러나 가톨릭교회는 "동성 성향은 객관적으로 무질서한 것으로 평가하고, 동성 간의 성행위는 부도덕한 것"이라는 입장을 분명히 하였다. 이처럼 동성애 반대와 옹호에 대한 입장도 매우 다양하다. 크게 네 가지 입장으로 구분하기도 한다.

① 급진 진보적 입장: 동성애 자체는 이성애처럼 하나님의 형상을 따라 지음 받은 인류의 자연스러운 특성이기에 정죄될 수 없으며 차별해서도 안 된다. 동성결혼과 동성애자의 성직도 허용해야 한다.

② 온건 진보적 입장: 동성애 행위는 죄악이긴 하지만, 전쟁이나 경제적 양극화와 같은 더 큰 죄악에 신경을 써야 한다. 동성결혼은 상관하지 않지만 동성애자의 성직 허용 여부는 더 많은 신학적 논의가 필요하다.

③ 온건 보수적 입장: 동성애 성향 자체는 죄라고 할 수 없지만, 동성애 행위는 성경에서 분명히 금하고 있는 죄악이다. 동성애자를 혐오해서는 안 되며 동성결혼 입법화는 말세의 징조로만 이해하되 직접 거부운동의 압력을 가해서는 안 된다.

④ 강경 보수적 입장: 동성애는 다른 종류의 죄악보다도 특별하게 큰 죄악이며, 동성결혼이 허용된 국가는 하나님의 징계를 받아 멸망당할 것이다. 세속정부에 압력을 가하여 동성결혼 입법화를 저지해야 한다.

스토트(J. Sttot) 목사는 성경 저자들은 동성애와 관련하여 현대 교회가 직면한 문제를 몰랐고 다루고 있지도 않았다고 한다. 바울조차도 '타고난 동성애 성향'에 대해서 들어 본 바가 없으며, 두 남자끼리 서로 사랑에 빠질 수 있고 성경은 '남자가 남자와 교합'(레 20:13)하는 것은 사형에 처하게 하였고, 모든 형태의 남색(고전 6:9 등)을 명백한 죄(sin)로 규정한다. 그러나 수천 년이 지난 지금 성경이 종교적인 죄(sin)로 규정한 강간, 근친상간, 수간(獸姦)은 여전히 거의 모든 국가에서 형법상의 범죄(crime)로 처벌한다. 하지만 동성애는 예외적으로 비범죄화와 합법화가 이루어지고, 동성애자의 성직 임용까지 허용되는 추세이다. 결혼에 비교될 정도로 깊이 사랑하다 안정적인 관계를 발전해나갈 수 있다고는 상상조차 하지 못했다고 하였다. 이러한 변화된 상황에서 일부 교단에서도 동성애와 동성결혼을 허용하기 시작했고, 동성애자에게도 성직자로 안수하는 교단이 생겨나게 되었다.

1968년 미국에서 페리(Tory Perry) 목사가 동성애자를 위한 메트로폴리탄 커뮤니티 처지가 설립된 후 1992년까지 전 세계적으로 291개의 교회가 세워졌다.

1972년 그리스도 연합교회는 최초로 게이 남성을 성직자로 임명하였다.

1977년 영국성공회는 최초로 레즈비언을 성직자로 임명하였다.

2001년 7월 미국 장로교(PCUSA) 총회는 찬성 317표 반대 207표로 동성
　　　애자에 대한 성직임명 제한 조항을 철폐하는 권고 결의안을 통과시
　　　켰다.

2001년 미국 연합감리교회(UCC)는 동성애를 허용하는 성명서를 발표하
　　　였다.

2003년 7월 17일 호주연합 교단의 총회가 동성애 목사 안수 허용을 결정하
　　　였다.

2003년 11월 미국 성공회가 동성애자인 진 로빈슨(J. Robinson) 사제를
　　　미국 뉴햄프셔 주교로 임명하였다.

2009년 10월 스웨덴 루터교는 동성애자의 결혼을 허용하였다.

2009년 미국 루터교는 동성결혼과 동성애자의 목사 안수를 허용하였다.

위키백과의 "동성결혼"에 대한 최근 통계를 보면, 전 세계적으로 51
개 교단 중 동성애자 입교 허용 32개 교단, 동성애자 성직 허용 26개
교단, 동성 결혼 주례 허용 13개 교단, 동성결혼 허용 11개 교단이다.

동성애에 대한 반대가 없지 않지만 세계적으로는 동성애에 대한 배
타적 무지와 편견과 차별과 혐오를 최소화하는 방향으로 진행되는 사회
적 추세는 불가피한 것으로 보인다.

6. 동성애 및 퀴어 신학 이단성 결의의 문제점[5]

2017년 예장 합동 총회는 퀴어성경주석 번역 발간과 관련된 임보라 목사(섬돌향린교회 담임, 한국기독교장로회 서울노회 소속)에 대해 "집회 참석 금지"로 결의했으나, 예장 합신 총회와 백석대신 총회는 임보라 목사를 이단으로 결의했다. 금년 예장통합 총회에서도 임보라 목사를 '이단성이 높으며', 퀴어 신학은 '이단성이 높은 신학'이라고 결의하였다.

대한예수교장로회(통합) 제102회 정기총회(2017) 셋째 날, "신학생들을 대상으로 건강한 남녀 결혼 제도를 가르치도록 해 달라"는 신학교육부의 보고를 마치 기다렸다는 듯이, 호남신대 이사장인 여수노회 고만호 목사는 "성경에 위배되는 동성애자나 동성애 옹호자는 (교단 소속) 7개 신학대 입학을 불허하자", "동성애를 옹호하고 가르치는 교직원은 총회에 회부하고 징계 조치하자"는 발언을 해 총대들의 큰 박수를 받았다. 이밖에도 헌법위가 제안한 "성경의 가르침에 위배되며, 동성애자는 교회 직원(항존직, 임시직, 유급 종사자)이 될 수 없다"는 내용을 "헌법 시행 규정 제26조 직원 선택 란에 문구를 삽입하겠다"는 청원도 찬반토론 없이 모두 통과되었다.

대한예수교장로회(통합) 제103회 총회(2018)에 동성애 관련 다음과 같은 논지의 여러 청원이 올라왔다.

동성애자 및 동성애를 지지하는 자는 신학대학원 입학을 허락하지 말 것이

---

5 허호익, 『동성애는 죄인가 ─ 동성애에 대한 신학적·역사적 성찰』(서울: 동연, 2019), 315-320.

며 목사 고시도 치를 수 없게 해야 한다. 전국 7개 신학교 교수, 직원, 학생을 전수 조사하여 동성애자 및 동성애를 지지하는 자를 걸러내 수업을 제한하고 교수 재임용을 거부해야 한다. 성 소수자를 위한 목회 활동을 하고 있는 기장 교단의 섬돌향린교회 임보라 목사의 사역에 대해 그리고 퀴어 신학에 대해 이단성이 높다고 판단해 달라.

이에 대해 예장통합의 이단사이비대책위원회는 보고서를 통해 임보라 목사의 동성애 옹호와 퀴어 신학의 이단성을 다음과 같이 결의하였다.

2018년도 예장통합 총회에서 임보라 목사가 ▲하나님의 여성성을 주장, ▲동성애와 동성결혼 허용을 주장 ▲다원주의적 구원론 등에 문제가 있으며, ▲성경에 대한 자의적 해석 ▲이성적 · 인간적으로 이해되는 점과 성경이 가르치는 옳고 그릇된 점을 혼동 ▲성경의 명백한 말씀도 문화와 역사적 상황 속에서 원어의 의미를 새로운 시각에서 해석 · 적용하려는 의도로 인하여 성경을 부정 왜곡 ▲임보라씨는 목사라기보다는 기독교 신앙과 별 상관없는 인본주의적이고 박애주의적인 일반 인권운동가의 시각을 가지고 활동하는 자로 사료된다.

예장통합 총회는 "비성경적이며 이단성이 매우 높다"고 한 이대위의 보고를 그대로 받았다. 따라서 예장통합의 이번 반동성애 결의의 문제점들을 살펴보려고 한다.6

---

6 2019년 9월 6일 동성애 옹호자라는 협의로 장신대 졸업생 2명을 목사 고시 최종 면접에서 불합격 처리한 바 있는 예장 통합은 제104회 총회를 앞두고 동성애대책위원회가 '동성애 옹호, 지지에 대한 지침'으로 헌법 시행 규정에 다음 사항을 추가해 달라고 청원 하기도

1) 예장통합은 2008년 93회 총회에서 '이단 사이비 정의와 표준 지침에 관한 연구 보고서'를 채택한 바 있다. "본질에는 일치를, 비본질에는 자유(또는 관용)를, 매사에는 사랑으로 하라"[7]는 오래된 격언에 따라 기독교 신앙의 본질에 해당하는 최소한의 일치의 공통분모 일곱 가지를 다음과 같이 규정하였다.

파당을 지어 기독교 신앙의 기본교리요, 일치의 공통분모인 하나님, 예수 그리스도, 성령, 삼위일체, 성경, 교회, 구원에 대한 신앙 중 어느 하나라도 부정하거나 현저하게 왜곡하는 것.

파당을 이룬 집단이 아니라 개인적으로 이러한 일곱 가지 기본 교리 즉, 신론, 기독론, 성령론, 삼위일체론, 성경론, 교회론, 구원론 중 어느 하나라도 현저히 왜곡했을 경우는 '이단'으로 규정하도록 하였다. 그리고 이 외에 여러 신학적 논쟁들은 신학의 다양성으로 열어 두려는 취지였다. 이러한 지침에 비추어 볼 때, 금번 예장통합의 동성애 옹호자에 대한 이단성 결의는 예장통합이 자신들의 '이단사이비 표준 지침'에는 없는 '동성애 옹호'를 이단으로 규정하는 자기모순을 드러냈다.
2) 무엇보다도 '본질적 교리의 이단성'과 '신학적 다양성'의 차이에

하였다. "▲ 신학생이 무지개 퍼포먼스를 하는 것, ▲ 동성애 인권 운동의 전력이 있는 자를 강사로 초청하여 세미나를 개최하는 것, ▲ 동성애자를 약자나 소수로 보고 그들 편에 서는 것 ▲ 총회의 동성애 정책을 따르지 않고 비판하는 것, ▲ 장애인처럼 실체가 없는데도 불이익을 당하고 있는 것처럼 말하는 것"

7 "본질적인 것에는 일치를(in necessaris unitas), 비본질적인 것에는 자유를(in un-necessaris libertas) 그리고 모든 것에는 사랑을(in omnes charitas) 주라"는 말의 원 출처는 확실하지 않다.

대한 기본적인 이해가 부족하다. 임보라 목사가 "하나님의 여성성"을 주장한 것은 신학적 논쟁이 되는 신학적 다양성에 속하는 문제이다. 하나님의 신성을 부정하거나 교주를 신격화하는 등의 경우가 아니면 신론적 이단으로 규정할 수 없다.

다원주의 구원론도 마찬가지이다. 신학적 입장에 따라 첨예한 논쟁이 될 수 있는 주장이지만, 이 역시 신학적 다양성의 속하는 주제이다. 따라서 "예수 그리스도의 구주되심을 부인"하거나, "예수를 믿어도 구원을 받지 못한다며, 구원받기 위한 다른 비본질적 조건 즉, 12지파에 속해야 한다거나, 유월절을 지켜야 한다거나, 안식일을 지켜야 한다거나, 직통계시를 받아야 한다"고 주장하여 구원론을 현저히 왜곡하지 않는 한, '다원주의 구원론' 자체를 이단성으로 규정하는 것은 무리이다.

영세를 주거나 침례를 주거나 세례를 주는 것은 신학적 전통의 다양성에 속한다. 따라서 대부분의 교단들은 영세든, 침례든, 세례든 피차 자신들의 교회 전통으로 여겨 관용하는 것이다. 그러나 안상홍의 하나님의교회처럼 "안상홍의 이름으로 침례를 받고 구원을 얻어라"고 가르치는 것은 교리적 이단성에 속한다. 성경과 교회 전통은 "성부와 성자와 성령으로 이름으로 세례를 주라"고 하기 때문이다.

동성애의 옹호나 반대는 신학적 다양성으로 보아야 한다. '진화론이냐 창조론이냐', '자본주의냐 공산주의냐'처럼 그것이 신앙의 본질은 아니다. 신학적 입장의 다양성 범주에 속한다. 본질에는 일치하고 비본질에서 자유(관용)하고 매사에 사랑으로 하라는 지침에 따라 비본질적인 신앙 내용이 나하고 단순히 나하고 다르다고 모두 이단으로 규정해서는 안 되는 이유이다.

3) "성경에 대해 자의적 해석"이나 "문화와 역사적 상황 속에서 원어

의 의미를 새로운 시각에서 해석·적용하는 것"이 성경을 부정하거나 현저히 왜곡하는 것이 아니다. 임보라 목사의 동성애에 관한 성경 구절과 관련한 새로운 해석들은 이미 성서신학자들에 의해 다양하게 시도되어 온 것들을 소개한 것으로서 성경 해석상의 다양성으로 보아야 한다.

예를 들면 소돔은 동성애로 멸망하였다는 전통적인 해석은 이미 여러 비판을 받아 왔다. "소돔 백성들이 노소를 불문하고 원근에서 다 모여 두 사람에 대해 상관하려 했다"(창 19:4)는 것이 동성애 요구로 해석하기는 무리이다. 전후 문맥을 보면 아브라함은 나그네(천사) 셋을 환대하여 축복을 받았고, 소돔 사람들은 나그네(천사) 둘을 박대하여 멸망했다는 교훈이다. 소돔은 동성애 때문에 망한 것이 아니라, 의인 열 명이 없어 멸망한 것이다(창 18:32). 예수께서도 소돔 사건의 죄를 나그네를 박대한 것(마 10:11-15)이라 했는데, 동시대인이었던 유대 철학자 필로가 소돔이 동성애로 멸망했다고 잘못 주장한 것을 지난 2000년 동안 무비판적으로 수용한 것이다. 이러한 비판적인 성서해석 역시 신학적 다양성에 속하는 것이다.

동성애의 옹호나 반대도 신학적 다양성으로 보아야 한다. '진화론이냐 창조론이냐', '자본주의냐 공산주의냐'처럼 그것이 신앙의 본질은 아니다. 신학적 입장의 다양성 범주에 들어간다. 단순히 나하고 다른 건 다 틀렸다고 생각해서는 안 되는 이유이다.

4) 이번 결의는 이단성에 해당되지 않는 내용이 포함되어 있다. "임보라 씨는 목사라기보다는 기독교 신앙과 별 상관없는 인본주의적이고 박애주의적인 일반 인권운동가의 시각을 가지고 활동하는 자"라고 해서 이단으로 규정할 수 없는 것이다. 이런 논리라면 "인본주의자, 박애주의자, 인권운동가는 모두 이단성을 지닌 자냐?"는 반론을 면키 어렵

다. 따라서 이단성과 관련 없는 이 항목을 언급한 것은 문제의 소지가 많다.

5) 성경은 '남자가 남자와 교합'(레 20:13)하는 것은 사형에 처하게 하였고, 모든 형태의 남색(고전 6:9 등)을 명백한 죄(sin)로 규정한다. 이처럼 동성애를 성경에는 종교적인 죄로 규정하고 있지만, 가톨릭에서 도덕적인 잘못으로 규정하고, 개신교에서는 교단마다 입장이 다르고, 서구의 많은 나라에서는 더 이상 사법적 범죄로 취급하지 않는다. 반면에 수 천 년이 지난 지금 성경이 종교적인 죄(sin)로 규정한 강간, 근친상간, 수간(獸姦)은 여전히 거의 모든 국가에서 형법상의 범죄 (crime)로 처벌한다. 하지만 동성애는 예외적으로 비범죄화와 합법화가 이루어지고, 동성애자의 성직 임용까지 허용되는 추세이다.

동성애가 죄라면 성적인 죄라고 보아야 한다. 기독교적인 입장에서 성윤리의 문제로 취급해야 한다. 성적 일탈이나 퇴폐를 이단으로 규정할 수 없는 것이다. 목회자가 성윤리에 문제가 있을 경우 정치부에서 윤리적인 문제로 다루지 이단사이비대책위원회에서 이단 문제로 다루는 것이 아닌 이치이다.

6) 서구 국가에서는 오랫동안 동성애자는 사형이나 화형을 당하거나 처벌을 받았다. 2차 세계대전 전후로 히틀러와 스탈린 치하에서 수만 명의 동성애자들이 처형 또는 처벌을 받았다. 1960년에 와서 동성애자 인권이 문제가 되어 동성애 비범죄화가 시작되었다. 마침내 1989년 덴마크가 처음으로 동성 간의 시민결합을 허용하고, 2001년 네덜란드가 동성결혼을 허용한 후 많은 국가가 뒤를 이었다. 2003년 6월 26일에 미국 연방 대법원은 동성애 행위는 헌법상 '자유에 의해 보호'되어야 한다고 판결하여 동성애 합법화의 대세를 이끌었다. 선스타인(Cass R.

Sunstine)은 동성애는 ① 제3자에게 해를 끼치지 않는 사적(私的)인 성행위이며, ② 동성애 처벌로 인한 정당한 국가의 이익이 없으며, ③ 더 이상 공공의 지지를 받을 수 없으며, ④ 헌법상의 자유와 평등의 원칙을 위반한 것이기 때문에 동성애 금지는 위헌이라고 하였다.

죄는 종교적인 죄, 도덕적인 죄, 사법적인 죄로 구분된다. 기독교인들이 죄를 심각하게 생각한다면 종교적으로도, 도덕적으로도, 사법적으로도 죄로 규정되는 살인이나 강간과 같은 치명적인 죄를 더 강도하고 반대해야 할 것이다.

7) 스토트(J. Sttot) 목사는 성경 저자들은 동성애와 관련하여 현대 교회가 직면한 문제를 몰랐고 다루고 있지도 않았다고 한다. 바울조차도 '타고난 동성애 성향'에 대해서 들어 본 바가 없으며, 두 남자끼리 서로 사랑에 빠질 수 있고 결혼에 비교될 정도로 깊이 사랑하다 안정적인 관계를 발전해나갈 수 있다고는 상상조차 하지 못했다고 하였다. 이러한 변화된 상황에서 일부 교단에서도 동성결혼을 허용하기 시작했고, 동성애자에게도 성직자로 안수하는 교단이 생겨나게 되었다. 많은 나라에서 동성결혼과 동성애자 성직 안수를 허용하는 추세이다.

무엇보다도 전 세계 기독교 교단 중에는 동성애자 성직 허용까지 허용하는 사례가 늘고 있다. 동성애를 반대하는 교단들 적지 않지만 그렇다고 동성애를 이단으로 규정한 사례는 아직 접하지 못했다. 동성애가 이단이라면 우리나라에 복음을 전해 준 미국장로교회, 호주연합교회, 미국연합감리교회가 이미 동성애와 동성결혼을 허용하였으므로, 이들 해외 협력 교단들도 모두 '동성애 이단 집단'이 되고 만다. 예장통합은 동성애를 허용하는 이단 교단이 가입해 있는 WCC에 당장 탈퇴해야 하는 심각한 문제가 생기는 것이다.

8) 최근에는 한국의 주요 교단이 이단으로 규정한 변승우 목사는 노골적으로 앞장서서 "동성애를 옹호하는 진짜 이단들"이며, 동성애 "차별금지법은 공산화 전략"이라는 설교를 비롯 동성애를 비판하는 주제의 설교 수십 편을 유튜브에 게재하고 있다.8 그리고 『동성애 쓰나미!』(서울: 거룩한 진주, 2018)라는 책도 저술하였다. 동성애를 비판한다고 바른 신앙, 정통 교리를 지닌 증거가 되는 것은 아니다.

따라서 '동성애 이단 결의'는 철회되어야 한다. 언젠가는 철회될 수밖에 없을 것이기 때문이다.9 역사는 반복된다. 세계 신학의 흐름을 몰랐던 길선주 목사는 1935년 10월 평양노회에서 성서비평학이 적용된《아빙돈 주석》을 이설(이단)이라며 크게 비분하였다. 이 문제가 다시 제기되어 1952년 37회 총회에서 성경유오설(성서비평)과 자유주의를 주장한다는 이유로 김재준 목사를 제명하였고, 이 일로 장로교가 예장(예수교장로회)과 기장(기독교장로회)으로 분열되었다. 그러던 장신대가 60년대에 성서비평을 다 받아들였다. 결국 2007년 예장(통합)에서 김재준 목사의 사면을 추진하였으나 기장의 반발로 무산되었다. '사면은 죄가 있는 사람을 용서할 때 쓰는 말'이며 '김 목사에게 죄가 있다면 남들보다 50년 먼저 신학문을 접한 죄, 그리스도의 진리를 문자에 갇히지 않게 드러낸 죄'라는 것이 기장 총회가 사면을 반대한 이유이다. 통합의 동성애 이단 결의나 동성애 옹호 신학생 목사 안수 거부도 이 같은 역사의 전철을 밟을 것이 뻔하다.

예수님은 그 시대 선각자이자 선구자였다. 초기 한국교회도 당시 한

---

8 변승우. 『동성애 쓰나미!』 (서울: 거룩한 진주, 2018).
9 허호익, "'동성애 이단 결의'는 철회되어야", 「뉴스앤조이」 (2019.10.7.)

국 사회에서 선각자요, 선구자였다. 개화·계몽·근대화에 앞장섰다. 진취적인 젊은이들이 교회로 몰려들었다. 기독교인들은 어느 시대든 선각자요, 선구자가 되어야 한다고 믿는다. 그래야 젊은이들이 교회로 돌아올 것이고, 교회의 사회적 공신력과 영향력도 커질 것이다. 그런데 한국교회가 점점 시대에 뒤떨어지는 '늙은 교회'가 되어 가는 듯해 안타깝다. "기독교인은 다른 종교인들보다 앞서 생각하고, 앞서 살다가, 앞서 죽었다"는 유명한 말을 기억했으면 한다.[10]

---

10 이은혜, "동성애 때문에 교회 안 망해, '신학적 다양성' 이해해야", 「한겨레」 2019.07.03.

■ 참 고 문 헌

강덕영 해역, 『한글세대도 쉽게 볼 수 있는 격암유록』, 서울: 도서출판 동반인, 1994.

강희천, "회심의 경험", 「현대와 신학」 11집(1987), 155-178.

구성모, 『격암유록의 현대적 조명』, 서울: 미래문화사, 1992.

국제종교문제연구소 편, 『한국의 종교단체 실태 조사연구』, 서울: 국제종교문제연구
소, 2000.

권만익, "음란을 신앙화한 사람들 ― 박태선 장로와 백영기 목사의 분규가 드러내는
것," 「실화」 1957년 6월호.

권신찬, 『내가 깨달은 진리』, 서울: 평신도복음선교회, 1976.

_____, 『양심의 해방』, 서울: 일류사, 1977.

_____, 『종교에서 해방』, 서울: 일류사, 1977.

권의석, 『"하나님의 교회 안상홍집단"에 대한 실천적 대응 방안』, 총신대학교 신학대학
원 석사학위논문, 2008.

권호덕, "박옥수의 '죄사함' 이해에 대한 비판적 고찰(2)", 「현대종교」 2005년 6월호.

김경래 편, 『사회악과 사교운동』, 서울: 기문사, 1957.

김경재, "통일교 원리강론의 신학적 비판", 「기독교사상」 제362호(1989. 2).

김백문, 『기독교근본원리』, 서울: 일성당, 1958.

_____, 『성서신학』, 서울: 평문사, 1954.

김선환/ 김경래 편, "국산 재래 이단의 후계자", 『사회악과 사교운동』, 서울: 기문사.
1957.

김성여 편, 『박태선 장로의 이적과 신비경험』, 서울: 신천신지사, 1955.

김은태 편, 『正道令 ― 격암유록의 주인공 正道令을 증거함』, 서울: 해인, 1988.

김인서, "龍道敎會의 내막 조사 발표 ― 4. 降神문제와 柳女史의 歸正," 「신앙생활」
1934년 5월호; 『김인서 저작선집』 2.

김정수, "구원파(기독교복음침례회) 일지", 「현대종교」 2014년 10월호, 36.

_____, "안상홍 하나님을 위한 사회 봉사 활동", 「현대종교」 2007년 7 · 8월호,

156-159.

김종락, "하나님의 교회, 역사관 공개",『문화일보』, 2007. 2. 15, 19면.

김주철,『내 양은 내 음성을 듣나니』, 서울: 멜기세덱 출판사, 2006.

_____,『새 노래집』, 서울: 멜기세덱출판사, 2000.

_____,『아버지 하나님 어머니 하나님』, 서울: 멜기세덱출판사, 2009.

_____,『어머니의 소원』, 서울: 멜기세덱출판사, 2009.

_____,『하나님을 자랑하라』, 서울: 멜기세덱출판사, 2010.

김진수, "하나님의 교회는 안상홍증인회냐? 장길자 증인회냐?",「현대종교」 2000년
    4월호, 112.

김철영, "평화통일가정당 총선 올인, 한국 교회 비상",「뉴스파워」, 2008. 2. 5.

김하원,『격암 유록: 위대한 가짜 예언서』, 서울: 도서출판 만다라, 1995.

_____,『격암유록은 가짜 정감록은 엉터리 송하비결은?』, 서울: 인언, 2004.

김항제, "인간타락의 성적 이해: 현대신학과 한국신령집단에서의 타락설화 해석",「신
    종교연구」 창간호(1999. 12).

김홍수, "이단 또는 한국적 기독교: 통일교·전도관·용문산 기도원의 종교 운동", 제3
    그리스도교연구소 152차 월례포럼(2012. 4. 30).

대한예수교장로회 총회,『신천지 집단에 대한 긴급경계령』, 서울: 한국장로교출판사,
    2010.

_____,『이단경계주일을 위한 목회자료집』, 서울: 한국장로교출판사, 2011.

_____,『종합 사이비·이단 연구 보고집』, 서울: 한국장로교출판사, 2001.

_____,『종합 이단·사이비 연구보고집』, 서울: 한국장로교출판, 2011.

류광수,『다락방(현장) 전도를 위한 제2단계 전도훈련교재』1, 서울: 예수생명, 1990.

_____,『복음편지』, 서울: 생명, 2002.

_____,『생명없는 종교 생활에서 벗어나라』, 서울: 생명, 2011.

_____,『성경이 말씀하는 전도기초훈련』, 서울: 예수생명, 1996.

_____,『현장복음메세지』, 서울: 온누리포도원, 1969.

문선명,『문선명 전집』, 서울: 성화출판사, 1996.

_____,『평화의 왕』, 서울: 천주평화연합, 2007.

문형진,『천화당』, 서울: 세계평화통일가정연합, 2006.

민경배, "한국교회의 종파의 계보 연구,"「신학사상」 4(1974).

_____, 『한국개신교회사』(개정판), 서울: 대한기독교출판사, 1982.

박명수, "정감록과 한국민중의 의식구조.", 『지구화시대의 한국신학』, 고운 김달수 박사회갑기념논문집, 서울: 도서출판 한빛, 2002.

박영관, "한국 예수교 전도관 부흥협회의 비판",「신학지남」 42-2(1975. 6).

_____, 『이단종파비판』 1, 서울: 예수교문서선교회, 1982.

_____, 『이단종파비판』 2, 서울: 예수교문서선교회, 1984.

_____, 『이단종파비판』 3, 서울: 예수교문서선교회, 1991.

박옥수, 『나를 끌고 가는 너는 누구냐』, 서울: 온마인드, 2011.

_____, 『내 죄벌이 너무 중하여』, 서울: 기쁜소식사, 2003.

_____, 『두 부류의 신앙』, 서울: 기쁜소식사, 2007.

_____, 『죄사함, 거듭남의 비밀』 1, 서울:기독교문서선교회, 1987.

_____, 『죄사함, 거듭남의 비밀』 2, 서울: 기쁜소식사, 1992.

_____, 『죄사함, 거듭남의 비밀』 3, 서울: 기쁜소식사, 1991.

_____, 『회개와 믿음』, 서울: 기쁜소식사, 2006

_____, 『노아는 의인이요』, 서울: 기쁜소식사, 1993.

_____, 『두 부류의 신앙』, 서울: 기쁜소식사, 1989.

박용규, "류광수 다락방 운동비판",「신학지남」 282호(2005).

박정화, 『야록 통일교회사』, 서울: 큰샘출판사, 1996.

박준철, 『빼앗긴 30년 잃어버린 30년 — 문선명 통일교 집단의 정체를 폭로한다』, 서울: 진리와생명사, 2000.

박지연, "박옥수 구원파, 주기도문을 거부한다!",「현대종교」 2006년 10월호.

박진규, "류광수 씨의 다락방 교리",「교회와신앙」 1995년 8월호.

_____, "류광수 씨의 신학은 과연 건전한가",「교회와신앙」 1995. 11. 1.

백상현, "'큰믿음교회' 최근 '사랑하는교회'로 명칭 변경",「국민일보」 2016. 1. 5.

변승우, 『1세기의 사도와 오늘날의 사도』, 서울: 큰믿음출판사, 2010.

_____, 『가짜는 진짜를 핍박한다』, 서울: 큰믿음출판사, 2008.

_____, 『계시와 지혜의 영』, 서울: 큰믿음출판사, 2007.

_____, 『그 시에 주시는 그 말을 하라』, 서울: 큰믿음출판사, 2009.

_____, 『다림줄』, 서울: 큰믿음출판사, 2013.

_____, 『대부흥이 오고 있다』, 서울: 큰믿음출판사, 2006.

_____, 『명목상의 교인인가? 미성숙한 신자인가?』, 서울: 큰믿음출판사, 2009.

_____, 『사도와 선지자들을 잡는 위조 영분별』, 서울: 큰믿음출판사, 2008.

_____, 『아무도 너희를 미혹하지 못하게 하라』, 서울: 큰믿음출판사, 2005.

_____, 『정통의 탈을 쓴 짝퉁기독교』, 서울: 큰믿음출판사, 2009.

_____, 『주 달려 죽은 십자가』, 서울: 큰믿음출판사, 2007.

_____, 『주의 음성을 내가 들으니』, 서울: 큰믿음출판사, 2008.

_____, 『지옥에 가는 크리스챤들』, 서울: 큰믿음출판사, 2004.

_____, 『특별히 예언을 하려고 하라』, 서울: 큰믿음출판사, 2008.

_____, 『동성애 쓰나미!』, 서울: 거룩한 진주, 2018.

변종호, 『이용도목사 연구 40년』, 서울: 성화사, 1993.

변찬린, 『성경의 원리』 상, 서울: 도서출판 대하, 1979.

서만원, 『박태선 장로님께서는 天上天下의 하나님이시다』, 서울: 미래문화사, 1987.

서영국, "이재록 목사(만민중앙교회)의 이단성 비판", 「현대종교」 2016년 7 · 8월호.

서철인, "하나님 어머니를 섬기는 사람들," 「월간조선」 2009년 3월호

세계기독교통일신령협회 편, 『원리강론』, 서울: 성화사, 1966 초판, 1989년 28판.

_____, 『축복과 이상가족(한일대역 II)』, 서울: 성화출판사, 1993.

손규태, "루터에 있어서 율법의 제3용법", 「성공회대학논총」 5집(1991).

손병호 편, 『천일국 화보집 ― 온 누리에 참사랑 그득하고 평화가 넘치네』, 서울: 세계
  평화일가정연합, 2007.

_____, 『평화메시지』, 서울: 세계평화통일가정연합, 2006.

손봉호, "종교와 성(통일교의 성관을 중심으로)", 「신학지남」 제173호(1976. 6).

신영주, "신천지의 치밀한 포교전략", 「현대종교」 2009년 9월.

신유승 역, 『격암유록』 1-3권, 서울: 세종출판사, 1988.

안상홍, 『새 예루살렘과 신부, 여자 수건 문제 해석』, 출판사 출판년도 미상.

_____, 『모세의 율법 그리스도의 율법』, 서울: 멜기세덱 출판사, 2009.

_____, 『새 언약의 복음』, 서울: 멜기세덱 출판사, 2009(초판 1982).

_____, 『선악과와 복음』, 서울: 멜기세덱 출판사, 2009.

_____, 『성부 성자 성령 삼위일체 해설』, 서울: 멜기세덱 출판사, 출판연도 미상.

_____, 『신랑이 더디 오므로 다 졸며 잘 새』, 서울: 멜기세덱출판사, 1985.

_____, 『천사세계에서 온 손님들』, 서울: 멜기세덱 출판사, 2009.

_____, 『최후의 재앙과 하나님의 인』, 서울: 멜기세덱출판사, 2008.

_____, 『하나님의 비밀과 생명수의 샘』, 서울: 멜기세덱 출판사, 1998.

엄무환, "검찰, 항소심서 기쁜소식 박옥수 또 9년형 구형", 「교회와신앙」, 2016. 5. 27.

엄유섭 편/정득은 구술, 『생의 원리』, 서울: 세종문화사, 1958.

유경환, 『한국예언문학의 신화적 해석: 격암유록의 원형적 연구』, 서울: 대한출판공사, 1986.

유병언, 『알파에서 오메가까지』 제1~5권, 서울: 한국평신도복음선교위원회, 1979.

윤병철, "정감록의 사회변혁 논리와 사회적", 「정신문화연구」 98호(2005년 3월).

윤성범, "정감록 입장에서 본 한국의 역사관", 「기독교사상」 140호(1970년 1월).

윤지숙, "재림 그리스도 안상홍, 새 언약 지켜야 구원(?)", 「현대종교」 2007년 2월호.

음국배, 『통일교. 그 베일을 벗다』, 서울: 자유문고, 2008.

이강오, "구한말 남학(南學)의 발생과 그 성격에 관하여", 「전라문화연구」 창간호 (1979. 2).

이건남 · 김병희 공저, 『神誕 — 성경의 예언과 그 실상의 증거』, 서울: 도서출판 신천지, 1985.

이대복, "홍난숙 탈출기", 『통일교의 원리비판과 문선명의 정체』, 서울: 큰샘출판사, 1999.

_____, 『이단연구』 IV, 서울: 큰샘출판사, 2005.

이덕술, "안상홍 보혜사 성령교리 비판," 「현대종교」 2004년 8월호.

이만희 · 진용식. 『무료성경신학원 이단논쟁』, 도서출판 성산, 2007.

이만희, 『계시록의 진상 2』, 서울: 도서출판 신천지, 1988.

_____, 『계시-천국비밀』, 서울: 도서출판 신천지, 1992.

_____, 『성도와 천국』, 서울: 도서출판 신천지, 1995.

_____, 『요한계시록의 실상』, 서울: 도서출판 신천지, 2005.

_____, 『천국 비밀 계시록의 실상』, 서울: 도서출판 신천지, 1986.

_____, 『신천지 발전사』, 서울: 도서출판 신천지, 1997.

이미경, "복음과 함께한 50년", 「주간 기쁜소식」(인터넷판), 2012. 10. 6.

이승연·차진형, "구원파 스승 딕 욕(Didk York), '유병언, 이요한, 박옥수씨의 교만", 「현대종교」 2010년 11월호.

이양호, 『칼빈 — 생애와 신학』, 서울: 한국신학연구소, 1997.

이영호, "대성심기도원 정득은의『생의 원리』요약 분석", 「현대종교」 2000년 1월호.

_____, "새 주파와 신비주의자들", 「현대종교」 2000년 4월호.

_____, "초원 김백문의 약사", 「현대종교」 2000년 2월호.

_____, "토종 이단의 원조(元祖), 성주교의 김성도 권사", 「교회와신앙」(인터넷판) 2010. 5. 31.

이요한, 『각 사람에게 비취는 빛』, 서울: 진리의 말씀출판사, 1990.

_____, 『십자가의 승리』, 서울: 진리의 말씀출판사, 1990.

_____, 『진리가운데로』, 서울: 진리의 말씀출판사, 1990.

이용규, "유병언은 누구인가?", 「현대종교」 2014년 6월호.

_____, "통일교 7남 문형진 반기, '내가 후계자, 지금 통일교는 이단'", 「현대종교」 2015년 4월호.

이은혜, "동성애 때문에 교회 안 망해, '신학적 다양성' 이해해야", 「한겨레」 2019. 7. 3.

이태희, 『십승지: 사람 살기 좋은 땅과 피난·보신의 땅』, 서울: 참나무, 1998.

이형기, 『정통과 이단』, 서울: 대한예수교장로회총회출판국, 1992.

임성남, 『조선의 이사야: 격암유록의 기독교적 해석』, 서울: 도서출판 세계로미디어, 2000.

장관섭 편, 『이단들의 최근동향』 I, 서울: 도서출판 리폼드, 2004.

전민수, 『왜 신천지는 이단인가?』, 서울: 영창서원, 2008.

전정희, "변승우(큰믿음교회)", 「교회와신앙」 2010. 2. 26.

_____, "바리새주의 정통교회가 가장 사악한 이단", 「교회와신앙」 2008. 10. 28.

_____, "새로운 계시의 일부는 초성경적인 것", 「교회와신앙」 2008. 11. 13.

_____, "주님 음성 해석법 가르친다는 '예언훈련'", 「교회와신앙」 2008. 1. 11.

_____, "큰믿음교회(변승우 목사)에 '성형'의 기름부음이?", 「교회와신앙」 2012. 5. 3.

_____, "특별 은총 '입신'으로 천국·지옥 체험", 「교회와신앙」 2008. 11. 25.

정다운 역, 『정감록 원본해설』, 서울: 밀알, 1986.

정동섭, "나와 유병언의 37년 전쟁 드디어 끝났다", 「프리미엄 조선」 2014. 8. 4

_____, "유병언·이요한·박옥수 구원파는 왜 이단인가?", 「교회와신앙」 2013. 6. 5.

정명석, 『비유론』, 서울: 국제크리스찬연합, 1988.

정윤석 외, 『신천지 포교전략과 이만희 신격화 교리』, 서울: 교회와 신앙, 2007.

정윤석, "다락방이 2천년 만에 복음 회복했다", 「교회와신앙」 2008. 1. 20.

_____, "변승우 목사의 이상한 구원론 ― '참 구원받은 사람도 진짜 버림받을 수 있다'", 「교회와신앙」 2004. 12. 8.

_____, "큰믿음교회, 사랑하는교회로 명칭 변경", 「기독교포탈」 2015. 12. 30.

정윤석·진용식·장운철, 『신천지 포교 전략과 이만희 신격화 교리』, 서울: 한국교회문화사, 2007.

정준용, 『격암유록: 세계를 구원할 영원 불멸의 신서』, 서울: 선진, 1994.

조민기, "문국진 문형진 부부 즉위식 거행", 「현대종교」 2015년 11월호.

_____, "문선명 사후 3년, 통일교는 분열되는가?", 「현대종교」 2015년 10월호. 57-61.

_____, "문형진, '한학자는 사탄의 핏줄'", 「현대종교」 2015년 11월호, 11-13.

조성기 편저, 『격암유록·三易大經·大巡典經合本』, 서울: 태종출판사, 1977.

조성식, "대해부 통일교 왕국", 「신동아」 2006년 9월호.

지원용 편역, 『신앙고백서』, 서울: 컨콜디아사, 1998.

진용식, 『안식교의 오류』, 서울: 성산, 2008.

_____, 『무료성경신학원 이만희의 실체는?』, 서울: 성산, 2008.

_____, 『안상홍 증인회의 실체는』, 서울: 성산, 2008.

차진형, "통일교, 2세 체제가 시작됐다", 「현대종교」 2008년 10월호.

총회헌법개정위원회 편, 『대한예수교장로회 헌법』, 서울: 대한예수교장로회총회출판국, 1992.

최삼경 외, 『이단 신천지 대처법 A to Z』, 서울: 기독교포털뉴스, 2013.

최삼경, 『구원파란 무엇인가』, 서울: 규장문화사, 1988.

_____, 『신천지 교리와 포교 전략』, 서울: 교회와 신앙, 2012.

_____, 『안식일교회 大논쟁』, 서울: 교회와 신앙, 1997.

최중현, 『한국 메시아운동사 연구』 제2권, 서울: 생각하는 백성, 2009.

_____, 『한국 메시아운동사 연구』제1권, 서울, 생각하는 백성, 1999.

_____, "「격암유록」 국립중앙도서관 소장본의 저본(底本)", 『종교연구』 제35집 (2004년 여름).

_____, "『격암유록』의 저본에 보이는 「요한계시록」 흔적", 『종교연구』 제48집(2008년 봄).

탁명환, 『세칭 구원파의 정체』, 서울: 국제종교문제연구소, 1974.

_____, 『기독교 이단연구』, 서울: 도서출판연구사, 1986.

_____, 『한국의 신흥종교 기독교편』1권, 서울: 국종출판사, 1994.

탁지원, 『신천지와 하나님의교회의 정체』, 서울: 국종출판사, 2008.

_____, 『이단 바로알기』, 서울: 현대종교. 2011.

_____, 『구원파의 정체』, 서울: 현대종교사, 2009.

탁지일, 『이단』, 서울: 두란노아카데미, 2011.

편집부, "통일교 언론왕국의 정체", 「월간말」 23호(1988. 5).

하나님의교회 교육부 편, 『확실한 증거』, 서울: 멜기세덱출판사, 2008.

한국기독교총연합회 이단사이비 문제 상담소. 『이단 사이비 연구 종합자료』 II, 서울: 문화사, 2007.

_____, 『이단사이비연구 종합자료 2004』, 서울: 한국교회문화사, 2004

_____. 『이단 사이비 연구 종합자료』 II 개정판. 서울: 한국교회문화사, 2008.

한국평신도복음선교회 편집위원회, 『세칭 구원파란』, 서울: 신아문화사, 1981.

한철하, "통일교의 섹스 모티브", 「월간 중앙」 1972년 2월호.

허진구, "격암유록의 실체를 밝힌다", 「신동아」 578호(2007년 11월호).

허호익, "영지주의의 기독교 왜곡과 사도신경의 형성", 「신학과 문화」 14집(2005), 191-220.

_____, "이단 사이비 규정 및 철회의 기준과 절차", 「제11차 이단사이비대책세미나 자료집」(2007. 6. 19.).

_____, "이단 사이비 규정의 기준", 「제2회 지역별 이단사이비대책세미나 자료집」 (2006. 3. 16).

_____, "하나님의 교회의 주요 교리와 비판", 「신학과 문화」 20집(2011).

_____, "'새 주파' 김성도 권사와 이단 기독교의 교리적 계보", 「신학과 문화」 22집

(2013).

_____, "변승우 집단의 교리와 예언 및 치유사역의 문제점", 「신학과 문화」 24집 (2016).

_____, "설교의 위기와 성서해석의 원리와 방법." 연세대 신과대학 동창회 편, 『겸손, 휴밀리타스 — 지동식 박사 소천 30주기 기념논문집』, 서울: 한우리, 2007.

_____, "성서가 말하는 이단들의 특징과 한국교회 이단들의 종교혼합", 「제13회 총회 이단사이비대책세미나 자료집」(2009. 6. 4).

_____, "신천지의 교리와 교회침투 전략", 「신학과 문화」 19집(2010).

_____, "통일교의 최근 교리의 비판과 향후 전망", 「한일연합이단사이비대책세미나 자료집」(2008. 6. 20).

_____, "『격암유록』의 위조와 기독교 이단들의 종교혼합주의." 「장신논단」 제36집 (2009).

_____, 『그리스도의 삼직무론』, 서울: 한국장로교출판사, 1999.

_____, 『성서의 앞선 생각 1』, 서울: 한국장로교출판사, 1998.

_____, 『신앙, 성서, 교회를 위한 기독교 신학』, 서울: 동연, 2009.

_____, 『이단은 왜 이단인가』, 서울: 동연, 2016.

_____, 『현대 조직신학의 이해』, 서울: 대한기독교서회, 2003.

_____, 『동성애는 죄인가 — 동성애 대한 신학적 역사적 성찰』, 서울: 동연, 2019.

_____, "동성애의 핵심 쟁점: 범죄인가, 질병인가, 소수의 성지향인가?", 「장신논단」 38(2010).

_____, "'동성애 이단 결의'는 철회되어야", 「뉴스앤조이」, 2019. 10. 7.

현대종교 편집국, 『이단 바로 알기』, 서울: 현대종교사, 2011.

_____, 『구원파의 정체』, 서울: 월간현대종교, 2009.

황선조 편, 『축복결혼』, 서울: 세계평화통일가정연합, 2005.

_____, 『평화훈경 — 평화메시지와 영계보고서』, 서울: 천주평화연합·세계통일평화 가정합, 2007.

Luther, M, 『로마서 강의』, 서울: 두란노 아카데미, 2011.

Ritter, A. M./조병하 역, 『고대 그리스도교의 역사』, 서울: 기독교교문사, 2003.

"[단독 인터뷰] 신임회장 문형진 목사",「투데이 코리아」 2008. 4. 25.

"2005 새뚝이 경영인 ─ 신천지예수교",「헤럴드경제」 2005. 1. 31.

"검찰, 또 다른 구원파 박옥수 출국금지",「교회와신앙」 2014. 8. 14.

"다락방이 2천년만에 복음 회복했다",「교회와신앙」 2008. 1. 20.

"류광수 씨는 지방교회 · 김기동 베뢰아와 흡사 ─ 류광수 다락방(예장 전도총회)에 대한 연구보고서",「교회와신앙」 2012. 11. 23.

"문선명, 생애와 노정", https://www.ffwp.org(2016. 2. 3)

"문선명씨, 美상원건물서 '대관식' 파문",「동아일보」, 2006. 6. 24.

"박옥수(구원파) 씨 등 '또별' 문제로 형사고발 당해",「교회와신앙」 2011. 12. 14.

"박옥수가 구원파인 이유 및 역사와 현황",「교회와신앙」 2014. 8. 21.

"박옥수씨는 목사안수 여부 스스로 해명해야",「현대종교」 2015년 9월호, 81-82.

"신천지 위장교회를 찾아라",「현대종교」 2010년 2월호, 28-32.

"신천지 이단이 진화하고 있다", CBS 2008. 2. 15.

"신천지 장충체육관 위장집회 의혹",「현대종교」 2010년 3월호, 82-87.

"신천지의 사이비 교리 ─ 짝 풀이", http://blog.naver.com/knw1022.

"엘로힘 하나님," http://bible.watv.org/truth/index.html.

"예장 합동총회, 류광수 씨의 다락방 전도운동에 대한 연구보고서",「교회와신앙」(인터) 1996. 11. 01.

"예장고신 총회 류광수 씨와 다락방 전도학교 보고서",「교회와신앙」(인터넷판) 1995. 11. 1.

"재림 그리스도 안상홍, 새 언약 지켜야 구원(?)",「현대종교」 2007년 2월호, 39-54.

"지구의 종말을 기다리는 사람들," KBS 추적60분, 1999. 7. 15.

"통일교 가정당, 허망한 야심 '용두사미'",「뉴스앤조이」 2008. 4. 12.

"통일교 문형진 회장, 꺼지지 않는 '하버드大 학력' 논란",「투데이 코리아」 2012. 10. 10.

"평강제일교회 박윤식씨에 대한 총신신대원연구보고서",「현대종교」 2005년 11월호.

"평화통일가정당, 원내진출 가능할까?",「오마이뉴스」, 2008. 3. 26.

"하나님교회 새로운 한류 열풍,"「충북일보」2008. 11. 3.

"하나님의 교회," MBC PD수첩 1998. 10. 20.

"한기총, '홍재철 목사 시절 이단해제는 무효'"「노컷뉴스」2015. 7. 9.

"한농 복구회 박명호 성범죄 증거 제출,"「현대종교」2012년 12월호.

"합동측 '변승우 목사 주장은 신율법주의'– 참석금지 규정",「교회와신앙」2009. 9. 25.

■ 찾 아 보 기